国际贸易术语解释通则

——2020——

全面解读与法律指引

高祥　主编

中国海关出版社有限公司
中国·北京

图书在版编目（CIP）数据

国际贸易术语解释通则．2020：全面解读与法律指引/高祥主编．
—北京：中国海关出版社有限公司，2021.8
ISBN 978-7-5175-0510-5

Ⅰ.①国… Ⅱ.①高… Ⅲ.①国际贸易—名词术语 Ⅳ.①F74-61

中国版本图书馆 CIP 数据核字（2021）第 158231 号

国际贸易术语解释通则 2020：全面解读与法律指引
GUOJI MAOYI SHUYU JIESHI TONGZE 2020：QUANMIAN JIEDU YU FALÜ ZHIYIN

主　　编：高　祥
策划编辑：史　娜
责任编辑：吴　婷
助理编辑：李　萌
出版发行：中国海关出版社有限公司
社　　址：北京市朝阳区东四环南路甲 1 号　　邮政编码：100023
网　　址：www.hgcbs.com.cn
编 辑 部：01065194242-7532（电话）
发 行 部：01065194221/4238/4246/4254/5127（电话）
社办书店：01065195616（电话）
　　　　　https://weidian.com/?userid=319526934（网址）
印　　刷：北京新华印刷有限公司　　经　　销：新华书店
开　　本：787mm×1092mm　1/16
印　　张：38.5　　字　　数：687 千字
版　　次：2021 年 8 月第 1 版
印　　次：2021 年 8 月第 1 次印刷
书　　号：ISBN 978-7-5175-0510-5
定　　价：360.00 元

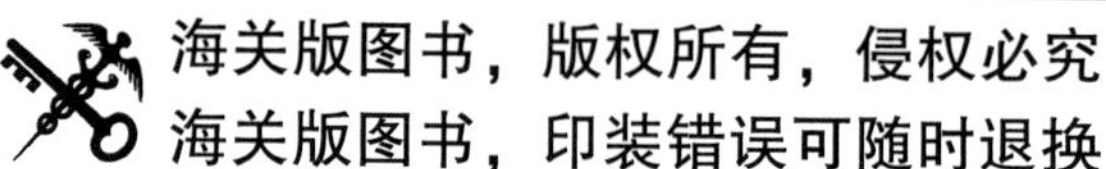

主　任：于健龙

主　编：高　祥

副主编：喻　敏

编写组（按姓氏音序排列）：

董　箫　高　祥　蒋　琪　李远子　彭先伟

邵晶晶　王　超　王　宁　杨东勤　张　卓

周和敏

前言

《国际贸易术语解释通则》（Incoterms®）是国际贸易中应用最为广泛的国际商事规则。第一版 Incoterms® 由国际商会（International Chamber of Commerce，ICC）于 1936 年正式发布，并先后于 1953 年、1967 年、1976 年、1980 年、1990 年、2000 年和 2010 年进行了修订和补充。为适应国际贸易实务的最新发展，国际商会于 2016 年 9 月启动了 Incoterms® 2020 的起草工作，并于 2019 年 9 月正式向全球发布。Incoterms® 2020 已于 2020 年 1 月 1 日生效。

自 Incoterms® 2020 起草工作启动以来，国际商会中国国家委员会（ICC China）成功推荐了中方贸易专家入选 Incoterms® 2020 起草小组，并通过召开专家研讨会、组织国际贸易术语亚洲地区研讨会、承办 Incoterms® 2020 起草小组第三次会议、向国际商会总部反馈我国工商界的修订意见等形式积极参与规则起草和意见反馈工作，竭力将中方利益和诉求体现到最新版的 Incoterms® 2020 当中。为尽快引进和宣传推广 Incoterms® 2020，国际商会中国国家委员会商法与惯例委员会及时组建了 Incoterms® 2020 翻译工作组，并于 2019 年 12 月在国内出版 Incoterms® 2020 中英文双语版。

为帮助我国的国际贸易从业者更好地理解 Incoterms® 2020 的最新变化，国际商会中国国家委员会先后在国际贸易体量大、外贸企业集中的北京、上海、广州等地组织开展了多场 Incoterms® 2020 最新变化解析及实务应用讲座及培训。在培训过程中，我们发现国内很多外贸从业人员对于 Incoterms® 具体规则还缺乏深入理解，业务中常有机械沿用以往做法、无法准确使用贸易术语、对于银行等相关机构操作标准不熟悉、不理解等现象。一定程度上，对于国际贸易术语的不准确使用、对于国际贸易实务的不当操作会阻碍外贸业务的顺利开展。

因此，国际商会中国国家委员会于2020年9月正式启动了《国际贸易术语解释通则2020：全面解读与法律指引》的策划及组织编写工作。本书共分为8个章节，对Incoterms® 2020的起草过程及最新变化进行了详细介绍，并对Incoterms® 2020的11个术语下的条款进行了逐条分析。此外，本书从包括国际货物买卖合同、国际货物运输、国际货物运输保险、货物进出口报关及国际结算在内的5个方面介绍了各领域内的重要公约、惯例及基本法律体系，并结合相关案例对Incoterms® 2020的实践应用现状及实操要点进行了全面解读，为外贸从业人员提供了实务建议和法律指引。本书适合外贸业务从业人员、国际贸易法律与实务的教学科研人员阅读。

在此，我要对编写组成员们表示衷心感谢，他们（按章节顺序排列）是：第一章、第二章（除第一节）、第三章的作者德衡律师集团总裁、北京德和衡律师事务所管理合伙人、Incoterms® 2020翻译组成员蒋琪，北京德和衡律师事务所杨东勤、邵晶晶、王超；第二章第一节作者国际商会中国国家委员会秘书局副处长李远子、国际商会中国国家委员会秘书局政策经理张卓；第四章作者安杰律师事务所合伙人董箫；第五章作者招商局集团交通物流事业部供应链部总监王宁；第六章作者德恒律师事务所合伙人彭先伟；第七章作者环球律师事务所合伙人周和敏；第八章作者国际商会中国国家委员会商法与惯例委员会执行主席、中国政法大学教授博士生导师高祥。他们殚精竭虑、字斟句酌，力图兼顾内容的全面性、实用性和新颖性。

我还要对主编高祥教授以及副主编国际商会中国国家委员会秘书局部长喻敏表示特别感谢，他们从理论和实践角度对本书内容总体设计提出了建设性的意见，并对本书文稿进行了多轮细致和专业的审校。同样，

也对中国海关出版社的专业团队对本书出版所给予的大力支持表示衷心感谢。

国际商事规则、惯例是国际商事主体参与国际贸易的重要依据。国际商会制定的《跟单信用证统一惯例》（UCP600）、《见索即付保函统一规则》（URDG758）等规则、惯例已为全球工商界所遵循。中国国际商会、国际商会中国国家委员会将一如既往地做好国际商事规则、惯例的制定、引进和宣传推广工作，帮助中国工商界更好地使用规则、惯例，顺利开展国际化经营。

中国国际商会秘书长
国际商会中国国家委员会
2021 年 5 月

目录

第一章 国际贸易术语概览 …… 1

第一节 贸易术语的概念与分类 …… 3

第二节 国际贸易术语的产生和发展 …… 23

第三节 国际贸易术语的性质、与合同的关系、作用 …… 33

第四节 与国际贸易术语实践有关的公约与惯例 …… 36

第五节 贸易术语的适用和选择 …… 50

第六节 大数据统计 …… 57

第二章 Incoterms® 2020 的主要变化 …… 61

第一节 Incoterms® 2020 的修订背景与过程 …… 63

第二节 Incoterms® 2020 的修订目标与要点 …… 66

第三节 Incoterms® 2020 的修改内容 …… 70

第四节 Incoterms® 2020 与 Incoterms® 2010 的结构性对比 …… 72

第五节 Incoterms® 2020 部分条款内容的改变 …… 81

第六节 Incoterms® 2020 使用中应注意的问题 …… 112

第三章 Incoterms® 2020 逐条解读 …… 117

第一节 概　述 …… 119

第二节 适用于任一或多种运输模式的贸易术语规则 …… 122

第三节 适用于海洋或者内河运输模式的规则 …… 188

第四章 Incoterms® 2020 与国际货物买卖合同 …… 223
第一节 概 述 …… 225
第二节 国际货物买卖合同 …… 232
第三节 国际货物买卖合同的履行 …… 258
第四节 国际货物买卖合同的争议类型和损害赔偿 …… 273
第五节 国际货物买卖合同的争议解决 …… 284

第五章 Incoterms® 2020 与国际货物运输 …… 299
第一节 单一运输方式 …… 301
第二节 多式联运与发展 …… 345
第三节 跨境电商及物流的发展 …… 358
第四节 物流科技的发展 …… 366

第六章 Incoterms® 2020 与国际货物运输保险 …… 377
第一节 国际货物运输保险的基本要点 …… 379
第二节 我国的海洋货物运输保险 …… 415

第七章 Incoterms® 2020 与货物进出口报关 …… 437
第一节 货物进出口管制制度 …… 439
第二节 货物进出口申报制度 …… 474
第三节 海关进出口监管制度 …… 509

第八章 Incoterms® 2020 与国际结算 …… 525
第一节 概 述 …… 527
第二节 汇 付 …… 544
第三节 托 收 …… 547

第四节　信用证 …… 559
第五节　保　理 …… 583
第六节　福费廷 …… 594
第七节　银行付款责任 …… 600

第一章　国际贸易术语概览

第一节 贸易术语的概念与分类

一、概念

贸易术语是国际贸易发展到一定历史阶段的产物。在国际贸易中，货物由始发地运输至目的地的过程中通常会经历多次的转运、装卸、存储，相应办理如洽租运输工具、办理货运保险、报关、申领进出口许可证等各种手续，支付运费、保险费、装卸费、仓储费等一系列相关费用。此外，在货物流转的过程中，由于国际贸易运输距离长、交易涉及面广等因素，发生自然灾害、意外事故导致货物损坏或灭失的风险也比较大。由此会产生一系列问题，诸如采用何种交货方式，风险转移的时间节点，运输义务的承担，保险手续、通关过境手续等的办理，费用支付方的确认、相关单据的交接等问题。为了解决这些问题、提高效率，经过长期的国际贸易实践，逐渐形成了多种贸易术语，买卖双方在交易磋商和合同订立时，通常需要明确此次交易所选择采用的贸易术语，每种贸易术语都有其特定的含义，明确了交易双方在交接货物方面彼此承担的责任、费用和风险的划分，以避免履约中因约定不明产生的纠纷。贸易术语除了是用来表示买卖双方各自承担义务的专门用语之外，也要求运输、保险、海关、银行等相关行业的从业人员，必须了解和掌握各种贸易术语及其有关的国际贸易惯例，以便正确选择和运用各种国际贸易术语，为交易过程高效地提供服务和规范化管理。[①] 基于此，为了便利全球贸易活动，明确国际贸易各方当事人的责任、费用、风险的划分，减少法律纠纷，国际商会于 1936 年发布了《国际贸易术语解释通则 1936》（Incoterms 1936）。随后根据国际贸易环境的变化进行连续不断的修改和更新，历经 8 次完善和修订，《国际贸易术语解释通则》（以下简称

① 于强，杨同明．国际贸易术语解释通则 Incoterms® 2010 深度解读与案例分析［M］．北京：中国海关出版社，2011：1-2.

为 Incoterms®[①]）现已成为国际贸易领域内应用最为广泛的贸易术语解释范本。最新的版本是 Incoterms® 2020，由 11 个贸易术语构成。

Incoterms® 2010 称：Incoterms® 是关于一套由 3 个字母组成的、反映货物买卖合同中商业实务的贸易术语使用的通则。Incoterms® 主要描述了货物由卖方交付给买方过程中所涉及的工作、成本和风险。贸易术语（Trade Terms），又称“价格术语”（Price Terms）或“贸易条件”（Trade Condition），是指“用一个简短的概念（Shorthand Expression）或 3 个字母的缩写，如‘FOB’，来表示商品的价格构成、说明交货地点、确定买卖双方的责任、费用和风险划分等问题的专门用语。”

贸易术语具体包括以下内容：①责任。承担的责任主要有办理出口、进口许可证手续，办理出口、进口报关手续，装卸运输出口、进口货物，办理货物运输保险手续等；②费用。办理进出口许可证需支付手续费，办理保险需支付保险费等；③风险。进出口贸易货物在装、运、卸、贮的整个流转过程中都存在着风险。一般情况下，卖方或买方都已向保险公司办理了投保手续，但是有些风险是任何保险公司都不予承保的风险。即使办理了保险，也存在着保险责任范围外的风险；即使在保险责任范围以内，它仍然存在着未能及时办理保险或保险公司破产倒闭等不能赔偿的风险。[②]

由于在不同的贸易术语项下，买卖双方各自承担的责任、费用和风险不同，而责任、费用和风险的大小又影响成交商品的价格。总体而言，卖方承担的责任、费用和风险越小，其售价就越低；反之，其售价就越高。例如，按 FOB 价成交与按 CIF 价成交，由于其价格构成因素不同，所以成交价也有所区别。具体而言，前者不包括从装运港到目的港的运费和保险费，而后者则包括从装运港到目的港的惯常运费和保险费，所以买卖双方在确定成交价格时，FOB 的价格应比 CIF 低。

综上所述，国际贸易术语具有两重性：一方面表示交货条件，说明交易双方彼此承担的责任、费用和风险；另一方面表示成交商品的价格构成因素。这两者是紧密相关的，因此，我们必须从国际贸易术语的全部含义来理解。

---

① 国际商会 2003 年 5 月 28 日在我国商标局完成“INCOTERMS”的商标注册，专利权期限为 2013 年 5 月 28 日至 2023 年 5 月 27 日，注册号为 2021550，从 2010 年的版本起，使用“Incoterms®”的标识，“®”是“注册”的英文“Register”的缩写，表明该标志已经是注册商标，享有商标专用权。

② 曹旭平 . 新编国际贸易实务［M］. 北京：中国工信出版集团，2018：51-53.

Incoterms® 2020 包括 11 个国际贸易术语，如表 1-1 所示。

表 1-1　Incoterms® 2020 国际贸易术语

术语缩写	术语全称	中文翻译	适用的运输方式
EXW	Ex Works	工厂交货（填入指定交货地点）	所有运输方式
FCA	Free Carrier	货交承运人（填入指定交货地点）	所有运输方式
CPT	Carriage Paid To	运费付至（填入指定目的地）	所有运输方式
CIP	Carriage and Insurance Paid To	运费和保险费付至（填入指定目的地）	所有运输方式
DAP	Delivered at Place	目的地交货（填入指定目的地）	所有运输方式
DPU	Delivered at Place Unloaded	目的地卸货后交货（填入指定目的地）	所有运输方式
DDP	Delivered Duty Paid	完税后交货（填入指定目的地）	所有运输方式
FAS	Free Alongside Ship	船边交货（填入指定装运港）	海运或内河水运
FOB	Free On Board	船上交货（填入指定装运港）	海运或内河水运
CFR	Cost and Freight	成本加运费（填入指定目的港）	海运或内河水运
CIF	Cost Insurance and Freight	成本、保险费加运费（填入指定目的港）	海运或内河水运

二、Incoterms® 2020 国际贸易术语的图文解析①

（一）EXW（Ex Works）工厂交货

工厂交货（见图 1-1），是指卖方在指定地点（如工厂或仓库）将货物交由买方处置，该指定地点不限于卖方所在地。EXW 是卖方承担责任最小、承担的费用和风险也最低的一种术语。该术语项下卖方的主要义务为：对货物进行包装和标记并承担相关费用（除非无须包装），于约定日期或期限内，在指定交货地将尚未装载到运输工具上的货物交由买方处置，向买方提供卖方拥有的货物和商业发票、运输安全要求等信息、买方办理保险所需的信息，协助买方办理清关等。买方的主要义务为：支付货物价款、承担在卖方指定地点受领货物起的全部费用和风险等。EXW 适用于铁路运输、公路运输、空运、海运、内河航运或者多式联运等任何形式的贸易运输方式。

---

① 中国国际商会/国际商会中国国家委员会．国际贸易术语解释通则 2020［M］．北京：对外经济贸易大学出版社，2020.

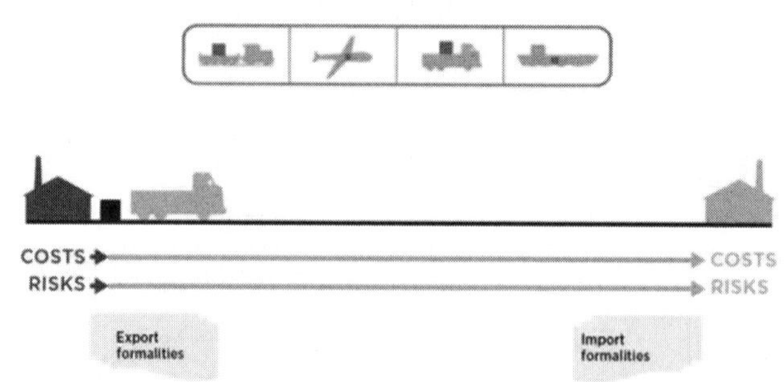

图 1-1　EXW

（二）FCA（Free Carrier）货交承运人

货交承运人（见图 1-2）分为两种情况：如指定地点是卖方所在地，则货物于装上买方提供的运输工具时完成交付；如指定地点是另一地点，则货物完成交付是在货物自卖方的运输工具抵达该指定地点，做好卸载准备，将货物交由买方指定的承运人或其他人处置时。卖方承担完成交货前与货物相关的费用，出口清关有关的关税、税款，买方协助出口清关时获取单据及信息相关的成本和费用。在国际贸易中，由出口方负责出口清关手续，出口清关手续完成后，即完成交货，卖方责任到此结束。买方承担交货时起货物灭失或损坏的一切风险。FCA 适用于铁路运输、公路运输、空运、海运、内河航运或者多式联运等任何形式的贸易运输方式。

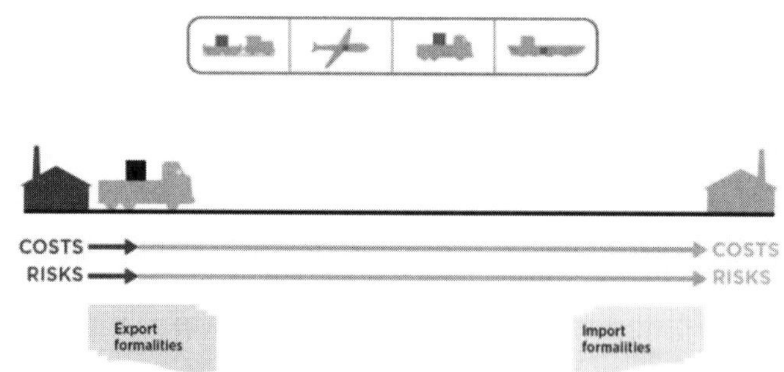

图 1-2　FCA

（三）CPT（Carriage Paid To）运费付至

运费付至（见图 1-3）是指卖方将货物运至运输合同约定的地点并移交给其指定的承运人时，完成对买方的交付。卖方承担交货前与货物相关的所有费用（运费、装货费用、与运输有关的安全费用等），合同约定的在约定地点产生的卸货费用、过境费用、办理出口清关的费用等。买方承担交货之后货物灭失或损坏的一切风险。CPT 适用于铁路运输、公路运输、空运、海运、内河航运或者多式联运等任何形式的贸易运输方式。

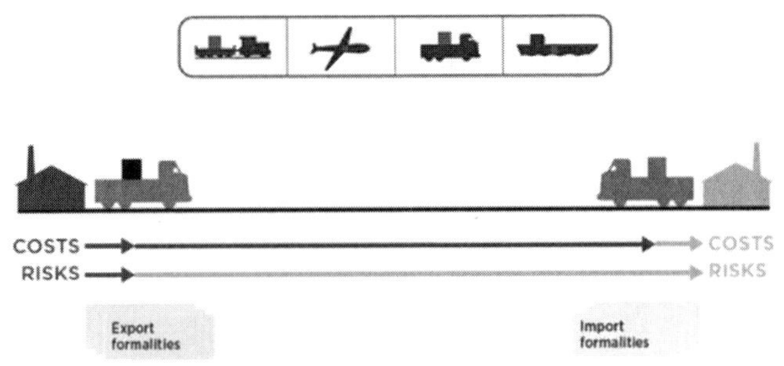

图 1-3 CPT

（四）CIP（Carriage and Insurance Paid To）运费和保险费付至

运费和保险费付至（见图 1-4）是指卖方将货物运至运输合同约定的地点并移交给其指定的承运人时，完成对买方的交付，卖方必须为买方签订从交货地至约定目的地的货物运输合同，以及此期间货物灭失或损坏的保险合同，并承担相关运费、保险费用。风险自交给承运人后转移给买方。CIP 适用于铁路运输、公路运输、空运、海运、内河航运或者多式联运等任何形式的贸易运输方式。CIP 和 CPT 术语最大的区别在于：CIP 增加了由卖方办理保险的要求。

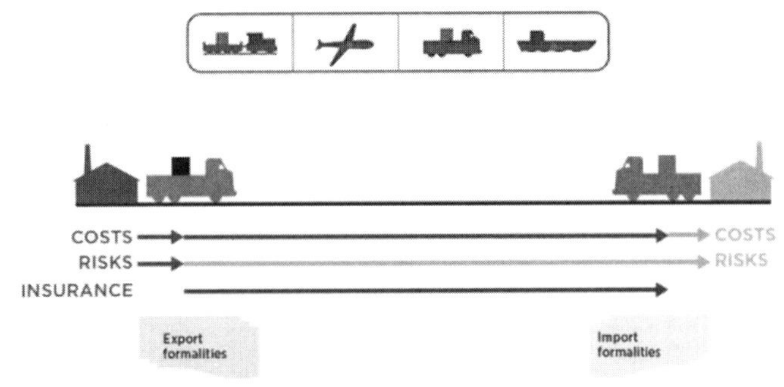

图 1-4 CIP

（五）DAP（Delivered at Place）目的地交货

目的地交货（见图 1-5），是指卖方在指定的目的地交货，此术语下卖方只需做好卸货准备，无须卸货即完成交货。卖方承担将货物运至指定目的地的运输风险和费用，以及合同约定卖方承担的在目的地产生的卸货费用。DAP 适用于铁路运输、公路运输、空运、海运、内河航运或者多式联运等任何形式的贸易运输方式。

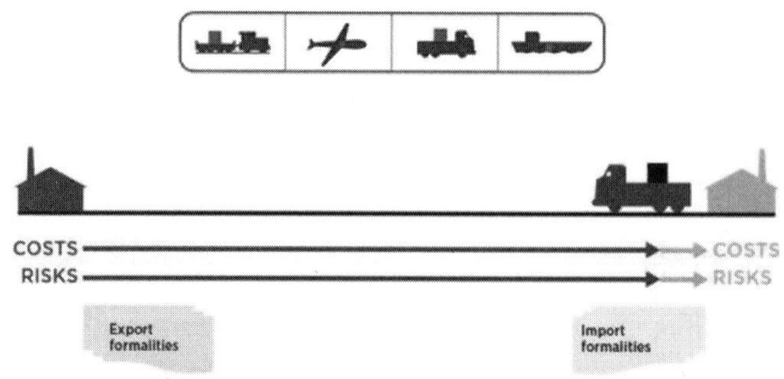

图 1-5　DAP

（六）DPU（Delivered at Place Unloaded ）目的地卸货后交货

目的地卸货后交货（见图 1-6），是指卖方在指定目的地将货物从抵达的运输工具上卸载交由买方处置后完成交货。卖方承担将货物运至指定目的地的运输风险及卸载货物的风险。DPU 适用于铁路运输、公路运输、空运、海运、内河航运或者多式联运等任何形式的贸易运输方式。它是由原来 Intercoms® 2010 的 DAT 术语修改而来。自 Intercoms® 2020 后，原来的 DAT 术语成了历史，被改为了 DPU 术语，修改的主要原因是强调卸货地不一定是“终点站”。

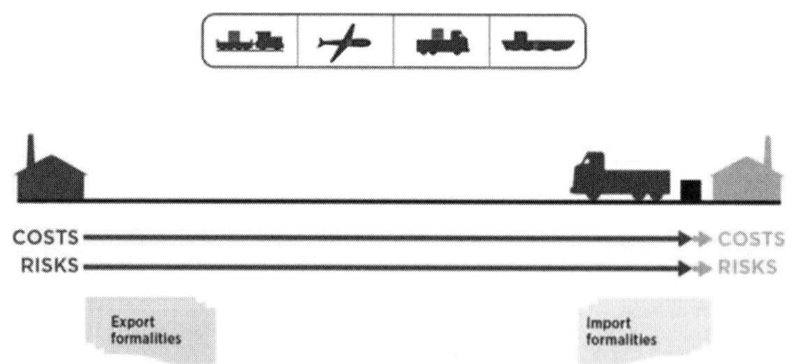

图 1-6　DPU

（七）DDP（Delivered Duty Paid）完税后交货

完税后交货（见图 1-7），是指卖方将货物运输至指定目的地（或约定交货地点）并做好卸载准备，办理进口清关，交由买方处置后完成交货，卖方承担将货物运至指定目的地的运输费用、卸货费用和货物灭失或损坏的风险，支付进口关税及其他应缴纳的税款。DDP 适用于铁路运输、公路运输、空运、海运、内河航运或者多式联运等任何形式的贸易运输方式。

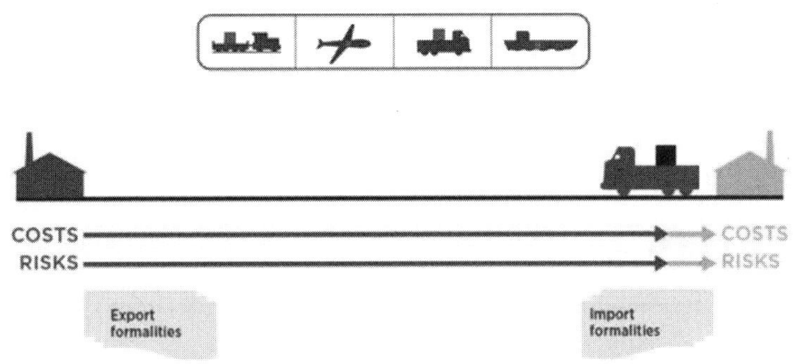

图 1-7　DDP

DDP 是 Incoterms® 2020 包括的 11 个术语中加诸卖方最大义务的术语。DDP 和 DPU 术语的最大区别在于：DDP 是出口方负责进口清关手续，DPU 是进口方负责进口清关手续；DDP 是买方负责卸货费用和风险，DPU 是卖方负责卸货费用和风险。

（八）FAS（Free Alongside Ship）船边交货

船边交货（见图 1-8），是指卖方在指定装运港将货物交到买方指定船舶的船边，卖方的风险、责任和费用均以此为界，以后一切的风险和费用均由买方承担。FAS 适用于海运和内河水运的贸易运输方式。FAS 要求卖方办理货物出口清关及承担相关费用。

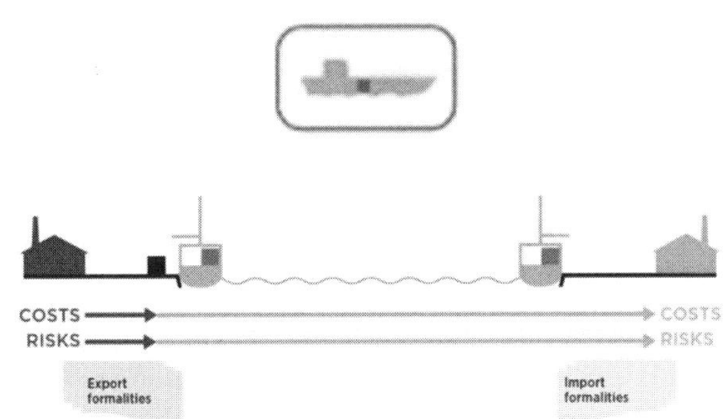

图 1-8　FAS

（九）FOB（Free On Board）船上交货

船上交货（见图 1-9），是指卖方在指定装运港将货物装上指定的船舶，卖方的风险、责任和费用均以此为界，以后运输的风险和费用均由买方承担。FOB 适用于海运和内河水运的贸易运输方式。FOB 要求卖方办理货物出口清关及承担相关费用。

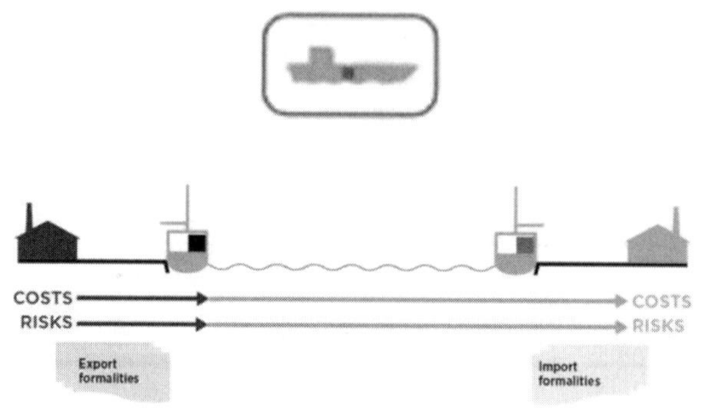

图 1-9 FOB

（十）CFR（Cost and Freight）成本加运费

成本加运费（见图 1-10），是卖方在装运港将货物装上指定的船舶即完成交货，卖方支付将货物运至指定目的港所需的费用，买方承担交货后货物灭失或损坏的风险。CFR 适用于海运和内河水运的贸易运输方式。

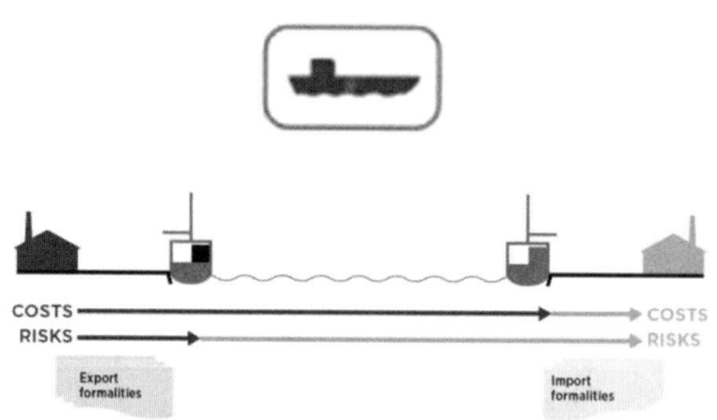

图 1-10 CFR

（十一）CIF（Cost Insurance and Freight）成本、保险费加运费

成本、保险费加运费（见图 1-11），是指卖方在装运港将货物装上指定的船舶即完成交货，卖方支付将货物运至指定目的港所需的费用和货物在运输途中灭失或损坏风险的保险费用，买方承担交货后货物灭失或损坏的风险。CIF 适用于海运和内河水运的贸易运输方式。

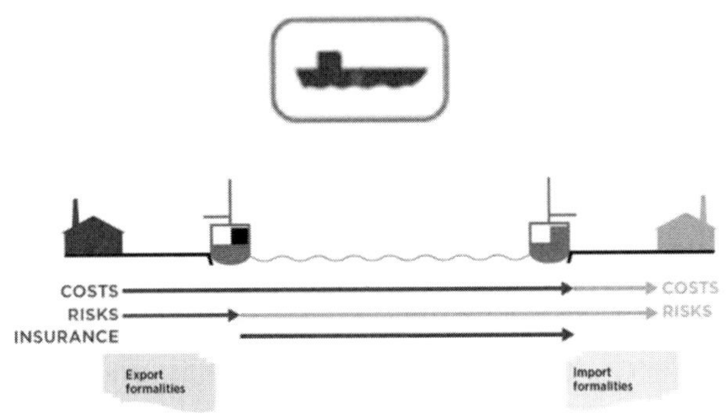

图 1-11 CIF

三、Incoterms® 2020 国际贸易术语的类型

根据与货物运输有关的 3 个标准，即使用的运输方式、主（国际）运费、运输途中的风险转移，Incoterms® 的贸易术语可以被分为不同类型。总体来说，Incoterms® 2020 是以运输方式作为分类的主要标准，即适用于所有运输方式的 Incoterms® 规则和仅适用于海洋/内陆水运运输模式的 Incoterms® 规则。

（一）按照运输方式为标准划分

Incoterms® 2020，根据运输方式来划分，条款划分与 Incoterms® 2010 一致，共有 7 种国际贸易术语规则能够用于所有的运输模式中，比如陆地（公路、铁路）运输、航空和海洋/内河水运，共有 4 种国际贸易术语规则仅能用于海洋/内河水运（运河、河和湖泊）。具体如下：

1. 用于所有运输模式和多式联运

能够用于所有运输模式和多式联运的国际贸易术语是：EXW、FCA、CPT、CIP、DAP、DPU、DDP（见表 1-2），将以上 7 个贸易术语分为 E 组、F 组、C 组与 D 组。

（1）E 组：EXW。

（2）F 组：FCA。

（3）C 组：CPT、CIP。

（4）D 组：DAP、DPU、DDP。

表 1-2　用于所有运输模式的贸易术语

贸易术语	交货地点	风险转移界限	出口报关的责任	进口报关的责任/费用负担
EXW	货物产地或所在地	买方处置货物时	买方	买方
FCA	出口国内地或港口	承运人处置货物后	卖方	买方
CPT	出口国内地或港口	承运人处置货物后	卖方	买方
CIP	出口国内地或港口	承运人处置货物后	卖方	买方
DPU	目的港或目的地任何地方	买方在指定地点收货后	卖方	买方
DAP	进口国目的地	买方在指定地点收货后	卖方	买方
DDP	进口国目的地	买方在指定地点收货后	卖方	卖方

2. 用于水上运输

仅适用于水上运输（海洋运输和内河水运）的国际贸易术语是：FAS、FOB、CIF、CFR（见表1-3），可分为F组、C组。

（1）F组：FAS、FOB。

（2）C组：CFR、CIF。

表 1-3　用于海洋运输或者内河水运模式的贸易术语

贸易术语	交货地点	风险转移界限	出口报关的责任	进口报关的责任/费用负担
FAS	装运港口	装运港船边为界	卖方	买方
FOB	装运港口	装运港船上为界	卖方	买方
CFR	装运港口	装运港船上为界	卖方	买方
CIF	装运港口	装运港船上为界	卖方	买方

（二）按照主运费承担为标准划分

以主运费（出口国到进口国这段路程的运费）是由卖方或者买方承担为标准，分为以下两种类型。

1. 主运费由买方支付

Incoterms® 2020 中主运费由作为进口商的买方支付的国际贸易术语规则有：

EXW、FCA、FAS、FOB，分为 E 组和 F 组。

（1）E 组：EXW。

（2）F 组：FCA、FAS、FOB。

2. 主运费由卖方支付

主运费由作为出口商的卖方支付的国际贸易术语规则有：CPT、CFR、CIP、CIF、DAP、DPU 和 DDP，分为 C 组和 D 组。

（1）C 组：CPT、CFR、CIP、CIF。

（2）D 组：DAP、DPU、DDP。

（三）按照风险转移地划分

以货物运输途中的风险转移的地点是主运输开始时的地点还是主运输结束时的地点为标准，分为以下两种类型。

1. 风险转移发生在主运输开始时的地点

风险转移发生在主运输开始时的地点的国际贸易术语有：EXW、FCA、FAS、FOB、CPT、CFR、CIP 和 CIF，分为 E 组、F 组、C 组。

（1）E 组：EXW。

（2）F 组：FCA、FAS、FOB。

（3）C 组：CPT、CFR、CIP、CIF。

2. 风险转移发生在主运输结束时的地点

风险转移发生在主运输结束时的地点的国际贸易术语有：DAP、DPU 和 DDP。

D 组：DAP、DPU、DDP。

（四）按照交货地点划分

国际贸易术语按照交货地点可划分为出口地交货与进口地交货。

1. 出口地交货

出口地交货的贸易术语有：EXW、FCA、FAS、FOB、CFR、CIF、CPT、CIP，将以上 8 个贸易术语分为 E 组、F 组与 C 组。以上贸易术语的卖方交货地点都在出口地，所以按这 8 种贸易术语签订的国际货物买卖合同称为装运合同。

（1）E 组：EXW。

（2）F 组：FCA、FAS、FOB。

（3）C 组：CPT、CFR、CIP、CIF。

2. 进口地交货

进口地交货的贸易术语有：DAP、DAT、DDP。国际商会将上述3种贸易术语称为D组。按这3种贸易术语签订的国际货物买卖合同称为到货合同。①

（五）按照交货地点、风险点及费用点的关系划分

（1）交货地点、风险点及费用点均集中在卖方营业场所的贸易术语为EXW。

（2）交货地点、风险点及费用点均集中在货交承运人时的贸易术语为FCA。

（3）交货地点、风险点及费用点均集中在装运港的贸易术语包括FAS、FOB。

（4）交货地点及风险点与费用点发生分离，交货地点及风险点在装运港，而费用点延伸到指定目的港的贸易术语包括CIF和CFR。

（5）交货地点及风险点与费用点发生分离，交货地点及风险点在货交承运人时，而费用点延伸到指定目的地的贸易术语包括CPT和CIP。

（6）交货地点、风险点及费用点均集中在进口地的贸易术语包括DAP、DPU和DDP。

（六）按照货物运输的责任及相关风险、费用承担划分

（1）货物运输的责任及相关风险、费用由卖方承担的贸易术语包括DAP、DPU和DDP。

（2）货物运输的责任及相关风险、费用由买方承担的贸易术语包括EXW、FCA、FAS、FOB。

（3）货物运输的责任和费用由卖方承担，风险则由买方承担的贸易术语包括CFR、CIF、CIP、CPT。

（七）按照交货性质划分

1. 象征性交货（Symbolic Delivery）术语

象征性交货是指卖方将代表货物所有权的有关单据交给买方或者银行，以代替货物实际交付的交货方式。只要买方提交的单据符合合同规定或者信用证的规定，无论货物是否运抵目的港（地），即有权要求买方支付货款。其实质是单款对流。象征性交货的地点通常在出口国，典型的象征性交货贸易术语是FOB、CFR、CIF。

① 融易进：LeBron《干货丨常见贸易条款术语简析》，载于EASYIN融易进微信公众号，2020年1月7日。

需要注意的是，这3个术语仅适用于海运方式，其项下的海运提单具有物权凭证的作用，但是，适合于其他运输方式的贸易术语如CPT、CIP等，其项下的运输单据如果是航空运单、铁路运单、邮包收据等，则它们并不具有物权凭证的作用，因此这些单据的交付并不能代替货物的实际交付。

2. 实际交货（Physical Delivery）术语

实际交货是指卖方将货物实际交给买方或买方的代理人的交货方式。在这种方式下，卖方只有将货物置于买方的实际控制之下，才算完成交货义务，并有权向买方收取货款。其实质是货款对流。

实际交货可以在出口国，也可以在进口国，属于实际交货的贸易术语包括EXW、FAS、DDP等。一般来说，在出口国实际交付对进口商不利，在进口国或第三国实际交付对出口商不利。①

（八）按照合同性质划分

1. 装运合同贸易术语

装运合同是指卖方必须将货物在合同规定的装运地点或指定地点交付给买方或买方的代理人，货物自交付之时起包括在运输途中可能发生的一切风险也同时转移给买方的买卖合同。除此之外，卖方还需要与承运人签订运输合同，及时向买方发出装运通知，以使买方做好收货的准备，取得并适时向买方提供合同约定的有关单据，使得买方可以凭有关单据占有货物。属于装运合同的贸易术语包括FCA、FOB、CFR、CIF、CPT、CIP等。

2. 到达合同贸易术语

到达合同是指卖方必须将货物运至指定的交货地点交由买方处置，并承担货物交给买方之前一切运输途中可能发生的风险以及有关运费、保险费用等的买卖合同。在该交货地点，风险点、责任点以及费用点三点合一。货物一旦交给买方，风险也随之转移。属于到达合同性质的贸易术语：DDP。②

---

① 冷柏军，周婷．国际贸易术语［M］．北京：首都经济贸易大学出版社，2008：24-25.

② 冷柏军，周婷．国际贸易术语［M］．北京：首都经济贸易大学出版社，2008：26.

四、Incoterms® 2020 六种主要贸易术语的异同点比较

（一）FOB、CFR、CIF 的异同点

1. 相同点

（1）交货方式：FOB、CFR、CIF 合同均属于象征性交货方式，即不用将货物实际交至买方手中，只用如期在约定的地点完成装运，并向买方提交合同规定的单据就意味着已完成交货。在象征性交货方式下，即使货物在运输途中毁损或灭失，买方仍应履行付款义务；同样，如果卖方提交的单据不符合要求，即使货物完好无损地运达目的地，买方仍有权拒付货款。

（2）运输方式：3 种术语都适用于水上运输方式，承运人一般为船舶运输公司。

（3）交货地点：3 种术语交货地点均为装运港指定的船舶上。

（4）风险划分界限：3 种术语均以在指定装运港装上指定的船舶为界，卖方承担货物在装运港装上船之前的风险，买方承担货物在装运港装上船之后的风险。

（5）卖方的权利和义务：提供合同约定的货物及商业发票；装运前后卖方均应及时向买方发出装船通知；在装运港安排订舱和船舶分配、装运港的装船、出口清关、出口许可证等均由卖方办理。

（6）买方的权利和义务：付款、接单、提货；办理进口清关手续及承担相关费用。

（7）费用点：卖方均承担货物在装运港装上指定船舶为止的一切费用。

2. 不同点

（1）运输责任不同：CFR 和 CIF 由卖方办理运输，FOB 由买方负责办理。

（2）办理保险的责任不同：CIF 合同下由卖方办理保险，FOB 和 CFR 合同下买卖双方均无办理保险的义务，但买方为了自己的风险控制考虑，一般会自行办理货物运输保险。

（3）指定地点不同：FOB 后为指定装运港，CFR 和 CIF 后为指定目的港。

（二）FCA、CPT、CIP 的异同点

1. 相同点

（1）交货方式：FCA、CPT、CIP 合同均属于象征性交货方式，即单据买卖。

（2）运输方式：3 种术语均适用于包括多式联运在内的任何运输方式（水上运输、航空运输、铁路运输、公路运输）。

（3）风险划分界限：3 种术语下的风险转移均以货交第一承运人为界，卖方如期在出口国的内地或港口把货物交给承运人时，货物毁损或灭失的风险等由卖方转移至买方。

（4）卖方的权利和义务：提供货物及商业发票、将货物交至承运人；自行负担风险和费用，取得出口许可证或其他官方批准证件，并办理货物出口所必须的一切海关手续；卖方支付货物出口所需的办理海关手续的费用以及为出口应缴纳的一切税捐等。

（5）买方的权利和义务：付款、接单、提货；买方自负风险和费用，取得进口许可证或其他官方批准文件，并办理货物进口以及必要时经另一国家过境运输所需的一切海关手续；买方支付货物进口和必要时经另一国家过境运输应缴纳的一切税捐和其他官方费用及办理海关手续的费用。

2. 不同点

（1）运输责任不同：CPT 和 CIP 合同下由卖方办理运输，FCA 合同下由买方办理。

（2）办理保险的责任不同：CIP 合同下由卖方办理保险，FCA 和 CPT 合同下买卖双方均无办理保险的义务，但买方为了自己的风险控制考虑，一般会自行办理货物运输保险。

（3）指定地点不同：FCA 后为指定交货地点，CPT 和 CIP 后为指定目的地，因运输方式不同，视情况而定。

（三）FOB 与 FCA 的异同点

1. 相同点

（1）交货条件：二者均属于出口国装运港（装运地）交货条件。

（2）卖方的一般义务：二者均规定了卖方必须提供符合买卖合同约定的货物及商业发票，以及合同可能要求的任何其他符合证据、单据。

（3）订立的合同：二者均规定了卖方无订立运输合同的义务，但如果买方请求或有商业惯例，且买方没有在适当时间内做出相反的指示，则卖方可以按照通常条件订立运输合同，但是需要买方承担风险和费用。

（4）出口清关手续及费用：当需要办理通关手续时，卖方必须要自负费用及风险取得出口许可证或其他官方批准文件，并办理货物出口所需的一切通关手续。卖方必须支付货物出口所需的通关手续费用，以及出口应缴纳的一切税款和其他费用。

2. 不同点

（1）运输方式及交货地点不同：FOB 仅适合水上运输，因此交货地点只能在指定装运港；而 FCA 则适用于包括多式联运方式在内的任何运输方式，交货地点依运输方式的不同由双方加以约定。

（2）风险划分界限不同：FOB 是以在指定装运港装上指定船舶为界，FCA 则是以货交承运人为界。

（3）交货方式不同：FOB 是象征性交货的贸易术语，FCA 的情况比较复杂，在单纯海洋运输的情况下可以做成可转让提单，可以作为象征性交货术语，在其他运输方式下不属于象征性交货术语。[①]

（4）提交的运输单据不同：在 FOB 术语下，卖方所应提交的运输单据必须表明货物已装上船，即卖方应提供注明，如“On Board”字样的运输单据，此项运输单据必须可使买方在目的港向承运人索取货物；而 FCA 的交货地点在内陆，承运人签发运输单据时，货物尚未装上运输工具，因此对卖方提供货物已交承运人的通常证明即可。

（5）装卸费的负担规定不同：FOB 在租船的情况下，为解决装卸费的负担问题有产生贸易术语的变形，而 FCA 不需要为解决装卸费的负担而产生贸易术语的变形。

（四）CPT 与 CFR 的异同点

1. 相同点

（1）二者都是由卖方负责订立运输合同、安排将货物运输至指定目的地并承担运费，货物在运输过程中的风险都由买方承担，由买方自行投保并承担保险费用。

（2）二者都属于装运港（装运地）交货的术语，签订的合同都属于装运合同，卖方只需保证按时交货，并不保证按时到货。

---

① 傅龙海．国际贸易理论与实务（第五版）［M］．北京：对外经济贸易大学出版社，2018：184.

2. 不同点

(1) 运输方式及交货地点不同：CFR 适用于水上运输方式，承运人一般只限于船舶运输公司，因此交货地点只能在装运港船上；而 CPT 则适用于包括多式联运方式在内的任何运输方式，承运人可能是公路（铁路）承运人、航空公司、联运承运人，且承运人不必拥有运输工具，交货地点在第一承运人营业处所，依运输方式的不同由双方约定。

(2) 风险划分界限不同：CFR 风险划分是以在指定装运港装上指定船舶为界，CPT 风险划分是以货交承运人为界，即货物在运输途中灭失或者损坏的风险以及货物交给第一承运人后发生的任何额外费用，均由买方承担。

(3) 提交的运输单据不同：在 CFR 术语下，卖方应提供注明，如“On Board”字样的运输单据，此项运输单据必须可使买方在目的港向承运人索取货物；而 CPT 术语的运输单据无此项要求。

(4) 货物所有权的转移不同：在 CFR 术语下，在一般情况下，当卖方交出代表货物的海运提单，货物所有权就由卖方转移至买方；但在 CPT 术语下，除非其为可流通（转让）提单，否则不能仅通过交付运输单据，货物所有权就发生转移。

(五) CIF 与 CIP 的异同点

1. 相同点

(1) 价格构成：二者都包含了运费及保险费，卖方都应承担安排运输至目的港（目的地）、保险的责任并支付有关的运费及保险费用。

(2) 二者都属于装运地交货，签订的都是装运合同，风险转移和费用、责任的分担问题一样，风险转移在先，费用转移在后。

2. 不同点

(1) 适用范围不同：CIF 仅适合水上运输，因此交货地点只能在装运港；而 CIP 则适用于包括多式联运方式在内的任何运输方式。

(2) 交货地点不同：CIF 交货地点为出口国装运港船上，CIP 为出口国装运地（包括装运港）货交承运人。

(3) 风险划分界限不同：CIF 风险划分是以在指定装运港装上指定船舶为界，CIP 风险划分是以货交承运人为界。

(4) 保险类型不同：CIF 单纯为海洋运输保险，CIP 可能涉及陆运或航空险，如果用海洋运输还包括海运险。①

（六）FOB与CIF的异同点

1. 相同点

（1）运输方式及交货地点：二者都适用于水上运输方式，承运人一般只限于船舶运输公司，因此交货地点只能在装运港船上。

（2）风险划分界限：二者风险转移均以在装运港装上指定船舶为界，卖方在装运港将货物装船后，风险点从卖方转移至买方。

（3）卖方的一般义务：卖方都有在装运港安排订舱、配船的义务；装运前后卖方均有及时向买方发出装船通知的义务。

（4）目的港的进口清关、费用等均由买方负责办理；装运港的装船、陆运、出口报关、办理许可证等均由卖方办理。

2. 不同点

（1）价格术语后港口性质不同：FOB下的港口指卖方所在国的海港或河港，而CIF下的港口指买方所在国的海港或河港，CIF术语后的目的港应注明港口所属的国别（地区），例如“维多利亚港”，在中国香港地区、英国、巴西等地均有，因此必须注明港口所属国别（地区）来明确。

（2）费用构成与报价不同：FOB价格是考虑货物从原料购进、生产直到出口报关货物装到买方指定的船舶上的一切费用和利润，CIF价格则是在FOB价格的基础上再加上海运费和保险费。

（3）保险费支付与办理不同：FOB保险由买方自行办理，买方可以不办理保险，于装船前通知买方并自担海上运输的风险；CIF保险由卖方办理并支付保险费，卖方按合同条款、保险条款办理保险并将保险单交给买方。

（4）租船订舱不同：FOB由买方指定的船舶运输公司或船代公司甚至货代公司安排船运，买方能否及时租船订舱，会影响卖方的及时交货以及银行交单等。CIF价格则由卖方自主选择船舶运输公司或货代公司。

（5）装船通知告知买方的时间不同：FOB在装船前告知买方装船内容、装船细节以便买方有充足的时间办理货物海上保险，而CIF是由卖方投保，可在装船后几

① 傅龙海．国际贸易理论与实务（第五版）［M］．北京：对外经济贸易大学出版社，2018：188.

天内告知买方。

（6）不可抗力风险不同：在货物装船后，在装运港或运输途中遭受不可抗力等自然灾害或意外事故，而卖方提交的单据与信用证规定有不相符之处，在遭到开征行拒付货款的情况下，FOB 和 CIF 所承担的风险和索赔难度不同。CIF 由卖方负责办理保险，在装运港投保，在客户拒付退单的情况下，卖方可凭保单向当地保险公司索赔；而 FOB 一般是由买方自行办理保险，保单在买方手里，保险公司又大多在国外，卖方难以向保险公司索赔。①

（七）FOB、CFR、CIF、FCA、CPT 与 CIP 这 6 种主要贸易术语的比较

1. 相同点

（1）交货方式：FOB、CFR、CIF 3 种装运港上交货的成交方式与 FCA、CPT、CIP 3 种向承运人交货的成交方式在买卖双方责任划分的基本原则上是相同的，它们都属于象征性交货，订立的买卖合同为装运合同。

（2）均由卖方负责出口报关，买方负责进口报关。

（3）买卖双方所承担的运输、保险责任互相对应，即 FCA 和 FOB 一样，由买方办理运输，CPT 和 CFR 一样，由卖方办理运输，而 CPT 和 CFR 一样，由卖方承担办理运输和保险的责任。由此而产生的操作注意事项，也是相类似的。

2. 不同点

（1）适用的运输方式和交货地点不同：FOB、CFR、CIF 仅适用于水上运输方式，其承运人多为船舶运输公司，交货地点均为装运港船上；而 FCA、CPT、CIP 适用于包括多式联运在内的任何运输方式，其承运人可以是船舶运输公司、铁路局、航空公司等，交货地点相应依照不同的运输方式由双方约定，可以是在卖方处所由承运人提供的运输工具上，也可以是在铁路、公路、航空、内河、海洋运输承运人或多式联运承运人的运输站或其他收货点。

（2）风险划分界限不同：FOB、CFR、CIF 的风险均以货物在指定装运港装上指定船舶为界；而 FCA、CPT、CIP 以货交承运人为界，风险于卖方将货物交由承运人监管时，由卖方转移至买方。

（3）租船运输时装卸费用的负担不同：在 FOB、CFR、CIF 术语下，卖方承担

---

① 融易进：LeBron《干货｜常见贸易条款术语简析》，载于 EASYIN 融易进微信公众号，2020 年 1 月 7 日。

货物在装运港装上船舶前的一切费用，但由于货物装船是一个连续的作业，各港口的习惯做法又不一致，所以在FOB合同中，应明确装船费用由何方负担；在CFR和CIF合同中，需进一步明确卸货费用由谁负担。而在FCA、CPT、CIP术语下，如涉及海洋运输，并使用程租船装运，卖方将货物交给承运人时所支付的运费，或由买方支付的运费，已包含了承运人接管货物后在装运港的装船费用和目的港的卸货费。

（4）运输单据不同：在FOB、CFR、CIF术语下，卖方一般应向买方提交已装船的清洁提单；而在FCA、CPT、CIP术语下，卖方提交的运输单据则视不同的运输方式而定。

（5）保险类型不同：由于FOB、CFR、CIF只涉及水路运输方式，因此只可能为货物投保海洋运输保险；而在FCA、CPT、CIP术语下，由于运输方式的多样化，因而投保的险别也会随运输方式的不同而有所区别，涉及海运、陆运、空运等众多种类。

（八）FOB、CFR与CIF相互换算方式

FOB价也称离岸价，卖家只承担货物在装运港装到指定船舶上为止的费用和责任，CFR价是卖家需要承担的成本加运费，CIF价是成本、保险加运费。

1. FOB、CFR与CIF 3种术语的换算

（1）FOB价换算为其他价。

CFR价=FOB价+国外运费

CIF价=（FOB价+国外运费）/（1-投保加成×保险费率）

（2）CFR价换算为其他价。

FOB价=CFR价-国外运费

CIF价=CFR价/（1-投保加成×保险费率）

（3）CIF价换算为其他价。

FOB价=CIF价×（1-投保加成×保险费率）-国外运费

CFR价=CIF价×（1-投保加成×保险费率）

2. FCA、CPT与CIP 3种术语的换算

（1）FCA价换算为其他价。

CPT价=FCA价+国外运费

CIP 价＝（FCA 价+国外运费）／（1−保险加成×保险费率）

（2）CPT 价换算为其他价。

FCA 价＝CPT 价−国外运费

CIP 价＝CPT 价／（1−保险加成×保险费率）

（3）CIP 价换算为其他价。

FCA 价＝CIP 价×（1−保险加成×保险费率）−国外运费 CPT[①]

第二节　国际贸易术语的产生和发展

一、国际贸易术语的起源

国际贸易起源于奴隶社会，它是随着商品交换跨越国界而产生的，然而贸易术语却是国际贸易发展到一定历史阶段的产物。根据有关史料记载，中世纪时，海外贸易的主要形式，是商人自己备船将货物运到国外，在当地市场直接销售。也有一些商人亲自到国外采购货物然后运回国内销售。还有的是两者兼顾，在售出货物的同时，购进所需的货物。不论哪种方式，都是货主自己承担货物在长途运输中的全部风险、责任和费用。这些做法是与当时的商品经济发展水平相适应的。直到 1812 年，在英国的利物浦港，出现了最早的国际贸易术语，即 FOB 术语（Free on Board）。[②] 据有关资料介绍，此时的 FOB 是指买方事先在装运港口租订一条船，并要求卖方将其售出的货物交到这艘船上，买方全程监督交货的情况，并对货物进行检查，如果买方认为货物与他事先看到的样品一致，就在现场即时交付货款。这就是 FOB 术语的雏形。随着科技的进步，运输和通信工具的发展，国际贸易的条件发生了翻天覆地的变化，轮船公司、保险公司、银行的出现，为国际贸易的发展提供了条件。[③] 到 1862 年以后，随着国际贸易的进一步发展，英国又出现了 CIF 术语，

---

① 青岛华海集运：《贸易术语 FOB、CIF、CNF & CFR 简介和区别》，载于华海集运微信公众号，2020 年 6 月 12 日。

② 曹旭平．新编国际贸易实务［M］．北京：中国工信出版集团，2018：52.

③ 黎孝先，王健．国际贸易实务（第六版）［M］．北京：对外经济贸易大学出版社，2016：16.

以CIF为代表的单据买卖方式逐渐成为当时的国际贸易中最常用的贸易做法。[①] 随着国际贸易和交通运输及电子技术的发展，相继又出现了一系列的贸易术语。

为什么会出现这些贸易术语呢？由于国际贸易具有路线长、涉及面广、环节多、风险大的特点，货物从生产者手中转移到国外消费者的手中，这中间要经历长途运输、过多道关卡，牵扯到银行、商检、海关、保险等方方面面的工作，货物遭遇自然灾害或意外事故的可能性很大，因此，交易双方在洽商交易、订立合同时，必然要考虑以下几个重要问题：第一，卖方在什么地方，以什么方式办理交货；第二，货物发生损坏或灭失的风险，何时由卖方转移给买方承担；第三，货物运输的办理、保险及通关过境的手续由谁负责；第四，办理上述事项所涉及的各项费用，由谁承担；第五，买卖双方需要交接哪些有关的单据。

在具体的交易中，上述问题都必须是预先明确的，国际贸易术语则正是为了解决这些问题，在实践中产生和发展起来的。

在上述问题中，交货地点是核心问题，它的确定往往对其他问题起到决定性的作用。交货地点不同，卖方承担的风险、责任和费用也不相同。至于如何规定，要由买卖双方协商。国际贸易术语直接关系到商品价格的构成，这也是许多人将国际贸易术语称为价格术语的原因。

前文在介绍国际贸易术语的含义时指出，国际贸易术语能够说明交货地点，商品的价格和买卖双方有关费用、风险和责任的划分，从而确定买卖双方在交货和接货过程中应尽的义务。这样既可以节省交易磋商的时间和费用，又可以简化交易过程和买卖合同的内容，有利于交易的达成和贸易的发展。

二、国际贸易术语的变形与发展

国际贸易术语在长期的贸易实践中，无论在数量、名称还是其内在含义方面，都经历了巨大的变化。新的国际贸易术语随着国际贸易不断发展应运而生，同一个名称的术语，由于内涵的变化，取代了旧的术语。

国际商会于1936年首次发布了Incoterms®。此后，随着贸易发展的需要，Incoterms®不断进行更新，在数量、名称和含义方面都经历了很大的变化，至今经历过8次更新。最新版本为2020年版，于2019年9月10日发布，并于2020年1月

① 曹旭平．新编国际贸易实务［M］．北京：中国工信出版集团，2018：52.

1 日在全球生效。以下是对各个版本 Incoterms® 修订变化的简要整理（见图 1–12）。

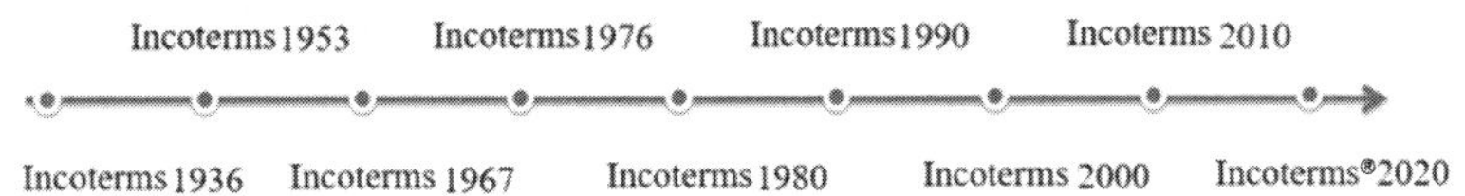

图 1–12 修订变化

（一）1936 年第一版

1936 年，国际商会发布了第一版——Incoterms 1936。早在这之前已有术语被应用到国际贸易中，如 FOB 术语、CIF 术语。1812 年，在英国第一次工业革命期间，英国法院就承认了 FOB 术语的应用。但是 Incoterms 1936 的整理发布是规范国际贸易的首次尝试，意义重大。

（二）1953 年修订版

1953 年，随着第二次世界大战结束和铁路运输的兴起，Incoterms® 进行了第一次修订，增加了 FOR（Free on Rail）和 FOT（Free on Truck）两个专用于铁路运输的术语及 DCP（完税后交货）。

（三）1967 年修订版

1967 年，国际商会发布了第三版——Incoterms 1967，引入了两个新的贸易术语 DAF 和 DDP。

（四）1976 年修订版

1976 年，为适应航空货运业务的发展，FOA（启运地机场交货）术语被引入修订版，以区别传统的 FOB 术语。

（五）1980 年修订版

1980 年，集装箱运输份额极速增长，为适应集装箱多式联运业务的要求。新术语 FRC 被引入修订版，这个术语逐渐演变为如今广泛使用的 FCA 术语。Incoterms 1980 中已包含了 14 种术语。

（六）1990 年修订版

在 20 世纪 80 年代中期，通过电脑进行的电子数据交换在发达国家得到广泛运用，且集装箱多式联运业务在国际贸易中被普遍使用，为了适应电子数据交换和国际上的集装箱多式联运新发展，国际商会在 Incoterms 1990 中删除了仅适用于单一运输方式的 FOR 和 FOT 术语（铁路交货），增加了 DDU（未完税交货），将 FRC 术语变更为 FCA 术语。将 14 种贸易术语修订为 13 种，并且对部分术语的国际代码做了适当的改动，对各种贸易术语的解释更加系统化、条理化和规范化。

（七）2000 年修订版

20 世纪 90 年代后期，新技术革命兴起，为满足国际贸易发展的需要，国际商会又根据新技术革命和国际贸易发展的需要，推出了 Incoterms 2000，保留了原来的术语，但是对各方的权利和义务做了适当的变更。

1996 年，国际商会着手对 Incoterms 1990 进行修订，它所辖的国际商业惯例委员会于 1997 年 6 月成立修改小组，将设计好的问卷通过各国国家委员会向该国有关的银行、保险公司等广泛征求意见，以实现贸易术语与当代贸易实务的紧密结合，并对 1990 年版条款中曾因语义不明而引起纠纷或误解的部分予以澄清。参阅回收问卷，工作小组形成了修改初稿，并在报送各国国家委员会征求意见后，召开了修订会议。于 1999 年 9 月中旬公布英文版正式版本，2000 年 1 月 1 日起正式实施，称为 Incoterms 2000。它保留了 1990 年版的 13 种贸易术语，其修订主要体现在形式和内容的变化两个方面，如表 1-4 所示。

表 1-4 Incoterms 2000 中的贸易术语

组别	术语	内容	翻译
E 组（启运）	EXW	Ex Works	工厂交货（指定地点）
F 组（主要运费未付）	FCA	Free Carrier	货交承运人（指定地点）
	FAS	Free Alongside Ship	船边交货（指定装运港）
	FOB	Free on Board	船上交货（指定装运港）
C 组（主要运费已付）	CFR	Cost and Freight	成本加运费（指定目的港）
	CIF	Cost，Insurance and Freight	成本加保险费、运费（指定目的港）
	CPT	Carriage Paid To	运费付至（指定目的港）
	CIP	Carriage and Insurance Paid To	运费、保险费付至（指定目的港）
D 组（到达）	DAF	Delivered at Frontier	边境交货（指定地点）
	DES	Delivered Ex Ship	船上交货（指定目的港）
	DEQ	Delivered Ex Quay	码头交货（指定目的港）
	DDU	Delivered Duty Unpaid	未完税交货（指定目的地）
	DDP	Delivered Duty Paid	完税后交货（指定目的地）

1. 形式的变化

（1）定义部分。国际商会在对 Incoterms 2000 的介绍中，将各种常用的专业词汇如“发货人（Shipper）”“交货（Delivery）”等做了明确解释。

在 Incoterms 2000 中明确了“清关”的概念，即“清关”是指无论何时，当卖方或买方承担将货物通过出口国或进口国海关时，不仅包括缴纳关税或其他费用，而且还包括办理一切与货物通过海关有关的行政事务的手续，以及向当局提供必要的信息并缴纳相关费用。

当时一些地区，如欧盟内部或其他自由贸易区规定，对进出口货物不必办理报关手续，并全部或部分免征关税，为此，Incoterms 2000 在相关的 A2 和 B2（许可证、其他许可和手续）以及 A6 和 B6（费用划分）条款中都加入“在需要办理海关手续时（where applicable）”的用语。据此，明确了对这些无关税区的进出口货物，在无须办理海关手续的情况下，即可免除买卖双方办理进、出口清关手续及缴纳有关的关税、捐款和其他费用的义务。

（2）卖方义务与买方义务的排列。Incoterms 2000 将每种贸易术语项下卖方和买方各自应承担的义务相互对比，纵向排列。

（3）补充条款。Incoterms 2000 在买方义务的第三条的标题上加了保险合同一项，这在 Incoterms 1990 中是没有的。

（4）适用性。Incoterms 2000 中明确，如合同当事人在签订销售合同时，表示按 Incoterms® 的规定办理，未避免引起不必要的纠纷，应在合同中明确适用的版本。

2. 内容的变化

（1）在 FAS 和 DEQ 术语下，办理清关手续和缴纳关税的义务。Incoterms 2000 指出，清关手续由所在国的一方或其他代表办理，通常是可取的。因此，卖方应办理出口清关手续，买方应办理进口清关手续。而 Incoterms 1990 中的 FAS 术语要求买方办理货物的出口清关手续，DEQ 术语将办理货物的进口清关手续。因此 Incoterms 2000 中的 FAS 和 DEQ 术语将办理出口和进口清关手续的义务分别改变为由卖方和买方办理。这种改变更为合理，办理更加方便。

（2）在 FCA 术语下，装货与卸货的义务。Incoterms 2000 中的 FCA 术语删去了有关运输方式的区别以及集装箱货和非集装箱货的区别，规定 FCA 术语可适用于各种运输方式，包括多式联运。FCA 术语卖方对交货地点的选择，会影响在该地点装货和卸货的义务。如卖方在其所在地交货，卖方应负责装货；如卖方在任何其他地点交货，卖方不负责卸货，即当货物在卖方运输工具上，尚未卸货，而将货物交给买方指定或卖方选定的承运人或其他人支配时，交货即算完成。①

（八）2010 年修订版

Incoterms® 2010 于 2010 年 9 月正式面世，并于 2011 年 1 月 1 日起生效，共规定了 11 种贸易术语。按照所适用的运输方式划分为两类：第一组，适用于任何运输方式的术语 7 种 EXW、FCA、CPT、CIP、DAT、DAP、DDP；第二组，适用于水上运输方式的术语 4 种 FAS、FOB、CFR、CIF。这次修订考虑到了全球范围内免税区的扩展，商业交往中电子通信运用的增多，货物运输中安保问题关注度的提高以及运输实践中的许多变化。

与 Incoterms 2000 相比，Incoterms® 2010 更准确地标明了各方承担货物运输风险和费用的责任条款，具体而言：

1. 贸易术语的整体结构上的变化

Incoterms® 2010 删除了 DAF、DES、和 DDU 这 3 个 D 组术语，代之以新增加的 DAP，删除了 DEQ 术语，代之以新增加的 DAT 术语，贸易术语的总数量由 13 个下降至 11 个。新增的两个术语有助于船舶管理公司理解货物买卖双方支付各种收费时的角色，弄清码头处理费的责任方，有助于避免经常出现的码头处理费纠纷。②

2. 承担义务的排列方式的变化

将每种贸易术语项下买卖双方各自承担的义务的排列方式进行了调整，Incoterms® 2010 改变了 Incoterms 2000 中将卖方和买方承担的义务相互交叉对比、纵向排列的情况，而是进行横向比较，即将每个术语卖方及买方的相关义务编列为 10 个标题，在卖方义务的每个标题对照有关同一事项的买方义务，各自承担的义务一目了然。

3. 取消了“船舷”的概念

Incoterms® 2010 取消了“船舷”的概念，不再设定“船舷”的界限，只强调卖方承担货物装上船为止的一切风险，买方承担货物自装运港装上船开始起的一切

---

① 冷柏军，周婷 . 国际贸易术语［M］. 北京：首都经济贸易大学出版社，2008：39-41.

② 参照《一图看懂 Incoterms® 2020，与 2010 版相比的 7 点更新内容》，载于中国国际商会微信公众号，2019 年 12 月 3 日。

风险。

4. 贸易术语适用范围的变化

由于东盟、欧盟等一些区域性大型贸易组织的存在，使得原本存在的边界通关手续有所突破，例如，国际商会在 Incoterms® 2010 中明确写明“如适用时，FCA 要求卖方办理货物出口清关手续”，“如适用时”说明只有在适用的情况下，卖方才有义务遵守出口清关手续，反之，不适用则不需办理相关手续。[①]

（九）2020 年修订版

2019 年，为适应国际贸易实务的需求，在广泛征求意见的基础上，最新版 Incoterms® 主要做了以下修改：在 FCA 术语项下增添了签发装船提单选项；在各术语项下专门设置了费用条款；对 CIF 和 CIP 规定了不同的最低险别；将 DAT 术语更改为 DPU 术语；在 FCA 和 D 组术语中加入“使用自己的交通工具”条款；明确每个术语项下的安全要求和辅助成本。

值得注意的是，Incoterms® 中对国际贸易术语的解释和普通法下的解释有所不同，只有明确约定适用 Incoterms® 的情况下，Incoterms® 中的贸易术语才能适用。

每一版 Incoterms® 的修订都是国际商会基于不断变化的国际贸易发展需求，在广泛听取各方意见的基础上努力的结果。纵观 Incoterms® 发展的八十多年，每一版的 Incoterms® 都在前版的基础上做到了更明晰地向用户展示各术语所规定的买卖双方的权利与义务，便于买卖双方在签订合同时选择合适的术语。值得注意的是，Incoterms® 也被越来越多地运用于国内贸易中，在当事人援引的情况下，其可作为我国法院审判的依据。因此无论是适应国际贸易发展新趋势，还是关注国内贸易发展新特征，都要求我们不断学习掌握 Incoterms® 内容并防范使用风险。[②]

Incoterms® 2020 与 Incoterms® 2010 比较，主体内容与 Incoterms® 2010 的规定基本一致，并没有进行大幅度的修改，主要是对一些贸易术语的细节问题进行了完善和改进，使国际贸易术语更具操作性和实用性。现将主要变化之处简要总结如下：[③]

---

① 冷柏军，张玮. 国际贸易理论与实务［M］. 北京：中国人民大学出版社，2019：200-201.

② 参照《Incoterms® 2020 精品解读之前世今生》，载于大道会展微信公众号，2020 年 7 月 24 日。

③ 参照《一图看懂 Incoterms® 2020，与 2010 版相比的 7 点更新内容》，载于中国国际商会微信公众号，2019 年 12 月 3 日。

1. 形式上作出了调整

（1）调整了栏目顺序。Incoterms® 2020 中，每个术语的 10 个 A/B 栏目顺序都做了重大调整。在 A1/B1 中记载了各当事人的基本的货物/付款义务后，交货和风险转移被分别移至更显著的位置——A2/B2 和 A3/B3。

（2）Incoterms® 2020 首次增加了条款的“横向”格式，将所有类似条款集中在一起，使用者可更清晰地观察到不同术语交货地、费用、保险、清关、通知等项目的区别。

（3）Incoterms® 2020 改进了 Incoterms® 2010 每个术语中关于费用的承担分散在不同的条款中的问题，Incoterms® 2020 在每个术语下都明确规定了与安全有关的义务分配规则以及相应的费用承担方式，对双方应该承担的费用提供了“一站式费用清单”，有利于使用者快速查阅。①

2. 将安保费用纳入运输费用

针对货物因故存储在仓库或码头，期间产生的安保费用该由谁承担的问题，Incoterms® 2020 将安保费纳入运输费用，即谁来承担运输责任，将承担相应的安保费用。② 该项规则贴合实践，解决了国际货物买卖安保费的归责困难。

3. DAT 术语的重大变化

一是将 DAT 与卖方无须卸货的 DAP 呈现的顺序颠倒过来；二是将 DAT（Delivered at Terminal）修改为 DPU（Delivered at Place Unloaded），DPU 取代 DAT 模式，旨在将交货地点由“运输终端”更科学地定位于“卸货地”，即要在卸货地卸货清点完毕之后，卖方交货义务才算完成，这样就使卸货义务更加明确。③

4. 提高 CIP 的保险等级

Incoterms® 2010 中，对 CIF 和 CIP，若买卖双方就保险级别有约定遵从约定，无约定则仅须投保最低级别的海上货物运输保险（即“平安险”），而在 Incoterms® 2020 中，对 CIF 的规定保持不变，将 CIP 模式下的保险级别由最低险提高到了最高险（即“一切险”，不包括除外责任）。

5. FCA、DAP、DPU、DDP 模式下，双方可自定义运输方式

在 Incoterms® 2010 中，当双方当事人采用 FCA、DAP、DPU 和 DPP 进行贸易

① 参照《Incoterms® 2020 解析》，载于中国外汇微信公众号，2020 年 6 月 17 日。

② 张丽芳．《国际贸易术语解释通则® 2020》主要修订解读［J］. 对外经贸，2020（1）：46.

③ 杨霄．《国际贸易术语解释通则》新旧版比较［J］. 中国外汇，2019（11）：67.

时，买卖双方之间的货物运输要由第三方承运。Incoterms® 2020 赋予买卖双方选择自定义运输方式的权利，即除选择第三方承运之外，买卖双方还可以使用自有运输工具。

6. FCA 术语新增买方可同意承运人签发提单机制

在 Incoterms® 2010 中，FCA 术语下卖方只要将货物在指定的地点交给买方指定的第一承运人，并办理完成出口清关手续，即完成交货。这也就意味着，卖方在货物“装船前”即宣告完成了交货义务，将货物交给了买方。这种情况就会导致卖方在完成交付货物义务时，无法从承运人处收取提单的尴尬局面的发生。考虑到这一市场实际情况和贸易需求，Incoterms® 2020 在 FCA 术语中就提单问题创造性地引入了新的附加机制。Incoterms® 2020 在 A6/B6 中对此做出全新规定：“A6 交货/运输单据”规定，若买方指示承运人向卖方出具 B6 项下的运输单据，则卖方必须向买方提交承运人出具的这一单据；“B6 交货/运输单据”规定，如果双方已如此约定，买方必须自担费用及风险，指示承运人向卖方出具表明货物已经装载的运输单据（如已装船提单）。根据该附加机制，若买卖双方达成合意，则买方可以同意其指定的承运人在装货后向卖方签发已装船提单，然后由卖方向买方做出交单动作。这就避免了卖方无法拿到已装船提单的情形，符合银行在信用证项下的单证相符的要求，使国际货物贸易链的运作逻辑更加缜密、周延。①

由于世界各港的惯例不同，对于卸货费用也有不同的规定，有的港规定由船方负担，有的港规定由买方负担。如属前者，若是大宗货物，船方如不愿承担卸货费用，势必将卸货费用转移给租船人，这样就会增加卖方的负担。因此，买卖双方必须在贸易合同中明确由谁负担卸货费用。在实践中，通常是在贸易术语后加附加条件来说明，由此便产生了贸易术语的变形。以 FOB、CFR、CIF 为例，这 3 个术语的变形如表 1-5 所示。

① 《新版国际贸易术语 Incoterms® 2020 变化解析及实务操作技巧》，载于中豪律师集团微信公众号，2020 年 7 月 13 日。

表 1-5　FOB、CFR、CIF 术语的变形①

术语的变形	对应中文	相关费用
FOB Liner Terms	FOB 班轮条件	装船费用按照班轮的做法处理，装船费用由船方或买方承担
FOB Under Tackle	FOB 吊钩下交货	卖方负担将货物交到船只吊钩所及之处，入舱费由买方负担
FOB Stowed	FOB 理舱费②在内	卖方负担将货物装入船舱并承担包括理舱费在内的装船费用
FOB Trimmed	FOB 平舱费③在内	卖方负担将货物装入船舱并承担包括平舱费在内的装船费用
FOB Stowed and Trimmed	FOB 理舱费和平舱费	卖方负责装船、承担理舱费和平舱费
CFR Liner Terms	CFR 班轮条件	卸货费用按班轮办法处理，由船方或卖方承担
CFR Landed	CFR 卸至码头	由卖方负担卸货费，包括因船不能靠岸，需将货物用驳船卸到岸上支出的驳运费在内的费用
CFR under Ship's Trackle	CFR 吊钩下交货	卖方负担将货物从船舶起卸到吊钩所及之处（码头或驳船上）的费用
CFR Ex Ship's Hold	CFR 舱底交货	货物运到目的港后，由买方自行启舱，并负担货物从舱底卸到码头上的费用
CIF Liner Terms	CIF 班轮条件	卸货费用按班轮办法处理，由船方或卖方承担
CIF Landed	CIF 卸至码头	由卖方负担卸货费，包括因船不能靠岸，需将货物用驳船卸到岸上支出的驳运费在内的费用
CIF under Ship's Trackle	CIF 吊钩下交货	卖方负担将货物从船舶起卸到吊钩所及之处（码头或驳船上）的费用
CIF Ex Ship's Hold	CIF 舱底交货	货物运到目的港后，由买方自行启舱，并负担货物从舱底卸到码头上的费用

上述贸易术语的变形，只是为了表明在使用航次租船运输时的卸货费用由谁负责，

① 《知识风享：FOB 贸易术语的变形，你知道这些费用应该都由谁承担吗?》，载于上海凌翔货运代理微信公众号，2020 年 9 月 21 日。

② 理舱费是指货物入舱后进行安置和整理的费用。

③ 平舱费是指对装入船舱的散装货物进行平整所需的费用。

并不改变这几种术语的交货地点及风险、责任的划分。总之，在订立航次租船合同时，应注意贸易合同中的贸易术语要与航次租船合同中的装卸费用条款相衔接。这样才能明确装卸费用及相关费用由谁负担，避免在国际货物运输中产生争议或纠纷。①

第三节 国际贸易术语的性质、与合同的关系、作用

一、国际贸易术语的性质

国际贸易术语是典型的国际贸易惯例之一，要理解国际贸易术语的性质就需要先了解国际贸易惯例的性质。国际贸易惯例是指在国际贸易中，国家与国家之间在经济贸易交往中，逐渐形成的某些习惯和先例，后来得到许多国家的承认和遵守，这种习惯和先例就叫作国际贸易惯例。

（一）国际贸易惯例的性质

国际贸易惯例不是法律，没有法律的强制性，对任何买卖双方没有法律的约束力；但它具有权威性，得到世界各国的认可，是大家公认的做法。对国际贸易实践具有重要的指导作用。② 它的性质体现在以下 3 个方面。

（1）如果某项国际惯例已被吸收进当事人所在国家的法律或当事人所在国缔结的国际公约或条约中，则此项国际贸易惯例对合同当事人产生约束力。

（2）惯例本身虽然并不是法律，对买卖双方不具有强制性，但如果合同当事人双方事先约定按某项国际惯例行事，且在双方合同或协议中明确规定，此种情形下该惯例就有了强制性，即该项惯例将对当事人各方产生法律效力。但这种约束力并不是来自国际惯例本身，而是来自双方当事人的约定，来自“约定必须遵守”的原则。

（3）司法或仲裁实践中引用国际贸易惯例。这是国际上比较普遍的做法，如果当事人对某一问题没有在合同中做出明确规定，也未注明适用某一项国际惯例，在合同的执行中发生争议时，受理该争议的司法机构或仲裁机构也往往会引用某一国

---

① 《2020 国际贸易术语详解下集（CFR，CIF）》，载于华海国际公众号，2020 年 9 月 27 日。

② 张先生：《国际贸易惯例和合同性》，载于外贸管理微信公众号，2019 年 1 月 25 日。

际贸易惯例进行判决或裁决。如果此项判决或裁决是终局的，那么，被引用的国际惯例对当事人具有法律约束力，这种约束力也不是来自国际惯例本身，而是来自判决或裁决。①

（二）国际贸易术语的 3 个性质

国际贸易术语是国际贸易惯例的形式之一，其性质体现在以下 3 个方面。

（1）国际贸易术语的使用采用自愿原则，双方当事人协商决定采用何种贸易术语、贸易术语适用的国际惯例及其版本，并在合同中予以明确规定。

（2）买卖双方可以在合同中对适用的有关贸易术语的国际惯例的内容进行修改，并在合同中予以明确，双方按照修改后的贸易惯例行事。

（3）有关贸易术语的国际惯例对双方当事人不具有强制约束力，但在下列条件下会产生强制约束力：一是通过国内立法，把有关的国际贸易术语的国际惯例引入国内法中，或者在国内法中明文规定适用的国际惯例；二是通过国际立法，即在公约、条约中引用国际惯例；三是在合同中引用国际贸易惯例；四是在司法实践中引用国际贸易惯例；五是默认方式，即满足 3 个条件：①当事人知道或理应知道；②该习惯做法具有广泛性；③同类交易的合同当事人经常遵守。该合同项下的贸易术语的执行对双方具有强制约束力。②

二、国际贸易术语与合同的关系

贸易术语作为国际贸易惯例，与合同性质的关系主要表现在以下 4 个方面。

（一）国际贸易术语是确定买卖合同性质的一个重要因素

一般来说，采用何种贸易术语成交，则买卖合同的性质也相应可以确定，因此，业务中通常以贸易术语的名称来给买卖合同命名，如对采用 FOB 术语成交的合同称作 FOB 合同，对采用 CIF 术语成交的合同称作 CIF 合同等。在一般情况下，贸易术语的性质与买卖合同的性质是相吻合的，按 EXW 术语成交，卖方在产地交货，故其签订的合同为产地交货合同。按 FAS、FOB、CFR、CIF、FCA、CPT 和 CIP 术语成交时，卖方都是在起运国或装船国履行其交货义务，都具有装运地或装运港交货

---

① 王海燕：《国际贸易惯例的法律效力是怎样的》，载于涉外律师微信公众号，2017 年 4 月 20 日。

② 冷柏军，周婷．国际贸易术语［M］. 北京：首都经济贸易大学出版社，2008：22-23.

的性质，因此，按这些术语签订的买卖合同，其性质都属于装运合同。但是，按 D 字母开头的术语成交时，卖方必须承担货物运至指定目的地的所有费用和风险，即在到达地点履行其交货义务，故按这些术语签订的买卖合同，其性质都属于到达合同。

（二）贸易术语是确定买卖合同性质的重要因素，但它并不是决定合同性质唯一的因素

例如，在一起纠纷案件中，交易双方在签订合同时使用了 CIF 术语，但同时又约定“以货物到达目的港作为支付货款的前提条件”。结果，货物在中途遇到海难，没有按合同的规定到达目的港。买方拒绝支付货款，双方产生争议诉至法院。法院审理后认为，按此条件签订的合同，不是装运合同，而是到达合同，因此判定卖方没有履行其交付义务，买方有权拒绝支付货款。由此可见，本案中的支付条件是确定合同性质的决定性因素。据此可见，确定买卖合同的性质，不能单纯看采用何种贸易术语，还应该看买卖合同中的其他条件是如何规定的。①

（三）国际贸易惯例在合同的制定过程中不具有约束性

国际贸易惯例本身不是法律，它的适用完全以双方当事人的自主意愿为基础，对双方不具有强制性。买卖双方可以决定采用或不采用某种术语，或有权在合同中做出与某项惯例不符的规定，做任意修改。只要合同有效成立，双方均要按照合同的规定履行。一旦发生争议，法院和仲裁机构也会维护合同的有效性。

（四）国际贸易惯例对于所适用的合同具有强制约束力

在贸易双方都同意采用某种惯例来约束该项交易，并在合同中做出明确规定时，这项约定的惯例就对合同产生了强制性。②

三、国际贸易术语的作用

国际贸易术语之所以历经几百年仍然不断地在贸易实践中使用并发展、创新、完善，正是因为其在国际贸易中起着无可替代的积极而重要的作用。主要表现在以下 3 个方面。

---

① 黎孝先，王健．国际贸易实务（第六版）［M］．北京：对外经济贸易大学出版社，2016：44.

② 张诚：《国际贸易惯例和合同性质》，载于外贸咨询微信公众号，2019 年 1 月 27 日。

（一）有利于买卖双方洽商交易和订立合同

由于每种国际贸易术语都有其特定的含义，而且一些国际组织对各种贸易术语也做了统一的规定和解释，这些规定和解释在国际贸易中被广泛认可和接受，并成为惯常奉行的做法或行为模式。因此，买卖双方只需商定好按何种国际贸易术语成交，即可明确彼此在交接货物方面所应承担的责任、费用和风险，这就简化了交易手续，缩短了洽商交易的时间，从而有利于买卖双方迅速达成交易和订立合同。

（二）有利于买卖双方核算价格和成本

由于国际贸易术语表示价格构成因素，所以买卖双方确定成交价格时，必须要考虑采用的贸易术语包含哪些费用，如运输费用、保险费用、装卸货物的费用、关税、增值税和其他费用。这就有利于买卖双方进行比价和加强成本核算。

（三）有利于解决履行过程中的争议

买卖双方商定合同时，如对合同条款考虑欠周，使得某些事项规定不明确或不完备，致使履约过程中产生的争议无法按照合同约定的条款进行解决，此时，可以援引有关国际贸易术语的一般解释来处理。因为国际贸易术语中的一般解释已形成了国际惯例，并被国际贸易领域从业人士及法律界人士所理解和接受，从而成了国际贸易中公认的一种准则。

第四节　与国际贸易术语实践有关的公约与惯例

在国际贸易中，法律的选择与适用是贸易主体非常关注的问题之一，这决定在销售合同履行过程中，如果发生争议和纠纷，应当采用何种规则来解决纠纷。Incoterms® 每一版都会在引言或前言部分中注明：Incoterms® 本身并不为使用者提供合同适用的法律。国际销售合同可能适用的法律或许是国际法，如国际公约或国际惯例；或许是国内法，需要由冲突法（也称为法律适用法）进行指引。由于 Incoterms® 在国际贸易中扮演着重要的角色，注定与国际法有着密切的关联，尤其是与国际结算相关的一些惯例，如《跟单信用证统一惯例》（UCP600）。因此，熟悉相关的国际法对于 Incoterms® 使用者来说也非常重要。相关的国际公约或国际惯例将在下文进行详细介绍。

国际法的渊源包括国际公约和国际惯例。国际公约（International Convention）是指国际间有关政治、经济、文化、技术等方面的多边条约，公约通常由专门的国际组织制定。如国际贸易中最重要、最广为人知的《联合国国际货物销售合同公约》（*The United Nations Convention on Contracts for the International Sale of Goods*，CISG），适用于国际货物买卖合同，由联合国国际贸易法委员会主持制定。国际惯例（International Practice）是指在国际交往中逐渐形成的不成文的原则和规则。国际惯例有两个构成要素，一是物质因素，即多国的长期共同实践，并由此在国际社会形成“通例”；二是心理因素，即该惯例应具有“法律确信”，被国际社会普遍接受，如 Incoterms® 。

早在 19 世纪初期，贸易商在国际贸易中已经开始使用国际贸易术语。从国际贸易惯例的发展历史来看，国际贸易惯例通常起源于一些主要贸易口岸的大型企业的实践做法，由于这些大型企业具有广泛的影响力，这些实践做法日益成为某一行业或某一地区的共同做法。但由于各国历史文化的不同及法律法规的差异，往往对同一个贸易术语的解释不尽相同，这些矛盾难免造成地区间或行业间的贸易障碍。为了避免出现此类问题，一些国家的工商团体和某些国际性组织试图统一国际贸易术语的不同解释，陆续制定了一些统一的解释或规则，这就形成了国际贸易惯例。国际贸易惯例仍处在不断的发展演变之中，而且随着现代科学技术的不断进步和国际民商事交往的飞跃发展，其变化速度也在加快。

一、国际贸易惯例的含义及特征

（一）国际贸易惯例的定义

国际贸易惯例是指在长期的国际商品贸易和国际商品贸易有关的服务实践中逐渐自发形成的，某一地区、某一行业中广为人知、普遍接受并经常遵守的任意性行为规范。久而久之，在越来越大的范围内被越来越多的人所理解和接受，从而对国际贸易业务的进行和发展起到一定的指导或制约作用。国际贸易惯例虽然不是法律，不具有普遍的法律约束力，但是，它是在当事人意思自治的基础上制定出来的，同时按照各国的法律，在国际贸易中都允许当事人有选择适用国际贸易惯例的自由，一旦当事人在合同中采用了某项惯例，它对双方当事人就具有法律约束力。许多国家在立法中明文规定了国际惯例的效力，特别是在广泛被各国接受的 CISG 中，惯例的约束力得到了充分的肯定。该公约规定："当事人在合同中没有排除适用的惯例，或双方当事人已经知道或理应知道的惯例，以及在国际贸易中被人们广泛采用和经常遵守的惯例，即使当事人未明确同意采用，也可作为当事人默示同意惯例，因而该惯例对双方当事人具有约束力。"因此，对选择适用惯例的国际贸易双方当事人具有约束力。

（二）几种常见的国际公约与惯例

1.《联合国国际货物销售合同公约》(CISG)

CISG是国际贸易法统一进程中的重大成果，在调整国际货物销售合同和促进世界贸易流通方面发挥着重要的作用。CISG管辖商事主体之间的国际货物销售合同，不适用于对消费者的销售和服务销售，以及某些特定类型货物的销售。它适用于营业地位于不同缔约方的当事方之间的货物销售合同，或者适用于国际私法规则指定适用一缔约方法律的情形。它还可因当事方的选择而适用。但合同的有效性以及合同对所售货物上的所有权的影响则不在该公约的范围之内。[①]

截至2021年4月，共有94个国家（地区）签署该公约，但接受CISG约束的缔约方只有92个。加纳共和国和委内瑞拉玻利瓦尔共和国虽然签署了CISG，但CISG并未对这两国生效。中国作为CISG缔约方，大量的国际贸易纠纷诉讼和仲裁中会适用CISG。中国于1986年向联合国提交批准文书，CISG于1988年1月1日对中国生效。[②]

2.《跟单信用证统一惯例》(UCP)

《跟单信用证统一惯例》（*Uniform Customs and Practice for Documentary Credits*，UCP)，是国际商会发布的一套惯例，但它并非法律，不具有强制性，因此银行有权在信用证中规定与UCP不同的条款。虽然不具有强制性，但UCP已被世界绝大多数国家与地区的银行和贸易界接受，成为通用的惯例。UCP600是UCP自1933年问世后的第六次修订版，于2007年7月1日起实施，截至目前仍是最新版本，是信用证领域最权威、影响最广泛的国际商业惯例，包括了39个条款。

---

① 联合国贸易法委员会网站：https：//uncitral. un. org/zh/texts/salegoods/conventions/sale_ of_ goods/cisg。

② 联合国贸易法委员会网站：https：//uncitral. un. org/zh/texts/salegoods/conventions/sale_ of_ goods/cisg。

3.《跟单信用证项下银行间偿付统一规则》(URR)

《跟单信用证项下银行间偿付统一规则》(*The Uniform Rules for bank-to-bank Reimbursement Under Documentary Credits*, URR)是跟单信用证业务项下银行之间进行偿付的通用规则，是规范和统一银行间偿付业务的重要操作标准和依据，它用规范化的流程和细则来保障银行间偿付业务的正常开展。

4.《国际备用证惯例》(ISP98)

1998年12月，国际商会公布了《国际备用证惯例》(*International Standby Practice 1998*, ISP98)，其于1999年1月1日起生效，并被定为国际商会第590号出版物，在全世界推广使用。反映了已被广泛接受的有关备用信用证的惯例、习惯和用法，如同UCP和《见索即付保函统一规则》(*The Uniform Rules for Demand Guarantees*, URDG)对于商业信用证和独立银行保函所起的作用一样，它为备用信用证提供了单独规则，对履约备用信用证、预付备用信用证、投标备用信用证、反担保备用信用证、融资备用信用证、保险备用信用证、商业备用信用证和直接付款备用信用证等下了定义。备用信用证被用于保证贷款或预付款在到期或违约时或某一偶然事件发生或不发生时产生的义务的履行。ISP98在适用时可能根据某些备用证文本的具体规定而产生变化，但是它提供了在大部分情况下可接受的一些中性规则，以及在其他情况下为谈判提供了一个有用的出发点。它可以节约有关各方(包括开证人、保兑人或备用证的受益人)在商议和起草备用证的条款时相当多的时间和费用。

5.《见索即付保函统一规则》(URDG)

随着银行保函在国际上使用的范围不断扩大，其内容也逐渐复杂化，为了便于研究和使用，国际商会于1978年制定了《合同保函统一规则》(URCG325)，1982年又制定了《开立合约保证书模范格式》，供实际业务参考和使用。随着国际经济贸易的发展和变化，1991年国际商会又对《合同保函统一规则》进行了修订，并于1992年4月出版发行URDG。国际商会对URDG进行了几次修订，现行版本是URDG758，于2009年通过。修订后的URDG758是见索即付保函业务的权威业务指南，不仅是对原有规则的完善，更是适应新形势下保函业务发展趋势和需求的一套更清晰简洁、更系统科学的业务规则。①

① 《最新最权威的国际贸易惯例和规则参考》，载于百特成传媒微信公众号，2019年4月1日。

（三）国际贸易惯例的特征

1. 经长期反复实践而形成

早在 11 世纪，地中海沿岸各国的商人团体为了维护自身利益，即开始自行制定一些规约，即所谓商人法，这种商人法就是商人们长期从事商业活动的习惯做法。这种习惯做法一开始只流行于一定的地区和行业。随着国际商业的不断发展，其影响不断扩大，有的发展到今天已在全世界范围内通行。

2. 具有普遍的适用性

国际贸易惯例为某一地区、某一行业的人们所普遍遵守和接受，这里的普遍遵守和接受不要求人人都已经理解并接受，而只要从事这一行业的大多数人都已经知道和接受即可。例如美国西海岸的码头工会为保护自身利益向集装箱货主征收近乎落地费性质的杂费，这种杂费就被各国的班轮公会列入班轮运价或者班轮条款，因而这种做法就成了同业者之间的国际贸易惯例。

3. 具有确定的内容，针对性强

目前，世界上普遍适用的国际贸易惯例基本上都是成文的，大都由某些国际组织或某些国家的商业团体根据长期形成的商业习惯制定，有明确的权利和义务规定，内容十分确定，是判定有关当事人的权利义务关系，解决有关当事人的争议，处理索赔、理赔案件的重要依据。①

4. 不具有强制约束力

国际贸易惯例本身不是法律，它对合同各方当事人没有强制约束力，只有当事人在合同中明确约定时，合同当事人才受该惯例的约束。但是，由于国际贸易惯例是在长期实践中形成并被广泛认可的，在一定程度上可以弥补立法的空缺和不足，起到稳定当事人经济和法律关系的作用。

二、国际贸易惯例的表现形式

大多数学者认为，成文的国际贸易惯例固然是国际贸易惯例的主要形式，但不成文的却又为人所知并广泛采用的国际商业习惯做法也是国际贸易惯例。② 如上文所述，为解决因对同一国际贸易术语的不同理解产生的国际贸易纠纷，一些国际性

① 《什么是国际商事惯例》，载于沛易航讯微信公众号，2017 年 3 月 3 日。

② 李双元．国际经济贸易法律与实务新论［M］．长沙：湖南大学出版社，1996：13.

的组织担当了统一解释和编撰的工作，这就形成了成文的国际贸易惯例。但是也有一些做法由于早已广为人知并被普遍遵守或因其他原因而没有载入成文的国际贸易惯例，例如："纺织品一经开剪即不能退货"的惯例，甚至还有一些约定俗成的做法曾经被写入一些组织编写的国际贸易惯例，后因歧见消失、做法统一而又被撤出成文惯例，例如：Incoterms 1980 关于 CIF 术语卖方责任的表述中认为，卖方应提交清洁提单，但承运人在提单对货物的内容、重量、尺码、品质等无所知的批注并不表明该提单是不是清洁提单，但在 Incoterms 1990 中则没有这句话。国际贸易惯例的表现形式概括起来主要包括以下 7 种。

（1）由国际经济组织收集编纂、制定的国际贸易统一规则。如国际商会 Incoterms® 2020、1993 年出版的 UCP 等，这些规则是惯例成文化的表现，其目的是统一惯例的含义，克服因对惯例解释的不统一所带来的适用上的困难，但并非严格意义上的成文国际法。

（2）国际经济组织制定的提供给当事人选用的标准合同。

（3）一般交易条件。它一般是在没有交易的统一条件又没有标准合同的情况下，由当事人协商选定的，即当事人发出要约或签订合同时，在报价单、价目表或合同上记载的交易条件一经对方当事人的认可，即为有效。

（4）在某些行业中长期流行的惯例。如"纺织品一经开剪即不能退货"是国际纺织品贸易的一项惯例。

（5）特定贸易方式下形成的一些习惯性做法，如拍卖中的"击槌成交方式"。

（6）港口、码头惯例。世界主要港口在装运货物等方面都有自己的惯例，如果当事人在协商中未对有关风险、费用和责任等做出规定，一般按其相关港口、码头惯例处理。

（7）国际商事仲裁机构做出的典型仲裁裁决案例。

三、国际贸易惯例的性质与法律效力

国际贸易惯例，也称"软法"（Soft Law），是指国际关系中缺乏法律约束力合意，但根据长期的国际贸易实践中逐步形成的某些通用的习惯做法，其实体内容为根据类似于条约和国际习惯实际效果而制定的行为规范。软法和与之相对应的硬法，是国际法领域的两个常见概念。通常而言，硬法是指具有法律约束力的法律规范；软法是指不具有法律约束力、但具有一定指导意义和实际效果的国际文件等，如国

际组织的宣言、决议和发布的指南。不同于硬法的“侧重国家意志”和“强制约束力”，软法的制定主体一般为国际组织或国际社会团体，反映的是国际社会最广泛的利益。为了避免无法达成合意，软法的创制方式通常较为柔性，主张各方的平等谈判和协商，通过彼此的妥协与让步达成最大的合意，能够更为高效、具体地体现各集团利益之间的诉求。①

国际贸易惯例是根据合同“当事人意思自治”的原则采用，因此，当事人完全可以根据自己的意愿，决定采用或排除某项国际贸易惯例，也可根据双方当事人的约定，对某项惯例进行修改，这是因为，国际贸易惯例本身不是法律，它不具有普遍的法律约束力，而是具有国际社会民间性质的行为规范，合同当事人是否采用某项国际贸易惯例，完全根据自愿的原则。②

国际贸易惯例不是国家立法，也不是国际条约，对当事人并不产生法律约束力，要取得法律效力必须经过国家的认可。许多国家在立法中明文规定了国际惯例的效力，按各国的法律，在国际贸易中都允许当事人有选择适用国际贸易惯例的自由，一旦当事人在合同中采用了某项惯例，它对双方当事人就具有法律约束力，特别是在 CISG 中，惯例的约束力得到了充分的肯定。有些国家的法律还规定，法院有权按照有关的贸易惯例来解释双方当事人的合同。国际贸易惯例要得到国家认可，一般有间接和直接两种途径。

（一）间接途径

间接途径指的是国际贸易惯例通过当事人的协议选择而间接取得法律约束力，它是国际商事惯例取得法律效力的最主要途径。在国际合同领域，“当事人意思自治”原则已为世界各国普遍承认。这样，特定国际商事惯例就因法院地或仲裁地承认当事人的选择而被间接地赋予法律效力。

在当事人之间，如果事先约定按某项国际惯例行事，且在双方合同或协议中明确规定，那么该项国际惯例将对当事人各方产生法律效力，具有强制性。但这种约束力并不是来自国际惯例本身，而是来自双方当事人的约定，来自“契约必须遵守”的原则。例如，在一张来自国外开立的信用证中已注明：除本信用证另有规定外，本信用证按照国际商会 UCP 办理。

---

① 参见广州仲裁委员会《国际商事仲裁软法相关法律问题探讨》，2020 年 7 月 23 日。

② 黎孝先，王健．国际贸易实务［M］．北京：对外经济贸易大学出版社，2016：5.

此外，司法或仲裁实践中引用国际贸易惯例也是国际上比较普遍的做法。如果当事人对某一问题没有在合同中做出明确的约定，也未注明适用哪一项国际惯例，在合同履约过程发生争议时，受理该争议的司法机构或仲裁机构也往往会引用某一国际贸易惯例来进行判决或裁决。如果此项判决或裁决是终局的，那么被引用的国际惯例对当事人具有法律约束力，这种约束力来自此判决或裁决。

（二）直接途径

直接途径不以当事人协议为条件，而是直接通过国内立法或国际条约赋予国际商事惯例以法律约束力。

1. 国内立法的规定

《日本商法典》第 1 条规定："关于商事，本法无规定者，适用商习惯法，无商习惯法，适用民法。"《瑞士民法典》第 1 条规定："本法无相应规定时，法官应依据惯例。"此外，美国《统一商法典》（*Uniform Commercial Code*，UCC）第 1-205 条规定："交易过程和行业惯例"，明确规定采用国际贸易中普遍承认的原则和惯例。例如，UCC 第 5 款规定："协议中任何一部分内容之履行地的行业惯例，应作为解释协议该部分之履行的依据。"

2. 国际条约的规定

1980 年 CISG 第 8 条第 3 款规定："在确定一方当事人的意旨或一个通情达理的人应有的理解时，应适当地考虑到与事实有关的一切情况，包括谈判情形、当事人之间确立的任何习惯做法、惯例和当事人其后的任何行为"，从而直接认可了国际商事惯例的效力。①

四、国际贸易惯例与法律的关系

在通常情况下，国际贸易惯例所规范的领域与本国法律的适用范围没有重叠或冲突，在一定程度上，国际贸易惯例可以对国内法未规定的部分起到补充的作用。甚至有些国家直接把国际贸易惯例纳入本国的法律体系，使之成为国内法的一部分，如西班牙把国际商会制定的 Incoterms® 引入国内法。然而，如上文所述，大多数国家一般按照直接或间接适用的途径运用国际贸易惯例。与采用直接适用的国家相比，采用间接适用的国家更多，我国采用的也是间接适用的途径。明示接受指的是国内

---

① 《什么是国际商事惯例》，载于沛易航讯微信公众号，2017 年 3 月 3 日。

法中明文规定，对特定的民事关系可采用国际贸易惯例处理。默示接受是指在某国的国际贸易活动和法律实践中普遍采用国际贸易惯例，从而可以推断该国认可国际贸易惯例。

我国采用的是间接适用、明示的方法。例如：《中华人民共和国民法典》[①]（以下简称《民法典》）第十条规定：处理民事纠纷，应当依照法律；法律没有规定的，可以适用习惯，但是不得违背公序良俗。此处的“习惯”应当被理解为包含“贸易习惯”在内的行为规范。第十条应为我国法院适用国际贸易惯例的现行法律依据。[②]《中华人民共和国海商法》（以下简称《海商法》）第二百六十八条规定：我国法律和我国缔结或参加的国际条约没有规定的，可以适用国际惯例。

五、国际贸易惯例在实践中的作用

（一）指导作用

国际贸易惯例作为不同国家的当事人在进行国际贸易活动时提供的一个可供选择的统一的行为标准。以国际货物买卖为例，当卖方卖出某种货物的 FOB 价格时，总是要求买方安排运输和保险。如果买方要求卖方负责租船和投保，那么卖方就会将保险和运费的价格列入其报价，即 CIF 价。这些不同的报价方式反映了买卖双方承担不同义务的一般做法，经过无数次的重复使用，久而久之，当卖方或买方按 FOB 或 CIF 报价出售或购买货物时，由谁在此买卖中承担安排运输、保险等义务就不言而喻了。凡从事与此行业惯例有关的业务人员都知道或者应该知道他们各自承担的义务，并对此不会再产生什么误解。这种在国际贸易中为大家所遵守的类似于行业行为规则的惯例，对国际贸易业务的进行和发展起到了一定的指导作用，使得国际贸易当事方有章可循。

（二）协调作用

在国际贸易交往中，各国国内法总是倾向于保护本国利益。所以国际贸易当事人一般都不愿意适用对方的国内法，这就使得国际贸易往来在法律适用问题上出现

---

① 《中华人民共和国民法典》已由中华人民共和国第十三届全国人民代表大会第三次会议于 2020 年 5 月 28 日通过，现予公布，自 2021 年 1 月 1 日起施行。

② 参见车丕照：《民法典颁行后国际条约与惯例在我国的适用》，载于海事界微信公众号，2021 年 1 月 14 日。

了分歧和障碍，不利于国际贸易的进行和发展。为了避免由于各国法律规定的不同而给国际商事交往带来的不便，各国在制定本国旨在解决不同国家的法律冲突的规范时，也开始寻求共同制定旨在避免法律冲突的国际统一实体规范，即国际双边和多边条约中的规范。但是这些规范都是一定领域或一定区域内的规范，作用的范围非常有限。而国际贸易惯例是超越于国家之外的一种行为规则。国际贸易各方都乐意采用，说明其比较公平、合理。所以在国际交往中，适用国际贸易惯例可以协调各种矛盾，避免贸易纠纷，有利于促进国际贸易活动的顺利开展。

（三）简化作用

国际贸易中，买卖的标的物也经常需要由一国经过长途运输抵运另一国。在这种情况下，一宗国际货物交易将涉及诸多的问题，例如运费、保费、风险转移、交货时间、地点、进出口报关结关以及许可证的办理等，这些问题都非常复杂和烦琐，并且需要在双方当事人订立合同之前协商解决。如果当事人不选用国际惯例，整个谈判过程势必艰苦而漫长。反之，适用国际惯例就可以简化谈判程序和内容，例如，国际贸易术语的选用，使得交货地点、风险费用负担等都非常清楚，这样可以将可能需要长篇文字来描述的规定，改为一个极为简短的贸易术语，极大便利了买卖双方当事人，节约了时间成本，提高了效率。

六、有关国际贸易术语的国际惯例

在国际贸易业务实践中，因为各国法律制度、贸易惯例和习惯做法不同，所以国际上对各种贸易术语的理解与运作互有差异，容易引起贸易纠纷。为了避免各国在对贸易术语的解释上出现分歧和引起争议，其他国际组织和商业团体也曾就某些贸易术语做出统一的解释与规定，其中影响较大的见表1-6。

表 1-6　影响较大的国际贸易惯例

制定时间	制定机构	国际贸易惯例名称	现状
1932 年	国际法协会	《1932 年华沙—牛津规则 CIF 合同规则》（*Warsaw-Oxford Rules for CIF Contracts，1932*）	现在基本不再适用
1941 年	美国商业团体	《1941 年美国对外贸易定义修订本》（*Revised American Foreign Trade Definitions，1941*）	6 个贸易术语（现在基本不再适用）
2020 年	国际商会	《国际贸易术语解释通则 2020》（*International Rules for the Interpretation of Trade Terms，2020*）	11 个贸易术语（广泛适用）

由于上述各项解释贸易术语的规则，在国际贸易中运用范围较广，从而形成一般的国际贸易惯例。这些解释贸易术语的国际惯例，在国际贸易发展的各个历史阶段中都起到了积极的重要作用。其中，Incoterms® 具有广泛的认可度和较高的适用率。Incoterms® 是由国际商会内部的商家（出口商和进口商）为了规制外贸业务而制定的一套规则，规定了国际交易中的供货条件。Incoterms® 仅仅是指引和经验法则，不具有法律效力，因此没有义务在国际贸易中使用这些术语，也不存在默认适用的国际贸易术语规则。这些规则适用的条件是国际交易合同中买卖双方的约定适用。Incoterms® 被国际贸易中的不同主体所熟知和使用，比如出口商、进口商、承运人、货运代理、报关行、银行和保险公司等。因此，Incoterms® 作为世界范围内普遍接受的国际贸易惯例，对于买卖双方针对货物的交易达成一致非常有用。Incoterms 2000 年版和 2010 年版是使用最多的两个版本。最新版 Incoterms® 于 2019 年 9 月 10 日发布，并于 2020 年 1 月 1 日正式生效。

因此，为了合理地商定和履行合同，以及正确运用国际贸易惯例，国际贸易从业人员必须了解国际上各种通行的有关贸易术语的国际惯例，以便在实际业务中对其做出适当的抉择和正确的解释。现将解释贸易术语的各种国际贸易惯例，分别介绍如下。

（一）《1932 年华沙—牛津规则

17 世纪中叶到 20 世纪初，是西方国家经济迅速发展和世界市场的形成阶段，各国之间的贸易量增长迅速，贸易额逐渐加大，在这种情况下，非常需要一些规则或者法律来对各国商人之间的贸易进行约束和指导，以使交易能够更便利地进行，但由于各国法律各异，依据各国国内法律调整国际经济交往必然会产生尖锐的法律冲突。为了方便贸易的顺利进行，从事国际贸易的商人更愿意采用为大家所普遍接受的一些贸易条件来确定他们之间的权利义务关系，CIF 就是其中之一。[①] 19 世纪中叶，CIF 贸易术语开始在国际贸易中得到广泛运用，但是，此时的 CIF 术语并没有具体规定买卖双方承担的义务，也没有相关的解释和说明。为了对 CIF 合同双方的权利与义务做出统一的规定与解释，国际法协会（International Law Association）于 1928 年在波兰首都华沙开会，制定了关于 CIF 买卖合同的统一规则，称之为《1928 年华沙规则》（*Warsaw Rules*，*1928*），共包括 22 条。其后经过 1930 年纽约会议、1931 年巴黎会议、1932 年牛津会议，将此规则修订为 21 条，并更名为《1932 年华沙—牛津规则 CIF 合同规则》（*Warsaw-Oxford Rules for CIF Contracts*，以下简称《1932 年华沙—牛津规则》），为那些按 CIF 贸易术语成交的买卖双方提供了一套可在 CIF 合同中易于使用的统一规则，对 CIF 的性质、买卖双方所承担的风险、责任和费用的划分、所有权转移的方式等问题做出了比较详细的解释。[②] 此后，在买卖双方缺乏标准合同格式或共同交易条件的情况下，买卖双方可以自愿约定采用此项规定。

《1932 年华沙—牛津规则》在序言中指出："本规则旨在为有意按 CIF 条件买卖货物而目前尚无标准合同格式或共同条件可供利用的人们，提供一种在其 CIF 合同中自愿地和现成地采用一套统一规则的方法。"由此看来，凡明示采用《1932 年华沙—牛津规则》者，合同当事人的权利和义务均应援引此规则的规定办理。由于现代国际贸易惯例建立在"当事人意思自治"的基础上，经双方当事人明示协议，可以在 CIF 合同中对此规则的任何一条进行变更、修改或增添，如规则的规定与合同发生了矛盾，应以合同为准，合同未约定的事项，则应按照规则的规定执行。

《1932 年华沙—牛津规则》自公布以来，沿用至今，虽然其中的一些规定早已和现实脱节，在实际应用中，使用的人占少数，即便如此，它仍然是国际贸易中颇有影响的国际贸易惯例。这是因为，此项规则在一定程度上反映了各国对 CIF 合同的一般解释。不仅如此，其中某些规定的原则，还可适用于其他合同。例如，

① 冷柏军，周婷．国际贸易术语［M］．北京：首都经济贸易大学出版社，2008：176.

② 黎孝先，王健．国际贸易实务［M］．北京：对外经济贸易大学出版社，2016：18.

《1932 年华沙—牛津规则》规定，在 CIF 合同中，货物所有权移转于买方的时间，应当是卖方把装运单据（提单）交给买方的时刻，即以交单时间作为所有权移转的时间。此项原则，虽然是针对 CIF 合同的特点制定的，但一般认为也可适用于卖方有提供提单义务的其他合同。

（二）《1941 年美国对外贸易定义修订本》

《1941 年美国对外贸易定义修订本》（*Revised American Foreign Trade Definitions 1941*，以下简称《1941 年修订本》）的前身为《美国出口报价及其缩写条例》（*The US Export Quotation and Abbreviation*），1919 年由美国九大商业团体于纽约制定，其后在 1940 年，美国第 27 届全国对外贸易会议上对该条例做出了修订，1941 年 7 月 30 日，经美国商会、美国进口商协会和美国对外贸易协会所组成的联合委员会通过，由美国对外贸易理事会予以公布，该惯例适用于北美、部分拉丁美洲国家。《1941 年修订本》规定了以下 6 种贸易术语（见表 1-7）。

表 1-7 《1941 年修订本》规定的贸易术语

术语缩写	术语全称	中文翻译
Ex	Point of Origin	产地交货
FOB	Free on Board	在运输工具上交货
FAS	Free Along Side	在运输工具旁边交货
C&F	Cost and Freight	成本加运费
CIF	Cost，Insurance，Freight	成本加保险费、运费
Dx Dock	Named Port of Importation	目的港码头交货

《1941 年修订本》与 Incoterms® 2020 相比，主要区别在于：

1. 对 FOB 术语的解释不同

《1941 年修订本》规定的 FOB 适用于任何运输方式［例如第 2 条（2-A）规定：“在内陆指定发货地点的指定内陆运输工具上交货”（FOB named inland carrier at named inland point of departure）。按此术语，所报的价格仅适用于：在内陆装运地点，由卖方安排并将货物装于火车、卡车、驳船、拖船、飞机或其他供运输用的载运工具之上］，仅在第 5 种情况规定了船上交货［第 2 条（2-E）规定：“指定装运港船上交货”（FOB Vessel named port of shipment）。按此术语，卖方所报价格包括在指定装运港将货物交到由买方提供或为买方提供的海洋轮船上的全部费用]，而Incoterms® 2020仅适用于水上运输。因此在北美进行贸易往来时，若采用船上交货方式，应在FOB和港口名称之间加入“Vessel”字样，如“FOB Vessel New York”，以证明在纽约港交货，否则可能被理解为在纽约城内的某地交货。[①] 此外，在出口手续及费用方面，《1941年修订本》规定：“在买方请求并由其负担费用的情况下，协助买方取得由原产地及/或装运地国家签发的、为货物出口或在目的地进口所需的各种证件”，而Incoterms® 2020中，卖方必须办理出口国要求的所有清关手续并支付费用，没有“买方请求”的前提。

2. 对FAS的解释不同

《1941年修订本》规定的FAS（Free Along Side），适用于包括火车、卡车在内的任何运输工具，而Incoterms® 2020规定的FAS（Free Alongside Ship）仅适用于海运或内河水运运输方式。

（三）美国《统一商法典》

美国《统一商法典》是目前美国商业领域最重要的法律之一。1938年，纽约城商会根据关于制定管辖州际买卖的联邦买卖法的建议，最早提出了制定一个内容广泛的、包含各方面规定的商法典的设想。1952年，由美国统一州法全国委员会（The National Conference of Commissioners on Uniform State Laws，NCCUSL）和美国法学会（American Law Institute，ALI）发起和组织制定，以及美国律师协会（American Bar Association）共同批准了《统一商法典》正式定稿版。[②]《统一商法典》共分为10篇（Article），以总则和各分则的形式，对现实中的商事规则和商事惯例进行了归纳和制度层面的架构。货物买卖是法典的中心环节，因为货物买卖是最传统、最常见和最重要的商业活动，考虑到有些贸易术语在美国的商业活动中也有相当程度的使用，并且美国也参与了大量国际贸易，因此，《统一商法典》也将在第2篇《买卖》（Sales）中，明文规定了FOB、FAS、CIF、C&F、Ex-Ship等贸易术语（第2-319条至第2-324条）。

但是，美国的法律界一般认为，这些术语在《统一商法典》中的意义已经逐渐

---

① 曹旭平．新编国际贸易实务［M］．北京：中国工信出版集团，电子工业出版社，2018：63.

② 吴兴光，蔡红，刘睿，盛琨．美国《统一商法典》研究［M］．北京：社会科学文献出版社，2015：3.

降低，因为目前的商业运输已经发展到高度复杂的阶段，行业内存在大量的格式合同、特定做法和行业惯例，基本取代了《统一商法典》中简单的贸易术语。需要注意的是，《统一商法典》中的这些术语，即使名称与国际贸易术语相同，含义可能也有一定的区别。例如：《统一商法典》第2-319条（a）款规定："除另有协议外，在指定地点的'运输工具上交货'条款，即使仅用于所报的价格，仍构成包含下列内容的交付条款……（3）无论使用（1）款或（2）款所述的条款，如果其另外附有'船舶''汽车'或其他运输工具字样，则卖方必须另外自行承担费用和风险，将货物装上相应的运输工具。"可见在《统一商法典》中，FOB可以适用于任何运输工具，并不仅限于船舶。而Incoterms® 2020中，FOB仅适用于水上运输。

《统一商法典》中也有类似于国际贸易术语的规定，例如第2-322条规定"Ex-Ship（目的港船上交货）"。目的港船上交货条件：

（1）除非另有协议，"目的港船边（指装货船）交货条件"或其他相等的交货条件，并不要求必须从某特定船舶上交货，只要求装运货物的船舶到达指定目的港中惯常卸载该类货物的地方进行交货。

（2）除非另有协议，此种条件表示：①卖方必须使所有因货物运输而产生的留置权获得解除，并向买方提供使承运人承担交货义务的指令；并且②在货物脱离船舶吊钩前或以其他适当方式卸载前，损失风险不转移至买方。在一定程度上，Ex-Ship类似于FAS（Free Alongside Ship，船边交货），只是前者在目的港交货，卖方承担运输的费用和损失，而后者在装运港交货，买方承担运输的费用和货物灭失或损坏的风险。①

第五节　贸易术语的适用和选择

一、适用Incoterms® 规则的注意事项

（一）新旧版本Incoterms® 同时有效，可选择适用

Incoterms® 不是法律法规，其约束力来源于当事人的选择，遵循当事人意思自

① 潘琪. 美国《统一商法典》解读［M］. 北京：法律出版社，2020：80-84.

治的原则，交易双方仍然可以选择使用不同版本的术语。也就是说，国际商事交易的当事人可以在合同中明文选择接受某一国际贸易术语，亦可以在合同中合意规定排除或禁止某一国际贸易术语的适用，因此当事人具有较大的自主选择权及最终决定权。但是，该组贸易术语一经认可和选择适用，并明文记载于国际贸易合同之中，贸易合同便赋予该组贸易术语强制约束力，任意合同方若违背该贸易术语项下对责任和义务的规定，另一方便有权进行追偿。①

自 Incoterms 1936 颁布以来，至今已经是第 9 个版本了，不同版本对于贸易术语的解释存在着较大的差异，例如，Incoterms® 2010 后的 FOB、CIF 不再是以“越过船舷”为交货的标志，而是改为装上船才完成交货；Incoterms® 2020 中的 FCA 术语比 Incoterms® 2010 增加了“船上提单”选项，提出了自主运输概念等。因此为了避免使用和理解上的混乱，交易双方当事人可根据自身实际情况在买卖合同中注明选择适用的 Incoterms® 版本，以避免纠纷，表述方式应为“贸易术语规则+精确的地点+所适用的通则版本”，例如“FCA 38 Cours Albertler，Paris，France，Incoterms® 2020”。需要注意的是，在信用证结算业务中，如果国外来证中在贸易术语后面注明适用通则版本，而交单相应单据上显示的贸易术语没有注明适用通则版本，则很大可能会被开证行认定为不符。因此，外贸企业在自己拟定合同或接到海外买家询盘时，最好能够与买方明确所使用的通则版本，或干脆在合同的下方添加注释，以避免不必要的麻烦。②

（二）国内贸易可以适用 Incoterms® 规则

Incoterms® 不仅适用于国际贸易，同样也适用于国内贸易。Incoterms® 原来的英文全称是 International Rules for the Interpretation of Trade Terms，从其英文名称上看，“国际”修饰的是“规则”，而非“贸易”，即该规则是国际性的，但并不意味着规则专门适用于国际贸易。Incoterms® 2010 的前言中正式明确“Incoterms® 2010 formally recognizes that the terms are available for application both to international and domestic sale contracts”（正式确认通则既适用于国际贸易，也适用于国内贸易）。我国在广州、深圳与香港之间的贸易中，不乏使用 EXW 或 FCA 的例子，在适用于国

① 袁松．新版贸易术语使用规则 INCOTERMS® 2020 的变化解析［J］．佳木斯职业学院学报，2020（3）：48．

② 《浅析 INCOTERMS 2020 和出口信用保险在贸易术语中的应用》，载于中国出口信用保险公司微信公众号，2020 年 12 月 29 日。

内贸易时，我们注意到规则中类似“进出口清关”这样的条款没有用武之地，因此在 Incoterms® 适用于国内贸易时，可根据具体情况对术语涉及的关税和清关义务进行调整修改。随着国内信用证的普及，配合国际商会与银行结算业务中的宣传引导，贸易术语在国内贸易中的应用将会逐渐成为常态。①

（三）Incoterms® 在合同中列明才能产生约束力

Incoterms® 既不能代表合同，也不是法律或国际条约，只是一种商业惯例，其本身不具有强制性，只有在合同双方当事人明确在合同中援引，使 Incoterms® 成为该合同的一部分，才会对双方当事人产生约束力，发生纠纷时才能以 Incoterms® 作为解决争议的规则，例如在合同中注明适用“CIF，Shanghai，Incoterms® 2020”。

（四）Incoterms® 不能替代合同单独使用

Incoterms® 虽然涵盖了国际贸易买卖合同的一些主要交易条件，例如货物的交付与受领、风险的转移、费用的划分、进出口手续等问题，但并不包含合同的其他必要条款，例如货物交易价格、支付方式、所有权的转移、违约责任、免责条件、争议解决方式等，因此贸易术语不能直接代替合同单独使用，交易双方仍需在合同中根据实际情况对术语适用情况进行明确约定，这些问题通常是通过销售合同的明示条款和适用的法律条文来解决的。需要注意的是，当地强制适用的法律有可能凌驾于合同的任何条款之上，包括其所选择的 Incoterms® 规则。

（五）Incoterms® 不能直接约束承运人、保险公司或银行

虽然在贸易术语中有关于运输或保险单据的相关规定，但并不能依此约束承运人、保险公司或银行。承运人只有按照运输合同的要求出具运输单据的义务，保险公司也仅有按照与投保方约定的出具保单的义务。比如，Incoterms® 2020 规定 CIF 与 CIP 下应至少投保合同金额的 110%，然而银行只需要按照信用证中的规定处理审核单据，而不需要看 Incoterms® 2020 或基础合同的规定。如果合同适用 CIF，同时要求提货单，但信用证并未要求提货单显示“运费已付”，因为买方尚有部分款项没有归还卖方，此次的运费约定买方支付。因此，承运人出具的提货单也未显示“运费已付”，而是显示了“运费如约定”。对此，银行在审核单据时可能认为这是不符点，主张 CIF 必须对应“运费已付”，因为该术语的构成要素决定了卖方必须

① 阎之大. 贸易术语新版通则焦点问题探讨［J］. 中国外汇，2020（12）.

承担运费。但根据上述国际商会关于通则并不约束承运人、保险公司或银行的观点，开证行将此视为不符点是错误的。[①]

（六）尽可能精准地约定收货地或港口的名称

对于贸易术语中地点的约定也需要慎重，该地点的约定不宜过于宽泛，越具体准确的地址描述越有利于维护交易的确定性。具体而言，合同交易双方选择的收货地点或港口名称应该尽可能精准，因为只有在买卖双方选定具体特定的一个收货地点或港口时，所选术语才能真正发挥其作用，因此为了避免疑问，对指定地点或目的地可通过进一步详细的规定，使之成为一个精确的没有争议的地点，例如“CIF，Wusong，Shanghai，China，Incoterms® 2020”。再如前文所述，CIF 术语下的港口指买方所在国的海港或河港，CIF 术语下的目的港后应注明港口所属的国别。

（七）贸易术语的选择应与运输方式相匹配

在贸易术语的选择中，最容易犯的错误是选择了与运输方式不相容的贸易术语，不同术语的适用范围是不同的，销售合同会要求承运人根据运输合同向卖方或托运人出具运输单据，而相应的贸易术语也对相应的运输单据做出了规定，因而各因素必须协调一致才能确保交易过程的顺利。如果交易仅涉及陆运或多式联运，交易双方约定的却是仅适用于水上运输的术语则会导致该术语适用的无效。例如 CIF Beijing，由于 CIF 术语仅能适用于水上运输，在此情形下，需要提交海运提单或内河运单，这两种单据与其他运输模式是不相匹配的，因此合同便不能规定海运与内河水运之外的其他运输模式，而北京并非沿海城市，没有海港，所以这个术语的选用是错误的。这也是为什么 Incoterms® 2020 按照适用的运输方式为贸易术语分类，而不再按 E、D、C、F 来分组的原因。同时，可以适用于任何运输方式的术语同样也适用于海运。但是适用中也会有一些衔接的问题，这就是为什么 Incoterms® 2020 要在 FCA 术语中增加一个可选项的原因，据此，当事人可以增加批注，由买方指示承运人为卖方出具已装船提单。[②]

---

① 阎之大. 贸易术语新版通则焦点问题探讨［J］. 中国外汇，2020（12）.

② 武进锋：《律师手记——如何选择和使用国际贸易术语》，载于律商锋评微信公众号，2020 年 5 月 19 日。

（八）Incoterms® 一词的正确使用方法

国际商会自 Incoterms® 2010 起进行了商标注册，注册后的形式为“Incoterms®”。Incoterms® 不是任何国际贸易术语的通用名称，而是用于标记国际商会制定的贸易术语规则的商标。使用时应注意规范表述，在行文中使用时，“Incoterms”后应当加上“®”这一符号；在书写时应规范为“Incoterms®”或“INCOTERMS®”，首字母必须大写，而不是错误地写为“incoterms®”，同时注意词尾必须加上“s”。

二、国际贸易术语的选用

Incoterms® 每个术语规定的买卖双方的权利和义务不尽相同，适用时风险责任划分范围也有区别。影响术语选用的因素错综复杂，在双方交易地位相对平等的前提下，应综合各种因素，全面权衡利弊，尽量选择对己方有利的术语，将风险控制在合理范围内。①

（一）选用国际贸易术语的考虑因素

贸易商在外贸流程中同时充当买方和卖方的角色，因此大家都需要熟知各种贸易术语，以便在面向供应商和客户谈判时能够选择最合适自己的条款，商定贸易术语时，应综合考虑如下因素：②

1. 考虑货物运输方式

Incoterms® 2020 将贸易术语按运输方式分为以下两大类：

（1）适用于任何运输方式及多式联运：EXW、FCA、CPT、CIP、DPU、DAP、DDP。

（2）仅适用于内河、海运等水上运输方式：FAS、FOB、CFR、CIF。

Incoterms® 2020 详细规定了每个贸易术语项下所适用的运输方式，交易双方应首先考虑采用何种方式运输以及是否具备运输的条件，例如，海运可以选择 FOB、CFR、CIF 术语，铁路运输则不能选用这 3 个术语。

2. 考虑货物本身的情况

在国际贸易中，不同类别的货物以及成交量的大小，直接影响了安排运输的难

---

① 方蔚然：《Incoterms® 精品解读系列：（三）贸易术语的合理选择》，载于优法涉外微信公众号，2020 年 4 月 3 日。

② 曹旭平. 新编国际贸易实务［M］. 北京：中国工信出版集团，2018：79-80.

易程度以及所需运输成本。当成交量过小又无班轮通航的情况下，负责安排运输的一方势必会增加运输成本，因此在选择贸易术语时，也应充分考虑这个因素。

3. 考虑出口商所在地

如果出口商在沿海地区，可以选用 FOB、CFR、CIF 术语；出于承担内陆运输风险的考虑，在内陆地区出口选用 FCA、CPT、CIP 术语较为合适。

4. 考虑运输的费用

运费是货价构成因素之一，在选用贸易术语时，应考虑货物运输路线的费用收取情况和运费变动趋势。一般来说，当运费看涨时，为了避免承担运费上涨的风险，可以选用由交易对手安排运输的贸易术语。

5. 考虑运输风险

在国际贸易中，交易的商品一般需要通过长途运输，货物在运输过程中可能遇到各种自然灾害、意外事故等风险，因此，买卖双方洽商交易时，必须根据不同时期、地区、运输路线、运输方式的风险情况结合购销意图来选用适当的贸易术语。如果希望风险在货物装上船后转移给买方，则选用 FOB、CFR、CIP 术语；希望风险在货交承运人时转移，则选用 FCA、CPT、CIP 术语。

6. 考虑进出口货物结关手续

结关是海关放行后的一个程序，包含将获放行的有关资料及货已装船的资料送交海关、备案存档及后续的出口退税（外汇核销）等工作。在国际贸易中，关于进出口货物的结关手续，有些国家规定只能由结关所在国的当事人安排或代为办理，有些国家则无此项限制。因此，交易双方在洽商时，应充分了解进出口国政府的规定，以便选用适当的贸易术语。例如，当某出口国政府规定买方不得直接或间接办理出口结关手续时，则应该选择 FCA 术语，排除选用 EXW 术语。

7. 考虑需要的单证

在 FOB、CFR、CIF 术语下，银行和进口商只接受提单、海运单或内河运输单据；在 FCA、CPT、CIP 术语下，银行和进口商可以接受任何单据，这些术语比较适合内陆出口选用，因为在此情形下可以及时结汇。

（二）卖方如何选择贸易术语

1. 根据货物运输方式选择贸易术语

卖方如在内陆不靠港口的地区开展国内外业务，极有可能需要使用多式联运方式，机械性选择 FOB、CFR、CIF 等常见术语，会给卖方运输衔接带来极大不便，增加交易成本；卖方使用集装箱运输时，谨慎使用 FOB、CFR、CIF 等以货物是否装运上船为风险转移界限的术语。因为在实务中卖方将货交给承运人时，船舶往往还未抵达装运港，如选择以上术语，那么卖方将承担货交承运人之后货物在装运港装上船之前相关区间的风险，不仅增加了卖方的风险还推迟了运输单据的出单时间。①

2. 尽量选择 C 组术语

目前，集装箱、多式联运被广泛采用，有必要扩大选用 FCA、CPT、CIP 术语，对卖方而言的好处：一是货交承运人的风险转移给买方；二是提前取得运输单据，缩短了交单收汇的时间，加快了资金周转速度并减少了利息支出。此外，在 C 组术语下，卖方无须保证货物何时抵达目的地，只要取得运输单据后，将约定单据交与买方。

在货物装运时，如果卖方还没有收到大部分货款，则从卖方的角度来看应尽量选用 CIF 术语，在此术语下，国际货物买卖中涉及的 3 个合同（买卖合同、运输合同、保险合同）都由卖方作为当事人，卖方可以根据情况统筹安排备货、装运、投保等事项，保证作业流程上的相互衔接，此外，在发生问题时便于卖方行使“中途停运权”；如果卖方已收到大部分货款，或者不担心货款的问题，那么采用 FCA 术语，可以较早地完成交货和风险转移。②

3. 避免使用 FOB 术语

FOB 术语下买方掌握租船订舱主动权，通常会指定船代或货代，卖方如需使用该术语，应注意以下事项：在合同中明确约定买方及时通知卖方船到港时间，避免船货衔接不当；买方指定境外货代时，卖方应主动调查该货代的资信情况，避免买方和货代私下串通，无单放货；卖方可为自己利益订立保险，以防买方未办理保险或买方拒绝转让保单行为。

如果卖方不得不采用 FOB 术语，又未在发货时收到全款：一是，买方控制货物时，可能与货代相互勾结，无单提货，或者私下放单给买方，让卖方钱货两空；二

① 方蔚然：《Incoterms® 精品解读系列：（三）贸易术语的合理选择》，载于优法涉外微信公众号，2020 年 4 月 3 日。

② 武进锋：《律师手记——如何选择和使用国际贸易术语》，载于律商锋评微信公众号，2020 年 5 月 19 日。

是，在 FOB 术语及 CFR 术语下，如果履约时行情对买方不利，买方拒绝接收货物，就有可能不办保险，一旦货物在途中出险就可能导致卖方钱货两空；三是，如果买方要求在卖方提交的提单中以买方作为托运人（Shipper），则在运输途中，买方可能以托运人名义指示承运人将货物交给他指定的收货人，从而给卖方造成损失。针对上述情况，如果买方坚持 FOB 术语，卖方应争取电汇全额预付款，或至少预收大部分款项，如果做不到，就要及早采取风险防范措施。比如，在合同中对买方派船到港装货的时间做出明确规定；对货代资格进行审查，不轻易接受货代提单，尤其是买方指定的境外货代提单；不同意以买方为托运人，哪怕因此不得不修改信用证从而耽误时间增加费用；以及必要时投保卖方利益险等。

（三）买方如何选择贸易术语

1. 尽量使用 D 组术语

从买方角度来说，最有利的术语是 D 组术语，因为买方基本上不承担运输过程中的任何风险，卖方负责将货物运输至买方所在地，负担交货前的一切风险和必要费用，包括装箱费、运费、清关手续费等。但是该组术语只有在买方强势，或双方有默契的情况下采用。

2. 避免使用 EXW 术语

该术语下买方需在卖方所在地提取货物，自行安排运输、进出口通关等手续及承担费用，该术语显然是所有术语中责任最重、承担的费用和风险也最高的，此时的买方要负责两个国家的进出口清关和关税缴纳，难度极大，大部分国际贸易中的买方都会避免选用 EXW 术语。如果卖方处于强势地位要求使用 EXW 术语时，买方应充分了解卖方所在国（地区）的运输、出口手续情况以及选择与货源地商誉良好的代理代办运输出口手续。

第六节　大数据统计

通过“威科先行”软件进行检索，统计 2010 年 1 月 1 日至 2020 年 1 月 1 日之间，各级法院审结的贸易术语涉诉案件[①]，虽然 Incoterms® 2010“正式认可所有的贸易规则既可以适用于国内交易也可以适用于国际交易”，但笔者在检索过程中发现，国际贸易术语的相关纠纷还是集中出现在国际贸易纠纷中。

在全部贸易术语涉诉案件中，FOB、CIF、CFR 3 个术语是出现频率较高的。在“适用于任一或多种运输方式的规则”中，EXW、DDP、CIP、FCA 是出现频率较高的（见表 1-8）。

表 1-8　适用于任一或多种运输方式的规则[②]

单位：件

术语	合同纠纷	海商海事纠纷	保险纠纷	共计
EXW	27	10	4	41
FCA	13	2	0	15
CPT	3	0	0	3
CIP	16	1	4	21
DAT	2	0	0	2
DAP	5	1	1	7
DDP	14	9	2	25
共计	80	23	11	114

虽然没有针对贸易术语涉诉案件的具体案由，但笔者通过检索发现，买卖合同纠纷是出现频率最高的纠纷类型，海商海事纠纷紧随其后（见表 1-9）。这也符合贸易术语的设计目的及使用背景。此外，在贸易纠纷中，当事人可能更多选择仲裁作为纠纷解决方式，因为仲裁相较于诉讼更具有便捷性、惯例性、私密性、快捷性、

① 2014 年 1 月 1 日，《最高人民法院关于人民法院在互联网公布裁判文书的规定》正式实施。该司法解释明确，最高人民法院在互联网设立中国裁判文书网，统一公布各级人民法院的生效裁判文书；中西部地区基层人民法院在互联网公布裁判文书的时间进度由高级人民法院决定，并报最高人民法院备案。2015 年 6 月底起，全国 31 个省（区、市）及新疆生产建设兵团的三级法院已全部实现生效裁判文书上网公布，即案件类型全覆盖、法院全覆盖。在此之前，最高人民法院颁布过其他司法文件，鼓励各级人民法院试行在互联网公布生效裁判文书。故在 2015 年之前，各级、各地人民法院陆续自行通过互联网公布生效裁判文书，公布的范围及数量可能无法全面覆盖当时全国生效裁判文书，因此，本书此处的统计数据仅供参考。

② 说明：分别以“术语”+“EXW、FCA、CPT、CIP、DAT、DAP、DDP”为关键词进行案例检索。

国际性，更为国际贸易当事人所接受。

表 1-9　适用于海运及内河运输的规则[①]

单位：件

术语	合同纠纷	海商海事纠纷	保险纠纷	其他纠纷	共计
FAS	0	0	0	0	0
FOB	229	204	11	6	450
CFR	35	31	4	7	77
CIF	87	91	22	6	216
共计	351	326	37	19	743

① 说明：分别以“术语”+“FAS、FOB、CFR、CIF”为关键词进行案例检索。

第二章　Incoterms®2020 的主要变化

第一节　Incoterms® 2020 的修订背景与过程

一、修订背景

Incoterms® 是由国际商会发布的国际贸易的基础性通行规则，主要划分国际货物贸易交付过程中买卖双方的义务、风险转移及各自需承担的费用等内容，致力于促进全球贸易活动的便利化，避免潜在的法律纠纷。长期以来，Incoterms® 受到国内外工商界的高度关注，是国际贸易中应用最为广泛的国际商事规则之一，得到了包括联合国国际贸易法委员会（UNCITRAL）①、联合国欧洲经济委员会（UNECE）②在内的诸多国际组织的大力支持和认可。

国际商会于 1936 年正式发布了第一版——Incoterms 1936，并先后于 1953 年、1967 年、1976 年、1980 年、1990 年、2000 年和 2010 年进行了多次修订和补充，其中重大修订包括在 1980 年修订本中引入货交承运人（即 FCA）规则，在 1990 年修订本中增加允许用电子数据交换（EDI）信息替代纸面单据等。每次对 Incoterms® 的修订与补充，都是国际商会在结合国际商事实践最新发展的基础上，对之前版本进行重新审视并完善的成果。2016 年 9 月，为适应国际贸易实务的最新发展，更好地推动全球贸易便利化，国际商会正式启动了 Incoterms® 2020 的修订工作。

二、修订过程

国际商会正式启动 Incoterms® 2020 的修订工作后，于第一时间组建了修订小组。修订小组全面统筹协调 Incoterms® 2020 的修订工作，在综合分析 Incoterms® 2010 和国际贸易实践最新进展、征集各国家委员会意见的基础上，确定修订重点，研提修订建议，草拟具体规则文本等。在修订小组组建的过程中，为更好地将中国工商界的声音与诉求反映到国际贸易术语的最新版本中，国际商会中国国家委员会

① 参见 UN endorses Incoterms® 2010，ICC rules for international trade，https：//iccwbo. org/media-wall/news-speeches/un-endorses-incoterms-2010-icc-rules-for-international-trade/。

② 同①。

商法与惯例委员会积极与国际商会总部沟通，成功推荐一名中方贸易专家入选修订小组，直接参与 Incoterms® 2020 的修订工作。

Incoterms® 2020 修订小组在世界各地区召开多场工作会议或区域研讨会，与来自各个国家和地区的法律、保险、银行、进出口、海关等行业专家进行座谈，广泛征求修订意见与建议。修订小组分别于 2016 年 10 月和 2017 年 3 月在巴黎召开了第一次和第二次工作会议，并于 2017 年 9 月在北京召开了第三次工作会议。为更好地反映各地区的外贸实践情况及其独特需求，国际商会商法与惯例委员会于 2017 年 9 月在北京举办了国际贸易术语亚洲研讨会①，于 2018 年 4 月在伦敦召开了国际贸易术语欧洲研讨会。此外，修订小组向各个国家和地区委员会开展了多轮 Incoterms® 2020 修订意见问卷调查，针对修订重点关注的议题及 Incoterms® 2020 各版草稿，向全球广泛征集意见建议。2018 年 10 月，Incoterms® 2020 终稿于国际商会商法与惯例委员会秋季会议上提交审议并通过。2019 年 9 月 10 日，国际商会正式向全球发布 Incoterms® 2020。Incoterms® 2020 大事表见表 2-1。

表 2-1　Incoterms® 2020 大事表

时间	事项
2016 年 9 月	国际商会商法与惯例委员会正式启动 Incoterms® 2020 的修订工作，并于同期组建工作小组。
2016 年 10 月 13 日	国际商会商法与惯例委员会 2016 年秋季会议及修订小组第一次工作会议于巴黎召开，会议讨论了修订小组的工作计划。
2017 年 2 月 28 日	国际商会中国国家委员会商法与惯例委员会国际贸易术语第一次专家研讨会于北京召开，会议准备了拟于修订小组第二次工作会议上提交的材料。
2017 年 3 月 8 日—3 月 10 日	Incoterms® 2020 修订小组第二次工作会议于巴黎召开，会议开始准备 Incoterms® 2020 第一版草稿。
2017 年 4 月 19 日—4 月 20 日	国际商会商法与惯例委员会 2017 年春季会议于巴塞罗那召开，会议讨论了各国家委员会的反馈意见及修订工作重点。
2017 年 9 月 5 日	国际商会中国国家委员会商法与惯例委员会国际贸易术语亚洲研讨会筹备会议于北京召开，准备了中方在国际贸易术语亚洲研讨会上的反馈意见。

① 参见国际贸易术语亚洲研讨会，http：//www. ccpit. org/。

表2-1 续

时间	事项
2017 年 9 月 25 日	国际贸易术语亚洲研讨会于北京召开，会议重点讨论了会议 FOB 规则及 FCA 规则的修订问题。①
2017 年 9 月 26 日	Incoterms® 2020 修订小组第三次工作会议于北京召开，会议重点讨论了各国家委员会对第一版草稿的意见，并开始准备第二版草稿。
2017 年 9 月 28 日	国际商会商法与惯例委员会 2017 年秋季会议于北京召开，会议讨论通过了修订小组下阶段工作计划。②
2018 年 4 月 11 日	国际贸易术语欧洲研讨会暨修订小组第四次会议于伦敦召开，会议重点讨论了各国家委员会对第二版草稿的意见，并开始准备第三版草稿。
2018 年 5 月 3 日	国际商会商法与惯例委员会 2018 年春季会议于里斯本召开，会议报告了修订小组工作动态。
2018 年 10 月 24 日	国际商会商法与惯例委员会 2018 年秋季会议于巴黎召开，会议审议并通过了 Incoterms® 2020 终稿。
2018 年 11 月	国际商会中国国家委员会组建 Incoterms® 2020 翻译工作组。
2019 年 9 月 10 日	国际商会正式向全球发布 Incoterms® 2020。③
2019 年 12 月	Incoterms® 2020 中英文双语版正式出版。④
2020 年 1 月	Incoterms® 2020 正式生效。

尤其值得一提的是，为了推动中国工商界深度参与国际商事规则制定，国际商会中国国家委员会积极承办了 Incoterms® 2020 修订小组第三次工作会议，重点讨论了各国家委员会对第一版草稿的意见，并对草稿进行了修改。此外，国际商会中国国家委员会还承办了国际贸易术语亚洲研讨会，会议围绕 FOB 规则与 FCA 规则的

① 国际贸易术语亚洲研讨会，http：//www. ccpit. org/Contents/Channel_ 3521/2017/0928/885445/content_ 885445. htm。

② 涉外法律服务拓展研讨会暨国际商会商法与惯例委员会 2017 年秋季会议，http：//www. ccpit. org/Contents/Channel_ 3519/2017/0930/887587/content_ 887587. htm。

③ 参见 ICC releases Incoterms® 2020，https：//iccwbo. org/media-wall/news-speeches/icc-releases-incoterms-2020/。

④ 参见：新书来了！Incoterms® 2020 中英文版正式发售了！http：//www. ccoic. cn/cms/content/20604。

修订、由星展银行拒付案[1]引出的贸易术语实务应用问题等方面开展了热烈讨论。上述两场会议的在华举办促进了中方专家与企业对国际商会相关规则惯例的全面了解，加强了中方与国际一流专家的直接交流，为中方直接参与国际商会的 Incoterms® 2020 的修订搭建了快速通道。[2]

第二节　Incoterms® 2020 的修订目标与要点

一、修订目标

本次修订工作的基本目标为明确用语及推广使用。修订小组希望通过本次修订工作，进一步清晰和明确 Incoterms® 2020 用语，推动全球工商界更精准地使用 Incoterms® 2020。同时，修订小组希望充分考虑各国的外贸实践情况，广泛征询各国家委员会意见，以推动 Incoterms® 规则在其他国家和地区的使用。此外，修订小组还考虑通过开展创新模式（如应用程序）、制定更低价格和提供系列培训产品等途径，为全球外贸从业者使用 Incoterms® 2020 提供便利。

Incoterms® 2020 修订工作正式开始后，修订小组即向各国家委员会发放调查问卷，就 Incoterms® 2010 的使用情况进行调查。调查结果显示，Incoterms® 2010 下的规则的实践情况良好，各国外贸从业者在使用 Incoterms® 2010 下规则的过程中均未发生重大纠纷；Incoterms® 2010 修订过程中做出的各项调整已被各国外贸从业者所接受并应用。鉴于此，修订小组认为，作为一套经过长期实践形成的国际贸易实践规则，诸多 Incoterms® 规则已经得到广泛应用，实务操作人员对相应的业务环节与流程也已经非常熟悉，没有必要对其进行大幅度修改。且大幅度修改会造成业务环节的混乱，给外贸从业者的实务操作带来不必要的纠纷，同时也会削弱 Incoterms® 规则在全球的影响力。基于以上考虑，修订小组一致认为，Incoterms® 2020 的修订工作应当在保持包括 FOB 规则在内的重点 Incoterms® 规则稳定的基础上，顺应新的贸易趋势，对个别规则进行小幅调整和修改。

---

① 关于该案的详细情况，见本书第八章第一节。

② 本部分内容来源于国际商会。

二、修订工作的考虑要点

在实体规则方面，修订小组主要讨论了针对 FOB 规则及 FCA 规则的修改方案。根据 Incoterms® 2010，如果卖方选择使用集装箱运输货物，其应在买卖合同中选择使用 FCA 规则。然而在实际情况中，相当一部分卖方尽管对 Incoterms® 2010 内容十分了解，仍会“错误”地选用 FOB 规则。根据 FOB 规则，货物损坏或灭失的风险在货物装船时即发生转移。卖方在采用集装箱运输方式时，其在装船前将货物交给承运人后就对货物失去了控制，因此使用 FOB 规则的卖方需承担在货交承运人后至装船前货物毁损的风险。卖方之所以自愿承担此风险，是因为在 FOB 规则下，托运人通常指定承运人向卖方开具已装船可转让海运提单，因此买卖双方可选择信用证付款的货款结算方式。在 FCA 规则下，由于卖方将货物交付给承运人后即完成交货，卖方通常仅能获得有已装船批注的备运提单而非已装船可转让海运提单，然而银行为自身安全考虑，在其所开信用证中均要求卖方提供已装船批注的备运提单，卖方也便无法顺利完成议付。因此在实践中，大多数卖方即使使用集装箱运输货物，也会为了实现顺利议付而选择使用 FOB 规则。

为解决此规则与实践脱节的情况，修订小组提出了四种解决方案：第一种是改变 FOB 规则下的交货地点，将其提前至装船前；第二种是保留 FOB 规则的基本要求，同时弱化 Incoterms® 2010 中关于 FOB 规则不适合集装箱运输的提示，以缓解规则与实践的矛盾；第三种是倡议全球金融机构逐渐放弃要求卖方提交已装船可转让海运提单的要求；第四种是调整 FCA 规则，使得卖方在选用 FCA 规则时更容易获取已装船可转让海运提单。在坚持保持重点 Incoterms® 规则稳定性的基本原则的前提下，考虑到实践操作的难易程度，同时尽可能地减轻外贸从业者需承担的不必要风险，修订小组认为调整 FCA 规则是比较恰当的解决方法。

此外，修订小组也重点讨论了 CIP 规则和 CIF 规则中保险条款的修改。在 Incoterms® 2010 下，CIP 规则和 CIF 规则均要求卖方购买保险，该保险需至少符合劳埃德市场协会/国际保险人协会（以下简称为 LMA/IUA）制定的《协会货物保险条款》（*Institute Cargo Clauses*）条款（C）或类似条款的最低险别。在海运大宗商品贸易中，卖方面临的运输风险相对较低，投保《协会货物保险条款》条款（C）下的最低险别是比较合适的。但由于该类险别的承保范围仅为“重大意外事故”，无法满足目标货物是制成品的承保需要，此种情况下买方通常更希望卖方投保符合

《协会货物保险条款》条款（A）或类似条款的更高险别，即承保范围为货物在运输过程中因各种外来原因所造成的全部和部分损失的“一切险”。此外，在实践中的多数情况下，为方便货物流转，卖方通常自愿购买“一切险”。鉴于此，修订小组在 Incoterms® 2020 第一版草稿中将 CIP 规则和 CIF 规则中的投保要求均由“《协会货物保险条款》条款（C）”改为了“条款（A）”，统一提高了对卖方的投保要求。对此修改，部分国家委员会提出了不同观点，指出大宗商品卖方对此变化的接受度低，且此变化也可能会增加运输保险的一般成本，进而抬高大宗商品的售价。

为解决此问题，修订小组后续提出了三种解决方案：第一种是保持 CIP 规则和 CIF 规则中的投保要求为“《协会货物保险条款》条款（C）”不变；第二种是将 CIP 规则和 CIF 规则中的投保要求均由“《协会货物保险条款》条款（C）”改为“条款（A）”；第三种是将 CIP 规则中的投保要求由“《协会货物保险条款》条款（C）”改为“条款（A）”，同时保持 CIF 规则中的投保要求为“《协会货物保险条款》条款（C）”不变。考虑到 CIF 规则通常被用于大宗商品交易中，而 CIP 规则更常用于制成品交易中，且 CIP 规则是适用于一种或多种运输方式的规则，其常被用于跨国铁路联运过程，需经历多次通关过境程序，面临风险更高，因此投保更高级别险别更加合理。同时考虑到买卖双方可通过约定自主投保比 CIP 规则和 CIF 规则中规定险别更高级别的保险，因此修订小组认为仅调整 CIP 规则是较为适宜的解决方法。

修订小组也就 Incoterms® 规则的增减开展了相关讨论。部分国家委员会专家提出删去 EXW 规则及 DDP 规则的建议，理由是这两个规则实际上是用于国内运输的 Incoterms® 规则。修订小组认为这两个 Incoterms® 规则目前在实践中的使用频率较高，删去会导致实践混乱，且国际贸易术语在买卖双方协商一致的情况下也可以用于国内，因此决定不予删除。此外，修订小组就是否需要新增 Incoterms® 规则以适应包裹寄送、B2C 寄送及太空运输的新需求展开了讨论。修订小组认为，尽管电子商务的迅速发展导致物流公司包裹寄送大幅增长，且私营企业的太空运输能力已有显著提高，然而是否需要新建 Incoterms® 规则，或者这些需求在现有规则下是否可以得到满足，尚待实践进一步验证。为了确保规则的精简性及必要性，修订小组决定暂不新增规则。

此外，为了使新的 Incoterms® 2020 更便于理解和使用，修订小组也做了相关调整。首先，修订小组对各 Incoterms® 规则中的 10 个条款的内部顺序做了重大调整，在 A1/B1 中写明了各当事人的基本货物、付款义务后，将交货和风险转移条款移至更显著的位置。这是因为交货和风险转移条款是每个 Incoterms® 规则区别于其他规则的核心，将这两个条款前移可以令使用者一眼看出规则的关键所在，从而更准确地选用规则。其次，修订小组将出口、进口清关过程中各方需办理的手续进行了明确列举，还将各 Incoterms® 规则下涉及费用的要求重新整理并汇总到了 A9/B9 中，使买卖双方对费用分担更加明确。

本次修订工作中，修订小组共修订了 3 版草稿，并就各版本草稿征询了各国家委员会的意见。国际商会中国国家委员会秘书局积极组织国际贸易领域专家认真研究了每版草稿，并结合我国国际贸易实践提出了多条意见。例如，在调整 FCA 规则时，我方提议应将承运人出具单据以“载明货物已经装载的运输单据”（a transport document stating that the goods have been loaded）概括，并以“已装船提单”（a bill of lading with an onboard notation）作为示例，以囊括实践中可能出现的所有情况，此建议被修订小组采纳。此外，我方也就 CIP 规则和 CIF 规则中保险条款的修改、各项规则下费用的整合、各规则间用语的协调一致等方面提出了多条建议。[①]

三、翻译工作的考虑要点

国际商会中国国家委员会作为国际商会授权在中国引进、翻译和出版 Incoterms® 2020 的唯一机构，在完成版权引进工作后，组建了由国际贸易领域的专家组成的 Incoterms® 2020 翻译工作组。翻译工作组成员坚持忠实原文，充分考虑中国工商界的使用习惯和商事惯例，力图将原文以最专业和准确的面貌呈现给中国外贸从业者。经过多轮校对及译审，Incoterms® 2020 中英文双语版于 2020 年 1 月正式出版。

在翻译过程中，国际商会中国国家委员会组织翻译工作组召开了多场工作会议。翻译工作组成员结合国际贸易理论及我国实践情况，就书名等关键性问题进行了深入研究和讨论，并根据讨论结果对译文进行了反复斟酌与修改。

在书名的译法上，翻译工作组多次就中译本书名是否由“解释通则”改为“规则”以体现中英文的对应关系展开了讨论。追溯历史，Incoterms 2000 的副标题是“ICC Official Rules for the Interpretation of Trade Terms”，其中译本书名是《2000 年国际贸易术语解释通则》；Incoterms® 2010 的副标题是“ICC Rules for the Use of

① 本部分内容来源于国际商会。

Domestic and International Trade Terms”。可以看出，相较于 Incoterms 2000，Incoterms® 2010 的英文副标题删去了“Interpretation”一词。因此，有专家曾提出 Incoterms® 2010 中译本书名也应相应删去“解释”一词。但考虑到国际贸易实务界及理论界已经使用“解释通则”这一名称多年，出于尊重商事惯例及维护实践稳定的考虑，为尊重外贸从业者的使用习惯，Incoterms® 2010 仍然沿用了“解释通则”的译法。在此次翻译工作中，翻译工作组同样决定沿用以往的翻译习惯，使用“解释通则”这一译法，并将书名译为《国际贸易术语解释通则 2020》。

针对目前国际贸易术语也可用于国内贸易，翻译成“国际贸易术语”是否会误导用户的问题，翻译工作组认为，国际贸易术语由“International Commercial Terms”翻译而来，因此“国际贸易术语”的翻译从语法上并无不妥。为了避免用户误解，翻译工作组特意在封面体现了副标题的翻译，注明“国际商会国内与国际贸易术语使用规则”，以体现此版规则是国际商会针对国内与国际贸易术语发布的一套使用规则。

关于 Incoterms® 2020 正文中各术语后的 Incoterms® 译法问题，鉴于英文 Incoterms® 是国际商会注册商标，而实务中使用时多以英文形式体现，因此本次翻译改变了以往版本中每条术语后面的 Incoterms® 译成中文“国际贸易术语解释通则®”的方式，转而保留了英文表述，以便给予用户正确的使用指示。[①]

第三节　Incoterms® 2020 的修改内容

从整体上来说，Incoterms® 2020 所做的修改更多的是形式上的，而不是关于规范如何实施 Incoterms® 的内容。Incoterms® 2020 修改的目的是促使 Incoterms® 的初次使用者更好地理解和运用 Incoterms® 规则。

第一，Incoterms® 2020 用语更加通俗易懂，较少使用法律术语。Incoterms® 2020 的重要变化之一就是删除妨碍不具有任何法律知识的大多数使用者理解的技术术语和法律表述，换之以通俗易懂的语言，使其同贸易实务联系更为紧密。

第二，Incoterms® 2020 提供了更加详细的说明内容，以一种更加准确和全面的

① 此部分内容来源于国际商会中国国家委员会。

方式解释应当如何选择使用 Incoterms® 。针对 11 种贸易术语，同 Incoterms® 2010 版本中的“使用说明”相比，Incoterms® 2020 版本中的“用户解释说明”内容更加详尽，同时还配有注释性图表。需要注意的是，这些解释性的内容并不对卖方和买方施加任何义务，仅仅是注释性的说明而已。

第三，Incoterms® 2020 针对费用部分进行了细分。Incoterms® 中的重要问题之一就是贸易实务中各种费用的划分。同之前的版本相比，Incoterms® 2020 对费用做了进一步的细分，包括运输、单据、海关等产生的费用；与这些费用相对应，Incoterms® 2020 也将卖方和买方需要承担的 10 项义务进行了细分。比如，在 Incoterms® 2020 CIP 规则的 A9/B9 费用划分中，卖方需要承担 8 项费用，买方需要承担 7 项费用；而在 Incoterms® 2010 版本的 A6、B6 费用划分中，卖方承担费用仅列出了 3 项，买方承担费用列出了 6 项，其他费用散见于其他义务条款。显而易见，Incoterms® 2020 的罗列方法为使用者提供了一份全面的费用清单，根据这份费用清单，使用者得以清楚地知道每一种 Incoterms® 2020 规则下卖方应当承担的费用和买方应当承担的费用。同时，作为卖方的使用者可以很容易地计算出报价；而作为买方的使用者亦可以很容易地在收到的众多报价中比较出哪个报价更加具有吸引力。

第四，Incoterms® 2020 区分了 Incoterms® 与贸易实务中各种合同之间的关系。贸易实务中可能涉及多种合同，如销售合同、运输合同、保险合同等。Incoterms® 2020 解释说 Incoterms® 不是上述这些合同的一部分，也不要求这些合同的当事人在合同中使用 Incoterms® 。

第五，Incoterms® 2020 在术语规则之后增加了“规则的逐条内容”单元，针对 11 个术语中卖方的 10 项义务和买方的 10 项义务进行对比。这样的设计使得使用者可以针对其关注的买/卖方义务进行考量，并选择合适的 Incoterms® 术语。比如，如果在某一特定交易中，使用者认为运输途中的风险转移是最重要的，该使用者无须挨个查询 11 个 Incoterms® 术语中的风险转移点，而是可以直接在“规则的逐条内容”单元对比每个 Incoterms® 术语的风险转移点。

第四节　Incoterms® 2020 与 Incoterms® 2010 的结构性对比

Incoterms® 2020 在中国的出版物为《国际贸易术语解释通则 2020》，Incoterms® 2010 在中国的出版物为《国际贸易术语解释通则 2010》，从表 2-2、表 2-3 的目录对比即可看出两本出版物的排版存在较大差别，比如 Incoterms® 2020 未像 Incoterms® 2010 那样将“编者注”“序言”“前言”等与 Incoterms® 实质内容无关的内容放在目录中，而是放在了目录的前面。这样调整后，目录所列举的内容更偏向于正文，即 Incoterms® 的实质内容，也是使用者更关注的内容，更方便使用者查阅和使用。

此外，Incoterms® 2010 的中文同英文部分并不完全一致对应，“NOTE ON INSURANCE”（有关保险的注意事项）在中文部分未单独列出，而是放在了 CIF 术语之后；部分英文内容如“ICC AT A GLANCE”（国际商会一览）、“ICC INTERNATIONAL BUSINESS TOOLS”（国际商会工具书）以及目录中没有列出的“INCOTERMS® 2010 DRAFTING GROUP”（INCOTERMS® 2010 起草小组）、“ICC DISPUTE RESOLUTION”（国际商会争端解决机制）、“SYNOPSIS OF TRADEMARK USAGE RULES FOR INCOTERMS® 2010 ”（INCOTERMS® 2010 商标使用规则简介）并未有对应的中文译文。而 Incoterms® 2020 的中英文部分是完全一致对应的。虽然中英文是否完全对应并不会深刻影响到使用者对 Incoterms® 的理解与使用，但此调整更加体现了国际商会工作的严谨与细致，也更方便使用者将中英文部分进行对比。

表 2-2 Incoterms® 2010 与 Incoterms® 2020 中文部分目录对比①

Incoterms® 2010	Incoterms® 2020
1. 编者注 2. 序言 3. 前言 4. 简介 5.《国际贸易术语解释通则® 2010》任一或多种运输方式规则指南 ■工厂交货 ■货交承运人 ■运费付至 ■运费和保险付至 ■运输终端交货 ■目的地交货 ■完税后交货 6.《国际贸易术语解释通则® 2010》海运和内河运输规则指南 ■船边交货 ■船上交货 ■成本加运费 ■成本、保险费加运费 7. 附录《国际贸易术语解释通则® 2010》	1. Incoterms® 2020 引言 2. 适用于任一或多种运输方式的规则 ■EXW | Ex Works（工厂交货） ■FCA | Free Carrier（货交承运人） ■CPT | Carriage Paid To（运费付至） ■CIP | Carriage and Insurance Paid To（运费和保险付至） ■DAP | Delivered at Place（目的地交货） ■DPU | Delivered at Place Unloaded（目的地卸货后交货） ■DDP | Delivered Duty Paid（完税后交货） 3. 适用于海运和内河水运的规则 ■FAS | Free Alongside Ship（船边交货） ■FOB | Free On Board（船上交货） ■CFR | Cost and Freight（成本加运费） ■CIF | Cost Insurance and Freight（成本、保险费加运费） 4. 规则的逐条内容 5. Incoterms® 2020 起草小组

① 此表格参照两本出版物中文部分目录制作。

表 2-3　Incoterms® 2010 与 Incoterms® 2020 英文部分目录对比①

Incoterms® 2010	Incoterms® 2020
1. EDITOR'S NOTE	
2. FOREWORD	
3. INTRODUCTION	1. INTRODUCTION TO Incoterms® 2020
4. GUIDANCE ON INCOTERMS® 2010 RULES FOR ANY MODE OR MODES OF TRANSPORT	2. RULES FOR ANY MODE OR MODES OF TRANSPORT
■EX WORKS	■EXW丨EX WORKS
■FREE CARRIER	■FCA丨FREE CARRIER
■CARRIAGE PAID TO	■CPT丨CARRIAGE PAID TO
■CARRIAGE AND INSURANCE PAID TO	■CIP丨CARRIAGE AND INSURANCE PAID TO
■DELIVERED AT TERMINAL	■DAP丨DELIVERED AT PLACE
■DELIVERED AT PLACE	■DPU丨DELIVERED AT PLACE UNLOADED
■DELIVERED DUTY PAID	■DDP丨DELIVERED DUTY PAID
5. GUIDANCE ON INCOTERMS® 2010 RULES FOR SEA AND INLAND WATERWAY TRANSPORT	3. RULES FOR SEA AND INLAND WATERWAY TRANSPORT
■FREE ALONGSIDE SHIP	■FAS丨FREE ALONGSIDE SHIP
■FREE ON BOARD	■FOB丨FREE ON BOARD
■COST AND FREIGHT	■CFR丨COST AND FREIGHT
■COST INSURANCE AND FREIGHT	■CIF丨COST INSURANCE AND FREIGHT
6. NOTE ON INSURANCE	4. ARTICLE-BY-ARTICLE TEXT OF RULES
7. APPENDIX INCOTERMS® 2010 RULES	5. Incoterms® 2020 DRAFTING GROUP
8. ICC AT A GLANCE	
9. ICC INTERNATIONAL BUSINESS TOOLS	

Incoterms® 出版物的正文部分是引言和规则。从结构上来看，Incoterms® 2020 与 Incoterms® 2010 的区别主要存在于以下几点：

（1）Incoterms® 2020 将“引言”单元（即 Incoterms® 2010 的“简介”）进行了扩充。

① 此表格参照两本英文版出版物的部分目录制作。

（2）Incoterms® 2020 将 Incoterms® 2010 的“指南”单元融合到了每条规则的“用户解释说明”中。

（3）Incoterms® 2010 的“附录”单元变为 Incoterms® 2020 的“规则”单元。

（4）Incoterms® 2020 增加了“规则的逐条内容”单元，分别按照 A1/B1、A2/B2……的顺序“横向”展示 10 条规则的不同。

（5）调整了部分买卖双方义务的顺序与内容。下文将就上述结构性变化进行具体说明。

一、“引言”与“简介”

Incoterms® 2010 的“简介”内容比较简略，主要是对贸易术语与运输合同之间的一些衔接问题进行说明和解释，提示使用者注意订立与销售合同有关的运输合同时必须考虑的一些问题，帮助运输行业厘清销售合同和运输合同之间的关系。

1. Incoterms® 2020 的“引言”

相比较而言，Incoterms® 2020 的“引言”内容更加翔实，从整体上对Incoterms® 规则进行介绍，为 Incoterms® 2020 规则的适用及其背后的基本原则提供指南：

（1）解释 Incoterms® 2020 规则规定什么、不规定什么，以及如何将其以最佳方式并入合同中；

（2）阐明 Incoterms® 规则几项重要的基本事项：即卖方和买方的基本角色和责任、交货、风险，以及 Incoterms® 规则与围绕一个典型的进出口销售合同（以及适用时的国内销售合同）的各个合同之间的关系；

（3）解释如何以最佳方式为特定的销售合同选择正确的 Incoterms® 规则；以及

（4）阐明 Incoterms® 2010 与 Incoterms® 2020 之间的核心变化。①

2. Incoterms® 2010 与 Incoterms® 2020 的区别

Incoterms® 2020 的引言已将 Incoterms® 2010 与 Incoterms® 2020 之间存在的区别之处总结如下：

（1）已装船批注提单和 FCA Incoterms® 规则；

（2）费用（如列出）；

---

① 中国国际商会/国际商会中国国家委员会. 国际贸易术语解释通则 2020［M］. 北京：对外经济贸易大学出版社，2020：1.

（3）CIF 和 CIP 中保险险别的不同层级；

（4）在 FCA、DAP、DPU、DDP 中使用卖方或买方自己的运输工具安排运输；

（5）将 DAT 三个首字母缩写改为 DPU；

（6）在运输义务和费用中加入与安全有关的要求；及

（7）用户解释说明。①

通过阅读 Incoterms® 2020 的引言，使用者将更能清晰地了解如何正确地在合同中插入 Incoterms® 术语，以便实现自己的合同目的。此外，相较于 Incoterms® 2010 的简介聚焦于与运输合同衔接的问题，Incoterms® 2020 的引言则同时关注到了运输合同和保险合同。

二、“指南”与“用户解释说明”

如前所述，Incoterms® 2010 增加了“指南”单元，而 Incoterms® 2020 将“指南”的内容融入了每条规则前面的“用户解释说明”，接下来即介绍买卖双方义务（A1-A10，B1-B10），这种排版更便于阅读和使用。

Incoterms® 2010 版本的“指南”单元由“篇首语”（Preliminary Remark）和“问题”（Question）构成，篇首语简单介绍了相关贸易术语的内容，对实际操作问题进行了解释。每个贸易术语均提出了 10 个问题：①货物如何交承运人，②何时以何种方式把货物交给收货人，③谁付运费，④哪些额外费用可能被加入运费中，⑤运费中是否有可变更的部分（如调整因素），⑥何时支付运费，⑦如何包装货物，⑧由卖方还是买方负责清关，⑨谁负责货物的积载和紧固，⑩承运人应当出具何种运输文件。可以看出，这些问题是对应着贸易实务中的流程提出的。

Incoterms® 2020 的“用户解释说明”与 Incoterms® 2010 的“指南”一脉相承，又不尽相同。“用户解释说明”分为 2 个部分，先是相关贸易术语内容的介绍，之后罗列核心风险提示（即 Incoterms® 2010 中“指南”的 10 个问题）。“用户解释说明”之后是相关贸易术语中买卖双方义务（A1-A10，B1-B10）（Incoterms® 2010 将其置于附录单元）。其中，在核心风险提示部分，Incoterms® 2020 主要提示了如下焦点问题：①交货与风险，②运输方式，③交货地或精准的交货地点，④对买方

① 中国国际商会/国际商会中国国家委员会．国际贸易术语解释通则 2020［M］．北京：对外经济贸易大学出版社，2020：16-19.

的提示，⑤装载风险，⑥出口、进口清关等。同时根据不同贸易术语的特点提出针对性的风险提示并加以说明，如 FCA 术语中提示 FCA 销售方式下已装船批注提单、“或取得已经如此交付的货物”（or procuring the goods so delivered）的含义解释、目的地卸货费用、交货港和目的港、是否必须指明装运港、确定卸货港的终点、存在多个承运人的情况、卸货费用、保险合同等。

“用户解释说明”的作用主要有 2 个：

（1）帮助使用者准确、有效地找到适合特定交易的国际贸易术语；

（2）当术语在使用中存在争议时，它可以为合同当事人提供必要的参考。

三、“附录”与“规则”

在 Incoterms® 2010 中，贸易术语规则置于附录单元，具体罗列了 Incoterms® 规则的内容及买卖双方义务（A1-A10，B1-B10）。

附录单元有自己的序言、前言和引言，引言再次对如何使用 Incoterms® 2010 的术语以及 Incoterms® 2010 版本的特点进行说明，相当于 Incoterms® 2020 篇首的引言（INTRODUCTION）。“附录”单元的引言首先指示使用者：①如何在买卖合同中写入 Incoterms® 2010 术语；②如何选择合适的国际贸易术语；③尽可能对地点和港口做出详细说明；④切记国际贸易术语并没有给你一个完整的买卖合同[①]，然后向使用者解释了主要变化及主要特点，最后提示使用者注意该引言及后文的使用说明（Guidance note）并不是 Incoterms® 2010 的构成部分，仅用于帮助使用者在特定交易中准确、高效地选择合适的术语。

之后的内容与 Incoterms® 2020 的“规则”单元相同，是贸易术语规则的具体内容。其中，Incoterms® 2010 的“使用说明（Guidance note）”和前面的“指南”单元融为一体，对应着 Incoterms® 2020 的“用户解释说明”；买卖双方义务（A1-A10，B1-B10）的顺序和内容略有调整，在下一节进行介绍。

四、“规则的逐条内容”

Incoterms® 2020 的显著特点之一是增加了“规则的逐条内容”，列出 11 个

---

① 中国国际商会/国际商会中国国家委员会．国际贸易术语解释通则 2020［M］．北京：对外经济贸易大学出版社，2020：84-85.

Incoterms® 规则的传统格式，以及在每项买卖双方义务下列出每条 Incoterms® 规则的 10 个条款的“横向”格式，先卖方（A）后买方（B）。例如：

A1 一般义务

EXW（工厂交货）

卖方必须提供符合销售合同约定的货物和商业发票，以及合同可能要求的其他与合同相符的证据。

卖方提供的任何单据，根据双方约定可以是纸质或电子形式，如果没有约定，则按照惯常做法提供。

FCA（货交承运人）

……

CPT（运费付至）

……

CIP（运费和保险费付至）

……

B1 一般义务

EXW（工厂交货）

买方必须按照销售合同约定支付货物价款。

买方提供的任何单据，根据双方约定可以是纸质或电子形式，如果没有约定，则按照惯常做法提供。

FCA（货交承运人）

……

CPT（运费付至）

……

CIP（运费和保险费付至）

……

对此，Incoterms® 2020 修订小组是这样解释的：“现在贸易商能够更易于看到例如 FCA 的交货地与 DAP 的交货地之间的区别，或者 CIF 由买方承担的费用项目与 CFR 由买方承担的费用项目之间的区别。我们希望 Incoterms® 2020 规则这种

‘横向’展现方式将可以进一步帮助贸易商选择最适合他们商业需求的 Incoterms® 规则。”①

五、买卖双方义务（A1-A10，B1-B10）

Incoterms® 2020 在买卖双方义务部分从整体上看更加细化、更加直观，更加便于贸易术语使用者迅速了解、掌握、区分各项贸易术语内容，以准确地使用术语。

对于买卖双方义务（A1-A10，B1-B10）顺序的变化，Incoterms® 2020 修订小组是这样解释的："A/B 条款顺序的变化需要一些时间和成本去熟悉。现在将交货和风险放在更显著的位置，我们是希望贸易商将会更易于识别不同的 Incoterms® 规则之间的差异，即卖方将货物‘交付’给买方的时间和地点的不同点，而风险即在那个时间和地点转移给了买方。”②

整体而言，Incoterms® 2020 在买卖双方义务部分的变化可概况如下：首先，从排列顺序上看，Incoterms® 2020 的排列顺序更加符合国际贸易的流程，逻辑和条理更加清晰；其次，Incoterms® 2020 更加注重贸易术语的核心内容，将核心的买方/卖方义务内容调整在前面，比如使用者更加关心的收货（Taking delivery）、风险转移（Transfer of risks）、运输（Carriage）、保险（Insurance）等，其他义务则排列在后面，更贴近使用者的关注点；最后，Incoterms® 2020 将内容相似条款整合，比如“Licences, authorizations, security clearance and other formalities, Assistance with information 和 pre-shipment inspection”这类清关相关的内容或所需手续合并成为 Incoterms® 2020 中 A7/B7“Export/import clearance”，更加清晰合理，也更方便使用者获取所需信息。Incoterms® 2010 与 Incoterms® 2020 的卖方义务对比见表 2-4，买方义务对比见表 2-5。

---

① 中国国际商会/国际商会中国国家委员会．国际贸易术语解释通则 2020［M］．北京：对外经济贸易大学出版社，2020：14.

② 同①。

表 2-4 Incoterms® 2010 与 Incoterms® 2020 卖方义务对比

Incoterms® 2010 中 A1-A10	Incoterms® 2020 中 A1-A10
A1 General provision of the seller 卖方的一般义务 A2 Licences, authorisations, security clearance and other formalities 许可证、批准、安全通关及其他手续 A3 Contracts of carriage and insurance 运输合同与保险合同 A4 Delivery 交货 A5 Transfer of risks 风险转移 A6 Allocation of costs 费用划分 A7 Notices to the buyer 通知买方 A8 Delivery document 交货凭证 A9 Checking-packing-marking 检查、包装、标志 A10 Assistance with information and related costs 信息帮助和相关费用	A1 General obligations 一般义务 A2 Delivery 交货 A3 Transfer of risks 风险转移 A4 Carriage 运输 A5 Insurance 保险 A6 Delivery/transport document 交货/运输单据 A7 Export/import clearance 出口/进口清关 a) Export clearance 出口清关 b) Assistance with import clearance 协助进口清关 A8 Checking/packaging/marking 查验/包装/标记 A9 Allocation of costs 费用划分 A10 Notices 通知

表 2-5　Incoterms® 2010 与 Incoterms® 2020 买方义务对比

Incoterms® 2010 中 B1-B10	Incoterms® 2020 中 B1-B10
B1 General provision of the buyer　买方的一般义务	B1 General obligations　一般义务
B2 Licences, authorisations, security clearance and other formalities　许可证、批准、安全通关及其他手续	B2 Taking delivery　收取货物
B3 Contracts of carriage and insurance　运输合同和保险合同	B3 Transfer of risks　风险转移
B4 Taking delivery　接收货物	B4 Carriage　运输
B5 Transfer of risks　风险转移	B5 Insurance　保险
B6 Allocation of costs　费用划分	B6 Delivery/transport document　交货/运输单据
B7 Notice to the seller　通知卖方	B7 Export/import clearance　出口/进口清关 a) Assistance with export clearance　协助出口清关 b) Import clearance　进口清关
B8 Proof of delivery　交货证明	B8 Checking/packaging/marking　查验/包装/标记
B9 Inspection of goods　货物检验	B9 Allocation of costs　费用划分
B10 Assistance with information and related costs　信息帮助和相关费用	B10 Notices　通知

第五节　Incoterms® 2020 部分条款内容的改变

Incoterms® 2020 对 Incoterms® 2010 中的一些贸易术语的内容进行了变更。被调整内容的贸易术语包括 FCA、CIP、DAP、DDP、DPU 等。另外，Incoterms® 2020 对于运输安排、买卖双方各项费用的明确、电子通信、“包装与标记”上的卖方义务、CIF/CFR 术语下卖方通知义务、FCA/FAS/FOB 中运输合同条款等也进行了调整。下面是对 Incoterms® 2020 条款变更的具体表述。

一、FCA 术语条款的修改和装船批注提单

FCA（Free Carrier，货交承运人）术语是指卖方通过以下两种方式之一向买方完成交货：首先，如指定地点是卖方所在地，则货物完成交付是当货物装上了买方

的运输工具之时；其次，如指定地点是另一地点，则货物完成交付是当货物已装上卖方的运输工具，当货物已抵达该指定的另一地点，已做好从卖方的运输工具上卸载的准备，并且交由买方指定的承运人或其他人处置之时。无论选择了二者之中的哪一个地点作为交货地点，该地点即是确定风险转移给买方且买方开始承担费用的地点。[①] FCA 术语适用于任一或多种运输方式，由买方负责选择承运人并签订运输合同，在货交承运人时即完成交货并转移风险。

但是在涉及海运作为运输方式的贸易中，如果贸易的结算方式是银行托收或信用证支付，则卖方需要取得已装船批注提单以向银行要求议付。然而，卖方没有与承运人签订运输合同的义务，也没有联系承运人的义务；而买方则负有签订运输合同并联系承运人的义务。在这种情况下，如果买卖合同中没有特别约定买方负责沟通协调各承运人，并确保第一承运人在收货之后向卖方提供海运提单，卖方则难以在交货之后向第一承运人索取海运提单，将面临交货之后与装船之前的空档期，进而面临无法向银行办理信用证议付及收取货款的风险（如果贸易以信用证作为结算方式）。

例如，当卖方想在其位于内陆的工厂附近交货，约定“FCA 某内陆城市某地”，以避免由自己承担港口交货中从内陆地点到港口地点这一段路程的风险。在这种情况下，买方需要指派承运人到约定的内陆城市地点收货。但由于海运承运人在港口等待接货，从约定的内陆地点到达港口地点之间存在或长或短的运输距离，在货物装船前，海运承运人无法出具提单。因此，如果该约定的内陆地点与港口地点的距离较远或涉及多种运输方式（在极端的情况下，如同时包括公路运输、铁路运输、内河运输以及海运），则意味着卖方在较长的时间内都无法取得提单，以尽快议付信用证并收取货款，这对卖方来说是明显的风险。

为解决以上风险，Incoterms® 2020 增加了“已装船批注提单”的可选机制，也即当买方和卖方约定了 FCA 规则之后，双方可以约定当卖方把货物交给第一承运人之后，即使货物仍未装船，但该承运人需要在收货时即向卖方出具已装船批注提单；买方有义务确保各承运人之间的沟通与衔接，在运输合同中要求相关承运人在收货之后、装船之前即向卖方出具已装船提单，从而降低卖方在交货之后、装船之前所面临的空档期的风险。同时，买方并不会因为提前开具已装船批注提单而增加额外

① 中国国际商会/国际商会中国国家委员会．国际贸易术语解释通则 2020［M］．北京：对外经济贸易大学出版社，2020：30-31.

的成本和风险，因为FCA术语中，风险是在货交承运人之后转移给买方。当然，这种提前开具海运提单的安排会导致约定与实际的装船时间存在不符，属于提前开具提单的情形；但是这种安排却能够在不增加买方风险的情况下减少卖方的风险，属于一种双赢的安排，这也可能是国际商会把已装船批注提单的可选机制引入到FCA术语中的原因。在采用这种可选机制时，内陆交货日期与装船日期必然不同，这很可能会对卖方在议付信用证时提交合格的单据造成困难。因此，当卖方考虑采用这种可选机制时，还需要与买方协商对信用证议付单据进行特别约定，以避免在将来信用证议付时出现问题，为收取货款带来障碍。

【应用与拓展】

F组术语中，FOB术语与FCA术语比较相近。FOB（Free on Board，船上交货）术语是指卖方通过以下方式向买方完成交货：在指定装运港将货物装上由买方指定的船，或者取得已经如此交付的货物。货物灭失或损坏的风险在货物交到船上时发生转移，同时，买方承担自那时起的一切费用。[①]

在这两个术语中，买方和卖方均不承担签订保险合同的义务。但在FCA术语中，卖方的风险可以提前，也即货交承运人时转移给买方，而FOB术语需要等到装船时；以及如果买方购买了保险，FCA术语中的保险节点更早，也就意味着覆盖时间更长。出于此考虑，在面临FOB与FCA的选择时，卖方一般会考虑FCA术语。

如上所述，如果卖方想在装船前通过将集装箱货物移交给承运人来交货给买方，卖方一般选择FCA术语而非FOB术语。现在，即使Incoterms® 2020增加了已装船批注提单的可选机制，有了这一保障，卖方将更会倾向于选择FCA术语而非FOB术语。当然，如果双方同意，买方将向卖方提交一份单据，简单说明货物已收妥待运，而不是已装船，卖方即可以向银行议付，那么这种可选机制就不必要了。Incoterms® 2010与Incoterms® 2020中FCA术语的可选机制对比见表2-6。

① 中国国际商会/国际商会中国国家委员会．国际贸易术语解释通则2020［M］．北京：对外经济贸易大学出版社，2020：89.

表 2-6 Incoterms® 2010 与 Incoterms® 2020 中 FCA 术语的可选机制对比

Incoterms® 2010 A8 Delivery document	Incoterms® 2020 A6 Delivery/transport document
The seller must provide the buyer, at the seller's expense, with the usual proof that the goods have been delivered in accordance with A4. 卖方应当自担费用向买方提供证明按照 A4 规定已完成交货的通常凭证。 The seller must provide assistance to the buyer, at the buyer's request, risk and expense, in obtaining a transport document. 卖方应当根据买方的要求，给予买方一切协助以取得运输单据，风险和费用由买方承担。	The seller must provide the buyer at the seller's cost with the usual proof that the goods have been delivered in accordance with A2. 卖方必须自付费用向买方提供已按照 A2 交货的通常证明。 The seller must provide assistance to the buyer, at the buyer's request, risk and cost, in obtaining a transport document. 在应买方要求并由其承担风险和费用的情况下，卖方必须协助买方取得运输单据。 Where the buyer has instructed the carrier to issue to the seller a transport document under B6, the seller must provide any such document to the buyer. 若买方指示承运人向卖方出具 B6 项下的运输单据，则卖方必须向买方提交承运人出具的这一单据。
Incoterms® 2010 B8 Proof of delivery	**Incoterms® 2020 B6 Delivery/transport document**
The buyer must accept the proof of delivery provided as envisaged in A8. 买方应当接受卖方依 A8 规定提供的交货凭证。	The buyer must accept the proof that the goods have been delivered in accordance with A2. 买方必须接受已按照 A2 完成交货的证据。 If the parties have so agreed, the buyer must instruct the carrier to issue to the seller, at the buyer's cost and risk, a transport document stating that the goods have been loaded (such as a bill of lading with an onboard notation) . 如果双方当事人已如此约定，买方必须自担费用及风险，指示承运人向卖方出具证明货物已经装载的运输单据（如已装船提单）。

二、买卖双方各项费用的明确

在 Incoterms® 2020 中，A9/B9“Allocation of costs/费用划分”明确列明了买卖双方所有的费用。这些费用是由之前 Incoterms® 2010 版本的 A6/B6“Allocation of costs/费用划分”以及分散在各条款内容中提到的费用合并整合而来的。因此，Incoterms® 2020 中的 A9/B9 比 Incoterms® 2010 中的 A6/B6 篇幅更长。例如，Incoterms® 2010 中的 FOB 规则在标题为“交货单据”的 A8 条款中提及与获取交货单据有关的费用，而不是在标题为“费用划分”的 A6 条款中。

整合的目的是向使用者提供一站式费用清单，Incoterms® 2020 关于买卖双方费用的划分一目了然，以便卖方或买方可以在一个地方找到其在 Incoterms® 特定术语下将负责的所有费用，更加便捷、方便。同时，各项费用项目也在其本身条款中提到，例如，FOB 中与获取单据有关的费用仍然出现在 A6/B6 和 A9/B9 中，如果使用者希望寻找单据费用的具体划分，仍然可以在涉及交货单据的特定条款中找到。Incoterms® 2010 与 Incoterms® 2020 中 FOB 术语的费用条款对比见表 2-7。

表 2-7　Incoterms® 2010 与 Incoterms® 2020 中 FOB 术语的费用条款对比

Incoterms® 2010 A6 Allocation of costs	Incoterms® 2020 A9 Allocation of costs
The seller must pay: 卖方必须支付： a) all costs relating to the goods until they have been delivered in accordance with A4, other than those payable by the buyer as envisaged in B6; and 除由 B6 规定的理应由买方支付的以外，卖方必须支付货物有关的一切费用，直到已经按照 A4 规定交货为止；及 b) where applicable, the costs of customs formalities necessary for export, as well as all duties, taxes and other charges payable upon export. 需要办理海关手续时，货物出口需要办理的海关手续费用及出口时应交纳的一切关税、税款和其他费用。	The seller must pay: 卖方必须支付： a) all costs relating to the goods until they have been delivered in accordance with A2, other than those payable by the buyer under B9; 按照 A2 完成交货之前与货物相关的所有费用，按照 B9 应由买方支付的费用除外； b) the costs of providing the usual proof to the buyer under A6 that the goods have been delivered; 按照 A6 向买方提供已经交货的通常证明的费用； c) where applicable, duties, taxes and any other costs related to export clearance under A7 (a); and 如适用，按照 A7（a）办理出口清关有关的关税、税款和任何其他费用；以及 d) the buyer for all costs and charges related to providing assistance in obtaining documents and information in accordance with B7 (a). 买方为按照 B7（a）提供协助获取单据及信息相关的所有款项和费用。

表 2-7 续

Incoterms® 2010 B6 Allocation of costs	Incoterms® 2020 B9 Allocation of costs
The buyer must pay: 买方必须支付: a) all costs relating to the goods from the time they have been delivered as envisaged in A4, except, where applicable, the costs of customs formalities necessary for export, as well as all duties, taxes and other charges payable upon export as referred to in A6 b); 自按照 A4 规定交货之时起与货物有关的一切费用,除了需要办理海关手续时,货物出口需要办理的海关手续费用及出口时应交纳的一切关税、税款和在 A6 b)中提到的其他费用;及 b) any additional costs incurred, either because: 以下两种情形之一将导致额外费用: (i) the buyer has failed to give appropriate notice in accordance with B7, or 由于买方未能按照 B7 规定给予卖方相应的通知,或 (ii) the vessel nominated by the buyer fails to arrive on time, is unable to take the goods, or closes for cargo earlier than the time notified in accordance with B7, provided that the goods have been clearly identified as the contract goods; and 买方指定的船只未按时到达,或未接收上述货物,或较按照 B7 通知的时间提早停止装货,除非该项货物已正式划归合同项下;及 c) where applicable, all duties, taxes and other charges, as well as the costs of carrying out customs formalities payable upon import of the goods and the costs for their transport through any country. 需要办理海关手续时,货物进口应交纳的一切关税、税款和其他费用,及货物进口时办理海关手续的费用,以及货物从他国过境的费用。	The buyer must pay: 买方必须支付: a) all costs relating to the goods until they have been delivered under A2, other than those payable by the seller under A9; 按照 A2 完成交货之时起与货物相关的所有费用,按照 A9 应由卖方支付的费用除外; b) the seller for all costs and charges related to providing assistance in obtaining documents and information in accordance with A4, A5, A6, and A7 (b); 卖方为按照 A4、A5、A6 和 A7(b)协助获取单据及信息相关的所有款项和费用; c) where applicable, duties, taxes and any other costs related to transit or import clearance under B7 (b); and 如适用,按照 B7(b)办理过境或进口清关有关的关税、税款和任何其他费用;以及…… d) any additional costs incurred, either because: 由于以下原因之一发生的任何额外费用: (i) the buyer has failed to give notice under B10, or 买方未按照 B10 发出通知;或 (ii) the vessel nominated by the buyer under B10 fails to arrive on time, fails to take the goods, or closes for cargo earlier than the time notified in accordance with B10. 买方按照 B10 指定的船舶未准时到达、未提取货物或早于 B10 通知的时间停止装货。 Provided that the goods have been clearly identified as thecontract goods. 但以该货物已清楚地确定为合同项下货物为前提条件。

此外，在这些费用中，过境费用首次在 FCA、CPT、CIP 中增加并明确：FCA 中买方负责过境费用，CPT、CIP 中买方、卖方均有可能承担。

修改后的条款示例：

Incoterms® 2020 FCA B9 Allocation of costs

c) where applicable, duties, taxes and any other costs related to transit or import clearance under B7 (b); and...

如适用，按照 B7（b）办理过境或进口清关有关的关税、税款和任何其他费用；以及……

Incoterms® 2020 CPT A9 Allocation of costs

d) the costs of transit that were for the seller's account under the contract of carriage;

根据运输合同应由卖方承担的过境费用；

Incoterms® 2020 CPT B9 Allocation of costs

b) the costs of transit, unless such costs were for the seller's account under the contract of carriage;

过境费用（买方承担），除非根据运输合同该项费用应由卖方承担。

三、CIP 保险范围修改

CIP 和 CIF 是仅有的 2 个要求卖方购买货物运输保险的贸易术语。CIP（Carriege and Insurance Paid To，运费和保险费付至）是指卖方向与其签约的承运人交货，期间卖方必须支付将货物运至目的地的运费，并为买方办理货物在运输途中灭失或损坏风险的保险。亦即买方承担卖方交货之后的一切风险和额外费用。CIF（Cost Insurance and Freight，成本、保险费加运费）术语中，货价的构成因素中包括从装运港至约定目的地港的通常运费和约定的保险费，故卖方除具有与 CFR 术语相同的义务外，还要为买方办理货运保险、支付保险费，按一般国际贸易惯例，卖方投保的保险金额应按 CIF 价加成 10%。两者最明显的区别是使用的运输方式不同，这也是导致 Incoterms® 2020 规则对这 2 个术语进行变更的间接原因之一。

在 Incoterms® 2010 规则中，CIF 和 CIP 术语都在 A3 条款中强制规定由卖方购买货物运输保险，并支付保险费。对于所买险别则规定至少应当符合《协会货物保险条款》条款（C）（*Institute Cargo Clauses* "Clauses C"）或类似条款的最低险别；

对应中国人民保险条款（CIC 条款）的平安险。《协会货物保险条款》条款（C）险采用“列明风险”的方法，保险人只对列明的风险导致的损失和费用负赔偿责任。该险别承保责任范围较小，保险费率相对其他险种来说是最低的，卖方的保费负担较小。

在 Incoterms® 2020 规则中就这一规定也做出了调整：对 CIF 术语维持现状，即默认保险险别为《协会货物保险条款》条款（C），但当事人可以协商选择更高级别承保范围的险种；对于 CIP，则变更为卖方必须投保符合《协会货物保险条款》条款（A）承保范围的保险，但当事人可以协商选择更低级别的险种。

在 Incoterms® 2020 规则征集意见期间，曾有业界人士提出把《协会货物保险条款》条款（C）转为条款（A）的建议，从而要求卖方为买方利益考虑而提高保险标准；但这会涉及额外的保险费。相反，要求继续维持《协会货物保险条款》条款（C）的建议同样强烈，尤其是那些参与大宗商品海运贸易的人。[①] 之所以有这种调整，是由于 CIP 术语下更多的为工业制成品的买卖，对于保险有较高要求，提高保险级别也可行。而 CIF 术语下更多的为大宗产品货物的买卖，通过海路运输且多发生连环转卖贸易，未能明确是否有提高险别必要或是连续买卖的买方对保险的要求。[②] 修订小组认为，在 CIF 和 CIP 规则中规定不同的最低险别，前者更可能用于海运大宗商品贸易，维持最低的《协会货物保险条款》条款（C）保险级别，但当事人仍可以自由商定较高的保险险别。在 CIP 中，卖方现在必须选择符合《协会货物保险条款》条款（A）的保险险别，不过当事人仍可以自由商定较低的保险险别。[③]

《协会货物保险条款》条款（A）的承保责任范围比条款（C）要大，在协会保险条款中，《协会货物保险条款》条款（A）的承保责任范围采用的是“一切风险减除外责任”的办法，除了“除外责任”项下所明确列明的风险保险人不予负责外，其他风险均予负责。《协会货物保险条款》条款（A）承保责任范围比条款（C）要大，所以费率也比条款（C）高，大概为条款（C）的一倍。这一改变对于保险的实际受益人买方而言当然是获益的，但 CIP 的卖方在投保时会因为这一改变

---

① 中国国际商会/国际商会中国国家委员会．国际贸易术语解释通则 2020［M］．北京：对外经济贸易大学出版社，2020：18.

② 张丽芳．《国际贸易术语解释通则 2020》主要修订解读［J］．对外经贸，2020（01）．

③ 同①。

多支付保险费。

出口商采用CIP时应当注意这个变化：一是报价时要注意保险费率的不同，在计算出口报价时应该相应调高报价，并向买方说明调价的理由；二是注意在投保时保险险别一定不能出错，在合同没有另外的特别约定时必须投保《协会货物保险条款》条款（A）险。尤其是用信用证结算时更加要注意到这个变化，否则很可能因为投保险别不符合新规则的要求而被银行拒付。后续UCP600会不会因这个变化做出相应的修订值得关注。Incoterms® 2010与Incoterms® 2020中CIP的保险条款对比见表2-8。

表2-8 Incoterms® 2010与Incoterms® 2020中CIP的保险条款对比

Incoterms® 2010 A3 Contracts of Carriage and insurance	Incoterms® 2020 A5 Insurance
b) Contract of insurance b）保险合同 The seller must obtain at its own expense cargo insurance complying at least with the minimum cover as provided by Clauses (C) of the Institute Cargo Clauses (LMA/IUA) or any similar clauses. The insurance shall be contracted with underwriters or an insurance company of good repute and entitle the buyer, or any other person having an insurable interest in the goods, to claim directly from the insurer. 卖方必须自付费用取得货物保险，该货物保险至少应按照《协会货物保险条款》（LMA/IUA）的条款或其他类似条款中的最低保险险别投保。保险合同应与信誉良好的保险人或保险公司订立，并赋予买方或任何其他对货物具有保险利益的人直接向保险人索赔的权利。	Unless otherwise agreed or customary in the particular trade, the seller must obtain at its own cost cargo insurance complying with the cover provided by Clauses (A) of the Institute Cargo Clauses (LMA/IUA) or any similar clauses as appropriate to the means of transport used. The insurance shall be contracted with underwriters or an insurance company of good repute and entitle the buyer, or any other person having an insurable interest in the goods, to claim directly from the insurer. 除非另有约定或在特定贸易中的习惯做法，卖方须自付费用取得货物保险。该保险需符合《协会货物保险条款》（LMA/IUA）条款（A）或任何适于货物运输方式的类似条款。保险应与信誉良好的承保人或保险公司订立，并应使买方或任何其他对货物具有可保利益的人有权直接向保险人索赔。

四、FCA、DAP、DPU、DDP 允许卖方/买方使用自己的运输工具

由于在传统的进出口业务中，进出口双方基本没有自行负责运输的情形，所以 Incoterms® 2020 之前的版本中都默认货物运输一定是由第三方承运人来完成的。但近年来这种情况有所变化，卖方或者买方使用自己的运输工具运输货物的情形变得越来越常见，尤其是一些大的跨国公司多样化经营后很多都开始有自己的运输和物流公司。在国际贸易中，有时负责运输的一方可能会使用他们自己的交通工具，那么就没有必要再让他们对外签订运输合同了。在制定 Incoterms® 2020 规则的详细讨论中，修订小组清楚地认识到，某些情况下，虽然货物要从卖方运往买方，但仍然可以在根本不雇佣任何第三方承运人的情况下进行运输。因此，例如，对于 D 组术语，不能阻止卖方使用自己的运输工具而不是将运输外包给第三方。同样，对于 FCA 术语下的贸易，也不能阻止买方使用自己的运输工具来收取货物并运往买方所在地。①

随着集团公司的出现，许多公司拥有自己的运输业务，通过自有物流系统进行运输，而不需要与第三方运输公司签订运输合同。在 FCA 术语项下，由于其适用于多种运输方式，且由买方承担签订运输合同或安排运输的义务，如果买方有自己的运输工具，则买方并无必要再联系第三方运输公司。因此，FCA 术语为买方增加了自行安排运输的选择。在 D 组贸易术语项下，由于卖方承担签订运输合同或安排运输以及交货的义务，如果卖方有自己的运输工具，则卖方可通过其自有的运输工具安排运输，因此，D 组贸易术语为卖方增加了自行安排运输的选择。

以上 FCA 术语及 D 组术语中增加买方/卖方自行安排运输的选择，而不再仅能通过第三方运输，体现出国际商会考虑到国际贸易实务中的变化（即越来越多的买方或者卖方通过自己的运输工具安排运输的现象），并为这种现象的可行性提供贸易术语的安排。这也反映了 Incoterms® 2020 与时俱进的特点。

修改后的条款示例（以 FCA 术语为例）：

A2 Delivery

……

① 中国国际商会/国际商会中国国家委员会．国际贸易术语解释通则 2020［M］．北京：对外经济贸易大学出版社，2020：18.

3. ……Delivery is completed either：

……以下情形，交货完成：

a） If the named place is the seller's premises，when the goods have been loaded on the means of transport provided by the buyer；

若指定交货地在卖方所在地，则当货物被装上买方提供的运输工具时；

or

或者

b） In any other case，when the goods are placed at the disposal of the carrier or another person nominated by the buyer on the seller's means of transport ready for unloading.

在任何其他情况下，当货物在卖方的运输工具上做好卸载准备，并交由买方指定的承运人（或其他人）处置时。

B4 Carriage

The buyer must contract or arrange at its own cost for the carriage of the goods from the named place of delivery，except when the contract of carriage is made by the seller as provided for in A4.

除非卖方根据A4订立运输合同，否则，买方必须自付费用订立运输合同或安排从指定交货地开始的货物运输。

五、DPU术语取代了原DAT术语

Incoterms® 2010中，D开头的有3个术语：DAT（Delivered at Terminal，运输终端交货）、DAP（Delivered at Place，目的地交货）和DDP（Delivered Duty Paid，完税后交货）；其中的DAT与DAP两个术语都是2010版本新增加的术语。其中的Terminal（运输终端）一词含义模糊，国际商会的使用指南还专门做了解释，但是在使用过程中还是容易发生歧义。并且DAT、DAP这两个术语的区别不大，容易混淆，这次新版在这个术语上做出改变是早就可以预期的。

值得注意的是，DAT术语本身也有变更的历史，在Incoterms® 2010中，DAT取代了2000版本中的DEQ，且将DEQ术语扩展至适用于一切运输方式。

在Incoterms® 2020中DAT术语被删除，新增了DPU（Delivered at Place

Unloaded，目的地卸货后交货）术语，并且将它置于 DAP 之后。国际商会强调这里的 Place（目的地）可以是任何地方而不仅仅是“运输终端”，这一改变更加符合买卖双方的交易习惯和表达。新的排序也使卖方的责任递进更加一目了然：DAP → DPU → DDP，卖方的责任层层递进，非常容易接受和理解。并且 DAP 和 DPU 的区别从术语的英文全称及缩写都可以清晰辨别，不容易混淆，[①] DAT 术语和 DPU 术语对比见表 2-9。

表 2-9 DAT 术语和 DPU 术语对比

Incoterms® 2010 中对于 DAT 定义	Incoterms® 2020 中对 DPU 描述
“Delivered at Terminal” means that the seller delivers when the goods, once unloaded from the arriving means of transport, are placed at the disposal of the buyer at a named terminal at the named port or place of destination. “终点站交货”是指，卖方在指定的目的港或目的地的指定的终点站卸货后将货物交给买方处置即完成交货。	“Delivered at Place Unloaded” means that the seller delivers the goods-and transfers risk-to the buyer when the goods, “目的地卸货后交货”是指卖方通过以下方式向买方完成交货即风险转移： ——once unloaded from the arriving means of transport, 当货物已从抵达的运输工具上卸载， ——are placed at the disposal of the buyer, 已交由买方处置， ——at a named place of destination, or 在指定目的地，或者 ——at the agreed point within that place, if any such point is agreed. 在该指定目的地内的约定交货地点，如已约定该交货地点。

相较来说，Incoterms® 2020 中以 DPU 取代了 DAT，二者权利义务相近。只是 DPU 从名称上更加明确货物的卸下后交付在运输和卸货的过程中的费用和风险都是由卖方承担。货物卸下后处于买方控制后，卖方的义务就已经完成，费用和风险由买方承担。

---

① 张丽芳.《国际贸易术语解释通则® 2020》主要修订解读［J］. 对外经贸，2020（1）.

相较于 Incoterms® 2010 中的 DAT，DPU 的重命名能够与其他的 D 组术语相区别，更合理地区分这一唯一的卖方负责卸货的贸易术语。通过区分是否卸货而区分随之带来的费用与风险，原本就是国际贸易术语的初衷。

同时，我们应该注意到，随着国际贸易业务的日渐复杂，仅仅通过是否负责卸货的费用与风险已不能满足现实需要，所以深入了解国际贸易术语的整套规则，合同中明确具体的卸货、交付地点才能有助于发挥术语的作用。

【应用与拓展】

在此，需要特别提醒的是，面对 2020 年年初突如其来的公共卫生问题，卖方如果同意选择以 D 开头的贸易术语则需要特别慎重。因为在该组贸易术语中，卖方需要承担较多的义务，而买方的义务则相对较少。例如，如果买卖双方选择了 DAP (Delivered at Place，目的地交货)，卖方需要负责运输，直至货物交付至买方指定地点后风险才会转移至买方。而因公共卫生问题造成的影响包括货物出口清关的迟延、运输船只或者班次的减少、保险费用的增加等问题，均为贸易中安排运输时应当考虑的因素。这里就衍生出一个问题，即不可抗力与 Incoterms® 的关系问题。

实际上，如前文所提及，贸易术语仅仅是货物销售合同中的一个部分，更关注于对运输的安排，其本身并不涉及不可抗力的问题。不可抗力是关于销售合同履行的另一个独立的问题，但不可抗力条款的约定却可以对贸易术语风险承担产生影响。例如，基于 DAP 的规定，风险是在卖方把货物交付给买方指定地点后才转移给买方，但如果因为公共卫生问题的影响造成了船只航行或者清关时间的迟延导致货物变质，则在未对货物购买保险的情况下，卖方是否可以根据不可抗力进行抗辩值得讨论。更恰当的做法是双方在不可抗力条款中明确约定不可抗力事件发生后对双方风险承担的影响，避免之后的争议。

另外，货物销售合同的管辖法律也会对风险承担造成影响，尤其是普通法系及大陆法系在这方面的规定有较大的区别。在普通法系项下，合同双方必须明确约定不可抗力条款，否则，任何一方均不得以不可抗力进行抗辩。

交货与结算是国际贸易中的重要环节，公共卫生问题不仅仅对贸易术语中交货后的风险承担会产生影响，而且对于国际贸易中常用的结算方式——信用证及保函也会产生影响。本章附上相关资料供读者参考。

《不可抗力事件对信用证/保函的影响以及防范》[①]

1. URDG758、UCP600、ISP98 分别对不可抗力的规定

国际惯例中，对于信用证和保函的法律文件主要是 URDG758、UCP600 和 ISP98。URDG758 适用于见索即付保函（即独立保函），UCP600 主要适用于商业信用证，也可适用于备用信用证；ISP98 专门适用于备用信用证。作为最新推出的国际惯例，URDG758 参考了 UCP600 和 ISP98 在商业界广泛接受的一些操作规定。

URDG758 在第 26 条规定的不可抗力指的是因天灾、暴动、骚动、叛乱、战争、恐怖主义行为或者其他担保人或反担保人不能控制的原因而导致的其营业中断，无法继续其在本惯例规定的行为。

UCP600 在第 36 条规定银行对由于天灾、暴动、骚乱、叛乱、战争、恐怖主义行为或任何罢工、停工或其无法控制的任何其他原因导致的营业中断的后果，概不负责。银行恢复营业时，对于在营业中断期间已逾期的信用证，不再进行承付或议付。

ISP98 没有关于不可抗力的规定，但是在第 3.14 条规定，如果交单的最后营业日，备用信用证规定的交单地点因任何原因关门并导致受益人无法交单时，除备用信用证另有规定，最后的交单日可以自动延长到交单地开门营业后的第 30 日。

关于不可抗力，URDG758 规定得最为详细，UCP600 其次，ISP98 只能算援引其他条款。URDG758 与 UCP600 对于不可抗力的定义基本相同，但 URDG758 对银行承担的后果规定得更为详细，明确担保人在不可抗力结束后，即使保函已过期，仍然必须对在不可抗力发生前的合格交单付款，是对受益人利益的保护。这是一种相对合理平衡的规则，避免受益人的利益因为担保人所在地发生不可抗力而变成一张废纸。

2. 不可抗力对信用证或保函业务的影响

主要后果的法律依据在上文中已经做了回答。其实后果主要分为两种：一是解除合同，二是延期履行合同，具体看合同双方在合同的约定。如果没有约定，根据国际惯例，可以解除合同；如果不可抗力造成的后果只是暂时阻碍了合同的履行，那么合同可以延期履行。

---

① 蒋琪．中国独立保函法律实务精要与判例详解［M］．北京：法律出版社，2020：366-368.

解除合同在URDG758第26条和UCP600第36条均有规定；延期履行只有URDG758和ISP98进行了规定，其中URDG758区分了多种情况，这个做法主要出于对受益人的保护，同时也给开证人、申请人带来了难以控制的风险，因此银行要注意这一规定。但是URDG758只适用于见索即付保函，ISP98只适用于备用信用证；对于商业信用证，UCP600的规定总体还是更有利于银行，而不利于受益人。因此，对于受益人，可以在签订合同时同申请人约定，在信用证加列不可抗力的保护条款，通过延期履行合同的方式保护自己的利益，比如在信用证中排除第36条："本信用证不受UCP600第36条的制约，如果银行因为不可抗力的原因停业导致信用证过期，银行在恢复营业后的若干工作日内（10个工作日）接受信用证项下的交单并承担付款责任。"

此外，国际商会公布的案例对于信用证的这个问题的解决提供了更多的思路。延期履行合同这种救济方式一般发生在两种情况下：第一种情况是受益人及时提交相符单据，银行因不可抗力的原因无法履行付款责任，此时待银行恢复营业后，即使信用证已经在停业期间到期，该银行仍受其付款承诺的约束；第二种情况是银行因不可抗力原因停业导致受益人无法及时提交单据，信用证在银行停业期间到期，银行拒绝履行合同，此时除非特别授权，银行在营业恢复后不再承担付款、承担延期付款责任、承兑汇票或议付的责任。

3. 根据不可抗力事件发生的节点不同，在信用证或保函项下应采取何种应对策略

如果发生在货物装船前且在信用证或保函的有效期之内，受益人可以要求申请人修改信用证或保函，延长有效期。如果不能预见不可抗力事件结束的时间，干脆解除基础合同，等待不可抗力事件结束后再进行交易。最好不要贸然发货。对于中国出口商，可向当地的贸促会申请不可抗力事实性证明，具体申请流程可参考中国贸促会官方网站。

如果发生在装船之后的海运途中，应该由保险公司负责。保险具体的涵盖时间范围（比如卸货后是否在保险期内），应当根据险种确定。

如果发生在卸货之后但仍在保函或信用证的有效期之内，申请人当地的不可抗力事件导致申请人无法收货（比如由于新冠疫情，申请人所在地海关封关或海关加大审查力度导致通关时间延长），由于风险已经转移至申请人，该不可抗力事由不影响受益人索赔。但如果影响的时间较短，申请人可以与受益人协商修改信用证或保函条款，延长期限。

六、运输过程中加入“安全”要素

Incoterms® 2010 各术语的 A2/B2 及 A10/B10 中也简单提及了安保要求。但由于近年国际安全形势及反恐等需求的不断提升，对国际货物运输的安保要求越来越严格，与之相对应的费用支出和责任也不容忽视。为了应对这种情况，Incoterms® 2020 在各个术语的 A4“运输合同”及 A7“出口清关”中对安保要求做出了更加明确的规定；因安保要求增加的成本，也在 A9/B9 费用划分条款中做了更明确的规定，可见术语修订小组对于运输安全的关切，并且也符合当下时代的大背景。

可以预期的是随着全球安全形势的多变和各国、各地区对安保的要求越来越严格，安保费用的支出会越来越高。出口商在报价的时候要充分了解这些费用导致的成本增加和货物可能面临的额外风险。

在运输（A4 Carriage）项下的卖方义务中明确了“transport-related security requirements”（运输相关的安保要求），这是运输条款中可见的变化。

Incoterms® 2020 EXW A4 增加如下条款：

However, the seller must provide the buyer, at the buyer's request, risk and cost, with any information in the possession of the seller, including transport-related security requirements, that the buyer needs for arranging carriage.

但是，在应买方要求并由其承担风险和费用的情况下，卖方必须向买方提供卖方拥有的买方安排运输所需的任何信息，包括与运输有关的安全要求。

Incoterms® 2020 中，除 EXW 外，A4 均增加安全要素，条款如下：

The seller must comply with any transport-related security requirements up to delivery.

卖方必须向买方提供卖方拥有的买方安排运输所需的任何信息，包括与运输有关的安全要求。

卖方增加了确保运输安全的义务，有可能会增加卖方的成本。在运输安全方面，可能增加的成本具体是什么，还需要在实务中进一步观察。

七、关于电子通信的条款更加明确及细化

Incoterms® 2010 中，买卖双方的一般义务（A1/B1）赋予电子通信方式和纸质通信相同的效果（只要缔约双方同意或存在国际惯例），这一规定有利于促进电子程序的演进。

在 Incoterms® 2020 中，仍采用之前版本中的肯定态度，如果有双方约定或惯例，电子形式与纸质形式具有同等效力。只不过在 Incoterms® 2020 中更加强调双方合意的优先，即如果没有双方约定则按照惯例。这种调整的效果是解决在合意与惯例出现冲突时何者优先的问题。Incoterms® 2020 中与通信有关的条款见表 2-10。

表 2-10 Incoterms® 2020 中与通信有关的条款

A1 General obligations 一般义务	B1 General obligations 一般义务
…… Any document to be provided by the seller may be in paper or electronic form as agreed or, where there is no agreement, as is customary. 卖方提供的任何单据，根据双方约定可以是纸质或电子形式，如果没有约定，则按照惯常做法提供。	…… Any document to be provided by the buyer may be in paper or electronic form as agreed or, where there is no agreement, as is customary. 买方提供的任何单据，根据双方约定可以是纸质或电子形式，如果没有约定，则按照惯常做法提供。

八、加重“包装与标记”上的卖方义务

对于 Checking、Packaging、Marking（检查、包装、标志）的规定，Incoterms® 2020 规定于 A8，而 Incoterms® 2010 规定于 A9。

显著的区别是，在 Incoterms® 2020 的贸易术语中，卖方的包装与标记义务由之前的“可以（may）以适合其运输的方式包装货物，包装应适当标记”变为“卖方必须（must）使用适合该货物运输的方式对货物进行包装及标记”。

由“may”到“must”的转变，意味着卖方在“包装与标记”上的义务的加重。换而言之，如果卖方未能以合理的方式包装及标记货物使得货物便于运输，则除非买卖双方对于该项有特别的约定，否则卖方将承担责任。

这种变化的背景也可以理解，由卖方对货物的包装与标记进行妥善安排相对应货物的运输安全性而言，卖方的成本并不会增加很多，而且对货物进行恰当的包装及标记也符合买方的利益诉求。该种变化再次反映出 Incoterms® 2020 中对于货物的安全性的强调。

Incoterms® 2010 A9 Checking-packing-marking 查验/包装/标记

……

The seller must, at its own expense, package the goods, unless it is usual for the particular trade to transport the type of goods sold unpackaged. The seller **may** package the goods in the manner appropriate for their transport, unless the buyer has notified the seller of specific packaging requirements before the contract of sale is concluded. Packaging is to be marked appropriately.

卖方必须支付货物包装费用，除非是不需要包装便可进行运输的特殊货物。卖方应采取适宜运输的包装方式，除非买方在签订买卖合同前便告知卖方特定的包装要求。包装应做适当标记。

Incoterms® 2020 A8 Checking/packaging/marking 查验/包装/标记

……

The seller must, at its own cost, package the goods, unless it is usual for the particular trade to transport the type of goods sold unpackaged. The seller **must** package and mark the goods in the manner appropriate for their transport, unless the parties have agreed on specific packaging or marking requirements.

卖方必须自付费用包装货物，除非该特定贸易运输的所售货物通常无须包装。除非双方已经约定好具体的包装或标记要求，否则，卖方必须以合适的方式对货物进行包装盒标记。

九、CIF、CFR 下的卖方通知义务

Incoterms® 2020 在 CIF/CFR 下，新增“卖方必须通知买方货物已经根据 A2（Delivery）的规定交付”。Incoterms® 2010 和 Incoterms® 2020 中的通知条款对比见表 2-11。

表 2-11 Incoterms® 2010 和 Incoterms® 2020 中的通知条款对比

Incoterms® 2010 CFR 术语 A7 Notices to the buyer 通知买方	Incoterms® 2020 CFR 术语 A10 Notices 通知
The seller must give the buyer any notice needed in order to allow the buyer to take measures that are normally necessary to enable the buyer to take the goods. 卖方应当给予买方任何其需要的通知，以便买方能够采取通常必要的提货措施。	The seller must notify the buyer that the goods have beendelivered in accordance with A2. 卖方必须向买方发出已按照 A2 完成交货的通知。 The seller must give the buyer any notice required to enable the buyer to receive the goods. 卖方必须向买方发出买方收取货物任何所需通知以便买方收取货物。
Incoterms® 2010 CIF 术语 A7 Notices to the buyer 通知买方	**Incoterms® 2020 CIF 术语 A10 Notices 通知**
The seller must give the buyer any notice needed in order to allow the buyer to take measures that are normally necessary to enable the buyer to take the goods. 卖方应当给予买方任何其需要的通知，以便买方能够采取通常必要的提货措施。	The seller must notify the buyer that the goods have beendelivered in accordance with A2. 卖方必须向买方发出已按照 A2 完成交货的通知。 The seller must give the buyer any notice required to enable the buyer to receive the goods. 卖方必须向买方发出买方收取货物任何所需通知以便买方收取货物。

CFR（Cost and Freight）是指卖方通过以下方式向买方完成交货：将货物装上船，或取得已经如此交付的货物。① CFR 术语下，卖方没有义务办理保险，保险由买方自己办理，如果卖方未及时发出装船通知，可能会影响买方办理保险的时间，甚至错过办理保险，一旦发生货物损失，那么未及时发出装船通知的卖方将承担责任，因此这是卖方的一项重要责任。如果卖方未及时发出通知，那么货物在运输途中的损失由卖方负责，且买方有权利拒付货款和拒收货物。即使买方给付货款，根据买方对信用证条款的设置，交单时没有已经通知买方的单据，导致单证不符，卖方的议付也可能有障碍。

但是这里存在一个问题：如卖方没有履行通知买方已装运的义务，则买方在收到通知以前发生的风险是否仍应归属于卖方，从而不发生转移？对于该问题，需要

① 中国国际商会/国际商会中国国家委员会．国际贸易术语解释通则 2020［M］．北京：对外经济贸易大学出版社，2020：96.

审查 CFR 术语对应的风险转移的条款。根据 CFR 的风险转移条款（A3/B3），风险是在货物装到船上时转移给买方。即使卖方未在货物交付后通知买方，也不会影响风险的转移，但导致的后果将可能是买方在承担货物灭损的风险后向卖方追究未履行通知义务的责任。由此可见，Incoterms® 2020 中这种通知义务的变化虽然细微，一旦风险发生后，在责任承担方面卖方面临的风险却不容忽视。这就要求Incoterms® 2020 贸易术语的使用方必须在选定贸易术语后严格按照某一特定贸易术语的要求进行操作，且不能片面理解贸易术语中某一项的内容，而是要系统全面地理解整条贸易术语，这样才能避免出现未能预料到的责任后果。

Incoterms® 2020 中对于 CIF 术语也增加了卖方的通知义务。与 CFR 术语不同的是，在选择 CIF 后卖方有义务办理保险而非像 CFR 术语中由买方来办理保险。卖方不仅是为买方的利益办理保险手续，货物从卖方的仓库到装船之前，风险由卖方承担，卖方具有保险利益，因货物灭失或损坏的损失卖方能得到赔偿，故自货物运离保险单上载明的仓库或储存所至货物在装船之前的陆上运输过程中，陆上运输工具的倾覆所造成的保险标的损失是卖方承担，卖方为了自己的利益不能简单投保最低险别，而要根据具体情况投保一切险或其他附加险。因此 CIF 术语下卖方投保的义务不能简单归为仅仅为了买方利益的一种代办行为，而是为了买卖双方共同的利益。

此外，此处的卖方通知货物已经交付的义务将使得买方对于货物的下一步安排更及时和便利。例如，买方在收到货物已经交付的通知后，可以联系其下游的买方将货物转卖或进行其他类似的操作。因此，基于一个简单的卖方通知交付的安排，能够为买方带来多重的好处和便利。这也反映了 Incoterms® 2020 考虑到了近年来国际贸易由卖方市场向买方市场转变的趋势，通过一些细节的操作在适度增加卖方义务的基础上使得买方的利益获得更大程度的保护。

十、CPT、CFR、DAP、DPU、DDP 中“提供获得保险所需信息”的调整

Incoterms® 2020 中 CPT、CFR 在 B5 Insurance（保险）一项中取消了“买方必须根据要求向卖方提供获得保险所需的信息”，由于在此 2 种术语下的实务中通常是买方购买保险（这些术语下货物灭失或损坏的风险由买方承担），那么再规定买方提供给卖方“获得保险所需信息”就显得多余。Incoterms® 2010 和 Incoterms® 2020 中 CFR 条款中的保险信息条款对比见表 2-12。

表 2-12　Incoterms® 2010 和 Incoterms® 2020 中 CFR 条款中的保险信息条款对比

Incoterms® 2010 CFR B3 b）Contract of insurance 保险合同	Incoterms® 2020 CFR B5 Insurance 保险
The buyer has no obligation to the seller to make a contract of insurance. However, the buyer must provide the seller, upon request, with the necessary information for obtaining insurance. 买方无义务为卖方订立保险合同。但是根据卖方请求，买方须提供投保所需要的必要信息。	The buyer has no obligation to the seller to make a contract of insurance. 买方对卖方没有订立保险合同的义务。

同理，Incoterms® 2020 中的 D 组术语（DAP、DPU、DDP）在 A5 Insurance 取消了“卖方必须根据买方的要求，向买方提供买方获得保险所需的信息”。D 组术语的货物灭失或损坏的风险由卖方承担，通常由卖方购买保险，所以删除要求卖方对买方提供保险信息的条款也是合乎情理的。Incoterms® 2010 和 Incoterms® 2020 中 DDP 条款中的保险信息条款对比见表 2-13。

表 2-13　Incoterms® 2010 和 Incoterms® 2020 中 DDP 条款中的保险信息条款对比

Incoterms® 2010 DDP A3 b）Contract of insurance 保险合同	Incoterms® 2020 DDP A5 Insurance 保险
The seller has no obligation to the buyer to make a contract of insurance. However, the seller must provide the buyer, at the buyer's request, risk, and expense (if any), with information that the buyer needs for obtaining insurance. 卖方没有义务为买方订立保险合同。但是，在买方的要求下且在由买方承担风险或者费用（如果有的话）的情形下，卖方须提供投保所需要的必要信息。	The seller has no obligation to the buyer to make a contract of insurance. 卖方对买方没有订立保险合同的义务。

这种调整带来的另外一种效果是，即便并无购买保险义务的一方希望办理保险，也无权利再要求风险的承受方提供办理保险所需的信息。这就需要可以办理保险的一方单独决定是否需要办理保险，而一旦该方选择不办理保险，则该选择将是不可改变的。这样的调整体现了对风险承受方自由意志的尊重，也避免了不承受办理保险义务的一方自行通过办理保险而取得“缺乏可保利益”的利益。

十一、FCA、FAS、FOB 中运输合同条款的改变

Incoterms® 2020 中 FCA、FAS、FOB 术语的 A4 运输条款中，改变了之前版本中“卖方可以（may）根据买方要求或交易习惯订立运输合同，且卖方有可拒绝订立的权利”的内容，变为“如果合意，卖方必须（must）订立运输合同”。而且，卖方必须向买方提供掌握的安排运输所需的任何信息。Incoterms® 2010 和 Incoterms® 2020 中运输条款对比见表 2-14。

表 2-14 Incoterms® 2010 和 Incoterms® 2020 中运输条款对比

Incoterms® 2010 A3 Contracts of carriage and insurance 运输合同与保险合同	Incoterms® 2020 A4 Carriage 运输
Contract of carriage 运输合同 The seller has no obligation to the buyer to make a contract of carriage. However, if requested by the buyer or if it is commercial practice and the buyer does not give an instruction to the contrary in due time, the seller may contract for carriage on usual terms at the buyer's risk and expense. In either case, the seller may decline to make the contract of carriage and, if it does, shall promptly notify the buyer. 卖方没有为买方订立运输合同的义务。但是，若经买方要求，或者依循商业惯例且买方未适时给予卖方相反指示，则卖方可以按照通常条件订立由买方承担风险与费用的运输合同。在任何一种情况下，卖方都可以拒绝订立此合同；如果拒绝，则应立即通知买方。	The seller has no obligation to the buyer to make a contract of carriage. However, the seller must provide the buyer, at the buyer's request, risk and cost, with any information in the possession of the seller, including transport-related security requirements, that the buyer needs for arranging carriage. If agreed, the seller must contract for carriage on the usual terms at the buyer's risk and cost. 卖方对买方没有订立运输合同的义务。但是，在应买方要求并由其承担风险和费用的情况下，卖方必须向买方提供卖方拥有的买方安排运输所需的任何信息，包括与运输有关的安全要求。如已约定，卖方必须按照惯常条款订立运输合同，由买方承担风险和费用。

该种调整再次反映出通过适度增加卖方的义务而更加全面地保护买方利益的原则，该原则在 Incoterms® 2020 的多处调整中都有所体现。反映的另一趋势是 Incoterms® 2020 的诸多贸易术语的“原则性的柔性化”的特点。在 Incoterms® 2010 及其之前的版本中，各贸易术语对于买卖双方的权利义务的规定棱角分明，这样当然更方便双方通过选择某一特定的术语而明确各自的权责，但相伴而生地导致双方的权责太过于明确，必须再通过双方再另行约定的方式才能“削足适履”。而

Incoterms® 2020 则对其之前版本的贸易术语过于原则化的特点进行了调整，使得调整后的贸易术语能够刚中有柔，以便在双方选定某一贸易术语后不再另行约定的情况下给予相关方多样性的选择。

十二、各贸易术语的其他调整

（一）EXW

Incoterms® 2020 新增卖方提供信息义务：应买方要求并由其承担费用和风险，卖方必须提供其掌握的买方订立运输合同所需的任何信息。

此外，Incoterms® 2020 B4 明确了运输由买方负责，Incoterms® 2010 B3 仅指出买方对卖方无订立运输合同的义务，未明确说明由谁负责运输。Incoterms® 2010 和 Incoterms® 2020 中 EXW 术语运输安排的主要区别见表 2-15。

表 2-15　Incoterms® 2010 和 Incoterms® 2020 中 EXW 术语运输安排的主要区别

Incoterms® 2010 **A3 Contracts of carriage and insurance** **运输合同和保险合同**	**Incoterms® 2020** **A4 Carriage 运输**
Contract of carriage 运输合同 The seller has no obligation to the buyer to make a contract of carriage. 卖方对买方无订立运输合同的义务。	The seller has no obligation to the buyer to make a contract of carriage. 卖方对买方没有订立运输合同的义务。 However, the seller must provide the buyer, at the buyer's request, risk and cost, with any information in the possession of the seller, including transport-related security requirements, that the buyer needs for arranging carriage. 但是，在应买方要求并由其承担费用和风险的情况下，卖方必须向买方提供卖方拥有的买方安排运输所需的任何信息，包括与运输有关的安全要求。
Incoterms® 2010 **B3 Contracts of carriage and insurance** **运输合同和保险合同**	**Incoterms® 2020** **B4 Carriage 运输**
Contract of carriage 运输合同 The buyer has no obligation to the seller to make a contract of carriage. 买方对卖方无订立运输合同的义务。	It is up to the buyer to contract or arrangeat its own cost for the carriage of the goods from the named place of delivery. 应由买方负责自费签订运输合同或安排自指定交货地起的货物运输。

（二）FCA

首先，如前所述，Incoterms® 2010 将运输条款规定于 A4/B4，而 Incoterms® 2020 规定于 A2/B2，后文提及的 CPT、CIP、DAP、DPU、DDP、FAS、FOB 也是如此。其次，Incoterms® 2020 中卖方的交付增加适用 "procure goods so delivered"（"以取得已经如此交付货物的方式交货"，指定交付）。再次，交付时间点的确定更加有条理：约定日期→约定期限内→没有约定日期或期间则在约定期间届满时，且按照港口惯常的方式。最后，删除了 Incoterms® 2010 A4 中 "除非买方另行通知卖方，卖方可按货物的数量和/或性质要求的方式交付货物运输"。Incoterms® 2010 和 Incoterms® 2020 中 FCA 术语的主要区别见表 2-16。

表 2-16 Incoterms® 2010 和 Incoterms® 2020 中 FCA 术语的主要区别

Incoterms® 2010 A4 Delivery 交货	Incoterms® 2020 A2 Delivery 交货
The seller must deliver the goods to the carrier or another person nominated by the buyer at the agreed point, if any at the named place on the agreed date or within the agreed period. 若有约定具体的交货地点，卖方应按照约定，在指定的地点于约定的日期或者期限内，将货物交付给承运人或者买方指定的其他人。 …… Unless the buyer notities the seller otherwise, the seller may deliver the goods for carriage in such a manner as the quantity and/or nature of the goods may require. 除非买方另有通知，否则，卖方可以根据货物的数量和/或性质的要求，将货物以适宜的方式交付运输。①	The seller must deliver the goods to the carrier or another person nominated by the buyer at the named point, if any, at the named place, or procure goods so delivered. 卖方必须在指定地或指定点（如有），向买方指定的承运人（或其他人）交付货物，或以取得已经如此交付货物的方式交货。 The seller must deliver the goods: 卖方必须按照下述要求交货： 1. on the agreed date 在约定日期 or, 或， 2. at the time within the agreed period notified by the buyer under B10（b）; 在买方按照 B10（b）所通知的约定期间内的交货时间； or, 或， 3. if no such time is notified, then at the end of the agreed period. 如果未通知上述时间，则在约定期限届满之时。 ……

① 2020 版本较 2010 版本删除了标灰底的这些内容。

（三）CPT、CIP

与 FCA 术语相同，在 Incoterms® 2020 A2 条款中，卖方的交付增加适用 by procuring the goods so delivered；Incoterms® 2020 的 B2 条款中，买方接受交付中的交付地点也可以进一步约定（or if agreed，at the point within that place，在该地方内约定地点）。Incoterms® 2010 和 Incoterms® 2020 中 CPT、CIP 术语的主要区别见表 2-17。

表 2-17 Incoterms® 2010 和 Incoterms® 2020 中 CPT、CIP 术语的主要区别

Incoterms® 2010 A4 Delivery 交货	Incoterms® 2020 A2 Delivery 交货
The seller must deliver the goods by handing them over to the carrier contracted in accordance with A3 on the agreed date or within the agreed period. 卖方必须在约定的日期或期限内依照 A3 的规定向订立合同的承运人交货。	The seller must deliver the goods by handing them over to the carrier contracted in accordance with A4 or by procuring the goods so delivered. In either case the seller must deliver the goods on the agreed date or within the agreed period. 卖方必须以将货物交给按照 A4 订立合同的承运人或以取得已经如此交付的货物的方式交货。在这两种情形下，卖方均必须在约定日期或约定期限内交货。
Incoterms® 2010 B4 Taking delivery 提货	**Incoterms® 2020 B2 Taking delivery 提货**
The buyer must take delivery of the goods when they have been delivered as envisaged in A4 and receive them from the carrier at the named place of destination. 买方必须在货物已经按照 A4 的规定交货时受领货物，并在指定的目的地从承运人处收领货物。	The buyer must take delivery of the goods when they have been delivered under A2 and receive them from the carrier at the named place of destination or if agreed, at the point within that place. 当卖方按照 A2 交货时，买方必须提取货物，并在指定目的地或在该地方内的约定地点自承运人处收取货物。

（四）DAP、DPU、DDP

Incoterms® 2020 中 A2 卖方的交付方式增加适用“by procuring the goods so delivered”，且无论哪种情况，卖方都必须在约定日期或约定期限内交货。在表 2-

18 中以 DDP 术语为例，展示 Incoterms® 2010 和 Incoterms® 2020 中前述 3 个术语的主要区别。

表 2-18 Incoterms® 2010 和 Incoterms® 2020 中 DDP 术语的主要区别

Incoterms® 2010 A4 Delivery 交货	Incoterms® 2020 A2 Delivery 交货
The seller must deliver the goods by placing them at the disposal of the buyer on the arriving means of transport ready for unloading at the agreed point, if any, at the named place of destination on the agreed date or within the agreed period. 卖方必须在约定的日期或者期限内，在位于指定目的地的约定地点（如果有约定），将运输工具上准备卸下来的货物交与买方处置。	The seller must deliver the goods by placing them at the disposal of the buyer on the arriving means of transport ready for unloading at the agreed point, if any, at the named place of destinationor by procuring the goods so delivered. In either case the seller must deliver the goods on the agreed date or within the agreed period. 卖方必须在指定目的地的约定地点（如有），以将放置在抵达的运输工具上做好卸货准备的货物交由买方处置，或以能够取得已经如此交付的货物的方式交货。在这两种情况下，卖方必须在约定日期或约定期限内交货。

（五）FAS

1. 运输条款的主要调整

Incoterms® 2020 的 A2 条款明确了对交付时间点的要求，使交付时间点的确定方式更加有条理：约定日期→约定期限→没有约定日期或期间则在约定期间届满时，且按照港口惯常的方式。此外，删除了 Incoterms® 2010 A4 条款中买方在约定期间内选择日期的权利。Incoterms® 2010 和 Incoterms® 2020 中 FAS 术语运输条款的主要调整见表 2-19。

表 2-19　Incoterms® 2010 和 Incoterms® 2020 中 FAS 术语运输条款的主要调整

Incoterms® 2010 A4 Delivery 交货	Incoterms® 2020 A2 Delivery 交货
The seller must deliver the goods either by placing them alongside the ship nominated by the buyer at the loading point, if any, indicated by the buyer at the named port of shipment or by procuring the goods so delivered. In either case, the seller must deliver the goods on the agreed date or within the agreed period and in the manner customary at the port. 卖方必须在买方指定的装运港，在买方指定的装货地点（如果有指定的装货地点），将货物交至买方指定的船边，或者取得已经交付的货物。不论用哪种方式，卖方必须在约定的日期或者期限内，按照该港的习惯方式交付货物。 If no specific loading point has been indicated by the buyer, the seller may select the point within the named port of shipment that best suits its purpose. If the parties have agreed that delivery should take place within a period, the buyer has the option to choose the date within that period. 如果买方没有指定特别的装货地点，卖方可以在指定的装运港内选择最符合其目的的地点。如果双方约定在一定时期内交付货物，则买方可以在约定时期内选择交货日期。①	The seller must deliver the goods either by placing them alongside the vessel nominated by the buyer at the loading point, if any, indicated by the buyer at the named port of shipment or by procuring the goods so delivered. 卖方必须在买方指定的装运港内的装货点（如有），以将货物置于买方指定的船舶旁边、或以取得已经如此交付的货物的方式交货。 The seller must deliver the goods: 卖方必须按照下述要求交货： on the agreed date; 在约定日期； or, 或， at the time within the agreed period notified by the buyer under B10; 在买方按照 B10 所通知的约定期限内的交货时间； or, 或， if no such time is notified, then at the end of the agreed period; 如果未通知上述时间，则在约定期限届满之时； and 以及 in the manner customary at the port. 按照该港口的习惯方式。 If no specific loading point has beenindicated by the buyer, the seller may select the point within the named port of shipment that best suits its purpose. 如果买方未指定具体的装货点，卖方则可以在指定的装运港内选择最符合其目的的装货点。

① 2020 版本较 2010 版本删除了标灰底的这些内容。

2. 风险条款的主要调整（Transfer of risks）

Incoterms® 2010 将风险条款规定于 A5/B5，而 Incoterms® 2020 规定于 A3/B3。Incoterms® 2020 B3 条款跟随着 Incoterms® 2020 A2 条款的变化，也进一步明确了买方开始承担风险的日期的确定方式：约定的日期→自买方根据 B10 所选择的日期→约定期限届满之时起。Incoterms® 2010 和 Incoterms® 2020 中 FAS 术语风险条款的主要调整见表 2-20。

表 2-20 Incoterms® 2010 和 Incoterms® 2020 中 FAS 术语风险条款的主要调整

Incoterms® 2010 B5 Transfer of risks 风险转移	Incoterms® 2020 B3 Transfer of risks 风险转移
then the buyer bears all risks of loss or damage to the goods from the agreed date or the expiry date of the agreed period for delivery, provided that the goods have been clearly identified as the contract goods. 则自约定的交货日期或期限届满时起，如果明确确定该项货物为合同项下的货物，买方承担货物灭失或损坏的一切风险。	then the buyer bears all risks of loss of or damage to the goods: 则买方在以下情况下承担货物灭失或损坏的一切风险： from the agreed date, or in the absence of an agreed date, 自约定日期，或在未约定日期的情况下， from the date selected by thebuyer under B10, or, if no such date has been notified, 自买方根据 B10 所选择的日期，或，如未通知该日期， from the end of any agreed period for delivery, 自任何约定期限届满之时起， provided that the goods have been clearly identified as the contract goods. 但以该货物已清楚地确定为合同项下货物为前提条件。

（六）FOB

Incoterms® 2020 中 A2 条款明确了交货日期，使得交付时间点的确定方式更加有条理：约定日期→在买方按照 B10 所通知的约定期限内的交货时间→没有约定则在约定期间后且按照港口惯常的方式。Incoterms® 2010 和 Incoterms® 2020 中 FOB 术语的主要调整见表 2-21。

表 2-21 Incoterms® 2010 和 Incoterms® 2020 中 FOB 术语的主要调整

Incoterms® 2010 A4 Delivery 交货	Incoterms® 2020 A2 Delivery 交货
The seller must deliver the goods either by placing them on board the vessel nominated by the buyer at the loading point, if any, indicated by the buyer at the named port of shipment or by procuring the goods so delivered. 卖方必须在买方指定的装运港内的装货点（如有），以将货物置于买方指定的船上、或以取得已经如此交付的货物的方式交货。 In either case, the seller must deliver the goods on the agreed date or within the agreed period and in the manner customary at the port. 在这 2 种情况下，卖方必须按约定的日期或期限内按照该港习惯方式运输到港口。 ……	The seller must deliver the goods either by placing them on board the vessel nominated by the buyer at the loading point, if any, indicated by the buyer at the named port of shipment or by procuring the goods so delivered. 卖方必须在买方指定的装运港内的装货点（如有），以将货物置于买方指定的船上、或以取得已经如此交付的货物的方式交货。 The seller must deliver the goods: 卖方必须按照下述要求交货： 1. on the agreed date; 在约定日期； or, 或， 2. at the time within the agreed period notified by the buyer under B10; 在买方按照 B10 所通知的约定期限内的交货时间； or, 或， 3. if no such time is notified, then at the end of the agreed period; 如果未通知上述时间，则在约定期限届满之时； and 以及 4. in the manner customary at the port. 按照该港口的习惯方式。 ……

（七）CIF

Incoterms® 2010 将保险条款规定于 A3 条款，而 Incoterms® 2020 将保险条款规定于 A5 条款。Incoterms® 2020 版本中对于卖方购买保险增加前提条件，即除非有其他约定或是特殊的贸易习惯，卖方必须购买《协会货物保险条款》条款（C）保险。较之于之前的版本，这种前提条件的增加既体现了修订小组维持 CIF 术语下卖方购买保险的等级不变，又为保险等级的提高留下了空间。Incoterms® 2010 和 Incoterms® 2020 中 CIF 术语的主要调整见表 2-22。

表 2-22 Incoterms® 2010 和 Incoterms® 2020 中 CIF 术语的主要调整

Incoterms® 2010 A3 Contracts of carriage and insurance 运输合同和保险合同	Incoterms® 2020 A5 Insurance 保险
Contract of insurance 保险合同 The seller must obtain, at its own expense, cargo insurance complying at least with the minimum cover provided by Clauses (C) of the Institute Cargo Clauses (LMA/IUA) or any similar clauses. The insurance shall be contracted with underwriters or an insurance company of good repute and entitle the buyer, or any other person having an insurable interest in the goods, to claim directly from the insurer. 卖家须自付费用，按照至少符合《协会货物保险条款》(LMA/IUA) C 款或其他类似条款中规定的最低保险险别投保。这个保险应与信誉良好的保险人或保险公司订立，并保证买方或其他对货物具有保险利益的人有权直接向保险人索赔。 ……	Unless otherwise agreed or customary in the particular trade, the seller must obtain, at its own cost, cargo insurance complying with the cover provided by Clauses (C) of the Institute Cargo Clauses (LMA/IUA) or any similar clauses. The insurance shall be contracted with underwriters or an insurance company of good repute and entitle the buyer, or any other person having an insurable interest in the goods, to claim directly from the insurer. 除非另有约定或特定贸易中的习惯做法，卖家必须自付费用取得货物保险。该保险需符合《协会货物保险条款》(LMA/IUA) 条款（C）或任何适于货物运输方式的类似条款。保险应与信誉良好的承保人或保险公司订立，并应使买方或任何其他对货物具有可保利益的人有权直接向保险人索赔。 ……

第六节　Incoterms® 2020 使用中应注意的问题

一、准确掌握 Incoterms® 的使用范围

第一版 Incoterms® 由国际商会于 1936 年正式发布，并在之后的近一百年间不断地更新、发展。但从 Incoterms® 的历史演进来看，Incoterms® 基本上仅适用于有形货物的买卖，其内容的修订与补充也围绕着有形货物买卖的特点进行。即便是 Incoterms® 2020 的 Incoterms® 术语规则，也沿袭了 Incoterms® 的历史定位，仍然是围绕着贸易中的有形产品买卖的特点进行规定与设计。对于近几十年来新产生的无形物品的贸易，如版权、数字技术、有价证券等，并未纳入 Incoterms® 适用范围。因此，使用者在使用 Incoterms® 2020 时，也应注意适用范围，即其仅适用于有形产品的贸易。

具体而言，贸易术语仅是货物销售合同中的一部分，它是对于贸易过程中关于买卖双方在运输过程中的权利与义务、运输方式、货物风险的转移、费用的承担等事项的集中性规定。但是，一个完整的销售合同，除前述事项之外还包括付款方式、付款时间、货物的检验、标准、规格、违约责任、法律适用、争议解决、知识产权、保密义务、买卖双方的承诺和保证等所有涉及货物销售事项的约定。贸易术语并不能等同于销售合同本身，也不能等同于与贸易相关的融资合同、运输合同、保险合同、付款安排等多种合同关系。因此，买卖双方在订立贸易合同时，除贸易术语之外还应当对融资、付款、争议解决、法律适用等一系列问题妥善安排。

事实上，Incoterms® 2020 对 Incoterms® 规则规定什么、不规定什么在引言部分做了如下详细介绍。

Incoterms® 规则不处理下列事项：

销售合同究竟是否存在；

出售的货物的规格；

价款支付的时间、地点、方式或币种；

可供寻求的销售合同的违约救济；

迟延或其他违反合同履行义务所导致的绝大多数后果；

制裁的影响；

征收关税；

进出口禁令；

不可抗力或艰难情形；

知识产权；

违约情况下纠纷解决的方式、地点或法律。

也许，最为重要的是，必须强调 Incoterms® 规则不涉及所售货物的财产/权利/所有权的转移问题。[①]

总之，Incoterms® 是一种关于贸易安排的国际惯例，并不是法律，其本身不具有强制性，只有在当事人在销售合同中约定使用相关的贸易术语时，才构成销售合同的一部分，并对当事人产生约束效力。如果在销售合同的履行中发生纠纷，Incoterms® 规则也不提供或指引应当适用何种法律。法律的适用应当根据合同约定或相关冲突法的指引。

二、准确使用 FCA

根据 Incoterms® 2020 的修订目标与要点，FCA 术语中 A6/B6 条款中增加了已装船批注提单的可选机制。但是，买方和卖方应当注意到，即使双方约定使用已装船批注提单的可选机制，并不意味着卖方加入并成为买方与承运人签订的运输合同的交易方，卖方并不受该运输合同的限制；而该运输合同可被视为以卖方为第三方受益人的合同。如果承运人未能在卖方交货时向卖方开具已装船批注提单，卖方只能通过追究买方责任的方式主张权利，而不能直接向承运人主张权利。这是由于合同的相对性原则。因此，需要提醒买方的是，在与卖方约定 FCA 术语下的可选机制时，为避免将来因承运人的原因被卖方追究违约责任，出于其自身风险的考虑，应在运输合同中与承运人（包括陆运、海运承运人）就提前签发已装船批注提单事项进行详细、具体的约定，并约定承运人的违约责任，以降低买方的风险。

另外，如前文分析的，由于提单的提前签发，可能会出现实际装船日期与提单

① 中国国际商会/国际商会中国国家委员会．国际贸易术语解释通则 2020［M］．北京：对外经济贸易大学出版社，2020：2-3.

显示的装船日期不符的情况，为避免卖方持提单向银行议付时被拒付的情况发生，卖方一定要与买方就该事项进行详细约定，要求买方与银行就该事项提前沟通，从而规避将来银行拒付为卖方带来的风险。

三、注意 CIF 与 CIP 中卖方的保险义务

在 CIP 术语下，卖方有义务办理以买方为受益人的覆盖范围广泛的运输保险，该保险要符合《协会货物保险条款》条款（A）的规定。不过，在双方一致同意的情况下可以选择条款（C）。

在 CIF 术语下，卖方也有义务办理以买方为受益人的保险，该保险至少要符合《协会货物保险条款》条款（C）的规定。如本章第二节所述，CIF 术语与 CIP 术语关于保险标准的不同主要是因为 CIF 术语通常用于大宗货物的海运，比如原材料、矿产品等货物的运输，此类货物的特点是每吨价格较低。如果对这些货物投保覆盖范围最大的保险，会提高保险费率，使得货物价格更高，不利于保障卖方的磋商地位。

卖方需要注意在适用 Incoterms® 2020 时，CIP 术语关于卖方保险义务进行了调整，而 CIF 术语没有改变，不要大意地选错了保险级别。不过，在 CIF 术语下，双方当事人仍可协商一致选择强制性的覆盖范围更加广泛的保险，比如《协会货物保险条款》条款（A）。

四、注意销售合同中应订入 Incoterms® 具体版本

Incoterms® 在适用的时间效力上不存在溯及力及“新法取代旧法”的说法，之前的版本并不因为 Incoterms® 2020 的出版而失去效力。当事人在订立销售合同时仍可以根据自身情况约定适用任何版本中的贸易术语，例如，如果买卖双方并不希望使用新增的 DPU 术语以及变化后的 FCA、CIP 等术语，则仍可适用原先的 DAT 术语，或者历史版本的 FCA、CIP 等术语，这为买卖双方提供了更丰富的自主选择权。

但需要特别注意的是，买卖双方需要就 Incoterms® 的版本进行明确约定，这样才能实现 Incoterms® 具体版本中贸易术语的成功适用。比如，由于 Incoterms® 2010 的 CIP 术语中，卖方的保险义务可选择的险种标准较低、保费较少，所以买卖双方仍希望适用 Incoterms® 2010 的 CIP 术语，此时，买卖双方可以在销售合同中约定“CIP，地名，Incoterms® 2010”，这样就可以使用之前版本的 CIP 术语。

另外，由于 Incoterms® 2020 于 2020 年 1 月 1 日生效，国际贸易从业者仍需要对新版本的内容进行记忆与理解，在过渡期内，买卖双方仍可通过特别约定的方式使用更为熟悉的 2010 版本。例如，如果买卖双方希望选择 Incoterms® 2010 中的贸易术语，可以在合同中约定“［所选择的贸易术语名称］［港口名称或位置］Incoterms® 2010”。举例而言，可以是“FCA 中国香港 Incoterms® 2010”；如果是英文条款，则对应的是“FCA Hong Kong China Incoterms® 2010”。而如果没有明确约定具体的 Incoterms® 版本，则如果合同的订立日期是在 2019 年 12 月 31 日当天或之前则默认适用 Incoterms® 2010，如果合同的订立日期是在 2020 年 1 月 1 日当天或之后则默认适用 Incoterms® 2020。

第三章　Incoterms®2020 逐条解读

第一节 概 述

尽管 EXW（工厂交货）、FCA（货交承运人）和 FOB（船上交货）是广为外贸人士熟知的贸易术语，但关于如何选择和使用这些贸易术语和其他贸易术语却仍有很多需要注意的事项。事实上，Incoterms® 的大部分使用者却是没有任何法律背景的国内国际贸易从业者。虽然在修订过程中，Incoterms® 2020 专家委员会及起草小组在重新审视 Incoterms® 2010 的基础上，删掉了妨碍不具有任何法律知识的绝大多数使用者理解的技术术语和法律表述，但普通非法律人士还是比较容易对 Incoterms® 规则产生混淆或误解。在国内国际贸易中，买卖双方一旦做出错误的选择，在货物销售合同中使用了错误的 Incoterms® 贸易术语，该笔货物买卖交易极有可能会变成买方或者卖方的一场代价昂贵的噩梦。因此，买卖双方在针对货物销售合同进行谈判之前就应当考虑清楚究竟应当选择使用哪一个 Incoterms® 贸易术语，应当清楚地知道该 Incoterms® 贸易术语项下的责任、风险和费用由哪方承担。唯有如此，卖方才能根据自己的具体情况做出正确的报价，买方才能衡量出不同的报价者之间的差别，否则卖方或者买方不但会在激烈的国内国际市场竞争中失去竞争力，而且亦有可能在国内国际货物交易过程中承担额外的风险、责任和费用，还可能会对货物的装运造成不必要的麻烦。

根据使用的运输模式、主（国际）运费承担者、运输途中的风险转移点这 3 个同货物运输有关的标准可以将 Incoterms® 分为不同的种类。总体来说，Incoterms® 2020 是以运输模式作为分类的主要标准，即适用于所有运输模式的 Incoterms® 贸易术语和仅适用于海洋/内陆水运运输模式的 Incoterms® 贸易术语。以使用的运输模式为标准，Incoterms® 2020 共有 7 种贸易术语规则能够适用于所有的运输模式，比如陆地（公路、铁路）、航空和海洋/内河水运，共有 4 种贸易术语规则仅能适用于海洋/内河水运（运河、河和湖泊）。具体如下：能够用于所有运输模式和多式联运的贸易术语规则是 EXW、FCA、CPT、CIP、DAP、DPU、DDP；仅能用于海洋运输和内陆水运的贸易术语规则是 FAS、CIF、CFR、FOB。以主（国际）运费是由卖方或者买方承担为标准，Incoterms® 2020 中由作为进口商的买方支付国际运费的贸易术语规则有 EXW、FCA、FAS、FOB；由作为出口商的卖方支付国际运费的贸易术语规则有 CPT、CFR、CIP、CIF、DAP、DPU 和 DDP。以货物运输途中风险转移的地点是在主（国际）运输开始之前的交货地点还是主（国际）运输结束时的货物接收地点为标准，风险转移发生在主（国际）运输开始之前的交货地点的贸易术语规则有 EXW、FCA、FAS、FOB、CPT、CFR、CIP 和 CIF；风险转移发生在主（国际）运输结束时的货物接收地点的贸易术语规则有 DAP、DPU 和 DDP。

此外，在使用诸如 CPT、CFR、CIP 和 CIF 这 4 个以 C 字母开头的贸易术语时，应当注意的是，尽管卖方有义务同主（国际）运输的承运人签订主（国际）运输合同，有义务将货物运输到买方所在地的指定目的地或指定目的港，并支付将货物运输到指定目的地或指定目的港的主（国际）运费，但是货物灭失或者损坏的风险在将货物装到用来进行主（国际）运输的运输工具上时就从卖方转移给了买方。另外，尽管 CIF 和 CIP 这两个贸易术语包含了强制性的运输保险，由卖方办理货物运输保险并支付保费，但该货物运输保险的受益人却是承担了货物运输风险的买方，而不是购买保险的卖方。这就意味着，在 CIF 规则和 CIP 规则下，卖方是为了买方的利益购买的货物运输保险，而不是为了卖方自己的利益。

总体来说，Incoterms® 2020 中的 11 个术语规则中的义务和费用的责任方如表 3-1所示。

表 3-1　Incoterms® 2020 中的 11 个术语规则中的义务和费用的责任方

义务和费用	"E"组贸易术语：卖方营业场所或者仓库交付，风险转移与货物交付和接收同步	"F"组贸易术语：国际运费由买方支付，风险转移与货物交付和接收同步			"C"组贸易术语：国际运费由卖方支付，风险转移与货物交付同步，早于货物接收				"D"组贸易术语：国际运费由卖方支付，风险转移与货物交付和接收同步，均发生于指定目的地/目的港		
术语	EXW	FCA	FAS	FOB	CFR	CIF	CPT	CIP	DAP	DPU	DDP
义务和费用责任方											
卖方所在地仓储及费用	卖方	卖方	卖方	卖方	卖方	卖方	卖方	卖方	卖方	卖方	卖方
出口包装及费用	卖方	卖方	卖方	卖方	卖方	卖方	卖方	卖方	卖方	卖方	卖方

表3-1 续

义务和费用	“E”组贸易术语：卖方营业场所或者仓库交付，风险转移与货物交付和接收同步	“F”组贸易术语：国际运费由买方支付，风险转移与货物交付和接收同步			“C”组贸易术语：国际运费由卖方支付，风险转移与货物交付同步，早于货物接收				“D”组贸易术语：国际运费由卖方支付，风险转移与货物交付和接收同步，均发生于指定目的地/目的港		
指定交货地点的装载及费用	买方	卖方/买方	买方	卖方	卖方	卖方	买方	买方	买方	买方	买方
国际运输开始前的前程运输及费用	买方	卖方/买方	卖方	卖方	卖方	卖方	卖方	卖方	卖方	卖方	卖方
卖方所在地港口操作及费用	买方	买方	卖方	卖方	卖方	卖方	卖方	卖方	卖方	卖方	卖方
出口清关及费用	买方	卖方	卖方	卖方	卖方	卖方	卖方	卖方	卖方	卖方	卖方
国际运费	买方	买方	买方	买方	卖方	卖方	卖方	卖方	卖方	卖方	卖方
目的地/目的港操作及费用	买方	买方	买方	买方	买方	买方	买方	买方	卖方	卖方	卖方
过境、进口清关及费用	买方	买方	买方	买方	买方	买方	买方	买方	买方	买方	卖方
指定目的地卸载及费用	买方	买方	买方	买方	买方	买方	买方	买方	买方	卖方	买方
最终目的地的送货、卸载和费用	买方	买方	买方	买方	买方	买方	买方	买方	买方	买方	买方

为了更好地理解和使用 Incoterms® 2020，本章将针对 Incoterms® 2020 的 11 个贸易术语规则从如何使用该贸易术语规则、主要特点、使用该贸易术语规则的实务建议和典型案例这 4 个方面进行逐个解读。

第二节　适用于任一或多种运输模式的贸易术语规则

一、EXW（Ex Works）——工厂或者仓库交货

（一）如何使用 EXW 规则

首先，在 Incoterms® 2020 的 11 个贸易术语规则中，虽然 EXW 规则不是常用的贸易术语规则，但却既可以在国内贸易中使用，也可以在国际贸易中使用。比如，一家国内生产防疫物品的 A 公司，其不熟悉国际贸易市场，亦无从事国际贸易的经验，但又想打开国际市场。与此同时，国内一家从事国际贸易的 B 公司，其具有丰富的国际贸易经验，在国际上有很多客户。其中有一家欧洲的 C 公司想以 FOB 交易价格从 B 公司购买口罩等防疫物资。于是，B 公司就以 EXW 的交易价格从 A 公司购得了防疫物资，又以 FOB 的交易价格将该批防疫物资卖给 C 公司。对于 A 公司和 B 公司来说，其属于国内贸易；对于 B 公司和 C 公司来说，其属于国际贸易。

其次，对于卖方来说，EXW 规则代表的是其在整个货物贸易运输过程中承担最小的义务、风险和费用。在 EXW 规则下，卖方是在自己的工厂或者仓库向买方交付货物。卖方甚至不需要负责将货物装上买方派来接收货物的运输工具上，只需要在约定的时间或者期间将货物放置在自己的工厂或者仓库由买方处置即可。EXW 规则是 Incoterms® 2020 这 11 个国际贸易术语规则中唯一一个卖方不需要负责办理货物出口清关手续的贸易术语规则。当使用 EXW 规则时，卖方提供的服务是这 11 个贸易术语规则中最少的。EXW 规则比较适合那些国际贸易经验不足，需要买方派运输工具到卖方工厂或者仓库收取货物的出口公司。对于买方来说，在使用集装箱进行海运的情况下，如果是整箱货物，建议使用 FCA 规则。因为在 FCA 规则下，卖方有义务将货物装到买方派到卖方工厂或者仓库接收货物的运输工具上的集装箱里。

最后，销售合同采用 EXW 规则表明的只是该笔交易买卖双方当事人之间的货物买卖关系，该关系并不必然决定卖方或者买方同主（国际）运输的承运人签订的运输合同项下的当事人的权利和义务。作为销售合同第三方的货物运输承运人，其

不受销售合同当事人选择适用的 EXW 规则的约束。

（二）EXW 规则的主要特点

1. EXW 规则的使用格式

EXW【指定交货地点】Incoterms® 2020

鉴于 EXW 规则后面紧跟的“指定交货地点”是货物灭失或者损坏的风险从卖方转移给买方的地点，对于买卖双方承担相关费用和风险具有至关重要的作用，因此，建议双方不但要对该“指定交货地点”做出明确规定，而且要确保该“指定交货地点”是一个具体明确无误的地点，该地点能够被准确定位。此外，还需要明确使用的是哪一版的 Incoterms®，否则，当发生争议时，法官或者仲裁员有权选择使用最新的版本。

示例　法国巴黎 A 公司从中国北京 B 公司进口成套设备

建议使用：EXW 中国北京 B 公司，Incoterms® 2020。

不建议使用：EXW 中国北京 B 公司。

2. EXW 规则可以适用的运输模式

EXW 规则可以适用于海上或内河运输、航空运输、铁路运输、公路运输中的任一种运输模式，尤其适合使用于通过集装箱进行多式联运的运输模式中。

3. EXW 规则下货物的交付和接收

（1）关于货物交付。在通常情况下，EXW 规则下的卖方是通过在约定的时间或者期间，在约定的地点将未装载到买方派来接收货物的运输工具上的货物交由买方处置的方式来完成货物的交付。需要注意的是，当使用 EXW 规则时，货物交付的地点是卖方的工厂或者仓库等营业场所。如果卖方在不同地方有几个经营场所，买卖双方应当指定在其中哪一个地方交付货物。如果货物销售合同未规定一个具体的地点且有几个可能的交付地点时，卖方可以选择最适合他的地点向买方交付货物。

（2）关于货物接收。如果卖方在适当的时间正确地通知了买方，买方应当在约定的地方和日期或者期间收取货物。在此种情形下，即使买方未按时在约定的地方接收货物，亦视为卖方在约定的时间或者期间在约定的地点向买方交付了货物。然而，需要注意的是，此种情形需要满足该货物已经被清楚地确定为是买卖双方之间销售合同项下的货物这个前提条件。

4. EXW 规则下货物的装载和卸载

卖方有义务在指定交付货物的地点，在约定的时间或者期间按约定的方式向买方交付货物，但没有义务将货物装上买方派来接收货物的运输工具上。将货物装上买方接收货物的运输工具的责任由买方承担，且自此之后直到在买方工厂、仓库或者其他指定地点将货物卸载下来这整个运输过程需要的装载或者卸载工作均由买方负责。

5. EXW 规则下的交货单据/运输单据

鉴于在 EXW 规则下，由买方负责派运输工具去卖方营业场所收取货物，因此，卖方没有义务去证明其是使用哪种单据将货物交付给了买方。但是，买方有义务向卖方提供其已经接收货物的适当的单据，通常是由买方派去卖方营业场所收取货物的承运人签发的收货单，或者在多式联运情形下，由买方委托的货运代理人签发的货运代理人收讫货物证明，比如国际货物运输代理协会联合会（FIATA）给其组织内部国际货运代理人推荐使用的单据（Forwarders Certificate of Receipt，FCR）。需要注意的是，货运代理人收讫货物证明只是收据，不是运输单据，对开具主体没有任何限制，不像提单这样的物权凭证，必须由承运人出具。货运代理人收讫货物证明只具备海运提单三大属性当中的货物收据属性，而不具备“运输合同”以及“物权凭证”的功能。更为重要的是，买方不需要货运代理人收讫货物证明就能够提货，但如果没有运输单据，买方就无法提货。

6. EXW 规则下货物出口、过境和进口程序中需要的单据及手续、关税、税费和其他费用的责任方

在 EXW 规则下，在涉及货物进出口的情形下，虽然卖方不负责货物出口报关，卖方仅负有向买方提供附随于货物的诸如发票和装箱单等商业单据的义务，但卖方应当帮助买方获得诸如出口许可证等出口业务中需要的其他单据。与此相对应的是，获得这些单据的费用和风险由买方承担。同时，卖方必须向买方提供其能够获得的或者具有的为了顺利地完成将货物从卖方所在国进口到买方所在的目的地国家的出口/过境/进口清关手续所需要的所有单据的信息和帮助，以及其他与货物运输安全有关的信息。买方必须向卖方偿付卖方为了获得这些信息和单证而支付的所有费用。

同之前的版本相比，Incoterms® 2020 更加精确地解释了 EXW 规则下由哪一方当事人、卖方或者买方负责办理海关手续和清关，并承担与此有关的费用和风险，也是首次将过境货物的放行包括在内。鉴于风险的承担规则是由承担责任的一方当事人承担，因此，在 EXW 规则下，如果涉及货物进出口，运输的风险在卖方所在国就转移给买方，过境清关的责任由买方承担。在国际交易中，该变化是重大的，因为货物在到达进口国海关之前可能要挂靠许多国家的港口，要经过许多国家的海关。此外，需要注意的是，在 EXW 规则下，诸如货物的公路运输单据、海运提单、空运单、铁路运输单据等应当由买方负责获得。

对于卖方有义务向买方提供的单据，如果买卖双方达成一致或者已经形成了交易惯例，卖方可以使用电子系统向买方提供单据。同样，对于买方亦是如此。

7. EXW 规则下的货物运输

在 EXW 规则下，卖方对买方没有订立运输合同的义务，运输义务由买方来承担。在涉及货物进出口的情形下，买方承担从卖方国家货物交付地到买方国家目的地之间的运输费用和运输风险。在使用承运人的情形下，由买方自付费用同承运人签订运输合同。需要注意的是，卖方虽然没有为买方订立运输合同的义务，但是在买方提出请求并且承担费用和风险的情况下，卖方有义务向买方提供卖方所拥有的买方安排货物运输所需要的所有信息。

8. EXW 规则下货物风险的转移

货物灭失或者损坏的风险从货物在约定的时间或者期间在卖方的工厂或者仓库交由买方处置时起就从卖方转移给了买方。换句话说，货物灭失或者损坏的风险在货物装上买方派来接收货物的运输工具之前就已经转移给了买方。因此，将货物装上买方派来接收货物的运输工具的这个过程中的操作风险由买方承担。需要注意的是，为了转移风险，卖方必须确保交付的货物能够被识别且特定化为货物销售合同标的的货物。同时，卖方必须以一种可靠的方式通知买方其已经按照约定的方式在约定的时间或者期间将货物销售合同项下的货物放在约定的交付地点任由买方处置。

9. EXW 规则下的货物保险

在 EXW 规则下，买卖双方均无义务为货物办理保险及同保险人订立保险合同。但由于 EXW 规则下货物灭失或者损坏的风险在卖方在其工厂或者仓库将货物交由买方处置时起就从卖方转移给了买方，因此，出于风险防控角度的考虑，买方有必要为货物办理全程的运输保险，尤其是涉及货物进出口时，买方至少应当为货物的国际运输阶段办理运输保险。在需要银行提供融资的情况下，更应当为货物办理保险，因为没有银行愿意为一笔没有保险的国际贸易提供融资支持。需要注意的是，在 EXW 规则下，卖方虽然没有为货物办理保险的义务，但是在买方提出要求且承担费用和风险的情形下，卖方有义务向买方提供买方办理货物保险需要的卖方所有的信息。

10. EXW 规则下的货物安全责任

Incoterms® 2020 项下的安全责任主要是以下两种情形：第一种是从卖方所在地到买方所在地的运输安全责任；第二种是货物出口、过境和进口清关手续和程序中的安全责任。鉴于货物运输中的安全责任由负责货物运输的一方当事人承担，因此，在 EXW 规则下，由买方承担运输安全责任。鉴于清关过程中的安全责任由承担清关责任的一方当事人承担，因此，在 EXW 规则下，由买方承担出口、过境和进口清关过程中的安全责任。需要注意的是，在 EXW 规则下，虽然卖方不负有安全责任，但是卖方有义务按负有安全责任的买方的请求提供其能够获得的有关货物运输和出口、过境及进口清关安全方面的信息和必要的帮助，由此产生的费用和风险均由买方承担。

11. EXW 规则下卖方和买方之间的费用分配

EXW 规则下卖方和买方之间费用分担的总原则是，自卖方将货物交付给买方这一刻起，此前涉及的一切费用均由卖方承担，此后涉及的一切费用均由买方承担。此外，应当由卖方负责办理的事情，如果需要买方提供相关信息和帮助的，由此而产生的费用一律由卖方承担；应当由买方负责办理的事情，如果需要卖方提供相关信息和帮助的，由此而产生的费用一律由买方承担。当然，如果买卖双方对相关费用的承担方式另有约定的，依照约定。具体而言，EXW 规则下买卖双方承担的费用大致如下：

根据国际贸易通常惯例，EXW 规则下的卖方仅承担货物包装、查验和标识的费用。对货物包装、查验和标识有特别要求的，只要该特别要求包含在了买卖双方之间的货物销售合同中，卖方亦需要承担由此而产生的包装费、查验费和标识费。除此之外，其他操作费用和物流费用均由买方承担。

买方需要承担的费用具体如下：

（1）将货物装上买方派来接收货物的运输工具上的操作费用。

（2）在涉及货物进出口及多式联运的情况下，在卖方国家通过买方租用的运输工具或者买方自己的运输工具将货物内陆运输到运输中心、港口、机场而产生的运输费用。

（3）为了履行同货物交付地运输安全要求一致的义务而产生的费用。

（4）在涉及货物进出口的情况下，因货物出口清关而产生的关税、税费、安全费用和其他费用。

（5）在涉及货物进出口的情况下，在卖方国家的运输中心、港口或机场等场站因货物仓储、操作、卸载和装载而产生的费用。

（6）在涉及货物进出口的情况下，将货物从卖方国家的运输中心、港口或机场运输到买方国家这段国际运输过程中产生的运费。

（7）在涉及货物进出口的情况下，货物运输保险费。

（8）在涉及货物进出口的情况下，在买方国家的运输中心、港口或机场等场站因货物卸载、操作、仓储和装载而产生的费用。

（9）在涉及货物进出口的情况下，因货物过境和进口清关而产生的关税、税费、安全费用和其他费用。

（10）在涉及货物进出口的情况下，在买方国内通过买方租用的运输工具或者买方自己的运输工具将货物从运输中心、港口、机场内陆转运到买方工厂或者仓库而产生的运输费用和运输安全费用。

（11）在买方工厂或者仓库卸载货物而产生的费用。

12. EXW 规则适用的付款方式

EXW 规则可以用于非跟单的付款方式，比如预付款、货到现金付款、赊账或者支票付款，但不适用于跟单付款方式，因为：

（1）运输单据是用以判断卖方将货物以约定条件交付的凭证而作为信用证或者跟单信用证必备的付款单据，但在 EXW 规则下，卖方没有运输单据。

（2）如果信用证要求用以判断货物是否交付的交货单据或者运输单据，但买方却并未派运输工具到卖方营业场所收取货物，卖方就会因为没有信用证要求的交货/运输单据而无法获得信用证项下的付款。如果买卖双方之间的销售合同中约定使用信用证或者跟单信用证作为支付方式，建议使用 Incoterms® 中的“F”组或者“C”组规则。

（三）使用 EXW 规则的实务建议

EXW 规则是 Incoterms® 2020 的 11 个规则中的第一个贸易术语规则，对于卖方来说，其承担的义务是 11 个贸易术语规则中最少的一个。在使用 EXW 规则的情形下，卖方仅需要在自己的工厂或者仓库交付货物，买方将派运输工具去卖方的工厂或者仓库接收货物。

EXW 规则项下的卖方因不承担货物国际运输过程中的费用和风险而可以向买方提供最低报价。从这个角度看，卖方像在本地市场上销售货物一样可以立即给出报价，不需要去计算出口经营中的费用。同时，EXW 规则亦意味着卖方提供较少的服务，要求买方承担整个的物流管理。基于此，同其他提供国际物流管理服务的供应商相比，EXW 规则下卖方的报价将使其在国际市场上丧失竞争力。因为在 EXW 规则下，具有一定国际业务量的公司在签订运输合同时会获得一定的折扣或优惠。如果这些折扣或优惠不计入货物的最终价格，这些折扣或优惠就是该公司额外的收入来源。如果这些折扣或优惠被计入货物的最终价格，将会大大地降低货物的价格，从而使得该公司的报价在国际市场上更具有竞争力。

在 EXW 规则下，由买方负责装载货物。然而，在实践中，由卖方将货物装到买方派来收取货物的运输工具上也是习惯做法，因为大多数情况下买方派来接收货物的承运人并没有适合用来装载货物的工具。当然，这具体取决于当地惯例。经买卖双方同意，可以由卖方将货物装载到买方派来接收货物的运输工具上。但如果由卖方将货物装到买方派来收取货物的运输工具上，在装载过程中一旦发生操作风险，买方很难要求卖方承担责任。因此，如果买方不愿意承担将货物装载到其派来接收货物的运输工具上的费用和风险，建议使用其他 Incoterms® 项下的贸易术语规则，比如 FCA 规则。当然，如果买方不想额外地增加装载费，EXW 规则下的买方亦可以使用自己的装载工具装载货物。

（四）典型案例：销售合同中适用的贸易术语规则同运输合同的关系

【案例 1】中山 A 电子有限公司与深圳市 C 国际物流有限公司海上货物运输合同纠纷案①

1. 案情简介

中山 A 电子有限公司（以下简称“A 公司”）与澳门 B 公司之间签订了音箱买卖合同。之后，澳门 B 公司又同 B 集团商业公司（以下简称“B 公司”）签订了音箱买卖合同，将从 A 公司购买的音箱转卖给 B 公司。随后，B 公司又同印度戴娜诗公司签订了音箱买卖合同，约定的贸易方式为 EXW（Incoterms 2000），将从澳门 B 公司购买的音箱卖给印度戴娜诗公司。由于印度戴娜诗公司与其货运代理人 Shipping（India）PVT. Ltd.（以下简称“SP 公司”）均为印度公司，而货物在中国，因此，SP 公司委托深圳市 C 国际物流有限公司（以下简称“C 公司”）办理海上货物运输事宜。

---

① 参见广东省高级人民法院（2017）粤民终 822 号民事判决书。

2014 年 7 月 23 日，A 公司通过电子邮件方式向 C 公司订舱。该邮件所附的订舱委托书记载：托运人为音乐公司，收货人凭印度联邦银行指示，货物名称为 563 箱音响设备。如果选择运费到付，除非订舱方证明收货人已经支付运费，否则订舱方并不就此免除支付运费的责任。A 公司于 2014 年 8 月 14 日又向 C 公司发出邮件，该邮件写道"……Shipper（托运人）都是我们（A）公司，最终的收货人都是戴娜诗公司，只是条款不一样，所以要分开两份单，请确认可以，谢谢"。

2014 年 8 月 18 日，C 公司在深圳签发 ZSEF14080072 提单，提单记载：托运人 B 公司，收货人凭印度联邦银行指示，货物名称为 539 箱音响设备。承运船舶"JINLONG368"轮，装运港中山港，目的港印度加尔各答，运费到付。此外，在运输过程中，始终是 A 公司与 C 公司通过电子邮件往来方式进行业务联络，包括确定船名和船次，确定提单签发信息，跟进运输动态。涉案货物运抵目的港交付给收货人印度戴娜诗公司，但收货人并未向承运人支付运费。后该笔运费由 C 公司向实际承运人 D 海外货柜航运（中国）有限公司进行了支付。

C 公司认为其作为无船承运人向实际承运人 D 海外货柜航运（中国）有限公司支付了有关运输费用后，有权向 A 公司追偿相关运费。然而，A 公司认为根据 C 公司庭审中提交的订舱委托书及提单显示，涉案买卖双方之间约定的贸易方式为 EXW，因此，海上货物运输费用及相关手续均应当由戴娜诗公司承担。纠纷由此产生，C 公司向广州海事法院提起了诉讼。

事实关系图如图 3-1 所示。诉讼关系图如图 3-2 所示。

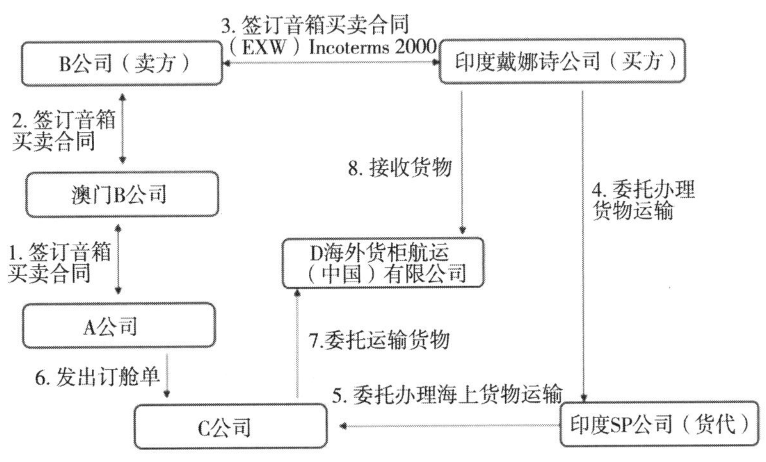

图 3-1 事实关系图

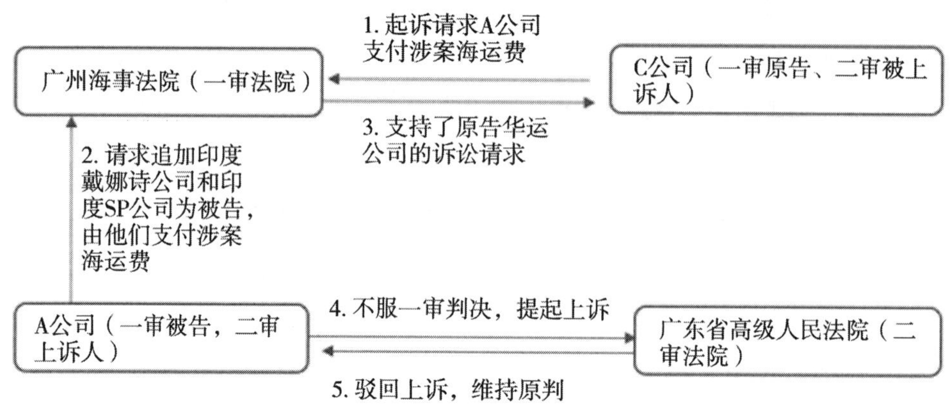

图 3-2　诉讼关系图

2. 判决结果

一审广州海事法院和二审广东省高级人民法院判决认为，本案为海上货物运输合同纠纷，涉案货物的装运港为广东中山港，目的港为印度加尔各答，判决涉案海上运输费用由 A 公司承担。具体理由如下：第一，虽然涉案货物买卖采用 EXW 贸易术语，但是，采用何种贸易术语表明的是货物买卖当事人之间的关系，并不必然决定运输合同项下当事人的权利和义务。作为买卖交易的第三方，运输承运人不受货物买卖交易项下适用的贸易术语的约束。A 公司不能根据涉案货物买卖交易中适用的贸易术语规则主张其并非涉案海上运输合同项下的托运人。第二，向 C 公司发送订舱单的是 A 公司，因此 A 公司是订舱方。A 公司向 C 公司订舱出运涉案货物，接受 C 公司出具的提单，全程跟进涉案货物的运输，在订舱过程中确认自己为 Shipper（托运人）的一系列行为均表明 A 公司为涉案货物的托运人。第三，虽然涉案订舱单约定运费到付，但亦同时注明“运费选择到付的，则订舱方并不就此免除支付运费的责任，除非订舱方证明收货人已经支付运费”。因此，鉴于涉案货物已经由承运人根据货物海上运输合同运抵目的港并交付给了收货人戴娜诗公司，但戴娜诗公司并未向承运人交付运费。因此，根据《海商法》第六十九条“托运人应当按照约定向承运人支付运费”的规定以及订舱单的约定，A 公司作为涉案货物运输的订舱方及托运人，有义务向承运人 C 公司支付海上运输费用。

二、FCA（Free Carrier）——货交承运人

（一）如何使用 FCA 规则

FCA 规则是一个非常灵活的贸易术语规则，既可以用于国内贸易，亦可以用于国际贸易。FCA 规则既允许货物可以在卖方营业场所交付，亦可以在诸如运输中心、港口、机场、集装箱码头等位于卖方营业场所之外的卖方所在地的指定地交付。需要注意的是，在后一种情形下，如果该指定地不是一个具体的交货地点，而是一个比较大范围内的地方，比如北京市朝阳区，在该指定地可能会存在两个以上的适合用来交付货物的地点，FCA 规则允许卖方有权选择最适合其目的的一个地点作为实际交货地点。鉴于该实际交货地点是货物灭失或者损坏的风险从卖方转移给买方的地点，亦是卖方和买方承担费用的分界点，因此，当在使用 FCA 规则时，买卖双方最好能根据该笔交易的性质和特点等具体情况选择出最适宜的交货地点，并且最好能清楚地在销售合同中指明货物交付的精确地点。此外，FCA 规则能够用于诸如杂货、集装箱整柜货或者拼装货等各种类型的货物，亦可以适用于不同的付款方式，比如预付款、货到付款、赊销、银行转账、信用证或其他跟单付款方式。

在使用 FCA 规则的情形下，由卖方负责完成出口清关并承担与出口清关有关的关税、税费和其他费用，卖方亦负责获得出口清关所需要的文件。但是过境（在涉及货物进出口的情况下）和进口清关的手续是由买方负责办理的。在 FCA 规则下，如果货物通过集装箱进行运输，货物的交付地点通常是装运港。需要注意的是，集装箱经常在港口的集装箱码头交付，而不是装上船后交付。

FCA 规则是国际贸易中最常使用的国际贸易术语之一，在卖方倾向于在自己国家交付货物且不愿意负责国际物流的情况下，FCA 规则在大多数国际货物交易中代替了 EXW 规则。

（二）FCA 规则的主要特点

1. FCA 规则的使用格式

FCA【指定交货地点】Incoterms® 2020

鉴于 FCA 规则后面紧跟的“指定交货地点”是货物灭失或者损坏的风险从卖方转移给买方的地点，对于买卖双方承担相关费用和风险具有至关重要的作用，因此，建议双方不但要对该“指定交货地点”做出具体明确规定，而且要确保该“指定交

货地点”是一个具体明确无误的地点，该地点的范围越小越好，能够被准确定位，而不是一个诸如北京、上海这样的大城市名称或者一个诸如北京市朝阳区、上海市浦东区这样较大范围的地方名称。此外，还需要明确使用的是哪一版的Incoterms®，否则，当发生争议时，法官或者仲裁员有权选择使用最新的版本。

示例1　德国柏林A公司从中国北京B公司进口葡萄酒

建议使用：FCA 中国北京B公司或者北京西站，Incoterms® 2020。

不建议使用：FCA 中国北京，Incoterms® 2020，或者 FCA 中国北京B公司或者北京西站。

示例2　法国巴黎B公司从中国天津A公司进口成套设备

建议使用：FCA 中国天津港1号码头或者天津A公司，Incoterms® 2020。

不建议使用：FCA 中国天津港，Incoterms® 2020，或者 FCA 中国天津港1号码头或者天津A公司。

示例3　法国巴黎A公司从中国北京B公司进口口罩

建议使用：FCA 中国北京首都机场3号航站楼或者中国国际展览中心（静安庄馆），Incoterms® 2020。

不建议使用：FCA 中国北京，Incoterms® 2020，或者 FCA 中国北京首都机场3号航站楼或者中国国际展览中心（静安庄馆）。

2. FCA规则可以适用的运输模式

FCA规则可以适用于海上或内河运输、航空运输、铁路运输、公路运输任一种运输模式中，尤其适合使用在通过集装箱进行多式联运的运输模式中。

3. FCA规则下货物的交付和接收

如前所述，在FCA规则下，卖方可以通过两种方式向买方完成货物的交付：第一种方式是，如果指定交货地点是卖方营业场所，比如工厂或者仓库，当卖方将货物装上买方派来接收货物的运输工具上时完成货物的交付；第二种方式是，如果指定交货地点是卖方营业场所之外的诸如货物运输中心、港口、机场、集装箱码头等地方，卖方通常需要使用自己的运输工具或者雇佣第三方承运人将货物前程运输到指定交货地点，当卖方将已经做好从已抵达交货地点的前程运输工具上卸载准备的货物交由买方派来接收货物的承运人或者货运代理人等其他人处置时完成货物的交付。此外，在链式销售模式中，卖方可以以其从上游卖家取得已经如此交付的货物向买家交付。在FCA规则下，第二种方式项下的指定交货地点更为常用。

需要注意的是：首先，卖方必须在约定日期或者约定期间内买方通知的具体时间完成交货；其次，如果买方没有通知卖方约定期间内的具体交货时间，则卖方必须在约定期间届满之时完成交货；最后，如果在指定交货地点范围内可能存在两个或者两个以上的交货地点，卖方有权利根据自己的需要选择一个最适合和方便自己的交货地点。在此种情形下，卖方选择的该交货地点将成为货物风险从卖方转移给买方和买方自此“交货地点”开始承担相关费用的地点。基于此，为了避免买卖双方承担不必要的额外的风险和费用，建议买卖双方针对 FCA 规则下的指定交货地点事先进行具体明确的约定，尽可能地缩小该交货地点的范围，使之尽可能地精确，成为唯一的“交货地点”。

当卖方按照双方的约定在约定时间或者期间内在指定交货地点或者卖方通知的指定交货地点范围内按照约定的方式向买方交付货物时，买方必须接收货物。

4. FCA 规则下货物的装载和卸载

如果约定货物在诸如工厂或者仓库等卖方的营业场所进行交付，卖方必须将货物装载到买方派来接收货物的承运人或者其他人的运输工具上。如果约定在运输中心、港口或者机场等卖方营业场所之外的其他地点交付货物，卖方只需要将货物运输到指定交货地点，将装在卖方送货的运输工具上且已在指定交货地点做好卸载准备的货物交由买方派来接收货物的承运人或者其他人处置即可，由买方负责将货物从卖方派来送货的运输工具上卸载下来，并装上买方派来接收货物的运输工具上。从交货地点直至货物到达买方营业场所这一过程中涉及的所有装载和卸载工作均由买方负责。

5. FCA 规则下的交货单据/运输单据

首先，卖方必须向买方提供用以证明货物以约定条件交付的单据。当货物在卖方营业场所进行交付时，交货单据通常是由买方派到卖方营业场所收取货物的承运人或者其他人向卖方签发的收据。在多式联运的情形下，交货单据通常是由货运代理人向卖方签发的收据，比如货运代理人收讫货物证明。当货物在卖方营业场所之外的地方进行交付时，交货单据通常是卖方派来送货的承运人向买方派来接收货物的承运人或者其他人签发的交货单。买方必须接受卖方按照约定完成货物交付的单据。

其次，在 FCA 规则下，因为是由买方的承运人或者货运代理人到卖方的营业场所或者营业场所之外的其他指定交货地点接收货物，因此运输单据由买方直接或者通过货运代理人从承运人处间接获得。卖方没有义务向买方提供运输单据。然而，在买方承当费用和风险的情况下，卖方应买方的要求有义务协助买方获得运输单据。

最后，在使用信用证作为付款方式的情形下，提单是最常使用的一种运输单据。因为提单可以用来证明卖方已经交付货物，可以据此提取信用证项下的款项。如前所述，FCA 规则可以适用于一种或者多种运输模式。在多式联运的情况下，比如法国的一家进口商和中国的供货商约定以 FCA 南京的贸易方式进口一批手机，付款方式是信用证，信用证要求提交的单据包括在上海港装运的已装船提单。如果货物是在南京由法国进口商派来接收货物的承运人通过公路运输接载到上海港，在此种情形下，承运人不可能出具在南京装运的已装船批注提单。没有已装船提单，卖方也就不可能提取信用证项下的款项。为了满足卖方使用 FCA 规则销售货物时对已装船批注提单的需求，Incoterms® 2020 为 FCA 规则提供了一种新的选项：买方可以指示其租用的船公司向卖方签发提单，注明“已装船”，即：表明货物已经被装到船上。需要注意的是，第一，该选项需要由买卖双方当事人在货物销售合同中做出明确的约定。即便如此，鉴于只有货物在装运港装船后承运人才有义务和权利签发已装船提单，因此，即使买方指示承运人向卖方签发已装船批注提单，同不同意签发的选择权在承运人手里，而不是买方手里。第二，在买方承担运输和货物灭失或者毁损风险的情况下，如果承运人向卖方签发了提单，卖方必须将该运输单据提交给买方，以便买方可以使用该运输单据从承运人处提取货物。第三，即使买卖双方在销售合同中约定选择使用该选项，由买方指示承运人向卖方签发已装船批注提单，卖方对买方亦不承担运输合同项下的义务。第四，在使用信用证作为支付方式且使用该新选项的情况下，货物交付的日期和装船的日期可能不是同一天，务必确保信用证对此所做的要求与实际操作上的一致。第五，由于该选项出现在 Incoterms® 2020 的注释说明部分，而不是在 FCA 规则下的买方义务部分，因此，对于买方来说，该选项并不是一项强制性的义务。第六，除非买卖双方对因买方指示承运人向卖方出具已装船批注提单产生的风险和费用另有约定，否则该风险和费用由买方承担。

6. FCA 规则下货物出口、过境和进口程序中需要的单据及手续、关税、税费和其他费用的责任方

在 FCA 规则下，卖方有义务向买方提供诸如商业发票和装箱单等附随于货物的商业单据。在涉及进出口的情况下，卖方必须获得出口清关所需的所有单据，比如出口许可证、装船前的检验证书以及其他诸如证书或者授权书等需要的正式文件。

卖方负责办理货物出口清关的所有手续，并承担与货物出口清关有关的所有关税、税费、安全费用和其他费用。

虽然过境和进口清关的所有手续由买方负责办理，与此有关的关税、税费、安全费用和其他费用亦由买方承担，但卖方必须向买方提供其能获得的所有信息和帮助，以使买方能够获得为了完成将货物进口到目的地国家的过境或者进口清关手续而需要的所有文件。买方必须向卖方偿付卖方为了获得这些信息和文件而支付的所有费用。此外，在 FCA 规则下，由买方负责签订货物运输合同，因此，运输单据应当由买方获得。

如果买卖双方同意或者按照通常的惯例，卖方可以使用电子程序向买方提供上述其应当向买方提供的单据。对于买方来说，亦是如此。

7. FCA 规则下的货物运输

在 FCA 规则下，由买方负责将货物从卖方所在地的货物交付地点运输到买方营业场所或者其他目的地，由买方负责雇佣第三方承运人，签订运输合同，支付运输费用，并承担货物运输途中的灭失或者损坏的风险。当然，买方可以要求卖方按照正常条件替其雇佣第三方承运人、签订运输合同。但需要注意的是，在此种情形下，运输风险和费用仍是由买方承担的。卖方可以拒绝买方的该要求，但应当尽快通知买方。

需要注意的是，Incoterms® 2010 始终假定在其所有的 11 个贸易术语规则下，均是由承担运输责任的卖方或者买方通过雇佣第三方承运人的方式来进行主（国际）运输。但在某些情形下，买方不必雇佣第三方承运人而可以使用自己的运输工具进行运输。基于此，Incoterms® 2020 首次在 FCA 规则中明确承担运输责任的买方可以使用自己的运输工具进行主程（国际）运输，将货物从卖方所在地的交货地点运到买方营业场所或者其他目的地。①

8. FCA 规则下货物风险的转移

在 FCA 规则下，货物灭失或者损坏的风险在卖方在约定时间或者期间在指定的交货地点按照约定的方式将货物交付给买方时起便从卖方转移给了买方。有以下两种可能：（1）如果货物在工厂或仓库等卖方的经营场所交付，货物灭失或者损坏的

① 中国国际商会/国际商会中国国家委员会．国际贸易术语解释通则 2020［M］．北京：对外经济贸易大学出版社，2020：18.

风险便在货物装上第一承运人时从卖方转移给了买方；（2）如果货物是在卖方经营场所之外的卖方所在地的其他运输中心、港口或者机场交付，货物灭失或者损坏的风险在货物从已经抵达指定交货地点的卖方用来交付货物的运输工具上卸载下来交给买方雇佣的第三方承运人或者其他人处置时从卖方转移给买方。

如果买方没有通知卖方接收货物的第三方承运人的名称或者买方指定的收货人没有在约定时间或者截止日期之前在指定交货地点或者买方通知的交货地点收货，从货物在约定的交货地点和时间完成交付之时起买方承担货物灭失或者损坏的所有风险。需要注意的是，为了转移风险，交付的货物必须能够被识别出且被具体为销售合同中约定的货物标的。同时，卖方必须以一种可靠的方式通知买方其已经将货物放在了交货地点等待买方处置。

9. FCA 规则下的货物保险

在 FCA 规则下，买卖双方中的任何一方都没有为货物办理保险的义务。但由于货物灭失或者损坏的风险自货物由卖方在卖方的工厂、仓库或者上述地点之外的指定地点完成货物交付时起从卖方转移给买方，因此，建议买方办理保险，尤其是运输保险，至少是针对货物国际运输进行投保。同时，需要注意的是，应买方的要求且在买方承担费用和风险的情况下，卖方有义务向买方提供卖方所有的买方办理所需保险的信息。

10. FCA 规则下的货物安全责任

Incoterms® 2020 项下的安全责任主要是以下两种情形：第一种是从卖方所在地到买方所在地的运输安全责任；第二种是货物出口、过境和进口中清关手续和程序中的安全责任。鉴于货物运输中的安全责任由负责货物运输的一方当事人承担，因此，在 FCA 规则下，无论卖方是使用自己的运输工具还是通过第三方承运人进行前程运输，卖方都有义务遵守将货物运输到货物交付地点的所有运输安全要求。此外，在涉及进出口的情形下，卖方还必须遵守出口清关中的所有安全要求，并且有义务向买方提供卖方所有的同过境和进口清关安全有关的信息。

买方必须遵守将货物从交付地点运输到买方所在地的所有运输安全要求。在涉及进出口的情形下，买方还必须遵守货物过境和进口清关中的所有安全要求。

11. FCA 规则下卖方和买方之间的费用分担

FCA 规则下卖方和买方之间费用分担的总原则是，自卖方将货物交付给买方这一刻起，此前涉及的一切费用均由卖方承担，此后涉及的一切费用均由买方承担。

此外，应当由卖方负责办理的事情，如果需要买方提供相关信息和帮助的，由此而产生的费用一律由卖方承担；应当由买方负责办理的事情，如果需要卖方提供相关信息和帮助的，由此而产生的费用一律由买方承担。如果买卖双方对相关费用的承担方式另有约定的，依照约定。具体而言，买卖双方承担的费用大致如下。

（1）卖方承担下列所有费用：

①货物包装、查验和标识的费用。

②如果适用，将货物装载到买方派来接收货物的运输工具上的费用。

③如果适用，为了遵守货物前程运输安全要求履行相关义务而产生的费用。

④如果适用，将货物运至卖方所在地的运输中心、港口、机场或者其他指定地点这段前程运输所产生的费用，不论是卖方使用自己雇佣的第三方承运人还是使用自己的运输工具。

⑤如果适用，将货物从前程运输工具上卸载下来的费用。

⑥在涉及货物进出口的情况下，货物出口清关的手续费、税费和其他费用。

⑦在涉及货物进出口的情况下，为了遵守货物出口清关安全要求履行相关义务而产生的费用。

⑧货物交付给买方前与货物灭失或者损坏有关的所有费用。

（2）买方需要承担下列费用：

①在卖方所在地的运输中心、港口、机场或者其他指定地点因货物仓储、处理和装载而发生的场站费用。

②将货物从指定交货地点运输到目的地而产生的主（国际）运费。

③为了遵守货物交付地运输安全要求履行相关义务而产生的费用。

④在涉及货物进出口的情况下，因办理货物保险而产生的保险费。

⑤在买方所在地的运输中心、港口或者机场因卸载、处理和仓储货物而发生的场站费用。

⑥在涉及货物进出口的情况下，因过境和进口清关而产生的手续费、税费和其他费用。

⑦在涉及货物进出口的情况下，为了遵守货物过境、进口清关安全要求及履行相关义务而产生的费用。

⑧通过买方雇佣的第三方承运人或者使用买方自己的运输工具将货物从目的地运输中心、港口或者机场转运到买方经营场所或者其他目的地而产生的费用。

⑨为了遵守从目的地运输中心、港口或者机场转运到买方经营场所或者其他目的地这段后程运输安全要求履行相关义务而产生的费用。

⑩在买方营业场所或者仓库卸载货物产生的费用。

12. FCA 规则适用的付款方式

FCA 规则既可以适用于诸如预付、货到付款、赊销、银行转账或者支票中的任意一种付款方式，亦可适用于信用证或者跟单方式中的任意一种跟单付款方式。需要注意的是，在跟单付款的情形下，当卖方收款时通常会被要求提交运输单据用以证明卖方交付了货物。因此，卖方必须确保能够获得用以证明货物交付的运输单据。鉴于主（国际）运输合同是由买方签订的，而不是卖方签订的，卖方必须通过买方要求买方雇佣的第三方承运人或者货运代理人向其签发一份运输单据。

（三）使用 FCA 规则的实务建议

在国际贸易中，同 EXW 规则相比，FCA 规则要求卖方的参与度更高，卖方负责在自己国家里的物流，并负责办理出口清关手续。此外，FCA 规则是一个非常灵活的国际贸易术语规则，它允许买卖双方可以依据使用的运输类型来决定货物可以在不同的地方交付。

1. FCA 适用的国际贸易

FCA 规则通常适用于以下几种国际贸易中：

（1）对外国市场没有太多经验且不愿意为了在目的地国家交付货物而负责国际物流的卖方。

（2）卖方更愿意使用自己的设施将货物装上买方派来收取货物的运输工具的整车或整集装箱出口的情形。

（3）卖方使用他们自己的运输工具在他们自己的国家在自己营业场所附近的某地交付拼装的出口货物。[①]

总之，FCA 规则是一个非常灵活的国际贸易术语规则，越来越多地被使用到卖方在自己国家交付货物的情形，大有取代 EXW 规则之势，尤其用于不愿意管理国际物流的卖方。[②]

---

① 参见《Incoterms® 2020 实用指南》，网址为 https：//globalnegotiator. com/files/Incoterms® -2020-book. pdf，访问日期为 2020 年 12 月 15 日。

② 同①。

2. FCA 适用的地点

在实务中，有几种使用 FCA 规则的方案，可以根据交货地点来进行选择：

（1）FCA 工厂或者仓库：如果是满载的卡车或者集装箱，推荐使用 FCA 工厂或者仓库来代替 EXW 规则。在此种情形下，货物在卖方营业场所装上卡车或者集装箱时交付，此后由买方自担风险。

（2）FCA 公路运输中心：主要用于拼装。在货物在场站或者运输中心交付给买方指定的承运人之前，由卖方负责前程运输并支付由此产生的运费。当卖方用来运输货物的卡车位于买方指定的承运人的装货场站时货物交付。

（3）FCA 港口或者港口码头：在使用整装货柜的情况下，建议使用 FCA 港口或者港口场站代替 FOB 规则。卖方负责将装有货物的集装箱从其营业场所运输到指定港口的集装箱码头。当运输装有货物的集装箱的卡车到达指定的港口的集装箱码头时货物交付。因在集装箱码头进行的所有装卸工作而产生的装卸区操作管理费（HTC）由买方承担。

（4）FCA 机场：卖方承担将货物从其营业场所运输到指定交付货物的机场的所有运费。当将货物运输到机场的交通工具停在机场指定场站的装载区时货物交付。此后进行的所有场站操作费由买方承担。

（5）FCA 铁路运输中心：当卖方雇佣的第三方内陆承运人将运输货物的卡车停在铁路指定场站装卸区时货物交付。①

FCA 规则适用于有自己的运输工具并且使用拼装服务出口的公司。此种情形下将用箱子或者托盘装的货物运输到卖方所在地，诸如运输枢纽、港口或者机场，几乎不需要卖方支付多少费用，且几乎没有任何风险。因为货物交付地通常不会离卖方营业场所太远。

（四）典型案例：贸易术语规则下的货物交付

【案例 2】苏州×富电子有限公司与××冈科技有限公司买卖合同纠纷案②

1. 案情简介

苏州×富电子有限公司（以下简称“×富公司”）与××冈科技有限公司（以下

① 参见《Incoterms® 2020 实用指南》，网址为 https：//globalnegotiator. com/files/Incoterms®－2020-book. pdf，访问日期为 2020 年 12 月 15 日。

② 参见江苏省苏州市中级人民法院（2016）苏 05 民初 788 号民事判决书。

简称“××冈公司”）于2015年9月21日签订了一份手机采购合同，总合同金额为81万美元，约定的交货方式为“货交承运人（FCA），中国香港 Incoterms® 2010”，以电汇的付款方式支付合同总价的20%作为预付款，发货前再以电汇方式支付剩余80%的尾款。2015年9月24日，××冈公司通过银行转账向×富公司汇入161982美元作为预付款。2015年11月11日，×富公司委托东莞市和×报关服务有限公司经阜岗海关进行出口货物报关。2015年12月17日，×富公司开具了购买方为××冈公司的增值税发票一张。在×富公司完成报关手续后，××冈公司一直不支付剩余的尾款，在多次协商无果的情形下，×富公司向法院提起诉讼，请求××冈公司支付剩余尾款。

事实关系图如图3-3所示。诉讼关系图如图3-4所示。

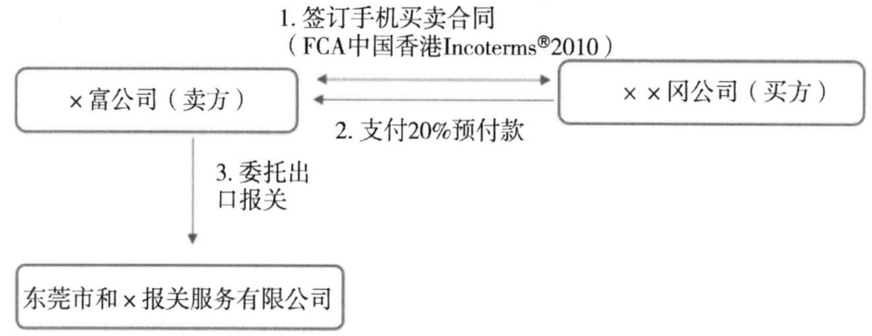

图3-3　事实关系图

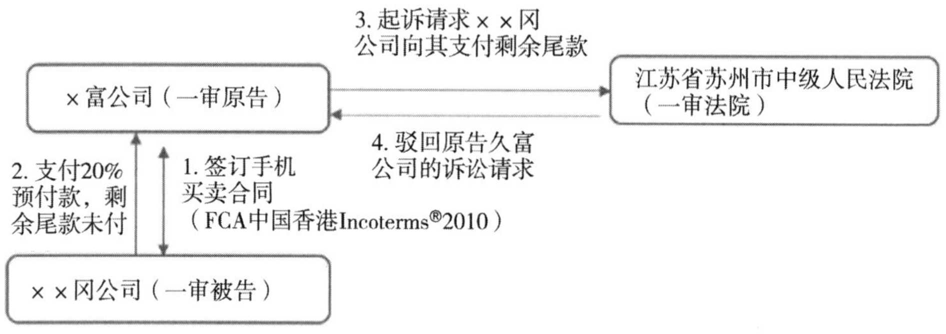

图3-4　诉讼关系图

2. 判决结果

江苏省苏州市中级人民法院一审判决认为，涉案卖方×富公司未按照约定的FCA交货方式交付货物，无权要求买方支付剩余货款。具体理由如下：×富公司主张××冈公司未支付货物剩余尾款，因此，×富公司有义务提供相应的证据证明其已经依照涉案的手机采购合同约定的 FCA 交货方式向××冈公司交付货物。但×富公司向法院提供的证据只能证明，在×富公司和××冈公司签订合同后，×富公司委托案外人东莞市和×报关服务有限公司将涉案货物进行出口报关，××冈公司向×富公司支付了预付款。×富公司不仅未能提供相应的证据证明通关后的提单等货物交付手续及其去向，亦未能证明××冈公司知晓且同意或指定东莞市和×报关服务有限公司作为案涉货物的承运人。甚至对于涉案的增值税发票，×富公司亦未能提供证据证明其已经交付给××冈公司。因此，法院认为，×富公司的举证尚不足以证明其依照约定的 FCA 交货方式履行了货物交付义务，应当承担举证不能的不利后果。

三、CPT（Carriage Paid To）——运费付至

（一）如何使用 CPT 规则

首先，在 CPT 规则下，“运费付至……”是指，虽然卖方将货物交付给卖方同其签订了主（国际）运输合同的第三方承运人时风险从卖方转移给了买方，但将货物从交付地运至指定目的地的主（国际）运费由卖方承担。这意味着买方承担货物自交付时起的一切风险，并承担货物交付后自交付地点至指定目的地之间的除运输费用之外的所有费用。需要注意的是，这是 C 组贸易术语规则不同于其他组贸易术语规则的地方，即货物交付地点和风险转移地点同主（国际）运输费用承担的分界地点不再是同一个地点。

其次，CPT 规则下的“承运人”是指在主（国际）运输合同中承诺通过铁路、公路、航空、海上航道、内河航道或多式联运的方式履行或促成履行运输货物义务的任何人。CPT 规则在滚装船海运和空运这两种运输模式中尤其受欢迎。需要注意的是，在 CPT 规则下，如果卖方使用多式联运的方式将货物运至指定目的地，且销售合同中明确规定了货物交付地点，货物灭失或者损坏的风险在约定的交货时间或者期间在约定的交货地点以约定的交货方式自卖方交付给买方时起从卖方转移给了买方。但如果销售合同未规定货物的交付地方或者具体的交付地点，卖方有权按照便利实现自己目的的原则选择货物的交付地点，货物灭失或者损坏的风险自卖方在该交付地点将货物交给第一个承运人时起便从卖方转移给了买方。此外，还需要注意，卖方将货物从交付地运输到指定目的港或指定目的地的内陆仓库的运费是不一样的，在后一种情形下，卖方需要支付额外的码头或内陆转运操作费。

最后，CPT 规则类似于 CIP 规则，其区别仅在于 CPT 规则下卖方不负责为货物办理运输保险，不承担货物运输保险费用。需要注意的是，在 CPT 规则下，虽然卖方承担将货物从交付地运输到指定目的地的运输费用，但是货物灭失或者损坏的风险却在卖方将货物交付给卖方指定的承运人时就转移给了买方。因此，为了自己的利益考虑，买方有必要为自己承担的风险办理保险。在出现保险事故时，买方可以直接向保险公司索赔。

（二）CPT 规则的主要特点

1. CPT 规则的使用格式

CPT【指定目的地】——Incoterms® 2020

鉴于 CPT 规则后面紧跟的“指定目的地”是卖方需要签订运输合同将货物运输到的地点，也是卖方需要支付运输费用直到该地点为止的地点，对于卖方承担主（国际）运输费用具有至关重要的作用，因此，建议买卖双方不但要对该“指定目的地”做出明确规定，而且最好能够确保该“指定目的地”是一个具体明确无误的地点，该地点能够被准确定位，而不是一个诸如北京、上海这样的大城市名称或者一个诸如北京市朝阳区、上海市浦东区这样较大范围的地方名称。此外，还需要明确使用的是哪一版的 Incoterms® ，否则，当发生争议时，法官或者仲裁员有权选择使用最新的版本。

示例 1　中国北京 A 公司从法国巴黎 B 公司进口葡萄酒

建议使用：CPT 中国北京 B 公司或者北京西站，Incoterms® 2020。

不建议使用：CPT 中国北京，Incoterms® 2020，或者 CPT 中国北京 B 公司。

示例 2　中国天津 A 公司从德国柏林 B 公司进口成套设备

建议使用：CPT 中国天津港 1 号码头或者天津 A 公司，Incoterms® 2020。

不建议使用：CPT 中国天津，Incoterms® 2020，或者 CPT 中国天津港 1 号码头。

示例 3　中国北京 A 公司从法国巴黎 B 公司进口化妆品

建议使用：CPT 中国北京首都机场 3 号航站楼或者北京中国国际展览中心（静安庄馆），Incoterms® 2020。

不建议使用：CPT 中国北京，Incoterms® 2020，或者 CPT 中国北京首都机场 3 号航站楼。

2. CPT 规则可以适用的运输模式

CPT 规则适用于水上运输、航空运输、铁路运输、公路运输任意一种或多式联运的运输模式，尤其是使用集装箱装货进行运输的情形。

3. CPT 规则下货物的交付和接收

在 CPT 规则下，货物交付是指卖方在销售合同规定的日期或期间内以约定的方式在约定的交货地点将货物交给卖方已经同其签订了主（国际）运输合同的承运人或者以其从上游卖家取得已经如此交付的货物向买方交付货物。需要注意的是，如果销售合同对具体的交货地点未做明确规定，卖方有权选择在最有利于其向承运人交付货物的地点交货。当卖方在该交货地点将货物交给已经同其签订了运输合同的承运人时交付，鉴于交货地点同货物灭失或者损坏的风险转移地点密不可分，货物的风险自卖方在交货地点将货物交付给承运人时起便转移给了买方，从这个角度而言，同卖方相比，交货地点对于买方来说意义尤为重要，因此，建议买卖双方在销售合同中针对交货地点做出具体明确的规定。

当卖方按照双方的约定在约定的时间或者期间内在指定交货地点或者卖方通知的指定交货地点范围内按照约定的方式向买方交付货物时，买方必须接收货物，并在指定目的地或者在该指定目的地范围内约定的地点从承运人那里提取货物。

4. CPT 规则下货物的装载和卸载

在 CPT 规则下，卖方需要将货物在其营业场所装上自己雇佣的第三方承运人的运输工具或者自己的运输工具，并将货物运输到交货地点。在交货地点，卖方负责将货物从运输工具上卸载下来交给卖方已经同其签订了主（国际）运输合同的第三方承运人，由该承运人将货物从交货地点运输到指定目的地。需要注意的是，在 CPT 规则下，在买方所在地的指定目的地由买方负责卸载，但根据卖方和承运人签订的主（国际）运输合同由承运人负责卸载的除外。从指定目的地到买方营业场所的后程运输由买方负责，期间的装载和卸载工作一律由买方负责。

5. CPT 规则下的交货单据/运输单据

在 CPT 规则下，卖方承担将货物从交货地点运输到指定目的地的责任，由卖方同承运人签订主（国际）运输合同，因此，卖方有责任向买方提供从货物交付地点到指定目的地的惯常使用的运输单据。需要注意的是，该运输单据必须明确记载销售合同中约定的货物，必须是在约定的运输期限内签发，还必须使买方能够在指定目的地凭借该运输单据从承运人那里提取货物。此外，除非存在其他特别的约定，否则该运输单据必须使买方能够在运输途中通过转让该运输单据或者通知承运人的方式将货物转卖给下游买方。在此种情形下，该运输单据必须以可转让方式签发，卖方提供给买方的运输单据必须是整套正本。[①]

6. CPT 规则下货物出口、过境和进口程序中需要的单据及手续、关税、税费和其他费用的责任方

卖方有义务向买方提供纸质版的或者电子版的商业发票和装箱单等附随于货物的商业单据。

在 CPT 规则下，如果涉及货物进出口，鉴于由卖方负责办理货物的出口清关手续，因此，卖方必须获得货物出口清关所需的所有文件，比如出口许可证、装船前的检验证书及其他办理货物出口手续所需要的正式文件，并承担与货物出口清关有关的所有关税、税费、安全费用和其他费用。

在 CPT 规则下，货物过境或进口清关手续由买方负责办理，且因过境和进口清关发生的所有手续费、税费、安全费用和其他费用亦由买方承担。需要注意的是，在 CPT 规则下，由卖方和承运人签订主（国际）运输合同，因此，如果主（国际）运输合同约定由卖方负责办理过境清关并支付过境费用，则由卖方负责过境清关并承担相关费用。此外，卖方必须向买方提供其能获得的所有信息和帮助以使买方能够获得为了完成将货物进口到目的地国家或过境的清关手续而需要的所有文件。对此，买方必须向卖方偿付卖方为了获得这些同进口或过境清关有关的信息和提供帮助而支付的所有费用，并承担与此有关的风险。

7. CPT 规则下的货物运输

在 CPT 规则下，由卖方负责将货物从卖方所在地的交货地点运输到指定目的地，由卖方负责同承运人签署主（国际）运输合同。需要注意的是，在 CPT 规则下，由于货物灭失或者损坏的风险在货物交给卖方指定的承运人时，就从卖方转移给了买方，因此，虽然货物从交付地至指定目的地之间的所有运输费用由卖方承担，但运输途中货物发生的一切风险却是由买方承担。当然，卖方亦可以要求买方按照惯常条件选择承运人，并由买方同承运人签署主（国际）运输合同。但需要注意的是，在此种情形下，从交付地至指定目的地之间的所有运输费用由卖方承担，但货物运输途中发生的一切风险则仍由买方承担。买方亦可以拒绝卖方的该项要求。但是，如果拒绝卖方的该项要求，买方应当尽快通知卖方。

---

① 中国国际商会/国际商会中国国家委员会．国际贸易术语解释通则 2020［M］．北京：对外经济贸易大学出版社，2020：135.

8. CPT 规则下货物风险的转移

在 CPT 规则下，货物灭失或者损坏的风险在卖方在约定的日期或者期间内，在约定的交货地点按照约定的方式将货物交给卖方按照惯常的条件签订的主（国际）运输合同项下的承运人时，便从卖方转移给了买方。需要注意的是，在存在两个或者两个以上的承运人的情况下，即在不同的运输路程由不同的承运人负责承运且销售合同中没有约定交货地点时，默认为在卖方将货物交给第一个承运人时货物的风险从卖方转移给买方。在此种情形下，如有必要，为了将货物风险转移的时间点后移，买卖双方可以在销售合同中明确约定货物交给靠后的某个承运人时交付。这样的约定可以使货物灭失或者损坏的风险靠后一些时间转移给买方。同样，如有必要，为了将货物风险转移的时间点前移，买卖双方可以在销售合同中明确约定货物交给靠前的某个承运人时交付。这样的约定可以使货物灭失或者损坏的风险靠前一些时间转移给买方。①

9. CPT 规则下的货物保险

在 CPT 规则下，买卖双方均无义务为货物办理保险。然而，由于货物灭失或者损坏的风险在卖方将货物交给卖方同其签订主（国际）运输合同的承运人时便转移给了买方，因此，建议买方办理保险，至少办理货物运输保险。需要注意的是，应买方要求且由买方承担费用和风险的情况下，卖方有义务向买方提供其所拥有的买方办理保险所需的所有信息。

10. CPT 规则下的货物安全责任

Incoterms® 2020 项下的安全责任主要是以下两种情形：第一种是从卖方所在地到买方所在地的运输安全责任；第二种是货物出口、过境和进口清关手续和程序中的安全责任。鉴于货物运输中的安全责任由负责货物运输的一方当事人承担，因此，在 CPT 规则下，无论卖方是使用自己的运输工具还是通过第三方承运人进行前程运输，卖方都有义务遵守将货物运输到货物交付地点的所有运输安全要求，卖方亦有义务遵守将货物从交付地点运输到指定目的地的所有运输安全要求。在涉及货物进出口的情形下，卖方必须遵守出口清关中的所有安全要求，并且有义务向买方提供卖方所有的同过境和进口清关安全有关的信息和单据。如果卖方同主（国际）运输

---

① 中国国际商会/国际商会中国国家委员会．国际贸易术语解释通则 2020［M］．北京：对外经济贸易大学出版社，2020：41-42.

合同项下的承运人约定由卖方负责过境清关，则卖方亦有责任负责遵守过境清关中的所有安全要求。

在涉及货物进出口的情形下，买方必须遵守货物过境和进口清关中的所有安全要求。此外，买方还必须遵守从指定目的地转运到其营业场所或者仓库这段后程运输过程的运输安全要求。

11. CPT 规则下卖方和买方之间的费用分配

CPT 规则下卖方和买方之间费用分配的总原则：自卖方将货物交给卖方同其签订了主（国际）运输合同的承运人的这一刻起，此前涉及的一切费用均由卖方承担，此后涉及的除主（国际）运输费用之外的一切费用均由买方承担。此外，应当由卖方负责办理的事情，如果需要买方提供相关信息和帮助的，由此而产生的费用一律由卖方承担；应当由买方负责办理的事情，但需要卖方提供相关信息和帮助的，由此而产生的费用一律由买方承担。如果买卖双方对相关费用的承担方式另有约定的，依照约定。具体而言，买卖双方承担的费用大致如下。

（1）卖方承担下列所有费用：

①货物包装、查验和标识的操作费用。

②将货物装载到卖方用来将货物交给进行主（国际）运输的承运人的前程运输工具上而产生的操作费用。

③将货物运输到交货地点的前程运输所产生的运输费用。

④因遵守前程运输安全要求和出口清关安全要求、履行相关义务而产生的费用。

⑤将货物从交货地点运输到指定目的地而产生的主（国际）运输费用。

⑥将货物从交货地点运输到指定目的地这段路程中因遵守运输安全要求、履行相关义务而产生的安全费用。

⑦向买方提供交货/运输单据而产生的费用。

⑧在涉及货物进出口的情形下，根据卖方要求，买方因协助卖方取得办理出口清关手续所必需的文件和（或）信息而产生的费用。需要注意的是，该项属于或有费用。

⑨在涉及货物进出口的情形下，根据卖方和承运人之间的主（国际）运输合同，由卖方承担过境费用。需要注意的是，该项属于或有费用，只有主（国际）运输合同规定了该笔费用由卖方承担，卖方才承担，否则应当由买方负责办理过境手续并承担与此有关的费用。在卖方根据主（国际）运输合同承担该笔过境费的情形

下，除非买卖双方对此另有约定，否则，卖方不得就该笔过境费向买方追偿。

⑩根据卖方和承运人之间的主（国际）运输合同，由卖方承担的在指定目的地因卸货而产生的相关操作费用。需要注意的是，该项属于或有费用，只有主（国际）运输合同规定了该笔费用由卖方承担，卖方才承担。否则，应当由买方负责卸货并承担与此有关的卸货费用。在卖方根据主（国际）运输合同承担该笔卸货费的情形下，除非买卖双方对此另有约定，否则，卖方不得就该笔卸货费向买方追偿。

⑪货物交给主（国际）运输合同项下的承运人前与货物灭失或者损坏有关的所有费用。

（2）买方需要承担下列费用：

①货物交给主（国际）运输合同项下的承运人后与货物灭失或者损坏有关的所有费用。

②在涉及货物进出口的情形下，过境和进口清关的手续费、税费和其他费用。需要注意的是，如果根据主（国际）运输合同，卖方应当承担过境费用，除非买卖双方对该笔过境费用另有约定，否则卖方无权针对其根据主（国际）运输合同承担的该笔过境费向买方追偿。

③在涉及货物进出口的情形下，卖方应买方要求提供协助买方获取同办理过境和进口清关手续有关的单据和（或）信息而产生的费用。需要注意的是，该项属于或有费用。

④在涉及货物进出口的情形下，买方因遵守过境清关和进口清关中的安全要求而产生的清关安全费用。

⑤通过雇佣的第三方承运人或者使用买方自己的运输工具将货物从指定目的地转运到买方经营场所这段后程运输而产生的运输费用。

⑥买方因遵守后程运输中的安全要求、履行相关义务而产生的运输安全费用。

⑦在买方营业场所或者仓库卸载货物产生的费用。

12. CPT 规则适用的付款方式

CPT 既可以适用于诸如预付、货到付款、赊销、银行转账或者支票中的任一种付款方式，亦可适用于信用证或者跟单方式中的任一种跟单付款方式。

（三）使用 CPT 的实务建议

首先，CPT 规则类似于 CIP 规则，其区别在于 CPT 规则下的卖方不负责为货物办理运输保险，不承担货物运输保险费用。在CPT规则下，虽然卖方承担将货物从交付地运输到指定目的地的运费，但是货物灭失或者损坏的风险却在卖方将货物交付给卖方指定的主（国际）运输合同项下的承运人时就转移给了买方。因此，为了自己的利益考虑，买方有必要为自己承担的风险办理保险。在出现保险事故时，买方可以直接向保险公司索赔。其次，将货物从交付地运输到指定的目的港或指定目的地的内陆仓库的运费不一样，卖方需要支付额外的码头和内陆操作费。最后，CPT规则较多用于滚装船海运和空运这两种运输模式中。如果需要使用一种以上的运输模式才能将货物从卖方营业场所运至指定目的地，买卖双方最好在销售合同中明确地约定货物的交付地点，这是买卖双方风险责任划分的分界线。如果没有约定，则货物灭失或者损坏的风险在货物交付给主（国际）运输合同项下的第一个承运人时就从卖方转移给了买方。

（四）典型案例：贸易术语规则下的货物交付地

【案例3】A太阳能电力有限公司、上海B太阳能科技有限公司买卖合同纠纷①

1. 案情简介

上海B太阳能科技有限公司（以下简称“B公司”）与A太阳能电力有限公司（以下简称“A公司”）分别于2012年4月19日、2012年6月8日和2012年7月25日签订了3份“电池片购销合同”，约定B公司向A公司购买多晶电池片；约定的交付地点为CPT上海外高桥保税区Incoterms 2020；出保税区后货物交付买方工厂，约定的争议解决方式为买卖双方如因履行本合同发生纠纷，买卖双方应当及时友好协商解决。协商不成，任何一方均可向货物最终交付地法院起诉。因A公司所供电池片有质量问题，B公司向江苏省海安县人民法院提起诉讼。

针对B公司提起的诉讼，A公司提起了管辖权异议，认为涉案的3份“电池片购销合同”已经约定了买卖双方之间发生的纠纷由货物交付地法院管辖。A公司认为，根据Incoterms 2000，CPT意为“运费付至（……指定目的地）”，CPT后面紧跟的地点即为交货地点，故本案所涉货物的交付地为上海市浦东新区外高桥保税区。因此，A公司请求将案件移送上海市浦东新区人民法院审理。

事实关系图如图3-5所示。诉讼关系图如图3-6所示。

---

① 参见江苏省南通市中级人民法院（2013）通中商辖终字第0071号民事裁定书。

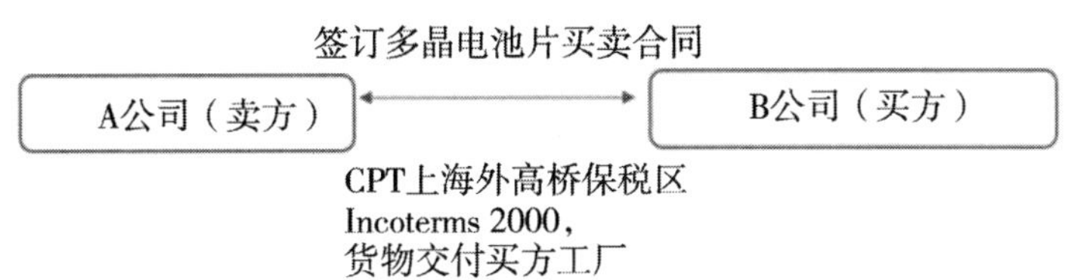

图 3-5　事实关系图

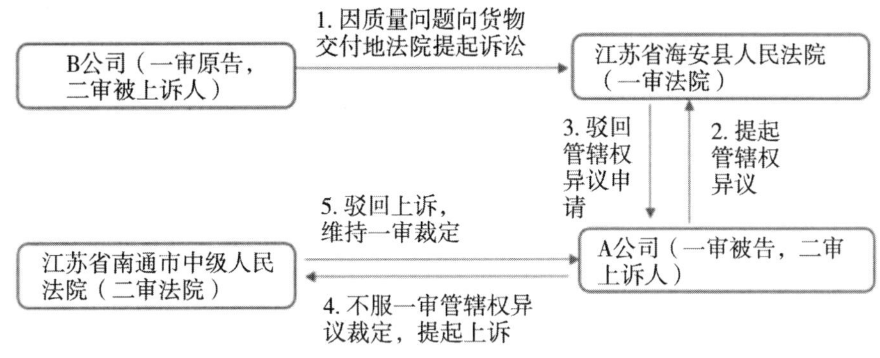

图 3-6　诉讼关系图

2. 判决结果

二审江苏省南通市中级人民法院在管辖权异议裁定中认为，本案所涉三份买卖合同的标的物的最终交付地为买方 B 公司指定的"买方工厂"——C 新能源科技股份有限公司（以下简称"C 公司"）。鉴于 C 公司的住所地在江苏省海安县，因此，根据涉案合同约定的争议解决条款，案件由江苏省海安县人民法院审理。

法院认定涉案货物交付地点的具体理由如下：根据涉案 3 份合同中约定的"交付地点为 CPT 上海外高桥保税区 Incoterms 2000，出保税区后货物交付买方工厂"可以看出，卖方 A 公司的义务是出保税区后将货物交付至买方 B 公司的工厂，并负担将货物运送至上海外高桥保税区的运费。从买卖双方于 2012 年 5 月 19 日签订的补充协议所载"甲乙双方于 2012 年 4 月 19 日签订电池片采购合同（编号为：×××-SD-20120419）……所有电池片已于 2012 年 5 月 19 日到达甲方（上海 B 公司）指定工厂"可知，A 公司实际上是将货物交付至买方 B 公司指定的工厂，并非仅将货物运至上海外高桥保税区。此外，根据 A 公司出具的提货单上载明的收货人为 C 公司可以看出，买方 B 公司指定的工厂是 C 公司。因此，法院据此认定 C 公司所在地是涉案货物的最终交货地。

四、CIP（Carriage and Insurance Paid To）——运费和保险费付至

（一）如何使用 CIP 规则

CIP 规则既可以用于水上运输、航空运输、铁路运输、公路运输任何一种运输模式，也可以用于上述运输模式中的两种或者两种以上运输模式组合的多式联运模式。在 CIP 规则下，卖方负责将货物在约定的时间和地点以约定的方式交付给卖方指定的主（国际）运输合同项下的承运人或者其他人。卖方负责同承运人签订主（国际）运输合同并支付运输，将货物从交付地运输到指定目的地。同时，卖方亦负责为货物办理运输保险并支付保费。需要注意的是，同 CPT 规则一样，货物灭失或者损坏的风险在卖方将货物交给主（国际）运输合同项下的第一个承运人时从卖方转移给买方。

（二）CIP 规则的主要特点

1. CIP 规则的使用格式

CIP【指定目的地】——Incoterms® 2020

需要注意的是，CIP 规则后面紧跟的“指定目的地”务必是一个具体明确的地点，该地点最好能够被准确定位，而不是一个城市或者一个较大范围的地方。此外，还需要明确使用的是哪一版的 Incoterms® 。否则，当发生争议时，法官或者仲裁员有权选择使用最新的版本。

示例 1　中国北京 A 公司从德国 B 公司进口成套设备

建议使用：CIP 中国北京 A 公司仓库或者北京中国国际展览中心（静安庄馆），Incoterms® 2020。

不建议使用：CIP 中国北京，Incoterms® 2020，或者 CIP 中国北京 A 公司仓库。

示例 2　中国天津 A 公司从巴西 B 公司进口铁矿石

建议使用：CIP 中国天津港 1 号码头或者天津市某一个具体的地点，Incoterms® 2020。

不建议使用：CIP 中国天津港，Incoterms® 2020，或者 CIP 中国天津港 1 号码头。

示例 3　中国北京 A 公司从法国 B 公司进口葡萄酒

建议使用：CIP 中国北京首都机场 3 号航站楼或者北京中国国际展览中心（静安庄馆），Incoterms® 2020。

不建议使用：CIP 中国北京，Incoterms® 2020，或者 CIP 中国北京首都机场 3 号航站楼。

2. CIP 规则可以适用的运输模式

CIP 规则适用于水上运输、航空运输、铁路运输、公路运输任一种或多式联运的运输模式。

3. CIP 规则下货物的交付和接收

在 CIP 规则下，货物交付是指卖方在销售合同规定的时间或期间内，以约定的方式在约定的交货地点，将货物交给卖方已经同其签订了主（国际）运输合同的承运人或者以其从上游卖家取得已经如此交付的货物向买方交付货物。需要注意的是，如果销售合同对具体的交货地点未做明确规定，卖方有权选择在最有利于其向承运人交付货物的地点交货。当卖方在该交货地点将货物交给已经同其签订了运输合同的承运人时交付。需要注意的是，鉴于交货地点同货物灭失或者损坏的风险转移地点密不可分，货物的风险自卖方在交货地点将货物交付给承运人时起便转移给了买方，从这个角度而言，同卖方相比，交货地点对于买方来说意义尤为重要，因此，建议买卖双方在销售合同中针对交货地点做出具体明确的规定。

当卖方按照双方的约定在约定的时间或者期间内在指定交货地点或者卖方通知的在指定交货地点范围内按照约定的方式向买方交付货物时，买方必须接收货物，并在指定目的地或者在该指定目的地范围内约定的地点从承运人那里提取货物。

4. CIP 规则下货物的装载和卸载

在 CIP 规则下，卖方需要将货物在其营业场所装上自己雇佣的第三方承运人的运输工具或者自己的运输工具，并将货物运到指定的交货地点。在交货地点，卖方负责将货物从运输工具上卸载下来交给卖方指定的主（国际）运输合同项下的承运人，由承运人将货物运送到指定目的地。需要注意的是，在 CIP 规则下，在目的地由买方负责卸载，但根据卖方和承运人签订的主（国际）运输合同由卖方负责卸载的除外。从指定目的地到买方营业场所的运输由买方负责，这期间的装载和卸载工作一律由买方负责。

5. CIP 规则下的交货单据/运输单据

在 CIP 规则下，卖方承担将货物运输到指定目的地的责任，因此，卖方有责任向买方提供从货物交付地到指定目的地这段路程中卖方同承运人签订的主（国际）运输合同项下惯常使用的运输单据。需要注意的是，该运输单据必须明确记载销售合同中约定的货物，必须是在约定的运输期限内签发，必须使买方能够在目的地凭借该运输单据从主（国际）运输合同项下的承运人那里提取货物。此外，除非存在其他特别约定，否则该运输单据必须使买方能够在运输途中通过转让该运输单据或者通知承运人的方式将货物转卖给下家买方。在此种情形下，该运输单据必须以可转让方式签发，卖方提供给买方的运输单据必须是整套正本。[①]

6. CIP 规则下货物出口、过境和进口程序中需要的单据及手续、关税、税费和其他费用的责任方

卖方有义务向买方提供纸质版的或者电子版的商业发票和装箱单等附随于货物的商业单据。

在 CIP 规则下，鉴于由卖方负责办理货物的出口清关手续，因此，卖方必须获得货物出口清关所需的所有文件，比如出口许可证、装船前的检验证书及其他办理货物出口手续所需要的正式文件。同时，卖方承担出口清关的所有手续费、税费、安全费用和其他费用。货物过境或进口清关手续由买方负责办理，但卖方必须向买方提供其能获得的所有信息和帮助以使买方能够获得为了完成将货物进口到目的地国家或过境的清关手续而需要的所有文件。对此，需要注意的是，买方必须向卖方偿付卖方为了获得这些同进口或过境清关有关的信息和文件而支付的所有费用。此外，过境和进口清关的所有手续费、税费、安全费用和其他费用由买方承担。需要注意的是，在 CIP 规则下，鉴于由卖方和承运人签订主（国际）运输合同，因此，在运输合同约定由卖方负责办理过境清关并支付过境费用的情形下，则卖方负责过境清关并承担相关费用。

7. CIP 规则下的货物运输

在 CIP 规则下，由卖方负责将货物从交付地运输到指定目的地，由卖方负责同承运人签署主（国际）运输合同。需要注意的是，在 CIP 规则下，由于货物灭失或者损坏的风险在货物交给卖方指定的主（国际）运输合同项下的承运人时就从卖方转移给了买方，因此，虽然货物从交付地至指定目的地之间的所有运输费用由卖方承担，但货物运输途中发生的一切风险却是由买方承担的。卖方可以要求买方按照惯常条件选择承运人，并由买方同承运人签署主（国际）运输合同。需要注意的

---

① 中国国际商会/国际商会中国国家委员会．国际贸易术语解释通则 2020［M］．北京：对外经济贸易大学出版社，2020：54.

是，在此种情形下，从交付地至指定目的地之间的所有主（国际）运输费用仍由卖方承担，但货物运输途中发生的一切风险则仍由买方承担。买方可以拒绝卖方的该项要求。如果拒绝卖方的该项要求，买方应当尽快通知卖方。

8. CIP 规则下货物风险的转移

在 CIP 规则下，货物灭失或者损坏的风险在卖方按照约定的时间、地点和方式将货物交给卖方按照惯常的条件签订的主（国际）运输合同项下的承运人时便从卖方转移给了买方。需要注意的是，在不同的运输路程由不同的承运人负责承运且销售合同中没有约定交货地点时，默认为在卖方将货物交给第一个承运人时货物的风险从卖方转移给买方。为了将货物风险转移的时间点后移，买卖双方可以在销售合同中明确约定货物交给靠后的某个承运人时交付。这样的约定可以使货物灭失或者损坏的风险靠后一点时间转移给买方。

9. CIP 规则下的货物保险

在 CIP 规则下，由卖方负责选择信誉良好的保险人或者保险公司签订保险合同，为货物办理运输保险，并支付保险费用。保险的标的是买方承担的从货物交付地到指定目的地这段路程运输途中货物灭失或者损坏的风险。该货物保险必须使买方或者任何其他对货物具有可保利益的人有权直接向保险人或者保险公司索赔。需要注意：第一，如果买方国家强制性地要求必须在本地购买保险，建议使用 CPT 规则；第二，在 CIP 规则下，卖方办理的保险需要符合《伦敦保险协会货物保险条款》中（A）款或者其他类似条款下的保险覆盖范围较广的险别。但是，如果买卖双方认为根据货物的性质，不需要办理《伦敦保险协会货物保险条款》（A）款或者其他类似条款下的险别，买卖双方可以在销售合同中约定投保低于上述要求的险别。如果买方对货物保险有较高级别的需求，需要买卖双方在销售合同中对此加以明确规定，亦可以由买方自行办理额外的保险。在前一种情形下，在买方能够提供卖方办理附加险所需要的信息时，卖方必须为买方提供诸如符合《伦敦保险协会战争险条款》和（或）《伦敦保险协会罢工险条款》或任何其他类似条款的险别的附加险，但由此而产生的费用由买方承担；在后一种情形下，在买方要求且承担费用和风险的情况下，卖方有义务向买方提供其能够获得的买方办理附加险所需要的信息；第三，保险合同的保险金额必须是货物总价的 110%，且保险金额采用的货币同销售合同中用来支付货款的货币一致；第四，卖方有义务向买方提供保险单或者其他保险证明以便在出险时买方可以直接向保险人或者保险公司索赔。

10. CIP 规则下的货物安全责任

Incoterms® 2020 项下的安全责任主要是以下两种情形：第一种是从卖方所在地到买方所在地的运输安全责任；第二种是货物出口、过境和进口中清关手续和程序中的安全责任。鉴于货物运输中的安全责任由负责货物运输的一方当事人承担，因此，在 CIP 规则下，无论卖方是使用自己的运输工具还是通过第三方承运人进行卖方所在地的前程运输，卖方承担将货物从卖方营业场所运输到交付地点的所有运输安全责任。此外，卖方还承担将货物从交付地运输到指定目的地的这段运输过程中的所有运输安全责任。买方承担将货物从指定目的地转运到买方营业场所或者其他地点的后程运输的运输安全责任。鉴于海关清关过程中的安全责任由承担清关责任的一方当事人承担，因此，在 CIP 规则下，卖方承担出口清关中的所有安全责任，买方承担过境和进口清关中的安全责任。需要注意的是，在 CIP 规则下，虽然卖方在过境和进口清关中不负有安全责任，但是卖方有义务按负有安全责任的买方的请求向买方提供卖方可以获得的有关货物过境及进口清关安全方面的信息和必要的帮助，由此产生的费用和风险均由买方承担。

11. CIP 规则下卖方和买方之间的费用分配

CIP 规则下卖方和买方之间费用分配的总原则是，自卖方将货物交付给卖方指定的主（国际）运输合同项下的承运人这一刻起，此前涉及的一切费用均由卖方承担，此后涉及的一切费用，除从交付地点到指定目的地之间的主（国际）运输合同项下的运输费用和货物运输保险费用由卖方承担之外，其他费用均由买方承担。此外，应当由卖方负责办理的事情，如果需要买方提供相关信息和帮助的，由此而产生的费用一律由卖方承担；应当由买方负责办理的事情，如果需要卖方提供相关信息和帮助的，由此而产生的费用一律由买方承担。如果买卖双方对相关费用的承担方式另有约定的，依照约定。具体而言，买卖双方承担的费用大致如下。

（1）卖方承担下列所有费用：

①货物包装、查验和标识的操作费用。

②将货物装载到前程运输工具上产生的操作费用。

③ 将货物从卖方营业场所运输到交货地点的前程运输所产生的运输费用。

④因遵守前程运输安全要求履行相关义务而产生的费用。

⑤将货物从交货地点运输到指定目的地而产生的主（国际）运费。

⑥将货物从交货地点运输到指定目的地的这段路程中因遵守运输安全要求履行

相关义务而产生的安全费用。

⑦向买方提供交货/运输单据而产生的费用。

⑧为了遵守指定目的地的运输安全要求、履行相关义务而产生的费用。

⑨为货物办理运输保险而产生的保险费。

⑩在涉及货物进出口的情况下，根据卖方要求，买方因协助卖方取得办理出口清关手续所必需的文件和（或）信息而产生的费用。需要注意的是，该项属于或有费用。

⑪在涉及货物进出口的情况下，因遵守出口清关安全要求履行相关义务而产生的费用。

⑫在涉及货物进出口的情况下，根据卖方和承运人之间的主（国际）运输合同，由卖方承担过境费用。需要注意的是，该项属于或有费用，只有主（国际）运输合同规定了该笔费用由卖方承担，卖方才承担，否则应当由买方负责办理过境手续并承担与此有关的费用。在卖方根据主（国际）运输合同承担该笔过境费的情形下，除非买卖双方对此另有约定，否则，卖方不得就该笔过境费向买方追偿。

⑬根据卖方和承运人之间的主（国际）运输合同，由卖方承担的在指定目的地因卸货而产生的相关操作费用。需要注意的是，该项属于或有费用，只有主（国际）运输合同规定了该笔费用由卖方承担，卖方才承担，否则应当由买方负责卸货并承担与此有关的卸货费用。然而，在卖方根据主（国际）运输合同承担该笔卸货费的情形下，除非买卖双方对此另有约定，否则，卖方不得就该笔卸货费向买方追偿。

⑭货物交给主（国际）运输合同项下的承运人前与货物灭失或者损坏有关的所有费用。

（2）买方需要承担下列费用：

①货物在交货地点交给主（国际）运输合同项下的承运人后与货物灭失或者损坏有关的所有费用。

②在涉及货物进出口的情况下，过境和进口清关的手续费、税费和其他费用。需要注意的是，如果根据主（国际）运输合同，卖方应当承担过境费用，除非买卖双方对该笔过境费用另有约定，否则卖方无权针对其根据主（国际）运输合同承担的该笔过境费向买方追偿。

③在涉及货物进出口的情况下，卖方应买方要求提供协助买方获取同办理过境

和进口清关手续有关的单据和（或）信息而产生的费用。需要注意的是，该项属于或有费用。

④在涉及货物进出口的情况下，因遵守货物过境和进口清关安全要求履行相关义务而产生的安全费用。

⑤在指定目的地的卸货费用。需要注意的是，如果主（国际）运输合同规定了该笔费用由卖方承担，该笔卸货费用由卖方支付。同时，除非买卖双方对该笔卸货费用另有约定，否则，卖方支付该笔卸货费用后不得向买方追偿。

⑥因卖方应买方要求投保附加险或买方自己投保附加险而产生的费用。需要注意的是，该项属于或有费用。

⑦通过雇佣的第三方承运人或者使用买方自己的运输工具将货物从指定目的地转运到买方经营场所或者仓库产生的运输费用和因遵守该段路程的运输安全要求履行相关义务而产生的安全费用。

⑧在买方营业场所或者仓库卸载货物产生的费用。

12. CIP 规则适用的付款方式

CIP 规则既可以适用于诸如预付、货到付款、赊销、银行转账或者支票中的任一种付款方式，亦可适用于信用证或者跟单方式中的任一种跟单付款方式。

（三）使用 CIP 规则的实务建议

第一，在 Incoterms® 2020 的 11 个规则中，只有 CIF 和 CIP 这两个规则要求由卖方办理货物运输保险并支付相关保险费用。而对于其他 9 个规则，则由卖方和买方自行决定是否为他们各自承担货物灭失或者损坏风险的那段路程的运输投保货物运输保险。在 CIP 规则中，尽管由卖方负责办理从交货地点到指定目的地这段路程之间的货物运输保险，但该货物运输保险是为了买方的利益，而不是为了卖方的利益。因为在 CIP 规则下，货物灭失或者损坏的风险自卖方在交货地点将货物交给卖方指定的主（国际）运输合同项下的承运人时便转给了买方，货物此后在运输途中发生的一切风险均由买方承担。因此，买方对于运输途中的货物可能会有额外的“可保利益”，出于谨慎考虑，建议买方根据货物的性质在自担附加险费用的情况下要求卖方或者自己另行购买额外保险。

第二，在 Incoterms® 2010 中，CIP 规则和 CIF 规则规定的强制保险责任范围均是最低等级的《伦敦保险协会货物保险条款》（C）款规定的险别。同《伦敦保险协会货物保险条款》（A）款和（B）款项下的保险承保的风险相比，（C）款项下承保的风险范围明显比（A）款和（B）款要小得多。（C）款项下的险别只承保“重大意外事故”，而不承保“自然灾害及非重大意外事故”。其具体承保的风险有：①火灾、爆炸；②船舶或驳船触礁、搁浅、沉没或倾覆；③陆上运输工具倾覆或出轨；④在避难港卸货；⑤共同海损牺牲；⑥抛货。《伦敦保险协会货物保险条款》（C）款不包括许多买方想投保的险别，可能不满足买方的需求。在 Incoterms® 2020 中，CIF 规则所规定的强制保险是《伦敦保险协会货物保险条款》（C）款中规定的险别，而 CIP 规则要求的强制险别高于 CIF 规则中要求的强制险别。CIP 规则要求卖方办理的强制性货物运输保险符合《伦敦保险协会货物保险条款》（A）款中规定的险别。《伦敦保险协会货物保险条款》（A）款采用“一切风险减除外责任”的办法，即除了“除外责任”项下所列风险保险人不予负责外，其他风险均予负责。《伦敦保险协会货物保险条款》（A）款保险的除外责任有下列 4 类：①一般除外责任。如归因于被保险人故意的不法行为造成的损失或费用；自然渗漏、自然损耗、自然磨损、包装不足或不当所造成的损失或费用；保险标的内在缺陷或特性所造成的损失或费用；直接由于延迟所引起的损失或费用；由于船舶所有人、租船人经营破产或不履行债务所造成的损失或费用；由于使用任何原子或核武器所造成的损失或费用。②不适航、不适货除外责任。指保险标的在装船时，被保险人或其受雇人已经知道船舶不适航，以及船舶、装运工具、集装箱等不适货。③战争除外责任。如由于战争、内战、敌对行为等造成的损失或费用；由于捕获、拘留、扣留等（海盗除外）所造成的损失或费用；由于漂流水雷、鱼雷等造成的损失或费用。④罢工除外责任。罢工者、被迫停工工人造成的损失或费用，以及由于罢工、被迫停工所造成的损失或费用等。在 CIP 规则下，为货物办理保险的基本原则是制成品或者高价值的物品投保的险别通常要高于散装货或大宗商品。然而，无论哪一种情况，买卖双方都可以通过协商的方式选择投保的险别，并明确地规定在货物销售合同中。需要注意的是，货物保险通常不包括间接损失，比如，因买方错过合同期限或销售季节而引起的连锁反应造成的损失。如果有必要，卖方或者买方可以通过与保险人协商的方式将该种风险作为承保范围规定在保险合同中。

（四）典型案例：CIP 规则下的保险范围

【案例 4】Ipca Laboratories Ltd. 与重庆 A 物流有限公司运输合同纠纷案①

1. 案情简介

2012 年 1 月 13 日，Ipca Laboratories Ltd.（以下简称“依普卡公司”）与重庆 B 南海制药有限责任公司（以下简称“B 公司”）签订了一份关于买卖青蒿素的外销合同。该外销合同约定：①由 B 公司向依普卡公司出口 40 桶青蒿素，付款方式为 60 天不可撤销信用证，价格条款为 CIF 孟买 675000 美元；②约定货物须在 2012 年 7 月 1 日前以空运形式发货，装运港为中国重庆，目的地为印度孟买；③由 B 公司购买保险，保险条款为按发票金额 110% 投保，承保期间从卖方仓库到买方仓库；④若因该供销合同发生争议，双方应向中国国际经济贸易仲裁委员会申请仲裁。

供销合同签订后，依普卡公司向中国工商银行重庆分行申请开立了以 B 公司为受益人的信用证。该信用证上记载开证申请人的地址为印度拉特拉姆，装运港为中国境内任何一家机场，卸货港为孟买机场，货物最迟须于 2012 年 7 月 10 日装运。

2012 年 5 月 2 日，B 公司就供销合同项下的货物的运输、保险事宜与重庆 A 物流有限公司（以下简称“A 公司”）签订了运输协议书和进出口货物运输委托书，协议和委托书的主要内容为：①代办运输。B 公司委托 A 公司代办货物运输，约定托运人为 B 公司，收货人为信用证的通知行科塔克银行，通知人为依普卡公司，装运港为中国重庆，目的地为印度孟买，运费金额为人民币 22837 元，价格条款为 CIP 孟买机场，Incoterms® 2010；②代办保险。B 公司委托 A 公司办理保险，约定保险费率按 110% 货值的万分之八计算，保险金额为 594 美元，折合人民币约 3861 元，并将办理保险的具体要求在委托书特别约定中注明：保险费率为 110% 货值的万分之八，保险范围包括《伦敦保险协会货物保险条款》（A）款附加转运风险，如果适用，盗窃、破损和提货不着险，战争险和罢工险，保险条款为从卖方仓库至买方仓库的协会运送条款，赔付地点在印度，不计免赔；③甲方 B 公司的义务：承担实际出运货物与委托书内容不符而引发的责任、风险和费用；④乙方 A 公司的义务：收到委托后尽快订舱并仔细核对相关单证的完整性，因单证不齐影响报关而导致货物发运不及时而引发的责任以及因不及时办理货运保险而产生的损失由 A 公司承担。

① 参见重庆市高级人民法院（2017）渝民终 452 号民事判决书。

2012 年 5 月 3 日，A 公司依约向华泰保险公司投保，投保单的主要内容为：①贸易合同号为 KRNH2011091301-IPCA；②被保险人凭指示；③赔付地点为印度；④承保条件为协会货物条款（A）、战争险、罢工险以及仓对仓条款；⑤特别约定：保险范围包括协会货物条款（A）附加转运风险，如果适用，盗窃、破损和提货不着险，战争险和罢工险，保险条款为从卖方仓库至买方仓库的协会运送条款，赔付地点在印度，不计免赔。该特别约定内容与委托书中特别约定的内容一致；⑥货物起运日期为 2012 年 5 月 5 日，运输路线为自重庆经新加坡到达孟买。

2012 年 5 月 5 日，A 公司将货物发往依普卡公司，货物于同日抵达目的港印度孟买机场；2012 年 5 月 9 日，依普卡公司委托清关代理公司将货物从孟买机场运送至当地运输公司；2012 年 5 月 15 日，运输公司将货物运往依普卡公司，托运人为清关代理公司，收货人为依普卡公司，出发地为印度孟买，目的地为印度拉特拉姆；2012 年 5 月 16 日，装载上述货物的汽车在印度巴瓦尼失火，货物连同汽车全部烧毁。

2014 年 5 月 9 日，依普卡公司向中国国际经济贸易仲裁委员会提出仲裁申请，要求华泰保险公司承担责任。2015 年 8 月 26 日，中国国际经济贸易仲裁委员会做出（2015）中国贸仲京裁字第 0889 号裁决书，认定由于拉特拉姆在仲裁庭认定的保险承保目的地孟买之外，保险责任于 5 月 15 日货物开始向拉特拉姆运送之时终止，故裁决驳回依普卡公司的全部仲裁请求，华泰保险公司不承担保险责任。2016 年，依普卡公司向北京市第四中级人民法院申请撤销该裁决书，北京市第四中级人民法院做出（2016）京 04 民特 15 号民事裁定书，裁定驳回依普卡公司的申请。

依普卡公司在向保险公司索赔无望的情况下，以 A 公司漏保为由提起诉讼，要求 A 公司赔偿货损。

事实关系图如图 3-7 所示。诉讼关系图如图 3-8 所示。

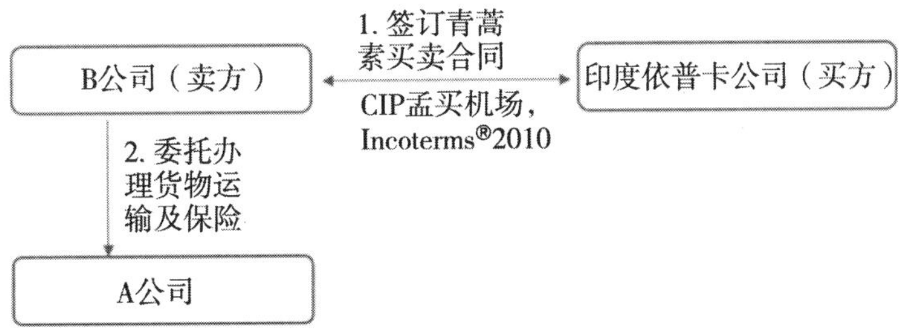

图 3-7 事实关系图

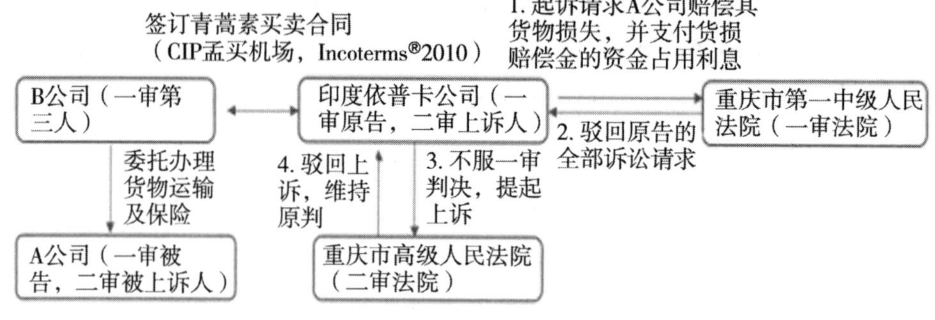

图 3-8　诉讼关系图

2. 判决结果

一审重庆市第一中级人民法院认为，A 公司严格按照委托人 B 公司的指示履行了代理义务，且在保险和运输代理过程中不存在任何过错，故 A 公司不应承担货物毁损的责任。具体理由如下：第一，虽然依普卡公司与 B 公司订立的外销合同约定选择的国际贸易术语为 CIF 孟买机场，但 B 公司与 A 公司签订的进出口货物运输委托书载明双方所选择的国际贸易术语为 CIP 孟买机场，约定适用 Incoterms® 2010。依据 Incoterms® 2010，CIF 孟买机场应解释为成本、保费和运费付至孟买机场，CIP 孟买机场应解释为运费和保费付至孟买机场。其中，该通则规定 CIP 术语的保险范围应从规定的发货地点起，至少到达指定目的地止，在本案中的指定目的地即为印度孟买机场。第二，进出口货物运输委托书中特别约定保险条款为伦敦保险协会制定的协会货物条款（空运）第 5 条运送条款，即前述的仓至仓条款（从卖方仓库至买方仓库），该条款第一款及第一款第一项规定，本保险责任始于货物运离载明的仓库之时，终止于在载明的目的地交付收货人或其他最终仓库、场所或存放处。本案中，外销合同、运输协议书、进出口货物运输委托书、保险单、投保单以及信用证均明确记载了目的地：装运港为中国重庆，目的地为印度孟买。该装运港和目的地的描述不仅应适用于运输合同，还应适用于仓至仓条款中的“载明的目的地”，即本案的保险责任应始于货物运离 B 公司位于重庆的仓库，止于货物运抵依普卡公司在孟买的仓库。庭审中，依普卡公司称委托书和信用证中明确提示 A 公司，依普卡公司的仓库地址在印度拉特拉姆。对此，一审法院审理查明，运输协议书第六条约定：“B 公司若委托 A 公司办理保险，需提前告知 A 公司，并在 A 公司提供的委托书上注明”；在进出口货物运输委托书中，B 公司将保险要求在特约事项中注明，同时该特约事项在信用证以及投保单中也有所体现，且与委托书中的特约事项完全一致，该特约事项中并未约定保险责任应覆盖至货物运抵依普卡公司位于拉特拉姆的仓库。而依普卡公司所称的“拉特拉姆”出现在进出口货物运输委托书通知人一栏的通知人地址中；信用证中的“拉特拉姆”则出现在开证申请人一栏的开证申请人地址中。这两处“拉特拉姆”既没有提示在目的港一栏，也没有提示在关于保险的特约事项中。因此，一审法院认为没有证据显示依普卡公司或者B公司曾向A公司指示保险承保的目的地应为拉特拉姆，委托书与信用证中出现的两处“拉特拉姆”仅是说明依普卡公司的住所地址或联系地址，不能起到说明保险承保目的地的作用。再者，如前所述，相关合同、单据对货物运输的描述均为：“装运港为中国重庆，目的港为印度孟买。”A公司严格依照运输协议书和进出口货物运输委托书中委托人的指示，将载明的装运港和目的地以及特别约定中的保险条款填写至投保单，已及时全面地履行了代办保险的义务。因此，依普卡公司的主张不能成立，A公司不存在过错。故A公司不应承担货物毁损的责任。第三，根据仓至仓条款，该批货物的保险承保责任期间从运离中国重庆卖方仓库开始，至货物运抵印度孟买买方仓库终止，且根据Incoterms® 2010，货物运输途中的风险至货物运抵孟买机场交付依普卡公司后转移至依普卡公司，因此货物损失应由依普卡公司承担。

二审重庆市高级人民法院认为，依普卡公司依据委托代理关系起诉A公司要求其赔偿货物损失及资金占用利息的诉讼请求，缺乏事实和法律依据。具体理由如下：涉案外销合同中约定贸易术语为CIF，涉案的进出口货物运输委托书中载明贸易术语为CIP，涉案的信用证中载明贸易术语为CIP。根据Incoterms® 2010的规定，CIF术语仅用于海运或内河水运，CIP术语适用于任何运输模式或多种运输模式。由于涉案外销合同所涉的运输模式并不涉及海运或内河水运，并结合当事人的相关陈述，可以确定依普卡公司与B公司在本案所涉的国际货物买卖合同关系中选择的应为CIP术语。根据Incoterms® 2010的规定，无论是CIF术语还是CIP术语，两者均确定由卖方自付费用取得货物保险。虽然涉案外销合同中另有保险条款约定“由卖方按照发票金额110%投保，从供货商仓库到卖方在印度的仓库”，但该条款系合同双方在选择相关贸易术语的基础之上，就该贸易术语确定的卖方购买保险义务具体要求的进一步明确，并不是合同双方在该贸易术语之外另行成立的委托合同关系。因此，B公司购买保险的义务系由其与依普卡公司在外销合同中约定选择的国际贸易术语确定，并非基于依普卡公司的委托。在依普卡公司与B公司不成立委托合同关系的情况下，B 公司委托 A 公司办理保险事宜当然不构成《中华人民共和国合同法》① 第四百条规定的转委托，因此，依普卡公司与 A 公司不成立委托合同关系。

五、DAP（Delivered at Place）——目的地交货

（一）如何使用 DAP 规则

DAP 规则既可以用于水上运输、航空运输、铁路运输、公路运输任何一种运输模式，也可以用于上述运输模式中的两种或者两种以上运输模式组合的多式联运模式。在 DAP 规则下，卖方负责将货物在约定的时间或者期间运输到指定目的地或者该指定目的地内的约定地点并将放置在已抵达指定目的地的运输工具上且做好卸载准备的货物交由买方处置。需要注意的是，在 DAP 规则下，交货地点同指定目的地是一致的。货物灭失或者损坏的风险在指定目的地自卖方将货物交由买方处置或者在已抵达目的地的运输工具上做好卸载准备时从卖方转移给买方。

在 DAP 规则下，鉴于由卖方负责安排货物的全程运输直到指定目的地，因此，对于卖方来说，使用 DAP 规则可能不是一个便利的商业安排。因为同买方相比，卖方在买方国家安排货物进口运输事宜方面通常处于不利的地位。需要注意的是，同 Incoterms® 2010 版本中的 DAT 规则相比，在 DAP 规则下，由买方负责在指定目的地的卸载工作，而在 DAT 规则下，则由卖方负责在指定目的地的卸载工作。如果指定目的地恰好是机场航站楼、港口码头、铁路或公路的货运站，Incoterms® 2020 中的 DAP 规则就和 Incoterms® 2010 中的 DAT 规则除了卸载责任主体对调之外，其他完全一致。在 DAP 规则下，在目的地卸载的风险由买方承担；而在 DAT 规则下，在目的地卸载的风险由卖方承担。DAP 规则可以用来替代 Incoterms 2000 中的“DAF（边境交货）”规则、“DES（目的港船上交货）”规则和“DDU（未完税交货）”规则。

（二）DAP 规则的主要特点

1. DAP 规则的使用格式

DAP【指定目的地】Incoterms® 2020

鉴于 DAP 规则后面紧跟的“指定目的地”是货物灭失或者损坏的风险从卖方

① 以下简称《合同法》。

转移给买方的地点，对于买卖双方承担相关费用和风险具有至关重要的作用，因此，建议双方不但要对该“指定目的地”做出明确规定，而且要确保该“指定目的地”是一个具体明确无误的地点，而不是一个诸如北京、上海这样的大城市名称或者一个诸如北京市朝阳区、上海市浦东区这样较大范围的地方名称。此外，还需要明确使用的是哪一版的 Incoterms® 。否则，当发生争议时，法官或者仲裁员有权选择使用最新的版本。

示例 1　中国北京 A 公司从德国 B 公司进口成套设备

建议使用：DAP 中国北京 A 公司仓库或者北京中国国际展览中心（静安庄馆），Incoterms® 2020。

不建议使用：DAP 中国北京，Incoterms® 2020，或者 DAP 中国北京 A 公司仓库。

示例 2　中国天津 A 公司从巴西 B 公司进口铁矿石

建议使用：DAP 中国天津港 1 号码头或者天津劝业场，Incoterms® 2020。

不建议使用：DAP 中国天津港，Incoterms® 2020，或者 DAP 中国天津港 1 号码头。

示例 3　中国北京 A 公司从法国 B 公司进口葡萄酒

建议使用：DAP 中国北京首都机场 3 号航站楼或者北京中国国际展览中心（静安庄馆），Incoterms® 2020。

不建议使用：DAP 中国北京，Incoterms® 2020，或者 DAP 中国北京首都机场 3 号航站楼。

2. DAP 规则可以适用的运输模式

DAP 规则适用于水上运输、航空运输、铁路运输、公路运输任一种或多式联运的运输模式，尤其适用于通过集装箱装货的运输模式。

3. DAP 规则下货物的交付和接收

在 DAP 规则下，货物交付是指卖方在约定的时间或期间内在指定目的地将放置在已经抵达指定目的地或者指定目的地内约定的具体地点的运输工具上且已经做好卸载准备的货物交给买方处置，或者将从上游卖家已经以此种方式取得的货物向买方交付。

在 DAP 规则下，如果买卖双方未约定具体的交货地点，而只是指定了一个笼统的可能有许多交货地点的目的地，卖方有权在指定目的地范围内选择最有利于其向买方交付货物的地点交货，但卖方应当提前通知买方其选择的具体的交货地点。当卖方在其选择的该交货地点将货物交由买方处置时交付。

如果指定目的地是一个具体的地点，那么该交货地点、指定目的地和风险转移地点就是相同的，是同一个地点。鉴于DAP规则下指定目的地同货物灭失或者损坏的风险转移地点密不可分，因此，建议买卖双方不但要对指定目的地做出具体明确的约定，而且该指定目的地的范围越小越好，最好能具体到某一个精确的点。

当卖方按照双方的约定在约定的时间或者期间内在指定交货地点或者卖方通知的指定交货地点范围内按照约定的方式向买方交付货物时，买方必须接收货物。

4. DAP规则下货物的装载和卸载

在DAP规则下，卖方需要将货物装上同其签订了主（国际）运输合同的承运人的运输工具或者自己的运输工具，将货物运到指定目的地交付。在指定目的地，由买方负责卸载货物，但需要注意的是，根据卖方和承运人签订的主（国际）运输合同由卖方负责卸载的除外。从指定目的地转运到买方营业场所或者仓库的后程运输由买方负责，由买方负责转运过程中的装载工作以及在买方营业场所或者仓库的卸载工作。

5. DAP规则下的交货单据/运输单据

在DAP规则下，卖方有责任向买方提供买方接收货物所需要的所有单据。

6. DAP规则下货物出口、过境和进口程序中需要的单据及手续、关税、税费和其他费用的责任方

卖方有义务向买方提供纸质版的或者电子版的商业发票和装箱单等附随于货物的商业单据。

在DAP规则下，在涉及进出口的情况下，由卖方负责办理货物的出口清关和任何过境国要求的手续，因此，卖方必须获得货物出口清关和过境所需的所有文件，比如出口许可证/过境许可证、装船前的检验证书及其他办理货物出口和过境手续所需要的正式文件。同时，卖方承担出口清关和过境的所有手续费、税费、安全费用和其他费用。需要注意的是，在DAP规则下，虽然卖方负责办理货物过境的所有手续并承担相关费用，但如果货物在指定目的地交付后经由第三国过境，则此种情形下的过境清关由买方负责，而不是卖方负责。此外，在卖方要求并承担费用和风险的情况下，买方必须向卖方提供其能够获得的或者协助卖方获得出口国和过境国需要的所有与办理出口或者过境清关手续相关的文件或者信息。

在 DAP 规则下，虽然货物进口清关手续由买方负责办理，但卖方必须向买方提供其能获得的所有信息和帮助以使买方能够获得为了完成将货物进口到目的地国家的清关手续而需要的所有文件。对此，需要注意的是，买方必须向卖方偿付卖方为了获得这些同进口清关有关的信息和文件而支付的所有费用。同时，买方承担进口清关的所有手续费、税费和其他费用。

7. DAP 规则下的货物运输

在 DAP 规则下，卖方可以通过同承运人签订主（国际）运输合同或者使用自己的运输工具将货物运输到指定目的地或者约定的指定目的地内某一具体的地点。此外，卖方亦可以要求买方按照惯常条件选择承运人，并由买方同承运人签署主（国际）运输合同，或者由买方安排将货物运输至指定目的地。但需要注意的是，在此种情形下，将货物运输到指定目的地的所有运输费用仍由卖方承担，货物运输途中发生的一切风险也仍由卖方承担。买方亦可以拒绝卖方的该项要求。但是，如果拒绝卖方的该项要求，买方应当尽快通知卖方。

8. DAP 规则下货物风险的转移

在 DAP 规则下，货物灭失或者损坏的风险在卖方按照约定的时间或期间在指定目的地将货物交由买方处置时便从卖方转移给了买方。需要注意的是，在 DAP 规则下，由买方负责办理货物进口清关手续。如果因为买方未能及时办理货物进口清关手续，货物被滞留在买方国家指定目的地之外的港口或者内陆运输的机场或者铁路、公路运输的货运站时产生的风险由买方承担。货物滞留后重新起运到指定目的地的这段路程的风险亦由买方承担。

9. DAP 规则下的货物保险

在 DAP 规则下，买卖双方都没有为货物办理保险的义务。然而，鉴于货物灭失或者损坏的风险在卖方在约定的时间或者期间内在指定目的地交由买方处置前由卖方承担，因此，建议卖方办理保险，至少针对将货物从起运地运输到指定目的地的这一段路程办理货物运输保险。当然，卖方亦可以自担货物在指定目的地交付前灭失或者损坏的风险，选择不为货物办理保险。需要注意的是，在 DAP 规则下，卖方办理保险不同于 CIP 规则和 CIF 规则下卖方为买方的利益办理的保险。在 DAP 规则下，卖方是为了自己的利益办理保险，保险的受益人是卖方自己。卖方无须将保险单据交给买方或者背书给买方。如果发生保险事故，由卖方直接向保险人索赔。

此外，虽然买方没有为货物办理保险的义务，但是在卖方要求并承担风险和费用的情况下，买方必须向卖方提供卖方办理保险所需要的买方能够获得的所有信息。然而，卖方却没有义务应买方的请求向买方提供获取保险的信息。

10. DAP 规则下的货物安全责任

Incoterms® 2020 项下的安全责任主要有以下两种情形：第一种是从卖方所在地到买方所在地的运输安全责任；第二种是货物出口、过境和进口中清关手续和程序中的安全责任。鉴于货物运输中的安全责任由负责货物运输的一方当事人承担，因此，在 DAP 规则下，无论卖方是使用自己的运输工具还是通过第三方承运人进行运输，卖方承担将货物运输到指定目的地的这段运输过程中的所有运输安全责任。买方承担将货物从指定目的地转运到买方营业场所或者其他地点的后程运输的运输安全责任。鉴于海关清关过程中的安全责任由承担清关责任的一方当事人承担，因此，在 DAP 规则下，卖方承担出口清关和过境清关中的所有安全责任，买方承担进口清关中的安全责任。需要注意的是，在 DAP 规则下，虽然卖方在进口清关中不负有安全责任，但是卖方有义务按负有安全责任的买方的请求向买方提供卖方可以获得的有关货物进口清关安全方面的信息或者单据，由此产生的费用和风险均由买方承担。同理，买方亦有义务按负有安全责任的卖方的请求向卖方提供买方可以获得的有关货物出口清关和过境清关安全方面的信息或者单据，由此产生的费用和风险均由卖方承担。

11. DAP 规则下卖方和买方之间的费用分配

DAP 规则下卖方和买方之间费用分担的总原则是，自卖方将货物交付给买方这一刻起，此前涉及的一切费用均由卖方承担，此后涉及的一切费用均由买方承担。此外，应当由卖方负责办理的事情，但需要买方提供相关信息和帮助的，由此而产生的费用一律由卖方承担；应当由买方负责办理的事情，但需要卖方提供相关信息和帮助的，由此而产生的费用一律由买方承担。如果买卖双方对相关费用的承担方式另有约定的，依照约定。具体而言，买卖双方承担的费用大致如下。

（1）卖方承担下列所有费用：

①货物包装、查验和标识的操作费用。

②将货物装载到主（国际）运输工具上产生的操作费用。

③在涉及货物进出口的情形下，因遵守出口和过境清关安全要求履行相关义务而产生的费用。

④将货物运输到指定目的地而产生的主（国际）运输费用。

⑤运输货物过程中因遵守运输安全要求履行相关义务而产生的运输安全费用。

⑥向买方提供交货/运输单据而产生的费用。

⑦为了遵守指定目的地的运输安全要求履行相关义务而产生的费用。

⑧ 在涉及货物进出口的情形下，因办理出口和过境清关而产生的手续费、税费和其他费用。

⑨ 在涉及货物进出口的情形下，因遵守出口和过境清关安全方面的要求履行相关义务而产生的安全费用。

⑩在涉及货物进出口的情形下，根据卖方要求，买方因协助卖方取得办理出口和过境清关手续所必须的单据和（或）信息而产生的费用。

⑪根据卖方要求，买方因协助卖方获得办理货物保险的信息而产生的费用。

⑫根据卖方和承运人之间的主（国际）运输合同，由卖方承担的在指定目的地因卸货而产生的相关操作费用。该项属于或有费用，只有主（国际）运输合同规定了该笔费用由卖方承担，卖方才承担。否则，应当由买方负责卸货并承担与此有关的卸货费用。需要注意的是，首先，在指定目的地，由卖方承担的卸货费种类以主（国际）运输合同中规定的卖方应当承担的种类为限，超出主（国际）运输合同规定的卸货费用仍由买方承担；其次，在卖方根据主（国际）运输合同承担该笔卸货费的情形下，除非买卖双方对此另有约定，否则，卖方不得就该笔卸货费向买方追偿。

⑬货物在约定时间或者期间内在指定目的地交由买方处置前与货物灭失或者损坏有关的所有费用。

（2）买方需要承担下列费用：

①货物在约定时间或者期间内在指定目的地交由买方处置后与货物灭失或者损坏有关的所有费用。

②在涉及货物进出口的情形下，进口清关的手续费、税费或者其他费用。

③在涉及货物进出口的情形下，过境清关的手续费、税费或者其他费用。需要注意的是，该项属于或有费用。因为 DAP 规则下的过境清关由卖方负责，但是如果在货物交付给买方后经由第三国过境，则由买方负责过境清关并承担与此相关的手续费、税费、安全费用或者其他费用。

④卖方应买方要求提供协助买方获取同办理进口清关手续有关的单据和（或）信息而产生的费用。需要注意的是，该项属于或有费用。

⑤在涉及货物进出口的情形下，因遵守进口清关的安全要求履行相关义务而产生的安全费用。

⑥在指定目的地的卸货费用。需要注意的是，如果主（国际）运输合同规定了该笔费用由卖方承担，该笔卸货费用由卖方支付。同时，除非买卖双方对该笔卸货费用另有约定，否则，卖方支付该笔卸货费用后不得向买方追偿。

⑦通过雇佣的第三方承运人或者使用买方自己的运输工具将货物从指定目的地转运到买方经营场所或者仓库产生的后程运输费用。

⑧因遵守后程运输的运输安全要求履行相关义务而产生的运输安全费用。

⑨在买方营业场所或者仓库卸载货物产生的费用。

12. DAP 规则适用的付款方式

DAP 规则可以适用于诸如预付、货到付款、赊销、银行转账或者支票中的任一种付款方式，但不适合用于信用证或者跟单方式中的任一种跟单付款方式。

（三）使用 DAP 规则的实务建议

DAP 规则更适用于国际贸易经验丰富并愿意组织和管理国际物流的卖方，相对应的是，买方的国际贸易经验不足，对国际贸易流程了解不多，不愿意组织和管理国际物流。

在 DAP 规则下，如果涉及货物进出口，虽然卖方有责任办理货物的出口和过境清关手续，但卖方并无办理进口清关的责任，更没有义务支付任何与进口清关相关的费用和税费。如果买卖双方都希望由卖方办理货物的进口清关手续并支付与此有关的费用和税费，建议使用 DDP 规则，而不是 DAP 规则。如果卖方不愿意负责办理进口清关手续，更愿意由买方来办理进口清关手续，则买卖双方可以选择使用 DAP 规则或者 DPU 规则。在 DAP 规则或者 DPU 规则下，交货的地点仍然是指定目的地，货物灭失或者损坏的风险从卖方转移给买方的地点亦是指定目的地。同 DDP 规则相比，DAP 规则和 DPU 规则除了不负责办理货物进口清关，不负责支付与此有关的费用和税费外，其他的交付地点和风险转移地点都可以一致。DAP 规则和 DPU 规则的唯一区别在于，DAP 规则下由买方负责在交货地点的卸载并支付卸载费用，而 DPU 规则下则由卖方负责在交货地点的卸载并支付卸载费用。

（四）典型案例：DAP 规则下的货物运输责任

【案例 5】中国 A 保险股份有限公司深圳分公司诉 B 国际物流（中国）有限公司海上货物运输合同纠纷案①

1. 案情简介

2013 年，C 机械有限公司（以下简称“C 公司”）与 B 国际物流（中国）有限公司（以下简称“B 公司”）签订国际物流业务委托协议（以下简称“物流委托协议”），委托 B 公司办理国际物流相关业务。2014 年，C 公司与南非买家签订货物买卖协议。

2014 年 4 月 16 日，C 公司委托 B 公司出运涉案货物，出口货物托运单记载：托运人为 C 公司，收货人为 Qplasc. c，装运港为上海，目的地为南非伊丽莎白港，货物为注塑机。C 公司出具的商业发票及装箱单记载：交付条款为 DAP 埃滕哈赫 Incoterms® 2010。B 公司收到委托后向 C 公司报价，报价的费用包括上海港杂费、上海到伊丽莎白港的海运费及目的港费用，其中目的港费用中包括了码头操作费、内陆货车运费等。C 公司对报价进行了确认。

2014 年 5 月 6 日，B 公司签发了可转让联运提单，提单记载：托运人为 C 公司，收货人为 Qplasc. c，装运港为上海，卸货港及交货地为伊丽莎白港，船名航次为 ILSEWULFF/1403，货物为注塑机。

2014 年 5 月 5 日，中国 A 保险股份有限公司（以下简称“A 公司”）为涉案货物出具了保险单，保险单记载：被保险人为 C 公司，运输线路为自上海港至伊丽莎白港埃滕哈赫杰克特莱克特尼尔森曼德拉物流园。

涉案货物运抵目的港后，B 公司办理了货物的清关手续，委托运输公司自伊丽莎白港提取涉案货物并将其运输至收货人在埃滕哈赫的场址。2014 年 7 月 4 日，运载其中一个 40 英尺平板集装箱涉案货物的货车在自伊丽莎白港至运输公司仓库（拟将货物在此存放一晚后再运至最终目的地）途中侧翻，涉案货物受损。

2014 年 7 月 8 日至 2014 年 10 月 22 日期间，ARBrink & Associates 公司代表平安保险对涉案货物进行了检验并出具了检验报告。检验报告记载：损失原因一是因为运输公司选择的运输工具与涉案货物不匹配；二是因为货运重心较高，加之货车司机在 90°拐弯时缺乏应有的小心，致使货车侧翻。为此，C 公司支付的维修费共计

① 参见上海海事法院（2015）沪海法商初字第 2735 号民事判决书。

86661.08 欧元。针对该部分支付的维修费用，C 公司于 2015 年 2 月向平安财险深圳分公司出具“赔付意向及权益转让书”，平安财险向 C 公司对该部分费用进行了理赔。

A 深圳分公司认为，C 公司根据委托协议，委托 B 公司将涉案货物从上海运至南非。涉案货物出运，B 公司又签发了联运提单。涉案货物是在目的港卸船后在转运至收货人途中受损。B 公司作为多式联运经营人，本案货损发生在其责任区间，应承担赔偿责任。平安财险深圳分公司作为涉案货物的保险人，就涉案货损向 C 公司支付了保险赔款，依法取得代位求偿权。

事实关系图如图 3-9 所示。诉讼关系图如图 3-10 所示。

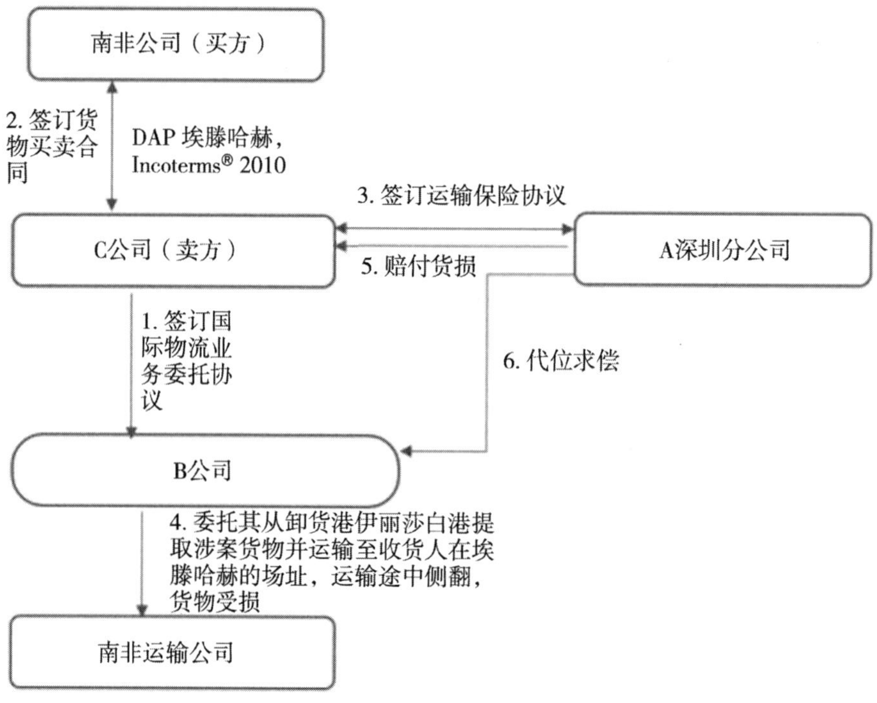

图 3-9　事实关系图

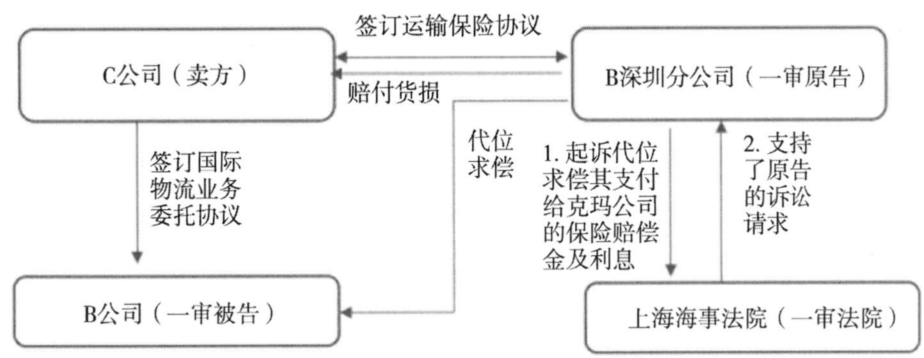

图 3-10 诉讼关系图

2. 判决结果

上海海事法院一审认为，B 公司应承担赔偿责任。具体理由如下：在涉案货物运输过程中，B 公司签发了联运提单，向托运人 C 公司收取了包括目的港伊丽莎白港码头操作费、内陆货车运费等的全程运输费用，其身份应为多式联运经营人，其对涉案货物的责任期间应自接收货物时起至交付货物时止。涉案货物的交付条款为 DAP 埃滕哈赫，即 B 公司的责任期间直至将涉案货物运至收货人埃滕哈赫的场址才结束，而涉案货损事故发生在自伊丽莎白港至运输公司仓库（拟将货物在此存放一晚后再运至最终目的地）途中，应在 B 公司责任期间内。虽然 B 公司主张，根据委托协议，对于非其运输货物提货时发生的货损不承担责任，理由是委托协议第三部分关于 B 公司的权利义务和责任的第 4 条。对此，一审法院认为，基于对该条文内容的理解，其所指的应该是在前程运输不是由 B 公司承运或安排，之后 B 公司接收委托，提货并进行下一步操作时发现货物已经损坏的情况。而造成涉案货物货损的在买方国家的后程陆路运输是由 B 公司委托该国的运输公司承运的，根据委托协议的约定及相关法律规定，B 公司应承担赔偿责任。

六、DPU（Delivered at Place Unloaded）——目的地卸货后交货

（一）如何使用 DPU 规则

Incoterms® 2020 将 Incoterms® 2010 中的“DAT-Delivered At Terminal”——“运输终端交货”重新命名为“DPU（Delivered at Place Unloaded）”——“目的地卸货后交货”。这一名称的改变凸显了这样一个事实：在 DPU 规则下，货物的交付

可以在任何地方进行，而不仅仅是在运输“终端”进行。同 DAT 规则一样，DPU 规则是 11 个术语中唯一要求卖方在目的地卸货的贸易术语规则。

DPU 规则既可以用于水上运输、航空运输、铁路运输、公路运输中的任何一种运输模式，也可以用于上述运输模式中的两种或者两种以上运输模式组合的多式联运模式。在 DPU 规则下，卖方负责将货物在约定的时间或者期间运输到指定目的地或者该指定目的地内的约定地点，负责将放置在已抵达指定目的地的运输工具上的货物卸载下来交由买方处置。需要注意的是，在 DPU 规则下，如果指定目的地是诸如北京市朝阳公园南门这样具体又精确的地点，则交货地点同指定目的地和运输工具到达的目的地是同样的。但如果指定目的地是一个诸如北京、北京市朝阳区这样范围比较大的地方的名称，双方并未约定一个精确的交货地点，则卖方有权在指定目的地北京、北京市朝阳区范围内选择一个最适合其交货的地点作为交货地点。国际商会一直强调 DPU 规则下的买卖双方针对指定目的地要约定一个精确的交货地点，是基于以下 3 个方面的原因：第一，买卖双方应当清楚地知道风险转移的地点，而该交货地点正是货物灭失或者损坏的风险从卖方转移给买方的地点；第二，该交货地点是卖方必须签订主（国际）运输合同或者安排运输工具将货物运输到的地点；第三，货物到达该交货地点前发生的除与进口报关相关的手续费、税费、安全费用和其他费用之外的所有费用一律由卖方承担，到达该交货地点之后的除与卸载有关的费用之外的所有费用一律由买方承担。

在 DPU 规则下，由卖方负责同承运人签订主（国际）运输合同或者使用自己的运输工具将货物运输到指定目的地。在涉及进出口的情形下，该指定目的地可以是买方国家境内的港口、机场、公路或者铁路货运站、货运代理人的仓库，甚至是买方的营业场所或者仓库。卖方针对货物承担的责任和风险从卖方国家持续到买方国家，直至货物在买方国家境内指定目的地卸载下来交由买方处置。由于 DPU 规则要求卖方负责在买方国家境内的运输和卸载工作，因此，对于卖方来说，使用 DPU 规则并不是一个有利的商业安排。因为同买方相比，卖方在买方国家安排货物进口运输和卸载等事宜方面通常处于相对不便利的地位。

需要注意的是，DPU 规则是 Incoterms® 2020 中的 11 个术语中唯一要求卖方负责在目的地卸货的贸易术语规则。

（二）DPU 规则的主要特点

1. DPU 规则的使用格式

DPU【指定目的地】Incoterms® 2020

鉴于 DPU 规则后面紧跟的“指定目的地”是货物灭失或者损坏的风险从卖方转移给买方的地点，对于买卖双方承担相关费用和风险具有至关重要的作用。因此，建议双方不但要对该“指定目的地”做出明确规定，而且要确保该“指定目的地”是一个具体明确无误的地点，而不是一个诸如北京、上海这样的大城市名称或者一个诸如北京市朝阳区、上海市浦东区这样较大范围的地方名称。此外，还需要明确使用的是哪一版的 Incoterms® 。否则，当发生争议时，法官或者仲裁员有权选择使用最新的版本。

示例 1　中国北京 A 公司从德国 B 公司进口成套设备

建议使用：DPU 中国北京 A 公司仓库或者北京中国国际展览中心（静安庄馆），Incoterms® 2020。

不建议使用：DPU 中国北京，Incoterms® 2020，或者 DPU 中国北京 A 公司仓库。

示例 2　中国天津 A 公司从巴西 B 公司进口铁矿石

建议使用：DPU 中国天津港 1 号码头或者天津劝业场，Incoterms® 2020。

不建议使用：DPU 中国天津港，Incoterms® Incoterms® 2020，或者 DPU 中国天津港 1 号码头。

示例 3　中国北京 A 公司从法国 B 公司进口葡萄酒

建议使用：DPU 中国北京首都机场 3 号航站楼或者北京中国国际展览中心（静安庄馆），Incoterms® 2020。

不建议使用：DPU 中国北京，Incoterms® 2020，或者 DPU 中国北京首都机场 3 号航站楼。

2. DPU 规则可以适用的运输模式

DPU 规则适用于水上运输、航空运输、铁路运输、公路运输中的任一种或多式联运的运输模式，尤其适用于通过集装箱装货的运输模式。

3. DPU 规则下货物的交付和接收

在 DPU 规则下，货物交付是指卖方在销售合同规定的时间或期间内在指定目的地或者指定目的地的约定地点将放置在已经抵达指定目的地的运输工具上的货物卸载下来交由买方处置，或者将从上游卖家已经以此种方式取得的货物向买方交付。需要注意的是，在 DPU 规则下，如果买卖双方未约定具体的交货地点，而只是指定了一个笼统的可能有许多交货地点的目的地，卖方有权在指定目的地范围内选择最有利于其向买方交付货物的地点交货，但卖方应当提前通知买方其选择的具体的交货地点。当卖方在其选择的该交货地点将货物卸载下来交由买方处置时交付。如果指定目的地是一个具体而精确的地点，那么交货地点、指定目的地和风险转移地点就是相同的，是同一个地点。鉴于 DPU 规则下指定目的地同货物灭失或者损坏的风险转移地点密不可分，因此，建议买卖双方不但要对指定目的地做出具体明确的约定，而且该指定目的地的范围越小越好，最好能具体到某一个精确的点。

当卖方按照买卖双方的约定在约定的时间或者期间内在指定交货地点或者卖方通知的指定交货地点范围内按照约定的方式向买方交付货物时，买方必须接收货物。

4. DPU 规则下货物的装载和卸载

在 DPU 规则下，卖方负责通过雇佣第三方承运人或者使用自己的运输工具将货物运输到指定目的地进行交付，由卖方负责在此过程中的装载和卸载工作。在指定目的地，由卖方负责卸载货物。如果指定目的地是买方营业场所或者仓库之外的其他地方，从指定目的地转运到买方营业场所或者仓库的后程运输由买方负责。由买方负责在指定目的地将货物装上进行后程运输的运输工具，并负责在买方营业场所或者仓库的卸载工作。

5. DPU 规则下的交货单据/运输单据

在 DPU 规则下，卖方有责任向买方提供买方接收货物所需要的所有单据。

6. DPU 规则下货物出口、过境和进口程序中需要的单据及手续、关税、税费和其他费用的责任方

卖方有义务向买方提供纸质版的或者电子版的商业发票和装箱单等附随于货物的商业单据。

在 DPU 规则下，在涉及进出口的情况下，由卖方负责办理货物的出口清关和任何过境国要求的手续，因此，卖方必须获得货物出口清关和过境所需的所有文件，比如出口许可证/过境许可证、装船前的检验证书及其他办理货物出口和过境手续所需要的正式文件。同时，卖方承担出口清关和过境的所有手续费用、税费、安全费用和其他费用。需要注意的是，在 DPU 规则下，虽然卖方负责货物过境的所有手续、税费、安全费用和其他费用，但如果货物在指定目的地交付后经由第三国过境，则此种情形下的过境清关由买方负责，而不是卖方负责。另外，在卖方要求并承担费用和风险的情况下，买方必须向卖方提供其能够获得的或者协助卖方获得出口国和过境国需要的所有与办理出口或者过境清关手续相关的单据或者信息。

此外，在 DPU 规则下，虽然货物进口清关手续由买方负责办理，但卖方必须向买方提供其能获得的所有信息和单据以使买方能够获得为了完成将货物进口到目的地国家的清关手续而需要的所有信息和单据。对此，需要注意的是，买方必须向卖方偿付卖方为了获得这些同进口清关有关的信息和文件而支付的所有费用。同时，买方承担进口清关的所有手续费用、税费、安全费用和其他费用。

7. DPU 规则下的货物运输

在 DPU 规则下，卖方可以通过同承运人签订主（国际）运输合同或者使用自己的运输工具将货物运输到指定目的地或者指定目的地内约定的某一具体的点进行交付。此外，在 DPU 规则下，卖方亦可以要求买方按照惯常条件选择承运人，并由买方同承运人签署主（国际）运输合同，或者由买方安排将货物运输至指定目的地。但需要注意的是，在此种情形下，将货物运输到指定目的地的所有运输费用以及在目的地的卸载费用仍由卖方承担，货物运输途中发生的一切风险也仍由卖方承担。买方亦可以拒绝卖方的该项要求。但是，如果拒绝卖方的该项要求，买方应当尽快通知卖方。

8. DPU 规则下货物风险的转移

在 DPU 规则下，货物灭失或者损坏的风险在卖方按照约定的时间或期间在指定目的地将货物从抵达的运输工具上卸载下来交由买方处置时便从卖方转移给了买方。需要注意的是，在 DPU 规则下，在涉及进出口的情况下，由买方负责办理货物进口清关手续。如果因为买方未能及时办理货物进口清关手续，货物被滞留在买方国家指定目的地之外的港口或者内陆运输的机场或者铁路、公路运输的货运站时产生的风险由买方承担。此外，货物滞留后重新起运到指定目的地这段路程的风险亦由买方承担。

9. DPU 规则下的货物保险

在 DPU 规则下，买卖双方都没有为货物办理保险的义务。然而，鉴于货物灭失或者损坏的风险在卖方在约定的时间或者期间内在指定目的地自交货的运输工具上卸载下来交由买方处置前由卖方承担，因此，建议卖方办理保险，至少针对将货物从起运地运输到指定目的地的这一段路程办理货物运输保险。当然，卖方亦可以自担货物在指定目的地交付前灭失或者损坏的风险，选择不为货物办理保险。

需要注意的是，在 DPU 规则下，卖方办理保险不同于 CIP 规则和 CIF 规则下卖方为买方的利益办理的保险。在 DPU 规则下，卖方是为了自己的利益办理保险，保险的受益人是卖方自己。卖方无须将保险单据交给买方或者背书给买方。如果发生保险事故，由卖方直接向保险人索赔。此外，虽然买方没有为货物办理保险的义务，但是在卖方要求并承担风险和费用的情况下，买方必须向卖方提供卖方办理保险所需要的买方能够获得的所有信息和单据。然而，卖方却没有义务应买方的请求向买方提供买方获取保险的信息和单据。

10. DPU 规则下的货物安全责任

Incoterms® 2020 项下的安全责任主要有以下两种情形：第一种是从卖方所在地到买方所在地的运输安全责任；第二种是货物出口、过境和进口中清关手续和程序中的安全责任。鉴于货物运输中的安全责任由负责货物运输的一方当事人承担，因此，在 DPU 规则下，无论卖方是使用自己的运输工具还是通过第三方承运人进行运输，卖方承担将货物运输到指定目的地的这段运输过程中的所有运输安全责任。买方承担将货物从指定目的地转运到买方营业场所或者其他地点的后程运输的运输安全责任。鉴于海关清关过程中的安全责任由承担清关责任的一方当事人承担，因此，在 DPU 规则下，卖方承担出口清关和过境清关中的所有安全责任，买方承担进口清关中的安全责任。需要注意的是，在 DPU 规则下，虽然卖方在进口清关中不负有安全责任，但是卖方有义务按负有安全责任的买方的请求向买方提供卖方可以获得的有关货物进口清关安全方面的信息或者单据，由此产生的费用和风险均由买方承担。同理，买方亦有义务按负有安全责任的卖方的请求向卖方提供买方可以获得的有关货物出口和过境清关安全方面的信息或者单据，由此产生的费用和风险均由卖方承担。

11. DPU 规则下卖方和买方之间的费用分配

DPU 规则下卖方和买方之间费用分担的总原则是，自卖方将货物交付给买方这一刻起，此前涉及的一切费用均由卖方承担，此后涉及的一切费用均由买方承担。此外，应当由卖方负责办理的事情，但需要买方提供相关信息和帮助的，由此而产生的费用一律由卖方承担；应当由买方负责办理的事情，但需要卖方提供相关信息和帮助的，由此而产生的费用一律由买方承担。如果买卖双方对相关费用的承担方式另有约定的，依照约定。具体而言，买卖双方承担的费用大致如下。

（1）卖方承担下列所有费用：

①货物包装、查验和标识的操作费用。

②将货物装载到运输工具上产生的操作费用。

③在涉及货物进出口的情形下，因遵守出口和过境清关安全要求履行相关义务而产生的费用。

④将货物运输到指定目的地而产生的运输费用。

⑤运输货物过程中因遵守运输安全要求履行相关义务而产生的运输安全费用。

⑥向买方提供交货/运输单据而产生的费用。

⑦为了遵守指定目的地的运输安全要求履行相关义务而产生的费用。

⑧ 在涉及货物进出口的情形下，因办理出口和过境清关而产生的手续费、税费和其他费用。

⑨ 在涉及货物进出口的情形下，因遵守出口和过境清关安全方面的要求履行相关义务而产生的安全费用。

⑩在涉及货物进出口的情形下，根据卖方要求，买方因协助卖方取得办理出口和过境清关手续所必需的单据和（或）信息而产生的费用。

⑪根据卖方要求，买方因协助卖方获得办理货物保险的信息而产生的费用。

⑫在指定目的地卸载货物产生的费用。

⑬货物在约定时间或者期间内在指定目的地从抵达的运输工具上卸载下来交由买方处置前与货物灭失或者损坏有关的所有费用。

（2）买方需要承担下列费用：

①货物在约定时间或者期间内在指定目的地从抵达的运输工具上卸载下来交由买方处置后与货物灭失或者损坏有关的所有费用。

②在涉及货物进出口的情形下，进口清关的手续费、税费或者其他费用。

③在涉及货物进出口的情形下，过境清关的手续费、税费或者其他费用。需要注意的是，该项属于或有费用。因为 DPU 规则下的过境清关由卖方负责，但是如果在货物交付给买方后经由第三国过境，则由买方负责过境清关并承担与此相关的手续费、税费或者其他费用。

④卖方应买方要求提供协助买方获取同办理进口清关手续有关的单据和（或）信息而产生的费用。需要注意的是，该项属于或有费用。

⑤在涉及货物进出口的情形下，因遵守进口清关的安全要求履行相关义务而产

生的安全费用。

⑥通过雇佣的第三方承运人或者使用买方自己的运输工具将货物从指定目的地转运到买方经营场所或者仓库产生的后程运输费用。

⑦因遵守后程运输的运输安全要求履行相关义务而产生的运输安全费用。

⑧在买方营业场所或者仓库卸载货物产生的费用。

12. DPU 规则适用的付款方式

DPU 可以适用于诸如预付、货到付款、赊销、银行转账或者支票中的任一种付款方式，但不适合用于信用证或者跟单方式中的任一种跟单付款方式。

（三）使用 DPU 规则的实务建议

由于对 Incoterms® 2010 版本中的 DAT（Delivered at Terminal）规则中的“终端（Terminal）”一词的解释存在问题，容易将“指定目的地或者目的港的运输终端”同“海关终端”相混淆。基于此，Incoterms® 2020 创设了 DPU 规则以替代 Incoterms® 2010 中的 DAT 规则。在 DPU 规则下，货物在卖方将其从已抵达指定目的地的运输工具上卸载下来移交给买方处置时完成交付，即货物的交付地点同到货地点和货物接收地点是同一个地点。

DPU 规则适合国际贸易经验丰富、能够负责处理在出口国的所有同货物出口有关的事宜、愿意且能够管理和组织国际物流的实力较强的卖方。该规则也有利于能够负责处理在进口国的所有同货物进口有关事宜的实力较强的买方。

DPU 是 Incoterms® 2020 中的 11 个术语中唯一要求卖方负责在交货地点卸货的规则。因此，卖方应确保其能够在合同规定的交货地点组织卸货。如果卖方不希望自己承担在指定目的地卸货的风险和费用，建议避免使用 DPU 规则，可以使用 DAP 规则。

七、DDP（Delivered Duty Paid）——完税后交货

（一）如何使用 DDP 规则

DDP 规则既可以用于水上运输、航空运输、铁路运输、公路运输中的任何一种运输模式，也可以用于上述运输模式中的两种或者两种以上运输模式组合而成的多式联运模式。在 DDP 规则下，卖方负责将货物在约定的时间或者期间运输到指定目的地或者该指定目的地内的约定地点，并将放置在已抵达指定目的地的运输工具上

且做好卸载准备的货物交由买方处置。需要注意的是，在 DDP 规则下，如果指定目的地是诸如天津劝业场这样具体又精确的地点，则交货地点同指定目的地和运输工具到达的目的地是同一场所，但如果指定目的地是一个诸如天津、天津市滨河区这样范围比较大的地方的名称，双方并未约定一个精确的交货地点，则卖方有权在指定目的地天津、天津市滨河区范围内选择一个最适合其交货的地点作为交货地点。在此种情形下，DDP 规则后紧跟的指定目的地仅是一个范围较大的地理位置，而交货地点和交货运输工具到达的最终目的地则是在该指定目的地范围内的一个精确的点。国际商会一直强调 DDP 规则下的买卖双方针对指定目的地要约定一个精确的交货地点，是基于以下 3 个方面的原因：第一，买卖双方应当清楚地知道风险转移的地点，而该交货地点正是货物灭失或者损坏的风险从卖方转移给买方的地点；第二，该交货地点是卖方必须签订运输合同或者安排运输工具将货物运输到的地点；第三，货物到达该交货地点前发生的所有费用一律由卖方承担，到达该交货地点之后发生的所有费用一律由买方承担。

在 DDP 规则下，由卖方负责同承运人签订主（国际）运输合同或者使用自己的运输工具将货物运输到指定目的地。在涉及进出口的情形下，该指定目的地可以是买方国家境内的港口、机场、公路或者铁路货运站、货运代理人的仓库，亦可以是买方的营业场所或者仓库。卖方针对货物承担的责任和风险从卖方国家持续到买方国家，直至将在已经抵达买方国家境内指定目的地的运输工具上做好卸载准备的货物交由买方处置时止。

DDP 规则要求卖方负责在买方国家境内的运输和进口报关，因此，对于卖方来说，使用 DDP 规则可能不是一个有利的商业安排。因为同买方相比，卖方在买方国家安排货物进口运输和进口报关等事宜方面通常处于相对不便利的地位。需要注意的是，DDP 规则是 Incoterms® 2020 中的 11 个术语中唯一要求卖方负责进口报关并承担与此相关的手续费、税费、安全费用和其他费用的贸易术语规则。

（二）DDP 规则的主要特点

1. DDP 规则的使用格式

DDP【指定目的地】Incoterms® 2020

鉴于 DDP 规则后面紧跟的“指定目的地”是货物灭失或者损坏的风险从卖方转移给买方的地点，对于买卖双方承担相关费用和风险具有至关重要的作用，因此，建议双方不但要对该“指定目的地”做出明确规定，而且要确保该“指定目的地”是一个具体明确无误的地点，而不是一个诸如北京、上海这样的大城市名称或者一个诸如北京市朝阳区、上海市浦东区这样较大范围的地方名称。此外，还需要明确使用的是哪一版的 Incoterms®。否则，当发生争议时，法官或者仲裁员有权选择使用最新的版本。

示例 1　中国北京 A 公司从德国 B 公司进口成套设备

建议使用：DDP 中国北京 A 公司仓库或者北京中国国际展览中心（静安庄馆），Incoterms® 2020。

不建议使用：DDP 中国北京，Incoterms® 2020，或者 DDP 中国北京 A 公司仓库。

示例 2　中国天津 A 公司从巴西 B 公司进口铁矿石

建议使用：DDP 中国天津港 1 号码头或者天津劝业场，Incoterms® 2020。

不建议使用：DDP 中国天津港，Incoterms® 2020，或者 DDP 中国天津港 1 号码头。

示例 3　中国北京 A 公司从法国 B 公司进口葡萄酒

建议使用：DDP 中国北京首都机场 3 号航站楼或者北京中国国际展览中心（静安庄馆），Incoterms® 2020。

不建议使用：DDP 中国北京，Incoterms® 2020，或者 DDP 中国北京首都机场 3 号航站楼。

2. DDP 规则可以适用的运输模式

DDP 规则适用于水上运输、航空运输、铁路运输、公路运输中的任一种或多式联运的运输模式。

3. DDP 规则下货物的交付和接收

在 DDP 规则下，货物交付是指卖方在销售合同规定的时间或期间内在指定目的地或者指定目的地的约定地点将放置在已经抵达指定目的地的运输工具上且做好卸载准备的货物交由买方处置，或者将从上游卖家已经以此种方式取得的货物向买方交付。需要注意的是，在 DDP 规则下，如果买卖双方未约定具体的交货地点，而只是指定了一个笼统的可能有许多交货地点的目的地，卖方有权在指定目的地范围内选择最有利于其向买方交付货物的地点交货，但卖方应当提前通知买方其选择的具体的交货地点。当卖方在其选择的该交货地点将放置在已经抵达指定目的地的运输工具上且做好卸载准备的货物交由买方处置时交付。如果指定目的地是一个具体而精确的地点，那么交货地点、指定目的地和风险转移地点就是相同的，是同一个地点。鉴于 DDP 规则下指定目的地同货物灭失或者损坏的风险转移地点密不可分，因此，建议买卖双方不但要对指定目的地做出具体明确的约定，而且该指定目的地的范围越小越好，最好能具体到某一个精确的点。

当卖方按照双方的约定在约定的时间或者期间内在指定交货地点或者卖方通知的指定交货地点范围内按照约定的方式向买方交付货物时，买方必须接收货物。

4. DDP 规则下货物的装载和卸载

在 DDP 规则下，卖方负责通过雇佣第三方承运人或者使用自己的运输工具将货物运输到指定目的地进行交付，由卖方负责在此过程中的装载和卸载工作。在指定目的地，由买方负责卸载货物。如果指定目的地是买方营业场所或者仓库之外的其他地方，从指定目的地转运到买方营业场所或者仓库的后程运输由买方负责，由买方负责在指定目的地将货物装上进行后程运输的运输工具，并负责在买方营业场所或者仓库的卸载工作。

5. DDP 规则下的交货单据/运输单据

在 DDP 规则下，卖方有责任向买方提供买方接收货物所需要的所有单据。

6. DDP 规则下货物出口、过境和进口程序中需要的单据及手续、关税、税费和其他费用的责任方

卖方有义务向买方提供纸质版的或者电子版的商业发票和装箱单等附随于货物的商业单据。

在 DDP 规则下，在涉及进出口的情况下，由卖方负责办理货物的出口清关、进口清关和任何过境国要求的手续，因此，卖方必须获得货物出口清关、进口清关和过境所需的所有文件，比如出口许可证、进口许可证、过境许可证、装船前的检验证书及其他办理货物出口、进口和过境手续所需要的正式文件。同时，卖方承担出口清关、进口清关和过境的所有手续费用、税费、安全费用和其他费用。需要注意的是，在 DDP 规则下，虽然卖方负责货物过境的所有手续、税费、安全费用和其他费用，但如果货物在指定目的地交付后经由第三国过境，则此种情形下的过境清关由买方负责，而不是卖方负责。另外，在卖方要求并承担费用和风险的情况下，买方必须向卖方提供其能够获得的或者协助卖方获得出口国、进口国和过境国需要的所有与办理出口或者过境清关手续相关的单据或者信息。

7. DDP 规则下的货物运输

在 DDP 规则下，卖方可以通过同承运人签订主（国际）运输合同或者使用自己的运输工具将货物运输到指定目的地或者指定目的地内的约定的某一具体的点进行交付。此外，在 DDP 规则下，卖方亦可以要求买方按照惯常条件选择承运人，并由买方同承运人签署主（国际）运输合同，或者由买方安排将货物运输至指定目的地。但需要注意的是，在此种情形下，将货物运输到指定目的地的所有运输费用仍由卖方承担，货物运输途中发生的一切风险也仍由卖方承担。买方亦可以拒绝卖方的该项要求。但是，如果拒绝卖方的该项要求，买方应当尽快通知卖方。

8. DDP 规则下货物风险的转移

在 DDP 规则下，货物灭失或者损坏的风险在卖方按照约定的时间或期间在指定目的地将货物将放置在已抵达的运输工具上且做好卸载准备的货物交由买方处置时便从卖方转移给了买方。需要注意的是，在 DDP 规则下，在涉及进出口的情况下，由卖方负责办理货物进口清关手续。如果因为卖方未能及时办理货物进口清关手续，货物被滞留在买方国家指定目的地之外的港口或者内陆运输的机场或者铁路、公路运输的货运站时，产生的风险和费用一律由卖方承担。

9. DDP 规则下的货物保险

在 DDP 规则下，买卖双方都没有为货物办理保险的义务。然而，鉴于货物灭失或者损坏的风险在卖方在约定的时间或者期间内在指定目的地在交货的运输工具上做好卸载准备并交由买方处置前由卖方承担，因此，建议卖方办理保险，至少针对货物自运离卖方营业场所或者仓库到指定目的地的这一段路程办理货物运输保险。当然，卖方亦可以自担货物在指定目的地交付前灭失或者损坏的风险，选择不为货物办理保险。需要注意的是，在 DDP 规则下，卖方办理保险不同于 CIP 规则和 CIF 规则下卖方为买方的利益办理的保险。在 DDP 规则下，卖方是为了自己的利益办理保险，保险的受益人是卖方自己。卖方无须将保险单据交给买方或者背书给买方。如果发生保险事故，由卖方直接向保险人索赔。此外，虽然买方没有为货物办理运输保险的义务，但是在卖方要求并承担风险和费用的情况下，买方必须向卖方提供卖方办理保险所需要的买方能够获得的所有信息和单据。然而，卖方却没有义务应买方的请求向买方提供买方获取保险的信息和单据。

10. DDP 规则下的货物安全责任

Incoterms® 2020 项下的安全责任主要有以下两种情形：第一种是从卖方所在地到买方所在地的运输安全责任；第二种是货物出口、过境和进口中清关手续和程序中的安全责任。鉴于货物运输中的安全责任由负责货物运输的一方当事人承担，因此，在 DDP 规则下，无论卖方是使用自己的运输工具还是通过第三方承运人进行运输，卖方承担将货物运输到指定目的地的这段运输过程中的所有运输安全责任。买方承担将货物从指定目的地转运到买方营业场所或者其他地点的后程运输的运输安全责任。鉴于海关清关过程中的安全责任由承担清关责任的一方当事人承担，因此，在 DDP 规则下，卖方承担出口清关、进口清关和过境清关中的所有安全责任。需要注意的是，在 DDP 规则下，虽然买方在出口清关、进口清关和过境清关中不负有安全责任，但是买方亦有义务按负有安全责任的卖方的请求向卖方提供买方可以获得的有关货物出口清关、进口清关和过境清关安全方面的信息和单据，由此产生的费用和风险均由卖方承担。

11. DDP 规则下卖方和买方之间的费用分配

DDP 规则下卖方和买方之间费用分担的总原则是，自卖方将货物交付给买方的这一刻起，此前涉及的一切费用均由卖方承担，此后涉及的一切费用均由买方承担。此外，应当由卖方负责办理的事情，但需要买方提供相关信息和帮助的，由此而产生的费用一律由卖方承担；应当由买方负责办理的事情，但需要卖方提供相关信息和帮助的，由此而产生的费用一律由买方承担。如果买卖双方对相关费用的承担方式另有约定的，依照约定。具体而言，买卖双方承担的费用大致如下。

（1）卖方承担下列所有费用：

①货物包装、查验和标识的操作费用。

②如果适用，将货物装载到前程运输工具上而产生的操作费用。

③ 如果适用，将货物运输到承运人接收货物的地点的这段前程运输所产生的运输费用。

④如果适用，将货物从前程运输工具上卸载下来装上主（国际）运输工具而产生的卸载和装载费用。

⑤因遵守前程运输安全要求产生的运输安全费用。

⑥在涉及货物进出口的情形下，因遵守出口清关、进口清关和过境清关安全要求履行相关义务而产生的费用。

⑦将货物从主（国际）运输合同项下的承运人接收货物的地点运输到指定目的地而产生的主（国际）运费。

⑧在将货物从主（国际）运输合同项下的承运人接收货物的地点运输到指定目的地的这段路程中因遵守运输安全要求履行相关义务而产生的运输安全费用。

⑨向买方提供交货/运输单据而产生的费用。

⑩为了遵守指定目的地的运输安全要求履行相关义务而产生的费用。

⑪在涉及货物进出口的情形下，办理出口、进口和过境清关而产生的手续费、税费、安全费用和其他费用。

⑫在涉及货物进出口的情形下，根据卖方要求，买方因协助卖方取得办理出口、进口和过境清关手续所必需的单据和（或）信息而产生的费用。

⑬根据卖方要求，买方因协助卖方获得办理货物保险的信息和（或）单据而产生的费用。

⑭在指定目的地卸载货物的费用。需要注意的是，该项属于或有费用，且以卖方同承运人签订的主（国际）运输合同中规定应由卖方承担的卸载费用为限。

⑮货物在约定时间或者期间内在指定目的地在抵达的运输工具上做好卸载准备交由买方处置前与货物灭失或者损坏有关的所有费用。

（2）买方需要承担下列费用：

①货物在约定时间或者期间内在指定目的地在抵达的运输工具上做好卸载准备，交由买方处置后与货物灭失或者损坏有关的所有费用。

②在涉及货物进出口的情形下，过境清关的费用和税费。需要注意的是，该项属于或有费用。因为 DDP 规则下的过境清关由卖方负责，但是如果在货物交付给买方后经由第三国过境，则由买方负责过境清关并承担与此相关的手续费、税费、安全费用和其他费用。

③在指定目的地将货物从运输工具上卸载下来的费用。需要注意的是，如果根据卖方同承运人的主（国际）运输合同，该笔卸载费用应当由卖方承担。在卖方支付了该笔卸载费用后，除非买卖双方对该笔卸载费用另有约定，否则，卖方不得就该笔卸载费用向买方追偿。

④通过雇佣的第三方承运人或者使用买方自己的运输工具将货物从指定目的地转运到买方经营场所或者仓库的这段后程运输产生的运输费用。

⑤因遵守后程运输的运输安全要求履行相关义务而产生的运输安全费用。

⑥在买方营业场所或者仓库卸载货物产生的费用。

12. DDP 规则适用的付款方式

DDP 可以适用于诸如预付、货到付款、赊销、银行转账或者支票中的任一种付款方式，但不适合用于信用证或者跟单方式中的任一种跟单付款方式。

（三）使用 DDP 规则的实务建议

同 EXW 规则刚好相反，DDP 规则要求卖方承担最大的责任、履行最多的义务，并且是唯一要求卖方负责进口清关并承担与进口清关有关的所有费用和税费的贸易术语规则。对于卖方来说，DDP 规则并不是一个便利的商业安排，因为同买方相比，卖方在进口国安排货物运输和进口清关等事宜通常处于劣势。在一些国家，进口清关程序非常复杂且官僚主义盛行，因此，最好让熟悉当地情况的买方来办理进口清关。此外，还有一些国家，比如美国，不允许货运代理人办理货物进口清关，因此，卖方需要在目的地国家注册为进口商，否则就无法完成进口清关。在此种情形下，除了上述要求，卖方还应该有作为进口商的经验，因为进口清关极为复杂，如果不按目的地国家的法律法规的规定办理，货物可能会被当地海关扣留。

（四）典型案例：DDP 规则下的进口货物报关

【案例 6】浙江 A 化妆品有限公司、浙江 B 物流有限公司海上、通海水域货运代理合同纠纷案①

1. 案情简介

浙江 A 化妆品有限公司（以下简称“A 公司”）向美国买方出口迪士尼产品，约定的交货方式是 DDP 买方仓库 Incoterms® 2010。随后，A 公司于 2017 年 12 月 5 日委托 B 公司将该迪士尼产品自浙江宁波出运至美国洛杉矶，并向 B 公司出具一份出口货物明细单，在提单放行栏载明“由 A 做商检报关，A 发货给客人的条件是包括清关目的港费用，但是提单发货人、收货人、AMS（24 小时舱单系统/美国反恐舱单系统）、ISF（美国货物进口安全申报）信息都用 B 的，不显示任何的 A 信息，这是 DISNEY（迪士尼）授权产品，A 会写书面的委托出货函给 B，贵司提供书面海关放行通知与 FDA 放行通知给 A，A 再要求客人付款，客人付款后 A 提供书面的送货通知给 B，再由 B 安排目的港发货到客人仓库。”

① 参见浙江省高级人民法院（2019）浙民终 611 号民事判决书。

2018 年 1 月 3 日，涉案货物抵达指定的目的港后，B 公司要求 A 公司提供收货人的税号以便顺利清关，但因美国买方表示不能将其或者其仓库作为收货人或者进口商填写在进口清关文件上，所以 A 公司不能提供收货人税号，后收货人又取消了交易。经 A 公司和 B 公司协商，涉案货物于 2018 年 1 月 28 日装船退运回宁波，由 B 公司办理退运事宜。在货物退运期间，A 公司寻找买家无果。涉案货物于 2018 年 2 月 16 日退运至宁波港后，A 公司申请免税清关被拒，需要缴纳人民币 20 多万元的关税。由于 A 公司未及时办理缴税清关手续，货物在港口持续产生滞箱费、堆存费等费用。A 公司于 2018 年 6 月 25 日向 B 公司表示弃货，B 公司因未收到 A 公司的弃货保函及向海关出具的弃货声明而一直未处理货物，涉案货物现仍滞留在宁波港。因涉案货物从美国退运，B 公司为此产生出口及退运代理费。又因 A 公司未提货，B 公司又支付了滞箱费和集装箱买断费。

对于货物退运而产生的损失以及相关费用，A 公司和 B 公司未能达成一致，遂诉至法院。

事实关系图如图 3-11 所示。诉讼关系图如图 3-12 所示。

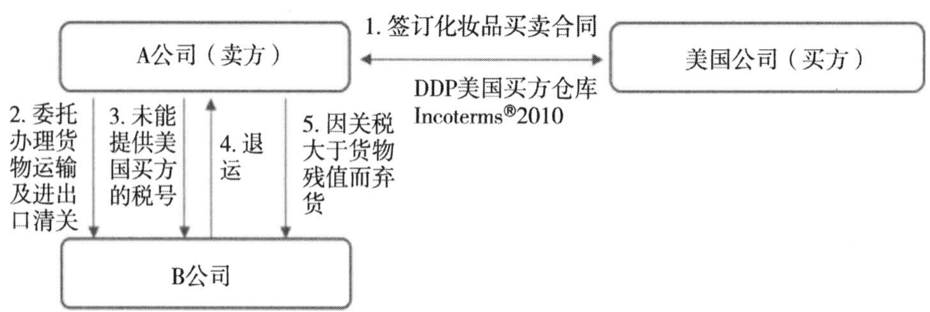

图 3-11　事实关系图

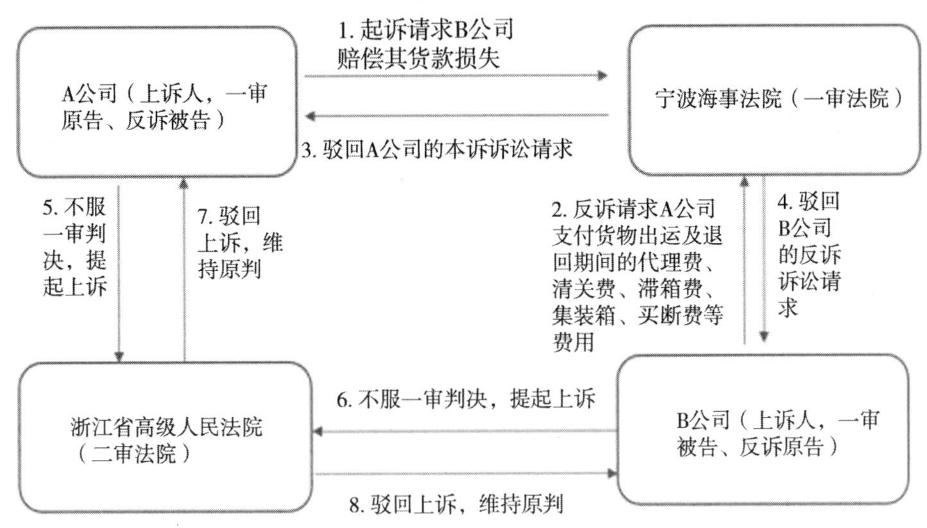

图 3-12 诉讼关系图

2. 判决结果

一审、二审法院均认为，第一，根据涉案出口货物明细单中有“包括清关目的港费用”“安排目的港发货到客人仓库”及 A 公司在 2017 年 12 月 17 日关于“确定这个货柜由我们自己来清关”的陈述，表明涉案货物是按 DDP 规则进行交易的，货物是以 DDP 规则门到门运输的。在实践中，在美国进行货物进口清关必须提供美国收货人的税号清关，否则无法办理清关手续。第二，在 DDP 规则下，由卖方，即 A 公司负责进口清关。在本案中，B 公司仅为货运代理企业而非出口贸易商，在仅收取货运代理费的情况下，美国收货人税号当然应当由出口商 A 公司提供。鉴于 A 公司在向 B 公司委托涉案货物时并未表示其不能提供收货人的税号，故 A 公司应当对不能提供税号导致货物无法清关出售给美国买方的结果承担相应责任。第三，涉案货物退运后至今仍在宁波港，随时可办理进口清关手续。因 A 公司进口申报不符合免税退货清关的要求，导致货物无法免税清关，A 公司权衡关税与货值后自行表示弃货，不得以自身过错向 B 公司主张损失，事实上其仍然可以通过缴纳关税的方式取回货物，故其主张的货损不存在。

对于 B 公司而言，首先，在实践中，包括收货人税号在内的 ISF（美国货物进口安全申报）信息应当在货物装船前 24 小时向美国海关申报，这样若货物未装船出运，仍可及时更改 ISF 信息以避免无法清关。B 公司作为一家货运代理公司，理应对美国 ISF 信息申报信息及操作流程更为熟悉。本案货物直至装运后，B 公司才向 A 公司要求提供目的港清关所需信息，其不仅未提前告知 A 公司相关操作流程，而且未按常规流程办理货物出运手续，导致货物贸然出运并退运。其次，在发现货物无法在美国办理清关手续后，B 公司业务员向 A 公司表示“美国那边的费用，我不需要你承担”。最后，B 公司根据其在目的港代理的陈述及 A 公司曾受美国 FDA 处罚等事实推断货物存在问题，导致无法清关，但 A 公司已提供迪士尼相关授权证书，且涉案货物在出口时已由我国海关检验合格、未经美国海关认定，故该推断依据不足。因此，B 公司就案涉海上货运代理合同未对“收货人税号提供”做出特别约定以及货物被贸然出运、退运存有过错，应对其过错导致货物贸然出运并退回期间的代理费用承担责任。

第三节 适用于海洋或者内河运输模式的规则

一、FAS（Free Alongside Ship）——船边交货

（一）如何使用 FAS 规则

FAS 规则是指卖方在指定装运港将货物放在买方指定的船舶的船边进行货物交付。在国际贸易中，FAS 规则通常用于不愿意管理国际物流的卖方。自卖方在约定的时间或者期间以约定的方式将货物放在指定装运港指定船舶的船边时起货物灭失或损坏的所有费用和风险由卖方转移给买方。

同 FCA 规则相比，FAS 规则适用的范围存在一定的限制，因为其仅允许货物在指定港口的船边交付，而且 FAS 规则仅适用海运或者内河水运运输模式。FAS 规则主要用于诸如粮食或石油之类的大宗散装货，不建议用于集装箱货物，因为在使用集装箱的情况下，卖方通常是在集装箱码头将货物交付给买方指定的承运人，而不是在船边。

此外，FAS 规则也可以适用于不同的付款方式，比如赊销、银行转账、信用证等。需要注意的是，在涉及货物进出口的情形下，FAS 规则下的卖方负责安排在出口国家的所有阶段直到货物被放在买方指定的船舶的船边需要做的所有事情，并承

担此阶段产生的所有费用和风险。但卖方并不负责装船，而是由买方负责装船。买方负责安排直到货物最终目的地的其他所有阶段需要做的所有事情，并承担此阶段产生的所有费用和风险。

（二）FAS 规则的主要特点

1. FAS 规则的使用格式

FAS【指定装运港】——Incoterms® 2020

鉴于 FAS 规则后面紧跟的“指定装运港”是卖方需要承担在该地点交货之前的费用和货物灭失或者损坏的风险的分界点，对于买卖双方承担费用和风险具有至关重要的作用，因此，建议双方不但要对该“装运港”做出明确规定，而且买卖双方尽可能精准地指定该“装运港”内的一个特定地点作为交货地点，而不是一个诸如青岛港、上海港这样的较大范围的港口名称。卖方只需要在该交货地点将货物放置在码头或者驳船上。此外，还需要明确使用的是哪一版的 Incoterms® ，否则，当发生争议时，法官或者仲裁员有权选择使用最新的版本。

示例　中国天津 A 公司从法国巴黎 B 公司进口葡萄酒

建议使用：FAS 中国天津港 1 号码头，Incoterms® 2020。

不建议使用：FAS 中国天津港。

2. FAS 规则可以适用的运输模式

FAS 规则仅能用于海洋运输或者内河运输这种运输模式，尤其用于使用散装货的内河运输或者海洋运输模式。

3. FAS 规则下货物的交付和接收

在 FAS 规则下，卖方在买方指定的用来接收货物的船边交付货物。

当卖方按照双方的约定在约定的时间或者期间内在指定交货地点或者卖方通知的指定交货地点范围内按照约定的方式向买方交付货物时，买方必须接收货物。

4. FAS 规则下货物的装载和卸载

在 FAS 规则下，卖方负责在卖方住所地的前程运输，需要雇佣第三方承运人或者使用自己的运输工具将货物运到指定的装运港。卖方负责将货物从运输工具上卸载下来放在码头上或者放在驳船上运送到买方指定的船舶装卸设备的吊货车或者岸上装卸索具可触及的范围内交付货物。需要注意的是，卖方不负责将货物装上买方指定的船舶上，而是由买方负责将卖方在船边交付的货物装载到运输货物的船舶上。

5. FAS 规则下的交货单据/运输单据

卖方必须自付费用向买方提供用以证明货物以约定的时间、地点和方式交付的常用凭证。但是，如果该凭证是运输单据，应买方的请求，并由买方承担费用和风险的情况下，卖方必须帮助买方获得运输单据。

6. FAS 规则下货物出口、过境和进口程序中需要的单据及手续、关税、税费和其他费用的责任方

卖方有义务向买方提供纸质版的或者电子版的商业发票和装箱单等附随于货物的商业单据。

在涉及货物进出口的情形下，一方面，由于卖方负责办理出口清关手续，因此，卖方必须获得出口清关所需的所有文件，比如出口许可证、装船前的检验证书以及其他诸如授权书等办理出口手续所需要的正式文件。同时，因办理出口清关而产生的手续费、税费、安全费用和其他费用由卖方承担；另一方面，虽然过境或进口清关手续由买方负责办理，但卖方必须向买方提供自己能获得的所有信息和单据以使买方能够获得为了完成将货物进口到目的地国家或过境的清关手续而需要的所有信息和单据。需要注意的是，买方必须向卖方偿付卖方为了获得这些信息和单据而支付的所有费用。同时，因办理过境清关和进口清关产生的手续费、税费、安全费用和其他费用由买方承担。

此外，如果买方需要的是运输单据，在买方承担费用和风险的情况下，卖方必须帮助买方获得运输单据。

7. FAS 规则下的货物运输

在 FAS 规则下，卖方在指定装运港买方指定的船边完成交付后，卖方不再负责货物剩余航程的运输工作，而是由买方负责将货物从指定的装运港运输到买方所在地目的港。由买方负责雇佣承运人，同承运人签署主（国际）运输合同。当然，在实际操作中，买方可以要求卖方按照惯常条件雇佣承运人，并由卖方同主承运人签署主（国际）运输合同。但需要注意的是，在此种情形下，货物运输的风险和费用仍是由买方承担。卖方有权拒绝买方的该项要求。但是，如果拒绝买方的该项要求，卖方应当尽快通知买方。

8. FAS 规则下货物风险的转移

货物灭失或者损坏的风险在卖方按照约定的时间或者期间按照约定的方式将货物放在指定港口码头或者放上驳船运送至买方指定的船舶的船边时便从卖方转移给

了买方。有以下两种可能：

（1）如果指定的港口符合停靠买方指定的船舶的硬件条件而不需要在该港口的上一个港口停靠后使用驳船的情况下，货物灭失或者损坏的风险便在卖方将货物放在指定装运港的码头时从卖方转移给了买方。

（2）如果因指定的港口不符合停靠买方指定的船舶的硬件条件，或者因买方指定的承运人没有直航船舶，或者因为价格原因而需要买方指定的承运人在指定港口的上一个港口停靠后使用驳船的情况下，货物灭失或者损坏的风险便在卖方将货物放置在驳船上运到买方指定的船舶的船边时从卖方转移给了买方。

如果买方没有通知卖方接收货物的承运人的名称或者买方指定的承运人没有在约定的时间或者期间内接收货物，货物在约定的地方和时间完成交付，自交付时起买方承担货物灭失或者损坏的所有风险。在上述任一情况下，自约定的交付日或者如果没有具体的日期，自约定的交付期间届满时起，买方将承担运输和进口货物的所有的费用及可能遭遇到的损失或损坏等风险。需要注意的是，为了转移风险，运输的货物必须能够被识别出且被具体为买卖双方签订的销售合同中约定的货物标的。同时，卖方必须以一种可靠的方式通知买方其已经将货物放在了交付地点等待买方的处置。

9. FAS 规则下的货物保险

卖方或者买方都没有为货物办理保险的义务，但是鉴于货物灭失或者损坏的风险自卖方在船边交付时起便从卖方转移给了买方，考虑到海上运输的风险不可控因素太多，出于风险控制的考虑，建议买方为货物办理保险，至少是针对货物海上运输这段航程办理货物运输保险。为此，卖方必须向买方提供卖方能够获得的使买方办理所需保险的信息并帮助买方获得办理保险所需要的单据。

10. FAS 规则下的货物安全责任

Incoterms® 2020 项下的安全责任主要有以下两种情形：第一种是从卖方所在地到买方所在地的运输安全责任；第二种是货物出口、过境和进口中清关手续和程序中的安全责任。鉴于货物运输中的安全责任由负责货物运输的一方当事人承担，因此，在 FAS 规则下，无论卖方是使用自己的运输工具还是通过第三方承运人进行前程运输，卖方承担将货物运输到指定装运港的这段运输过程中的所有运输安全责任。买方承担将货物从指定装运港运输到目的港的这段主（国际）路程运输及从目的港转运到买方营业场所或者其他地点的这段后程运输的运输安全责任。鉴于海关清关过程中的安全责任由承担清关责任的一方当事人承担，因此，在 FAS 规则下，卖方承担出口清关中的所有安全责任。需要注意的是，虽然卖方在进口清关和过境清关中不负有安全责任，但是卖方亦有义务按负有安全责任的买方的请求向买方提供卖方可以获得的有关货物进口清关和过境清关安全方面的信息和单据，由此产生的费用和风险均由买方承担。买方承担进口清关和过境清关中的所有安全责任。需要注意的是，虽然买方在出口清关中不负有安全责任，但是买方亦有义务按负有安全责任的卖方的请求向卖方提供买方可以获得的有关货物出口清关安全方面的信息和单据，由此产生的费用和风险均由卖方承担。

11. FAS 规则下卖方和买方之间的费用分配

FAS 规则下卖方和买方之间费用分担的总原则是，自卖方在约定时间或者期间内在约定的交货地点以约定的方式将货物放置在买方指定的船舶的船边时起，此前涉及的一切费用均由卖方承担，此后涉及的一切费用均由买方承担。此外，应当由卖方负责办理的事情，但需要买方提供相关信息和帮助的，由此而产生的费用一律由卖方承担；应当由买方负责办理的事情，但需要卖方提供相关信息和帮助的，由此而产生的费用一律由买方承担。如果买卖双方对相关费用的承担方式另有约定的，依照约定。具体而言，买卖双方承担的费用大致如下。

（1）卖方承担下列所有费用：

①货物包装、查验和标识的费用。

②将货物运至买方指定的船舶的船边之前进行的前程运输所产生的运输费用。

③因遵守前程运输安全要求履行相关义务而产生的运输安全费用。

④在指定装运港因卸载、处理和仓储货物而发生的场站费用。

⑤在涉及货物进出口的情形下，出口清关的手续费、税费和其他费用。

⑥在涉及货物进出口的情形下，因遵守出口清关安全方面的要求而产生的安全费用。

⑦在涉及货物进出口的情形下，因要求买方提供与货物出口清关有关的信息和单据而产生的费用，该项属于或有费用。

⑧向买方提供交货单据而产生的费用。

⑨货物在约定时间或者期间内在指定装运港买方指定的船舶的船边交由买方处置前与货物灭失或者损坏有关的所有费用。

（2）买方需要承担下列费用：

①货物在约定时间或者期间内在指定装运港买方指定的船舶的船边交由买方处置后与货物灭失或者损坏有关的所有费用。

②从指定装运港码头或者驳船上往买方指定的船舶上装载货物而发生的操作费用。

③将货物从指定装运港运输到目的港而产生的主（国际）航程运输费用。

④为了遵守主（国际）航程中运输安全要求履行相关义务而产生的运输安全费用。

⑤因办理货物保险而产生的保险费。

⑥在涉及货物进出口的情形下，过境和进口清关的手续费、税费和其他费用。

⑦在涉及货物进出口的情形下，因遵守过境和进口清关安全方面的要求履行相关义务而产生的安全费用。

⑧在涉及货物进出口的情形下，因要求卖方提供与货物过境清关和进口清关有关的信息和单据而产生的费用，该项属于或有费用。

⑨在目的港因卸载、处理和仓储货物而发生的场站费用。

⑩通过买方雇佣的承运人或者使用买方自己的运输工具将货物从目的港转运到买方经营场所的这段后程运输产生的运输费用。

⑪遵守后程运输的运输安全要求、履行相关义务产生的运输安全费用。

⑫在买方营业场所或者仓库卸载货物产生的费用。

12. FAS 规则适用的付款方式

FAS 既可以适用于诸如预付、货到付款、赊销、银行转账或者支票中的任一种付款方式，亦可适用于信用证或者跟单方式中的任一种跟单付款方式。

（三）使用 FAS 的实务建议

总体来说，不推荐使用 FAS 规则，因为买方没有理由只想承担在装运港装船的工作。建议使用 FOB 规则来替代 FAS 规则，因为虽然 FAS 规则同 FOB 规则一样，但是 FOB 规则却比 FAS 规则多了一项好处，即由卖方负责装船。如果货物是在集装箱码头交给承运人的，FCA 规则比 FAS 规则更加适合。

二、FOB（Free On Board）——船上交货

（一）如何使用 FOB 规则

FOB 规则是指卖方有义务将货物运送到指定地点，然后再转交给买方指定的承运人。因此，FOB 规则意味着卖方保留货物的所有权和责任，直到货物被装上买方指定的船舶。货物一旦装上船，货物的所有责任转移给买方。FOB 规则是 11 个贸易术语规则中被错误使用最多的术语，其在传统上是为了散装货的运输而创设的，通常用于石油、大宗商品或谷物等商品。因此，FOB 规则更适合用于散装货物，而不适合用于集装箱运输的货物。当货物用集装箱运输时，建议使用 FCA 规则，因为使用集装箱运输的货物在装船前已经在集装箱码头交付给了买方指定的承运人，卖方并不直接接触买方指定的船舶。

在 FOB 规则下，在涉及货物进出口的情形下，卖方负责安排在卖方国家的所有阶段直到货物装上买方指定的船舶需要做的所有事情，并承担此阶段产生的所有费用和风险。出口清关、在卖方国家的所有码头的操作费及所有将货物搬运到船上的相关操作费用都由卖方支付。需要注意的是，FOB 规则只能用于海洋运输或者内河运输，在货物装上船后，卖方的责任和义务就结束了。买方负责安排货物装上船后直到货物到达最终目的地的这一阶段需要做的所有事情，并承担此阶段产生的所有费用和风险。

（二）FOB 规则的主要特点

1. FOB 规则的使用格式

FOB【指定装运港】——Incoterms® 2020

需要明确使用的是哪一版的 Incoterms®，否则，当发生争议时，法官或者仲裁员有权选择使用最新的版本。

示例　中国天津 A 公司从法国巴黎 B 公司进口葡萄酒

建议使用：FOB 中国天津港 1 号码头，Incoterms® 2020。

不建议使用：FOB 中国天津港。

2. FOB 规则可以适用的运输模式

FOB 规则仅能用于海洋运输或者内河运输这种运输模式，尤其用于使用散装货的内河运输或者海洋运输模式。

3. FOB 规则下货物的交付和接收

在 FOB 规则下，货物交付是卖方在销售合同规定的时间或期间内在指定装运港以约定的方式将货物装上买方指定的船舶。

当卖方按照双方的约定在约定的时间或者期间内在指定交货地点或者卖方通知的指定交货地点范围内按照约定的方式向买方交付货物时，买方必须接收货物。

4. FOB 规则下货物的装载和卸载

在 FOB 规则下，卖方负责货物到达装运港之前的前程运输，需要雇佣第三方承运人或者使用自己的运输工具将货物运到指定装运港。卖方负责将货物从运输工具上卸载下来装上买方指定的船舶或者放在驳船上运送并装上买方指定的船舶。买方负责货物装上船之后发生的所有装载和卸载工作。

5. FOB 规则下的交货单据/运输单据

因为 FOB 仅适用于海洋运输或者内河运输，FOB 规则下的交货/运输单据通常是比较明确的，通常是海运提单、大副收据或货代出具的收货证明。

6. FOB 规则下货物出口、过境和进口程序中需要的单据及手续、关税、税费和其他费用的责任方

卖方有义务向买方提供纸质版的或者电子版的商业发票和装箱单等附随于货物的商业单据。

在涉及货物进出口的情形下，一方面，由于卖方负责办理出口清关手续，因此，卖方必须获得出口清关所需的所有文件，比如出口许可证、装船前的检验证书以及其他诸如授权书等办理出口手续所需要的正式文件。同时，因办理出口清关而产生的手续费、税费、安全费用和其他费用由卖方承担；另一方面，虽然过境或进口清关手续由买方负责办理，但卖方必须向买方提供自己能获得的所有信息和单据以使买方能够获得为了完成将货物进口到目的地国家或过境的清关手续而需要的所有信息和单据。需要注意的是，买方必须向卖方偿付卖方为了获得这些信息和单据而支付的所有费用。同时，因办理过境清关和进口清关而产生的手续费、税费、安全费用和其他费用由买方承担。

此外，如果买方需要的是运输单据，在买方承担费用和风险的情况下，卖方必须帮助买方获得运输单据。

7. FOB 规则下的货物运输

在 FOB 规则下，由买方负责将货物从指定装运港运输到目的港，由买方负责雇佣承运人，同承运人签订主（国际）海上货物运输合同。当然，买方可以要求卖方按照惯常条款雇佣承运人，由卖方同承运人签订主（国际）海上货物运输合同。但需要注意的是，在此种情形下，货物的运输风险和费用仍是由买方承担的。卖方有权拒绝买方的该项要求。但是，如果拒绝买方的该项要求，卖方应当尽快通知买方。

8. FOB 规则下货物风险的转移

在 FOB 规则下，货物灭失或者损坏的风险在卖方按照约定的时间或者期间在指定装运港将货物装上买方指定的船舶时便从卖方转移给了买方。如果买方没有通知卖方接收货物的承运人的名称或者买方指定的承运人没有在约定的时间或者期间内接收货物，货物在约定的地点和时间完成交付。自交付时起买方承担货物灭失或者损坏的所有风险。在上述任一情况下，买方将承担自约定的交付日或者如果没有具体的日期，自约定的交付期间届满时起运输和进口货物的所有的费用及可能遭遇到的损失或损坏等风险。需要注意的是，为了转移风险，卖方交付的货物必须能够被识别出且被具体为买卖双方之间销售合同中约定的货物标的。同时，卖方必须以一种可靠的方式通知买方其已经将货物放在了约定的交付地点等待买方的处置。

9. FOB 规则下的货物保险

卖方或者买方都没有为货物办理保险的义务，但是鉴于货物灭失或者损坏的风险自卖方将货物装上买方指定的船舶完成了交付时起便从卖方转移给了买方。考虑到海上运输的风险的不可控因素太多，出于风险控制的考虑，建议买方为货物办理保险，至少是针对货物海上运输这段航程办理货物运输保险。为此，卖方必须向买方提供卖方能够获得的使买方办理所需保险的信息并帮助买方获得办理保险所需要的单据。

10. FOB 规则下的货物安全责任

Incoterms® 2020 项下的安全责任主要有以下两种情形：第一种是从卖方所在地到买方所在地的运输安全责任；第二种是货物出口、过境和进口中清关手续和程序中的安全责任。鉴于货物运输中的安全责任由负责货物运输的一方当事人承担，因此，在 FOB 规则下，无论卖方是使用自己的运输工具还是通过第三方承运人进行前程运输，卖方承担将货物运输到指定装运港这段前程运输过程中的所有运输安全责任。买方承担将货物从指定装运港运输到目的港这段主程运输及从目的港转运到买方营业场所或者其他地点这段后程运输的运输安全责任。鉴于海关清关过程中的安全责任由承担清关责任的一方当事人承担，因此，在 FOB 规则下，卖方承担出口清关中的所有安全责任。需要注意的是，虽然卖方在进口清关和过境清关中不负有安全责任，但是卖方亦有义务按负有安全责任的买方的请求向买方提供卖方可以获得的有关货物进口清关和过境清关安全方面的信息和单据，由此产生的费用和风险均由买方承担。买方承担过境清关和进口清关中的所有安全责任。虽然买方在出口清关中不负有安全责任，但是买方亦有义务按负有安全责任的卖方的请求向卖方提供买方可以获得的有关货物出口清关安全方面的信息和单据，由此产生的费用和风险均由卖方承担。

11. FOB 规则下卖方和买方之间的费用分配

FOB 规则下卖方和买方之间费用分担的总原则是，自卖方在约定时间或者期间内在指定装运港以约定的方式将货物装上买方指定的船舶时起，此前涉及的一切费用均由卖方承担，此后涉及的一切费用均由买方承担。此外，应当由卖方负责办理的事情，但需要买方提供相关信息和帮助的，由此而产生的费用一律由卖方承担；应当由买方负责办理的事情，但需要卖方提供相关信息和帮助的，由此而产生的费用一律由买方承担。如果买卖双方对相关费用的承担方式另有约定的，依照约定。具体而言，买卖双方承担的费用大致如下。

（1）卖方承担下列所有费用：

①货物包装、查验和标识的操作费用。

②将货物装载到前程运输工具上产生的操作费用。

③将货物运输到指定装运港这段前程运输产生的运输费用。

④因遵守前程运输安全要求履行相关义务而产生的运输安全费用。

⑤在装运港因卸载、处理、仓储、使用驳船运送货物而发生的场站费用和驳运费。

⑥将货物装上买方指定的船舶而产生的操作费用。

⑦在涉及货物进出口的情形下，出口清关的手续费、税费和其他费用。

⑧在涉及货物进出口的情形下，因遵守出口清关安全方面的要求履行相关义务而产生的费用。

⑨向买方提供交货/运输单据而产生的费用。

⑩根据卖方要求，买方因协助卖方取得办理出口清关手续所必需的单据和（或）信息而产生的费用。需要注意的是，该项属于或有费用。

⑪在货物装上买方指定的船舶前与货物灭失或者损坏有关的所有费用。

（2）买方需要承担下列费用：

①在货物装上买方指定的船舶后与货物灭失或者损坏有关的所有费用。

②在目的港因使用驳船运送、卸载、处理和仓储货物而发生的驳运费和场站费用。

③在涉及货物进出口的情形下，过境和进口清关的手续费、税费和其他费用。

④在涉及货物进出口的情形下，因遵守过境清关和进口清关安全方面的要求履行相关义务而产生的安全费用。

⑤因办理货物保险而产生的保险费。需要注意的是，该项属于或有费用。

⑥卖方应买方要求提供协助买方获取同办理过境和进口清关手续有关的单据和（或）信息而产生的费用。需要注意的是，该项属于或有费用。

⑦通过雇佣的第三方承运人或者使用买方自己的运输工具将货物从目的港内陆转运到买方经营场所这段后程运输产生的运输费用。

⑧因遵守后程运输的运输安全要求履行相关义务而产生的运输安全费。

⑨在买方营业场所或者仓库卸载货物产生的操作费用。

12. FOB 规则适用的付款方式

FOB 规则既可以适用于诸如预付、货到付款、赊销、银行转账或者支票中的任一种付款方式，亦可适用于信用证或者跟单方式中的任一种跟单付款方式。

（三）使用 FOB 的实务建议

总体来说，FOB 规则是国际贸易中最常使用的术语之一，但其仅限于海运或内河运输。在实践中，它应用于卖方可以直接接近买方指定的船舶的情况，例如散装货物或非集装箱货物。对于通过集装箱运输的货物，建议使用 FCA 规则。在 FOB 规则下，卖方在指定装运港装运货物，办理出口清关手续。货物自装上买方指定的船舶时交付，货物灭失或者损坏的风险自交付时起从卖方转移给买方，自交付时起此后发生的一切费用均由买方承担。

此外，在使用 FOB 规则时，有时买卖双方也会使用 FOB 装运点（FOB Shipping Point）和 FOB 目的地（FOB Destination）这样的 FOB 变体来增加或减少卖方的责任和义务。在 FOB 装运点规则下，当卖方在约定时间按照约定方式在装运点完成交付时，货物灭失或者损坏的风险自交付时起从卖方转移给买方。自交付时起，如果货物在从装运点运至买方营业场所的途中任何一段发生了任何事情，由买方承担一切责任。在 FOB 目的地规则下，货物灭失或者损坏的风险在目的港卸货码头从卖方转移给买方。如果货物在到达目的港的途中发生任何事故，由卖方承担一切责任。

（四）典型案例：FOB 规则下货运代理人的法律地位

【案例 7】A 内衣有限公司与 B 国际货运（深圳）有限公司与 C（中国）有限公司深圳分公司海上、通海水域货物运输合同纠纷案①

1. 案情简介

A 内衣有限公司（以下简称 A 公司）是 D 百货有限公司（以下简称 D 公司）的中国供货商之一，签订了货物购销合同，采用 FOB 价格条件。

D 公司与 B 国际货运（英国）有限公司（以下简称 B 英国公司）签订了货物配送协议，约定 B 英国公司按约定条款向 D 公司提供从海外供应商处运送货物至其位于英国的配送中心的服务。B 国际货运（深圳）有限公司（以下简称 B 深圳公司）作为 B 英国公司指定的受托人，在装运港代 B 英国公司接收货物并处理装运港相关事宜。

A 公司向 B 深圳公司交付货物，B 深圳公司向 A 公司签发了货代货物收据。该货代货物收据上的手写签署有"King"并盖有 B 深圳公司的章，其格式比照提单设计，记载托运人为 A 公司，收货人和通知方为 D 公司，出口指示方为 B 英国公司。该货代货物收据正面下方记载"货物将根据背面的条款和条件规定装卸。我们证实已收到外观和包装状况良好的货物。客户（如条款和条件所述）兹授权 CEVA（如条款和条件所述，注：CEVA 是 B 深圳公司的英文名简称）为其代理，但不作为当事人与承运人或其他运输或运输服务供应商订立合同并将客户的货物从上述始发地运输至上述目的地。CEVA 作为货运代理，而不作为承运人，有责任尽合理的谨慎义务选择第三方或对其做出指示，但不对该第三方的任何作为或不作为承担任何责任。"A 公司向 B 深圳公司支付了部分费用，B 深圳公司开具了 2 张费用发票，分别注明为美国船单系统费、码头费、文件费、手续费和更改费等。

C（中国）有限公司深圳分公司（以下简称 C 深圳公司）接受 B 深圳公司的订舱，实际承运涉案货物。涉案货物出运后，因 D 公司发生财务危机被接管。因此，A 公司多次向 B 深圳公司提出不要交付货物给 D 公司及返运货物的要求，B 深圳公司将 A 公司的请求转达给 B 英国公司和 B 中国香港公司，但 B 英国公司最终仍根据 D 公司的指示将涉案货物交付给 D 公司。基于此，A 公司起诉 B 深圳公司和 C 深圳公司，要求 B 深圳公司和 C 深圳公司连带赔偿 A 公司货物损失及相应的利息。

---

① 参见最高人民法院（2016）最高法民申 1605 号民事裁定书。

事实关系图如图 3-13 所示。诉讼关系图如图 3-14 所示。

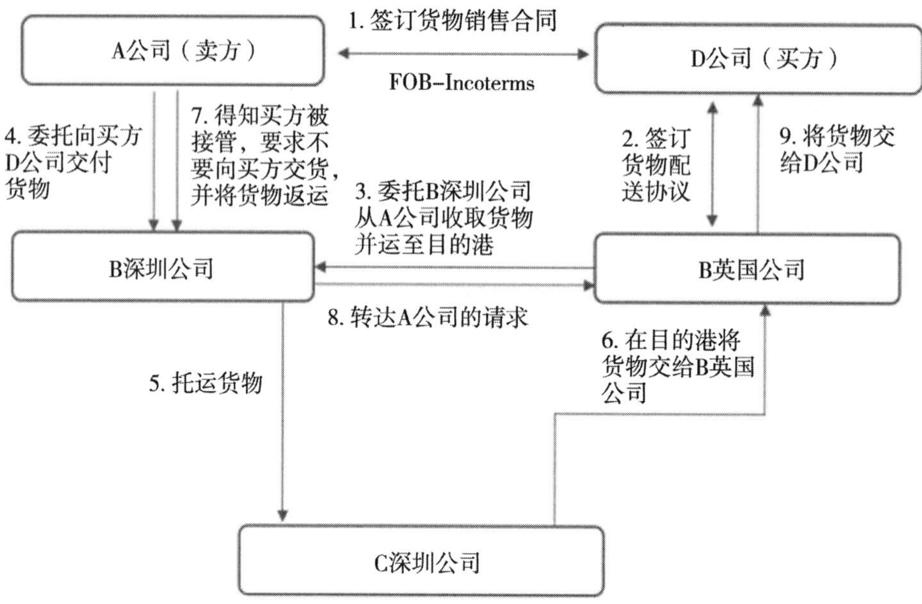

图 3-13 事实关系图

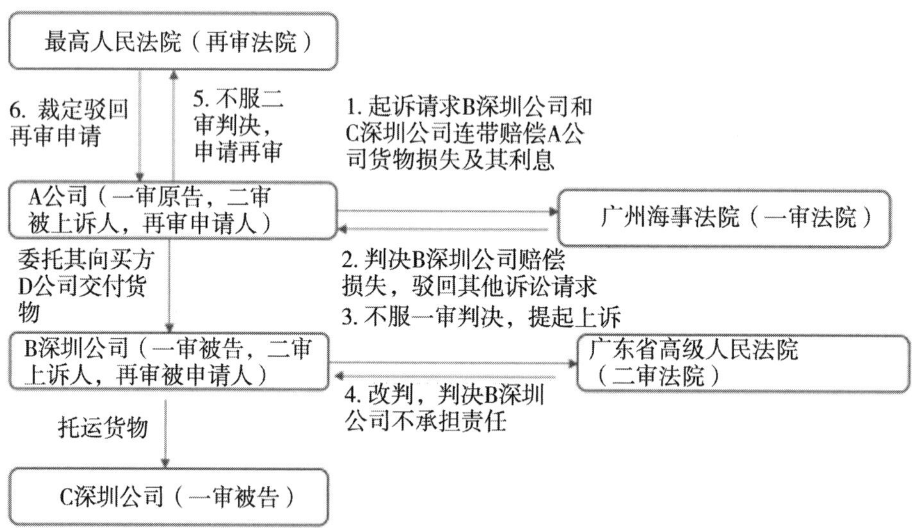

图 3-14 诉讼关系图

2. 判决结果

广州海事法院一审判决认为，B 深圳公司是接受 A 公司委托而代表 A 公司向 C

深圳公司订舱。B深圳公司向A公司出具的货代货物收据的格式近乎提单，并向A公司收取了相关费用。因此，该货代货物收据可视为B深圳公司与A公司订立海上货物运输合同的初步证据，即A公司为托运人，B深圳公司为承运人。根据《合同法》第三百零八条，托运人在承运人将货物交付收货人之前有权要求承运人中止运输、返还货物、变更到达地或者将货物交给其他收货人，但应当赔偿承运人因此受到的损失。因此，一审法院认为，A公司在货物运抵目的港还未交付前向B深圳公司提出不要将货物交付给D公司的要求系托运人就海上货物运输合同交付事项对承运人新的指示，承运人依约应当履行。B深圳公司不顾A公司的指示将货物交付给D公司，从而造成了A公司的经济损失，应予赔偿。此外，虽然C深圳公司为本案运输的实际承运人，但A公司同C深圳公司之间并无运输合同关系，故A公司主张C深圳公司为实际承运人并要求其承担涉案货款损失的依据不足。

广东省高级人民法院二审判决认为，根据《海商法》相关规定，不论何种单证，都必须包含着合同当事人的承托意思表示才可以构成运输合同的证明，涉案货代货物收据不构成海上货物运输合同的证明。具体理由如下：第一，货代货物收据只是作为货运代理人收到货物的证明。虽然涉案货代货物收据记载了托运人、收货人等相关货物运输的信息，但该货代货物收据同时明确记载“货物将根据背面的条款和条件规定装卸。我们证实已收到外观和包装状况良好的货物。客户（如条款和条件所述）兹授权CEVA（如条款和条件所述）为其代理，但不作为当事人与承运人或其他运输或运输服务供应商订立合同并将客户的货物从上述始发地运输至上述目的地。CEVA作为货运代理，而不作为承运人，有责任尽合理的谨慎义务选择第三方或对其做出指示，但不对该第三方的任何作为或不作为承担任何责任”，这明确表明涉案货代货物收据签发人是货运代理人而非承运人。第二，涉案货物贸易采用FOB价格条件，B英国公司作为D公司委托的物流方负责货物的进口运输事宜，B深圳公司作为B英国公司指定的受托人，在装运港接收货物并处理装运港相关事宜，在没有特别签注的情况下，B深圳公司签发货代货物收据只表明该收据仅具有货物收据的功能和意思表示。第三，B深圳公司在本案中未收取运费，往来邮件中亦均无证据显示其以承运人身份行事，故本案证据尚不足认定A公司与B深圳公司之间存在海上货物运输合同关系。B深圳公司并不是涉案货物的承运人，未控制货物，A公司向B深圳公司主张行使中途停运权、请求返运货物，并据此主张货款损失，缺乏事实和法律依据。

此外，B深圳公司向A公司收取了码头操作费、文件费、手续费、更改费等费用，均为装运港码头费用。涉案货物贸易采用FOB价格条件，由卖方A公司负责装运港码头费用，B深圳公司收取上述费用，并办理相关事宜，应认定双方就此费用所涉事项成立货运代理合同关系。至于B深圳公司是否负有为A公司控制货物的义务应依据双方合同约定的权利义务内容确定。根据本案查明的事实，A公司与D公司具有长期贸易往来关系，双方就包括涉案货物在内的货物买卖采用FOB价格条件，D公司与B英国公司签订货物配送协议，由B英国公司为D公司提供全球物流服务，为涉案货物运输。B英国公司作为D公司的物流服务提供方，指定B深圳公司收取货物，即B深圳公司接收涉案货物系受B英国公司的指示，而非接受A公司的委托。在本案FOB贸易条件下，货物卖方A公司向买方D公司委托的货运代理人交付货物等同于其已经向买方交付了货物，此时，买方的货运代理人B深圳公司向承运人交付货物只能视为代买方交付货物，而不能视为代卖方交付货物。因此，B深圳公司作为海运单上的托运人身份出现，其代表的并非A公司，并没有义务代A公司行使货物控制权。从B深圳公司与A公司的货运代理合同关系来看，B深圳公司向A公司收取的费用为装运港码头费用，本案货物已经正常出运，就上述费用所涉事项，B深圳公司已经依约完成。A公司在收到D公司财务危机的信息之后，确实向B深圳公司发出控制货物的请求，但如前所述，就海上货物运输事项而言，B深圳公司并无义务接受A公司的指令向C深圳公司请求扣留货物。并且，本案查明的事实显示，B深圳公司已协助A公司将扣货指令发送给B英国公司和B中国香港公司，其在处理委托事项上并无过错，因此，B深圳公司无须对A公司的损失承担赔偿责任。

最高人民法院在再审裁定中支持了二审法院的观点。

三、CFR（Cost and Freight）——成本加运费

（一）如何使用CFR规则

CFR规则只能用于海洋和内河运输。在CFR规则下，虽然卖方有义务承担将货物运输到指定目的港并支付该海运段的运费，但是，货物的风险在卖方将货物装上船完成交付时就转移给了买方。当选择使用CFR规则时，货物销售合同必须明确规定一个具体的卸货港，而装运港可以由卖方自己选择。在CFR规则下，虽然货物灭

失或者损坏的风险和货物的交付均发生在装运港，但卖方需要承担货物到达指定目的港之前的运费。买方负责安排货物到达目的港后其他所有阶段需要做的所有事情，并承担此阶段产生的所有费用和风险。

（二）CFR 规则的主要特点

1. CFR 规则的使用格式

CFR【指定目的港】——Incoterms® 2020

鉴于 CFR 规则后面紧跟的“指定目的港”是卖方需要签订运输合同将货物运输到的卸货港，也是卖方需要支付运输费用直到该地点为止的地方，对于卖方承担运输费用具有至关重要的作用，因此，建议双方不但要对该“目的港”做出明确规定，而且买卖双方尽可能精准地指定该“目的港”内的一个特定地点作为交货地点，而不是一个诸如青岛港、上海港这样的较大范围的港口名称。此外，还需要明确使用的是哪一版的 Incoterms® ，否则，当发生争议时，法官或者仲裁员有权选择使用最新的版本。

示例　中国天津 A 公司从法国巴黎 B 公司进口葡萄酒

建议使用：CFR 中国天津港 1 号码头，Incoterms® 2020。

不建议使用：CFR 中国天津港，Incoterms® 2020。

2. CFR 规则可以适用的运输模式

CFR 规则仅能用于海洋运输或者内河运输这种运输模式，尤其用于散装货的内河运输或者海洋运输模式。

3. CFR 规则下货物的交付和接收

在 CFR 规则下，货物交付是卖方在销售合同规定的时间或期间内以约定的方式在指定的装运港将货物装上卖方指定的船舶。需要注意的是，在不同的航段由不同的承运人负责承运且买卖双方在销售合同中没有约定交付地点时，默认为在卖方将货物装上第一个承运人的船舶时交付。当然，买卖双方亦可以在销售合同中约定在装上其他承运人的船舶时交付。

当卖方按照双方的约定在约定的时间或者期间内在指定交货地点或者卖方通知的指定交货地点范围内按照约定的方式向买方交付货物时，买方必须接收货物，并在指定目的港从承运人那里提取货物。

4. CFR 规则下货物的装载和卸载

在 CFR 规则下，由卖方负责货物到达装运港之前的前程运输。卖方需要将货物装上自己雇佣的第三方承运人的运输工具或者自己的运输工具，并将货物运到装运港。在装运港，卖方负责将货物从运输工具上卸载下来并装上自己预订的船舶，将货物运送到指定目的港。需要注意的是，在CFR规则下，在指定目的港由买方负责卸载。从指定目的港转运到买方营业场所的后程运输由买方负责，期间的装载和卸载工作一律由买方负责。

5. CFR规则下的交货单据/运输单据

因为CFR规则仅适用于海洋运输或者内河运输，卖方承担将货物从装运港运输到指定目的港的责任，因此，卖方有责任向买方提供从装运港到指定目的港惯常使用的运输单据。该运输单据通常是显示装船日期的提单。需要注意的是，卖方提供给买方的运输单据必须是整套正本提单。该运输单据必须明确记载销售合同中约定的货物，必须是在约定的运输期限内签发，还必须使买方能够在目的港凭借该运输单据从承运人那里提取货物或者在没有其他特别约定的情形下使买方能够在海上运输途中通过转让该运输单据/通知承运人的方式将货物转卖给下家买方。

6. CFR规则下货物出口、过境和进口程序中需要的单据及手续、关税、税费和其他费用的责任方

卖方有义务向买方提供纸质版的或者电子版的商业发票和装箱单等附随于货物的商业单据。

在涉及货物进出口的情形下，在CFR规则下，一方面，由于卖方负责办理出口清关手续，因此，卖方必须获得出口清关所需的所有文件，比如出口许可证、装船前的检验证书以及其他诸如授权书等办理出口手续所需要的正式文件。同时，因办理出口清关而产生的手续费、税费、安全费用和其他费用由卖方承担；另一方面，虽然过境或进口清关手续由买方负责办理，但卖方必须向买方提供自己能获得的所有信息和单据以使买方能够获得为了完成将货物进口到目的地国家或过境的清关手续而需要的所有信息和单据。需要注意的是，买方必须向卖方偿付卖方为了获得这些信息和单据而支付的所有费用。同时，因办理过境清关和进口清关而产生的手续费、税费、安全费用和其他费用由买方承担。

7. CFR规则下的货物运输

在CFR规则下，由卖方负责将货物从装运港运输到指定目的港，由卖方负责租船订舱，同主承运人签署海上货物运输合同。需要注意的是，在CFR规则下，由于货物灭失或者损坏的风险在货物装上主承运人的船舶时就从卖方转移给了买方，因此，虽然海上货物运输的费用由卖方承担，但运输途中货物发生的一切风险均由买方承担。当然，卖方亦可以要求买方按照惯常条件租船订舱，并由买方同主承运人签署海上货物运输合同。需要注意的是，在此种情形下，海上货物运输费用仍由卖方承担，但货物运输途中发生的一切风险则由买方承担。买方亦可以拒绝卖方的该项要求。如果拒绝卖方的该项要求，买方应当尽快通知卖方。

8. 风险的转移

在 CFR 规则下，货物灭失或者损坏的风险在卖方按照约定的时间、地点和方式将货物装上卖方按照惯常的条件预订的船舶时便从卖方转移给了买方。需要注意的是，在不同的航段由不同的承运人负责承运且销售合同中没有约定交付地点时，默认为在卖方将货物装上第一个承运人的船舶时货物的风险从卖方转移给了买方。当然，为了将货物风险转移的时间点后移，买卖双方可以在销售合同中明确约定货物装上靠后的承运人的船舶时交付。这样货物风险就会晚些转移。

9. CFR 规则下的货物保险

在 CFR 规则下，卖方或者买方都没有为货物办理保险的义务，但是建议买方办理保险，至少针对海上运输这段路程办理海上运输保险，因为货物灭失或者损坏的风险在货物装上卖方指定的船舶时便转移给了买方，自交付后无论是起航前还是海上运输途中货物发生的一切风险均由买方承担。卖方必须向买方提供其能够获得的买方办理所需保险而必需的所有信息。同时，卖方必须帮助买方获得办理保险所需要的单据。

10. CFR 规则下的货物安全责任

Incoterms® 2020 项下的安全责任主要有以下两种情形：第一种是从卖方所在地到买方所在地的运输安全责任；第二种是货物出口、过境和进口中清关手续和程序中的安全责任。鉴于货物运输中的安全责任由负责货物运输的一方当事人承担，因此，在 CFR 规则下，无论卖方是使用自己的运输工具还是通过第三方承运人进行前程运输，卖方承担将货物运输到装运港这段前程运输过程中的所有运输安全责任。此外，卖方还承担将货物从装运港运输到指定目的港这段主程运输的运输安全责任。买方承担将货物从指定目的港转运到买方营业场所或者其他地点这段后程运输的运输安全责任。鉴于海关清关过程中的安全责任由承担清关责任的一方当事人承担，因此，在 CFR 规则下，卖方承担出口清关中的所有安全责任。需要注意的是，虽然卖方在进口清关和过境清关中不负有安全责任，但是卖方亦有义务按负有安全责任的买方的请求向买方提供卖方可以获得的有关货物进口清关和过境清关安全方面的信息和单据，由此产生的费用和风险均由买方承担。买方承担过境清关和进口清关中的所有安全责任。虽然买方在出口清关中不负有安全责任，但是买方亦有义务按负有安全责任的卖方的请求向卖方提供买方可以获得的有关货物出口清关安全方面的信息和单据，由此产生的费用和风险均由卖方承担。

11. CFR 规则下卖方和买方之间的费用分配

CFR 规则下卖方和买方之间费用分担的总原则是，自卖方在约定时间或者期间内在约定的装运港以约定的方式将货物装上卖方指定的船舶时起，此前涉及的一切费用均由卖方承担，此后涉及的除从装运港到指定目的港这段航程的运输费用之外的一切费用均由买方承担。此外，应当由卖方负责办理的事情，但需要买方提供相关信息和帮助的，由此而产生的费用一律由卖方承担；应当由买方负责办理的事情，但需要卖方提供相关信息和帮助的，由此而产生的费用一律由买方承担。如果买卖双方对相关费用的承担方式另有约定的，依照约定。具体而言，买卖双方承担的费用大致如下。

（1）卖方承担下列所有费用：

①货物包装、查验和标识的操作费用。

②将货物装载到前程运输工具上产生的操作费用。

③将货物运输到装运港的前程运输所产生的运输费用。

④因遵守前程运输安全要求履行相关义务而产生的运输安全费用。

⑤在装运港因卸载、处理、仓储、使用驳船运送货物而发生的场站费用和驳运费。

⑥将货物装上卖方指定的船舶而产生的操作费用。

⑦在涉及货物进出口的情形下，出口清关的手续费、税费和其他费用。

⑧在涉及货物进出口的情形下，因遵守出口清关安全方面的要求履行相关义务而产生的费用。

⑨为了遵守从装运港到指定目的港这段海上运输的运输安全要求履行相关义务而产生的安全费用。

⑩将货物从装运港运输到指定目的港产生的主（国际）运费。

⑪向买方提供交货/运输单据而产生的费用。

⑫根据卖方要求，买方因协助卖方取得办理出口清关手续所必需的单据和

（或）信息而产生的费用。需要注意的是，该项属于或有费用。

⑬在涉及货物进出口的情形下，根据卖方和承运人之间的海上货物运输合同，由卖方承担过境费用。需要注意的是，该项属于或有费用，只有海上货物运输合同规定了该笔费用由卖方承担，卖方才承担，否则应当由买方负责办理过境手续并承担与此有关的费用。在卖方根据海上货物运输合同支付该笔过境费后，除非买卖双方对此另有约定，否则，卖方不得就该笔过境费向买方追偿。

⑭在涉及货物进出口的情形下，根据卖方和承运人之间的海上货物运输合同，由卖方承担在指定目的港因卸货而产生的相关操作费用。需要注意的是，该项属于或有费用，只有海上货物运输合同规定了该笔费用由卖方承担，卖方才承担，否则应当由买方负责卸货并承担与此有关的卸货费用。在卖方根据海上货物运输合同支付该笔卸货费后，除非买卖双方对此另有约定，否则，卖方不得就该笔卸货费向买方追偿。

⑮在货物装上卖方指定的船舶前与货物灭失或者损坏有关的所有费用。

（2）买方需要承担下列费用：

①在货物装上卖方指定的船舶后与货物灭失或者损坏有关的所有费用。

②在指定目的港因使用驳船运送、卸载、处理和仓储货物而发生的驳运费和场站费用。需要注意的是，如果卖方已经根据海上货物运输合同承担在指定目的港因卸货而产生的费用，则买方无须再承担该笔费用。

③在涉及货物进出口的情形下，过境和进口清关的手续费、税费和其他费用。需要注意的是，如果卖方已经根据海上货物运输合同承担过境费用，则买方无须再承担该笔费用。

④在涉及货物进出口的情形下，因遵守过境清关和进口清关安全方面的要求履行相关义务而产生的安全费用。

⑤因办理货物运输保险而产生的保险费。需要注意的是，该项属于或有费用。

⑥卖方应买方要求提供协助买方获取同办理过境和进口清关手续有关的单据和（或）信息而产生的费用。需要注意的是，该项属于或有费用。

⑦通过雇佣的第三方承运人或者使用买方自己的运输工具将货物从指定目的港转运到买方经营场所这段后程运输产生的费用。

⑧因遵守后程运输的运输安全要求履行相关义务而产生的运输安全费。

⑨在买方营业场所或者仓库卸载货物产生的操作费用。

12. CFR 规则适用的付款方式

CFR 既可以适用于诸如预付、货到付款、赊销、银行转账或者支票中的任一种付款方式，亦可适用于信用证或者跟单方式中的任一种跟单付款方式。

（三）使用 CFR 的实务建议

在 CFR 规则下，货物的交付是在约定的装运港，由卖方承担的货物灭失或者损坏的风险止于该装运港。虽然卖方必须安排将货物从交付地运输到指定目的港的海上运输，但该海上运输途中货物灭失或损坏的风险却是由买方承担的，因此建议买方针对货物投保货物运输保险。

CFR 规则通常用于卖方在指定目的港之前的货物装载和运输方面具有专业知识和购买力的农业或化工产品。如果是集装箱运输，最好使用 CPT 规则。CFR 规则通常适用于诸如谷物、石油等散装货，以及超大型或超过正常尺寸而不能装入集装箱的货物。

同 CIP 规则、CPT 规则和 CIF 规则一样，CFR 规则下的基本费用都由卖方承担。CFR 规则下买卖双方的义务和责任以及风险转移亦基本同 FOB 规则类似。CFR 规则和 FOB 规则的根本区别在于，CFR 规则下的海上运输由卖方负责，即：卖方负责租船订舱，同承运人签订海上货物运输合同，支付海上货物运输费用。此外，如果使用多式联运，则建议使用 CPT 规则。

（四）典型案例：CFR 规则下的海上货物运输合同关系

【案例 8】A 船务有限公司与大连 B 进出口有限公司海上货物运输合同纠纷案①

1. 案情简介

2013 年 11 月 25 日，大连 B 进出口有限公司（以下简称“B 公司”）与案外人 C（上海）贸易有限公司（以下简称“C 公司”）签订代理进口协议，约定 C 公司委托 B 公司进口印度尼西亚产红土镍矿，B 公司协助 C 公司办理受托商品进口的有关审批、通关和提货手续。在 C 公司支付 B 公司全部货款前，货物的所有权归 B 公司所有。当 C 公司支付全部货款后，B 公司将货权转移给 C 公司。2013 年 11 月 30 日，B 公司作为买方与作为卖方的 D 矿业有限公司（以下简称“D 公司”）签订了印度尼西亚产的红土镍矿的货物买卖合同，其中第 4 条约定货物价格 53 美元/湿公吨，CFR 中国主要港口，付款方式为即期信用证付款。

① 参见上海市高级人民法院（2016）沪民终 112 号民事判决书。

2013 年 11 月 29 日，D 公司作为承租人和作为出租人的 A 船务有限公司（以下简称“A 公司”）签订租船合同，约定装运港为印度尼西亚的北科拉卡（NORTH KOLAKA），卸货港为中国连云港。该租船合同约定运费应在签订合同后支付 100000 美元，剩余运费在船到卸货港前支付。

2013 年 12 月 27 日，A 公司签发清洁已装船提单，该提单上载明托运人为 D 公司，收货人凭指示，装运港为 OLO-OLOHO，北科拉卡，卸货港为中国连云港，运费预付，盖有 A 公司印章。提单同时载明“与租船合同一起使用”，并记载“运费根据租船合同支付，日期为 2013 年 11 月 29 日的租船合同的所有条款、条件和例外规定都是本提单的组成部分，包括仲裁条款”。

B 公司通过信用证议付取得了涉案货物的全套正本提单。2014 年 1 月，涉案船舶抵达连云港，涉案货物被卸下船后存放于连云港。B 公司已办妥涉案货物的清关手续。此后，B 公司向 A 公司的卸货港代理人联合公司出具正本提单要求提货。2014 年 3 月 1 日，作为 A 公司在卸货港的代理人的连云港 E 船舶代理有限公司（以下简称“E 公司”）依照 A 公司的指示，对涉案提单项下的货物行使了留置权。因交涉未果，B 公司向法院提起诉讼，请求 A 公司、E 公司准予 B 公司提取涉案提单下的货物，否则 A 公司、E 公司应连带赔偿 B 公司损失。

事实关系图如图 3-15 所示。诉讼关系图如图 3-16 所示。

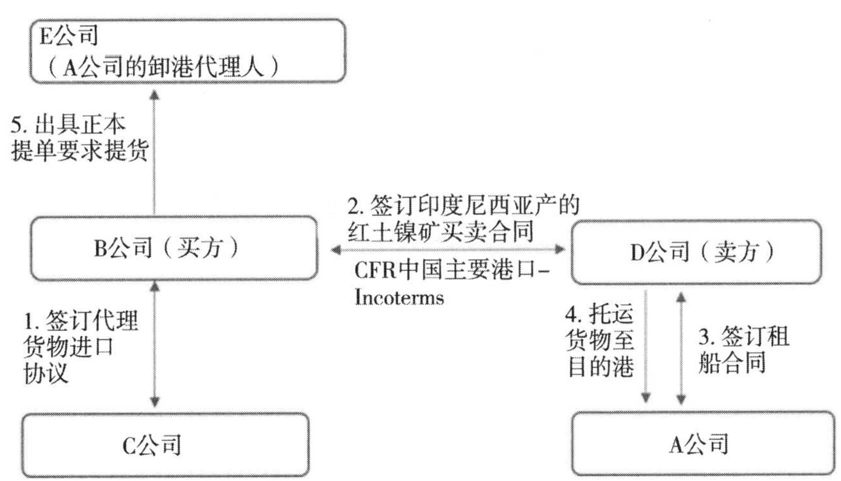

图 3-15 事实关系图

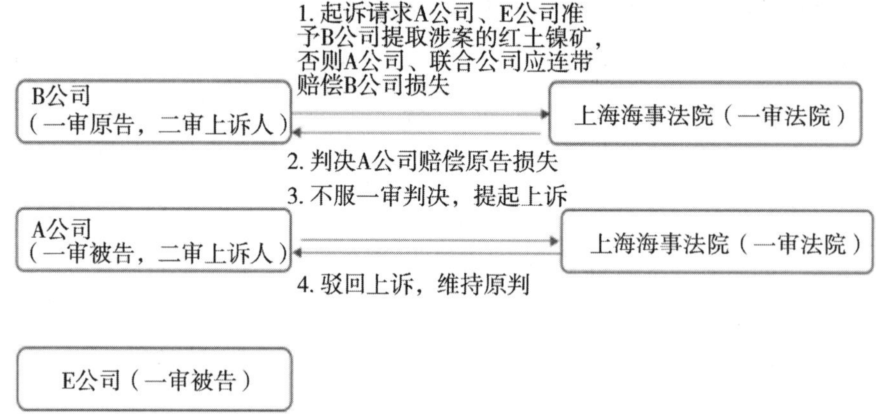

图 3-16　诉讼关系图

2. 判决结果

一审上海海事法院和二审上海市高级人民法院均判决认为，B 公司并非 A 公司所主张运费和滞期费的支付义务人，A 公司无权留置涉案货物。因此，B 公司有权基于货物运输合同关系向 A 公司要求提取涉案货物。但 E 公司为 A 公司的卸货港代理人，并非交货义务人，因此，B 公司要求 E 公司向其交付货物或赔偿损失的诉讼请求缺乏依据。

具体理由如下：第一，根据《海商法》第六十九条和第七十八条，托运人与承运人可以约定运费由收货人支付，但此项约定应在运输单证中载明。承运人同收货人、提单持有人之间的权利、义务关系，依据提单的规定确定。收货人、提单持有人不承担在装运港发生的滞期费、亏仓费和其他与装货有关的费用，但是提单中明确载明上述费用由收货人、提单持有人承担的除外。此外，根据《海商法》第八十七条规定，应当向承运人支付的运费、共同海损分摊、滞期费和承运人为货物垫付的必要费用以及应当向承运人支付的其他费用没有付清，又没有提供适当担保的，承运人可以在合理的限度内留置其货物。具体到本案，鉴于 B 公司与 D 公司之间的货物买卖合同约定交易方式为 CFR 中国主要港口，因此，根据 CFR 规则，到达目的港中国连云港之前的所有运费应当由作为卖方的 D 公司承担，运输合同亦是由 D 公司同承运人签订。根据 D 公司和承运人 A 公司之间的运输合同，涉案提单中约定运费的支付方式为预付，A 公司也无其他证据证明其与 D 公司约定运费由 B 公司承担。因此，A 公司主张运费和滞期费应当由 D 公司支付。D 公司是否已全额支付运费和装港滞期费，不应成为A公司拒绝B公司凭正本提单提货的理由。第二，根据《海商法》第七十一条，提单是指用以证明海上货物运输合同和货物已经由承运人接收或者装船，以及承运人保证据以交付货物的单证。提单中载明的向记名人交付货物，或者按照指示人的指示交付货物，或者向提单持有人交付货物的条款，构成承运人据以交付货物的保证。A公司作为承运人，应依约履行交付货物的义务，若未能履行涉案货物的交付义务，应对由此给收货人B公司造成的损失承担相应赔偿责任。

四、CIF（Cost Insurance and Freight）——成本、保险费加运费

（一）如何使用CIF规则

在CIF规则下，卖方必须支付必要的成本和运费将货物运输到指定目的港。货物在卖方将其在约定装运港装上卖方指定的船舶时交付。货物灭失或损坏的风险自交付时起从卖方转移到买方。这些同CFR规则一样，但CIF规则与CFR规则还是存在不同之处的，其区别就在于CIF规则规定了由谁负责为货物办理海上货物运输保险。在CIF规则下，卖方必须为买方投保货物在海上运输过程中的灭失或损坏险。因此，需要由卖方订立海上货物运输保险合同并支付保险费。但卖方只需要投保最低限度的保险。如果买方希望获得更大覆盖面、更高级别的保险，可以同卖方进行协商，并且明确规定在销售合同中，或者买方自己为货物办理额外的保险。

在CIF规则下，在涉及货物进出口的情形下，卖方负责安排在卖方国家的所有阶段直到货物装上卖方指定的船舶需要做的所有事情，并承担此阶段产生的所有费用和风险。出口清关的费用、在卖方国家所有码头的操作费及所有将货物搬运到船上的相关费用都由卖方支付。需要注意的是，CIF规则只能用于海洋运输或者内河运输。如果从交货地点到指定目的地，货物从未装上任何一种类型的船舶，则建议使用CIP规则，而不是CIF规则。此外，虽然货物灭失或者损坏的风险在货物装上船完成交付时起从卖方转移给了买方，但卖方仍需要负责将货物运送到指定目的港。从装运港到指定目的港的运费由卖方承担。买方负责安排货物到达指定目的港之后其他所有阶段需要做的所有事情，并承担此阶段产生的所有费用和风险。

（二）CIF 规则的主要特点

1. CIF 规则的使用格式

CIF【指定目的港】——Incoterms® 2020

鉴于 CIF 规则后面紧跟的“指定目的港”是卖方需要签订运输合同将货物运输到的卸货港，也是卖方需要支付运输费用直到该地点为止的地方，对于卖方承担主（国际）运输费用具有至关重要的作用，因此，建议双方不但要对该“目的港”做出明确规定，而且买卖双方尽可能精准地指定该“目的港”内的一个特定地点作为交货地点，而不是一个诸如青岛港、上海港这样较大范围的港口名称。此外，还需要明确使用的是哪一版的 Incoterms®，否则，当发生争议时，法官或者仲裁员有权选择使用最新的版本。

示例　中国天津 A 公司从法国巴黎 B 公司进口葡萄酒

建议使用：CIF 中国天津港 1 号码头，Incoterms® 2020。

不建议使用：CIF 中国天津港，Incoterms® 2020，或者 CIF 中国天津港 1 号码头。

2. CIF 规则可以适用的运输模式

CIF 规则仅能用于海洋运输或者内河运输这种运输模式，尤其用于散装货的内河运输或者海洋运输模式。

3. CIF 规则下货物的交付和接收

在 CIF 规则下，货物交付是卖方在销售合同规定的时间或期间内以约定的方式在约定的装运港将货物装上卖方指定的船舶。需要注意的是，在不同的航段由不同的承运人负责承运且买卖双方在销售合同中没有约定货物交付地点时，默认为在卖方将货物装上第一个承运人的船舶时交付。当然，买卖双方亦可以在销售合同中约定在装上其他承运人的船舶时交付。

当卖方按照双方的约定在约定的时间或者期间内在指定交货地点或者卖方通知的指定交货地点范围内按照约定的方式向买方交付货物时，买方必须接收货物，并在指定目的港从承运人那里提取货物。

4. CIF 规则下货物的装载和卸载

在 CIF 规则下，由卖方负责货物装上运货船舶之前的前程运输。卖方需要将货物装上自己雇佣的第三方承运人的运输工具或者自己的运输工具，并将货物运到约定的装运港。在装运港，卖方负责将货物从运输工具上卸载下来并装上卖方指定的船舶，将货物运送到指定目的港。需要注意的是，在CIF规则下，在指定目的港由买方负责卸载。将货物从指定目的港转运到买方营业场所或其他地方的后程运输由买方负责，期间的装载和卸载工作一律由买方负责。如果卖方同承运人之间签订的主（国际）运输合同规定由卖方负责在指定目的港卸货，则由卖方负责卸载工作。

5. CIF规则下的交货单据/运输单据

因为CIF规则仅适用于海洋运输或者内河运输，卖方承担将货物从装运港运输到指定目的港的责任，因此，卖方有责任向买方提供从装运港到指定目的港的惯常使用的运输单据。该运输单据通常是显示装船日期的提单。需要注意的是，该运输单据必须明确记载销售合同中约定的货物，必须是在约定的运输期限内签发，还必须使买方能够在目的港凭借该运输单据从承运人那里提取货物。此外，除非存在其他特别约定，否则该运输单据必须使买方能够在海上运输途中通过转让该运输单据或者通知承运人的方式将货物转卖给下家买方。在此种情形下，卖方提供给买方的运输单据必须是整套正本提单。

6. CIF规则下货物出口、过境和进口程序中需要的单据及手续、关税、税费和其他费用的责任方

卖方有义务向买方提供纸质版的或者电子版的商业发票和装箱单等附随于货物的商业单据。

在涉及货物进出口的情形下，在CIF规则下，一方面，由于卖方负责办理出口清关手续，因此，卖方必须获得出口清关所需的所有文件，比如出口许可证、装船前的检验证书以及其他诸如授权书等办理出口手续所需要的正式文件。同时，因办理出口清关而产生的手续费、税费、安全费用和其他费用由卖方承担；另一方面，虽然过境或进口清关手续由买方负责办理，但卖方必须向买方提供自己能获得的所有信息和单据以使买方能够获得为了完成将货物进口到目的地国家或过境的清关手续而需要的所有信息和单据。需要注意的是，买方必须向卖方偿付卖方为了获得这些信息和单据而支付的所有费用。同时，因办理过境清关和进口清关而产生的手续费、税费、安全费用和其他费用由买方承担。

7. CIF规则下的货物运输

在CIF规则下，由卖方负责将货物从装运港运输到指定目的港，由卖方负责租船订舱，同承运人签署海上货物运输合同。需要注意的是，在CIF规则下，由于货物灭失或者损坏的风险在货物装上卖方指定的船舶时就从卖方转移给了买方，因此，虽然海上货物运输的费用由卖方承担，但运输途中货物发生的一切风险均由买方承担。当然，卖方亦可以要求买方按照惯常条件租船订舱，并由买方同承运人签署海上货物运输合同。但需要注意的是，在此种情形下，海上货物运输费用仍由卖方承担，货物运输途中发生的一切风险仍由买方承担。买方亦可以拒绝卖方的该项要求。但是，如果拒绝卖方的该项要求，买方应当尽快通知卖方。

8. CIF 规则下货物风险的转移

在 CIF 规则下，货物灭失或者损坏的风险在卖方按照约定的时间或者期间在约定的装货地点，以约定的方式将货物装上卖方按照惯常的条件预订的船舶时，便从卖方转移给了买方。需要注意的是，在不同的航段由不同的承运人负责承运且销售合同中没有约定交付地点时，默认为在卖方将货物装上第一个承运人的船舶时货物的风险从卖方转移给买方。当然，为了将货物风险转移的时间点后移，买卖双方可以在销售合同中明确约定货物装上靠后的承运人的船舶时交付。这样货物风险就会晚些转移。

9. CIF 规则下的货物保险

在 CIF 规则下，由卖方负责选择信誉良好的保险人或者保险公司签订货物海上运输保险合同，为货物办理保险，保险的标的是买方承担的自货物交付时起至指定目的港这段海上运输途中货物灭失或者损坏的风险。该货物保险必须使买方或者任何其他对货物具有可保利益的人有权直接向保险公司索赔。需要注意：第一，在涉及货物进出口的情形下，如果买方国家强制性地要求必须在本地购买保险，建议使用 CFR 规则；第二，在 CIF 规则下，卖方办理的保险只需要符合《伦敦保险协会货物保险条款》（C）款或者其他类似条款下的险别。如果买方对货物保险有较高级别的需求，需要买卖双方在销售合同中对此加以明确规定，亦可以由买方自行办理额外的保险。在前一种情形下，在买方能够提供卖方办理附加险所需要的信息时，卖方必须为买方提供附加险，但由此而产生的费用由买方承担；在后一种情形下，在买方要求且承担费用和风险的情况下，卖方有义务向买方提供买方办理额外保险所需要的信息；第三，保险合同的保险金额必须是货物总价的 110%，且保险金额采用的货币同销售合同中用来支付货款的货币一致。第四，卖方有义务向买方提供保险单或者其他保险证明以便在出险时买方可以直接向保险人索赔。

10. CIF 规则下的货物安全责任

Incoterms® 2020 项下的安全责任主要有以下两种情形：第一种是从卖方所在地到买方所在地的运输安全责任；第二种是货物出口、过境和进口中清关手续和程序中的安全责任。鉴于货物运输中的安全责任由负责货物运输的一方当事人承担，因此，在 CIF 规则下，无论卖方是使用自己的运输工具还是通过第三方承运人进行前程运输，卖方承担将货物运输到装运港这段前程运输过程中的所有运输安全责任。此外，卖方还承担将货物从装运港运输到指定目的港这段主程运输的运输安全责任。买方承担将货物从装运港运输到指定目的港这段主程运输及从指定目的港转运到买方营业场所或者其他地点这段后程运输外，买方还承担将货物从指定目的港转运到买方营业场所或者其他地点这段后程运输的运输安全责任。鉴于海关清关过程中的安全责任由承担清关责任的一方当事人承担，因此，在 CIF 规则下，卖方承担出口清关中的所有安全责任。需要注意的是，虽然卖方在进口清关和过境清关中不负有安全责任，但是卖方亦有义务按负有安全责任的买方的请求向买方提供卖方可以获得的有关货物进口清关和过境清关安全方面的信息和单据，由此产生的费用和风险均由买方承担。买方承担进口清关和过境清关中的所有安全责任。虽然买方在出口清关中不负有安全责任，但是买方亦有义务按负有安全责任的卖方的请求向卖方提供买方可以获得的有关货物出口清关安全方面的信息和单据，由此产生的费用和风险均由卖方承担。

11. CIF 规则下卖方和买方之间的费用分配

CIF 规则下卖方和买方之间费用分担的总原则是，自卖方在约定时间或者期间内在装运港以约定的方式将货物装上卖方指定的船舶时起，此前涉及的一切费用和此后涉及的从装运港到指定目的港这段主航程的运费和海上货物运输保险费均由卖方承担，此后涉及的除从装运港到指定目的港这段主航程的运费和海上货物运输保险费之外的一切费用均由买方承担。此外，应当由卖方负责办理的事情，但需要买方提供相关信息和帮助的，由此产生的费用一律由卖方承担；应当由买方负责办理的事情，但需要卖方提供相关信息和帮助的，由此而产生的费用一律由买方承担。如果买卖双方对相关费用的承担方式另有约定的，依照约定。具体而言，买卖双方承担的费用大致如下。

（1）卖方承担下列所有费用：

①货物包装、查验和标识的操作费用。

②将货物装载到前程运输工具上产生的操作费用。

③将货物运输到装运港的前程运输所产生的运输费用。

④因遵守前程运输安全要求履行相关义务而产生的运输安全费用。

⑤在装运港因卸载、处理、仓储、使用驳船运送货物而发生的场站费用和驳运费。

⑥将货物装上卖方指定的船舶而产生的操作费用。

⑦在涉及货物进出口的情形下，出口清关的手续费、税费和其他费用。

⑧在涉及货物进出口的情形下，因遵守出口清关安全方面的要求履行相关义务而产生的费用。

⑨为了遵守从装运港到指定目的港这段海上运输的运输安全要求履行相关义务而产生的安全费用。

⑩将货物从装运港运输到指定目的港产生的主（国际）运费。

⑪办理从装运港到目的港的海上运输保险而产生的海上货物运输保险费。

⑫向买方提供交货/运输单据而产生的费用。

⑬根据卖方要求，买方因协助卖方取得办理出口清关手续所必需的单据和（或）信息而产生的费用。需要注意的是，该项属于或有费用。

⑭在涉及货物进出口的情形下，根据卖方和承运人之间的海上货物运输合同，由卖方承担过境费用。需要注意的是，该项属于或有费用，只有海上货物运输合同规定了该笔费用由卖方承担，卖方才承担，否则应当由买方负责办理过境手续并承担与此有关的费用。在卖方根据海上货物运输合同支付该笔过境费后，除非买卖双方对此另有约定，否则，卖方不得就该笔过境费向买方追偿。

⑮在涉及货物进出口的情形下，根据卖方和承运人之间的海上货物运输合同，由卖方承担的在指定目的港因卸货而产生的相关操作费用。需要注意的是，该项属于或有费用，只有海上货物运输合同规定了该笔费用由卖方承担，卖方才承担，否则应当由买方负责卸货并承担与此有关的卸货费用。在卖方根据海上货物运输合同支付该笔卸货费后，除非买卖双方对此另有约定，否则，卖方不得就该笔卸货费向买方追偿。

⑯在货物装上卖方指定的船舶前与货物灭失或者损坏有关的所有费用。

（2）买方需要承担下列费用：

①货物装船后与货物灭失或者损坏有关的所有费用。

②在指定目的港因使用驳船运送、卸载、处理和仓储货物而发生的驳运费和场站费用。需要注意的是，如果卖方已经根据海上货物运输合同承担在指定目的港因卸货而产生的费用，则买方无须再承担该笔费用。

③在涉及货物进出口的情形下，过境和进口清关的手续费、税费和其他费用。需要注意的是，如果卖方已经根据海上货物运输合同承担过境费用，则买方无须再承担该笔费用。

④在涉及货物进出口的情形下，因遵守过境清关和进口清关安全方面的要求履行相关义务而产生的安全费用。

⑤卖方应买方要求办理附加险而产生的费用。需要注意的是，该项属于或有费用。

⑥卖方应买方要求提供协助获取买方办理额外保险所需要的信息而产生的费用。需要注意的是，该项属于或有费用。

⑦卖方应买方要求提供协助买方获取同办理过境和进口清关手续有关的单据和（或）信息而产生的费用。需要注意的是，该项属于或有费用。

⑧通过雇佣的第三方承运人或者使用买方自己的运输工具将货物从指定目的港转运到买方经营场所这段后程运输产生的费用。

⑨因遵守后程运输的运输安全要求履行相关义务而产生的运输安全费。

⑩在买方营业场所或者仓库卸载货物产生的操作费用。

12. CIF 规则适用的付款方式

CIF 既可以适用于诸如预付、货到付款、赊销、银行转账或者支票中的任一种付款方式，亦可适用于信用证或者跟单方式中的任一种跟单付款方式。

（三）使用 CIF 的实务建议

一般来说，Incoterms® 中的贸易术语对保险问题是沉默的——由买方和卖方各自决定他们是否为货物在他们承担灭失或损坏风险的航程的那一部分投保。在 11 个贸易术语中，仅有 2 个贸易术语强制性地要求办理保险，一个是 CIF 规则，另一个是 CIP 规则。在这 2 个贸易术语项下，在货物交付给承运人后，卖方都必须为卖方不承担货物灭失或者损坏的这部分路程购买货物运输保险。该货物运输保险是为了买方的利益而办理的，在发生保险事故时，必须由买方向保险公司索赔。

在 Incoterms® 2020 版本中的 CIF 规则下，同 Incoterms® 2010 版本一样，如果买

卖双方在销售合同中没有特别规定，卖方只需要按照货物的发票金额办理最低限度的保险，即《伦敦保险协会货物保险条款》（C）款或者其他类似条款下的险别。如果买方认为该保险的覆盖范围不能满足其需求，买方可以同卖方进行协商，选择较高级别的险种进行投保。为了避免在以后发生争议时没有依据，建议买卖双方在销售合同中对此做出明确规定。需要注意的是，虽然在CIF规则下，由卖方负责为货物办理运输保险，但货物灭失或者损坏的风险自货物在装运港装上卖方指定的船舶时起就转移给了买方。因此，在CIF规则下，买方是卖方投保的货物运输保险合同的受益人。在发生保险事故时，由买方直接向保险人索赔。此外，在涉及货物进出口的情形下，除非买卖双方在销售合同中另有约定，否则卖方没有义务为货物在卖方国家境内装运港装船前的前程运输阶段或者在买方国家境内指定目的港之后的后程运输办理货物运输保险。

（四）典型案例：CIF规则下的货物运输保险

【案例9】东莞市A钢结构有限公司、B建筑工程有限公司海上、通海水域保险合同纠纷案①

1. 案情简介

东莞市A钢结构有限公司（以下简称“A公司”）和B建筑工程有限公司（以下简称“B公司”）于2013年签订了P69型钢供货合同，约定A公司向B公司供应P69型钢结构件，贸易条款为CIF巴西圣达卡塔里娜州伊塔加港。

鉴于在CIF规则下由A公司安排货物运输，因此，A公司和深圳市C国际货运代理有限公司（以下简称“C公司”）于2014年4月30日签订货物运输合同，约定A公司委托C公司安排涉案货物运输，包括从A公司指定工厂到装运港码头段的拖车运输、装运港港口操作、出口报关代理、装船、绑扎、垫料、海运、一直到目的港舱底交货（海运段为船方负责装船不负责卸船的LIFO条款）的全部事宜。货物运输合同签订后，C公司为该货物安排出口报关、运输等相关事宜。2014年6月13日，C公司向东莞市D船务代理有限公司（以下简称“D公司”）订舱。2014年6月24日，D公司作为涉案船舶船长的代理人，签发了正本提单。该提单记载的托运人为A公司，收货人与通知方均为B公司，装运港为中国虎门港，卸货港为巴西伊塔加港。提单同时注明，有61件货物装载在甲板上，由货方承担风险和运费，

① 参见广东省高级人民法院（2019）粤民终198号民事判决书。

承运人对任何损失和（或）损坏不承担任何责任。

提单签发后，A 公司委托 C 公司就涉案货物运输进行投保。2014 年 6 月 24 日，太平洋 E 股份（深圳）有限公司（以下简称“E 深圳公司”）签发了 79M 号保险单。该保险单由 F 公司制单，被保险人为 A 公司，承保险别为根据《中国 E 股份有限公司海洋货物运输保险条款》承保一切险，但不包括擦刮、压凹、腐蚀、氧化和碰撞所导致的损失和损害，免赔额为人民币 20000 元或所受损失的 10%，以较高者为准；赔款偿付地点为中国虎门，以美元支付。A 公司于 2014 年 7 月 21 日将其在涉案保险合同中的权利义务转让给 B 公司。

海运途中，涉案船舶先后两次遭遇恶劣天气与大浪，导致船载涉案货物部分受损，部分落海。2014 年 8 月 7 日，E 深圳公司收到一封署名为“JACKPAN”的电子邮件，要求 E 深圳公司准备理赔事宜。

2014 年 8 月 28 日，E 深圳公司向 A 公司发出“关于解除保险合同的通知”，声称：A 公司通过 F 公司就一批钢结构货物向 E 深圳公司投保货物运输险，E 深圳公司于 2014 年 6 月 24 日签发了保险单。E 深圳公司于 2014 年 8 月 7 日接到报案，得知承运船舶在运输途中遭遇大风浪，部分被装载在甲板上的货物掉落海中；直到此时，E 深圳公司才得知 A 公司投保的货物有一部分被装载在甲板上；货物被装载在甲板上，其危险程度比被装载在货舱中显著增加，严重影响保险事故的发生，属于重大事项，A 公司在向 E 深圳公司投保时有义务将该事项告知 E 深圳公司，以便 E 深圳公司决定是否承保或提高保险费率；A 公司在投保时没有将该重大事项告知 E 深圳公司，在保险合同订立后也没有及时告知 E 深圳公司，严重违反了告知义务；鉴于以上原因，E 深圳公司通知 A 公司解除双方之间的保险合同，对于合同解除前发生的保险事故，E 深圳公司不承担保险责任。对此，A 公司于 2014 年 11 月 26 日向 E 深圳公司发出“异议告知书”称：A 公司不同意解除保险合同，要求 E 深圳公司履行保险合同约定义务，赔偿此次海损给 A 公司造成的所有损失。后因协商未果，A 公司和 B 公司向法院起诉，请求 E 深圳公司向 A 公司、B 公司赔偿以下 7 项损失或费用：①受损货物更换费用 311217.96 美元；②落海遗失货物损失 813834.25 美元；③受损货物修复费用 293976 美元；④货物临时堆存费用 235000 美元；⑤堆存货物的土地租赁费用 30000 美元；⑥货物从临时堆存场所运至施工场地的运输费用 235000 美元；⑦受损、遗失货物替代货物的卸载、运输费用 82675 美元。

事实关系图如图 3-17 所示。诉讼关系图如图 3-18 所示。

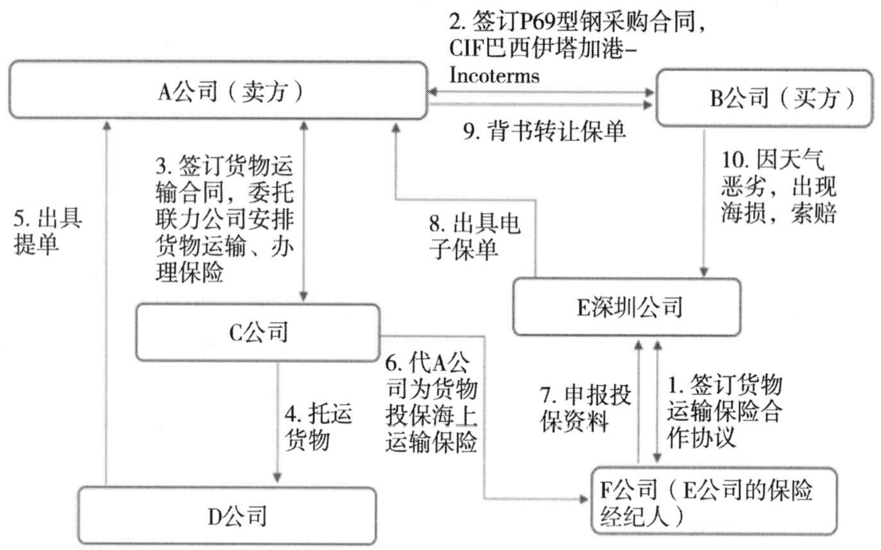

图 3-17　事实关系图

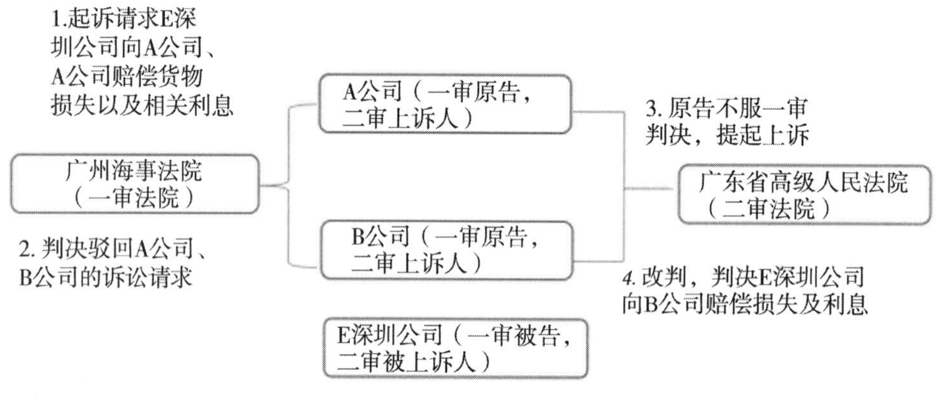

图 3-18　诉讼关系图

2. 判决结果

本案的焦点问题主要有以下 4 个：第一，涉案保险单中“免责条款”的效力；第二，E 深圳公司是否有权解除保险合同；第三，B 公司是否有权向 E 深圳公司索赔；第四，E 深圳公司是否应当承担保险赔偿责任。

关于涉案保险单中“免责条款”的效力，即涉案保险单“承保险别”一栏中记载的：根据《中国太平洋 E 股份有限公司海洋货物运输保险条款》承保一切险，但不包括擦刮、压凹、腐蚀、氧化和碰撞所致的损失和损害；免赔额为人民币 20000

元或所受损失的10%，取较大值为准”的效力。一审判决依照《中华人民共和国保险法》① 第十七条第二款规定“对保险合同中免除保险人责任的条款，保险人在订立合同时应当在投保单、保险单或者其他保险凭证上做出足以引起投保人注意的提示，并对该条款的内容以书面或者口头形式向投保人做出明确说明；未作提示或者明确说明的，该条款不产生效力。”以E深圳公司未对该条款进行提示说明为由认定涉案保险单“承保险别”中的相关条款属无效条款。但二审判决认为从该免责条款的完整内容来看，其约定承保险别为一切险，明确指明不含擦刮、压凹、腐蚀、氧化和碰撞所致的损失、损害，并对免赔额的问题做出约定，从保险类别、免责情形和免赔额等多方面对保险责任范围做出的界定，与常见保险合同中的免责条款仅就免责情形予以列举而一般并不涉及保险类别、免赔额等其他事项的规定方式存在明显区别。该条款约定的擦刮、压凹、腐蚀、氧化和碰撞所致损失、损害的情形，系本案保险标的物钢结构件在海运途中经常出现的损失、损害情形，并非普遍存在或通用于各类型货物的损失、损害情形。该免责条款是当事人对保险责任范围做出的约定，并非订立合同前E深圳公司未与A公司协商而预先拟定的格式条款，故其不应适用《保险法》第十七条第二款规定关于保险人对免责格式条款负有提示说明义务的相关规定。

关于E深圳公司是否有权解除保险合同，二审判决认为，E深圳公司系主要从事保险业务的专业机构，其应明知提单中记载的货物装载及运输情况对其确定保险费率或者确定是否同意承保具有重要影响，并应在核保过程中详细了解上述重要信息。E深圳公司提出的其电子承保系统中仅录入涉案提单编号但从未收到提单的诉讼主张，有悖于当事人在订立合同时负有的谨慎注意义务，不符合专业保险公司在核保过程中应当遵循的行业操作惯例。保险人在保险合同订立前未履行谨慎注意义务向投保人询问核实其应了解的影响保险费率确定或是否同意承保的重要信息，又在保险事故发生后以投保人未向保险人主动告知该重要信息为由主张解除保险合同并免除保险责任的行为有违《民法通则》第四条和《合同法》第六条规定的诚实信用原则。

关于B公司是否有权向E深圳公司索赔，虽然在CIF规则下，海上货物运输保险由卖方A公司购买，但二审判决认为，依照《海商法》第二百二十九条，海上货

① 以下简称《保险法》。

物运输保险合同可以由被保险人背书或者以其他方式转让，合同的权利义务随之转移。在本案诉讼过程中，A公司、B公司均称A公司已将涉案海上保险合同关系中的权利义务一并转让给B公司，其提交了经过背书的保险单和A公司签署的特别授权书等作为证据，并对域外形成的该证据办理了证明手续。现A公司、B公司均对该转让行为予以确认，E深圳公司也在本案诉讼过程中获知了该转让事宜，该转让行为已依法成立并生效。转让后，B公司作为涉案海上保险合同被保险人权利义务的受让人，有权就保险标的发生的损失向E深圳公司索赔。

关于E深圳公司是否应当承担保险赔偿责任，二审判决认为：第一，依据涉案保险单关于“承保险别”为一切险约定及《中国E股份有限公司海洋货物运输保险条款》关于一切险责任范围的约定，涉案落海遗失货物造成的损失属于涉案海上保险合同的保险责任范围。第二，依照涉案保险单中“承保险别”的约定，擦刮、压凹、腐蚀、氧化和碰撞所致的损失、损害并不属于保险责任范围。第三，A公司在对涉案货物进行投保时，并未声明该批货物属于成套设备、具有需要统一装配使用的特殊属性。A公司、B公司主张的货物临时堆存费用、堆存货物的土地租赁费用及货物从临时堆存场所运至施工场地的运输费用不属于涉案海上保险合同约定的保险责任范围。第四，鉴于认定落海遗失货物的损失时已经按照供货合同约定的CIF交易价格计算损失金额，故A公司、B公司主张的遗失货物替代货物的卸载、运输费用于法无据。此外，由于A公司、B公司所主张的受损货物的相关损失不属于保险责任范围，受损货物替代货物的卸载、运输费用也不属于保险责任范围。

第四章　Incoterms®2020 与国际货物买卖合同

第一节 概 述

Incoterms® 是服务于国际货物贸易的一套规则，一经当事人约定选用，即构成国际货物贸易合同的组成部分，对交易双方均有约束力。因此，了解并掌握国际贸易术语，不仅应研究贸易术语本身，还应从国际贸易的大框架入手，深入了解国际货物买卖合同、交易的整个流程和相应的法律问题。

国际货物买卖的交易主体来自不同地域，交易主体各自所在地的法律制度也往往不同。国际货物买卖本身涉及远途运输、国际结算、保险、不同国家政府的监管等，因此更加复杂，可能出现风险的环节也更多。因此，相对国内货物买卖合同，国际货物买卖合同的内容也更加复杂，涉及更多可能发生风险的问题。本章从国际贸易术语出发，整体介绍与国际货物买卖合同相关的内容。

一、国际货物买卖的基本概念

（一）国际货物买卖的范围界定

对于任何一份国际货物买卖合同，首先需要解决的是法律适用问题，以确定对合同的法律性质应如何定性、对买卖双方的权利义务范围如何划定，而这首先需要对该份合同是否属于“国际货物买卖”进行甄别。

1. “国际”的界定

首先，国际货物买卖要具有国际性，这是其具有复杂性的重要原因。正是因为交易发生于相距很远的不同国家或地区之间，所以国际货物贸易主体不仅要和买卖相对方发生交易关系，还要和各国的代理商、运输公司、保险公司、银行、海关、商检机构等主体发生往来。而且，国际贸易的结算方式也将带来外币的使用、汇率的变动、政府的管制等方面的问题，使得国际货物买卖更加复杂并具有更多的风险点。这需要贸易主体采取各种工具来保障合同的顺利履行。至于国内货物买卖，一般通过国内法进行规制即可，不涉及适用国际公约或外国法律的问题，在此我们暂不加以论述。

国际贸易是否具有“国际性”，通常指交易双方的国籍是否存在不同。但实际上，国际贸易的“国际性”的判断有很多的标准，包括以当事人营业地为标准，以当事人国籍为标准，以行为发生地为标准，或者以货物是否跨越国境为标准等。CISG 第一条对“国际性”的规定为“本公约适用于营业地在不同国家的当事人之间所订立的货物销售合同”。同时，CISG 第十条还规定，“为本公约的目的：（a）如果当事人有一个以上的营业地，则以与合同及合同的履行关系最密切的营业地为其营业地，但要考虑到双方当事人在订立合同前任何时候或订立合同时所知道或所设想的情况；（b）如果当事人没有营业地，则以其惯常居住地为准。”因此，如果买卖双方的注册地虽然分属不同国家、而其营业地却均在同一国，则双方间的货物买卖合同有可能无法适用 CISG。

“营业地在不同国家”是适用该公约的前提，但 CISG 本身并没有说明“如何确定当事人的营业地”。不同国家的法院在实践中对该问题也有不同的判断。

比如，有的法院认为，“营业地”指的是“商业活动实际进行的地方，这需要一定的持续时间和稳定性以及一定的自主权”①。也就是说，公司的营业地不必然是公司的注册地，并且要求商业活动在该地的持续性。而且，该地还需进行“商业活动”而非其他活动，如果该地是仅供存放货物的地方，则存放货物本身不构成“商业行为”，因此该地也不构成“营业地”。②

中国法律下有“公司住所”的概念，《民法典》第六十三条规定：“法人以其主要办事机构所在地为住所。依法需要办理法人登记的，应当将主要办事机构所在地登记为住所。”这与 CISG 中的营业地的概念类似，都强调实际商业活动的重要性。

英美法系下对于“国际性”的概念也有相应的规定。早在 1893 年，英国在《1893 年英国货物买卖法》便规定国际货物买卖指“买卖双方的营业地分处不同国家的领土之上，而且在缔约时，货物正要从一国领土运往另一国领土；或构成要约和承诺的行为在不同国家的领土内完成，而货物的交付则须在另一个国家的领土内履行。”③ 这种规定与公约的规定也相似，同样强调当事人的“营业地”的不同。

---

① Oberlandesgericht Hamm, Germany, 2 April 2009, available on the Internet at www. cisg-online. ch.

② CLOUT case No. 930 [Tribunal cantonal du Valais, Switzerland, 23 May 2006] (see full text of the decision), UNCITRAL Digest of Case Law on the United Nations Convention on Contracts for the International Sale of Goods, 2016 Edition, P4.

③ 王传丽．国际贸易法［M］．北京：法律出版社，2012：38.

2. “货物”的界定

广义上而言，“国际贸易”不仅仅涉及货物买卖，也涉及服务贸易。根据中国国家外汇管理局的解释，货物贸易指一般商品的进出口、非货币黄金以及转手买卖所涉及的货物。而服务贸易包括加工服务、维护和维修服务、运输、旅行、建设、保险和养老金服务、金融服务、知识产权使用费、电信计算机和信息服务、其他商业服务、个人文化娱乐服务以及别处未提及的政府服务。[①]在贸易性质、适用法律、交易特点，甚至是数据统计方面，货物贸易与服务贸易都存在很大区别。目前已有专门的国际公约规制服务贸易，比如世界贸易组织颁布的《服务贸易总协定》。

CISG对于何为“货物”没有进行具体定义。依据世界各国在实际裁判中的观点，“货物”一般指的是“在交付的那一刻是可移动的并且有形的”物品，无论它们的形状如何、是否为固体、是使用过的还是新的、是无生命的还是有生命的。

虽然我们通常可以区分货物和服务，实践中还存在“货物与服务混合在一起”的交易，比如，卖方根据买方的要求定制设计机器，并向买方出售该定制设计机器。这时如何界定合同的内容呢？一般而言，裁判者会分析“合约实质内容”，看合约的根本内容是出售货物还是提供服务。[②] 如果原材料由“买方”提供，卖方只是在原材料上进行加工，这种合同多数会被视为服务合同而非买卖合同。而如果卖方做的工作是为了完成有关物品的设计和制造、而该等工作的最终目的是把相关物品出售给买方，则这样的合同会被认为是买卖合同（比如造船合同），虽然在该等合同中有相当多的卖方义务是设计和制造产品。

由于货物的性质、交易的目的千差万别，实践中无法用单一的一套规则适用于所有的买卖。因此，一些国家会将商人之间的货物买卖区别于消费者购买货物用于自身消费的买卖，并制定不同的法律。CISG第二条也规定，“本公约不适用于以下的销售：（a）购供私人、家人或家庭使用的货物的销售，除非卖方在订立合同前任何时候或订立合同时不知道而且没有理由知道这些货物是购供这种使用；（b）经由拍卖的销售；（c）根据法律执行令状或其他令状的销售；（d）公债、股票、投资证券、流通票据或货币的销售；（e）船舶、船只、气垫船或飞机的销售；（f）电力的销售。”

---

① 国家外汇管理局公布2020年7月我国国际货物和服务贸易数据，http：//www. safe. gov. cn/safe/2020/0828/16991. html。

② 杨大明．国际货物买卖［M］．北京：法律出版社，2011：8.

3. “买卖”的界定

虽然“买卖”本身是常见法律概念，但一项具体的国际交易是否属于“买卖”还需具体区分。比如，看似名为“租用”“托管”“质押”“赠与”等交易有可能实质上也是买卖。另外，一些在中国改革开放之初便存在的贸易形式——“三来一补”，即“来料加工”、“来件装配”、“来样加工”和“补偿贸易”，也与买卖关系有本质区别。

（二）国际货物买卖与经销、代理

从业者有时会混淆买卖与经销、代理。虽然经销、代理往往是以买卖合同为基础的，却有超出买卖合同的更为复杂的权利义务关系，双方当事人的权利义务也会适用不同的规则。

从业者有时也会混淆“经销”与“代理”。实际上，经销指的是供应商在当地寻找经销商，由经销商负责向下级渠道分销。而代理的模式则是供应商在当地寻找代理商，由代理商负责市场推广、促进成交。经销与代理的主要区别在于：①经销商是自己出资从供应商处进货，拥有产品的所有权；而代理商一般是受供应商的委托，负责为供应商销售产品（或受客户的委托去供应商市场寻找合适的供应商，也就是所谓的采购代理人），所以通常代理商不具有产品的所有权，只收取相应的佣金；②经销商赚取的是进货价和卖出价之间的利差，代理商主要赚取的是佣金（提成）；③经销商通常还负责销售出去的产品的品质担保和售后服务，而代理商很少承担这些义务。

但经销和代理均与国际货物买卖有较大的区别。总的来说，主要是看双方是否存在长期合作，是否存在一系列互相关联的合同，尤其包括是否存在除买卖之外的合作等。简而言之，经销或代理合同所代表的是长期合作的关系，需要通过多个买卖合同实现合同目的，而非单独一个买卖合同下的权利义务。

【案例1】　经销合同争议[①]

经过多年合作，加拿大ACME公司作为供应商与经销商签订“独家经销合同”。经销区域为西班牙，经销期限为10年。合同约定如任何款项未能于到期日全数缴付，则ACME可以在给经销商发送书面通知2周后解除合同。后来经销商遭遇财务

① ACME Holding et al. v. Distributor (Final Award), ICC Case No. 19627。案例中当事人名称仅为表述方便，并非当事人的真实名称。

危机，无力支付对供应商的欠款。后双方经过协商，就欠款的支付达成了新的安排（Term Sheet）。此后，经销商仍无力支付该笔款项。双方就特定订单交易达成新的安排（Annex to Term Sheet），并明确之前的安排（Term Sheet）继续有效。但经销商财务状况持续恶化，新的安排中的款项仍未支付。双方会议协商，对欠款支付及双方的合作模式再次修改，达成会议纪要（minutes of the meeting）。ACME 被 ZZZ 集团收购后，即向经销商发送书面通知解除合同并要求经销商立即支付欠款。

随后，ACME 作为申请人启动仲裁，要求仲裁庭确认合同已有效终止，并裁令经销商支付合同终止后应付的欠款。而经销商在仲裁中也提出了反请求，要求仲裁庭宣告供应商 ACME 单方解除合同构成违约；要求获得因 ACME 违约解除合同引起的“客户资源”补偿；要求宣告 ACME 在产品手册中无权使用被申请人的名称和信息，并要求 ACME 停止销售此种产品；要求申请人回购经销商未售出的产品。

在该案中，仲裁庭在裁判时即认为，经销关系涉及长期合作关系，双方的长期合作模式和具体的交易安排可能对双方权利义务产生重要影响。因此供应商 ACME 解除合同被认定为不当解除。而且，仲裁庭认定供应商不当解除合同造成的损失比我们一般所认为的更多，包括：至合同正常到期时的经销活动及利润（the loss of distribution activities and profits until the contractual end date of the EDA）；以及未能在 12 个月前通知不续约而产生的损失（the loss of the benefit of the twelve－month contractual notice of nonrenewal of the EDA）。

本案中，被拖欠货款一方宣告解除合同，最终却被判赔更高金额的赔偿，这与常见的货物买卖欠款纠纷有明显不同。究其原因，是因为双方之间并非单纯买卖合同关系，而是经销关系，存在长期的合作，并在长期的合作中建立起特别的信任关系。可见，如果贸易双方之间不是单纯的国际货物买卖关系而是存在长期合作的经销或代理关系，双方应当更加谨慎对待双方的合作、尤其是在对方违约后是否有权解除合同的问题，更应慎重行事。

二、国际货物买卖的法律适用

（一）国际货物买卖合同约定适用的法律

同样的纠纷，如果适用不同国家的法律审理，最终的裁判结果可能截然相反。因此在具体的国际货物买卖合同或其产生的纠纷中确定应适用的法律，对双方明确自身的权利义务和在纠纷发生后厘清各自责任格外重要。

1. 当事人应当约定适用的法律

首先，当事人应尽量在合同起草和订立时便明确约定合同应适用的具体法律（可能是某个国家的法律，也可能是某个国际公约），避免日后双方就法律适用问题发生争议。实践中，成熟的贸易主体选择合同适用的法律时，不仅考虑此份合同，而且还会结合上下游合同、从关联合同文本等综合考虑，约定同样或类似的适用法律条款，以便争议的高效解决。

2. 应当选择适用哪国法律

虽然说各国的国内法千差万别，但总的来说目前世界上的主流法系为大陆法系和英美法系。

大陆法系又称民法法系或罗马法系，是以古罗马法为基础而发展起来的法律的总称。属于这一法系的法域主要有：法国、德国、意大利、比利时、奥地利、日本、中国等。

英美法系又称普通法系、英国法系，是以英国的普通法为基础而发展起来的法律的总称。属于这一法系的法域主要有英国（不包括苏格兰）、美国（除路易斯安那州）、加拿大（除魁北克省）、印度、马来西亚、新加坡、新西兰以及曾是英国殖民地或附属国的许多国家和地区。

具体到国际贸易而言，当事人应注意两大法系的最大区别，即大陆法系主要适用成文法，判例通常不能作为裁判的依据。而英美法系则以判例法为主，判例具有拘束力，且大量的法律规则体现于判例而非成文法中。

通常，如果国际买卖的当事人有一方处于强势谈判地位，则可能坚持在合同中约定适用其本国法律，而处于相对弱势的一方可能难以拒绝（否则，可能导致双方谈判失败而无法成约）。或者，双方各让一步，约定适用第三国的法律。然而无论是哪种情况下，当事人约定适用非本国法律时都必须审慎决策，并应当考虑以下因素：

（1）当事人对所选择法律的熟悉程度、应用能力。例如，如果约定适用某外国法律，中国当事人很可能并不熟悉该外国法，而一旦发生争议，就必须借助于当地律师的支持。

（2）法律的完备程度。对于国际货物买卖，当事人对法律的重要需求是双方选择的法律应尽量完备，换而言之，对各种纠纷均有规则和先例可循，以便给当事人充分的预判机会。例如，英格兰法历史久远、体系完备，有丰富的案例可供参考。

因此在当事人妥协选定第三国法律时，英格兰法也常被最终选为适用法。

（3）语言。当事人是否熟练掌握被选定的法律所属国家或法域的语言至关重要，这涉及当事人是否可以查询并应用被选定的法律。

但即便当事人在合同中选定适用具体国家的法律，也不意味在争议案件中该国法律必定被最终适用。因为该国法律中的冲突规范①可能使合同转为适用他国法律。因此在实践中，当事人在合同中除了选择具体国家的实体法，通常也会明文约定其选择适用的法律不包括该具体国家法律下的冲突规范。

（二）CISG

CISG 是迄今为止国际贸易领域最为成功、应用最为广泛的国际公约之一，中国、美国、日本、新加坡、法国、德国、澳大利亚、韩国等国际贸易大国都是 CISG 的缔约方。

CISG 在制定过程中努力统一英美法系和大陆法系对于国际贸易的不同规定，使得来自不同法系法域的贸易主体能使用同一套较为中立的规则。CISG 之所以能够被国际贸易主体广泛适用，除了得益于其缔约方广泛，也包括公约之下“opt out”（选择不适用）的适用机制，即如果当事人没有明确约定不适用公约，而双方又是 CISG 的缔约方，则 CISG 将自动适用。对于非专业人士而言，一般也不会想到在合同中约定排除适用该公约。因此近年来 CISG 的适用越来越普遍。

关于 CISG 是否适用于具体的国际货物买卖合同，国际公认的规则可以简要总结如下：

（1）当事人明确选择适用 CISG 的，则 CISG 应当适用。

（2）当事人没有约定适用法律的，如果双方当事人所在国均为 CISG 缔约方，则 CISG 应当自动适用。

（3）当事人没有明确选择适用 CISG，当事人一方或双方不在 CISG 的缔约方境内，如果国际私法规则导致适用某一缔约方法律，则直接适用 CISG。但中国的当事人应当注意，中国在加入 CISG 时对 CISG 第一条第一款的（b）项做出保留，因此该规则不适用于中国。

而如果当事人均来自 CISG 缔约方，但在合同中明确选择适用某具体国家的法

---

① 冲突规范指的是，因所涉各国法律规定不同而发生的法律适用上的冲突时，指明某一涉外民事法律关系应适用何国实体法的法律规范。

律，此时 CISG 是否还应该适用？各方的判例就该问题有不同立场。有的认为 CISG 仍应作为被选择的国内法的补充，而有的认为 CISG 此时已不应被适用。①

除了 CISG 是否适用于具体合同外，当事人还应注意 CISG 并不是一部完整的合同法，一些合同法上的重要问题可能在 CISG 中并未涉及。CISG 明示其不适用于某些具体事项，包括：

（1）合同的效力，或其任何条款的效力，或任何惯例的效力。

（2）合同对所售货物所有权可能产生的影响。

（3）卖方对于货物对任何人所造成的死亡或伤害的责任。②

对于这些事项，当事人应当在合同中具体约定应当适用哪国法律。通常做法是，当事人在合同中明文约定“本合同适用 CISG，CISG 不涉及的内容将适用某具体国家的法律”。

（三）国际贸易惯例

国际贸易惯例是在长期的国际货物买卖实践中形成的规则，经当事人主动选择后才对其发生约束力，属于商业惯例的范畴。与国际公约相比，虽然商业惯例没有强制拘束力，但是由于与商业实践更为密切，往往适用非常广泛。

实践中常见的国际贸易惯例包含：Incoterms® 2020、UCP600、ISP98 等（详见第一章第四节）。

第二节　国际货物买卖合同

国际货物买卖合同涉及合同成立、合同效力、交货和付款、风险转移、质量检验、运输条款、违约责任、免责事由以及争议解决各方面的事项。如果合同中对任何一方面没有明确的约定，对双方而言都将是潜在的风险和问题。即便当事人在合同中约定适用 CISG 国际惯例或某具体国家的法律，这些规则往往无法覆盖国际货物买卖中的全部重要事项，或者，当事人对这些公约、法律、惯例的理解并不准确，

① 张玉卿．国际货物买卖统一法——联合国国际货物销售合同公约释义（第三版）［M］．北京：中国商务出版社，2009：52.

② CISG 第四条、第五条。

而造成合同无法反映当事人对交易规则的真实期待。因此，当事人必须清晰了解国际货物买卖合同各个环节涉及的法律问题，并在合同中对各事项尽可能全面地做出明确的约定。

一、国际货物买卖合同的成立

国际货物买卖合同的成立，与一般买卖合同的成立在法律要件上并无区别，即当事人通过要约和承诺就具体交易达成合意。但是由于国际货物买卖通常比国内贸易复杂（包括但不限于标的物、定价方式、双方磋商和通信方式等），合同是否有效成立往往需考虑更多的因素。

一般而言，一份合同经双方授权代表签署即可成立。但从法律上而言，合同成立需要满足合同成立的一般成立要件和特别成立要件。根据 CISG 和《民法典》的相关规定，一份合同的一般成立要件是：

（1）当事人具有相应的民事权利能力和民事行为能力。

例如，自然人须根据其本国法具有民事行为能力。如果是非自然人（如公司），应当是合法存续、具有缔约能力的主体。

（2）当事人对主要条款达成合意。通常当事人对合同的必要之点达成合意，合同就可以成立；非必要之点，可通过合同解释、法律规定填补漏洞，但如经当事人特别表示，也要达成合意才能成立合同。[①]

在国际货物买卖中，在一份合同成立前，买卖双方常常会经过多轮谈判、磋商和数据电文的交换。因此，确定“双方就合同的主要条款达成一致”的具体时间尤为关键。也就是说，需要确定要约人何时发出要约，承诺方何时做出承诺，以及双方的要约和承诺是否构成在法律上“达成合意”。

（一）要约

要约，在国际货物买卖实践中也称发价、发盘、出盘或者报价，可以口头提出，也可以书面提出。CISG 第十四条规定“向一个或一个以上特定的人提出的订立合同的建议，如果十分确定并且表明发价人在得到接受时承受约束的意旨，即构成发价。一个建议如果写明货物并且明示或暗示地规定数量和价格或规定如何确定数量和价格，即为十分确定。”也就是说，一个作为要约的意思表示应当满足：①有具体确

① CISG 第十四条至第二十三条。

定的受要约人；② 要约内容具体确定；③表明要约一旦被受要约人承诺，要约人即受该要约内容的约束。

1. 要约的要件

根据 CISG 和《民法典》的规定，要约一般有以下 3 个构成要件：

（1）向特定的人做出意思表示。要约首先要向特定的人做出。“特定的人”是相对于一般公众而言的，它强调要约人对每位受要约人都应存在针对性的认识，而非仅仅面对社会上潜在的客户群。一般而言，向不特定的公众发出的订约意向通常属于要约邀请的范畴。要约邀请是希望他人向自己发出要约的意思表示，比如拍卖公告、招标公告、招股说明书、债券募集办法、基金招募说明书、商业广告和宣传、寄送的价目表。[①]

（2）有受拘束的意旨。“受拘束的意旨”，即一经受要约人承诺，要约人即受该意思表示约束，这是要约的实质特征，也是要约与要约邀请的主要区别。判断一个意思表示是要约还是要约邀请，应依据客观标准，也就是理性人的标准。[②] 理性人的标准指的是，一个第三方理性人站在收到该意思表示者的角度时会如何理解，而并不一定是收到意思表示的人内心真实的意思。

（3）意思表示的内容具有确定性。CISG 中对于要约内容的确定性有着具体的规定，即“为了使这方面的建议十分明确，还必须讲明是何种货物，明确规定或含蓄规定其数量和价格，或为如何确定其数量和价格做出规定”[③]。在国际贸易的司法实践中，往往还会通过当事人之间的磋商过程、交易习惯、惯例或当事人事后的行为，考察当事人对货物的数量和价格的默示约定。要约的内容需要具体确定，不意味着必须明确地表示出来，主要内容（即货物名称、数量、价格）是可以确定的就可以。

2. 要约的撤回和撤销

国际货物买卖错综复杂、国际贸易市场瞬息万变，如果遇到国际市场价格变化，或者外汇汇率波动，或者是国家外贸管制政策发生改变，都可能使得贸易主体产生

---

① 《民法典》第四百七十三条：“要约邀请是希望他人向自己发出要约的表示。拍卖公告、招标公告、招股说明书、债券募集办法、基金招募说明书、商业广告和宣传、寄送的价目表等为要约邀请。商业广告和宣传的内容符合要约条件的，构成要约。”

② 韩世远．合同法总论（第四版）［M］．北京：法律出版社，2018：120.

③ CISG 第十八条。

想要更改合同订立条件的需求。因此，法律也允许要约人在符合一定条件的情况下撤销或撤回要约。但为维护交易的信用，增强交易行为的可预见性，也为了平衡受要约人的利益，法律也对要约的撤回和撤销进行了限制。

（1）要约的撤回，是指要约人在要约到达受要约人之前（或到达的同时）撤回要约，从而使要约不发生法律效力。因为在要约到达受要约人之前，受要约人还不知悉要约的内容，撤回要约不会对受要约人产生影响。因此，承认要约撤回的效力在各国法律规定上也得到了普遍的认可。

（2）要约的撤销，是指要约生效后、受要约人发出承诺之前，要约人终止要约效力。各国法律对于撤销要约的限制存在差别。但 CISG 中规定了要约不可撤销的两种情况：①要约写明了接受要约的期限或以其他方式表示要约是不可撤销的；②被要约人有理由信赖该要约是不可撤销的，而且被要约人已本着对该项要约的信赖行事。[①]《民法典》第四百七十六条也有同样的规定。

要约的撤回和撤销的一个重要区别就是前者发生在要约到达受要约人之前，后者发生在要约到达受要约人之后。那么，什么样的情况算是法律意义上的“到达”呢？比如，要约的信函送到了受要约人公司的前台，但是接受信函的特定人并没有收到，算是到达了吗？一般而言，要约的到达，采取客观标准，即不要求一定要交付到受要约人或者其代理人手中，指要送达到受要约人所能控制并应能了解的地方，比如受要约人的住所或者信箱，就算是到达受要约人。[②]

（二）承诺

《民法典》第四百七十九条：“承诺是受要约人同意要约的意思表示。”承诺可以以明示的方式做出，如口头或书面通知，也可以依据交易惯例以行为本身做出默示回应，比如货物的发运、部分货款的支付等。一般而言，承诺不能以缄默或不行动本身做出，但是如果从谈判情形、当事人之间确立的任何习惯做法或惯例能够确认意思表示，缄默或不行动本身也可以成为承诺。一项有效的承诺需要满足以下 3 个要件：

1. 由受要约人向要约人做出

要约是向特定人发出的，也只有受要约人或其授权代理人才具备承诺的资格。

① CISG 第十六条。

② 韩世远．合同法总论（第四版）［M］．北京：法律出版社，2018：127.

受要约人之外的主体做出的承诺，通常不能被视为有效承诺。

2. 承诺的内容应与要约内容一致

因为受要约人只能以同意的方式接受要约，因此承诺的内容必须与要约的内容一致。但是，受要约人不用必须接受要约中的所有内容（即遵照严格的“镜像原则”），而是在承诺中可以变更要约中的非实质交易条件。在实际交易中，承诺对要约做出非实质性变更的，除非要约人及时表示反对或者要约人表明承诺不得对要约的内容做出任何变更的以外，该承诺仍属于有效承诺，而可以使得双方之间的合同成立。

但是如果承诺对要约做出了实质性变更，则构成反要约。此时，要约人（也就是反要约的受要约人）对反要约给予承诺后，合同才能成立。

关于什么是“实质变更”以及什么是“非实质变更”，根据CISG第十九条的规定，有关合同标的、数量、质量、价款或者报酬、履行期限、履行地点和方式、违约责任和争议解决方法等的变更，是对要约内容的实质性变更。① 因为这些内容对买卖双方的权利义务具有重要的影响，不能仅因一方的意志而被任意修改。

3. 在承诺期限内到达要约人

对承诺的生效时间的判断，英美法系的国家采取的是“发信主义”标准，或“投邮生效原则”，即承诺仅需在承诺期限内发出即可。相反，包含我国在内的大陆法系国家，承诺的生效采取“到达主义”，即承诺应在承诺期限内到达受要约人方为有效。

根据我国法律，如果要约中确定了承诺期限，例如，要约中规定要约的有效期或受要约人最迟做出承诺的时间，则承诺应在承诺期限内到达要约人方可发生合同成立的法律效果。如果要约没有确定承诺期限，则承诺期限取决于做出要约的方式：以对话方式做出的要约，受要约人应即时做出承诺；以非对话方式做出的要约，承诺应在合理期限内到达要约人。②

---

① CISG第十九条第三款：“有关货物价格、付款、货物质量和数量、交货地点和时间、一方当事人对另一方当事人的赔偿责任范围或解决争端等等的添加或不同条件，均视为在实质上变更发价的条件。”

② 《民法典》第四百八十一条：“承诺应当在要约确定的期限内到达要约人。

要约没有确定承诺期限的，承诺应当依照下列规定到达：

（一）要约以对话方式做出的，应当即时做出承诺；

（二）要约以非对话方式做出的，承诺应当在合理期限内到达。”

【案例 2】 镍矿买卖合同争议案①

实践中，争议双方围绕要约和承诺争论合同是否成立的情形往往更为复杂，笔者根据以下案例试图更深入地分析说明。以下案例为中国国际经济贸易仲裁委员会审理的一起镍矿买卖合同争议案件。

申请人（卖方）某韩国 A 贸易公司以合同草本形式发出要约，合同草本列明的买方是第一被申请人某中国香港 B 贸易公司，而之后却是第二被申请人中国内地 C 贸易公司在合同草本上加盖自己公司的印章并发送卖方。申请人主张合同已经成立，要求 2 个被申请人对合同违约承担连带责任。

本案的核心问题是：在合同文本所列明的买方与在该合同文本上盖章的所谓买方不是同一主体时，如何判断合同在 3 个法律主体之间的法律效力？本案中合同是否成立？如果合同成立，合同当事人应当是谁？

本案最终呈现在仲裁庭面前的合同之中，卖方（申请人）已经盖章，合同本身所列的买方（第一被申请人）没有签署，反而是合同正文中没有列出的第二被申请人在合同签署栏之外的空白处加盖自己的印章。而且，合同文本的交换系用电子邮件传递。而在传递过程中，若干电子邮件地址所代表的主体均不明确，无法准确判断这些电子邮件分别代表的是第一被申请人、第二被申请人或是案外第三方，难以判断 2 个被申请人之间是否存在代理关系因此存在“代为签署”的情况而使合同成立。

本案开始审理前，三方当事人均同意选择中华人民共和国法律作为准据法。为查明案情，仲裁庭把“合同是否有效成立”的问题回归到“要约与承诺”的更基本层面，通过分析各方每次交换合同文本按照是否构成有效要约或有效承诺进行分析，最终认定本案中既不存在有效要约也不存在有效承诺，最终认定案涉合同没有成立。

仲裁庭对案涉合同文本所涉的 3 次电子邮件交换进行了归纳和评价，主要如下：

(1) 申请人通过其代理人向其主张的买方（第二被申请人）的邮件地址发送合同文本，合同文本没有加盖任何当事人的印章。

仲裁庭认为，合同的文本已经规定合同只有在双方均加盖印章、且双方均收到加盖双方印章的合同复印件之后方可生效。因此申请人发送未加盖其印章的合同文

---

① 中国国际经济贸易仲裁委员会．涉“一带一路”国家仲裁案例选编［M］．北京：法律出版社，2019：234-258.

本，不代表其具有欲受该合同拘束的意思表示，不构成有效要约。

（2）第二被申请人发送其加盖印章的合同文本的行为性质。

仲裁庭首先认定，既然申请人第一次发送未加盖印章的合同文本不是有效要约，因此第二被申请人发送其加盖印章的合同文本便不是有效承诺。

仲裁庭进而分析第二被申请人发送其加盖印章的合同文本是否为有效要约。仲裁庭认为，鉴于没有证据证明第二被申请人系以加盖自己印章的方式代表第一被申请人签约，因此不能认定第二被申请人的行为是代表第一被申请人签约。同时，鉴于合同中所列买方是第一被申请人，而加盖印章的是第二被申请人，且第二被申请人加盖印章的位置不是合同签署栏，因此第二被申请人发送的盖章合同文本的行为，其中究竟谁是买方的事实是不明确的，不符合有效要约必须包含明确内容的要求，因此第二被申请人发送的盖章合同文本的行为不是有效要约。

（3）申请人在第二被申请人发送的盖章合同文本上加盖申请人印章，之后发送该合同文本给所谓买方的行为性质。

仲裁庭认定，既然第二被申请人发送盖章合同文本的行为不是有效要约，那么申请人在第二被申请人发送的盖章合同文本上加盖申请人印章、并发送该合同文本给所谓买方的行为便不是有效承诺。

另外，仲裁庭经过分析全案证据，发现了以下案件事实：

申请人主张的合同成立之后，买卖双方对就案涉合同开立信用证进行了磋商并交换了信用证文本。信用证文本上所列的开证申请人是第一被申请人，申请人也未提交证据证明第一被申请人实际上是接受第二被申请人的委托去代为申请开立信用证。但是，鉴于先前第二被申请人发送盖章合同文本的性质并不是第一被申请人发出的要约，因此申请人将加盖自己印章的合同发送第二被申请人的“承诺”也不是有效针对第一被申请人的有效承诺。而且，结合申请人的“承诺”之后指向的买方是第一被申请人而非第二被申请人，该“承诺”也不对第二被申请人产生法律约束力。同时，鉴于第一被申请人未实际签署案涉合同，案涉合同对第一被申请人也不发生效力。

在申请人主张的合同成立之后，申请人的雇员曾发送邮件，称未收到双方签署的合同。合同文本本身之下存在双方均收到加盖双方印章的合同复印件之后方可生效的要求，鉴于申请人并未收到买卖双方均签署的合同，仲裁庭无法认定该买卖合同已成立生效。

申请人在转卖案涉货物之前，没有宣告解除本案合同，与常理不符，亦可证明申请人主张的“本案合同已经成立”缺乏基础。

关于“要约与承诺的当事人不明”可能导致合同不成立，中国法律之下亦有规定。《最高人民法院关于适用〈中华人民共和国合同法〉若干问题的解释（二）》[①]第一条规定“当事人对合同是否成立存在争议，人民法院能够确定当事人名称或者姓名、标的和数量的，一般应当认定合同成立。但法律另有规定或者当事人另有约定的除外。”可见，要约与承诺的主体足够明确是合同有效成立的重要因素。

（三）以实际履行方式订立合同

除了“要约承诺达成一致”而订立合同外，贸易主体还可以通过实际履行而直接订立合同。较为常见的情形是，要约人发出要约，受要约人未做出承诺表示接受要约，双方未签订合同，然而受要约人实际履行了要约中的交易内容，且要约人也接受了履行。这种情况下，即便合同没有被签署，也将被认定合同已经成立。

我国法律之下对此也有对应的规定，《民法典》第四百九十条规定，“当事人采用合同书面形式订立合同的，自当事人均签名、盖章或者按指印时合同成立。在签名、盖章或者按指印之前，当事人一方已经履行主要义务，对方接受时，该合同成立。法律、行政法规规定或者当事人约定合同应当采用书面形式订立，当事人未采用书面形式但是一方已经履行主要义务，对方接受时，该合同成立。”

然而，中国成文法之下并未对“合同未签订，受要约人履行主要义务，而要约人尚未接受”时是否可以将受要约人的履行行为认定为有效承诺做出具体规定。CISG之下对此有更详细的规定。CISG允许受要约人以不通知要约人而直接履行的方式做出有效承诺，然而前提是“根据该项发盘或依照当事人之间确立的习惯做法和惯例”，受要约人可以用此种方法做出承诺。[②]

二、国际货物买卖合同的效力

要约和承诺达成一致或因满足合同其他成立要件使合同成立之外，合同还需要生效才能依当事人合意的内容发生效力。合同成立与合同生效是两个不同的范畴，可能同时发生，也可能不同时发生。

---

① 以下简称《合同法司法解释（二）》。

② CISG第十八条第三款。

CISG第四条（a）款明确规定，CISG与合同的效力无关①，而把对合同的效力问题留给根据国际私法规则确定的合同准据法来确定。因为合同的效力问题涉及国家意志的价值取向，需要在个体利益和社会公共利益之间进行权衡，涉及各国不同的经济文化法律传统，难以通过单一模式进行规制。

而《国际商事合同通则》（*Principles of International Commercial Contracts*，PICC）对合同效力问题则做出了比较详细的规定。《国际商事合同通则》第三章对无权处分、错误、欺诈、胁迫、第三人责任以及由之引起的合同解除的权利和损害赔偿请求权都做出了细致的规定。

合同的效力主要是指法律所赋予的约束合同当事人的强制力。一份合同不仅体现当事人的合意，也体现着法律的认可，是国家对当事人合意的法律评价。合同的效力形态包括合同有效、合同无效、合同可撤销、合同效力未定。

（一）有效合同

《民法典》第五百零二条第一款规定："依法成立的合同，自成立时生效，但是法律另有规定或者当事人另有约定的除外。"这便是合同成立和合同生效同时发生。但有时合同成立后并不立即生效，而是在满足了合同的一般生效要件和特别生效要件后，才能对当事人发生法律效力。例如，有时国际货物买卖合同中约定"只有第三方供应商确认同意向卖方供货，本合同才生效"，用以应对卖方是否能交货属于不确定的情况。这种情况下，合同在当事人特别约定的条件成就后发生效力。

1. 合同的一般生效要件

（1）当事人具有缔约能力。缔约能力包括当事人的权利能力和行为能力两个方面。由于本章的国际货物买卖关系涉及的一般是法人，我们主要针对法人的民事行为能力进行探讨。《民法典》第五十八条规定："法人应当依法成立。法人应当有自己的名称、组织机构、住所、财产或者经费。法人成立的具体条件和程序，依照法律、行政法规的规定。设立法人，法律、行政法规规定须经有关机关批准的，依照其规定。"《民法典》第六十条规定："法人以其全部财产独立承担民事责任。"分公司、办事处都不具有法人资格，而子公司可以独立承担民事责任，具有法人资格。

---

① CISG第四条（a）款："本公约只适用于销售合同的订立和卖方和买方因此种合同而产生的权利和义务。特别是，本公约除非另有明文规定，与以下事项无关：（a）合同的效力，或其任何条款的效力，或任何惯例的效力……"

因此，国际贸易主体在签约时还应注意交易对方是否具有法律上的缔约能力。

（2）当事人意思表示真实。意思表示达成一致，是合同成立的必要条件，而意思表示真实，才能使合同发生法律效力。意思表示真实是指缔约人的表示行为应真实地反映其内心的效果意思。意思表示不真实，理论上称为“意思表示”瑕疵，包括意思表示不一致和意思表示不自由。意思表示不一致指的是表示行为与内心的效果意思不一致，包括的情况有真意保留、虚假表示、隐藏行为等。意思表示不自由主要指表意人的意思与表示虽然看起来一致，但是这种一致是他人不正当干涉的结果，比如欺诈、胁迫、乘人之危等情况。不过，在国际贸易实践中，作为完备而且经验丰富的商事主体，主张自身“意思表示不真实”的可能性较小。

（3）不违反法律、行政法规的强制性规定，不违背公序良俗。不违反法律、行政法规的强制性规定以及不违背公序良俗是法律对于个人权利的制约。这种不违反不仅指合同目的，也指合同内容。针对“法律、行政法规的强制性规定”，我国《合同法司法解释（二）》第十四条将“强制性规定”明确限于“效力性强制性规定”。最高人民法院于 2009 年 7 月 7 日发布的《关于当前形势下审理民商事合同纠纷案件若干问题的指导意见》（法发〔2009〕40 号）规定，区分效力性强制规定和管理性强制规定。违反效力性强制规定的，人民法院应当认定合同无效；违反管理性强制规定的，人民法院应当根据具体情形认定其效力。

公序良俗，也即公共秩序（Public Policy）与善良风俗，是一个抽象的概念，在各国法律上均有着不同的范围和内涵。公序，即社会一般利益，包括国家利益、社会经济秩序和社会公共利益；良俗，即一般道德观念或良好道德风尚，包括社会公德、商业道德和社会良好风尚。

不违反法律、行政法规的强制性规定，不违背公序良俗作为主张合同无效的一个兜底条款，经常被当事人所主张，但是论证上存在较大的困难。尤其是国际货物买卖中，是否违反公序良俗也要从严把握，裁判者不会轻易认定一项交易因违反一国公序良俗而无效。

2. 合同的特别生效要件

除了一般生效要件外，当事人在签订合同时还会约定一些特别的生效要件，有的是基于法律规则的强制性规定，有的则是基于当事人自己想要合同在一定情况下才能生效的期望。

（1）公司内部审批。国际货物买卖中的主体中很大一部分内部机制复杂、部门繁多，因此对外签订合同常常需要相关部门的审批。这种审批机制如果约定在合同中，则会影响合同的效力。而如果内部审批不成功，将导致整个合同无法生效，给交易带来极大的不确定性，需要国际贸易主体特别注意。尤其是，在双方用电邮报盘接盘、尚未签订正式合同时，如果一方当事人希望以“己方公司内部批准交易”作为交易合同最终生效的条件，则应当在邮件报盘和接盘中明确做出保留。

（2）合同约定的其他生效条件。当事人也可能自己对合同效力做出特别的约定，主要是对合同的生效附条件或者附期限。所谓条件，是指当事人以将来客观上不确定的事实，作为决定法律行为效力的附款。附条件的合同，是指当事人在合同中特别约定一定的条件，并以条件是否成就来决定法律行为效力的发生或者消灭的合同。条件可分为：①停止条件（生效条件），指条件成就时法律行为生效。②解除条件（失效条件），指条件成就时，法律行为失效。《民法典》第一百五十八条规定：“民事法律行为可以附条件，但是根据其性质不得附条件的除外。附生效条件的民事法律行为，自条件成就时生效。附解除条件的民事法律行为，自条件成就时失效。”

所谓期限，是指当事人以将来客观确定到来的事实，作为决定法律行为效力的附款。附期限的合同，是指当事人以将来确定发生的事实作为限制合同效力之附款的法律行为。期限可以分为：①始期（生效期限），指期限届至时，法律行为开始生效的期限。②终期（失效期限），指期限届满，法律行为失效的期限。在合同所附条件成就和期限到来之前，合同都处于未生效的状态。

3. 合同的对内效力和对外效力

合同的效力，体现为权利义务关系，以及权利义务得不到实现时的法律后果。合同的效力包括对内效力和对外效力。

（1）合同的对内效力指的是合同对双方当事人的效力。合同的对内效力主要包括：

①任意履行，即合同当事人在履行期限届满前可以在任意时间进行履行，除非合同条款中存在特别约定。

②强制履行，指的是对方不履行义务时，一方当事人可以要求对方履行的效力。

③损害赔偿，指的是对方不履行或履行有瑕疵时，一方当事人有权请求损害赔偿的效力。

（2）合同的对外效力是指对于合同之外的第三方的效力，即为了使债权的内容得到实现，对法律关系当事人之外的第三人所具有的拘束力。例如中国法律下，如果合同约定卖方可以请求第三人向其交付货物，且第三人未在合理期限内明确拒绝，如果第三人未履约，则卖方有权直接向第三方主张违约责任，虽然该第三方不是买卖合同的当事人。①

（二）无效合同

合同无效是指合同严重欠缺生效要件，法律上不承认当事人合意的内容因而不赋予其效力。但是合同无效不代表合同不发生任何效力。合同无效情况下也会产生损害赔偿等法律效果。从程度上看，合同无效是绝对的、当然的无效。从时间上看，合同无效是自始无效，自成立开始就没有发生过效力。从范围上看，合同无效包括全部无效和部分无效。

合同无效的原因在我国法律下主要有：

（1）无民事行为能力人订立的合同。

（2）虚假意思表示订立的合同。

（3）违反法律、行政法规的强制性规定。

（4）违背公序良俗。

（5）行为人与相对人恶意串通，损害他人合法权益。

但是在国际货物买卖中，能够成合同无效的情形较为少见。

（三）可撤销的合同

合同的撤销，是指因为意思表示不真实，通过撤销权人行使撤销权，使已经生效的合同归于消灭。与合同无效是法律主动进行规制不同，可撤销合同将权利交给当事人，由当事人根据自身利益进行选择。

合同可撤销的情况主要有欺诈、胁迫、乘人之危、重大误解、显失公平等。在国际贸易实践中，“胁迫、乘人之危、重大误解、显失公平”等情况比较少见，即便存在，证明难度也相当高。

对于可撤销合同，享有撤销权的主体可以依据单方的意思表示使合同的效力溯

① 《民法典》第五百二十二条：“当事人约定由债务人向第三人履行债务，债务人未向第三人履行债务或者履行债务不符合约定的，应当向债权人承担违约责任。法律规定或者当事人约定第三人可以直接请求债务人向其履行债务，第三人未在合理期限内明确拒绝，债务人未向第三人履行债务或者履行债务不符合约定的，第三人可以请求债务人承担违约责任；债务人对债权人的抗辩，可以向第三人主张。”

及既往的消灭，其性质为形成权。虽然撤销权仅须单方意思表示即可行使，但是撤销权在我国行使需要通过诉讼或者仲裁的方式，属于形成之诉。

撤销权的行使中最应注意的是，由于该权利是单方就可以改变合同效力的强大权利，因此撤销权的行使期间相对较短，并且原则上不存在诉讼时效的中止、中断事由。根据《民法典》第一百五十二条规定：依据重大误解行使撤销权的，期限为知道或应当知道撤销事由之日起九十日内；依据受胁迫行使撤销权的，期限为自胁迫行为终止之日起一年内；依据其他理由行使撤销权的，期限为知道或以应当知道撤销事由后一年内；并且，当事人自民事法律行为发生之日起五年内没有行使撤销权的，撤销权消灭。《国际商事合同通则》中也规定撤销权应在合理期间内行使。[①]

（四）效力待定的合同：无权代理

效力待定的合同，是指合同成立之后，是否发生效力尚不能确定，有待于其他行为或者事实才能确定的合同。效力待定的合同主要包括 3 种类型：①限制民事行为能力人订立的合同；②无权代理人订立的合同；③无权处分人订立的合同。效力待定的合同经追认权人追认后，合同有效。在国际货物买卖中主要可能涉及的是无权代理的情况。

无权代理是指以他人（被代理人、本人）名义实施代理行为，包括自始没有代理权，代理权消灭或者超越代理权而为的代理行为。在我国法律下，无权代理行为在法律上并不当然无效，如果经被代理人追认后，欠缺代理权的障碍便被消除，故而追认使得代理行为有效。

与无权代理相关的另一个概念是表见代理，表见代理制度意在保护交易安全，其法理基础，可以溯及英美法系的“禁反言”规则（Estoppel）。与无权代理不同的是，表见代理的行为有效。与无权代理相比，表见代理须相对人对代理权表象产生信赖且不存在过失，即相对人是善意的。[②]

---

① 《国际商事合同通则》第 3. 2. 12 条：“（时间期限）（1）宣告合同无效的通知，应在宣告合同无效的一方当事人已知或不可能不知道有关事实之后，或者在其可以自由行事之后，考虑到相关情况，在合理时间内做出。（2）如果一方当事人根据第 3.2.7 条的规定有权宣告合同中的个别条款无效，则发出宣告无效通知的期限自另一方当事人主张该条款之时起算。”

② 《民法典》第一百七十二条：“行为人没有代理权、超越代理权或者代理权终止后，仍然实施代理行为，相对人有理由相信行为人有代理权的，代理行为有效。”

【应用与拓展】 国际贸易合同是否成立——公司印章真伪与代理人权限

国际贸易中，中方公司通常会以加盖公司印章的方式签署买卖合同，具体操作为企业员工向交易对方发送已加盖己方公司印章的买卖合同文本。但是，现实中也不乏关于合同文本上的印章是否真实、办理合同手续的员工是否经妥当授权等类型的争议。这种情况下，中方公司往往抗辩该合同并未成立、其不应受该合同拘束。而对方则抗辩对方有理由相信印章为真、有理由相信该企业员工具有缔约权限。

在中国法律之下，我国最高人民法院发布的《全国法院民商事审判工作会议纪要》（法〔2019〕254 号）（即“九民纪要”）就此问题有如下规定：

“41. 【盖章行为的法律效力】司法实践中，有些公司有意刻制两套甚至多套公章，有的法定代表人或者代理人甚至私刻公章，订立合同时恶意加盖非备案的公章或者假公章，发生纠纷后法人以加盖的是假公章为由否定合同效力的情形并不鲜见。人民法院在审理案件时，应当主要审查签约人于盖章之时有无代表权或者代理权，从而根据代表或者代理的相关规则来确定合同的效力。

法定代表人或者其授权之人在合同上加盖法人公章的行为，表明其是以法人名义签订合同，除《公司法》第十六条等法律对其职权有特别规定的情形外，应当由法人承担相应的法律后果。法人以法定代表人事后已无代表权、加盖的是假章、所盖之章与备案公章不一致等为由否定合同效力的，人民法院不予支持。

代理人以被代理人名义签订合同，要取得合法授权。代理人取得合法授权后，以被代理人名义签订的合同，应当由被代理人承担责任。被代理人以代理人事后已无代理权、加盖的是假章、所盖之章与备案公章不一致等为由否定合同效力的，人民法院不予支持。”

在国际贸易中，当事人往往缺乏验证对方当事人的公司印章真伪的能力和机会，尤其是与对方当事人首次交易时。因此，当事人在签约之前验证对方公司的对接人的身份和权限，并进行“了解你的客户”程序（Know Your Client，KYC）便格外重要。一旦双方就印章及人员权限问题发生争议，这些验证往往可以成为证明合同成立的有利证据。

三、国际货物买卖合同的内容

（一）卖方的义务

国际货物买卖合同中，相对于买方通常只有付款、接收或提取货物的义务，卖方的义务更复杂。卖方的义务包括合同规定备货、交货、移交单据、对货物质量和权利进行担保、对交货瑕疵的补救等一系列义务，而且这些义务贯穿合同履行的全过程。CISG 第三十条规定："卖方必须按照合同和本公约的规定，交付货物，移交一切与货物有关的单据并转移货物所有权。"对于卖方的各项义务，在此逐一分析如下。

1. 交付货物

交付货物是卖方最基本的义务，涉及交货时间、交货地点、交货方式等问题。交货在国际货物买卖中具有重要意义，涉及当事人之间如何承担运输费用，货物灭失或损害的风险何时由卖方转移到买方，确定卖方交付相符货物的时间，还有卖方在何时、何地履行了这一义务。

一般而言，对于交货时间、交货地点和交货方式这些重要的事项，买卖双方会在合同中进行特别的约定。这种情况下，双方按照合同约定的条款履约即可。但是，如果当事人对相关事项没有做出明确的约定，则就应寻求所适用的法律的规定。

对于双方没有约定具体交货地点时应如何交付货物，CISG 第三十一条（a）款规定："（a）如果销售合同涉及货物的运输，卖方应把货物移交给第一承运人，以运交给买方；（b）在不属于上一款规定的情况下，如果合同指的是特定货物或从特定存货中提取的或尚待制造或生产的未经特定化的货物，而双方当事人在订立合同时已知道这些货物是在某一特定地点，或将在某一特定地点制造或生产，卖方应在该地点把货物交给买方处置；（c）在其他情况下，卖方应在他于订立合同时的营业地把货物交给买方处置。"我们在贸易中的惯常做法，一般是在合同中明确规定具体的交货地点，即便在签约时定不下具体地点，在交货前也要双方商定下来，所以 CISG 第三十一条（a）款规定的情况在实践中是不多见的。

当涉及 Incoterms® 术语时，不同的贸易术语也对具体交货地点会有不同的规定。例如 FOB、CFR 或 CIF 术语下，卖方的交货地点应是将货物交到指定装运港的船上，而 EXW 术语下，卖方需要在其所在地即车间、工厂、仓库等把备妥的货物交付给买方。

【案例 3】　上海保税区交货争议案[①]

根据合同约定，买方（中国公司）向卖方（中国公司）购买其存放在上海保税

① 中国国际经济贸易仲裁委员会，《中国国际商事仲裁年度报告》（2016），第 52 页。

区仓库的货物，贸易术语为“EX SHANGHAI BONDED WAREHOUSE”。卖方通过信用证向议付银行议付了全部货款。然而，当买方凭卖方提供的提货单证去货物存放的仓库提货时，仓库对该提货单证不予认可，未予办理提货。双方再次一同前往仓库办理提货，却被仓库告知货物已经被公安机关查封，无法提货。

后来，买方作为申请人提起仲裁，主张卖方未履行交货义务。但卖方主张其向买方提交了商业发票、装箱单及提货单，特别是，在提货单中明确载明：发货人为×××（卖方）、收货人为×××（买方）、交货地点为中国上海保税仓库，以及货物详情。卖方已经据指令将该货物交付给买方。

仲裁庭认为，鉴于本案合同属 EXW 合同，买卖双方交接货物的地点在上海保税区仓库，这是一种实际交货的合同。本案合同与 CIF、CFR 和 FOB 合同不同，FOB、CIF、CFR 合同系卖方只要在合同规定的时间和指定的装运港将货物装到船上，并提交代表货物所有权的合法有效的 B/L（提单），即完成交货的象征性交货的合同。根据 Incoterms 2000 对 EXW 的解释 A4 条，卖方必须按照合同规定的日期或期限……在指定的地点或置于任何运输车辆上，将货物交给买方处置。

根据上述 Incoterms 2000 对 EXW 术语项下买卖双方在交货责任方面的规定，显而易见，卖方未能按照本案 EXW（仓库）交货合同的规定履行交货义务，卖方所谓已交付了合同第 6 条规定的单据，并不能代表卖方向买方已实际交付了合同项下的货物。

因此，在实践中，当事人需要区别 E 组、D 组术语的实际性交货和 C 组、F 组象征性交货的特点。同时，也建议避免通过协议进行变更而导致偏离术语原本含义的情况。同时，对于象征性交货的情况，交付什么样的凭证才等同于“交货”？有仲裁庭认为“卖方向议付银行交付信用证所要求的议付单据即表明卖方已完成其货物交付的义务。”也有仲裁庭认为“买方虽然未收到正本提单，但其采用出具保函方式获取提货单实际上达到了使用正本提单收货的效果”，还有仲裁庭认为“合同约定变更了术语内容，买方在获得放货指令之后，可以将放货指令载明的货物移至其他仓库，也可以将货物转售他人。因此，买方依据放货指令所取得的权利是货物所有权。”总之，仲裁庭对卖方是否完成“象征性交货”义务的判断标准可以概括为：其交付的凭证在多大程度上可以帮助买方实现对货物占有、使用、收益和处分之所有权基本权能。

2. 移交单据

卖方移交单据的义务主要取决于合同、信用证是否有明示的规定，或取决于双方的习惯做法以及贸易惯例。如有约定或规定，向买方移交各种单据是卖方履约的主要义务之一。这些单据一般包括可转让的或指示的提单、商业发票、装箱单、码头收据、仓库收据、保险单、原产地证书、品质证书、重量单等。在国际贸易中，持有单据通常意味着控制货物的所有权。

卖方交付货物并移交单据不仅是在履行合同下的交货义务，也是为了行使卖方权利、收取货款。国际贸易的主要支付方式包括：

（1）电汇 T/T（Telegraphic Transfer）；

（2）信用证 L/C（Letter of Credit）；

（3）付款交单 D/P（Document against Payment）；

（4）承兑交单（Document against Acceptance）。

在后 3 种结算模式下，卖方交付单据后才能收取买方的货款，买方不付款或不承兑便得不到货运单据。

3. 货物相符

卖方不仅要在约定地点、约定期限内向买方交货，而且卖方交付的货物必须与合同规定的相符。货物相符包括 3 个方面的内容：①数量相符；②质量与规格相符；③包装相符。其中质量相符的问题比较复杂，因为交易有时是迅速达成的，双方只是对货物的质量做了笼统的规定，比如只约定货物名称和基本规格信息，而对产品更具体的规格标准在合同中未做约定。一旦双方对货物质量发生纠纷，则需确定如何判断货物质量是否符合合同的标准。

CISG 第三十五条对货物相符问题做出了规定：

（1）卖方交付的货物必须与合同所规定的数量、质量和规格相符，并须按照合同所规定的方式装箱或包装。

（2）除双方当事人已另有协议外，货物除非符合以下规定，否则即为与合同不符。

（a）货物适用于同一规格货物通常使用的目的；

（b）货物适用于订立合同时曾明示或默示地通知卖方的任何特定目的，除非情况表明买方并不依赖卖方的技能和判断力，或者这种依赖对他是不合理的；

（c）货物的质量与卖方向买方提供的货物样品或样式相同；

（d）货物按照同类货物通用的方式装箱或包装，如果没有此种通用方式，则按照足以保全和保护货物的方式装箱或包装。

（3）如果买方在订立合同时知道或者不可能不知道货物不符合同，卖方就无须按上一款（a）项至（d）项负有此种不符合同的责任。

适用第一款时，要明确当事人自己在合同中以明示的方式规定卖方交付货物的数量、质量或规格标准，这些标准还可以借助合同的条款加以明确，或由双方形成的贸易做法或惯例予以确定。在合同条款有具体约定的情况下，即不需要适用公约第二款的规定。

本条第二款涉及的是在双方当事人未就货物的质量在合同中做出明确规定的情况下，如何确定卖方交付的货物应具有的品质和标准，使在合同无特别约定的情况下，这些品质标准能被认为是销售合同的组成部分，是约束卖方的默示条款。如果买方的国家或市场对货物有特殊的要求，在订约时买方一定要明示地告知卖方并写入合同，否则卖方交付了不符货物，买方也有可能承担责任。比如某一地区的政府对市场中相关货物有环保相关的要求而规定该货物不能包含某种有害物质，则买方应明示告知卖方这一地区对货物的特殊要求。

4. 第三方对货物的请求权

国际货物买卖合同的卖方的主要义务是交付货物，移交与货物有关的单据。从法律角度讲，卖方实质上出售的是货物的所有权，如果卖方对其出售的货物不具有或者不具有完全的所有权，即使卖方将货物运交了买方，买方也支付了价款，买方也无法取得或完全取得货物的所有权，其占有、使用、收益或处分货物的权利就会受到影响。CISG 第四十一条规定，“卖方所交付的货物，必须是第三方不能提出任何权利或要求的货物，除非买方同意在这种权利或要求的条件下，收取货物。但是，如果这种权利或要求是以工业产权或其他知识产权为基础的，卖方的义务应依照第四十二条的规定。”

CISG 第四十二条规定：“（1）卖方所交付的货物，必须是第三方不能根据工业产权或其他知识产权主张任何权利或要求的货物，但以卖方在订立合同时已知道或不可能不知道的权利或要求为限，而且这种权利或要求根据以下国家的法律规定是以工业产权或其他知识产权为基础的：（a）如果双方当事人在订立合同时预期货物将在某一国境内转售或做其他使用，则根据货物将在其境内转售或做其他使用的国家的法律；或者，（b）在任何其他情况下，根据买方营业地所在国家的法律；

(2) 卖方在上一款中的义务不适用于以下情况：(a) 买方在订立合同时已知道或不可能不知道此项权利或要求；或者，(b) 此项权利或要求的发生，是由于卖方要遵照买方所提供的技术图样、图案、程式或其他规格。"

在实践中，国际货物买卖合同中对于"货物不侵犯第三方知识产权"通常需要做出明确的约定，即卖方明示其将保证所售货物在约定的特定国家或地域不侵犯第三方知识产权，而非做出"全球范围内不侵犯第三方知识产权"的保证。因为知识产权的保护有国别、地域的限制，卖方通常难以做全球范围内的知识产权权利检索，尤其是对于涉及专利等较为复杂的技术相关知识产权。

5. 其他义务

除了双方合同约定的义务，国际贸易当事人不容忽视的还有合同潜在的义务，包括附随义务，以及依诚实信用原则而产生的其他义务。附随义务理论是以诚实信用原则为基础，它的目的在于提示当事人注意在履约的过程中，应该对其中的各种问题给予高度关注，有效保障其切身利益，来实现合同交易的圆满完成。这些义务虽然没有明确的规定，但对于交易的完成也至关重要，违反这些义务也将构成违约并承担相应的责任。

附随义务的内容主要包括通知义务、协助义务等。其中，国际货物合同卖方的通知义务和协助义务通常包括：

(1) 当发生履行不能的情况时，卖方应当及时通知买方，比如在合同履行过程中出现了不可抗力因素，或者是发生了意外事件，导致当事者不能给付时，那么当事人应该如实告知对方相关的情况。

(2) 协助买方取得相关出口单据、许可证等。但是国际贸易的当事人应当尤其注意，有时"协助义务"并不是"合同没有明文规定的义务"，而是通过约定适用的规则成为合同明示的义务。比如，一旦当事人约定适用 Incoterms®，则其中多项规则就成为合同明示的义务，例如在 EXW 术语下明文规定"在应买方要求并由其承担风险和费用的情况下，卖方必须协助买方取得运输单据。"①

对于某些通知、协助等附随义务的内容，CISG 或 Incoterms® 中已经做出了明确的规定，贸易主体自然应当谨慎遵守履行。然而，如果法律、公约对一项义务没有明确规定，各方在合同下也没有明确约定，此时从业者也需注意其是否应根据诚实

---

① Incoterms® 2020，EXW A6.

信用原则承担潜在的附随义务，而这些义务的不履行也将对其产生重要的影响。

【案例4】 协助义务——摩托车买卖合同案①

2006年至2010年间，美国公司作为买方（申请人）和中国公司作为卖方签订了121份合同，约定买方向卖方采购不同型号的摩托车，贸易方式为FOB重庆Incoterms 2000。合同中还约定“发动机获得EPA批准”。卖方在签订合同前向买方提供了经过美国环境保护署（缩写为“EPA”）认证的第三方美国公司作为EPA证书申请人和持证人的EPA证书，以及这些EPA批准证书的EPA公开备案信息。

在合同履行过程中，卖方提供的摩托车的发动机不符合EPA证书中的规定，买方无法办理摩托车入关所需的EPA证书，造成摩托车在美国海关被扣留，无法入关。在此情况下，买方作为申请人提起了仲裁。

对于“负有使案涉车辆发动机获得美国EPA批准的问题”，仲裁庭认为：

首先，作为事实问题，仲裁庭首先确定了美国EPA监管要求的内容，即摩托车的发动机需要取得EPA颁发的合格证书，并需要符合EPA有关贴标的要求，否则，EPA是不会批准和同意申请人将本案合同项下的摩托车进口到美国境内并进行销售的。

根据本案所涉合同的约定以及双方的实际做法，卖方事实上承担了使案涉车辆获得EPA证书并符合EPA有关贴标要求的义务。尽管如此，根据合同约定的Incoterms 2000 FOB价格术语，EPA证书属于进口许可证，应由买方自负风险和费用。买方作为被美国EPA监管的直接主体以及FOB价格术语的买方，其也需要采取必要的合理措施，以确保卖方交付的车辆确实获得了EPA的批准和符合美国EPA的监管要求。

卖方在签订合同前向买方提供了经过美国EPA认证的第三方美国公司作为EPA证书申请人和持证人的EPA证书或被批准证书的EPA公开备案信息，表明被买方提供的摩托车所使用的发动机是这些证书所批准的发动机“簇系”项下的，符合美国EPA的要求，能被EPA认证批准。当卖方将货物的EPA证书及样车发往买方处时，买方应该对货物的EPA证书及样车进行审查。

本案最终结果是，仲裁庭认定卖方生产的摩托车的实际规格与EPA证书的参数不符，并认定买方由于怠于对摩托车及时检验因此对损失也有一定责任，最终裁决由卖方承担了大部分赔偿责任。但在变通的约定并不完全明确的情况下，Incoterms® 规定

---

① 中国国际经济贸易仲裁委员会，《中国国际商事仲裁年度报告》（2016），第50-52页。

负有办理“许可证、授权、安全通关和其他手续”的一方，应当尽到审慎的义务，确保通关顺利进行。另外，如果无法办理通关手续的原因是合同另一方导致的，例如卖方提供的产品的质量问题导致买方无法办理进口许可，在此情况下，卖方仍然需对无法办理进口许可的后果承担责任。

【案例5】　通知义务——热轧钢卷买卖合同案①

申请人韩国公司作为卖方向中国公司（买方）出售热轧钢卷，交易条件为FOB，后买方未派船提取热轧钢卷而市场价格下跌，卖方被迫转卖，造成价差损失。卖方遂提起仲裁主张损失。

卖方主张称货物未能完成交付的原因是买方没有指派货船，而买方对此反驳称，没有指派货船是因为卖方没有提前通知买方货物已经备妥，因此没有派船。

对于“卖方是否应当通知买方货物备妥”的争议焦点，仲裁庭认为：首先，双方当事人在合同中没有约定卖方有通知买方货物备妥的义务，合同约定的价格是适用FOB条款，参照Incoterms® 的FOB卖方义务中A7规定：“卖方必须由买方自担风险和费用，就已依据A4项交付货物一事，或该船舶未在约定时间内承载货物一事，给予买方充分的通知。”而买方义务中B7规定：“买方必须将船舶名称、装载地点，以及必要时约定期限内选定交货时间，给予卖方充分的通知。”双方当事人的通知义务不存在先后顺序，作为买方的被申请人必须将船舶名称、装载地点、交货时间给予卖方充分的通知；而作为卖方的申请人将依据A4项交付货物一事给予买方充分的通知。A4规定“卖方必须在指定装运港于买方指明的装载地点（如有），将货物放置于买方指定船舶上……”根据该通则规定，并没有要求卖方就货物备妥通知买方的义务，只有就已经交付货物或未在约定时间内承载货物一事，给予买方通知的义务。因买方没有派船达到装运港口，故卖方没有交付货物及通知，不构成违约。如果买方派来船只一旦发生申请人货物没有备妥不能装运的损失，则作为卖方的申请人要承担相应违约责任。所以，作为买方的被申请人，不能以卖方没有向其发出货物备妥通知为由不派船，被申请人不派船构成违约。

通过上述案例可知，对于FOB术语下，卖方通知义务的具体内容，不同的仲裁庭，由于对国际贸易实务的理解不同，对卖方“充分的通知”的程度可能会做出略微有差异的解读。笔者认为，仲裁庭的解读符合Incoterms® 2010原文的含义，即：

① 中国国际经济贸易仲裁委员会，《中国国际商事仲裁年度报告》（2016），第58-60页。

卖方的“通知义务”并不是通知“货物已经实际可以交付”而是“货物已经完成交付”或者“买方指定的船舶未在约定的时间内承载货物”。除非合同另有约定，在Incoterms®之下，卖方没有义务通知买方“货物已经备妥”，买方也没有权利因卖方没有通知货物备妥而不派船接收货物。在实践中，为避免在这个细节事项上发生纠纷，双方应在合同中对派船、交货的义务和相关步骤的先后顺序做出更明确的约定。

6. 卖方违约情况下的救济措施

若卖方违反合同，根据CISG的规定，买方可以主张的救济可概括为：

（1）对于交付货物不足或不符合同约定，买方有权要求实际交付货物/交付替代货物/修理，或要求减价；

（2）对于迟延交付，买方有权要求实际履行，或拒收迟延交付货物；

（3）对严重的违约，买方有权要求解除合同。

另外，买方在主张以上救济时，可同时主张损害赔偿。[①]

（二）买方的义务

买方的义务与卖方的义务相对应，但买方承担的义务的类型不如卖方承担的义务的类型广泛。买方的义务主要是支付价款和收取货物。

1. 支付价款

支付价款看起来似乎是一个很简单的行为，但是在国际贸易中却会涉及方方面面的问题。首先，支付价款不仅仅是一个动作，而且也包括很多为支付价款而采取的一系列预备步骤。CISG第五十四条就规定，“买方支付价款的义务包括根据合同或任何有关法律和规章规定的步骤和手续，以便支付价款。”这些步骤可能包括申请开立信用证，或办理与提供银行付款保函相关的文件，办理可能存在的有关政府部门的审批。买方不仅应履行这些义务，而且要承担履行这些义务所需支付的费用。一般而言，与支付价款有关的费用均由买方负责。

采取支付价款所需要的步骤、履行所需要的手续，被视为买方应履行的现行义

---

① CISG第四十五条：

“（1）如果卖方不履行他在合同和本公约中的任何义务，买方可以：

（a）行使第四十六条至第五十二条所规定的权利；

（b）按照第七十四条至第七十七条的规定，要求损害赔偿。

（2）买方可能享有的要求损害赔偿的任何权利，不因他行使采取其他补救办法的权利而丧失。

（3）如果买方对违反合同采取某种补救办法，法院或仲裁庭不得给予卖方宽限期。”

务（Current Obligations）。违反了这些义务，就会被视为买方对合同的违反。对此，卖方可以要求买方履行合同义务，解除合同，拒绝交付货物或移交单据，行使同时履行抗辩权、不安抗辩权等权利。这些救济手段仅是一些列举，具体卖方有何种权利要取决于合同的约定以及适用法律的规定。

在合同没有明确约定价款的情况下，货物的价格如何确定呢？CISG 第五十五条给出的答案是，“如果合同已有效地订立，但没有明示或暗示地规定价格或规定如何确定价格，在没有任何相反表示的情况下，双方当事人应视为已默示地引用订立合同时此种货物在有关贸易的类似情况下销售的通常价格。”这一规定包括五个方面：第一，通常收取的价格，此处理解为是市场价格，同时要考虑到时间、行业和当时情况等客观因素。第二，订立合同时，这首先要考虑合同订立地的价格，如果存在相反的信息，国际市场价格应优于地区或某个国家的价格。第三，此种货物，这是第二个限制条件，即所寻找、举证的价格应是同一种货物。第四，类似情况，指在决定价格时要考虑到该同一种货物销售的合同条件，虽然不一定要求合同条款完全相同，但一定要具有可比性，例如合同的交货与付款方式、交货地点、信用条件、违约救济的规定、公约的适用情况以及其他主要条款的内容等。第五，有关贸易，指决定价格时要考虑到这种货物在销售时在相关市场上（用来决定价格的市场）的行业惯例和实际做法。

2. 收取货物

CISG 第五十三条明确规定了买方有“收取货物”的义务，在第六十条中规定，买方收取货物的义务包括两个方面：其一是，为使卖方能交付货物，买方应采取一切应当采取的措施。这项规定是要求买方合作，采取一定行动，以便使卖方能履行其交货义务。因为在某些情形下，卖方义务的履行依赖对方的配合，没有买方行为在先，卖方无法履行其义务。如在采用 FOB 条件时，由于由买方负责合同项下货物的运输事宜，买方需要及时与承运人订立有关运输合同，并及时通知卖方承运方的有关信息，方便卖方能交付货物。如果买方不及时指定交付货物的地点，不及时安排运输，卖方将难以履行其交付货物的义务。其二是，接收货物。买方有义务在卖方按照合同规定交货时接收货物，如果买方无理拒绝收取货物，应当由买方承担由此产生的额外费用和承担相应的违约责任。具体来说，CISG 第六十四条第一款第二项规定，如果买方没有在卖方给予买方的额外时间内收取货物的话，卖方可以以此为由解除合同。[①]

在买方已经接收货物的情况下，CISG 第八十六条第一款规定：如果买方依照合同或者公约有退回货物的权利，买方也必须妥善保全货物。CISG 第八十六条第二款规定：如果卖方已将货物发运至目的地并交由买方处置，即使买方打算行使退货权利，只要不会给自己造成不合理的不便或者费用承担，买方也必须代表卖方来收取货物。

CISG 也明确规定了买方接收货物与风险转移时间相关，CISG 第六十九条规定：除了卖方无在某一特定场所交付货物的义务，将货物交给第一承运人和运输途中销售的货物这两种情形之外，风险从买方接收货物或者理应接收货物时起转移至买方承担。[②]

从上述条款规定可看出，CISG 对买方接收货物的义务规定得比较详细明确。买方负有及时履行接收货物的义务。买方没有及时接收货物的话，卖方甚至可以据此解除合同。即使买方打算行使退货权利，买方也应当先接收货物。

尽管 CISG 中明确规定买方有接收货物、收取货物的义务，但是在特殊情况下，买方依然有拒绝收取货物的权利。依据 CISG 第五十二条的规定，卖方在约定日前交付，以及交付多于约定的数量时，对于多交部分，买方有拒绝收取的权利。此外，如果卖方的行为构成了根本违约或卖方在合理期限内对违约行为没有进行相应的补救，买方也有权拒绝收取、接收货物。依据 CISG 第七十三条的规定，分批交付货物的情形下，如果某一批与约定不符，而且各批次是互相依存的，那么买方有权解除整个合同，并对卖方此后的各批次货物行使拒绝收取的权利。

为了准确把握买方接收货物的义务，还有必要辨析“接收货物”和“接受货物”这两个不同的概念。接收货物，也即收取货物，是指买方获得对货物的实际占

---

① CISG 第六十四条第一款：

“（1）卖方在以下情况下可以宣告合同无效：

（a）买方不履行其在合同或本公约中的任何义务，等于根本违反合同；或

（b）买方不在卖方按照第六十三条第（1）款规定的额外时间内履行支付价款的义务或收取货物，或买方声明他将不在所规定的时间内这样做。”

② CISG 第六十九条：

“（1）在不属于第六十七条和第六十八条规定的情况下，从买方接收货物时起，或如果买方不在适当时间内这样做，则从货物交给他处置但他不收取货物从而违反合同时起，风险移转到买方承担。

（2）但是，如果买方有义务在卖方营业地以外的某一地点接收货物，当交货时间已到而买方知道货物已在该地点交给他处置时，风险方始移转。

（3）如果合同指的是当时未加识别的货物，则这些货物在未清楚注明有关合同以前，不得视为已交给买方处置。”

有，实则是转移货物的占有状态，在买方接收货物后，占有从卖方转移到了买方控制之下。而接受货物，是指买方认可卖方交付的货物，认可货物符合买卖双方的约定。买方接受货物后，一般不得再对卖方进行索赔，除非买卖双方在合同中对买卖合同标的物的保质期等另有约定，而对货物的接收行为并不表明买方对其质量和数量等没有异议。接收货物是接受的前提条件，是保证合同履行、保全货物所必需的，买方如果不按照约定接收货物，将构成违约。而拒绝接受则是买方在卖方交货不符约定时所行使的一种权利，只有先拒绝接受，才能向卖方主张相应的权利。

3. 及时对货物不符合同提出异议

如果买方发现所收取的货物与合同约定不符，应及时通知卖方。CISG 第三十九条规定：

（1）买方对货物不符合同，必须在发现或理应发现不符情形后一段合理时间内通知卖方，说明不符合同情形的性质，否则就丧失声称货物不符合同的权利。

（2）无论如何，如果买方不在实际收到货物之日起两年内将货物不符合同情形通知卖方，他就丧失声称货物不符合同的权利，除非这一时限与合同规定的保证期限不符。

买方通知卖方货物不符的目的是要卖方采取补救措施，自己获得救济。而且这也是为了平衡卖方的利益，卖方如果对买方的不符通知有疑问，可以对货物进行再次检验，或收集必要的证据以对抗买方的主张。因此，买方发出的通知不仅要满足时间的要求，还应指出货物不符的性质、具体内容，并应提供有关证明材料等。只有买方的通知符合上述要求时才具有法律效力。这一要求不仅针对交付的货物，也适用于卖方移交的单据，如提单、汇票或发票、商检证等存在不符的情况。

【案例 6】 玩具熊出口质量纠纷案①

中国公司与加拿大公司签订买卖合同，中国公司作为卖方出口一批玩具熊给加拿大公司。合同约定有“品质、数量异议条款”：如买方提出索赔，凡属品质异议，须于货到目的地口岸之日起 30 天内提出；凡属数量异议须于货到目的地口岸之日起 15 天内提出，对所装货物提任何异议属于保险公司、轮船公司及其他有关运输机构负责者的责任，卖方不负任何责任。

在货物运输到加拿大之前，买方对部分批次的玩具熊进行了抽检，验货报告显示，上述货物取样标准为国际通行的 BS6001 Ⅱ级，验货表格显示，部分货物存在

① 引自笔者曾经办的一个案例。

"眼睛不对齐、材料破洞、鼻子歪曲"等问题。后来，货物装箱运至加拿大，买方接受货物并按合同支付价款完毕。

随后，买方将上述货物销售给加拿大某超市。后来，因认为产品存在"玩具熊上的塑料部件可能脱落，对儿童有窒息的危险"，加拿大政府发布召回令，要求召回买方在超市销售的某型号的棕色熊。

后来，加拿大超市销毁该玩具熊，并向买方索赔。买方向卖方发出律师函，说明因为加拿大政府的召回令，买方向其客户某超市支付了索赔款，要求卖方对此承担全部责任。买方依据上述理由以卖方为被申请人在中国国际经济贸易仲裁委员会提起了仲裁。

仲裁庭认为，本案中，申请人在货物装箱前已用 BS6001 Ⅱ级标准进行了抽检。该标准由买方提出使用，且卖方未提出异议，应当被认定为符合《合同法》规定的"符合合同目的的特定标准"。买方依此标准在抽检中发现有玩具熊眼睛歪曲、不对齐的问题，要求卖方改正，而且抽检过程中并未发现诉至仲裁的"塑料部件脱落"问题。但在本案两份售货合同项下的货物到达加拿大后，买方在合同约定的质量异议期间（30 日内）并没有提出质量异议，之后通过汇丰银行完成了付款，接受了上述货物。并且买方随后就将上述玩具熊转卖给超市。涉案货物最早在 2007 年 9 月 8 日发货，最后一批涉案货物在 2008 年 3 月 26 日发货，买方向卖方提出索赔是在 2009 年 2 月。在此期间买方没有提供进一步证据证明涉案货物缺陷属于隐性缺陷，在 CISG 规定的合理期限亦未发现。仲裁庭认为，买方在本案合同约定的期限或者 CISG 规定的合理期限均没有提出货物质量的异议，丧失了对货物质量提出索赔的权利，已无权再向卖方提出索赔。

仲裁庭还认为，买方销毁货物依据的关键证据——加拿大政府召回令，存在真实性和关联性的缺失，无法证明销毁货物与本案合同项下货物的关联性，也无法证明是否已经实际销毁货物并支付索赔款。因此，仲裁庭最终没有支持买方的索赔主张。

因此买方在国际货物贸易中应当注意，如果交易的货物中包含存在隐性瑕疵或缺陷的可能性，则双方应当将此作为质量规格标准在合同中明确约定，并在收货后应当及时检测货物质量。一旦隐性瑕疵或缺陷出现，买方还应保留完整证据。否则，买方的质量异议可能无法最终得到支持。

4. 买方违反合同的救济

CISG 第六十一条规定："（1）如果买方不履行他在合同和本公约中的任何义务，

卖方可以：(a) 行使第六十二条至第六十五条所规定的权利；(b) 按照第七十四条至第七十七条的规定，要求损害赔偿。(2) 卖方可能享有的要求损害赔偿的任何权利，不因他行使采取其他补救办法的权利而丧失。(3) 如果卖方对违反合同采取某种补救办法，法院或仲裁庭不得给予买方宽限期。”买方的违约既包括买方未履行合同规定的义务，双方当事人所采用的贸易惯例和实际做法的义务，也包括未履行公约所规定的默示义务。未履行既包括实际不履行，也包括迟延履行。根据 CISG 的规定，买方违约时，卖方有权要求买方实际履行合同或给予买方宽限期履行、或解除合同、要求损害赔偿等。

第三节　国际货物买卖合同的履行

国际货物买卖合同的履行，是指债务人全面地、适当地完成其合同义务，债权人的合同债权得到完全实现。

一、国际货物买卖的一般流程

国际货物买卖相比于国内贸易而言，涉及的主体更多，流程也更复杂。一般而言，国际贸易的大致流程如图 4-1 所示。

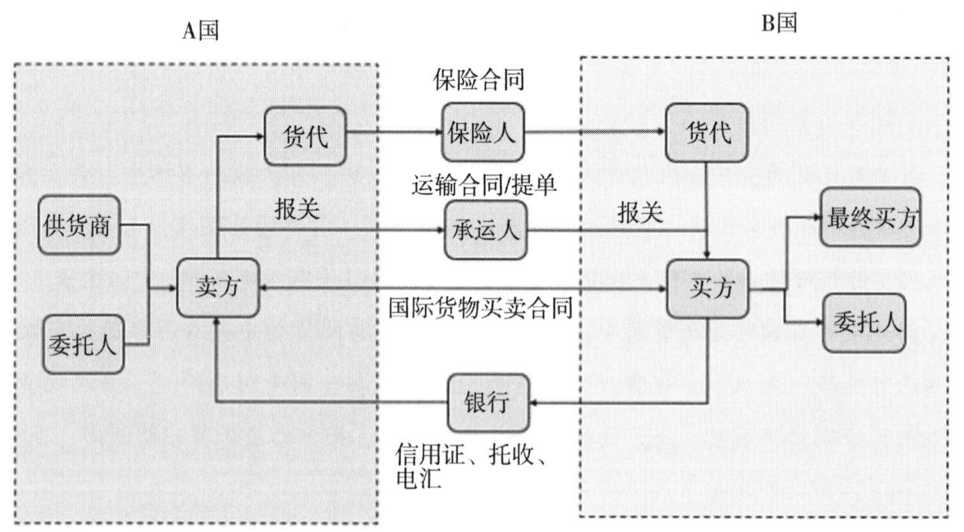

图 4-1　国际贸易流程

二、货物交付、风险转移、所有权

（一）交货方式

根据 Incoterms® 2020，国际货物买卖一般有多种交货方式，包括：

（1）工厂交货（EXW）。

（2）货交承运人（FCA）。

（3）运费付至（CPT）。

（4）运费及保险费付至（CIP）。

（5）目的地交货（DAP）。

（6）目的地卸货后交货（DPU）。

（7）完税后交货（DDP）。

（8）船边交货（FAS）。

（9）船上交货（FOB）。

（10）成本加运费（CFR）。

（11）成本、保险费加运费（CIF）。

（二）交付货物与风险转移

CISG 第三十条规定："卖方必须按照合同和本公约的规定，交付货物，移交一切与货物有关的单据并转移货物所有权。"这是国际货物买卖合同中卖方的主给付义务。交付的对象不单是货物，还包括与货物有关的单据及履行所有权转移的凭证，而且要求货物、单据的交付和所有权转移符合约定或交易习惯以及货物符合合同的约定和公约的规定。交付义务的完成包括在交货地点、交货时间、交货方式等各方面符合合同的约定和公约的规定。

CISG 对风险转移确定的原则有：

（1）以交货时间确定风险转移，从买方接收货物时起，风险转移于买方承担；

（2）过失划分原则，如果货物的遗失或损坏是由卖方的作为或不作为造成的，则即便货物已经交货，风险也不转移给买方；

（3）国际惯例优先，如果当事人在合同中选择了这种贸易术语或其他国际惯例，那么这种约定的风险分担原则优先于公约的规定；

（4）划拨是风险发生转移的前提条件，货物在划拨至合同项下前风险不发生转移。

“货物风险在交付时转移给买方”是各国合同法下的通说，Incoterms® 规则也对不同贸易术语下货物风险的转移点做出了详细规定，例如 FOB 术语下的“在买方指定的装运港内的装货点（如有），以将货物置于买方指定的船上、或以取得已经如此交付的货物”时风险转移为 FCA 术语下的“货物交给承运人时风险转移”。Incoterms® 规则下的“风险”实际指的仅是货物在运输途中的灭失、毁损等风险。

但是，究竟“货物毁损、灭失的风险”应包括哪些情况？如果货物在启运之前已经存在毁损，而这种毁损在运输途中也可能发生，这时候就需要对货物到达目的港后发现的货物毁损调查其真正的毁损原因，以查明毁损的原因究竟是在哪个阶段发生的。而此时，卖方不能仅仅借助 Incoterms® 规则下“货物风险已在货物交付时转移给买方”抗辩自身的责任。

【案例 7】板栗质量纠纷案①

中国公司作为卖方向荷兰公司出售中国产的板栗，约定交易条件为 CIF Rotterdam。买方收到货物后，发现部分的板栗出现了严重的质量问题，包括大量的蠕虫以及少量板栗腐烂长毛。基于前述情况，买方认为卖方存在根本性违约在先，故其拒绝支付前述合同剩余合同款。卖方遂提起仲裁，主张买方支付未付的合同价款。

仲裁中，买方荷兰公司主张板栗的质量问题在货物装船启运前已经存在，并提交了检验报告。检验报告称：“……检验结论：编号为×××的集装箱中的新鲜板栗上有大量蠕虫，原因为：①货物装船前没有适当的冷冻；②装船前腐烂；③货物中的害虫源于装船前。”

而卖方中国公司认为，CIF 术语项下，货物风险在货物装上船后已经转移给买方。卖方提交了丹东原出入境检验检疫局②出具的“植物检疫证书”“熏蒸/消毒证书”，分别显示“该批板栗已经按照规定程序进行检查和检验，不带有输入国或地区的检疫性有害生物，且基本不带有其他的有害生物，符合输入国或地区现行的植物检疫要求。”“该批板栗已于×年×月×日经熏蒸消毒处理。”以证明货物被蠕虫毁损的风险是在货物交付后发生的。

① 中国国际经济贸易仲裁委员会，《中国国际商事仲裁年度报告》（2016），第 55-56 页。

② 自 2018 年 4 月 20 日起，出入境检验检疫的管理职责和队伍正式划入中国海关。

仲裁庭认为：买方提交的上述检验报告系由独立的第三方出具，且在买方发现相关货物出现质量问题时亦通知了卖方并进行了沟通，该机构对货物进行检验之事卖方当时亦知晓，但卖方既未到现场查验，亦未能够提出相反的证据推翻上述检验报告的检验结论。并且在合同下，出现质量问题的货物缺少品质证书，而没有质量问题的货物则有品质证书。因此，仲裁庭认为在没有相反证据的情况下，买方提供的上述检验报告亦应认定其具有证明效力。卖方仅以其提供的“植物检疫证书”“熏蒸/消毒证书”不能证明货物品质经检验合格，而买方提供的上述检验报告结论证明货物存在质量问题。因此，仲裁庭认为，虽然卖方对买方提供的上述检验报告不予认可，但又没有提出相反的证据，因此，卖方应自行承担举证不足的责任。

本案中值得注意的是，卖方提交的检验证书显示货物在交付前不存在质量问题。那么，货物质量问题究竟是在什么时候出现的？是在装船前就存在，还是在装船后（例如途中遭遇高温，感染病虫害）才发生？荷兰买方委托的检验机构的鉴定结论是否有错误？面对如此“罗生门”的案情，中国卖方只提交了原出入境检验检疫局出具的证书，而没有提交进一步的证据，例如从科学技术角度反驳荷兰买方提交的检验报告。此时，“风险在交付货物时转移买方”并没有能够保护卖方。在买方已经提交强有力证据（货物到港后的检验报告）的情况下，卖方仅凭装船前的“植物检疫证书”“熏蒸/消毒证书”不能完成自己的举证责任。对Incoterms®下风险转移规则的适用，应结合充分的有说服力的证据，方能达到效果。

【案例8】轧辊质量纠纷案①

韩国公司作为买方，向中国公司购买轧辊，双方买卖合同中选用CIF术语。货物到达目的港后，买方发现轧辊存在锈斑，不符合合同约定的质量标准，遂提起仲裁索赔。与上一案例不同，买方没有提供“能够证明锈斑在交货前已经出现”的证据。

在此情况下，仲裁庭认为，鉴于本案所涉及的3份合同均为CIF合同，因为买方未能向仲裁庭提交上述锈斑是在装船前已经形成的任何证据，所以，可以排除此种锈斑的形成可能在装船前或装船时。根据Incoterms®中CIF术语对买卖双方风险划分的界限规定，卖方（被申请人）仅承担货物装上船之前的一切风险，货物上船之后的一切风险由买方（申请人）自行负责。因为，在买方没有提供证据证明货物

① 中国国际经济贸易仲裁委员会，《中国国际商事仲裁年度报告》（2016），第57页。

在装上船之前已经存有锈斑的情况下，即使存有锈斑也与卖方无关。

通过2个案例的比较，我们可以发现，在中国的仲裁实践中，对于查明“货物的质量不符出现在货物风险前或转移后”这个问题上，仲裁庭通常的思路是先按照Incoterms® 之下对应贸易术语规定的风险转移点对货物质量进行推定，如果一方提出相反证据，则举证责任转移至另一方。

（三）交货与所有权转移

所有权的转移问题在国际货物买卖中同样十分重要，它涉及买卖双方的基本权利和义务。但由于各国法律对货物所有权转移适用不同的原则和规定，因此CISG除了在卖方义务中规定了卖方的所有权担保义务之外，对货物所有权何时转移以及合同对所有权的影响均未涉及。归纳起来，国际上对所有权转移有5种原则。

（1）合同订立时间为所有权转移时间。

（2）货物特定化后，在交货时所有权发生转移。

（3）货物特定化后，以双方当事人的意图决定所有权转移。

（4）订立独立的物权合同，转移货物的所有权。

（5）所有权于交货时发生转移。

实践中，一般由受理国际货物买卖争议的法院或仲裁庭依据有关国际惯例或以国际私法冲突规范指引的国内法来解决货物所有权的转移问题。中国法律规定，一般情况下，货物的所有权自交付时转移。[①]

三、合同履行抗辩权

合同履行抗辩权是指，在符合法定条件时，当事人一方对抗另一方当事人的履行请求权，暂时拒绝履行其债务的权利。但是，抗辩权的行使只能在一定期限内中止履行合同，并不能消灭合同的履行。实务中常见的合同履行中的抗辩权，有同时履行抗辩权、先履行抗辩权、不安抗辩权。

（一）同时履行抗辩权

同时履行抗辩权是指当事人一方在他方为对待履行以前，有权拒绝自己履行的权利。《民法典》第五百二十五条规定：“当事人互负债务，没有先后履行顺序的，

① 《民法典》第二百二十四条：“动产物权的设立和转让，自交付时发生效力，但是法律另有规定的除外。”

应当同时履行。一方在对方履行之前有权拒绝其履行请求。一方在对方履行债务不符合约定时，有权拒绝其相应的履行请求。”该条所确立的权利就是同时履行抗辩权。

同时履行抗辩权是大陆法系国家或地区民法中的概念。英美法没有同时履行抗辩权制度，但有与之相对应的概念“对流条件”“当合同双方有义务在同一时间履行其义务时，双方的履行构成对流条件。”①

同时履行抗辩权的成立要件为：

（1）须以同一双务合同互负债务。

（2）对方的债务及自己的债务均已届履行期。

（3）对方对其自己的债务为履行或为提出履行而请求履行。

（4）须对方的对待给付是可能履行的。同时履行抗辩权可以在一方违约时适用，包括迟延履行、受领迟延、部分履行、瑕疵履行等。

在实践中和理论上都很有争议的一个问题是，主给付义务和附随义务之间是否为对待给付，是否具有牵连关系，能否适用同时履行抗辩权。一般认为，当一方已经履行主给付义务，单纯违反附随义务时，另一方不得援用同时履行抗辩权，只有当附随义务与合同目的的实现密切相关时，才能认为该附随义务与对方的主给付义务之间具有牵连性和对价关系，才能适用同时履行抗辩权。

（二）先履行抗辩权

先履行抗辩权是指在异时履行的合同中，后履行一方在先履行的一方没有或不当履行义务时，有权在其适当履行前中止履行的权利。《民法典》第五百二十六条规定：“当事人互负债务，有先后履行顺序，应当先履行债务一方未履行的，后履行一方有权拒绝其履行请求。先履行一方履行债务不符合约定的，后履行一方有权拒绝其相应的履行请求。”先履行抗辩权的成立要件为：①须因同一双务合同互负债务；②两个债务须有先后履行顺序；③先履行一方不履行或者不适当履行合同债务。

（三）不安抗辩权

不安抗辩权，是指在异时履行的合同中，应当先履行一方有确切的证据证明对

① 王军．美国合同法［M］．北京：中国政法大学出版社，1998：287.

方在履行期限到来后将不能或不会合作，则在对方没有履行或提供充分担保以前中止义务履行的权利。CISG 第七十一条规定：“（1）如果订立合同后，另一方当事人由于下列原因显然将不履行其大部分重要义务，一方当事人可以中止履行义务：（a）他履行义务的能力或他的信用有严重缺陷；……”同时 CISG 第七十一条还规定：“如经另一方当事人对履行义务提供充分保证，则他必须继续履行义务。”

四、违约

违约，即违反合同义务。合同义务不仅限于给付义务，也包括根据诚实信用原则、合同的性质、目的和交易习惯发生的通知、协助、保密等附随义务。根据违约的时点，可以将违约分为预期违约和现实违约，而现实违约中最值得关注的是实质违约。

（一）预期违约

预期违约，又称先期违约，是指在合同履行期限届满之前，一方当事人在没有正当理由的情况下，明确向对方当事人表明其将不履行合同义务，或者通过自己的行为向对方当事人表明其将不履行合同义务。CISG 在预期违约问题上较多地吸收了英美法的预期违约理论，在个别细节上采纳了不安抗辩权的某些内容，形成了与英美法有所区别的预期违约制度。该制度规定在 CISG 的第七十一条和第七十二条。其中第七十一条在学理上被称为“预期非根本违约”，第七十二条被称为“预期根本违约”。

CISG 第七十一条规定：“（1）如果订立合同后，另一方当事人由于下列原因显然将不履行其大部分重要义务，一方当事人可以中止履行义务：（a）他履行义务的能力或他的信用有严重缺陷；或（b）他在准备履行合同或履行合同中的行为。（2）如果卖方在上一款所述的理由明显化以前已将货物发运，他可以阻止将货物交付给买方，即使买方持有其有权获得货物的单据。本款规定只与买方和卖方间对货物的权利有关。（3）中止履行义务的一方当事人不论是在货物发运前还是发运后，都必须立即通知另一方当事人，如经另一方当事人对履行义务提供充分保证，则他必须继续履行义务。”

CISG 第七十二条规定：“（1）如果在履行合同日期之前，明显看出一方当事人将根本违反合同，另一方当事人可以宣告合同无效。（2）如果时间许可，打算宣告合同无效的一方当事人必须向另一方当事人发出合理的通知，使他可以对履行义务提供充分保证。(3) 如果另一方当事人已声明他将不履行其义务，则上一款的规定不适用。”

（二）实质违约

如果一方的合同义务已到期应履行，而该方当事人未按合同履行，则构成现实违约。而如果该等违约构成对合同的重大违反，则构成实质违约（也称为根本违约），此时另一方当事人通常有权解除合同。

国际货物买卖中的合同当事人可能存在沟通不畅通的情况，国际贸易的市场风险大，合同履行过程中的不稳定性因素较多，义务的履行略有不当是常常会出现的情况。为了促进国际货物贸易的发展，维护交易安全，CISG 特别规定：“根本违反合同”的条款，限制合同当事人因为履行的细微瑕疵从而随意要求解除合同的情形。CISG 第二十五条规定：“一方当事人违反合同的结果，如使另一方当事人蒙受损害，以至于实际上剥夺了他根据合同规定有权期待得到的东西，即为根本违反合同，除非违反合同一方并不预知而且一个同等资格、通情达理的人处于相同情况中也没有理由预知会发生这种结果。”

但是，CISG 对什么是“根本违反合同”也没有详细规定。实践中当事人通常在合同中具体列举违约情形，并说明如有违反该等条款则构成实质违约，而当事人有权解除合同。然而，如果当事人没有对此详细约定，如何判断是否构成实质违约则可能变得十分复杂。

【案例 9】蒂森 A 冶金产品有限责任公司与 B 国际（新加坡）公司国际货物买卖合同纠纷案①

2008 年 4 月 11 日，B 国际（新加坡）有限公司（以下简称“B 新加坡公司”）与蒂森 A 冶金产品有限责任公司（以下简称“德国 A 公司”）签订了 25000 吨燃料级石油焦采购合同。合同约定：石油焦的 HGI 指数典型值为 36~46，数量可有 10%浮动；品质由双方确认的检验人在装货港船上采样检验，该检测结果是终局的并具约束力的，但 B 新加坡公司有权在卸货港进行检验，若发现品质与数量不符，在石油焦到达目的港之日起 60 日内提出索赔；合同应根据美国纽约州当时有效的法律订立、管辖与解释。

---

① 唐高强，唐熳婷．国际货物买卖合同根本违约的认定［J］．法律适用，2019（14）．

2008 年 7 月 31 日，B 新加坡公司在中国 C 新加坡分行（以下简称“C 新加坡分行”）开立信用证，规定石油焦 HGI 指数为 36~46。2008 年 8 月 8 日，双方确认的检验人在装货港出具的检验证书表明：石油焦的 HGI 指数为 32，数量符合约定。2008 年 8 月 27 日，德国 A 公司向 C 新加坡分行提示包括检验人在装货港出具的检验证书在内的议付单据。C 新加坡分行于 2008 年 9 月 2 日交付大部分货款。2008 年 9 月 8 日，石油焦到达南京港。2008 年 9 月 11 日，德国 A 公司开具最终商业发票，确定石油焦单价为 301.56 美元/吨。2008 年 9 月 25 日，B 新加坡公司支付剩下的货款。

B 控股公司为 B 新加坡公司的母公司，2008 年 10 月 15 日，B 控股公司发函至德国 A 公司，提出其交付的石油焦 HGI 指数与合同约定严重不符，下家用户无法使用，拒绝接货，请德国 A 公司尽快提出处理方案。2008 年 11 月 4 日，B 新加坡公司再次发函，称德国 A 公司构成实质性违约。2008 年 11 月 12 日，德国 A 公司回函称交付的石油焦 HGI 指数只是略低于合同约定范围，不构成实质性违约。

在交涉中，合同当事人并未对石油焦的 HGI 指数的问题达成共识。2009 年 11 月 11 日，B 新加坡公司致函德国 A 公司，告知与潜在买受人商定的价格等并征询德国 A 公司的意见。2009 年 11 月 18 日，德国 A 公司回函称其已完成交付义务，B 新加坡公司无须与其商量。2009 年 11 月 26 日，B 新加坡公司委托 B 控股公司与其他公司签订销售合同，将争议的石油焦以 1575.5 人民币元/吨出售。B 新加坡公司认为德国 A 公司构成根本违约，其有权解除合同，并要求德国 A 公司返还货款、赔偿全部损失。

B 新加坡公司起诉德国 A 公司，一审江苏省高级人民法院于 2012 年 12 月 19 日做出判决，认为双方当事人在诉讼中选择 CISG 作为依据，故德国 A 公司交付石油焦的 HGI 指数与采购合同严重不符，构成根本违约，宣告德国 A 公司与 B 新加坡公司的采购合同无效，德国 A 公司返还 B 新加坡公司货款并赔偿损失。德国 A 公司不服判决，向最高人民法院提出上诉。最高人民法院于 2014 年 6 月 30 日做出终审判决，认为案涉石油焦 HGI 指数与合同不符，但是仍具有使用价值，并不构成根本违约。故判决撤销合同无效，德国 A 公司赔偿 B 新加坡公司货款损失 1610581.74 美元及堆存费 98442.79 美元。

双方对于合同履行中的争议焦点在于石油焦的 HGI 指数是否符合合同约定的范围。最高人民法院认为：“首先，从双方当事人在合同中对石油焦需符合的化学和物理特性规格约定的内容看，合同对石油焦的受潮率、硫含量、灰含量、挥发物含量、尺寸、热值、硬度（HGI值）7个方面做出了约定。而从目前事实看，对于德国A公司交付的石油焦，B新加坡公司仅认为HGI指数一项不符合合同约定，而对于其他六项指标，B新加坡公司并未提出异议。结合当事人提交的证人证言以及证人出庭的陈述，HGI指数表示石油焦的研磨指数，指数越低，石油焦的硬度越大，研磨难度越大。但B新加坡公司一方提交的上海大学材料科学与工程学院出具的说明亦不否认HGI指数为32的石油焦可以使用，只是认为其用途有限。故可以认定虽然案涉石油焦HGI指数与合同约定不符，但该批石油焦仍然具有使用价值。其次，本案一审审理期间，B新加坡公司为减少损失，经过积极的努力将案涉石油焦予以转售，且其在就将相关问题致德国A公司的函件中明确表示该批石油焦转售的价格"未低于市场合理价格"。这一事实说明案涉石油焦是可以以合理价格予以销售的。最后，综合考量其他国家裁判对CISG中关于根本违约条款的理解，只要买方经过合理努力就能使用货物或转售货物，甚至打些折扣，质量不符依然不是根本违约。故应当认为德国A公司交付HGI指数为32的石油焦的行为，并不构成根本违约。"

本案是关于是否构成根本违约的典型案例，根本违约的判断涉及买卖双方的根本权利义务，是争议解决的重中之重。本案货物的不符仅是众多货物标准的其中一点，即石油焦HGI指数。而B新加坡公司据此认为德国A公司构成根本违约，要求解除合同，并返还货款、赔偿全部损失。实际上，该种不符，并不具有重大性，即未能"以至于实际上剥夺了他根据合同规定有权期待得到的东西"。这对从业者的启示是，国际贸易中根本违约的构成标准较高，不能轻易依赖货物不符去主张根本违约。另外，双方对买卖货物的数量、品质以及检验方式等都进行详尽的约定，给审判提供了充分依据，启示从业者尽可能详尽地在合同中约定货物的规格和标准，并在实际履行中注意保存相关证据。

五、合同履行中的不可抗力

合同义务未能履行并不代表义务人一定要承担违约责任，其中最重要的一项免责事由是不可抗力。在适用中国法律的情况下，不可抗力是指不能预见、不能避免而且不能克服的客观情况。[①] 除了法律上有不可抗力规定外，当事人也常常在国际货物买卖合同中约定不可抗力的条款。但在实际上，如果不可抗力条款约定的不可抗力在内涵和外延上与法律所界定的重合，并且具有免除当事人所负民事责任的效力，那把此种不可抗力作为法定的免责条件还是作为约定的免责条款，结果应该是一样的。

关于不可抗力情形对国际货物买卖合同的影响，CISG 第七十九条规定：

“（1）当事人对不履行义务，不负责任，如果他能证明此种不履行义务，是由于某种非他所能控制的障碍，而且对于这种障碍，没有理由预期他在订立合同时能考虑到或能避免或克服它或它的后果。

（2）如果当事人不履行义务是由于他所雇佣履行合同的全部或一部分规定的第三方不履行义务所致，该当事人只有在以下情况下才能免除责任：（a）他按照上一款的规定应免除责任；和（b）假如该款的规定也适用于他所雇佣的人，这个人也同样会免除责任。

（3）本条所规定的免责对障碍存在的期间有效。

（4）不履行义务的一方必须将障碍及其对他履行义务能力的影响通知另一方。如果该项通知在不履行义务的一方已知道或理应知道此障碍后的一段合理时间内仍未为另一方收到，则他对由于另一方未收到通知而造成的损害应负赔偿责任。

（5）本条规定不妨碍任一方行使本公约规定的要求损害赔偿以外的任何权利。”

（一）不可抗力构成要件

不可抗力的构成，在中国法律下一般要求有 4 点，即客观情况、不能预见、不能避免、不能克服，并且 4 个要件应当同时具备。

首先，不可抗力必须是一种“客观情况”。这是指它必须独立存在于当事人的行为之外，既非当事人的行为所派生，也不受当事人意志所左右。[②] 其次，不可抗力属于“不能预见”的情况。不能预见的时点是，债务人在订立合同时不能够合理地预见该客观情况的发生。“不能”预见的标准是以一个通情达理的人能否预见为标准。不过，如果债权人能够证明债务人具有特别的预见能力，则依据其具体的预

① 《民法典》第一百八十条：“因不可抗力不能履行民事义务的，不承担民事责任。法律另有规定的，依照其规定。不可抗力是不能预见、不能避免且不能克服的客观情况。”

② 佟柔．中国民法［M］．北京：法律出版社，1990：575.

见能力为准。再次，不可抗力的情况必须是不可避免的，即该客观情况的发生具有必然性。最后，不可抗力的情况对于债务人而言不能克服，即无法超越该客观情况的限制正常地履行其债务。

比较法上大多不强求 3 个“不能”同时具备。例如，《国际商事合同通则》第 7.1.7 条第 1 款规定：“若不履行的一方当事人证明，其不履行是由于非他所能控制的障碍所致，而且在合同订立时该方当事人无法合理预见，或不能合理地避免、克服该障碍及其影响，则不履行一方当事人应予免责。”CISG 第七十九条第一款规定：“当事人对不履行义务，不负责任，如果他能证明此种不履行义务，是由于某种非他所能控制的障碍，而且对于这种障碍，没有理由预期他在订立合同时能考虑到或能避免或克服它的后果。”

【应用与拓展】 普通法之下合同落空

与不可抗力相对应的，是普通法下的“受阻”或者“合同落空”（Frustration）的概念。要了解受阻概念，必须先明白普通法下对合约承诺方的严格或绝对责任，也就是说合同一经成立生效，则必须执行。但是在受阻的情况下，合约承诺就不需要严格执行，而且不需要赔偿对方的损失。

根据《奇蒂论合同法》（*Chitty on Contract*）之中有关合约受阻的阐述，合约受阻须满足以下 5 个要件：①必须发生了极端的情况改变导致严格履行合约不再公正与合理；②合约受阻成立是把合约废止；③一旦受阻合约马上自动中断；④合约受阻不能是来自想依赖受阻说法逃避合约履行的合约方的行为或选择，必须是完全来自外来的意外事件导致情况变化；⑤合约受阻不能是来自想依赖受阻说法逃避合约履行的合约方的过错或疏忽。[①]

【案例 10】“海钻”案[②]

石油公司 Tullow 拥有加纳政府授予的对 2 块油田的特许权，这些油田在加纳和科特迪瓦共和国（位于南非西部的国家）之间的边界处。2011 年，Tullow 公司与挪威海上钻井承包商 Seadrill 公司签订了第六代超深水半潜式钻井平台（称为“West Leo”）的租用合同。根据合同 Tullow 公司应每天支付使用费 600000 美元。

但是后来发生了数种情况变化：①在其中一块油田对应的海域，加纳和科特迪

① 杨大明．国际货物买卖［M］．北京：法律出版社，2011：387-394.

② ［2018］EWHC 1640（Comm）.

瓦共和国发生了领海争端，争端仲裁期间，仲裁庭发布临时措施，要求在该海域停止即将进行的钻探；②在另一块油田所在海域，相关的海洋结构发生了技术问题，政府没有批准在特定地点钻井；③石油市场价值的下跌改变了石油行业的经济格局。在这些风险成为现实后，Tullow 公司在 2016 年 10 月向 Seadrill 公司发出了不可抗力通知，要求终止合同，引用了合同中的不可抗力条款。

Seadrill 公司随后向英国高等法院提起诉讼。本案所引起的问题是：Tullow 公司是否有权以这种方式依赖不可抗力条款，如果有权主张不可抗力，Tullow 公司是否已做出合理努力以补救或避免不可抗力。

诉讼中，各方传唤了 7 名事实证人和 2 名专家证人，并向法院提交了约 111 份文件夹，其中载有超过 33000 页的同时期文件。最后，英国高等法院裁定，由于 Tullow 公司提前终止合同，应当向 Seadrill 公司赔偿 2.48 亿美元。

案件中，关于是否存在不可抗力，主要涉及 5 个问题：第一，是否存在“政府强制的钻探禁令”；第二，政府何时实施禁令；第三，Tullow 公司是否未能履行第 27 条所指的合同条款或条件；第四，2016 年 10 月，Tullow 公司无法根据合同 18.1 条款发布任何进一步钻井计划的原因是什么；第五，Tullow 公司是否对不可抗力事件给予了适当的通知。

为了确定不可抗力条款提供的救济，根据合同条款的实际措词，英格兰法庭会解释和审查诸多要素，包括双方的意图、事件及其影响、因果关系和证据。法院认为，不可抗力事件必须是未能履行义务的唯一原因，并裁定，依据对该条款的真实解释，不可抗力事件并未延迟或阻止 Tullow 公司履行其义务，据此 Tullow 公司无法依赖不可抗力条款获得救济。第一，应考虑到 Tullow 公司自己的由于油价下跌和一些问题而产生的想法的改变，导致的政府不愿意批准 Greater Jubilee Plan。第二，如果存在不可抗力事件，双方均有义务尽合理努力避免或规避“不可抗力的情况”。该义务要求双方尽合理努力确保不可抗力不妨碍其履行其在本合同项下的义务，或者，如果不可抗力妨碍履行，则应确保不可抗力的影响得到减轻。本案中，Tullow 公司未能尽其合理努力避免或规避不可抗力。Tullow 公司本应向 Seadrill 公司提供钻井命令。这是 Tullow 公司不能依赖不可抗力的又一原因。

（二）不可抗力事件的范围

不可抗力的范围因对其内涵的不同认识而不同，因此法律一般不对不可抗力的范围进行明确的列举。按一般的分类，不可抗力可以包括：①由自然界的原因引起的不可抗力事故，包括水灾、旱灾、地震、瘟疫等；②由社会原因造成的不可抗力事故，包括战争状态、军事行动、封锁禁运等；③国家（政府）行为造成的不可抗力事故，如政府或主管部门的行为、检疫限制、司法扣押等。

（三）不可抗力的法律后果

1. 不可抗力对合同的阻碍

不可抗力是合同正常履行的一种阻碍，导致的结果是合同不能履行。合同不能履行主要包括：①合同全部不能履行；②合同部分不能履行；③合同一时不能履行。

虽然合同的履行受到不可抗力影响，但是不可抗力的发生并不一定导致合同解除，合同关系归于消灭。债务人如果永远不能履行，而且该种不能履行是由于不可抗力的原因，债务人的债务便应当免除。但债权人的对待给付是否因此也归于消灭，属于风险负担的问题。

但不可抗力对合同的影响，并非总能达到“不能实现合同目的”的程度，这种情形下，并不发生解除权，合同关系继续存在，只是由于不可抗力的影响，合同的内容需要变更调整，可以通过双方协商调整，也可以进行诉讼或仲裁。

2. 发送不可抗力通知

在不可抗力免责的情况下，发生不可抗力的一方应当及时通知对方，以减轻可能给对方造成的损失，并应当在合理期限内提供证明。之所以需要及时发送通知，理论上的原因在于，发出不可抗力通知的相对方往往是不知道有这种事故出现的，所以给了通知就可允许他马上做出调查，否则，等到将来发生争议时再去调查可能什么证据都没有了。[①]

3. 完全免责或部分免责

不可抗力所导致的免除责任，仅指的是损害赔偿或与之相当的责任，如果合同变更后仍可继续履行，债权人仍有履行请求权，债务人在宽限期届满后仍不履行的，可以请求强制履行。不可抗力作为免责事由，只能在不可抗力影响所及的范围内不发生责任，但是如果不可抗力与债务人的过错共同构成损害发生的原因，则应本着“原因与责任比例相符”的精神，令债务人承担相应的责任，即债务人部分免责。[②]

---

① 杨良宜．合约的解释规则与应用［M］．北京：法律出版社，2007：387.

② 崔建远，不可抗力条款及其解释［J］. 环球法律评论，2019（1）.

但如果当事人迟延履行后发生不可抗力的，则不能免除责任。而且，无论不可抗力条款是作为免责条款还是作为约定解除条件，只得在当事人各方之间具有法律约束力，不得对抗第三人。

4. 不可抗力证明

一般而言，在依赖不可抗力免责的情况下，当事人有发送不可抗力适当通知的义务，但并无义务提供“不可抗力证明”。但是，如果当事人在合同中约定了遭受不可抗力影响的当事人有义务出具“不可抗力证明”，则该约定将成为当事人必须完成的一项义务。

2020年的新冠疫情期间，众多进出口或物流企业深受影响，并直接导致合同履行受阻，以致违约。中国国际贸易促进委员会/中国国际商会根据国际贸易惯例和《中国国际贸易促进委员会章程》，宣布为企业出具不可抗力事实证明。中国贸促会对该“不可抗力事实性证明”的定性是“属于商事证明领域中的事实性证明行为，是指由中国贸促会及其授权的分、支会应申请人的申请，对与不可抗力有关的事实进行证明，出具后当事人可以部分或全部免除不履行、不完全履行和迟延履行合同的责任”。[①] 至于受到疫情影响的企业，如何依据该“不可抗力事实性证明”实现免责，则需要检视买卖合同的具体条款，以及该证明中描述的事件与当事人无法完成的合同义务之间的因果关系。

分析是否构成不可抗力，要重点关注以下几点：

（1）适用法律不同，不可抗力是否存在及证明程度有一定区别，切不可单纯以中国法律或大陆法的思维判断，且必须区别个案的具体事实。

（2）如果合同适用普通法，则合同中是否有不可抗力条款及条款的详细程度至关重要。

（3）如果合同不可抗力条款中不包含疾病、流行病、隔离或具有类似含义的词语，关注是否提及政府行为（因为疫情可能使政府做出相应行为，阻碍合同履行），例如法律法规的修改、政府命令、征用等，或者是否有提及劳工的影响、基础设施和交通的限制等。

（4）不可抗力条款是否包含兜底条款，例如其他超出受影响一方合理控制的类

---

① 中国国际贸易促进委员会，“大连市贸促会出具首批新型冠状病毒感染的肺炎疫情相关的不可抗力事实性证明”，请见网址：http：//www. ccpit. org/Contents/Channel_ 3894/2020/0206/1239881/content_ 1239881. htm。

似事件。

(5) 了解和证明具体影响履约的原因，是否满足因果关系的要求。[①]

第四节 国际货物买卖合同的争议类型和损害赔偿

一、容易引发争议的事项类型

国际货物买卖合同中可能涉及多种争议，根据交易中不同的时间阶段，较为常见的争议可以分为两个方面：①与合同成立及效力有关的争议；②与合同履行相关的争议。与合同履行相关的争议主要可能包含：卖方不交货、交货迟延；买方不接收货物、接收货物迟延；货物质量不符合合同约定；交付货物数量不符合合同约定；买方不付款；买方付款迟延等方面的争议。

因此，国际货物买卖从业者在签订和履行合同的过程中，应着重注意的事项见表 4-1。

表 4-1 注意事项

序号	时间	注意事项
1	签订合同前	应对交易对象进行背景调查，对交易对手方有全面的了解，以确认对方的真实身份、确认其履约能力。
2	签订合同阶段	应审查对方签署合同的代表是否具有充分的缔约权限。
		确定谈判主体、签约主体与履行主体是否一致，如果不一致应在合同中做出相应的安排。
		注意保存双方谈判资料及往来邮件沟通的证据，以便发生争议后提供证据证明责任主体。

① 中国国际贸易促进委员会，“浅议新冠肺炎疫情与不可抗力之司法实践——以中国法和部分外国法案例为例”，请见网址：http：//www. ccpit. org/Contents/Channel_ 4328/2020/0308/1245363/content_ 1245363. htm。

表4-1　续

序号	时间	注意事项
3	合同履行阶段	除合同义务之外，也应及时履行合同的附随义务以及因诚实信用原则而产生的义务，如通知义务、交付单据的义务、妥善保管义务等，以免构成违约。
		买方收货后应及时进行货物检验，如发现货物与合同约定不符，应及时提出异议。
		如果发现对方违约的证据，应及时主张权利。
		如果合同履行遭受不可抗力影响则应立即通知对方，并及时补救。

二、合同解除

如果一方当事人的行为构成根本性违约，则另一方当事人有权解除合同。然而，解除合同并不代表宣告解除合同一方丧失获得其他救济的权利，也不代表宣告解除合同一方就此不再负有其他的合同义务。

CISG 第八十一条规定：“（1）宣告合同无效解除了双方在合同中的义务，但应负责的任何损害赔偿仍应负责。宣告合同无效不影响合同中关于解决争端的任何规定，也不影响合同中关于双方在宣告合同无效后权利和义务的任何其他规定。（2）已全部或部分履行合同的一方，可以要求另一方归还他按照合同供应的货物或支付的价款，如果双方都须归还，他们必须同时这样做。”宣告合同无效，即合同解除，包括 2 种情况：第一，因一方当事人根本违约，对方当事人解除合同导致合同终止；第二，因合同履行不能（或解除），通过依据适用的法律的裁决，导致合同不复存在。

该条规范了合同解除的一般规则，包括：

（1）解除双方在合同中的义务。

（2）所发生的损害赔偿仍应负责。

（3）合同关于争议解决条款和合同解除后涉及的买方或卖方的权利义务条款仍然有效。

“解除双方在合同中的义务”问题涉及 2 个方面。一是对于双方在合同中尚未履行的义务（未来义务），自合同无效时起予以解除。若买方因货物严重不符合同而解除，其支付货款的义务得以解除。相反，如果卖方解除合同，将解除卖方交付货物的义务以及买方相应的付款义务。如果仅是部分解除，则仅解除无效部分中的双方当事人的各自义务。二是对于那些已经履行了的义务，双方应予返还，即买方应返还已收到的货物，卖方应返还已收到的货款。但是并不解除守约方获得损害赔偿的权利，公约在解除合同后果的规定上很大程度吸收了大陆法的原则，解除合同的后果既指向将来，又溯及既往，具有双重效力。

（一）买方不能按原状归还货物的后果

CISG 第八十二条规定：“（1）买方如果不可能按实际收到货物的原状归还货物，他就丧失宣告合同无效或要求卖方交付替代货物的权利。（2）上一款的规定不适用于以下情况：（a）如果不可能归还货物或不可能按实际收到货物的原状归还货物，并非由于买方的行为或不行为所造成；或者（b）如果货物或其中一部分的毁灭或变坏，是由于按照第三十八条规定进行检验所致；或者（c）如果货物或其中一部分，在买方发现或理应发现与合同不符以前，已为买方在正常营业过程中售出，或在正常使用过程中消费或改变。”该条是对买方解除合同和要求交付替代货物的限制，并且该限制还有 3 项例外以用于保护买方正常检验、使用或出售货物的权利。

（二）其他救济方法的保留

CISG 第八十三条规定：“买方虽然依第八十二条规定丧失宣言合同无效或要求卖方交付替代货物的权利，但是根据合同和本公约规定，他仍保有采取一切其他补救办法的权利。”也就是说，合同解除后，非违约方除了可要求损害赔偿外，还有对违约行使其他救济手段的权利。本条是对公约第八十二条的一项补充，在于明确虽然买方丧失了解除合同的权利，但并不能因此剥夺买方基于合同和公约的规定所具有的其他的救济权利。因此，如果根据公约第八十二条第一款在买方失去解除合同或要求卖方交付替代货物的权利的情况下，买方还可以行使合同和公约规定的其他的救济手段。

（三）利益的返还

CISG 第八十四条规定：“（1）如果卖方有义务归还价款，他必须同时从支付价款之日起支付价款利息。（2）在以下情况下，买方必须向卖方说明他从货物或其中一部分得到的一切利益：（a）如果他必须归还货物或其中一部分；或者（b）如果他不可能归还全部或一部分货物，或不可能按实际收到货物的原状归还全部或一部分货物，但他已宣告合同无效或已要求卖方交付替代货物。”根据此条，双方当事人

“互相返还已受领的货物或货款”的义务不仅包括返还已受领的货物或货款，而且包括返还该货物或货款所产生的利益或利息。若卖方负有返还货款的义务，他必须将货款以及自收到该货款之日起至返还之日所产生的利息同时返还给买方。此处收取利息与违约与否无关，而是基于不当得利的原理，将一方没有法律上的正当原因得到的利益返还给原权利人。

三、违约损害赔偿

损害赔偿是国际货物买卖合同的一方当事人发生违约后的一种主要救济手段，既可以单独行使，也可以与其他救济手段一并行使。CISG 和我国立法都采取了严格责任原则，规定只要买卖合同的一方没有履行其在合同和公约中规定的义务，另一方当事人就可以请求损害赔偿，而无须证明对方的不履行是出于过失，也不必事先发出催告。

（一）损害赔偿的要件

CISG 第七十四条损害赔偿的原则及计算的一般规则：“一方当事人违反合同应负的损害赔偿额，应与另一方当事人因他违反合同而遭受的包括利润在内的损失额相等。这种损害赔偿不得超过违反合同一方在订立合同时，依照他当时已知道或理应知道的事实和情况，对违反合同预料到或理应预料到的可能损失。”根据本条要求，损害赔偿必须满足以下要件：①一方当事人存在违约行为；②另一方存在损失；③损失与违约行为之间存在因果关系。其中最需要判断和论证的是损失和违约之间的因果关系。

因果关系是判断违约方是否承担损害赔偿责任的关键，也是适用可预见规则的前提条件。法官或仲裁员在案件中要先将与违约行为没有因果关系的“损害”剔除，然后再确定违约方应承担的赔偿范围。但在司法实践中，检验两个事实之间是否存在因果关系，最基本的方法是必要条件规则，即如若违约方没有违反合同义务，损害就不会发生，则违反义务的行为就是损害的发生原因。具体操作上，考察因果关系是否存在，有剔除法和代换法两种方法。剔除法主要适用于“作为”类型的义务，即如果没有违约的行为，损害是否还会发生；如损害仍会发生，则违约行为并非造成损害的原因。对“不作为”类型的义务，可以用代换法检验，假设在其他条件不变的情况下，如果违约方合理地作为，损害是否还会发生，若损害仍会发生，则不作为就不是损害的原因。

（二）损害赔偿的范围

CISG 第七十四条对损害赔偿范围的规定：“……损害赔偿额，应与另一方当事人因他违反合同而遭受的包括利润在内的损失额相等。这种损害赔偿不得超过违反合同一方在订立合同时，依照他当时已知道或理应知道的事实和情况，对违反合同预料到或理应预料到的可能损失。”可以看出，公约对损害赔偿范围的规定包括 2 个方面：违约对受害方所造成的实际损失和预期利润损失（也称可得利益损失）。

公约虽未提及附带损失与间接损失的概念，但实际上公约规定的损害赔偿金所包含的 2 个部分可以包括这 2 种损失。附带损失在计算时可直接视为实际损失的一个组成部分，如卖方在买方违约时为转卖货物而另行支付的运输、仓储费；买方在卖方违约时为另行补进货物而支付的询价、联络或中间商佣金等。间接损失则应包括预期利润损失，如买方因货物未按期交付而无法盈利所损失的利润等。

各国有关损失的规定虽然有所不同，但原则上损害赔偿都具有补偿的性质，包括实际损失和受害方基于合同的履行本来可以获得的利益，都是对受损害方的一种补偿，而非对损害方的惩罚。惩罚性损害赔偿在国际贸易中应用较少。

对损害赔偿范围进行限定的基本规则是可预见性规则，对于违约损害赔偿案件具有普遍适用性。另外，还有一些限定规则仅在个别的违约损害赔偿案件中会被用来确定具体的赔偿范围，这些规则包括与有过失规则、减轻损害规则和损益相抵规则。

1. 可预见性规则

可预见性规则从比较法上而言，是具有普遍适用性的规则。不仅是 CISG、《国际商事合同通则》，而且法国法、英国法、美国法、日本法等均采纳了可预见性规则。虽然对于可预见性规则的构成并不完全一致，但构成方面主要就是表现在预见的主体、时间、内容以及判断的标准 4 个方面。

（1）可预见的时间节点。依据《民法典》第五百八十四条规定：预见的时间为“订立合同时”。① 如此规定的理由在于：因违约行为可能承担的损害赔偿责任范围

① 《民法典》第五百八十四条：“当事人一方不履行合同义务或者履行合同义务不符合约定，造成对方损失的，损失赔偿额应当相当于因违约所造成的损失，包括合同履行后可以获得的利益；但是，不得超过违约一方订立合同时预见到或者应当预见到的因违约可能造成的损失。”

直接受当事人所掌握的信息的影响，而违约方掌握的信息是确定其预见范围的基础。因为订立合同时，当事人正在磋商确定交易条件，把可预见原则的时间节点确定在“订立合同时”，可以比较合理地反映当事人对违约后果的预估。在订立合同后，违约方获取的信息会扩展其预见的范围，但新获取的信息与交易条件的确定无关，让违约方的责任随订立合同后获取的信息量的增加而扩张，会破坏当事人之间的利益平衡。

（2）可预见的主体。CISG 第七十四条及《民法典》都确定预见的主体应为违约方。之所以将预见的主体确定为违约方，是因为可预见性规则限制的是违约方的赔偿责任，而违约方应承担的责任构成其交易条件的一部分，违约方在磋商确定交易条件时，其承受的不利益必然受到其合理预见范围的限制，因而可预见性规则的预见主体应为违约方。

（3）可预见的范围。可预见的范围，原则上仅包括预见的种类而不是损失的具体范围，也不要求预见违约或损害发生的具体方式。《国际商事合同通则》第 7.4.4 条规定：“不履行方仅对在订立合同时他已经预见到的或应当合理预见到的、因其不履行可能产生的损害承担责任。”该条注释对预见的内容指出：“可预见性与损害的性质或者类型有关，但与损害的程度无关，除非这种程度使损害转化为另一不同种类的损害。”因此，可预见的内容应确立为损害类型而不是预见损害的程度。《民法典》第五百八十四条没有明确指出可预见的内容，但学界通说以及审判实践中的一般做法认为，只需要预见到或应当预见到损害的类型，不需要预见到或应当预见到损害的程度，即不需要预见到或应当预见到损害的具体数额。

（4）可预见的标准。违约方是否预见到或者是否应当预见到，须由受害方承担举证责任。裁判者通常应当依据相对客观的标准进行判断，仅在例外情形下须依据主观标准进行判断。所谓依据相对客观的标准进行判断，就是指以社会一般人的预见能力为标准进行判断，也就是说以一个抽象的“理性人”“常人”“善良家父”之类的标准进行判断。所谓在特定情形下需要依据主观标准进行判断，是在特定情形下也需要基于当事人的身份、职业及相互之间的了解程度等，考虑违约方的特殊预见能力。如果违约方的预见能力高于一般人的预见能力，就应当按照其实际的预见能力来确定损害赔偿的范围。不过对于违约方的特殊预见能力仍应由受害方承担举证责任。如果受害方不能举证证明违约方具备高于一般人的预见能力时，则应以社会一般人的预见能力为准。[①]

2. 过失相抵规则

过失相抵规则也称为与有过失规则，指的是需要赔偿的一方对损害的发生有过失时，可以减轻其赔偿金额或免除赔偿责任的规则。过失相抵规则要求：需要赔偿的一方须有过失；需要赔偿一方的过失行为须是损害发生的共同原因。过失相抵法律后果体现为：裁判机构就债务人的违约与债权人的过失进行衡量，令各自承担相应的责任，最终表现为违约方的责任减轻或者免除。

双方违约和过失相抵，两个概念看似有重合之处，也容易混淆，但二者存在本质的区别。第一，过失相抵的情形，受害人的过错是对于自己的过错，其过失行为所违反的是对自己的注意义务。过失相抵中的受害人的过错行为，不一定是违约行为，甚至大多数不是违约行为。而双方违约则是双方对于合同义务的违反。第二，过失相抵的情形，双方的过错行为是导致受害方损害的共同原因。而双方违约，通常是双方导致对方损害、彼此损害。第三，在法律效果上，过失相抵不是抗辩，而是损害赔偿请求权的一部分或者全部的消灭。而双方违约，一方面双方各自承担的相应责任并不一定限于损害赔偿，也可以包括其他的责任方式，另一方面，即使相互赔偿，可以发生抵销，但也并不是当然地抵销。

3. 减轻损害规则

减轻损害规则也称为减损义务，但实际上这只是习惯的用语，减损义务最多只能称得上是一种“不真正义务”，即相对人不得请求履行，而对其违反也不会发生强制执行或赔偿损失的后果，而只是发生义务人权利或利益的减损或丧失。

实践中可以采取的减损措施可以类化为以下 4 种类型[②]：

（1）停止工作。这一方式是减损规则最基本、最初级的要求，即当一方知道对方的义务将无法履行时，应当停止履行以避免进一步的花费。

（2）替代安排。除了停止工作以避免进一步的花费，还应采取合理的措施来作适当的替代安排以避免损失，比如说订立替代合同等。

（3）变更合同。为避免或减少违约造成的损失，违约方提出变更原合同的要约时，如果变更合同是合理的，包括考虑到合同的性质和变更的程度，受损失的一方

① 最高人民法院民二庭．最高人民法院关于买卖合同司法解释理解与适用［M］．北京：人民法院出版，2012：464.

② 韩世远．合同法总论（第四版）［M］．北京：法律出版社，2018：812.

就应接受合同的变更以减轻损失。

（4）继续履行。虽然有时候停止工作会避免进一步的花费，但有些情况下继续履行能够避免损失的扩大，受损失方则应继续履行以减轻损失。

4. 损益相抵规则

损益相抵规则，是指权利人基于损害发生的同一赔偿原因获得利益时，应当将所受利益由所受损害中扣除，以确定损害赔偿范围的规则。损益相抵的成立要件包括：①损害赔偿成立，也就是合同不履行后，赔偿权利人遭受了损害；②因为损害事件给赔偿权利人带来了利益；③损害事实与利益之间存在因果关系，在此情形下利益被扣减才符合公平合理的原则。

（三）损失的类型

我们所说的损失，既包括守约方既有财产之积极减少的“实际损失”（所受损失），也包括本应增加之财产利益消极未增加的“可得利益”（所失利益）。

1. 实际损失

实际损失，即因对方违约而使另一方实际发生的损失的总和，属于积极的损失。典型的实际损失是违约造成债权人其他财产的损失，如卖方交付的机器爆炸造成买方的损失、债权人因债务人违约而造成债权人对第三人承担的损害赔偿责任（例如，卖方不交货构成违约，导致买方对第三方无法交货而须支付违约金）。

2. 可得利益损失

可得利益损失是指一方未全面履行合同等违约行为导致守约方所丧失的财产性损失，即在合同履行前并不为当事人所拥有的，而为当事人所期望在合同全面履行以后可以实现和取得的财产权利。通常情况下只要构成违约行为即可能导致对方可得利益的损失。

依据最高人民法院《关于当前形势下审理民商事合同纠纷案件若干问题的指导意见》（法发〔2009〕40号）第九条规定，根据交易的性质、合同的目的等因素，可得利益损失主要分为：

（1）生产利润损失：生产设备和原材料等买卖合同违约中，因出卖人违约而造成买受人的可得利益损失通常属于生产利润损失；

（2）经营利润损失：承包经营、租赁经营合同以及提供服务或劳务的合同中，因一方违约造成的可得利益损失通常属于经营利润损失；

（3）转售利润损失：先后系列买卖合同中，因原合同出卖方违约而造成其后的转售合同出售方的可得利益损失通常属于转售利润损失。

3. 信赖利益损失

违约中的信赖利益赔偿具有以下特点：第一，此种利益损害发生于合同生效后的履行阶段。第二，当事人对合同的履行产生了合理信赖。第三，此种信赖利益损失是因另一方的违约行为造成的。第四，保护信赖利益的目的是使当事人恢复到合同从未订立的状态。两大法系认可违约损害赔偿的基本原则是完全赔偿，我国规定的违约赔偿包括实际损失和可得利益的损失，但在很多情形下主张履行利益损失的赔偿可能面临许多障碍，只有通过信赖利益赔偿，才能达到充分救济非违约方和惩戒违约方的目的。①

一般认为，信赖利益的赔偿应该包括以下 3 个方面的损失：

（1）非违约方为履行合同而实际支出的费用，这些费用是合同生效后为履行合同而支付的费用；二是此种费用支出应当是信赖合同能够履行而支出的费用；三是这些支出的费用应当是必要费用且能够通过合同履行得到补偿。

（2）因支出上述各种费用而损失的利息，因非违约方费用的支出而遭受的利息损失，应当以非违约方所支出的费用为计算基准。

（3）因丧失订约机会而遭受的损失，机会利益的丧失也属于非违约方所遭受的客观损失，应当获得法律救济。在对其提供救济时应当进行必要的限制，如要求非违约方能够证明其客观上具有相关的订约机会，此种缔约机会损失具有确定性等。

（四）合同解除时损害赔偿的计算

1. 实际发生转售或补进货物时

一项国际货物买卖合同如果被买方宣告解除，作为非违约方的卖方就有权转售合同项下的货物；如果被卖方解除，买方就有权从第三方补进合同项下的货物，以维护自身利益并减轻损失。CISG 第七十五条规定的就是这种情况下如何计算非违约方应取得的，或者说违约方应承担的损害赔偿数额。CISG 第七十五条规定：“如果合同被宣告无效，而在宣告无效后的一段合理时间内，买方已以合理方式购买替代货物，或者卖方已以合理方式把货物转卖，则要求损害赔偿的一方可以取得合同价格和替代货物交易价格之间的差额以及按照第七十四条规定可以取得的任何其他损

---

① 王利明．违约中的信赖利益赔偿［J］．西北政法大学学报，2019（6）．

害赔偿。”

这一条的作用是在实际发生转售或补进的情况下，为当事人提供一种确定损害赔偿数额的计算方法。具体来说，如果买方根本违约，卖方可以原合同价格减去替代交易的价格，同时再要求其他的损害赔偿。

应注意的是，受损害的一方另行转售或补进货物要受到一定的限制，即应“在一段合理时间内”并以“合理方式”进行。“在一段合理时间内”的规定是考虑到有些货物的市场价格波动会很大，受损害方如果拖延时间往往会使损失扩大。判断时间是否合理，应取决于货物的性质和市场条件，根据实际情况做出判断。而“合理方式”的确定，则应联系到一些具体因素做出判断，比如购买或销售该种货物的常用交易方式，货物所在地的市场及供求状况、价格趋势等。

在实践中，一笔交易牵扯到的费用不仅仅限于货物价格，还会涉及一些额外的支出，在因一方违约而引起的另一方另行转售或补进货物的情形更是如此。比如，买方接收有严重瑕疵货物后需要存放货物、办理退货，而这将发生费用。买方还会因为另行购买替代货物而不得不推迟对货物的使用，造成额外损失。因此，如果除了补足差价外还有其他损失可以按照 CISG 第七十四条的规定请求赔偿。

2. 未实际发生转售或补进货物时

CISG 第七十六条规定：“（1）如果合同被宣告无效，而货物又有时价，要求损害赔偿的一方，如果没有根据第七十五条规定进行购买或转卖，则可以取得合同规定的价格和宣告合同无效时的时价之间的差额以及按照第七十四条规定可以取得的任何其他损害赔偿。但是，如果要求损害赔偿的一方在接收货物之后宣告合同无效，则应适用接收货物时的时价，而不适用宣告合同无效时的时价。（2）为上一款的目的，时价指原应交付货物地点的现行价格，如果该地点没有时价，则指另一合理替代地点的价格，但应适当地考虑货物运费的差额。”该条规定的是一种模拟实际转售或补进货物时计算损害赔偿的方法，即实际上买方并未实际转售或补进货物，损害赔偿应如何按转售或补进的方式计算。

本条规定确定损害赔偿金额的关键是“时价”，即按何时何地的市场价格来确定与合同项下货物相同的货物的时价。时价的时间地点的确定直接涉及损害赔偿数额的大小，涉及损害赔偿数额是否公平、合理。

确定时价的一般原则是合同解除之时，这主要适用于以下 3 种情况：①合同由于预期违约而被宣告解除，双方尚未履行义务，但可能已经为履行做了某些准备；

②由于买方未按合同规定收取货物或支付货款，或未按要求做出付款安排，卖方在交货期前或交货期时宣告解除合同；③买方因卖方交付的货物有严重瑕疵而拒收，并宣告解除合同。在这 3 种情况下，发出解除合同通知的时间即为确定时价的时间。

时价地点的确定标准为“原应交付货物的地点”，即交货地。在买方违约致使货物不能按合同运出或运出但不能交付时，以原应交货地点价格确定差额对卖方是比较方便的。但在确定时价时，要确定产品应是相同的产品，要考虑到数量因素对价格的影响，还要考虑到支付条件、交货时间以及交易的所有情况。如果该地点没有时价，则应选择“另一合理替代地点”的时价。该替代地点应是一般商人公认的合同项下货物交易的真实交易市场，同时要考虑到双方当事人的合理权益。

（五）损害赔偿的计算——专家证人报告

就损害赔偿问题，涉及复杂的主体和数额的计算，因此在法院或仲裁中，常常需要专家证人就该问题提供专业的意见。专家证人的作用就是运用其专业知识，就专业问题提供中立、客观的意见，协助法院/仲裁庭做出裁判。一般而言，律师会协助当事人指定定损专家，准备案情简述、案件资料，并指示专家就需要其提供意见的问题出具专业意见。因此，定损专家意见通常受到以下 5 个因素的影响：①专家意见围绕的问题；②案件事实；③专家职业背景；④专家证人对金融理论的运用；⑤专家证人参与案件的过程。

专家证人不仅需要提供相关的报告，原则上必须出庭接受质询。对专家的质询，既可以是英美普通法系中的“交叉盘问”模式，也可以采用“专家对质”模式。“交叉盘问”模式是指仲裁一方当事人的代理人，对另一方当事人提供的专家证人进行发问。“专家对质”的模式，是指当事人的专家证人同时出现在仲裁庭面前，按照事先达成的程序，首先由双方专家对其立场、观点、论证方法和主要证据进行陈述，再由一方专家向另一方专家进行发问，也可以由一方律师对另一方的专家进行盘问。

如果当事人在争议解决过程中需要专家证人，有哪些寻找专家的渠道呢？一般而言，从业者可以寻求以下渠道的帮助：第一，联络大型争议解决支持性公司（例如，FTI Consulting、Duff & Phelps 等）；第二，寻求行业协会的帮助，例如，一些国家的谷物协会、天然气工程师协会；第三，寻求律师推荐。律师处理相似案件中可能与不同的专家进行了合作，了解专家的专长和特点，因而更方便推荐合适的专家候选人。

第五节　国际货物买卖合同的争议解决

一、争议解决方式的选择

国际货物买卖合同产生的争议与国内贸易相比，有很大的特殊性，比如：

（1）国际货物买卖合同争议发生在国际贸易领域，不仅包括国际货物买卖，还涉及国际货物运输、国际货物运输保险、国家贸易结算等领域。

（2）国际贸易争议具有涉外性，主体通常是不同国家的法人或自然人。

（3）发生国际贸易争议的法律关系的标的物位于国外或行为在国外完成。

（4）产生、变更法律关系的事实发生在国外。

（5）国际贸易争议的解决适用的法律可以由当事人协商确定，可以是其中一方当事人所在国家的法律、第三国法律，也可能是某一项国际公约或者国际贸易惯例。

（6）国际贸易争议的解决方式多样、程序复杂。因此，国际货物买卖争议解决的方式的选择至关重要。

总的来说，国际货物买卖合同的争议解决方式有仲裁、诉讼、调解三种。三种争议解决方式各有利弊，各有所长，从业者可以根据自身情况，结合其优势，分别选择使用或者合并使用。

（一）仲裁的优点

在起草国际买卖合同时，究竟是应该选择诉讼还是仲裁作为争议解决方式？国际货物买卖的主体需要结合实际情况谨慎做出选择。一般而言，国际商事仲裁作为解决跨境争议的优选方式，具有如下优点。

1. 裁判结果可以跨境强制执行

争议解决的最终目的就是能够拿到有执行力的裁决从而实现自己的权利，但是与国内争议解决程序不同，国际争议解决裁判结果的执行涉及不同司法权法律体系国家主权的问题，更为困难。因此国际争议解决裁判结果的可执行性是当事人选择争议解决方式应考虑的重中之重。如果裁判结果需要跨法域执行，且当事人双方均为《纽约公约》[①] 的缔约方，或者两方有相互承认执行仲裁裁决的协定或条约，则当事人应当优先考虑选择仲裁。

2. 败诉方承担胜诉方的仲裁费用和律师费用

仲裁费用和律师费用在国际货物买卖争议解决中可以说是一笔不小的开支，是从业者应当重视的重要问题。很多时候，纠纷的双方就是由于国际仲裁或诉讼的开支过大，而不得不考虑和解解决争议。但通常而言，在仲裁中仲裁庭有权判令败诉方承担胜诉方的仲裁费、律师费和其他合理开支，而且仲裁实践中败诉方承担费用也是一个大原则。

3. 案件效率较高，审理时间较短

仲裁的一项优点是一裁终局、没有上诉程序，因此结案时间平均比诉讼短。尤其是普通法系国家的诉讼程序相当繁杂，耗时久远。与此相比，仲裁程序相对而言效率更高些。根据 2019 年度的统计数据显示，中国国际经济贸易仲裁委员会审结的仲裁案件中，从组庭到结案的平均时长 141 天，较为复杂的、适用普通程序的案件有 65. 4%在仲裁庭组成之后 6 个月内结案，另有 29. 2%的案件在 6~12 个月内审结。

4. 仲裁为非公开审理

国际贸易主体作为贸易市场中的参与者，常常需要保持公司的声誉或出于商业数据不被公开等需求，因此不愿公开贸易争议涉及的相关信息。在此情况下，仲裁非公开审理的特性，就可以较好地满足当事人保护商业秘密的需求。

5. 仲裁更具有中立性

国际商事争议的当事人经常会希望在己方所在地的法院诉讼解决纠纷，但又绝对不希望在对方所在地的法院进行诉讼，而仲裁能给双方提供一种中立的选择。他们可以协商确定一个双方均能接受的仲裁机构，还可以选择一个中立的仲裁地和仲裁语言。可以说，当事人选择仲裁，往往不是因为这是对其最有利的争议解决方式，而是因为这是在市场谈判的情况下能够达成的最为平衡的争议解决方式。

（二）诉讼的优点

诉讼的特点主要是：诉讼中的程序相对仲裁更加严格；法院对案件的管辖权不

① 全称为《承认及执行外国仲裁裁决公约》（*The New York Convention on the Recognition and Enforcement of Foreign Arbitral Awards*），根据《纽约公约》官方网站公布的缔约方名单，埃塞俄比亚已于 2020 年 8 月 24 日加入《纽约公约》，该公约将于 2020 年 11 月 22 日起对埃塞俄比亚生效。至此，《纽约公约》的缔约方总数已达 165 个。

依赖于当事人之间的仲裁协议，可以突破仲裁协议的相对性；具有公开性，绝大部分案件都进行公开审理，并且裁决文书也进行公开；如果一方对判决不服，可以向上一级法院提起上诉。

尽管仲裁在解决国际商事争议上有上述诸多优势，但在如下情况下，诉讼可能更为合适：

1. 诉讼可以突破仲裁协议“相对性”的限制

在争议存在多方当事人或者是因相关联的多份合同引起时，因为仲裁庭的权力来源于仲裁协议，所以除非当事人各方以及第三方均同意，否则仲裁庭无权追加第三人。而在争议发生后，让各方达成一致进行仲裁是相当困难的。实际上，争议发生后，当事人往往设法阻碍对方所想要推进的程序。所以，如果选择仲裁，而争议涉及多方，各方之间并不存在一个统一的仲裁协议，则相关争议可能需要通过不同的仲裁程序甚至诉讼程序来解决。例如，A 要求 B 赔偿其损失，而 B 打算向 C 追偿，在诉讼中，B 可以申请法院将 C 追加为第三人一并参加诉讼。但在仲裁中，除非 A 和 C 均同意（C 是否会同意具有很大的不确定性），否则 B 只能另行对 C 提起追偿请求。这不仅使得整个争议解决的过程冗长不便，而且不同程序对相关事实的认定也可能不一致，从而增加了各方之间达成和解的难度。类似地，在一个交易存在多份合同且这些合同规定的争议解决方式不一致，从而不能合并仲裁的情况下，也会存在这一问题。

2. 在案件主要事实不存在实质性争议时，诉讼程序的效率可能更高

有些国家的法院在案件主要事实不存在实质性争议时，比较倾向于不经开庭审理便做出“即决判决”，以节约当事人的时间和费用以及国家司法资源。所以，在事实清楚、争议不大的情况下，向法院提起诉讼并申请法院即决判决可能是效率更高的解决方式。近年来，参考诉讼程序中的“即决判决”程序，多家国际仲裁机构在修订仲裁规则时引进“早期驳回”制度，避免在当事人的仲裁请求或仲裁答辩明显缺乏法律依据或明显超出仲裁庭管辖范围的情况下，继续花费时间和金钱进行仲裁。

3. 在需要对一类标准合同的效力进行确认时，选择诉讼更为合适

因为仲裁裁决一般是不公开的，也基本不会作为先例对后来的案件具有约束力或者较强的参照指导作用，所以，若当事人想通过一个争议解决程序取得对一类合同相关法律问题的有约束力的认定，则诉讼可能更为合适。

关于诉讼程序做出的商事纠纷裁判文书是否可以得到跨境承认执行，目前尚未出现已经在世界各国广泛生效的公约使商事裁判文书能够被跨境承认执行。但是，当前的趋势是商事裁判文书在未来也将可能借助以下 2 个国际公约而能被广泛地跨境承认执行。

（1）《选择法院协议公约》（*Convention on Choice of Court Agreements*）。该公约是由海牙国际私法会议（the Hague Conference on Private International Law，以下简称“海牙会议”）起草，于 2005 年 6 月通过并最终于 2015 年 10 月 1 日生效。

简而言之，该公约的意义在于，一旦当事人在商事合同中约定位于某公约缔约方的法院管辖合同下纠纷，则其他的公约缔约方的法院则不得行使管辖权，并且当事人约定的管辖法院做出的裁判可以在其他公约缔约方跨境承认执行。而被申请承认执行的一国法院仅能进行程序性审查。

该公约的成员方还较为有限。中国于 2017 年签署该公约，目前该公约对中国的生效有待全国人大批准。除了中国外，该公约还有欧盟、丹麦、墨西哥、黑山共和国、北马其顿共和国（尚未生效）、新加坡、乌克兰（尚未生效）、英国、美国（尚未生效）作为缔约方加入。

（2）《承认与执行外国民商事判决公约》（*Convention of on the Recognition and Enforcement of Foreign Judgments in Civil or Commercial Matters*）。早在 1971 年，海牙会议就已经通过了第一份《承认与执行外国民商事判决公约》。该公约签署通过之后仅有 5 个国家（阿尔巴尼亚共和国、塞浦路斯共和国、科威特国、荷兰和葡萄牙）批准加入。

1999 年，海牙会议草拟了一份内容更广、更深的《承认与执行外国民商事判决公约》，该版本在 1971 年的公约基础上增添了许多新内容，各国因此存在较大分歧，谈判工作因此停滞。2005 年，海牙会议将该公约草案中各国分歧较小的涉及协议选择法院管辖的内容抽出公约草案，形成了《选择法院协议公约》。该公约最终于 2015 年正式生效，截止到目前共有 33 个缔约方，中国于 2017 年 9 月 12 日签署了该公约，但目前尚未正式批准。

2012 年，海牙会议重启了谈判议程并在 2016 年形成了一份新的草案。各方对该草案进行了多次讨论修改后，并最终在 2019 年 7 月 2 日结束了最后一轮草案谈判，通过了目前最新的《承认与执行外国民商事判决公约》。中国已在 2019 年对该公约文本签署确认。然而该公约尚未在任何签字方生效。

在该公约之下，由某缔约方法院做出的商事裁判文书（知识产权纠纷、反垄断纠纷除外）可在其他缔约方得到承认执行。而被申请承认执行的一国法院仅能进行程序性审查。

虽然以上 2 个公约的影响力还非常有限、对中国也尚未生效，但在其广泛生效后这 2 个公约将明显促进法院文书的国际流动，对诉讼作为争议解决方式的推广将产生显著的推动作用。

（三）调解的优点

调解作为解决国际商事纠纷的三大途径之一，因其所特有的便捷性、高效性成为处理国际商事纠纷的重要选项。在实践中，国际贸易从业者可能会将调解作为仲裁或诉讼的一个前置条件，期望首先通过调解高效地解决纠纷。不过，值得注意的是，调解可以与诉讼或仲裁合并作为争议解决方式，但目前在我国，尚不能将诉讼和仲裁共同选择为争议解决方式，否则可能面临仲裁条款无效的后果。具体而言，调解作为争议解决方式具有以下优势。

1. 效率高、花费少

与商事调解比较，仲裁与诉讼的周期长、效率较低，对从业者而言，不仅耗时久、花费不菲，在风云日变的国际贸易市场更可能会贻误商机、错失盈利机遇。相对而言，仲裁和诉讼由于是双方互不相让的争议解决模式，其结果也有很大的不确定性。而如果双方均有调解解决争议的意愿，则更可能通过协商达成一个令双方较为满意的结果。

2. 便于维持合作关系

通过调解的方式解决商事争议，更能体现当事人自主性，灵活自由，有利于维持双方长远的合作，不致因对簿公堂而导致商业关系的终止。

3. 调解文书在可执行性方面的重大进展

2019 年 8 月 7 日，《联合国关于调解所产生的国际和解协议公约》（*United Nations Convention on International Settlement Agreements Resulting from Mediation*，简称《新加坡公约》）在新加坡开放签署，包括中国、美国在内的 46 个国家和地区作为首批签约方签署了这一公约。根据《新加坡公约》第 15 条的规定，《新加坡公约》已于 2020 年 9 月 12 日正式生效。至此，《新加坡公约》与《纽约公约》、《选择法院协议公约》一起，共同构成了对民商事纠纷解决的国际承认与执行领域三大基础性的法律文件。《新加坡公约》第一条明确其适用范围为：

“1. 本公约适用于调解所产生的、当事人为解决商事争议而以书面形式订立的协议（“和解协议”），该协议在订立时由于以下原因之一而具有国际性：

（a）和解协议至少有两方当事人在不同国家设有营业地；或者

（b）和解协议各方当事人设有营业地的国家不是：

（一）和解协议所规定的相当一部分义务履行地所在国；或者

（二）与和解协议所涉事项关系最密切的国家。

2. 本公约不适用于以下和解协议：

（a）为解决其中一方当事人（消费者）为个人、家庭或者家居目的进行交易所产生的争议而订立的协议；

（b）与家庭法、继承法或者就业法有关的协议。

3. 本公约不适用于：

（a）以下和解协议：

（一）经由法院批准或者系在法院相关程序过程中订立的协议；和

（二）可在该法院所在国作为判决执行的协议；

（b）已记录在案并可作为仲裁裁决执行的协议。”

《新加坡公约》不像《纽约公约》和《选择法院协议公约》一样强调当事人申请“承认和执行”，代之以当事人向执行地主管机关“寻求救济”和执行地主管机关“准予救济”。目前，就《新加坡公约》在中国具体落实的问题，尚缺相应配套机制及指引文件。不过，可以预见的是，调解文书在我国的执行，不久也将会得到落实和保障。

二、国际商事仲裁

根据笔者的经验，在国际货物买卖合同争议解决条款拟定过程中，相比于法院诉讼途径，更多当事人会倾向于选择国际商事仲裁作为日后万一发生争议时的争议解决方式。因此，笔者在此部分重点介绍一下中国企业在国际商事仲裁应当特别关注的事项。

（一）仲裁机构的选择

国际商务活动中，当事人都会面临如何在合同中选择仲裁机构。常见的仲裁条款“争夺战”就是当事人都希望选择位于本国境内的仲裁机构进行仲裁，以便取得“主场优势”。但是国际仲裁发展到如今，各大仲裁机构已经成为第三方中立争议解决中心，而且仲裁员也来自全球各地，实质上已无明显的所谓“主场优势”。简而言之，当事人应当根据交易的特点，并结合双方当事人的谈判地位，选择适合本交易的仲裁机构。

1. 国际商会的下设独立仲裁机构国际仲裁院（International Court of Arbitration，ICA）

国际商会（图标见图 4-2）成立于 1919 年，总部位于法国巴黎，在中国香港、上海等地设有分支机构、代表处。国际商会是由比利时、法国、意大利、英国和美国工商业界领导人建立的世界各国工商业者的国际团体。1923 年，国际商会设立国际仲裁院，作为处理国际商事争端的国际性民间仲裁机构。

图 4-2　国际商会图标

无论是否为国际商会的成员方，当事人均可以通过有效的仲裁协议将争议提请国际商会仲裁。国际商会是国际领先的商事仲裁机构，深受欧洲法律和欧洲文化的影响，在世界国际商事仲裁领域具有举足轻重的地位。

2. 伦敦国际仲裁院（London Court of International Arbitration，LCIA）

LCIA（图标见图 4-3）成立于 1892 年，是历史最为悠久的从事商事仲裁和争端解决的国际机构，总部位于英国伦敦。

图 4-3　LCIA 图标

LCIA 可为当事人提供仲裁、调解、审裁以及其他解决争议的替代方法的服务。同时，LCIA 根据当事人或其他机构的要求，对临时仲裁提供指定仲裁员的“指定机构（Appointing Authority）”的服务。目前虽然 SCC、SIAC、HKIAC 等国际主要商事仲裁机构正快速发展，因英国对打造一流的国际仲裁机构的重视，LCIA 在国际商事仲裁领域的领先地位仍然不可撼动。

3. 斯德哥尔摩商会仲裁院（Arbitration Institute of the Stockholm Chamber of Commerce，SCC）

SCC（图标见图 4-4）成立于 1917 年，总部设在瑞典首都斯德哥尔摩。SCC 成立之初主要从事瑞典国内商事仲裁，1970 年美苏贸易仲裁条款选择了 SCC 作为仲裁机构，从此 SCC 便成为解决东西方贸易纠纷的理想选择。

图 4-4 SCC 图标

瑞典的仲裁历史悠久，历史的经验积累使得 SCC 的仲裁体制较为完善，又因瑞典是中立国，因此许多国家的当事人愿意选择 SCC 作为争议解决中心，这使得 SCC 成为解决国际商事纠纷的重要国际商事仲裁机构，另外，SCC 目前是全球第二大投资争端解决机构。

4. 新加坡国际仲裁中心（Singapore International Arbitration Center，SIAC）

SIAC（图标见图 4-5）成立于 1990 年，总部设在新加坡，在中国上海、印度孟买、韩国首尔、美国纽约设有国际办公室，是亚太地区重要的国际仲裁机构。

图 4-5 SIAC 图标

SIAC 擅长解决建筑工程、航运、银行和保险等方面的争议，并致力于培养熟悉国际仲裁法律和实践的仲裁员和专家。作为一个独立的非营利性组织，SIAC 在仲裁规则上不断进行大胆尝试和积极创新，首创了目前国际通行的快速程序和早期驳回制度，SIAC 的创新精神使得 SIAC 在国际商事仲裁领域硕果累累，并在全球商事仲裁领域处于领先地位。

5. 香港国际仲裁中心（Hong Kong International Arbitration Centre，HKIAC）

HKIAC（图标见图4-6）成立于1985年，总部设立于中国香港，在中国上海、韩国首尔设有国际办公室。2019年4月4日，俄罗斯许可HKIAC作为常设仲裁机构（以下简称“PAI”）进行运作，成为第一家可以在俄罗斯管理仲裁案件的境外仲裁机构。

图4-6　HKIAC

HKIAC由中国香港商界领军人物及专业人士建立，目的是满足亚太地区对解决争议的仲裁服务日益增长的需求。成立之初，香港国际仲裁中心得益于中国香港商界和政府的慷慨相助。如今，香港国际仲裁中心已在财务完全独立，不受任何形式的影响和控制。凭借三十多年的经验，HKIAC成为亚洲乃至全球领先的争议解决中心，不断走在仲裁创新实践的前沿。

6. 中国国际经济贸易仲裁委员会（China International Economic and Trade Arbitration Commission，CIETAC）

CIETAC（图标见图4-7）成立于1956年，总部设立于中国北京，并在深圳、上海、天津、重庆、杭州、武汉、福州、西安、南京、成都、济南分别设有分会和仲裁中心。CIETAC在中国香港地区、加拿大温哥华、奥地利维也纳也设立了仲裁中心。

图4-7　CIETAC图标

六十多年来，CIETAC以其仲裁实践和理论研究为中国《中华人民共和国仲裁法》的制定和中国仲裁事业的发展做出了贡献。同时，CIETAC还与世界上其他主要仲裁机构保持着友好的合作关系，以其独立、公正和高效在国内外享有盛誉。

7. 北京国际仲裁中心（Beijing International Arbitration Center，BIAC）

北京仲裁委员会（以下简称“北仲”，图标见图 4-8）设立于 1995 年 9 月 28 日，自设立以来，北仲已迅速成长为在国内享有广泛声誉、在国际上亦有一定地位和影响的仲裁机构。秉承着“独立、公正、专业、高效”的价值理念，北仲正努力成为一个集仲裁、调解、建设工程评审等在内的多元争议解决实践中心，一个关于多元争议解决的信息交流、培训研究和宣传推广的中心，成为推动中国多元化争议解决发展的重要力量。

图 4-8 BIAC 图标

8. 上海国际经济贸易仲裁委员会/上海国际仲裁中心（Shanghai International Economic and Trade Arbitration Commission / Shanghai International Arbitration Center，SHIAC）

上海国际经济贸易仲裁委员会（图标见图 4-9）是由上海市人民政府于 1988 年批准设立、并经司法登记的独立仲裁机构，经过三十多年的发展，上海国际仲裁中心的受案数量逐年上升，受理案件除传统商事争议外，还涉及私募股权、互联网金融、融资租赁、航空服务、能源与环境权益等新型案件。

图 4-9 SHIAC 图标

2013 年 10 月，上海国际仲裁中心设立了中国（上海）自由贸易试验区仲裁院，制定了与国际接轨的《中国（上海）自由贸易试验区仲裁规则》。2014 年 8 月，上海国际仲裁中心设立了世界首个航空仲裁平台——上海国际航空仲裁院。2015 年 10 月，上海国际仲裁中心设立了首个金砖国家间争议解决平台——金砖国家争议解决上海中心，为金砖国家之间产生的跨境争议提供解决机制。2015 年 11 月，上海国际仲裁中心设立了首个中非间争议解决平台——中非联合仲裁上海中心，为中非商事主体提供纠纷解决法律服务。

9. 深圳国际仲裁院（Shenzhen Court of International Arbitration，SCIA）

深圳国际仲裁院（以下简称“深国仲”，图标见图4-10）创设于1983年，是中国改革开放之后各省市设立的第一家仲裁机构，也是粤港澳地区第一家仲裁机构。深国仲率先规定可以受理东道国与外国投资者之间的投资仲裁案件，率先制定《关于适用〈联合国国际贸易法委员会仲裁规则〉的程序指引》，率先探索“选择性复裁机制”，率先推出谈判促进规则，率先实践“展会调解+仲裁”、“商会调解+仲裁”和“香港调解+深圳仲裁”机制，率先创新“四位一体”资本市场纠纷解决机制。

SCIA | 深圳国际仲裁院 Shenzhen Court of International Arbitration SINCE 1983

图4-10 SCIA图标

深国仲参与共建“中非联合仲裁中心（CAJAC）”，并在美国洛杉矶设立了中国首个国际仲裁海外庭审中心——北美庭审中心。

（二）仲裁地的选择

在合同之下的仲裁条款里，当事人常常忘记约定“仲裁地”（Seat of Arbitration），由于双方没有约定仲裁地而引发仲裁协议效力纠纷屡见不鲜。简而言之，仲裁地决定了仲裁协议和仲裁程序应当适用哪国的仲裁法，何地的法院对仲裁程序拥有监督管辖权，以及仲裁裁决做出后的国籍。如果当事人在合同中对仲裁地的约定有歧义，那么在争议发生时候，难免会因此发生争议，影响仲裁程序的顺利推进。

【案例11】关于仲裁地的争议①

2012年8月7日，本案当事人BNA（一审原告，二审上诉人）与BNB（一审被告，二审第一被上诉人）签订了“返销协议”（Takeout Agreement）。2013年2月1日，BNA、BNB及BNC（一审被告，二审第二被上诉人），签订了“补充协议”（Addendum）（与“返销协议”合称“协议”），约定BNC承担协议项下BNB的权利与义务。“返销协议”第14.1条约定：“本协议适用中华人民共和国法律。”第14.2条约定：“由本协议引起或与本协议有关的任何及所有争议，双方应首先本着

① BNA v BNB [2019] SGHC 142.

诚意争取友好解决。如果协商不成，双方同意最终将争议提交至新加坡国际仲裁中心（SIAC）在上海仲裁，适用的仲裁规则为《SIAC仲裁规则》。仲裁具有终局性，对双方都具有约束力。”后双方当事人发生争议，被上诉人于2016年3月将争议提交至SIAC仲裁。

SIAC委任3名仲裁员组建仲裁庭。在仲裁程序中，BNA针对仲裁庭管辖权提出异议。2017年7月18日，仲裁庭就管辖权做出裁定，认为仲裁庭有管辖权。多数意见认为，新加坡法应当为仲裁协议的适用法，根据新加坡法，仲裁庭有管辖权。BNA不服，向新加坡高等法院提出异议，请求法院宣告SIAC组建的3人仲裁庭不具有审理争议的管辖权。

新加坡高等法院于2019年7月做出判决，认定“返销协议”中“在上海仲裁”的表述不能等同于“仲裁地为上海”。法院认为，根据当事人意图推定的仲裁地为新加坡，上海只是开庭地，仲裁协议的适用法为新加坡法，根据新加坡法，本案当事双方之间的仲裁协议有效，所以SIAC仲裁庭具有审理争议的管辖权，故驳回原告关于宣告仲裁庭不具有管辖权的请求。原告BNA不服，向新加坡上诉法院提起上诉。

近期，新加坡上诉法院已就本案做出判决，法院认为“返销协议”中“在上海仲裁”的表述应根据其自然含义解读为“上海为仲裁地”。据此，法院进一步认定，本案仲裁协议适用法为中国法而非新加坡法，推翻了新加坡高等法院的判决。

（三）起草仲裁条款时应注意的问题

除应当在仲裁条款中明确约定仲裁地之外，当事人还应留意如下方面的因素。

1. 考虑是否设置“仲裁前协商期”

“仲裁前协商期”指当事人在仲裁协议中约定，在争议发生后当事人应先友好协商，如协商开始后若干日内未解决纠纷，方可提起仲裁。设置“仲裁前协商期”的优点是一方面有利于维护当事人之间的商业合作关系，另一方面使当事人有机会提前注意到对方可能提起仲裁程序，而可以提前应对，避免对方当事人突然袭击而措手不及。但缺点是，如果情况紧急，则当事人可能无法在纠纷出现后立即提起仲裁。

2. 确认仲裁机构名称是否准确完整

如果仲裁机构名称不准确完整，将来产生争议后，对方可能对仲裁程序进行各种拖延和阻挠，提出管辖权异议甚至不予执行仲裁裁决。

3. 除非有其他考虑，关联合同中的争议解决条款应保持一致

国际货物买卖常常涉及多个交易、多份合同，而这些合同又是相互关联的。在这种情况下，一定要注意的是各个关联合同的仲裁条款应保持一致，否则将导致同一争议无法在同一程序中解决，造成程序的混乱，影响权利的实现。

4. 仲裁机构与所适用的仲裁规则应保持一致

比如双方约定“凡因执行本合约或与本合约有关的发生的一切争议应由合约双方友好协商解决。如果不能协商解决，应提交 A 仲裁机构按照 B 仲裁机构的仲裁规则进行仲裁”，这种约定就有可能产生争议。例如，如果 B 仲裁机构的仲裁规则规定只有 B 仲裁机构的主席才有权指定独任仲裁员，则 A 仲裁机构便难以自行指定仲裁员。

（四）中方当事人应对海外仲裁的注意事项

海外仲裁中（尤其是在普通法系法域的仲裁）的实践与中国国内仲裁有相当的不同，中国当事人在海外仲裁中应当格外注意，最应当关注的是证据披露和证人作证。

1. 证据披露

证据披露又称文件披露（Document Production），指一方当事人有权要求对方当事人披露由对方当事人掌握的文件和资料，哪怕该等文件资料会给对方当事人带来不利。

与中国民事诉讼中传统的举证规则“谁主张谁举证”有所不同，在海外仲裁的证据披露环节，当事人可以要求对方披露与案件有关的证据材料，甚至可以要求对方披露“从某年某月到某年某月之间，被申请人与 A 供应商之间关于本交易的全部通信”“从某年某月到某年某月之间，被申请人内部之间关于本交易的全部通信”。如果被要求披露的一方无正当理由拒绝披露，则很可能被仲裁庭做出不利推定。

2. 证人作证

海外仲裁中另一特点是证人作证在程序中的比重较大，仲裁庭对案件事实的查明，不仅仅依赖于书面文件材料，而且在很大程度上依靠开庭过程中一方律师对对方事实证人的盘问。

证人不但要在开庭前提交书面证言，还将在庭审中口头作证并接受对方律师的盘问。一旦证人的书面证言或口头证言出现自相矛盾，仲裁庭将可能对证人的可信性产生质疑，甚至对该方当事人主张的案情不再相信，造成全盘局势的颠覆。而在海外仲裁中，证人的证言出现自相矛盾，很多时候是因为证人无法识破对方律师的误导性问题或陷阱问题，而做出与己方立场不符的陈述。因此证人在作证之前必须投入大量精力认真准备，必要时还需要由己方律师花费时间提前辅导。

第五章　Incoterms®2020 与国际货物运输

第一节 单一运输方式

一、海洋运输与发展

作为国际贸易最重要的运输方式，海洋运输历经数千年，随着造船和航海技术的发展而日益发展。海洋运输借助海上的天然航道，运输能力强，载运量巨大，远程运输成本低廉，完成了绝大部分的世界贸易总运量，经济效益突出。但海洋运输的速度较慢，受恶劣自然条件的影响比较大，货物在运输过程中面临许多风险。综合来说，海洋运输适合远途的、价值低的大宗商品以及远洋集装箱货物。

（一）国际海洋运输

国际海洋运输是指利用船舶在不同国家和地区之间的海上航道进行的货物运输。我国的外贸运输主要通过海上运输完成，中国的港口货物和集装箱吞吐量已连续多年位居全球首位，对国际贸易和海洋运输业非常依赖。

1. 海洋运输方式

根据海洋运输经营方式的不同，可分为班轮运输与租船运输。

（1）班轮运输。班轮运输（定期船运输），是指船舶按照预定的船期表，在既定的航线和港口之间，定期的、有规律的航行，并按照预先公布的费率表收取运费的一种运输方式。班轮运输公司是公共承运人，有利于一般杂货和小额贸易货物的运输。

①班轮运输有以下 4 个特点：

——具有“四固定”的特点，船期、航线、停靠港口和运费率相对固定。

——班轮运费中包括装卸费用，故班轮的港口装卸由船方负责。

——承、托双方的权利义务依据提单条款。

——货主按需确定货物数量并订舱，适合件杂货和集装箱运输。

②班轮运费。班轮运费由班轮运价表规定，运价一般相对固定。

基本运费是构成运费的主要部分，包括件杂货运费和集装箱包箱费率。

除基本运费之外，根据货物种类和不同的服务内容，班轮公司可增收各种附加运费，包括超长附加费、超重附加费、选择卸货港附加费、变更卸货港附加费、燃油附加费、港口拥挤附加费、绕航附加费、转船附加费和直航附加费等。

（2）租船运输。租船运输（不定期船运输），是指由船舶所有人按照包租整船的货主的要求安排船舶的航线，组织货物运输，并按照租船市场行情确定运价或租金水平的一种运输方式。租船运输费用较班轮运输低廉，可直达，适用大宗货物运输。租船运输包括航次租船（程租）、定期租船（期租）、光船租船（光租）、包运租船（包船）等形式。

①航次租船。航次租船是指以航程为基础的租船方式。船方必须按租船合同规定的航程完成货物运输任务，并负责船舶的运营管理及其在航行中的各项费用开支。程租船的运费一般按货物装运数量计算，也有按航次包租金额计算的。

②定期租船。定期租船是指按一定时间租用船舶进行运输的方式，船方应在合同规定的租赁期内提供适航的船舶，并负担为保持适航产生的有关费用。租船人在此期间可在规定航区内自行调度支配船舶，但应负责燃料费、港口费和装卸费等运营过程中的各项开支。

③光船租船。光船租船是指通过船舶所有人与承租人订立光船租船合同，由船舶所有人将船舶的占有权和使用权转移给承租人，船舶所有人仍然保留船舶的所有权的一种租船方式。船舶所有人在租期内除了收取租金外，不再承担任何责任和费用。承租人负责配备船员和船舶营运，承担船舶的全部固定的及变动的费用。因此，光船租船合同是财产租赁合同而不是海上运输合同。

④包运租船。包运租船是指租船人向船舶所有人租用船舶的一定吨位，在既定港口之间的航线上，以合同约定的年数、航次周期和每航次货运量，完成运输合同的租船方式。通常适用于运量较大的干散货或液体散货商品。

2. 国际海运航线

海运航线是指船舶在港口之间，从事海上货物运输的线路。

（1）国际海运航线按航程远近，一般可分为远洋航线、近洋航线和沿海航线。[①]

①远洋航线，一般是指航程距离较远，跨越大洋的航线，如远东至欧美的航线。我国一般以亚丁港为界，把去往亚丁港以西，包括红海两岸和欧洲以及南北美洲广

① 国际航运管理人员培训教材编写委员会．国际航运管理基础知识［M］．北京：人民交通出版社，2001.

大地区的航线划为远洋航线。

②近洋航线，是本国与邻近国家港口间的海上航线的统称。我国习惯上把亚丁港以东地区的亚洲和大洋洲的航线称为近洋航线。

③沿海航线，是指本国沿海各港口间的运输航线，如大连—广州，上海—青岛等。

我国航运企业不断拓展集装箱班轮全球航线布局，目前已开通了去往泛太平洋、欧洲、泛大西洋、亚太、拉丁美洲、澳大利亚、新西兰、中美洲、东南亚等的集装箱航线。

（2）我国重点物资海运航线。

①铁矿石运输。我国主要通过两条航线从国外进口铁矿石。一是澳大利亚至中国的航线，二是巴西至中国的航线。

②煤炭运输。我国主要通过两条航线从国外进口煤炭。一是印度尼西亚至中国的航线，二是澳大利亚至中国的航线。

③粮食运输。我国主要通过两条航线从国外进口粮食。一是南美（巴西、阿根廷、乌拉圭）至中国的航线，二是美国至中国的航线。

④原油运输。我国主要通过四条航线从国外进口原油。一是中东至中国的航线，二是西非至中国的航线，三是巴西至中国的航线，四是俄罗斯至中国的航线。

⑤LNG（液化天然气）运输。我国主要通过六条航线从国外进口 LNG。一是俄罗斯至中国的航线，二是卡塔尔至中国的航线，三是印度尼西亚至中国的航线，四是马来西亚至中国的航线，五是澳大利亚（西部）至中国的航线，六是澳大利亚（东部）至中国的航线。

（3）全球航线关键节点。我国海上运输量巨大且航线遍及全球各地，绝大部分航线均需经过马六甲、霍尔木兹几个主要海峡，对海上运输通道的依赖程度较高。在西行航线中，通往中东、非洲和西欧的货物运输严重依赖马六甲海峡、霍尔木兹海峡、曼德海峡和苏伊士运河等通道；在南行航线中，通往澳大利亚和东南亚的货物运输严重依赖巴士海峡、巽他海峡和龙目海峡等通道；在东行航线中，通往日本、北美和拉美的货物运输均需要穿越琉球诸水道，通往北美和拉美东部的货物运输还需要经过巴拿马运河等通道；在北行航线中，北上通往俄罗斯远东地区、韩国和日本西海岸的货物运输严重依赖朝鲜海峡等通道。

其中西行航线中的马六甲海峡、霍尔木兹海峡、曼德海峡等是我国石油和天然气进口的重要海上战略通道，我国石油进口的80%都要经过马六甲海峡。

3. 海洋运输船舶的分类

海洋货物运输船舶按照其用途不同，分为干货船、液体船和特种船。

（1）干货船。干货船可分为以下4种：

①杂货船，一般是指定期航行于货运繁忙的航线，以转运零星杂货为主的船舶。这种船航行速度较快，船上配用足够的起吊设备，船舶构造中有多层甲板把船舱分隔成多层货柜，以适应装载不同货物的需要。

②干散货船，是指用于装载无包装的大宗货物的船舶。所载货物包括粮食、煤炭和矿砂等。

③冷藏船，是指专门用于装载冷冻易腐货物的船舶。

④木材船，是指专门用于装载木材或原木的船舶。

（2）液体船。液体船是指用于装运液体货物的船舶。液体船可分为以下2种：

①油轮，主要装运液态石油类货物。

②液化天然气船，专门用于装运经过液化的天然气。

（3）特种船。特种船可分为以下3种：

①集装箱船，根据装载集装箱和普通杂货的分配情况，可以分为部分集装箱船、全集装箱船和可变换集装箱船。

②滚装船，主要用来运送汽车和集装箱。一般在船侧或船首、船尾有开口斜坡连接码头，汽车可直接开进开出，集装箱可通过拖车装卸。

③载驳船，又称子母船，是指在大船上搭载驳船，驳船内装载货物的船舶。

（二）国际海洋运输组织

1. 国际海事组织

国际海事组织（International Maritime Organization，IMO）是联合国设立的专门机构，主要负责海上航行安全和防止船舶造成海洋污染，总部设在英国伦敦。截至目前，IMO已有171个正式成员和3名联系会员。IMO的宗旨是创建一个监管公平和有效的航运体系，包括船舶设计、施工、设备、人员配备、操作和处理等方面，并确保该体系的安全、环保和节能。中国于1973年恢复在IMO中的成员方地位。1989年第16届大会上，中国当选为IMO的A类理事国并连任至今。我国对IMO的归口管理部门设在中华人民共和国交通运输部。①

2. 国际海事委员会

国际海事委员会（Comité Maritime International，CMI）成立于 1897 年，总部设在安特卫普，现有 52 个会员。CMI 的宗旨是促进统一和协调国际海商法、海事惯例和实践做法，主要工作是就相关国际海事公约给予建议、制定草案、参加审议等。CMI 促成生效的国际海事公约包括著名的《约克・安特卫普规则》《海上规避规则》《船舶碰撞中民事管辖权方面若干规定的国际公约》《维斯比规则》等。② 我国《海商法》的制定以及许多海商、海事问题的处理均大量参照了 CMI 的相关规定。

3. 国际航运公会

国际航运公会（International Chamber of Shipping，ICS）是由私人船东发起并组织的机构，来自英国、美国、日本等 23 个国家（地区）的协会成员大约拥有超过一半的世界商船总吨位。ICS 的主要业务包括处理运载油品、化学品的船舶运输问题和国际航运事务，促进贸易程序的简化，发展集装箱和多式联运，推动海上保险，加强海上安全，推动制定便于船舶运输的技术及法律政策等。③

4. 波罗的海和国际海事公会

成立于 1905 年的波罗的海和国际海事公会（Baltic and International Maritime Conference，BIMCO）总部设在丹麦哥本哈根。BIMCO 面对组织成员提供全球海运与港口的信息服务、咨询服务和相关培训。目前，BIMCO 有 110 个成员方、950 个船东，服务约 11800 条船舶。BIMCO 的成员包括船东、船舶买卖代理人、船东和船舶买卖协会、船舶代理商和承租商、延期停泊和防卫协会及航运联合会等。BIMCO 也是联合国经济及社会理事会和国际气象组织的咨询机构。④

5. 国际船级社协会

国际船级社协会（International Association of Classification Societies，IACS）成立于 1968 年，宗旨是与国际组织、海事组织及世界海运业保持合作，促进和提高海上安全标准。目前，IACS 共有美国船舶检验局、法国船级社、挪威船级社、韩国船级社、英国劳氏船级社、日本海事协会、波兰船舶登记局、意大利船级社等 11 个正式

---

① 国际海事组织官网：https：//www. imo. org/。

② 国际海事委员会官网：http：//www. comitemaritime. org/。

③ 国际航运公会官网：https：//www. ics-shipping. org/。

④ 波罗的海和国际海事公会官网：https：//www. bimco. org/。

成员和2个准会员。中国船级社于1988年加入IACS。IACS共有5000多名技术检验人员，定级范围覆盖世界上92%的商船，同时在发展船舶技术及规则方面发挥重要作用。①

6. 联合国贸易和发展会议

联合国贸易和发展会议（United Nations Committee on Trade and Development，UNCTAD）于1964年在日内瓦成立，是联合国永久性组织，下设航运委员会。航运委员会的主要目标是促进世界海运贸易有序发展，推动班轮事业发展，协调班轮船东与用户之间的利益平衡。UNCTAD在推动发展中国家商船队发展、多式联运、反欺诈、海盗等事项上形成了多个国际性决议。②

（三）国际海洋运输规则

调整和规范国际海上货物运输法律关系的国际公约主要有以下4个：①《统一提单若干法律规则的国际公约》，即《海牙规则》，确定了承运人的义务、免责事项、责任限制等内容；②《关于修订统一提单若干法律规则的国际公约的议定书》，即《维斯比规则》，提高了承运人对货损赔偿的最高金额，增加了承运人享受责任限制的条件；③《联合国海上货物运输公约》，即《汉堡规则》，对《海牙规则》关于承担责任基础、责任限制、责任期间等的规定进行了修改；④《联合国全程或部分海上国际货物运输合同公约》，即《鹿特丹规则》，为海上货物运输引入很多新的规则，《鹿特丹规则》尚未生效。

我国迄今未加入上述公约，但1993年7月1日实施的《海商法》基本沿用了《海牙规则》的责任制度，同时采用了《汉堡规则》的一些合理性规则。

1.《海牙规则》

《海牙规则》于1931年6月2日生效。我国未加入该公约，但《海商法》第四章基本借鉴了其中关于承运人责任的相关规定。③

《海牙规则》共有16条，主要规定了承运人的最低责任限额、权利和义务、豁免、责任期间、最低赔偿限额、托运人的义务以及索赔和诉讼时效等。

（1）承运人适航责任。船舶适航是承运人必须执行的最低限度的义务。

---

① 国际船级社协会官网：https：//www. iacs. org. uk/。

② 联合国贸易和发展会议官网：https：//unctad. org/。

③ 司玉琢. 海商法［M］. 北京：法律出版社，2006.

（2）承运人的管货责任。承运人应适当和谨慎地装载、搬移、配载、运送、保管、照料和卸载所运送的货物。承运人的管货责任，从货物装运开始到货物运抵目的港为止。承运人的最高赔偿限额为每件货物或每个运输单位 100 英镑。

（3）承运人的免责。《海牙规则》共规定了 17 项承运人免责，主要包括过失免责和无过失免责。承运人的过失免责是指船长、船员、引航员或承运人的受雇人员在驾驶船舶或管理船舶上的行为、疏忽或过失引起的货物灭失或损坏，承运人可以免除赔偿责任。承运人无过失免责是指船舶发生火灾、海上灾难、意外事故、天灾、不可抗力、船舶潜在缺陷、货物固有缺陷等造成的损坏或灭失，承运人不承担赔偿责任。

《海牙规则》对货方的利益给予了一定的保障，但明显还不够充分。

2.《维斯比规则》

随着时代的发展和技术的进步，代表货方利益的国家及地区认为《海牙规则》较多地照顾了承运人的利益，责任限额过低，免责范围过大，要求修改《海牙规则》的呼声日益高涨。修订后的议定书被称为《维斯比规则》，于 1977 年 6 月 23 日生效，共有 53 个国家及地区加入。我国没有加入该公约，但其中有关提单证据效力、非合同之诉以及诉讼时效等内容，为我国《海商法》所借鉴。①

《维斯比规则》对《海牙规则》的修改主要表现在以下 4 个方面：

（1）扩大了公约的适用范围。在《海牙规则》的基础上，将适用范围扩至从缔约方启运的海上货物运输的提单，以及规定受《海牙规则》或者赋予该规则法律效力的国内法所约束的提单。

（2）提高了承运人的赔偿限额。提高了《海牙规则》承运人的责任限额，改为每件或每单位 10000 法郎或按毛重每公斤 30 法郎，以二者中的较高者为准。

（3）扩大了享受责任限制的主体范围。将承运人责任限制和豁免，扩大到其雇员和代理人。

（4）延长了诉讼时效。《维斯比规则》仍沿用了《海牙规则》的 1 年诉讼时效，但规定经双方同意可以延长时效。

3.《汉堡规则》

《维斯比规则》对《海牙规则》做了一些有益修改，但仍未能从实质上改变承

---

① 司玉琢．海商法［M］．北京：法律出版社，2006.

运人责任的归责原则，未能符合代表货主利益的国家意愿。有鉴于此，联合国国际贸易法委员会着手制定新的国际公约，即《汉堡规则》，并于 1992 年 11 月 1 日生效。但航运大国及发达国家都没有加入该公约，我国也未加入该公约。《汉堡规则》改变了承运人归责原则，对承运人实行完全的过错责任原则。① 明确规定承运人的责任期间为货物在承运人掌管下的整个期间，即自承运人接管货物起至货交收货人为止。承运人赔偿责任限额提高为每件或每个货运单位 835 个特别提款权或按照毛重每公斤 2.5 个特别提款权，以其中较高者为准。

4.《鹿特丹规则》

2008 年 12 月 11 日，联合国通过了《联合国全程或部分海上国际货物运输合同公约》，并于 2009 年 9 月 23 日在荷兰鹿特丹举行了开放签字仪式，因此该公约又被称为《鹿特丹规则》。

《鹿特丹规则》是国际海上货物运输法律统一运动的产物和成果。截至 2018 年 1 月，共有 25 个国家（地区）签署了《鹿特丹规则》，主要签字国包括丹麦、法国、挪威、荷兰、希腊、西班牙、波兰、瑞士、美国等。

《鹿特丹规则》共 18 章 96 条，主要内容包括总则，适用范围，电子运输记录，承运人的义务，承运人对于灭失、损坏或者迟延所负的赔偿责任，有关特定运输阶段的补充条款，托运人对承运人履行的义务，运输单证和电子运输记录，货物交付，控制方的权利，权利转让，赔偿责任限制，时效，管辖权，仲裁，合同条款的有效性，本公约不管辖的事项和最后条款。其调整事项和条款数量远远多于既有的任何一部国际海上货物运输公约。

（1）承运人责任期间。《鹿特丹规则》扩大了承运人责任期间，承运人责任期间是从收货开始到交货为止，并且不限定接收和交付货物的地点。这种责任期间的扩大有利于航运业务尤其是多式联运业务的开展，但也在一定程度上增加了承运人的责任。

（2）承运人责任原则。《鹿特丹规则》采纳了《汉堡规则》的归责原则，采用承运人完全过错责任，废除了航海过失免责和火灾过失免责，扩展了承运人谨慎处理使船舶适航的义务至整个航次期间，加重了承运人的责任。

（3）承运人责任限额。《鹿特丹规则》规定承运人对货物灭失或损坏的赔偿限

① 司玉琢．海商法［M］．北京：法律出版社，2006.

额为每件或每个其他货物单位 875 个特别提款权，或按照货物毛重每公斤 3 个特别提款权。

(4) 举证责任。《海牙规则》和《维斯比规则》对货物发生灭失、损坏或迟延交付后索赔时的举证责任没有明确规定，《汉堡规则》采用了推定承运人有过错的原则。《鹿特丹规则》对船货双方货物索赔的举证责任进行了详细规定，即推定承运人有过失，承运人负责举证无过失；承运人举证免责事项导致货物损失，推定其无过失；船舶不适航的，推定承运人有过失，承运人举证因果关系或已谨慎处理。

《鹿特丹规则》的制定旨在统一国际海上货物运输和包括海运区段的国际货物多式联运立法，无论其最终能否生效都必将对包括我国在内的全球各国的航运物流业产生深远而重大的影响。①

【案例 1】船公司收取滞期费案

1. 提要

近几年来，美国港口免堆期和免箱期持续缩短，滞港费和滞箱费费率却大幅上涨。航运公司一直被指责滥用权力向货方收取不公平且不合理的滞港费和滞箱费。舆论普遍认为，航运公司为了增加收入和利润而乱收此等费用。

托运人、中介机构和集装箱运输利益方联合发起请愿，请求美国联邦海事委员会（FMC）就美国法下哪些费用构成“合理的”滞箱费和滞港费提供指导。为此，美国联邦海事委员会发起了“第 28 号事实查明”，着重调查“船舶公共承运人和海运码头经营人关于滞箱费和滞港费的实践”。

2. 案情

在美国，船东 2014 年的滞期费、滞箱费收入同比增长了 90%，2015 年同比增长了 86%，2016 年同比下降 23%，2017 年再次同比上涨 30%。滞期费、滞箱费收入上涨只能部分归因于气候、劳工原因导致的港口拥堵，其他原因有待调查。

2016 年，代表货主利益的公平码头运作协会向 FMC 提出请求书，强烈要求启动法律程序，希望 FMC 通过立法程序给予一个明确的立法指南，确定船公司和码头在港口拥挤或相关情况发生时，保证有关方依据公平和合理的标准收取滞期费和滞箱费。

公平码头运作协会提交了 3 个证明滞期费、滞箱费严重超标的例子：一家零售

---

① 杨运涛．国际多式联运法律关系研究［M］．北京：人民交通出版社，2006.

商用时 9 天收回集装箱，却被收取了 8 万美元的费用，因为码头只允许有 4 天的免费期；一家货运公司因在纽约和新泽西州港口排长队而无法按时归还集装箱而被收取 120 万美元；一家运输公司因试图退回的集装箱在西海岸港口被拒收而被收取 125 万美元，该金额最终减少到 25 万美元。

2018 年 1 月，FMC 举行听证会，货主、海上运输货运代理、卡车运输方各自陈述了自己的观点，普遍认为目前船公司和码头在港口拥挤或相关情况发生时，仍然向货主收取滞期费/超时费和用箱费是一种“不正当和不合理的实践”。

2018 年 12 月，FMC 投票批准调查组递交的第 28 号事实调查终结报告。终结报告中提到：调查组审核了船公司收取的滞箱费和码头收取的滞期费，发现这些费用的收取可以促使货物加快流通，制定收费标准可以改善港口的流通速度。调查小组提出以下 4 点建议措施：

（1）船公司收取的滞箱费和码头收取的滞期费的原则需要透明和标准化。

（2）船公司收取的滞箱费和码头收取的滞期费账单需要简洁明了，并且需要提供争议解决的程序。

（3）对于船公司收取的滞箱费和码头收取的滞期费账单有争议所提出的证据规则指引应当做到“清晰明了”。

（4）码头和船公司应当持续通知有关方货箱已经立等可取，并且筹备成立 FMC 托运人咨询委员会，为客户提供咨询，也为 FMC 反映海运界出现的问题。

2019 年 4 月，FMC 启动创新小组，调查和了解美国国际海运贸易中发生的码头滞期费和船公司滞箱费和免费期条件和实践，围绕调查组提出的 4 个建议措施展开工作。但是，争议的问题远远没有解决。时至今日，FMC 仍然尚未对双方的争议做出明确的是非判断。

3. 分析

（1）目前船公司和码头在码头拥挤的情况下仍向货主收取滞箱费和滞期费的运作方式是否合理？FMC 作为美国政府的主管机构和规章制度的制定者是否应该干涉？是否应该依法制定一个立法指南，权衡各方的利益，制定一个合理的标准，或者推出一个可行的办法？这个最终调查报告并没有满足公众的期待，给出明确的结论和答复。其所提出的“清晰明了”的概念，究竟如何断定仍然需要法律的指南。

（2）笔者认可滞港费和滞箱费是船公司确保其集装箱设备得以尽快返还的有效手段，货方在使用集装箱超出有关免费期后应受到处罚。但是，货方不应遭受不公平且不合理的收费。虽然船公司在收取正常的运费外，尽其所能地开拓收入来源是可以理解的，但货方不应遭受此等性质的掠夺性定价，尤其是迟延常常是因非货方过错的原因造成的。

（3）从“公平和合理”的角度来说，费用收取起码应当采用过错责任制。无过错即无责任。在收货人无法控制的情势下发生的滞期费或滞箱费，船公司或码头应当免除收货的责任。譬如海关检查延误提箱、码头拥挤、货物积压等造成货主不能还箱/提箱，都应该免除货主支付罚款的责任。例如，2018 年欧洲发生的某航运公司收取货运代理人滞期费案件，货运代理人接受货主委托到码头办理提货，在接到码头的提货通知之后，货运代理人及时通过港口的驳船预约系统预约了驳船接货。但在提货当日，码头通知货运代理人由于货物积压，提货取消，货运代理人取消了驳船预约。数日后，待码头再次通知提货时间、货运代理人再次预约驳船接货时，港口规定的免堆期已过，船公司因此要求向货运代理人收取滞期费。法院经审理认为，货运代理人无法按时提货是码头货物积压导致的，船公司和码头在港口拥挤或相关情况发生时，仍然向货主收取滞期费/超时费是“不正当和不合理的”，最终船公司在该滞期费纠纷中败诉。

（4）此争端虽然发生在美国，但可以说是全球性的普遍问题。为此，国际货物运输代理协会联合会（FIATA）就此商业问题给予相应的指南，建议货方、船公司、港口码头等商业合作的各方应本着多赢的原则重新考虑滞港费和滞箱费的收取问题。

可就累计滞港费或滞箱费设置最高限额；

在码头无法释放/接收集装箱的情况下延长免费期间，使其与码头无法释放/接收集装箱时间相当；

在货方无法提箱/还箱的情况下，将滞港费和滞箱费限定为涵盖“为使用集装箱而支付给船公司的补偿”的项目；

确保货方在内陆集装箱运输时有公平竞争的环境，并就合同条款进行商议，以减少不公平对待；

延长出口免堆期，使货方能够进行更加现实可行的出口安排，并遵守与验证毛重 VGM、预配舱单要求和实际截柜等的不同截止日期；

更改出口滞港费的计算方法，以将船舶迟延的责任转移给船公司；

确保更早收取进口货物的滞港费和滞箱费，最好在一周之内收取；

帮助缓解因船舶尺寸增大和高峰期装卸压力变大所造成的码头拥堵及岸边提箱

和交箱集中的情况，并通过延长免堆期给予货方更多灵活性；

延长免箱期，以支持运输方式朝着更加环保的方向转变。

鼓励加大海运供应链中的数据共享，从而促进与滞港费和滞箱费相关的信息的进一步透明化。

(四) 海上运输单证

海上运输单证主要包括海运提单和海运单。

1. 海运提单

海运提单（Marine Bill of Lading or Ocean Bill of Lading）或提单（Bill of Lading, B/L），是海上运输、国际贸易和国际结算中的重要单据。《海商法》第七十一条规定："提单，是指用以证明海上货物运输合同和货物已经由承运人接收或者装船，以及承运人保证据以交付货物的单证。"

（1）提单的功能。

①货物收据。对于将货物交给承运人运输的托运人，提单一经承运人签发，即表明承运人已将货物装上船舶或已确认接管。

②合同证明。提单是确认承运人与托运人之间权利、义务的依据，是国际海上货物运输合同的证明，但提单不是运输合同本身。

③权利凭证。对于合法取得提单的持有人，提单是承运人保证据以交付货物的凭证。

（2）提单的种类。按不同的分类标准，提单可以划分为许多种类。

①按提单上收货人的记载内容，可分为记名提单（Straight B/L）、指示提单（Order B/L）和不记名提单（Bearer B/L）。

记名提单，是指提单上的"收货人"一栏中写明收货人名称的提单。承运人在目的港只能把货物交付给提单上所指定的收货人。

指示提单，是指提单正面"收货人"一栏内填上"凭指示"（To order）或"凭某人指示"（Order of ×××）字样的提单。指示提单是一种可转让提单，通常以背书方式确定收货人。指示提单在国际货物买卖中应用比较普遍。

不记名提单，又称空白提单，是指提单上的"收货人"一栏内不载明具体的收货人或由某人指示，通常只注明"持有人"（Bearer）字样或将这一栏空白的提单。这种提单不需要任何背书即可转让或提取货物，极为简便，流通性强，但容易丢失或被窃，会给货物买卖双方带来较大风险。

②按货物是否已装船，可分为已装船提单（Shipped B/L or On Board B/L）和收货待运提单（Received for Shipment B/L）。

已装船提单，是指货物装船后由承运人签发给托运人的提单。国际货物买卖合同和信用证一般都规定卖方必须提供已装船提单。

收货待运提单，是指承运人在收到货物后但在装船之前，应托运人要求而签发的提单，表明承运人确认货物已交由承运人占有。在跟单信用证支付方式下，银行一般不肯接受这种提单。但在集装箱运输中，特别是承运人在内陆站接收货物时，这种提单的应用比较普遍。

③按提单上有无货物不清洁批注，可分为清洁提单（Clean B/L）和不清洁提单（Unclean B/L or Foul B/L）。

清洁提单，是指未在提单上做出任何有关不良批注的提单，表明承运人在接收货物时，货物的外表状态良好。在以跟单信用证为付款方式的贸易中，通常卖方只有向银行提交清洁提单才能取得货款。

不清洁提单，是指明确做出货物外表状态不良的批注的提单。在国际贸易的实践中，银行是拒绝出口商以不清洁提单办理结汇的。

④根据运输方式，可分为直达提单（Direct B/L）、转船提单（Transshipment B/L）、联运提单（Through B/L）和多式联运提单（Multimodal Transport B/L or Intermodal Transport B/L）。

直达提单，是指货物从装货港装船后，中途不经换船，直接运至目的港卸船交与收货人的提单。

转船提单，是指货物从装货港装船后，需要在中途港口换装其他船舶转运至目的港卸货的提单。

联运提单，是指货物从装货港装船后，在中途港卸船，交由他人装至其他船舶接运到目的港卸货的提单。

多式联运提单，主要用于集装箱运输，是指一批货物需要经过两种以上不同运输方式，其中一种运输方式通常是海运，由一个承运人负责全程运输，负责将货物从接收地运至目的地交与收货人，并收取全程运费所签发的提单。

（3）提单的内容。提单一般包括正面记载事项和背面条款2个部分。

《海牙规则》和《汉堡规则》对于提单记载事项都做了详细规定，我国《海商法》第七十三条也对提单规定了11项正面记载事项。

通常来说，提单正面记载的事项一般包括船名（Name of Vessel），承运人（Carrier），托运人（Shipper），收货人（Consignee），通知方（Notify Party），装货港（Port of Loading），卸货港（Port of Discharge），货物名称、标识、包件的数量与种类、重量或者体积（Description，Marks，Number and Kind of Packages，Weight or Measurement of Goods），运费及其他费用（Freight and Charges），提单的签发（Issue of B/L），货物外表状态（Cargo's Apparent Order and Condition）。[①]

提单背面的条款，只有不违背强制性法律以及不与承托双方达成的其他特别协议相违背时，才能作为承托双方权利义务的依据，通常包括定义条款（Definition），首要条款（Paramount Clause），管辖权条款（Jurisdiction Clause），承运人责任条款（Carrier's Responsibility），承运人的责任期间（Period of Responsibility），装货、卸货和交货条款（Loading，Discharging and Delivery），运费和其他费用条款（Freight and Other Charges），自由转船条款（Transhipment Clause），选港条款（Option），赔偿责任限额条款（Amount of Compensation），留置权条款（Lien），危险货物条款（Dangerous Goods），舱面货条款（Deck Cargo），共同海损条款（General Average）等。

2. 海运单

海运单（Sea Waybill）是随着集装箱运输的快速发展而产生的，解决了传统提单由于流通、转让速度慢，导致货物已到港却无法及时凭单提货的问题。与提单相比，海运单的最大特点是不具有可转让性。记名收货人提货只需证明其身份，就可以实现快速提货，同时降低了因单证丢失或被盗而产生的风险。海运单的不可转让性使海运单无法用于货物单证贸易，也不能作为权利质押的标的物。

（1）海运单的定义。根据联合国欧洲经济委员会（the United Nations Economic Commission for Europe，UNECE）的定义[②]，海运单是证明国际海上货物运输合同和货物已由承运人接收或已装船，承运人保证据以向记名收货人交付货物的不可转让

① 司玉琢. 海商法［M］. 北京：法律出版社，2006.

② 此定义为联合国欧洲经济委员会与国际航运公会给海运单所下的定义。

单证。

（2）海运单的形式与内容。海运单具有正面记载事项和背面条款，内容与提单大致类似。海运单正面通常注明“不可转让”字样，一般记载事项包括托运人和收货人名称、通知方、船名、装运港和卸货港、货物信息、运费、签发时间、签发人等。海运单背面条款一般包括定义、承运人权利、义务、免责和责任期间、货物装卸和交付、运费、留置权、共同海损、法律适用等。

【案例 2】海运提单丢失案

1. 提要

本案中，中国的货主与希腊 A 公司签署了买卖合同。发货后，中国货主委托国内 B 银行办理向 A 公司托收货款，B 银行将包括海运提单在内的单据函封并交由 D 国际快递公司寄送。根据 D 公司反馈，希腊的实际收货人要求更改派送地址，D 公司按照要求更改派送地址。单据丢失，货物被提走，该货主无法得到付款而向银行索赔。法院经审理认为，银行承担中国货主货款损失的赔偿责任，D 公司未按约定导致错投快件，赔偿银行全部损失。

2. 案情

2009 年 12 月，中国货主依照与希腊 A 公司（收货人）订立的买卖合同向希腊发出货物。

2010 年 1 月，该货主委托 B 银行办理向希腊 A 公司托收货款，货主指定该笔托收业务按照《托收统一规则》办理，托收金额为：381888.51 美元，托收事项中还包括该次托收所附的单据。

2010 年 1 月，B 银行填写了货运单并将文件函封后，由 D 国际快递公司负责寄送托收项下包括海运提单在内的单据一宗，该货运单所载明的收件人及收件地址均系货主指定的名称和地址，货运单中“交运物品之详细说明”一栏填写的是“文件”。

本次快递业务中发件人、承运人的权利义务关系、违约责任及承运人的责任等事项均由 B 银行与 D 公司签订于 2010 年 1 月 1 日的《运输服务合同》及“运输条款与条件”中的相应条款所确定。B 银行为此次快件运输服务支付快递费人民币 148.48 元。

根据 D 公司提供的查询记录显示，该快件于 2010 年 2 月 2 日到达希腊雅典，同日，D 公司转交第三方派送，未得到签收结果。

2010 年 2 月 3 日，快件已派送并签收。货物被提走。

2010 年 4 月 1 日，D 公司向 B 银行书面反馈该快件派送情况，内容为：该快件于北京时间 2010 年 1 月 29 日交予 D 公司进行承运，由中国发往希腊，D 公司希腊分公司反馈快件的实际收件人曾致电 D 公司希腊分公司要求更改派送地址，因此 D 公司希腊分公司派送代理按照客户的要求将快件于 2 月 3 日派送到新地址。通过希腊当地的调查了解，实际收件人提供的新地址为一商店地址，派送代理将快件直接派送到此商店处，但此商店已经倒闭，签收人不知去向，快件无法取回。

2010 年年末，该货主以 B 银行为被告、以 D 公司为第三人起诉至人民法院。

此案终审判决判定，B 银行向货主赔偿人民币 2607496 元及利息。

3. 分析

提单是海上货物运输合同的证明，也是证明货物已经由承运人接收或者装船，以及承运人保证据以交付货物的单证。在国际贸易中，特别是在 FOB、CFR 条件下，提单具有重要的意义，货物必须凭提单才可提取。

提单一旦遗失，可能导致卖方无法结汇，收货人在目的港无法凭正本提单提货的情况。若提单被第三人善意取得，出口商将面临钱货两空的结局。

一般提单丢失有以下几种情况：

（1）在卖方控制下丢失。

（2）卖方将单据送交开证行后，在开证行丢失。

（3）开证行将单据交由快递公司后丢失。

（4）快递公司送达议付行后丢失。

（5）议付行送交收货人后丢失。

在（1）和（5）两种情况下，应分别由卖方和买方自负其责；在（2）和（4）两种情况下，则应由开证行或议付行负责；主要的矛盾焦点往往发生在（3）种情况下，依中国现行有效的邮政法规，邮政部门仅承担十分有限的责任。

根据 Incoterms® 2020 解释：在 CIF、CFR、FAS 和 FOB 条件下，卖方均必须自负费用毫不迟延地向买方提供运输单据。据此推论，单据丢失的风险一般应由卖方承担。

在提单丢失之后，首先要按如下措施加以解决，减少出现风险的可能性。

（1）及时告知承运人，不能再仅凭提单持有人持有正本提单即放行货物，而应要求提货人提供充分的证据，证明其取得提单是善意的。例如，背书是否连续？是否符合要求？是否支付了合理对价？承运人也可以通过法定程序将提单项下的货物提存，解除对货物的责任。

（2）及时向法院申请公示催告。一则可以确保提单项下的权益不受侵犯；二则可以解决保证金长期滞压的问题。因为一旦法院决定受理公示催告，在该期间转让票据权利的行为均属无效。公示催告程序的法律费用较低，律师费也较低，催告期满（一般为60天）即可申请法院做出除权判决。

（3）一般而言，单据丢失不应影响压港，因为收货人有义务收货并不能据此拒绝卸货；承运人同样不能以收货人无正本提单为由拒绝卸货，尽管其有权拒绝放行货物。

（4）对于邮政快递公司应负的责任，目前中国的法规赋予其几近免责的待遇；对于是否可以通过投保邮政快递风险保险来转嫁损失，目前保险公司似乎普遍尚未开展此项保险。

（5）银行出具保函。只要保函措辞具体全面，一般不会有风险。涉及大额保函，最好请法律顾问把关，因为实践中确实有不少银行保函无效的先例。

（6）申请无单放货。若提单在托运人结汇后丢失，货物的所有权已转移到善意的提单持有人手中，因此一般不需要重新签发提单，承运人的义务是将货物交与善意的提单持有人。根据不同的情况也应作不同的对待：

在记名提单下：承运人在收到收货人的公司保函和发货人同意将货物交给收货人的书面保证后，可以将货物交给记名提单的收货人。

在指示提单下：如卸货港代理在接到收货人由于提单丢失而不能凭本提单提货的请求后，应要求收货人出示原承运人所签发的提单正本/副本影印件、商业发票、商业合同和装箱单等单证以审核提货方是否为收货人。卸货港代理同时应要求收货人提供由一流银行签发的符合一定标准的格式保函，同时，卸货港代理应请装货港代理联系提单上的发货人，取得发货人同意在此情况下将该货交给提货人的书面保证。

在不记名提单下：具体做法参照指示提单的做法。如收货人将全套正本提单交回后，可将保函退还给收货人。如收货人不能将全套正本提单交回，则原则上无限期保留保函。如收货人提出返还要求，卸货港代理应根据所在国法律保留一个最低期限，国内港口建议保留6年。

在提单丢失后，无论何种情形都要立即联系船公司以控制货物。这样才能减少损失，同时不会损害收、发货方的权利和权益。

二、铁路运输与发展

铁路运输就是利用铁路运输货物的运输方式。铁路运输运量大、运费低、速度快，受气候条件的影响较小。但铁路运输建设投资大，同时受既定轨道线路的约束。铁路运输的主要运输对象是远途、大宗、低价的货物。

（一）国际铁路运输

国际铁路运输，即经由各个国家既有铁路的衔接，由铁路办理的进出口货物运输。

1. 国际铁路运输形式

在我国涉及铁路的国际货物运输形式主要有以下 4 种方式[①]。

（1）国际铁路货物联运，即全程使用同一单证，在两个或两个以上国家的铁路间办理的国际铁路货物直通运输。

（2）铁海货物联运，是指在海运与铁路运输之间转换办理的货物运输。

（3）供港澳货物铁路运输。

（4）过境铁路货物运输，主要是指境外货物经海运到达港口再经我国铁路运往第三国的运输以及反向运输。

其中，铁海货物联运是我国港口的主要集疏运方式，适用国内铁路运输规定和单据；供港澳货物铁路运输已在 2009 年停办；国际铁路货物联运和过境铁路货物运输均执行国际铁路运输规则的规定。

2. 境外主要铁路承运人

中国国家铁路集团有限公司是目前国际铁路货物联运国内段唯一的铁路承运人，国铁集团旗下的中铁集装箱运输有限责任公司主要负责国际铁路联运的承运组织和服务。[②] 以下主要介绍境外段主要铁路承运人。

（1）俄罗斯铁路股份公司[③]。俄罗斯铁路股份公司（简称俄铁）成立于 2003 年，是世界第三大铁路运输承运人，负责俄罗斯铁路线网基础设施和货运、客运服

---

① 国际铁路货物运输联运操作实务编写组 . 2015 版国际铁路货物运输联运操作实务［M］. 北京：中国铁道出版社，2016.

② 中国国家铁路集团有限公司官网：http：//www. china-railway. com. cn/。

③ 俄罗斯铁路股份公司官网：https：//www. rzd. ru/。

务的运营和管理。其铁路运输线路主要分布在人口稠密和经济发达的欧洲地区以及南部的中亚地区，运输网络中心位于围绕莫斯科的东欧平原。俄铁旗下的俄罗斯铁路集装箱运输公司（RZD）作为主要物流服务商提供在俄罗斯及周边国家的铁路货运服务。

（2）德国铁路股份公司[①]。德国铁路股份公司（简称德铁）成立于 1994 年，是德国最大的铁路公司，世界第二大铁路运输承运人，欧洲排名第一的铁路经营人，拥有欧洲最多的铁路基础设施。其旗下的全资子公司德铁辛克（DBSchenker）拥有德国领先的货运铁路网，提供在德国境内和欧洲其他国家的铁路货运服务。

（3）哈萨克斯坦国家铁路公司[②]。哈萨克斯坦国家铁路公司（简称哈铁）成立于 1997 年，运营和管理哈境内铁路干线网，承担着哈萨克斯坦约 70%的货运量。哈铁全境约 15000 公里干线里程，约 5000 公里铁路复线，约 4000 公里电气化线路。2016 年，哈铁响应中国“一带一路”倡议，加入中国国际货运班列联盟。其旗下哈铁快运股份公司负责向哈萨克斯坦境内及周边国家提供境内换装和车辆服务等铁路运输服务。

3. 我国重要的铁路国境口岸[③]

阿拉山口、霍尔果斯、满洲里、二连浩特、绥芬河作为我国国际铁路货运联运的重要铁路国境口岸，提供货物出入境通关、换装等服务，承担了我国国际铁路联运超过 90%的出入境货量。

（1）阿拉山口。阿拉山口口岸对接哈萨克斯坦的多斯特克口岸，室内集装箱换装库位列亚洲第一，年过货运输能力达 2000 万吨。1990 年，阿拉山口口岸被批准为国家一级口岸，1992 年 12 月正式对其他国家开放，目前阿拉山口口岸是西部最大的、全国唯一的通过公路、铁路、管道运输的陆路口岸。阿拉山口站准轨列车日接发能力为 12 对，对方多斯特克站集装箱日换装能力 760TEU（9 列），因此中国至哈萨克斯坦方向每日最大班列能力为 9 列；阿拉山口站宽轨列车日接发能力为 15 对，集装箱日换装能力 480TEU（6 列），因此哈萨克斯坦至中国方向每日最大班列能力为 6 列。

---

① 德国铁路股份公司官网：https：//www. deutschebahn. com/。

② 哈萨克斯坦国家铁路公司官网：https：//www. railways. kz/。

③ 国家口岸管理办公室，中国口岸协会．中国口岸年鉴 2017［M］．北京：中国海关出版社，2017.

（2）霍尔果斯。霍尔果斯口岸对接哈萨克斯坦的阿腾科里口岸，年过货运输能力达2000万吨。霍尔果斯站于2012年12月正式通车，包括铁路口岸作业区、中转仓储区、保税存储区等作业区，具备过境口岸站的“一关两检”查验功能、过境列车的技术换装功能和过境贸易的国际物流功能。霍尔果斯站准轨列车日接发能力为12对，对方阿腾科里站集装箱日换装能力3000TEU（35列），因此中国至哈萨克斯坦方向每日最大班列能力为12列；霍尔果斯站宽轨列车日接发能力为12对，集装箱日换装能力400TEU（5列），因此哈萨克斯坦至中国方向每日最大班列能力为5列。

（3）满洲里。满洲里口岸对接俄罗斯后贝加尔口岸，年过货运输能力达4000万吨，在我国现有铁路口岸中，其规模最大、通过能力最高。满洲里口岸是中国通往俄罗斯等国家的重要通道。满洲里站准轨列车日接发能力为6对（其中集装箱4列），对方后贝加尔站集装箱日换装能力798TEU（9列），因此中国至俄罗斯方向每日最大班列能力为4列；满洲里站宽轨列车日接发能力为20对，集装箱日换装能力480TEU（6列），因此俄罗斯至中国方向每日最大班列能力为6列。

（4）二连浩特。二连浩特口岸对接蒙古国扎门乌德站，是中国通往蒙古国的唯一口岸，服务于日本、东南亚地区对蒙古国、俄罗斯及东欧各国转口贸易，是我国重要战略枢纽，年过货运输能力达1500万吨。二连浩特站准轨列车日接发能力为6对，对方扎门乌德站集装箱日换装能力260TEU（3列），因此中国至蒙古国方向每日最大班列能力为3列；二连浩特站宽轨列车日接发能力为14对，集装箱日换装能力340TEU（4列），因此蒙古国至中国方向每日最大班列能力为4列。

（5）绥芬河。绥芬河口岸对接俄罗斯格罗迭克沃口岸，是我国对俄贸易的重要铁路口岸。它于1899年设立，1903年运营，是一个历经战乱的百年老站。绥芬河站准轨列车日接发能力为2对，对方格罗迭克沃站集装箱日换装能力105TEU（1列），因此中国至俄罗斯方向每日最大班列能力为1列；绥芬河站宽轨列车日接发能力为14对，集装箱日换装能力220TEU（3列），因此俄罗斯至中国方向每日最大班列能力为3列。

（二）国际铁路运输组织①

以欧亚大陆为主的国际铁路货物联运中，有两大国际铁路运输组织。

---

① 国际铁路货物运输联运操作实务编写组 .2015版国际铁路货物运输联运操作实务［M］.北京：中国铁道出版社，2016.

1. 国际铁路运输政府间组织

国际铁路运输政府间组织（International Organization for International Carriage by Rail，OTIF[①]）成立于 1985 年，总部位于瑞士伯尔尼，是具有法人实体地位的铁路领域最高级政府间国际组织，现有成员方 49 个，准成员方 1 个，为约旦。此外，欧盟作为区域经济合作组织也加入了 OTIF。成员方铁路里程 27 万公里，影响力覆盖欧洲大部分地区、中亚、西亚、南亚、北非等地区，成员方中“一带一路”沿线国家有 28 个。OTIF 的作用主要是协调成员方间国际铁路联运，制定国际联运法规体系；同时统一各国技术标准，促进设备设施的互操作性，对铁路材料进行技术许可，增加国际联运的便利性。其使用的货物运输法律文件为《国际铁路货物运送公约》（*Convention Concerning International Carriage of Goods by Rail*，简称《国际货约》）及其附件。

2. 铁路合作组织

铁路合作组织（Organization for Co-operation between Railways，OSJD[②]）由相关国家铁路主管部门组成，属于政府间合作组织，总部设在华沙。宗旨是通过统一经营条件，发展和完善国际铁路联运，提高铁路运输效益，提高服务水平；进一步完善、协调和统一铁路运输领域的技术、法律标准，发展铁路运输走廊，优化铁路运价等。成员方主要包括阿塞拜疆、保加利亚、匈牙利、立陶宛、格鲁吉亚、伊朗、哈萨克斯坦、斯洛伐克、乌克兰、捷克、波兰、罗马尼亚、蒙古国、朝鲜、越南、阿富汗等国家，中国是 OSJD 最早的发起国之一。其出台的《国际铁路货物联合运输协定》（*Agreement On International Railroad through Transport of Good*，简称《国际货协》）由基本条约文本、办事细则及 6 个附件组成。

（三）国际铁路运输规则

作为 OSJD 的成员方，中国铁路可利用《国际货协》直接对 OSJD 其他成员方进行铁路货物运输，同时利用《国际货协》间接地对使用《国际货约》的 OTIF 成员方进行铁路运输。《国际货协》是国际铁路货物运输的法律文件。

1.《国际货协》关于国际铁路货物联运的有关规定

（1）国际铁路货物联运的定义。根据《国际货协》规定，国际铁路货物联运是

① OTIF 为法文缩写。

② OSJD 为俄语拉丁文缩写。

指在两个或两个以上国家，通过铁路全程运输货物，运输过程使用一份铁路运单，参加运送的各国铁路承运人承担连带责任的运输方式。

（2）运单是运输合同的证明。根据《国际货协》规定，运单为运输合同的证明。运单记载事项错误或不准确，或者运单丢失，不影响合同效力。

（3）铁路承运人的连带责任。根据《国际货协》规定，当铁路运输合同签订后，发送铁路承运人、过境铁路承运人及到达铁路承运人负责接收货物、运送货物并在运单上签字，表示就此承担连带责任。

（4）货物交付。根据《国际货协》规定，铁路必须将货物和运单交付收货人，前提是铁路运单记载的收货人结清所有费用。

2. 国际铁路货物联运的运输费用

国际铁路联运的运费由发送铁路、到达铁路和过境国铁路的运送费用3个部分组成。

（1）发送铁路的运送费用，在发站按当日发送铁路的国内运价，以本国货币向发货人计收。

（2）到达铁路的运送费用，在到站按当日到达铁路的国内运价，以本国货币向收货人计收。

（3）过境国铁路的运送费用，按《国际货协》的过境运价规程，统一以当日瑞士法郎牌价，折合成发送国货币或到达国货币向发货人计收。

3. 国际铁路运单

铁路运单（Rail Waybill）由铁路承运人签发，是各国铁路承运人与发货人签订的运输合同的证明，是货物收据，具有法律约束力。

国际铁路联运运单一式六联：

（1）运单正本（给收货人）是货物运输合同的证明，记载了货物运送全程的费用。运单正本随货同行，在到达站交给收货人，作为货物交接和费用结算的依据。

（2）运行报单（给到达铁路）是参加联运的各铁路部门办理内部交接、责任划分、运费清算、运量统计的原始凭证。运行报单随货运送，留存到达站。

（3）货物交付单（给到达铁路）是货物已交付收货人的凭证。货物交付单随货至到达站，经由收货人签收后，留存到达站。

（4）运单副本（运输合同签订，交给发货人）证明货物已由铁路承运。发货人凭此向银行结汇。

（5）货物接收单（给签约承运人），运输合同签订后，交给签约承运人，一般是发运承运人，即发运铁路留存。

（6）货物到达通知单（给收货人），随货至到达站，连同运单正本和货物一并交给收货人。

（7）补充运行报单（无号码），交给接续承运人，即给货物运送途中的承运人，用于填报补充事项。

4. 国际货约/国际货协运单

OSJD 的《国际货协》和 OTIF 的《国际货约》使用各自的铁路运单，如果货物运输需要跨越两种运输法律体系下的国家，需要在两大运输法律体系交界的国境站办理转发运手续，并重新办理运单，耗时耗力，增加成本。

为此，在两个国际铁路组织的主导推动下，《国际货约/国际货协运单指导手册》（简称《运单指导手册》）于 2011 年 12 月颁布。《运单指导手册》对于国际货约/国际货协运单的样式、使用文字、协议原则等均做了详尽规定。亚欧国际铁路运输的主要发运铁路和过境铁路大部分参加了《运单指导手册》。其中，OTIF 成员方 22 个，OSJD 成员方 14 个。2014 年 10 月 17 日，OSJD 运输法专门委员会通过了 2015 年 7 月 1 日版《国际货协》的正文和部分附件。2015 年 4 月 30 日，我国国家铁路局公布新版《国际货协》及第 6 号附件《运单指导手册》，《国际货协》及《运单指导手册》自 2015 年 7 月 1 日起正式生效。

虽然《运单指导手册》统一了两大铁路运输法律体系下的运单，但主要是运单编制上的物理合并，对于《国际货协》和《国际货约》的法律原则没有完成统一，在各自法律范围内仍然分别适用各自的法律原则，也不改变有关责任、赔偿请求等相关法律规定。

我国自 2012 年起，对经满洲里、二连浩特、阿拉山口三个铁路口岸前往欧洲各国的铁路集装箱运输，试用国际货约/国际货协运单。①

（四）中欧班列发展情况

2016 年国家发展与改革委员会发布了《中欧班列建设发展规划（2016—2020 年）》（简称《规划》）②，详细规划中欧班列的建设发展。中欧班列主要是为“一

① 国际铁路货物运输联运操作实务编写组 . 2015 版国际铁路货物运输联运操作实务［M］. 北京：中国铁道出版社，2016.

② 国家发展与改革委员会官网：https：//www. ndrc. gov. cn/。

带一路”沿线各国的互联互通服务，为中国与沿线国家尤其是内陆国家的经贸合作发展和产能合作服务，属于亚欧大陆铁路运输的高端产品。中欧班列的运输时效高于海运，其运输价格低于空运。目前，中欧班列物流组织日趋成熟，班列沿途国家经贸交往日趋活跃，国家间铁路、口岸、海关等部门的合作日趋密切，这些有利条件，为中欧班列成为国际物流骨干起到重要的推动作用。

1. 中欧班列发展现状

截至2021年5月，中欧班列累计开行约3.8万例，运送货物340万标准箱，通达欧洲22个国家、160个城市。[①] 其发展具有以下特点：

（1）班列通道范围迅速扩大。境外到达地区由西欧、中东欧、中亚等逐渐扩展至南欧、北欧、西亚和东南亚，将中国50多个城市和欧洲22个国家的160个城市相互连接，运行路线近百条。

（2）班列开行数量快速增长。自2011年起，截至2021年5月，全国累计开行中欧班列约3.8万列，提前两年完成《规划》提出的2018年突破5000列目标。

（3）班列开行质量逐步提升。近年来中欧班列往返程比例和重载率有较快提升，返程货量与去程货量的比例实现3：4，重箱率也逐渐提高。

（4）班列协调管理日益完善。初步建立了中欧班列运输联合工作组机制、中欧班列运输协调委员会等协调机制，通过协商解决班列运行中的问题，为中欧班列高质量发展创造了条件。

2. 中欧班列联运规则体系

中欧班列经过的国家主要有中国、哈萨克斯坦、俄罗斯、蒙古国、白俄罗斯、立陶宛、波兰、德国、捷克、斯洛伐克、意大利、西班牙、荷兰、法国、比利时、英国等。

中欧班列各过境国之间适用的联运规则体系包括3个部分：一是OSJD和OTIF组织制定的关于铁路联运的国际公约；二是相邻两国铁路主管部门关于国境铁路的双边协定；三是相邻两国铁路运输企业每年召开的国境铁路联合委员会达成的议定书。

（1）国际公约。国际公约协调中欧班列的整个运输过程，主要解决中欧班列开行全过程的问题，包括计划商定、收费、单证、报关报验手续、交付、货损赔偿等。

---

① 中国国家铁路集团有限公司官网：http：//www. china-railway. com. cn/，2021年5月22日发布。

涉及中欧班列的国际公约主要有《国际货协》和《国际货约》及其附件，包括《办事细则》《统一过境运价规程》《货车使用规则》等。

（2）双边协定和议定书。双边协定是指协调中欧班列沿途两个国家间国境运输的协定，主要解决国境口岸交接、换装方法和能力、机车交路、牵引定数等问题。双边协定和议定书主要有《国境铁路协定》和《国境铁路联合委员会议定书》。

根据口岸相邻国家，我国中欧国际铁路运输通道双边协定主要有①：

①《中哈国境铁路协定》及《中哈国境铁路联合委员会议定书》。

②《中俄国境铁路协定》及《中俄国境铁路联合委员会议定书》。

③《中蒙国境铁路协定》及《中蒙国境铁路联合委员会议定书》。

3. 中欧班列的协调机制

（1）国家层面。2015 年 4 月份由“一带一路”建设工作领导小组办公室（设在国家发展与改革委员会）建立了中欧班列专题协调机制，联合中华人民共和国外交部、中华人民共和国商务部、海关总署、原国家铁路局等部委及中国国家铁路集团有限公司参加，统筹协调解决重大问题，督促检查落实议定事项。

（2）国际铁路层面。2017 年 10 月，中国、哈萨克斯坦、蒙古国、俄罗斯以及白俄罗斯、波兰、德国铁路部门建立了中欧班列运输联合工作组机制，联合工作组下设运输组织和营销、信息协作两个专家工作组，推进宽轨段集并运输、突发情况相互通报和处理合作、信息交换等铁路运输工作。

（3）企业层面。在中国国家铁路集团有限公司（原中国铁路总公司）的倡议下，中铁集装箱公司联合 7 家中欧班列地方平台公司，于 2017 年 5 月成立了中欧班列运输协调委员会。作为企业层面的议事协调机构，协调解决中欧班列发展中面临的问题。7 家地方平台公司分别属于重庆、成都、郑州、武汉、苏州、义乌、西安这 7 个中欧班列发展较好的城市。中欧班列运输协调委员会明确接受国家推进“一带一路”建设工作领导小组办公室的工作指导，向领导小组办公室反映相关问题，提出协调需求。②

4. 中欧班列运输通道

根据中欧班列的出境口岸位置划分，中欧班列形成了 3 条国际运行通道，即西、

---

① 中国国家铁路集团有限公司官网：http：//www. china-railway. com. cn/。

② 国家发展与改革委员会官网：https：//www. ndrc. gov. cn/。

中、东通道（见表5-1）。

表5-1　中欧班列通道列表

通道名称		通道路径	运行的中欧班列
西部通道（主通道）	西部北通路	干线：中国（阿拉山口）—哈萨克斯坦（阿克托别）—俄罗斯（奥津基、新济布科夫）—白俄罗斯（戈梅利、布列斯特）—波兰（马拉舍维奇、斯乌比策）—德国（小法兰克福、汉堡）	重庆—杜伊斯堡、郑州—汉堡、武汉—梅林克帕尔杜比采、成都—罗兹
		支线1：通过莫斯科向北连接芬兰、瑞典、挪威	郑欧：郑州—科沃拉
		支线2：通过莫斯科连接波罗的海三国（立陶宛、拉脱维亚、爱沙尼亚），铁海联运至德国杜伊斯堡港或汉堡港	新疆班列：库尔勒—杜伊斯堡
		支线3：通过乌克兰连接匈牙利、斯洛伐克、捷克、塞尔维亚等中东欧国家	营满欧：营口—多布拉（斯洛伐克）
	西部中通路（欧高亚走廊）	路径1：中国（阿拉山口）—哈萨克斯坦（阿克套港）—里海—阿塞拜疆（巴库港）—格鲁吉亚（波季港或巴统港）—黑海沿岸国家	新疆班列：奎屯—梅尔辛、伊斯坦布尔
		路径2：中国（阿拉山口）—哈萨克斯坦（谢米格拉维马尔）—俄罗斯（奥津基）—阿塞拜疆（巴库）—格鲁吉亚（第比利斯）—黑海沿岸国家	新疆班列：奎屯—第比利斯
		路径3：中国（阿拉山口）—哈萨克斯坦（阿克套港）—里海—阿塞拜疆（巴库港）—格鲁吉亚（转汽运）—土耳其	新疆班列：库尔勒—梅尔辛
	西部南通路	路径1：中国（阿拉山口、霍尔果斯）—哈萨克斯坦（阿拉木图）—乌兹别克斯坦（塔什干）—土库曼斯坦（谢拉赫斯）—伊朗（萨拉赫斯、德黑兰）—土耳其（伊斯坦布尔），通过轮渡与希腊铁路连接进入欧洲南部	义新欧班列：义乌—德黑兰
		路径2：中国（阿拉山口、霍尔果斯）—哈萨克斯坦（阿拉木图）—里海东岸（乌津）—土库曼斯坦（艾特列克、阿吉亚伊拉）—伊朗（音切布隆、戈尔甘、德黑兰）	湘满欧：长沙（霞凝）—德黑兰

表5-1 续

通道名称	通道路径	运行的中欧班列
中部通道	中国（二连浩特）—蒙古国（乌兰巴托）—俄罗斯（莫斯科）—白俄罗斯（布列斯特）—波兰（马拉舍维奇）—德国（汉堡），从二连浩特/扎门乌德出境，经蒙古国、俄罗斯、白俄罗斯，通过布列斯特/马拉舍维奇进入波兰、德国等	郑欧、湘欧班列
东部通道	中国（满洲里）—俄罗斯（赤塔）—白俄罗斯（布列斯特）—波兰（马拉舍维奇）—德国（汉堡）	苏满欧、辽满欧、营满欧、哈欧、沈满欧、湘欧、粤欧等班列

【案例3】“铁路提单”法律效力案

1. 提要

本案是国际贸易参与方出于贸易融资、结算的需求，对国际铁路运输单证的创新尝试，采用了提单+运单“双轨制”方式，当事各方通过合同约定“铁路提单”权利凭证功能，法院通过判决，比照海运提单确定“铁路提单”持单人的权利和义务，肯定了案涉“铁路提单”持单人的提货请求权，在一定程度上确认了案涉“铁路提单”的权利凭证属性。

2. 案情

2019年2月28日，C货代公司、X贸易公司、W物流金融公司签订了《汽车进口业务合作协议》（以下简称“三方协议”）。该协议主要约定X贸易公司在进行汽车进口贸易时，由C货代公司提供全程一体化货运代理服务并代办保险、报关清关、分拨转运等；W物流金融公司为X贸易公司提供融资事项增信支持。各方还约定，C货代公司在境外接收进口货物时签发“铁路提单”；“铁路提单”是X贸易公司与境外出口商国际结算方式项下的单证；“铁路提单”是唯一的提货凭证。

C货代公司依约在境外接收进口奔驰轿车后向出口商签发铁路提单。X贸易公司向银行付清垫付的货款及相关费用后，W物流金融公司的担保责任解除，将铁路提单背书后交给X贸易公司。X贸易公司将铁路提单项下的两辆奔驰轿车销售给Y贸易公司，并约定交付铁路提单视为交付车辆，X贸易公司将铁路提单交给Y贸易公司。Y贸易公司持单向C货代公司要求提货，C货代公司拒绝放货。Y贸易公司遂以C货代公司为被告、X贸易公司和W物流金融公司为第三人，向法院提起诉讼，要求确认其享有案涉铁路提单项下两辆奔驰轿车的所有权，并要求被告交付提单项下的轿车。

本案争议焦点是提单持有人是否可以提货，即C货代公司是否应向Y贸易公司交付案涉铁路提单项下的车辆。

原告Y贸易公司认为铁路提单是唯一提货凭证，其持有铁路提单就有权提取货物。C货代公司则认为，根据三方协议约定，其只能向X贸易公司交付货物，X贸易公司转让铁路提单后，应对铁路提单背书，且运费尚未付清，因此拒绝放货。

法庭判决：市场主体在国际铁路货物运输过程中约定使用铁路提单，并承诺持有人具有提货请求权，系创设了一种特殊的指示交付方式，即商业主体之间通过交付铁路提单来完成指示交付，从而以铁路提单的流转代替货物流转，该做法不违反法律、行政法规强制性规定和社会公共利益，合法、有效。这种预设的交付规则使铁路提单具有了一定的流通性，铁路提单的合法持有人可以要求提取货物。

本案Y贸易公司与X贸易公司之间交付铁路提单系提货请求权的转让，应视为完成车辆交付。结合Y贸易公司与X贸易公司所建立的车辆买卖合同这一基础法律关系，对于Y贸易公司取得车辆所有权，应予确认。

尽管法院对国际铁路货物运输参与各方在法律框架内的商业创新予以尊重，但是对于新生事物伴生的法律问题，仍认为应保持必要的审慎态度，以确保交易安全，因此，倡导交易各方均应在铁路提单上背书，以保证背书真实地反映交易的全过程，使货物交付始终能够通过铁路提单流转来完成并确保其安全性。

3. 分析

1. 近年来，国际铁路联运快速发展，并逐渐显现出与传统海运相似的特点，比如运量大、运输时间长、运输距离远等。随着国际铁路联运以及沿线国家贸易的快速发展，为国际铁路联运的改革发展带来重大契机。

实践中，国际铁路运单仅具有铁路运输合同和货物收据的性质，而不具备权利凭证属性（document of title），无法像海运提单一样用于信用证结汇和融资，从而限制了银行等机构提供金融服务，增加了进口商的资金压力，也使出口商面临回款风险。具体来讲，铁路运单不是权利凭证，铁路运单正本需随货流转，因而无法转让和质押，无法凭运单实现对货物的占有和处分等权益。出于风险控制的考虑，银行不愿将铁路运单作为信用证下的议付单证，买卖双方也就无法通过铁路运单实现融资结汇。为此，买方需提前支付货款，面临巨大的资金压力，而卖方则可能无法及时快速收回货款。同时，因铁路运单无法转让，也就无法实现在途货物的买卖，影响了货物的流转和交易效率。这都在一定程度上制约了各国陆上贸易的进一步发展。

2. 中国企业与相关贸易国的企业之间就解决铁路运单不具备权利凭证属性的问题进行了探索，主要是通过合同约定的方式，由承运人或货代在铁路运单之外签发"提单"，将"提单"作为唯一提货凭证并由承运人或货代全程控货，托运人凭"提单"向银行办理议付、结汇、押汇等融资结算服务，进口方履行相关义务后从开证行取得"提单"并据此向签发人提货。

3. 虽然上述做法在部分贸易中得以应用，但这种合同约定的"提单"所具有的"权利凭证"属性的效力范围只能及于合同主体，不仅相关方的权利和义务处于不稳定的状态，而且"提单"的流通性及融资担保功能也受到很大限制。同时，有关签发人资格、签发条件、签发对象、签发格式、签发效力等问题也无法通过合同得以解决。因此，亟须在法律规则层面提供相应的制度保障。

4. 本案是国际贸易参与方出于贸易融资、结算的需求，对国际铁路运输单证的创新尝试，采用了提单+运单"双轨制"方式，当事各方通过合同约定"铁路提单"权利凭证功能，法院通过判决肯定了案涉"铁路提单"持单人的提货请求权，在一定程度上确认了案涉"铁路提单"的权利凭证属性。总体来说，我们支持法院对国际铁路运输单证商务创新的肯定。该判例的出现，说明当事各方对国际铁路运输单证的权利凭证功能的实际需求，也看到通过合同约定的"铁路提单"权利凭证功能可能存在的不足。海运提单的诞生和使用已有数百年的历史，其具体功能和使用规则是通过各国多年的商业实践、法律和判例日益完善和复杂的。现在试图通过当事人合同约定的方式使"铁路提单"完全具备海运提单的单证功能，难免存在疏漏。有关问题可待进一步在立法层面上推动和完善。

三、道路运输与发展

道路运输是指在公共道路上通过汽车或其他运输工具承载旅客或货物的运输方式。道路运输灵活、快速、公共、便利，运输时效和服务水平有所保障，可以实现门到门运输。但道路运输载运量较小，长距离运输时燃料消耗大、费用比较昂贵、环境污染比较严重。适合距离短、价值高的货物运输。

（一）国际道路运输

国际道路运输是指利用汽车或其他运输工具，在跨越国境（边境）的公共道路上承载旅客或货物的运输方式。

国际道路运输是我国与周边国家开展经贸往来和民间合作的重要运输方式。我国第一个双边汽车运输协定是与蒙古国在1991年签订的。截至2018年年底，我国与13个毗邻国家签署了双边汽车运输协定，5个多边汽车运输协定，共开通国际客货运输线路356条。目前我国有55个公路边境口岸，建立了与中亚、南亚、东北亚等地区的道路运输网络。2004年，我国签署《亚洲公路网政府间协定》，正式加入亚洲公路网。[①]

从国际道路运输运距来看，我国与周边国家国际道路运输运距总体保持增长态势，表明我国与周边国家的贸易合作、人员交往等正逐步加强。道路货运运距较长的国家有中塔、中哈、中吉、中巴、中老等。

（二）国际道路运输组织及运输规则

1. 国际道路运输联盟[②]

国际道路运输联盟（International Road Transport Union，IRU）最初由8个欧洲国家的客运与货运道路运输协会联盟组成，在刚刚成立的联合国上代表道路运输行业。经过数十年的发展，IRU已在全球100多个国家（地区）拥有会员。IRU与联合国、欧盟和欧亚地区机构建立了长期合作伙伴关系，以促进贸易、便利国际道路运输和旅客出行以及推动全球可持续发展为宗旨。近年来，IRU提出《新欧亚大陆运输倡议》（*New Eurasian Landbridge Transport Initiative*，NELTI），推动沿欧亚大陆的亚洲与欧洲企业与所有重要世界市场连通。

中国道路运输协会（以下简称中国道协）于2002年加入IRU，是中国加入IRU的唯一成员。[③]

2.《国际公路货物运输合同公约》

《国际公路货物运输合同公约》（*Convention on the Contract for the International*

---

① 中华人民共和国交通运输部官网：https：//www. mot. gov. cn/。

② 国际道路运输联盟官网：https：//www. iru. org/。

③ 中国道路运输协会官网：http：//www. crta. org. cn/。

Carriage of Goods by Road，简称《CMR 公约》[①]），签署于 1956 年。《CMR 公约》首次明确了从事道路货物运输的经营人的责任与义务，是至今在欧洲使用最广泛的约定发货人、收货人和承运人之间权利义务的公路货运法律文件。《CMR 公约》在欧洲 30 多个国家有效，蒙古国、俄罗斯、哈萨克斯坦等国家已经加入。我国尚未加入此公约，但因欧亚大陆之间道路运输具有广阔市场，有必要进行介绍。

（1）《CMR 公约》相关内容。[②]《CMR 公约》的主要内容是规范公路运输单证及建立统一的公路运输承运人责任。《CMR 公约》共 8 章 51 条。主要内容包括序言、适用范围、承运人负责的对象、运输合同的签订和履行、承运人的责任、索赔和诉讼、连续承运人履行运输合同的规定、违反公约的规定无效和最终条款。

《CMR 公约》的适用范围涵盖营运车辆的公路运输合同，前提是合同中约定的货物交付和接收地点位于两个不同国家，且至少有一个是公约成员方。公约中的“车辆”是指机动车、拖挂车、拖车和半拖车。公路运输承运人对其代理人、受雇人和为履行运输而使用其服务的任何其他人的行为负责。货物灭失、受损或延迟交付的，诉讼时效为 1 年。

（2）关于公路运单的规定。《CMR 公约》规定运输合同应以签发运单来确认，无运单、运单不正规或丢失不影响运输合同的成立或有效性。运单一式三联。发货人持运单第一联，第二联随附货物，承运人持运单第三联。CMR 运单不可转让，不是权利凭证。CMR 运单应记载的事项包括签发日期，地点，发货人、承运人、收货人的名称和地址，货物交接地点和日期，货物重量，运费等。

2008 年 2 月，《CMR 公约》就电子运单的使用做出补充协议[③]，要求可通过“e-CMR”以电子方式管理。此项协议于 2011 年 6 月 5 日生效，迄今已有 17 个国家认可新的电子运单系统。这些国家分别是保加利亚、捷克共和国、丹麦、爱沙尼亚、法国、伊朗、拉脱维亚、立陶宛、卢森堡、荷兰、摩尔多瓦、俄罗斯、斯洛伐克、斯洛文尼亚、西班牙、瑞士和土耳其。

纸质的 CMR 运单有很多优点，它统一了道路运输货物的合同条件，并有助于从整体上促进货物运输。全球 e-CMR 解决方案保留了所有原有纸质运单的优点，但降低了成本，加快了行政流程，提高了数据透明度、准确性和即时性，提高了整

① CMR 为法文缩写。
② 联合国官网：https：//www. un. org/。
③ 联合国欧洲经济委员会官网：https：//unece. org/。

个系统的现代化水平。

3.《国际公路运输公约》[①]

1959 年，IRU 与联合国建立合作伙伴关系，共同制定了《国际公路运输公约》（*Transport International Router*，又称《TIR 证国际货物运输海关公约》，简称《TIR 公约》）。经联合国授权，IRU 负责管理《TIR 公约》下的全球性海关过境系统，即 TIR 系统。

TIR 系统致力于推动多边贸易与运输便利化和安全化，它提供免费的技术支持，保障供应链安全，提高通关效率，降低运输成本，并提供海关税费的担保，加强了贸易与国际道路运输的便利化与安全性。由海关封印并持有通关文件（TIR 证）的车辆可在途经国家（需是《TIR 公约》成员方）免于开箱检验，从而简化过境程序，节约通关时间，便于国际货物跨境运输。

目前，《TIR 公约》已在 59 个国家实施，其中大多数位于“一带一路”沿线的重要地区。中国于 2016 年 7 月 5 日加入《TIR 公约》，加入时间较晚，是该公约的第 70 个缔约方，2017 年 1 月 5 日该公约对中国正式生效。

（三）国际道路运输市场规则及我国双多边道路运输协定

1. 国际道路运输市场规则

当前，国际道路运输市场准入条件有的受跨国组织（例如欧盟）成员方之间的内部共同规则管制，有的受双边或多边道路运输协定所管辖。这些协定的内容有时还包含有关质量或数量的市场准入规则。

重要的区域性市场准入规则主要包括欧盟的欧共体许可证以及 ECMT（European Conference of Ministers of Transport）多边配额体系；黑海经济合作组织道路运输协会联盟（BSEC URTA）的多边配额制度（BSEC 许可证）；中亚及其周边国家国际道路运输市场准入规则，如俄罗斯与白俄罗斯、哈萨克斯坦等加入的欧亚经济联盟的相关规则，我国与哈萨克斯坦、俄罗斯、塔吉克斯坦、乌兹别克斯坦、吉尔吉斯斯坦六国之间签署的《上海合作组织成员国政府间国际道路运输便利化协定》下的准入规则等。

以欧盟的欧共体许可证以及 ECMT 多边配额体系为例[②]，如果道路运输经营者

① 国际道路运输联盟官网：https：//www. iru. org/。

② 英国政府官网：https：//www. gov. uk/。

在欧盟境内注册成立，而且持有签发给所有在欧盟成员方境内注册成立的经营者的欧共体许可证，同时具有欧盟法律规定的资格，则该经营者可在欧盟境内自由开展任何国际业务。市场准入条件中的这种理想状态可被称为“完全开放条件”。

但即使是在“完全开放条件”下的欧洲，开展“境内运输”（由 B 国境内注册成立的经营者在 A 国境内两个地点之间开展的运输，以及由 A 国境内注册成立的经营者在 B 国境内两个地点之间开展的运输）也将受到时间和次数的限制。

常见的国际道路运输双边协定中主要的限制如下：

（1）双边运输（由 A 国或 B 国境内注册成立的经营者在 A 国和 B 国之间开展的运输）每年有许可证签发数量的限制。对于所谓的小规模边境运输（例如，成员方的运输公司在距离 A 国和 B 国交界 50km 直线距离以内开展的运输），每年有许可证签发数量的限制。

（2）过境运输（由 B 国境内注册成立的经营者开展的往返于 A 国和 C 国且穿越 B 国国境的运输，以及由 A 国境内注册成立的经营者开展的往返于 B 国和 C 国且穿越 A 国国境的运输）。对于此类运输，完全禁止签发许可证，或者每年签发的许可证配额非常少。

（3）境内运输（由 B 国境内注册成立的经营者在 A 国境内两个地点之间开展的运输，以及由 A 国境内注册成立的经营者在 B 国境内两个地点之间开展的运输）基本遭到完全禁止。

此外，在双边运输协定下，对于免于征收某些费用的许可证，其定额数量将遭到限制；在一段时间（通常是一年）内，许可证的使用次数也会受到限制；而且双边协定还会规定入境点和固定的运输路线。

2. 我国双多边道路运输协定

近年来我国与相关国家间的国际道路运输合作呈现出良好的发展态势。我国已与周边国家签订了多个双边、多边协定或议定书（见表 5-2）。

表 5-2　我国与周边国家签署的汽车运输协定或议定书

类别	条约名称	签约主体	签署或加入时间
多边运输协定、议定书	《大湄公河次区域便利货物及人员跨境运输协定》	老挝、泰国、越南、柬埔寨、中国、缅甸 6 国政府	1999 年 11 月 26 日老挝、泰国、越南 3 国政府签署，柬埔寨、中国和缅甸政府分别于 2001 年 11 月 29 日、2002 年 11 月 3 日、2003 年 9 月 19 日签署
	《中华人民共和国政府、吉尔吉斯共和国政府、乌兹别克斯坦共和国政府汽车运输协定》	中国、吉尔吉斯斯坦、乌兹别克斯坦 3 国政府	1998 年 2 月 19 日签署
	《中华人民共和国政府、哈萨克斯坦共和国政府、吉尔吉斯共和国政府、巴基斯坦伊斯兰共和国政府过境运输协定》	中国、哈萨克斯坦、吉尔吉斯斯坦、巴基斯坦 4 国政府	1995 年 3 月 9 日签署
	《上海合作组织成员国政府间国际道路运输便利化协定》	中国、哈萨克斯坦、俄罗斯、塔吉克斯坦、乌兹别克斯坦、吉尔吉斯斯坦 6 国政府	2014 年 9 月 12 日签署
双边运输协定、议定书	《中华人民共和国政府和塔吉克斯坦共和国政府国际汽车运输协定》	中国、塔吉克斯坦两国政府	1999 年 8 月 13 日签署 2008 年修订
	《中华人民共和国政府和吉尔吉斯共和国政府汽车运输协定》	中国、吉尔吉斯斯坦两国政府	1994 年 6 月 4 日在北京签署
	《中华人民共和国政府和蒙古国政府汽车运输协定》及《中华人民共和国交通运输部和蒙古国交通运输建筑和城市建设部关于实施〈中蒙运输协定〉的议定书》	中国、蒙古国两国政府及交通运输部	2011 年 6 月 16 日签署，2011 年 10 月 26 日起正式生效
	《中华人民共和国政府与俄罗斯联邦政府汽车运输协定》	中国、俄罗斯两国政府	1992 年 12 月 18 日在北京签署
	《中华人民共和国政府和越南社会主义共和国政府汽车运输协定》	中国、越南两国政府	1994 年 11 月 22 日在越南河内签署，自签订之日起生效

表5-2 续

类别	条约名称	签约主体	签署或加入时间
双边运输协定、议定书	《中华人民共和国政府和越南社会主义共和国政府关于修改中越两国政府汽车运输协定的议定书》	中国、越南两国政府	2011 年 10 月 11 日签署，2012 年 2 月 17 日生效
	《中华人民共和国政府和大韩民国政府陆海联运汽车货物运输协定》及其第一阶段的《实施议定书》	中国、韩国两国政府	2010 年 9 月 7 日在中国威海市签署
	《中华人民共和国政府和老挝人民民主共和国政府汽车运输协定》	中国、老挝两国政府	1993 年 12 月签署

（四）TIR 系统在我国的发展

1. 中国加入《TIR 公约》的情况[①]

中国正式加入《TIR 公约》后，海关总署发布《关于启动实施 TIR 公约试点有关事项的公告》（海关总署公告 2018 年第 30 号），对于从事 TIR 运输的车辆做出相关规定，同时授权中国道协为我国 TIR 运输的担保、发证机构。2019 年 5 月 15 日，海关总署发布《关于全面实施 TIR 公约的公告》（海关总署公告 2019 年第 90 号），决定自 2019 年 6 月 25 日起在国内全部口岸全面实施《TIR 公约》。

加入并实施《TIR 公约》已成为中国实现“一带一路”互联互通目标的重要举措之一。TIR 系统可有效降低“一带一路”沿线国家，特别是中亚、西亚、南亚和东北欧区域内国家的通关时间，提高通关效率，有利于中国与“一带一路”沿线国家贸易关系的发展，可增强跨境物流和贸易企业的竞争力，促进企业拓展跨境运输市场。

2. TIR 系统介绍[②]

（1）TIR 系统包括以下参与方。

①各国主管部门：海关部门（在中国是海关总署），授权 IRU 成员协会和运输经营者使用 TIR 系统。

②国际道路运输联盟：经联合国授权，推进 TIR 系统的实施。

---

① 国际道路运输联盟官网：https：//www. iru. org/。

② 中国道路运输协会官网：http：//www. crta. org. cn/。

③担保机构（IRU 成员协会，在中国是中国道协）：发放 TIR 证，担保 TIR 系统下的运输经营，经各国主管部门授权，为运输经营者加入 TIR 系统提供担保。

④TIR 证持证人：参与 TIR 系统从事运输业务的经营者。

⑤联合国机构（联合国欧洲经济委员会及《TIR 公约》管理委员会、执行委员会等）：监督 TIR 系统的实施，推进多边运输相关立法。

（2）TIR 系统的特点[①]。

①安全可靠。事先经海关审核的 TIR 系统下的集装箱和货物，在运抵目的地由封印保护，不用开箱查验，确保货物安全。

②国际担保。TIR 系统在全球采用单一的国际担保，无须在每个国家过境时提供担保。关税是 TIR 担保的主要税种，担保额度为每次运输 10 万欧元。

③实施容易。TIR 系统易于实施，已建立统一的法律、流程功能和 IT 架构，新的签约国家（地区）无须高额成本即可应用。TIR 系统与国际海关组织合作，其标准与海关系统标准是统一的。

（3）TIR 系统使用流程。

①TIR 证持证人开始 TIR 运输前，应当通过 TIR 电子预申报系统，向海关申报 TIR 证电子数据，并在收到海关的反馈信息后，按照《TIR 证使用手册》有关要求填制 TIR 证。

②TIR 运输车辆到达海关监管作业场所后，TIR 证持证人应当向海关交验 TIR 证、TIR 运输车辆批准证明书。

③经启运地海关验核有关材料无误、施加海关封志，并完成相关 TIR 运输海关手续后，TIR 证持证人方可开始 TIR 运输。

④经出境地、进境地海关验核有关材料及海关封志无误，并完成相关 TIR 运输海关手续后，TIR 证持证人方可继续 TIR 运输。

⑤经目的地海关验核有关材料及海关封志无误，并完成相关 TIR 运输海关手续后，TIR 证持证人方可结束 TIR 运输。

3. TIR 证的申请和签发[②]

TIR 证是海关通关文件，也是关税担保证明文件。

---

① 国际道路运输联盟官网：https：//www. iru. org/。

② 中国道路运输协会官网：http：//www. crta. org. cn/。

中国道协是经中国海关总署授权的，唯一合法的 TIR 证签发机构。根据中国道协《TIR 证签发流程与管理办法（试行）》的规定，申请使用 TIR 证的条件是：

（1）注册地在中华人民共和国境内的法人。

（2）有可资证明的相关经验，或者至少有经常从事国际运输的能力，如持有国际汽车运输行车许可证或其他相关授权证明。

（3）有良好的财务状况。

（4）有可资证明的《TIR 公约》应用知识，参加过中国 TIR 证发证担保单位，中国道协组织的相关培训。

（5）未曾严重或屡次违反《海关法》或《中华人民共和国税法》。

（6）签署《承诺声明》。

四、航空运输与发展

航空运输是指使用飞机或其他航空器运送货物的运输方式。航空运输速度快，安全性高，但运费较高，可运送的货物种类和体积受限，天气因素对航空运输的影响也比较大。通常用于价值高、保鲜要求高或时效要求高的货物运输。

（一）国际航空运输

国际航空运输是指主要在国际航线上进行的，始发站、中途站和终点站有一站或多个站在一国境外的航空运输。

1. 国际航空运输方式

航空运输方式主要有班机运输、包机运输和集中托运 3 种。

（1）班机运输。班机运输（Scheduled Airline）是指航行时间、航线、班次和停靠航站都固定的运输方式。

（2）包机运输。包机运输（Chartered Carrier）是指包机人按事先约定的费率，向航空公司包租整架飞机，从事航空货物运输的方式。包机人一般为货主或货运代理人。因为包机运输的费率通常低于班机运输，所以适用于大宗货物。

（3）集中托运。集中托运（Consolidation），适合于小件零散货物的集中运输，通常由货运代理公司将若干批单独发运的货物集中后，统一向航空公司办理托运，填写一份总运单送至同一目的地。货运代理的主要业务以集中托运为主。

2. 国际航空货运公司

目前国际航空货运市场的参与者除了大型的专业航空公司之外，还包括国际性的物流服务供应商。国际航空货运公司通过与客户签订长期合同，提前规划舱位机队，提供专业化货运服务。物流服务供应商提供包括空运在内的综合性物流解决方案，市场组织能力强大。

（1）国内航空货运市场参与者。我国航空货运市场参与者分为以下 3 大类：

一是国航集团、东方航空、南方航空等三大航，它们是市场的主要参与者，占国内货邮运量市场份额的 70%以上。航空货运运力除了全货机机队之外，还包括客机腹舱运力。三大央企航司取得了美国、英国、德国、法国、日本等发达国家的航权，同时在大型飞机储备上具有优势，可提供成本相对低、频次相对高的服务。二是顺丰航空、邮政航空、圆通航空等快递系企业，它们近年来加快发展航空货运业务，但是市场影响力还无法超越国内三大航空公司。三是其他航空货运公司，如金鹏航空、中航货运等。

① 中国国际货运航空有限公司（简称国货航），成立于 2003 年，总部设在北京，上海是其远程货机主运营基地。股东为中国国航、国泰航空等。国货航以北京为主基地，拥有通往阿姆斯特丹、安克雷奇、洛杉矶、大阪等国际城市的全货机航线共 19 条。同时经营中国国航约 660 架飞机的客机腹舱货运业务。[①]

②中国货运航空有限公司（简称中货航），成立于 1998 年，是东航物流旗下的航空货运公司。中货航以上海为主基地，拥有通往洛杉矶、芝加哥、法兰克福、阿姆斯特丹等国际城市的全货机航线共 12 条。同时经营东方航空约 680 架飞机的客机腹舱货运业务。[②]

③南方航空货运物流有限公司（简称南航物流），于 2018 年 6 月由南航集团成立。南航物流以广州为主基地，先后开通了通往阿姆斯特丹、洛杉矶、法兰克福等国际城市的全货机航线共 10 余条，南方航空约 650 架飞机的客机腹舱货运业务也由南航物流经营。[③]

④顺丰航空有限公司（简称顺丰航空），总部位于广东深圳。在杭州、北京两地设有航空基地协同运行。顺丰航空是我国第一家民营性质的货运航空公司。截至 2020 年 7 月，顺丰航空共有 60 架货运飞机，开通国际航线三条。投资建设的湖北鄂州民用机场，预计于 2021 年投入使用。顺丰航空 2016 年正式成为国际航空运输

① 中国国际货运航空有限公司官网：http：//www. airchinacargo. com/。

② 中国货运航空有限公司官网：http：//www. ckair. com/。

③ 南方航空货运物流有限公司官网：https：//cargo. csair. com/。

协会（IATA）会员。[①]

⑤中国邮政航空公司（简称邮政航空），成立于 1995 年，依托中国邮政的强大资源，成为国内首家专营特快邮件的航空公司，被批准经营国内航空货邮运输业务和周边国家的国际航空货邮运输业务。邮政航空机队以波音 737 全货机为主。[②]

⑥杭州圆通货运航空有限公司（简称圆通航空），2015 年 9 月开始运行，截至 2018 年年末，圆通航空共经营 19 条航线，其中国际航线 11 条，通航点包括杭州、成都、西安、郑州、东京、大阪、曼谷等国内外城市。此外，圆通航空还通过合作的方式经营约 2000 余条航线的客机腹舱货运业务。[③]

（2）国际航空货运市场参与者。在全球范围内，该行业主要市场参与者除德国汉莎货运航空公司、新加坡货运航空公司、卢森堡国际货运航空公司、国泰航空公司等大型国际航空货运企业外，还包括美国联邦快递公司（FedEx）、美国联合包裹运送服务公司（UPS）和敦豪航空货运公司（DHL）等从事国际性快递和运输的企业。全球货机运力主要集中在 FedEx、UPS 和 DHL 这三大综合物流服务提供商。

①德国汉莎货运航空公司，成立于 1995 年，隶属于德国汉莎航空集团，总部设在德国法兰克福。汉莎货运航空公司是全球最大的货运航空公司之一，主要空港位于法兰克福，其他两个空港位于科隆和慕尼黑。[④]

②新加坡货运航空公司（简称新航货运），隶属于新加坡航空公司，2001 年成立。公司拥有 13 架货机，并管理所有新加坡航空和酷航飞机的腹舱联运。新加坡货运航空公司主要枢纽为新加坡樟宜机场、沙迦国际机场和布鲁塞尔机场，次级枢纽为阿姆斯特丹史基浦机场。[⑤]

③卢森堡货运航空公司，成立于 1970 年，是欧洲最大的定期全货运航空公司，拥有波音 747 货机 26 架，员工 1856 人，航线 90 多条，覆盖全球 50 多个国家和地区。公司采用双枢纽战略，欧美枢纽位于卢森堡芬德尔国际机场，亚太枢纽位于中国郑州新郑国际机场。[⑥]

---

① 顺丰航空有限公司官网：https：//www. sf-airlines. com/。

② 中国邮政航空公司官网：http：//www. cnpostair. com/。

③ 杭州圆通货运航空有限公司官网：https：//www. yto. net. cn/。

④ 德国汉莎货运航空公司官网：https：//www. lufthansa-cargo. com/。

⑤ 新加坡货运航空公司官网：http：//www. siacargo. com/。

⑥ 卢森堡货运航空公司官网：https：//www. cargolux. com/。

④国泰航空公司，是全球规模最大的货运航空公司之一。国泰航空的货运业务约占国泰营运收益的25%，是中国香港跻身环球货运枢纽的重要支柱。目前，国泰货运服务覆盖全球45个航点。[①]

⑤美国联邦快递公司（FedEx），成立于1997年10月，总部设于美国田纳西州孟菲斯。FedEx是一家全球性速递公司，提供隔夜快递、地面快递等物流服务，在全球国际快递市场的占有率排名第二。截至目前，FedEx运营货机超过680架。[②]

⑥美国联合包裹运送服务公司（UPS），成立于1907年，总部设于美国佐治亚州亚特兰大市，是世界上最大的快递承运商与包裹递送公司之一。UPS运营货机500多家，其中自有260多架。[③]

⑦敦豪航空货运公司（DHL），成立于1969年，总部设在美国洛杉矶。目前是德国邮政旗下公司。它是全球最大的综合物流企业之一，在全球国际快递市场位居首位。全球一级货运转运中心位于欧洲德国莱比锡、美洲美国辛辛那提和亚洲中国香港。DHL运营货机420架，其中自有270架。[④]

（二）国际航空运输组织

1. 国际航空运输协会

国际航空运输协会（International Air Transport Association，IATA）是由世界各国航空公司等承运人会员组成的协会组织。总部设在加拿大的蒙特利尔，执行机构设在日内瓦。IATA作为一家国家协调组织，主要协调和沟通政府间有关航空运输的政策，并管理航空企业的票价、危险品运输等实际运作问题。IATA现有两百多家会员航空公司，我国的国航、东航、南航等13家航空公司以及顺丰航空均为IATA会员。[⑤]

2. 国际民用航空组织

国际民用航空组织（International Civil Aviation Organization，ICAO）是政府间国际航空组织，1944年成立，总部设在加拿大蒙特利尔，是联合国的专属机构之一。ICAO的宗旨是促进国际航行原则和技术发展，也负责促进国际航空运输的规划发

① 国泰航空公司官网：https：//www. cathaypacific. com/。
② 美国联邦快递公司官网：https：//www. fedex. com/。
③ 美国联合包裹运送服务公司官网：https：//www. ups. com/。
④ 敦豪航空货运公司官网：https：//www. dhl. com/。
⑤ 国际航空运输协会官网：http：//www. iata. org/。

展。我国是国际民用航空组织的创始国之一。2004 年以来，我国已六次连任一类理事国。[①]

（三）国际航空运输规则

1.《华沙公约》和《海牙议定书》

《统一国际航空运输某些规则的公约》是 1929 年 10 月 12 日由德国、英国、法国、瑞典、巴西、日本、波兰等国家在华沙签订的，因而简称《华沙公约》。它是涉及国际航空的最早公约。《华沙公约》确定了有关国际航空运输的基本原则，调整了航空承运人与托运人之间的权利、义务关系。

第二次世界大战后，世界政治形势的变化和航空运输业的飞速发展推动了修订 1929 年 10 月 12 日在华沙签订的《统一国际航空运输某些规则的公约》的议定书，即《海牙议定书》诞生，该议定书于 1955 年签订，1963 年 8 月 1 日生效。我国 1958 年加入《华沙公约》，1975 年加入《海牙议定书》。

（1）公约的适用范围。[②]

《华沙公约》与《海牙议定书》均规定，公约适用于商业性的国际航空货物运输，以及包括旅客、行李等有报酬的和免费的国际航空运输，但邮件和邮包运输不适用。

按照《华沙公约》的规定，国际航空运输需满足以下 2 个条件中的任一一个：

①航空运输的出发地和目的地分别在两个缔约方的领土内。

②虽然航空运输的出发地和目的地处于同一个缔约方的领土内，但在另一个国家（无论该国是否是《华沙公约》的缔约方）的领土内有一个协议规定的经停地。

（2）航空运输期间。航空运输期间就是承运人的责任期间，即货物交由承运人保管的全部期间，“不论在航空站内、在航空器上或在航空站外降停的任何地点”。

（3）承运人责任。《华沙公约》的承运人责任的规定与《海牙议定书》类似，也采用了不完全的过失责任制，但承运人在飞机驾驶、操作或领航时的过失可要求免责，规定承运人对“因延迟而造成的损失承担责任”。《海牙议定书》继续采用过失责任制，但取消了飞机驾驶、操作和领航的免责。

（4）索赔和诉讼时效。《华沙公约》对货物损害和货物延迟的索赔时效规定是

---

① 国际民用航空组织官网：http：//www. icao. int/。

② 中国民用航空局官网：http：//www. caac. gov. cn/。

7 天。《海牙议定书》延长货物损害的索赔时效至 14 天，延长货物延迟的索赔时效至 21 天。

《华沙公约》规定的诉讼时效是两年，自“航空器到达目的地之日起，或应该到达之日起，或运输停止之日起”。《海牙议定书》的诉讼时效与《华沙公约》保持一致。

2.《蒙特利尔公约》

《蒙特利尔公约》的正式名称为《统一国际航空运输某些规则的公约》，1999 年制定，2003 年 11 月 4 日生效。我国已加入该公约，2005 年 7 月 31 日对我国生效。

《蒙特利尔公约》有以下主要内容：①

（1）在责任基础方面，对客货运输的损害均采用“严格责任”，对客货运输的延误则采用“推定过错责任”；货运损害的赔偿限额为每公斤 17 个特别提款权。

（2）管辖权方面，除《华沙公约》规定的“承运人住所地、主要营业地、订立合同的营业地、目的地点”四个管辖法院之外，增加了“第 5 管辖权”，即原告还可以选择在其主要和永久居所所在国的法院提起诉讼。

（3）规定若其国内法有规定，承运人应当不迟延地向索赔人先行付款，以满足其经济方面的需求，即“先行给付”制度。

（4）设立强制保险制度，确保承运人能承担其赔偿责任。

（5）增加了货物运输当事人可以“约定以仲裁方式解决有关承运人责任所发生的任何争议”的条款。

3. 航空运单

航空运单，即空运单，是由空运承运人签发的货运单据。空运单与海运提单类似，也有正面条款和背面条款。目前，各航空公司所使用的航空运单大多借鉴 IATA 推荐的标准格式。空运单是运输合同、货物收据，同时可用作核收运费的账单和报关单证。

【案例 4】空运纠纷适用法律案

1. 提要

此案中，货运代理人接受货主委托，空运货物至境外。货物运输完成后，货主

① 中国民用航空局官网：http：//www. caac. gov. cn/。

一直未能支付运费，理由是运输途中货物有部分丢失，但货主也未就货物丢失情况向货运代理人提出书面异议。货运代理人诉至法院要求给付运费，货主反诉要求赔偿丢失的货物价值。双方对货物丢失的赔偿责任限额存在争议，是依据货运单背面条款的约定，还是我国《合同法》的规定或援引《蒙特利尔公约》的赔偿限额，法院最终支持了适用《蒙特利尔公约》规定的责任限额进行赔偿。

2. 案情

2015 年，A 公司委托 D 公司从深圳通过航空运输货物至法国，运费共计人民币 31972.2 元。

货物运输完毕后三个月，D 公司诉至法院要求给付运费，A 公司反诉要求赔偿货值，理由是：在运输途中遗失三件货物，据发票显示价值分别为 3000 美元、1000 美元、500 美元。

D 公司主张按照空运单背面条款约定的每公斤 19 个特别提款权的条款进行赔偿，但 D 公司提交的空运单是没有原件核对的打印件。

A 公司对空运单内容予以否认，认为该空运单是货运代理自行印制的，不是航空公司出具的空运单原件。而且该空运单的托运人和承运人不是 D 公司与 A 公司，故 D 公司应按货物的实际价值 4500 美元赔偿。

一审法院判决：1. A 公司支付 D 公司运费人民币 31972.2 元；2. D 公司赔偿 A 公司货物丢失的损失 4500 美元。D 公司不服，遂上诉。

二审法院最终判决，认为一审判决适用法律错误，改判 D 公司赔偿 A 公司丢失货物产生的损失 501.6 个特别提款权（按照国际货币基金组织在本判决生效当日公布的 1 个特别提款权表示的美元价值计算）。

3. 分析

在国际航空货物运输合同纠纷中，货运代理人常因地域跨度大、货物流转程序复杂、适用法律不确定、国家法律体系不同、特殊规定繁多、证据薄弱等因素惨败。因此，货运代理人在国际空运的法律适用、约定货丢货损的赔偿限额、对航司的索赔时效等问题中应提前布局，运筹帷幄，在追求高效率的同时，也要注重规避法律风险。

（1）法律适用问题。

本案的主要分歧在于赔偿限额的法律适用，具体适用中国法律、国际公约还是国外法律，均须货运代理人从违约行为的构成和国际空运中的特殊制度等角度梳理案件，避免陷入赔偿实际货值的被动地位。

一审时双方均是在我国《合同法》的框架内阐述违约责任及责任分摊，均未引用我国专门调整航空运输法律关系的《民用航空法》以及我国加入的《华沙公约》体系，而一审法院也没有主动查明适用，这是D公司一审败诉的原因所在。

案涉货物从中国运至法国，具有涉外因素，且中国和法国是《蒙特利尔公约》的缔约方，依据《中华人民共和国民用航空法》（以下简称《民用航空法》）"中华人民共和国缔结或者参加的国际条约同本法有不同规定的，适用国际条约的规定，但是，声明保留的条款除外"的规定，该案应适用《蒙特利尔公约》。

本案D公司主张按空运单背面每公斤19个特别提款权赔偿，A公司主张按我国《合同法》实际价值4500美元赔偿，但双方上述主张均违反《蒙特利尔公约》中"任何条款和在损失发生以前达成的特别协议，违反本公约规则的，适用法律及变更管辖权的约定，均属无效"的规定。当空运的始发地、目的地两国均是《蒙特利尔公约》的缔约方时，若双方在空运单背面写明适用《民用航空法》或约定其他赔偿条款的，应不予理会，因此涉案货损的赔偿标准应强制适用《蒙特利尔公约》以每公斤19个特别提款权为限的规定，赔偿限额应为丢失货物重量×19个特别提款权。

特别需要注意的是，根据《蒙特利尔公约》的规定，"货物的一部分或者货物中任何物件毁灭、遗失、损坏或者延误的，用以确定承运人赔偿责任限额的重量，仅为该包件或者该数包件的总重量。但是，因货物一部分或者货物中某一物件的毁灭、遗失、损坏或者延误，影响同一份航空货运单、货物收据或者在未出具此两种凭证时按第四条第二款所指其他方法保存的记录所列的其他包件的价值的，在确定承运人的赔偿责任限额时，该包件或者数包件的总重量也应当考虑在内。"因此，在航空运输中，如果部分货物的丢失影响了同一运输单据下其他货物的价值的，在确定承运人赔偿责任限额时，也应予以考虑。

（2）航空货运代理的角色。

在航空运输中，货运代理接受货主委托与航空公司签署运输合同，是货主的货运代理，同时，货代企业也可以作为航空公司的代理签发自己的空运单，也可以揽货，那么货代究竟是代理人还是承运人，在航空运输中承担怎样的角色？

如果货主与货运代理之间签订的是运输合同，一般来说货运代理是作为缔约承运人，由其再委托实际承运人对货物进行运输。如果货主与货运代理之间签订的是委托合同，则货运代理一般是作为货主的代理人与实际承运人签订运输合同，该运输合同直接约束委托人和实际承运人。

但目前国内航空货代商业模式，一般是担任航空公司销售代理兼货主的操作代理双重角色，很难套用相关法律规定找到法律身份，其权利义务主要靠合同约定。约定不清的，一旦发生法律纠纷则很难处理，货运代理的过错责任和责任限制的界定还不是很清晰。特别是现有航空公司与货运代理之间的合作模式，一般来说，国际货运代理都是与各个航空公司签署国际航空运输协会（IATA）制定的标准格式的货运代理协议（IATA Cargo Agency Agreement），规定货运代理是航空公司代理，收取佣金。货运代理的权利、义务（即 IATA Agency Program Resolutions 中各条款），如代理审核标准、结算方式等，基本由航空公司单方面规定。但实际上，因为目前在国际空运市场上，货主直运的模式很少，大部分都是通过货运代理集中托运，所以市场上大部分空运货物实际由货运代理掌握，货运代理更多的是承担了托运人，即航空公司的客户的角色。

因此在实际业务中，一定要根据货运代理所签署的合同来确定其法律地位，进而确定其法律责任。

第二节　多式联运与发展

二十世纪六七十年代集装箱运输的发展促进了国际多式联运的发展。多式联运有机结合海、铁、公、空等单一运输方式，提高了运输效率，被誉为运输业的一次革命。

一、多式联运

（一）多式联运的定义和内涵

1. 多式联运的定义

多式联运（Multimodal Transport）的定义很多，根据联合国贸易和发展会议1980年制定的《联合国国际货物多式联运公约》（*United Nations Convention on International Multimodal Transport of Goods*，简称《国际货物多式联运公约》）的规

定："国际多式联运（Multimodal Transport）是指按照多式联运合同，以至少两种不同的运输方式，由多式联运经营人将货物从一国境内接管货物的地点运至另一国境内指定交付货物的地点。"

我国《海商法》第一百零二条规定："本法所称多式联运合同，是指多式联运经营人以两种以上的不同运输方式，其中一种是海上运输方式，负责将货物从接收地运至目的地交付收货人，并收取全程运费的合同。"与《国际货物多式联运公约》相比，我国《海商法》对多式联运的界定有两个差异：一是两种不同的运输方式必须包括海运，界定范围较窄；二是该定义对于运费收取做了规定，体现了多式联运"一次收费"的特征。

2. 多式联运的内涵及特征

多式联运有着明确的内涵边界和技术特征，且对整个货物的运输过程有着复杂且严格的要求。多式联运需要具备以下 3 个要素：①

（1）通过两种或两种以上不同的运输方式进行货物运输。

（2）五个"一"，即一份合同，一单到底（多式联运提单），一次性全程包干运价，一个多式联运经营人，一个标准化运载工具。

（3）多式联运合同是有偿合同，当事人需要支付对价；是双务合同；是非要式合同，可以采取口头方式，也可以采取书面方式。

（二）国际多式联运发展情况

欧美发达国家近二十年纷纷将多式联运视为综合运输系统优化和可持续发展的主导战略，并积极通过法规统一、标准构建、设施改善、装备提升、政策扶持等一系列具体行动，积极推进多式联运的发展。欧美国家促进多式联运发展政策中很重要的内容是技术政策，即基础设施、运输装备、运输组织、标准规范、信息技术等方面的技术政策体系。

1. 美国

美国十分重视交通运输在国民经济社会发展中的地位与作用，是最早实现交通现代化的国家之一。目前，美国多式联运货运量占总货运量的 10%，其中公铁联运运量占多式联运运量的 50% 以上，公水联运的占比超过 30%，铁水联运的占比超过 10%，运载方式以集装箱为主，与驮背运输相结合。

---

① 杨运涛．国际多式联运法律关系研究［M］．北京：人民交通出版社，2006.

美国于 1991 年通过的《多式联运地面运输效率法案》（*Intermodal Surface Transportation Efficiency Act*，ISTEA，简称《冰茶法案》）[①] 在美国交通运输史上影响最大，具有里程碑意义。《冰茶法案》宣称："建设经济、高效、环保的国际多式联运体系是美国的国策，旨在以高效方式从事人员和货物运输，提升美国全球经济竞争力。"《统一商法典》进一步规定："联邦政府的政策应当是在国内鼓励和推动国家多式联运系统发展。"

美国的阿拉米达货运走廊（Alameda Corridor）[②] 正是美国促进多式联运发展的典型案例。阿拉米达货运走廊连接长滩港、洛杉矶港与美国国家铁路网，总长 32 公里。2002 年通道竣工并投入运营。洛杉矶港是全美最繁忙的港口，每年有 60%的货物经由阿拉米达走廊运往全美，港口的铁水联运比例超过 1/3，极大地提升了洛杉矶港的集疏运能力，产生了较好的环境、经济与社会效益。

2. 欧盟

交通运输政策是欧盟最重要的政策之一，欧盟委员会分别于 2001 年和 2011 年颁布交通政策白皮书，强调发展组合运输和多式联运，开放铁路市场并促进港口与铁路、内河航道、沿海航线连接的通道建设。欧盟将发展多式联运作为促进可持续运输方式的主要手段。

在具体的政策支持方面，欧盟相关机构提出的马可波罗项目、内陆港口运输集成行动计划项目，所颁布的《物流运输行动计划》，以及多式联运试点示范工程等，有力推动了欧盟地区货运结构调整、运输组织创新，较好地实现了可持续发展目标。

马可波罗计划（Marco Polo Programme）[③] 是欧盟推动的具有代表性的多式联运服务项目，是欧盟为了调整货运结构，治理交通拥堵，促进多式联运发展而采取的货运补助政策，自 2003 年开始实施。马可波罗计划主要是通过促进货运向更环保的运输方式转移，比如从公路向铁路或水路运输方式转移，来抑制公路运输带来的交通拥堵，以改善交通系统的环境效益。马可波罗计划已经进入第二期实施阶段。

3. 欧美多式联运发展的借鉴意义

（1）从发展历程上看，提升经济产业活力和改善资源环境约束压力是各国大力发展多式联运的外部驱动力，解决各运输方式之间缺乏协调的问题，提升整体运输

---

① 美国交通部官网：https：//www. transportation. gov/。

② 阿拉米达货运走廊运输局官网：https：//www. acta. org/。

③ 欧洲联盟委员会官网：https：//ec. europa. eu/。

效率，推动交通运输可持续发展是欧美大力发展多式联运的内生动力。

（2）从战略定位上看，各国均把发展多式联运上升为交通运输资源整合优化、集约利用的核心产业政策和促进国家经济增长、增强国际竞争力的重要战略手段。

（3）从法规政策上看，各国制定多式联运法规政策，是以解决各种不同运输工具及方式之间不协调问题为核心关注点，强调运输方式之间的统一规则、加强专项资金支持保障、鼓励技术创新、建立各具特色的不同运输方式无缝衔接的多式联运系统，从而提高整体运输效率，实现交通运输和经济社会发展相协调。

（三）我国多式联运发展

1. 我国多式联运发展情况

目前，我国港口集装箱吞吐量占全世界总量的1/3以上。随着经济结构的调整，内贸集装箱的增长速度要快于外贸集装箱。沿海港口内贸集装箱吞吐量主要集中在环渤海、珠三角和长三角地区。基本形成了沿海与长江、珠江所构成的π形运输通道和干支衔接的分层次发展格局。

目前公路和水路是我国集装箱运输的主要方式，两者集装箱运量之和占我国集装箱总运量的95%以上，因此公水联运，特别是公海集疏模式，是我国多式联运的主要方式，约占港口集装箱集疏运输总量的4/5。海铁联运发展比较缓慢。

我国基础设施通道建设规模已经稳居世界前列，基本贯通五纵五横物流大通道。截至2019年年底，全国铁路营业里程13.9万公里，高铁3.5万公里；公路总里程501.25公里，高速公路14.96万公里；内河航道通航里程12.71万公里；规模以上港口万吨级泊位达2520个；民用航空航线5521条，国际航线953条，民用航空机场237个。①

2. 我国多式联运发展存在的主要问题

（1）基础设施衔接不畅。不同运输方式的枢纽场站统筹布局和无缝衔接不足，枢纽间“连而不畅”“邻而不接”等现象时有存在，铁路进港、入园“最后一公里”矛盾突出，降低了多式联运的转运效率。

（2）枢纽场站能力不足。现阶段我国多式联运枢纽场站数量少，尤其是内陆地区公铁联运枢纽场站布局不足。而且多式联运物流园区设计理念相对滞后，快速转运流程考虑不足。

---

① 中华人民共和国交通运输部官网：https：//www. mot. gov. cn/。

（3）装备标准化水平低。多式联运标准化运载单元数量不多、循环利用不足，内陆集装箱技术标准体系不健全，货运车辆车型标准化程度低，不利于货物跨运输方式便捷换装。

（4）信息共享和系统建设滞后。不同运输方式、不同物流环节之间信息互联共享不足，多式联运基础公共服务信息平台缺失，企业多式联运信息化覆盖程度普遍不高。

（5）多式联运运作模式单一。除了集装箱多式联运，其他在欧美国家普遍发展的以半挂车为标准运载单元的驮背运输、水陆滚装运输以及整车公铁滚装运输等联运形式，在我国目前尚处在发展过程中。

（6）多式联运立法尚未统一。与我国多式联运发展有关的法规制度、标准规范体系还需要进一步完善。调整多式联运的法律依据主要是《合同法》和《海商法》，同时受铁路、公路、水路、公路等单一运输方式法律法规调节调整，属于分散式立法，相关法律法规之间彼此独立。对于多式联运经营人的资质、市场准入和监管，还没有相关行政法规约束。不同运输方式间运输规则相互衔接和融通不足，“一单到底”“一票结算”还面临诸多规制瓶颈制约。[①]

二、国际多式联运规则

关于多式联运的国际立法虽然屡次尝试，但至今尚未形成统一的国际法律机制。

在国际公约立法方面，联合国贸易和发展会议主导起草的《国际货物多式联运公约》由于法律调整对象涉及多方利益，责任体系等制度设计与现实商务需求不符，因此一直没有获得国际社会的认可，至今未能生效。[②] 在国际海事委员会、联合国贸易和发展会议的共同努力下，《鹿特丹规则》于2008年通过。《鹿特丹规则》既是一部海上货物运输法领域的国际公约，又是一部国际货物多式联运公约，很大程度上反映了国际社会对解决多式联运法律困境的积极应对。

另外，国际组织积极推动国际多式联运单证统一规则的制定。由国际商会（International Chamber of Commerce，ICC）制定的1975年《联运单证统一规则》（*Uniform Rules for a Combined Transportation Document*，1975），以及《1991年联合国

① 杨运涛．国际多式联运法律关系研究［M］．北京：人民交通出版社，2006.

② 中华人民共和国交通运输部官网：https：//www. mot. gov. cn/。

贸易和发展会议/国际商会多式联运单证规则》（1991 UNCTAD / ICC *Rules for Multimodal Transport Documents*）都是成功案例。但这两个规则都是民间规则，不具有强制适用性。

（一）《国际货物多式联运公约》

《国际货物多式联运公约》是国际上对于多式联运统一立法的一次力度极大的尝试，对于国际货物多式联运的适用范围、多式联运经营人的责任体系和责任期间、法律管辖等问题进行了全面的约定，并于1980年在联合国会议上通过。但由于各国对于公约提出的统一责任制意见不同，至今尚未生效。该公约提出的统一责任制加大了承运人的责任，责任限额规定过高，这得不到海运大国的支持。但《国际货物多式联运公约》是第一部完整调整多式联运法律关系的公约，它的很多条款为各国制定国内多式联运法律时所借鉴。

（二）1975年《联运单证统一规则》和《1991年联合国贸易和发展会议/国际商会多式联运单证规则》

1. 1975年《联运单证统一规则》

国际商会主持制定的1975年《联运单证统一规则》，是关于联运单证的最早的国际民间协议。虽然作为民间规则，其实施不具有强制性，但由于其实用性强，多被国际货物多式联运合同双方当事人接纳和采用。其主要内容包括以下几个方面：①多式联运经营人的责任基础；②责任期间；③对货物运输延迟的责任；④货物灭失或损坏的通知与诉讼时效。

2. 《1991年联合国贸易和发展会议/国际商会多式联运单证规则》

《1991年联合国贸易和发展会议/国际商会多式联运单证规则》由联合国贸易和发展会议与国际商会共同制定，于1992年生效，是一项民间规则，当事人自愿采纳。

《1991年联合国贸易和发展会议/国际商会多式联运单证规则》共13条，就多式联运中相关概念进行了更明确的解释，例如强调了“多式联运合同”的概念；明确规定多式联运经营人可承担承运人角色；只需签署多式联运合同就可以适用该规则，不要求以“签发多式联运单证”作为前提。在规则适用方面，可以通过书面、口头或其他方式如行为，将规则并入运输合同予以适用。

（三）《鹿特丹规则》

随着以海运为主的集装箱运输和国际货物多式联运的迅猛发展，既有的国际海上货物运输法律体系下“钩到钩”“舷到舷”“港到港”的责任期间及其规则原则已不再能满足现实“门到门”物流服务的复杂需求。《全程或者部分海上国际货物运输合同公约》，即《鹿特丹规则》是国际社会为顺应国际货物多式联运发展，在统一相关立法方面的一次较为成功的努力。

《国际货物多式联运公约》立法失败后，航运界以及国际贸易界愈加呼吁能出台一个包含海运的全新的、统一的国际货物多式联运法律，《鹿特丹规则》的制定满足了这种现实的行业需求，具有极大地必要性和迫切性。[①] 一方面，《鹿特丹规则》旨在改变既有的国际海上货物运输法律体系下《海牙规则》《维斯比规则》《汉堡规则》同时并存，并为不同范围的缔约方或参加国所适用的状况。在这种状况下，船货双方往往不得不遵从不同国家的不同规则，不仅在义务、责任、责任限额上存在差异或冲突，甚至货损通知期的长短、货物交付程序、争议解决都无法实现统一，其结果必然是巨大的时间和支出成本，直接影响了承运人提供服务的速度和效率，国际贸易的成本也随之增加。另一方面，对于从事国际货物多式联运的承运人来说，《鹿特丹规则》的制定取代了不同运输方式下的国内立法，极大地增强了法律适用上的确定性和可预见性。[②]

《鹿特丹规则》较之既有的国际海上货物运输公约体现出了一定的先进性和前瞻性，为许多现实问题提供了解决思路。

三、多式联运单证

（一）有关多式联运单证的法律规定

多式联运的优势之一是在全程运输中采用一份运输单证，即多式联运单证。根据《国际货物多式联运公约》，“多式联运单证是证明多式联运合同和多式联运经营人接管货物并保证按照该合同条款交付货物的凭证”。由于《国际货物多式联运公约》未能生效，我们主要介绍《鹿特丹规则》中关于多式联运单证的规定。

---

① 联合国贸易法律委员会官网：https：//uncitral. un. org/。

② 杨运涛.《鹿特丹规则》对航运物流业务的影响研究［M］. 北京：中国商务出版社，2011.

《鹿特丹规则》采用了“运输单证”这一含义更广的称谓：“运输单证是指承运人在运输合同下签发的单证，该单证证明承运人或者履约方收到了运输合同下的货物；并且证明或者包含一项运输合同。”

与《海牙规则》、《维斯比规则》、《汉堡规则》、我国《海商法》相同，《鹿特丹规则》对运输单证的记载事项做出了规定，但是所不同的是《鹿特丹规则》将运输单证中的记载事项划分为三类：第一类列举了应由托运人提供的记载事项；第二类列举了应由承运人提供的记载事项；第三类列举了根据具体情况可能加入也可能不加入的记载事项，其中，部分事项由托运人提供（如收货人的名称或地址），部分事项由承运人提供（如船舶名称、收货地和交货地、装货港和卸货港）。

在运输单证记载事项的证据效力上，《鹿特丹规则》区分了可转让运输单证、需交单提货的不可转让运输单证以及不可转让运输单证。对于托运人来说，运输单证构成初步证据，在可转让运输单证或需交单提货的不可转让运输单证下，运输单证对善意第三人构成绝对证据；而在不可转让运输单证下，对于信赖由承运人提供的部分合同事项的收货人（善意第三人）来说，运输单证将构成有条件的绝对证据。

同时，为了适应和推动电子商务的发展，《鹿特丹规则》对电子运输记录的效力、使用和转换做了专门规定，以期为电子运输单证的使用扫除法律障碍。

各国国内运输立法中很少有关于多式联运单证的法律规定。我国《海商法》和《合同法》对此的规定都十分简单。由于《海商法》主要规范的是海上运输，故其所规定的多式联运提单是建立在海运提单的基础上的，未能针对多式联运的特殊性，对多式联运单证的概念、性质、功能及内容等进行特别规定。《合同法》第三百一十九条规定，在收到托运人交付的货物时，多式联运经营人应当签发多式联运单据，但同样未对单据的内容、性质、证明效力等做详细规定。①

总体来说，多式联运单证的主要内容应包括：①承运人名称；②承运的货物及性质描述；③货物的数量、重量、体积及标识等信息；④货物起运地；⑤货物交付地；⑥双方协议的货物交付时间；⑦提单可转让或不可转让声明；⑧提单签发地点和日期；⑨经营人或其授权人签字；⑩运费规定；⑪运输路线、运输方式和转运地点；⑫其他约定事项。

---

① 杨运涛．国际多式联运法律关系研究［M］．北京：人民交通出版社，2006.

（二）FIATA 多式联运提单简介

国际货物运输代理协会联合会（International Federation of Freight Forwarders Associations，FIATA）是一个非营利性国际货运代理的行业组织。FIATA 于 1926 年 5 月 31 日在奥地利维也纳成立，总部现设在瑞士苏黎士，是目前在世界范围内运输领域最大的非政府和非营利性组织，具有广泛的国际影响。其会员来自全球 162 个国家和地区的国际货运代理行业，拥有 97 个国家或地区协会会员，以及超过 5500 家企业会员。FIATA 设立的目的是代表、保障和提高国际货运代理在全球的利益。[①]

FIATA 多式联运提单（缩写为 FBL 或者 FMTBL）是 FIATA 制定的 8 个标准单证之一，是货运代理人作为多式联运承运人时签发的单据。FBL 符合《1991 年联合国贸易和发展会议/国际商会多式联运单证规则》的规定，符合国际商会《跟单信用证统一规则》（UCP600）的规定，正面印有 ICC 商标及相应国家货代协会的商标，具备权利凭证属性，是被各国银行广泛认可的信用证项下的运输单证。每年在全球的使用量预计超过 100 万份，货代企业可以通过各国货代协会申请使用该提单。

1. FBL 的适用范围[②]

除非明示“不可转让”，否则 FBL 是可转让单证。FBL 既适用于多式联运，也适用于单一运输方式，通常可以作为海运提单签发，近年来在某些国家也用于公路运输。FBL 的背面条款规定：“尽管本提单的名称是 FIATA 多式联运提单，但在仅有一种运输方式的情况下，本提单的条款也适用。”

2. FBL 的责任条款[③]

签发 FBL 的货运代理人的责任期间扩大到整个运输过程，自提单标注的货物接收地，包括运输全部过程，直至提单指示的货物交付地。货运代理承诺承担提单规定的责任。货运代理不仅对自身的行为和疏忽负责，还需要对其雇员、代理人的行为和疏忽负责，如果货运代理为履行提单所证明的合同而利用了其他人的服务，也要对这些人的行为和疏忽负责。这一点正是货运代理作为承运人与仅作为代理人的本质区别。

FBL 的责任基础是网状责任制，即一旦认定货物灭失或损坏是在某一特定运输

---

① 国际货物运输代理协会联合会官网：https：//fiata. com/。

② FIATA 多式联运提单背面条款。

③ FIATA 多式联运提单背面条款。

方式下发生的，则根据国际或国内的强制性法律，适用于此种运输方式下的规则，也适用于对多式联运经营人的责任认定。当货物灭失或损坏不能确定发生于何种运输方式时，考虑到 FBL 主要用于以海运区段为重要组成部分的多式联运合同，签发 FBL 多式联运经营人的责任以海上运输货物的一般责任为基础，责任限额是每件 666.67 个特别提款权（SDR）或每公斤 2 个特别提款权，同时多式联运经营人享有驾驶或管理船舶过失及火灾等特定事项的责任限制。

3. FBL 的责任保险①

根据 FIATA 的规定，签发 FBL 提单的货运代理应当投保货运代理责任险。使用 FBL 的货运代理协会对此予以监督和管理。

签发了 FBL 提单，货运代理就要承担多式联运经营人，即承运人责任，同时要对其雇员、代理人以及为履行合同服务的第三方的行为承担责任。毋庸赘言，只要货运代理签发了 FBL 提单，并因此作为承运人承担承运人责任，就需要运用保险保护自己，不仅如此，货运代理责任险对货运代理服务的市场信誉有利，货运代理因此可得到客户的信赖，客户也可以直接受益于货运代理的责任保险。

实践中，FBL 提单的责任保险可以采用不同的方式，可以由保险公司承保货运代理责任保险，也可以通过非营利的互助协会会员间的合作获得保险保障，协会会员可分担共同的风险，并获得风险的再保险。后一种形式目前船东采用的比较多，如著名的船东互保协会（P&L-CLUB），可以较好地支持和促进海运业务的健康发展。

【案例 5】多式联运外国法律适用案

1. 提要

国际货物多式联运中，经常会在内陆运输区段发生货损。特别是货物出口南美、非洲等地时，因当地社会治安问题，在陆运过程中发生货损的可能性较大。实践中，中国法院对于内陆运输区段发生的货损赔偿法律适用问题上存在着裁判差异。

本案是典型案例，货物从上海运往墨西哥，交货方式为 CY-DOOR，货物在卸货港到墨西哥城的内陆运输过程中遭遇抢劫灭失。原告保险人起诉承运人要求赔偿货物损失。承运人主张依据我国《海商法》第一百零五条适用墨西哥法确定赔偿责任限额。一审、二审、再审的判决结果不同，最高人民法院最终支持适用墨西哥

① FIATA 多式联运提单背面条款。

法律。

2. 案情

2012 年 9 月，X 船公司接受 T 货代公司订舱，将一批电脑从中国上海出运至墨西哥曼萨尼亚。同年 9 月 20 日，T 货代公司向 X 船公司出具改港保函，要求将目的港曼萨尼亚改为目的地墨西哥城，并表示承担由此产生的费用。

涉案货物到达曼萨尼亚后，X 船公司安排货物从曼萨尼亚运至墨西哥城。10 月 23 日，货物在运输过程中发生灭失。该货物已购买全球货物流动保险。2013 年 1 月 10 日，保险评估公司出具报告，载明货物于 2012 年 10 月 23 日约 01：15 时在从曼萨尼亚运往墨西哥城内陆运输的过程中灭失，虽集装箱已被找到，但仅为空箱，至于具体情况警方仍在调查。

保险公司根据保单条款理赔货主 300 万美元，后续向承运人 X 船公司要求赔偿货物损失，X 船公司主张依据我国《海商法》第一百零五条适用墨西哥法确定赔偿责任限额。

一审法院认为该案属于海上货物运输合同纠纷，由于涉案货物灭失于曼萨尼亚至墨西哥城的陆路运输过程中，故关于涉案纠纷承运人责任及责任限制等应适用墨西哥当地陆路运输民商事法律。因被告承运人 X 船公司提供的法律未经公证认证，且因墨西哥为联邦制国家，仅凭被告提供的法律不能排除适用州法律的可能性，被告提交的法律不具完整性，使相关条文的解释不具有唯一性，不能作为涉案纠纷准据法予以适用。同时，一审法院在审理期间，分别向华东政法大学、上海海事大学、墨西哥驻上海总领事馆就墨西哥法律查明发函查询，均未能查明本案纠纷适用的墨西哥法律。综上，法院通过合理途径无法查明与本案纠纷相关的墨西哥法律规定，依法确认本案纠纷处理适用中华人民共和国法律。

二审法院维持原判，认为本案系海上货物运输合同纠纷。二审中各方当事人的争议焦点是涉案纠纷应适用的法律以及货物灭失的责任承担。从 X 船公司提交的翻译件内容来看，墨西哥律师意见并无明确的法律适用解释，所提交的墨西哥法律也不具有完整性。故 X 船公司提交的证据材料不能作为涉案纠纷准据法适用。一审法院在审理期间通过合理途径无法查明与本案纠纷相关的墨西哥法律规定，依法确认本案纠纷处理适用中华人民共和国法律，符合法律规定。

最高人民法院再审认为，涉案货物运输系从中国上海经海路和公路运输至墨西哥内陆城市墨西哥城的国际货物多式联运，货物灭失发生于墨西哥公路运输区段，各方当事人之间由此发生货损赔偿民事纠纷，本案应定性为国际货物多式联运合同纠纷。依据是我国《海商法》第一百零五条的规定，X船公司的赔偿责任和责任限额均应当适用货损发生区段的法律即墨西哥法律。撤销原判决。

3. 分析

（1）我国《海商法》关于多式联运“网状责任制”的规定。

我国《海商法》第一百零五条规定，“货物的灭失或者损坏发生于多式联运的某一运输区段的，多式联运经营人的赔偿责任和责任限额，适用调整该区段运输方式的有关法律规定。”这是多式联运经营人承担赔偿责任法律适用的依据。我国《海商法》规定多式联运经营人赔偿采用“网状责任制”，主要目的是尽可能使多式联运经营人的赔偿责任与各区段承运人的赔偿责任保持一致，尽量避免多式联运经营人在可向区段承运人追偿的损失数额之外对货损另作赔付，以促进多式联运的发展。但是前提是货损的区段能够确定，否则应按照我国《海商法》第一百零六条规定执行。

国外一些国家内陆运输货损责任限额远低于我国《海商法》中的货损限额。例如，墨西哥《联邦道路、桥梁和内陆运输法》的第66节赋予了承运人就货物损失或损害赔偿责任所享有责任限制的权利，责任限额的标准为每吨受损货物或相应比例受影响货物按墨西哥城联邦地区每日最低工资标准的15倍计。这个标准非常低，并且这个标准也适用于在墨西哥铁路运输区段发生的货损。又如，国际铁路运输规则《国际货约》的法律规定，若货物的灭失或损坏或延迟交付是因为权利人的过错、权利人的命令而非承运人的过错、货物的潜在缺陷（腐烂损耗等），或者承运人无法避免并且无法阻止其发生的原因所造成的，则承运人无须承担责任。另外规定货损赔偿不应当超过货物毛重每公斤17个特别提款权。再如，《瑞典海商法》所规定的海运承运人的责任限制，即灭失货物每单位667个特别提款权或每公斤（总重）2个特别提款权（高者为准），也适用在瑞典、丹麦、芬兰或挪威等北欧国家的内陆运输区段，并且如果承运人可以证明其没有因为其自身过错或过失导致或促使货物灭失的，承运人对货物灭失不承担责任。

因此在实践中，如果货损发生在国外的陆路运输区段，但是对承运人的诉讼在中国境内的海事法院提起时，承运人应当考虑依据中国《海商法》第一百零五条规定，争取说服中国法院适用外国法律，以便争取适用责任免除或者责任限制的权利。

(2) 外国法的查明与适用是难点。

本案的难点在于外国法的查明与适用问题。虽然我国《海商法》第一百零五条规定适用运输区段法律，但是却没有规定适用标准。而按照《最高人民法院关于适用〈中华人民共和国涉外民事关系法律适用法〉若干问题的解释（一）》第十八条之规定，人民法院应当听取各方当事人对应当适用的外国法律的内容及其理解与适用的意见，当事人对该外国法律的内容及其理解与适用均无异议的，人民法院可以予以确认；当事人有异议的，由人民法院审查认定。这使得司法实践中法院拥有较大的自由裁量权，从而导致裁判尺度不一致。

我国民事诉讼过程中外国法查明的途径一般有以下几种：①由当事人提供；②由与我国订立司法协助协定的缔约对方的中央机关提供；③由我国驻该国使领馆提供；④由该国驻我国使领馆提供；⑤由中外法律专家提供。此外，在2005年最高人民法院《第二次全国涉外商事海事审判工作会议纪要》中规定，涉外商事海事纠纷案件应当适用的法律为外国法律时，由当事人提供或者证明该外国法律的相关内容。当事人可以通过法律专家、法律服务机构、行业自律组织、国际组织、互联网等途径提供相关外国法律的成文法或者判例，亦可同时提供相关的法律著述、法律介绍资料、专家意见书等。当事人对提供外国法律确有困难的，可以申请人民法院依职权查明相关外国法律。

目前在司法实践中，法院已经习惯于让当事人承担查明外国法的义务，更常见的查明方式是由一方当事人委托国外律师出具相应的法律意见，并经过当地公证机关公证和我国驻该国使领馆认证后以专家意见形式提供。但此种外国律师意见仍可能遭遇对方的以下抗辩：①出具意见的国外律师是否达到权威的专家级别；②因为该律师系单方委托，是否存在不公正的可能性；③联邦制国家是否存在联邦国家法律与州法律的适用问题；④律师对法律如何适用所做的论述是否全面，等等。

对于当事人来讲，提供准确的外国法内容是其首要义务。对于其所主张适用的外国法，要尽量提供完整、准确、权威的内容，这样才能增强其说服力。由于各个国家司法制度迥异，存在着普通法和判例法之分，对于联邦制国家来说还存在联邦法与州法之分。这对于需要提供外国法的当事人来说是很高的要求，因此当事人应更加注重外国法律制度的整体性，通过多渠道、多角度提供外国法，尽量做到完整、准确、权威，这样才更有可能使其主张获得法院的支持。

司法实践中，法院应在查明外国法方面发挥更加积极主动的作用。这个作用不应仅仅是形式上的，而应当是实质作用。即对于当事人提供的外国法内容存有争议时，法院应当通过多种渠道加以判断，准确查明和适用外国法律，增强裁判的国际公信力。

第三节　跨境电商及物流的发展

如今全球跨境电商行业发展迅速，特别是越来越多的中国电商企业蓬勃发展，促进了跨境物流行业发展速度的增长。跨境电商的发展是物流、信息流和资金流的协调发展，跨境电商物流作为其中重要的一个环节，其发展状况影响整个跨境电商的发展。

一、跨境电商

（一）跨境电商的定义

电子商务是全球经济中增长最快的领域，跨境电子商务（Cross Border Electronic Commerce，简称“跨境电商”），是指不同国家和地区之间进行的电子商务业务。跨境电商是一种国际商业活动，主要针对个体消费者。所谓跨境，就是指交易主体分属不同的国境，通过线上进行交易、支付和结算，并采用国际物流将商品送达消费者的交易过程。

跨境电商是贸易的组成，从海关监管的角度来说，跨境电商主要是针对消费者的线上小额交易，但跨境消费者中也会包含一部分分散的小额买卖的 B 端商户，现实中这种 B 端商户与 C 端个体消费者有时很难区分。传统进出口 B2B（企业对企业）贸易下的货物只能销售给进口商，需要签订传统的外贸购销合同，准备箱单、纸质发票、报关单等纸质单证，不属于跨境电商的范畴。跨境电商的特点是线上化、碎片化，以小批量、多批次、单笔交易金额小为特征。物流方面主要采用航空小包、邮寄、快递等方式。

（二）跨境电商贸易监管方式

由于跨境电商空间很大且极度分散，在国际贸易环节只要涉及电子商务都可能纳入，因此跨境电商在贸易监管方面也面临不少模糊的灰色空间。随着跨境电商市场的快速发展，为了进一步加强和规范海关管理，我国海关总署针对性出台了有关跨境贸易电子商务的新的贸易监管方式，规范跨境贸易电子商务进出口业务的管理，方便企业通关。目前，海关总署针对个人消费者的跨境电商零售进出口商品的监管方式①有“跨境贸易电子商务”（9610）、“保税跨境贸易电子商务”（1210）、“保税跨境贸易电子商务 A”（1239）。2020 年，海关推出新的监管代码“跨境电子商务企业对企业直接出口”（9710）和“跨境电子商务出口海外仓”（9810），将跨境电商 B2B 贸易从一般贸易中剥离出来，纳入海关的独立统计。

1. 电子商务，代码“9610”

2014 年，海关总署发布第 12 号公告《关于增列海关监管方式代码的公告》，增列代码为“9610”的海关监管方式，全称“跨境贸易电子商务”，简称“电子商务”，俗称“集货模式”。该监管方式“适用于境内个人或电子商务企业通过电子商务交易平台实现交易，并采用‘清单核放、汇总申报’模式办理通关手续的电子商务零售进出口商品（通过海关特殊监管区域或保税监管场所一线的电子商务零售进出口商品除外）”。此种方式比较灵活，不需要提前备货，相对于快件清关而言，物流通关效率较高，整体物流成本有所降低。但商品需在海外完成打包操作，海外操作成本高，且从海外发货，物流时间稍长。该方式适合业务量迅速增长的商家。

2. 保税电商，代码“1210”

2014 年，海关总署发布第 57 号公告《关于增列海关监管方式代码的公告》，增列代码为“1210”的海关监管方式，全称“保税跨境贸易电子商务”，简称“保税电商”，俗称“备货模式”。该监管方式“适用于境内个人或电子商务企业在经海关认可的电子商务平台实现跨境交易，并通过海关特殊监管区域或保税监管场所进出的电子商务零售进出境商品。海关特殊监管区域、特殊监管场所与境内区外（场所外）之间通过电子商务平台交易的零售进出口商品不适用该监管方式”。代码“1210”所要求的“海关特殊监管区域或保税监管场所”是指跨境电商试点城市所设立的特殊监管区域或跨境电商综合试验区城市设立的保税物流中心。跨境电商试点城市是从 2013 年开始开展的，目前共有 15 家，分别是：上海、杭州、宁波、郑州、重庆、广州、深圳、福州、平潭、天津、合肥、成都、苏州、大连、青岛。跨境电商综合试验区城市的保税物流中心自 2019 年开始设立，目前共有 22 家，分别

① 海关总署官网：http：//www. customs. gov. cn。

是：北京、呼和浩特、沈阳、长春、哈尔滨、南京、南昌、武汉、长沙、南宁、海口、贵阳、昆明、西安、兰州、厦门、唐山、无锡、威海、珠海、东莞、义乌。

此种方式要求提前批量备货至特殊监管区或保税物流中心的仓库，产生订单后可立即从仓库办理通关并发货，效率高，速度快，换货退货服务比较及时，用户体验好，但会产生较大的压货成本和仓储成本。该方式适合业务规模大，业务量稳定的商家，大批量订货可降低采购成本，通过海运方式也可以降低国际物流成本。

3. 保税电商 A，代码“1239”

2016 年，海关总署发布第 75 号公告《关于增列海关监管方式代码的公告》，增列海关监管方式代码“1239”，全称“保税跨境贸易电子商务 A”，简称“保税电商 A”。与“1210”监管方式相比，“1239”监管方式“适用于境内电子商务企业通过海关特殊监管区域或保税物流中心（B 型）一线进境的跨境电子商务零售进口商品”。可以看出，代码“1239”和“1210”都是进口保税方式，但是适用的城市不同。这是海关自身监管要求的区分，对于相关业务没有重大影响。

4. 跨境电商 B2B 直接出口，代码“9710”

2020 年，海关总署发布第 75 号公告《关于开展跨境电子商务企业对企业出口监管试点的公告》，增列海关监管方式代码“9710”，全称“跨境电子商务企业对企业直接出口”，简称“跨境电商 B2B 直接出口”。该方式“适用于境内企业通过跨境电商平台与境外企业达成交易后，通过跨境物流将货物直接出口送达境外企业，即适用于跨境电商 B2B 出口的货物”。

5. 跨境电商出口海外仓，代码“9810”

2020 年，海关总署发布第 75 号公告《关于开展跨境电子商务企业对企业出口监管试点的公告》，增列海关监管方式代码“9810”，全称“跨境电子商务出口海外仓”，简称“跨境电商出口海外仓”，该方式“适用于境内企业将出口货物通过跨境物流送达海外仓，通过跨境电商平台实现交易后从海外仓送达购买者，即适用于跨境电商出口海外仓的货物”。

自 2020 年 7 月 1 日起，在北京、天津、南京、杭州、宁波、厦门、郑州、广州、深圳、黄埔这 10 个海关开展跨境电商企业对企业出口（简称“跨境电商 B2B 出口”）试点。改革实施之前，跨境电商 B2B 出口企业只能按照传统贸易方式申报通关，改革实施后，跨境电商 B2B 出口有了专门的通关方式，可享受通关便利。

（三）《中华人民共和国电子商务法》与跨境电商

《中华人民共和国电子商务法》（以下简称《电子商务法》）[①] 于 2019 年 1 月 1 日正式实施，共 7 章 89 条款。这是中国电子商务领域第一次全面立法，其出台也被评价为“关乎互联网电商行业格局”。其中，《电子商务法》在第二十六条、第七十一条、第七十二条和第七十三条这四个条款中都提到了跨境电商。

众所周知，在海关实施贸易监管以前，跨境电商由于法律关系不明确存在着经营者逃避监管、消费者无法维权等现象。根据《电子商务法》第二十六条规定，将跨境电商纳入适用《电子商务法》，因此规范跨境电商经营有了法律依据，也为跨境电商消费者权益提供了法律保护。《电子商务法》第七十一条表明了国家对于跨境电商发展的支持，对如何建立健全跨境电商监管提质和保证市场的公平竞争做了详细规定，国家将从海关、税收、支付结算等管理制度方面，进一步提高便利化水平。2020 年，海关总署也出台了针对跨境电商出口的海关监管代码，积极推动跨境电商出口业务规范发展。

此次《电子商务法》提出的政策思路也更加适应跨境电商进出口发展的现实情况和行业特点，将一些灰色地带也纳入监管范围。例如，第七十二条规定：推进跨境电商海关申报、纳税等环节的综合服务和监管体系建设，优化监管流程，推动实现信息共享、监管互认、执法互助，提高跨境电商服务和监管效率。2018 年，英国问题婴幼儿奶粉通过直邮、微商代购等模式进入中国，因未有报关，海关总署无法监管。《电子商务法》颁布后，直邮模式纳入跨境电商范畴，微商及其他网络平台向消费者继续提供跨境购买的奶粉也应当进行工商登记。这对进一步规范跨境电商，保障国内消费者食品安全有重大意义。

与此同时，跨境电商已进入全球市场，继美、加市场后，现在的跨境电商经营者也开始拓展东南亚市场、非洲市场以及消费水平高、利润率高且增长潜力巨大的欧洲市场。如何推动建立与不同国家、地区之间跨境电商的交流合作，推动建立与不同国家、地区之间的跨境电商争议解决机制，《电子商务法》第七十三条对此也做了相关规定。这些条款的规定，提高了跨境电商的监管效率，可促进跨境电商的健康发展进入有法可依的阶段。

此外，《电子商务法》对于跨境电商经营者的市场主体资格、质量保证体系、

---

① 中华人民共和国商务部官网：http：//www. mofcom. gov. cn/article/zt_ dzswf/。

争议解决机制也进行了相应的规定，针对跨境电商消费者的权益进行了保护。

总之，由于立法影响，跨境电商的发展会愈加规范、健康和持续，对于跨境电商的监管和服务也会日益完善和优化。

二、跨境电商物流

跨境电商物流与普通物流的区别其实仅在于地域不同。跨境电商物流是指在互联网电商交易平台上运营的商品被购买或出售后，商品从供应国通过陆运、空运或者海运等国际运输运送至消费者所在国家的物流活动。

跨境电商物流是完成跨境电商的关键环节之一，跨境电商物流是否快速便捷影响了跨境电商的发展速度和发展规模。然而由于跨境电商单次交易金额小、运输距离远、交易频次高，又属于跨境交易，因此物流运输周期较长，清关、报税等手续烦琐，成本也比较高。

（一）跨境电商物流模式

当前跨境电商有四种主要的物流模式。①

1. 邮政小包模式

邮政小包就是传统的邮政包裹模式。因为邮政网络基本覆盖全球，所以邮政小包是目前中国跨境电商的主要物流模式。邮政小包通过邮政渠道，以个人邮件的形式在全球超过230个国家和地区进行递送。但是邮政小包的包裹重量受到限制，寄送速度较慢，丢包率也比较高，越来越无法满足跨境电商发展的需求。中国卖家除使用中国邮政外，还使用新加坡邮政等。

2. 专线物流模式

专线物流是针对某个国家的专线递送模式。特点是点对点直达，通过航空包舱专线递送，送达时间、线路比较固定，不分拨、不中转。因为采用航空包舱模式，所以运输费用相对便宜，适合专注某地市场的大批量货物的集中运送。比如美国专线、欧美专线、澳大利亚专线、俄罗斯专线等。

3. 跨国快递模式

目前，全球三大商业快递巨头——DHL、FedEX和UPS通过健全的全球网络和掌握的大量空运运力，为客户提供跨国快递服务。总的来说，跨国快递在时效性上

---

① 韩玲冰，胡一波．跨境电商物流［M］．北京：人民邮电出版社，2018.

比较有保障，丢包率也比较低，但物流费用较高，因此市场份额占比相对较小，主要适合对成本不敏感、对时效要求高的高端客户使用。我国国内的快递公司，如EMS、顺丰、圆通等，随着其航空运输能力的提高，国际快递网络的搭建，也开始提供跨境电商物流服务，费用相对国际快递巨头要低，但时效性、稳定性以及在目的地国家的通关、地面配送网络能力等方面还有不足。

4. 海外仓模式

海外仓就是指在目的地国家设置的仓库，一般用于电子商务。海外仓模式是结合跨境电商特点，在专线物流模式上的一种延伸，一般包括头程运输、仓储管理和本地配送 3 个部分，即商品大批量通过空运、海运或其他方式集中运送到海外仓库，在提供海外库存管理的同时，可根据交易需求提供专业的海外快递服务，将商品快速配送给客户。海外仓物流成本较低，并且缩短了物流时间，客户体验较好。适合利用海外仓的主要是库存周转快的热销商品。海外仓实际上是一种供应链模式的改变，一定程度上可以解决跨境物流的缺陷，发展潜力巨大。

根据这些模式的特点，卖家可以自由选择适合自己的物流方式。

（二）跨境电商物流发展存在的问题

跨境电商物流，因涉及境内外物流体系的搭建，在运营模式等方面与传统物流存在差异。由于技术、渠道、网络等方面的局限，在发展中还存在不少问题。

1. 物流的整合能力和全球化能力不足

跨境电商的特点是“小批量、多品种、多批次”，交易发生后，对于物流信息的准确传递，商品的快速分拣、物流渠道的多元化选择、物流安全性都有较高的要求，在运营上要求具有弹性、敏捷性和适应性。目前来看，从事跨境电商物流服务的物流商对物流的整合能力和全球化能力还不足，在网络搭建等方面需要进一步加强。

2. 物流的成本居高不下

跨境电商物流涉及的物流环节较多，运输距离长，时效性要求高，与传统物流相比成本较高。现在平邮小包模式要依靠全球邮政网络，海外段涨价趋势明显，国际快递采用空运方式，成本也很难控制。

3. 逆向物流是难点

跨境电商因为涉及跨境贸易，各个环节都可能产生退换货的问题，从物流上讲，处理退换货的逆向物流服务因为程序复杂，成本过高，一直未能得到很好的解决。

4. 信息联通不够

跨境电商采用海运、铁路、空运、公路等多种运输方式完成货物运输，但在货物运输中，由于信息标准、信息化程度等因素的限制，物流服务商与运输承运人之间的物流信息衔接，以及国内、国外各个运输区段物流信息的衔接目前还不充分，使得客户的满意度难以提高。

三、海外仓解决方案

海外仓模式是近年来发展较快的一种跨境物流模式。因为跨境电商物流本身存在一些不足，跨境物流的发展未能匹配跨境电商的发展速度，在海外渠道、网络建设、政策了解、本土化方面都面临瓶颈，货物爆仓、延误、禁运等情况时有发生，客户满意度降低，长此以往将会限制跨境电商的发展。

缩短物流时间、提高物流效率的海外仓模式是近年来跨境电商物流一个比较好的选择。目前，我国也正在积极推动和引导海外仓的建设和发展。2015 年，中华人民共和国商务部颁发了《“互联网+流通”行动计划》[①]，推动流通业发展，鼓励电商“走出去”，积极参与互联网经济和国际贸易。《“互联网+流通”行动计划》提出通过建设海外仓打造境外物流体系，计划在未来几年组织建设 100 个电子商务海外仓。我国大型电商和物流企业响应国家政策和顺应市场趋势，纷纷开展跨境电商业务，并积极打通海关、保税、配送等海外通道，独自建设或合作建设海外仓。

（一）海外仓的分类

根据运营主体不同，海外仓可以分为以下两种。

1. 自营海外仓

自营海外仓，是指跨境电商企业自己负责运营的海外仓，包括自建经营仓库或租赁经营仓库。一般自营海外仓仅为跨境电商企业自行销售的商品提供仓、配一体化的服务，跨境电商企业通过自建或合作的方式控制整个跨境电商物流体系。这种模式一般适合大型的跨境电商企业。据相关统计，我国月销售额在 100 万美元以上的跨境电商企业中，约 70%计划自建或已经自建海外仓。[②]

---

① 中华人民共和国商务部官网：http：//www. mofcom. gov. cn/。

② 安信证券：2020 年跨境电商行业研究报告。

2. 第三方公共服务海外仓

第三方公共服务海外仓，是指由第三方物流企业负责运营的海外仓，作为公共仓库，为多个跨境电商企业提供标准的清关、仓库管理、订单管理、发货和配送服务。这种模式适合众多中小型跨境电商企业，一般都是与国外海外仓运营的第三方物流企业采用合作或外包方式。

（二）海外仓发展现状

因为海外仓在提升卖家售卖效率，降低卖家物流成本以及提高买家购物体验方面具有很好的支持作用，近年来，海外买家市场对于本地发货及本地化售后服务的要求越来越强烈，跨境电商卖家也越来越多地选择使用海外仓物流模式。

根据有关统计，截至 2018 年，全球共有海外仓约 350 个，分布在 33 个国家，其中美国最集中，约 40%的海外仓都设立在美国，而且美国海外仓的数量和规模还在快速增长。位于欧洲的英国、德国、西班牙、俄罗斯的占比不到 30%，但俄罗斯发展速度正在加快。中国香港地区、日本、韩国、东南亚地区的海外仓正在发展，南美、非洲等地的海外仓资源很稀缺。这也和跨境贸易的市场需求分布是相符的。[①]

目前，我国出口海外仓大部分属于海外第三方物流企业或海外跨境电商企业运营控制，我国跨境电商企业在海外自建海外仓的为数不多，究其原因，在海外建设和运营海外仓，受到所在国贸易政策、法律法规、地域文化、人工成本的影响和制约，建设和运营难度较大。

（三）海外仓的特点

1. 一体化物流服务能力较强

海外仓模式包括头程运输、仓储管理和本地配送 3 个部分，加之报关清关、订单管理、分拣发货等服务，对物流提供商的整合能力要求较高，跨境电商企业可以享受一体化物流服务。

2. 物流成本较低

通过大批量集中发运方式将商品通过国际运输至海外仓库后，再根据海外订单直接从海外仓发货给海外买家，相当于境内快递，比从国内发往国外的成本低，服务水平也较高。特别是逆向物流成本大大降低，客户退换货物无须再次通关和长途

---

① 韩玲冰，胡一波．跨境电商物流［M］．北京：人民邮电出版社，2018.

物流，在本地海外仓即可解决，降低了国内国外数次清关产生的费用，以及因时效、客户弃货等各种因素带来的损失。

3. 物流时效更快

对于海外买家来说，对于物流时效的体验仅为从下单到送货这段时间，而货物前期的国际运输、报关、清关等操作流程所耗费的时间不在客户体验之中。比如，一个包裹从国内发出到达海外目的地需要15~30天的时间，如果在当地有海外仓，则基本上可以缩减到7天左右。适合对于时效要求比较强的商品，如圣诞节等特殊节日的商品等，商家可以预估货量，提前备货，避开物流高峰。

当然，选择海外仓模式也有风险，提前备货对于跨境电商企业来说库存压力较大，仓储成本也比较高。如果货物不畅销，可能出现压仓风险，仓储成本就会继续增加，导致企业资金周转不便。如果国内跨境电商企业选择在海外自建海外仓，还需要面对国际贸易保护主义的壁垒，以及对海外法律、商业环境的把控，而且对跨境电商企业的管理和服务能力也是一种考验。

第四节　物流科技的发展

物流业是支撑国民经济和社会发展的基础性产业。近年来，物流业与“互联网+”和科技的深入融合，催生了新的商业模式和产业模式。可以说，物流行业的发展离不开科技的助力和支撑。从早期的物流机械化设备到AGV技术以及自动化管理系统的应用，直到当今以工业4.0为契机的智慧化发展阶段，物流业通过最大限度地使用技术，优化产业结构，提高发展速度。应用于物流产业的代表性科学技术主要为物联网、人工智能、区块链以及5G技术。

一、物流科技创新相关政策

近年来，国家各级政府机构密集出台了一系列鼓励物流行业向科技智能化、智慧化发展的政策，主要集中在发展方向、软件基础、硬件基础与绿色物流等方面。

（一）发展方向：以科技为导向的“互联网+”高效物流

2016年4月，国务院办公厅发布《关于深入实施“互联网+流通”行动计划的意见》[①]，鼓励发展共享经济，利用互联网平台统筹优化社会闲散资源。

2019年3月，国家发展与改革委员会[②]发布《关于推动物流高质量发展促进形成强大国内市场的意见》，提出要实施物流智能化改造行动，要求大力发展数字物流，加强信息技术应用，鼓励物流和供应链企业在依法合规的前提下开发面向加工制造企业的物流大数据、云计算产品，提高数据服务能力，协助制造企业及时感知市场变化，增强制造企业对市场需求的捕捉能力、响应能力和敏捷调整能力。

2019年9月，中共中央、国务院印发《交通强国建设纲要》[③]，指出要加速新业态模式发展，发展“互联网+”高效物流，创新智慧物流营运模式。同时要大力发展智慧交通，推动大数据、物联网、人工智能、区块链、超级计算等新技术与交通行业深度融合。

（二）软件基础：物联网、大数据、物流信息化建设

2017年10月，国务院办公厅印发《关于积极推进供应链创新与应用的指导意见》[④]，提出我国要打造大数据支撑、网络化共享、智能化协作的智慧供应链体系，到2020年，基本形成一套智慧供应链体系。

2019年11月，中华人民共和国交通运输部印发《推进综合交通运输大数据发展行动纲要（2020—2025年）》[⑤]，旨在深入贯彻落实国家大数据战略部署，积极推进交通运输治理体系和治理能力现代化，以数据资源赋能交通发展为切入点，提升综合交通运输服务水平，加快建设交通强国。

2020年5月，中华人民共和国工业和信息化部发布《关于深入推进移动物联网全面发展的通知》[⑥]，明确提出“推进移动物联网应用发展。围绕产业数字化、治理智能化、生活智慧化三大方向推动移动物联网创新发展。产业数字化方面，深化移动物联网在工业制造、仓储物流、智慧农业、智慧医疗等领域应用，推动设备联网

---

① 中国政府网官网：http：//www.gov.cn/。
② 国家发展与改革委员会官网：https：//www.ndrc.gov.cn/。
③ 中国政府网官网：http：//www.gov.cn/。
④ 中国政府网官网：http：//www.gov.cn/。
⑤ 中华人民共和国交通运输部官网：http：//www.mot.gov.cn/。
⑥ 中华人民共和国工业和信息化部官网：https：//www.miit.gov.cn/。

数据采集，提升生产效率”。

（三）硬件基础：智能设备的制造、研发和应用

2017 年 12 月，中华人民共和国工业和信息化部发布《促进新一代人工智能产业发展三年行动计划（2018—2020 年）》[①]，指出要开发智能物流仓储设备，提升高速分拣机、多层穿梭车、高密度存储穿梭板等物流装备的智能化水平，建设无人化智能仓储，同时创新人工智能产品和服务。

2019 年 6 月，中华人民共和国交通运输部审议了《智能快件箱寄递服务管理办法》[②]，优化快件箱设置，加强规范管理，保护用户信息安全，提升服务质量，促进快递末端服务持续健康发展。

2019 年 7 月，中国民航局印发通知，同意民航西南局《关于无人机物流配送试点项目在西南地区进行实际应用试点的申请》[③]，将顺丰在江西赣州南康区开展的“无人机物流配送应用试点”范围扩大到民航西南局辖区内四川、云南等地的部分地区。

（四）绿色物流：推广新能源汽车、绿色包装

2017 年 11 月，中华人民共和国国家邮政局、原环境保护部等 10 个部门联合发布《关于协同推进快递业绿色包装工作的指导意见》[④]，明确了“十三五”期间快递业绿色包装的目标和任务，并将每年 11 月第一周作为“绿色快递宣传周”。

2018 年 2 月，国务院办公厅印发《关于推进电子商务与快递物流协同发展的意见》[⑤]，鼓励快递物流领域加快推广使用新能源汽车和满足更高排放标准的燃油汽车，逐步提高新能源汽车的使用比例。

2019 年 6 月，中华人民共和国国家发展与改革委员会印发《推动重点消费品更新升级 畅通资源循环利用实施方案（2019—2020 年）》[⑥]，提出要大幅降低新能源汽车成本；加快新一代车用动力电池研发和产业化，提升电池能量密度和安全性，逐步实现电池平台化、标准化，降低电池成本。

---

① 中华人民共和国工业和信息化部官网：https：//www. miit. gov. cn/。

② 交通运输部官网：http：//www. mot. gov. cn/。

③ 中国民航局官网：http：//www. caac. gov. cn/。

④ 中国政府网官网：http：//www. gov. cn/。

⑤ 中国政府网官网：http：//www. gov. cn/。

⑥ 国家发展与改革委员会官网：https：//www. ndrc. gov. cn/。

二、物流科技的应用与发展

（一）物联网技术

物联网（The Internet of Things，IOT）是指应用传感器、射频识别、定位、感应等技术装置和手段，实现物与物、物与人的广泛连接，通过实时采集物体或过程的信息，实现对物品和过程的智能化感知、识别和管理。“万物互联”的物联网在物流行业的应用预计将呈指数级增长，它能够提高供应链透明度、安全性和效率，利于更有效的资源规划。加上 5G 技术和云存储的发展，使得物联网产生的大量数据可以用于预测分析，加强客户/供应商协作和改进质量控制。

物联网技术已在国际成为热点，全球性大型科技类企业开始全面布局。例如，微软公司在 2018 年推出物联网计划，全力推进人工智能计算和物联网的前沿创新；谷歌公司也在同年发布物联网操作系统，加速物联网普及；苹果公司加入了国际物联网标准组织；英特尔公司和英国 ARM 公司开始合作推进物联网应用。①

我国工业和信息化部于 2017 年颁布《物联网“十三五”规划》②，明确指出我国物联网相关的应用将出现突破性增长，跨界融合趋势明显，智能设备的普及和应用，在网络中产生海量数据，会促使社会生产、社会管理和居民生活方式进一步向网络化、精细化、智能化方向转变。工业和信息化部旗下赛迪顾问的数据显示，2017 年中国的物联网设备达到 12.1 亿台，2025 年预计将增长到 53.8 亿台。③

随着国家政策的大力支持，我国物联网技术应用也取得了重大进展。比如，海尔公司利用物联网技术推出了智慧家庭、智慧家电等场景化服务；阿里巴巴公司推出了以“阿里云”为核心的物联网战略，全力打造智能城市、智能制造、智慧金融、智慧物流等物联网场景；腾讯、京东等企业也积极转型，进入物联网时代。

借助物联网技术能够有效实现物流环节的可控化和可视化，最大限度提高物流管理效率。

1. 物流运输

将物联网车载终端应用于运输车辆，可以有效记录、跟踪货物、车辆、人员、

---

① https：//www. sohu. com/a/284845269_ 220528.

② 工业和信息化部官网：https：//www. miit. gov. cn/。

③ 赛迪顾问官网：https：//www. cidconsulting. com/。

道路状况，实现物流运输过程的可视化和实时监控。客户可以及时掌握货物状态，物流企业可以监控运输线路，监督司机安全驾驶，从而提高运输效率，降低运输成本及货物损耗。例如，通过物联网系统可以实时获取路况信息，优化运输路线设计，检测车辆速度、油耗等。

2. 仓储管理

通过应用二维码、RFID 技术以及无线传感器等物联网技术和设备，可以提高物流企业装卸货物效率，减少查找、识别货物的人力成本、时间成本，实时显示和监控货物进出仓库情况，实现仓储管理环节的精细化、标准化和透明化。

3. 物流配送

物联网技术在物流配送环节的推广和应用，可以解决配送信息反馈迟缓以及货物安全监督问题，以智能化、无人化配送代替传统人工操作，利用 RFID、无线传感等技术，自动完成货物的分拣、配送。物流企业、供应商以及客户可以实时了解相关信息，从而实现服务满意度的大幅提升。

4. 信息互通

物联网技术通过物与物、物与人的联通，收集了大量物流数据，为物流信息互通共享建立了良好的基础。这也是大数据分析预测的基础。例如，通过 GPS 定位跟踪系统，支持对车辆的实时运输监控，同时可以依靠大数据，调度车辆、查询路线、查看车辆状态（速度、方向）等，完成日常管理、监控以及相关预警工作。

（二）人工智能技术

人工智能（Artificial Intelligence）可以执行通常需要人类智能的任务，如决策、语音识别、视觉感知和语言翻译。

人工智能为物流业务提供了三大好处：灵活性、可靠性和速度。人工智能可以提高物流效率，包括更快的交付、改进分析、减少冗余，以及提高响应客户需求变化的灵活性。人工智能技术在物流中的关键应用包括需求感知、供应感知和先进的规划系统。人工智能技术结合物联网技术，通过赋能物流各环节，可以实现智能配置物流资源、智能优化物流环节，提升货物运输过程中的自动化运作水平和高效化管理效率，提高物流业的服务水平，降低成本，减少资源消耗。人工智能在大数据分析中也具有很高的价值，企业越来越依赖分析来理解物流中所产生的海量数据。

人工智能在物流领域中可应用于多个场景，人工智能可以应用于自动化设备，通过自动化立体库、自动分拣机、传输带等设备，实现存取、拣选、搬运、分拣等环节的自动化。人工智能设备通过自主控制技术，进行智能抓取、码放、搬运及自主导航等，使整个物流作业系统具有高度的柔性和扩展性，例如拣选机器人、码垛机器人、AGV、无人机、无人车等。通过使用高速联网的移动智能终端设备，物流人员的操作将更加高效便捷，人机交互协同作业将更加人性化。①

1. 智能仓储

传统仓储以人工操作搬运为主，空间利用率和存储效率都较低。仓储行业正在加快自动化和智能化进程，自动化可以刚性提高效率，智能化可以满足差异化、个性化需求，增强物流柔性。现阶段各大企业所应用的自动化仓储方案，利用人工智能、深度学习、图像智能识别、大数据应用等技术开发智能仓库，能够适用于不同应用场景、商品类型和形态。传统仓储中的取货、补货、出货都可应用穿梭车、无人叉车、堆垛机等机械设备和 AGV 等智能化设备，以及 OMS（订单管理系统）、WMS（仓库管理系统）、PMS（绩效管理系统）等系统，提高运转效率，节省人力成本。智能仓储也有利于生产前置，可通过大数据预测消费者的需求，更加精准迅速地完成服务。

2. 车货匹配

随着人工智能技术的发展，车货匹配平台能整合社会车源，利用人工智能等技术将线下信息进行整合，发布信息并进行精准匹配，构建“车找货”的业务模式，优化供应链下游的货物与司机的资源分配，降低空驶率，进而节约运输成本。司机通过车货匹配平台可便捷地寻找货源、更新运输状态，发送证明文件并实时管理账款信息。免去中间环节，信息更加透明，满足自身越来越多小订单散货运输需求的同时，提高车辆利用率，增加车主收入。车辆成为高度自动化的运输工具，车与货实现真正意义上的智能化匹配，这将是整个物流运输方式的革命。②

3. 智能运输与配送

传统运输以人力送达为主，成本较高，人工效率较低，每天工作时间有限。智能运输能够对一些人力配送成本较高的地区实现高效配送，在物流的“最后一公里”实现高负荷、全天候等全新工作模式。比如，新一代智能无人驾驶汽车和带有

---

① 德勤．数字化供应链白皮书 2020，https：//www. delloit. com. cn/。

② 麦肯锡．探索数字货运匹配平台新模式 CONNECT®，https：//www. mckinsey. com. cn/。

传感器技术的无人机的部署，可应用于制造设施、配送中心、场站、港口，用于材料和产品的移动、挑选和周期盘点，以及未来的货运和包裹配送环节。在准确性、效率和劳动力成本方面取得显著改善。

（三）区块链技术

区块链技术（Block Chain）的发展已进入新的战略机遇期，它不仅是一种新技术，更是一种全新的思维模式和解决方案。区块链技术的集成应用在新的技术革新和产业变革中起着重要作用。

我国物流业发展面临社会物流总成本高、供应链各节点企业交互困难、端到端运输信息流不畅、行业缺乏可靠征信评级手段等问题，主要原因是企业间缺乏可信的交互机制。区块链是一种在对等网络（点对点网络，无中心服务器、依靠客户群交换信息的互联网体系，可以减少传统网络的传输节点，降低资料遗失的风险）环境下，透过透明和可信规则，构建可追溯的块链式数据结构，实现和管理事务处理的模式。区块链具有去中心化、信息不可篡改、自治性、全球流通、透明性、相对匿名性六大特征，这些特征可以有效解决物流行业希望建立无第三方（去中心化平台）的互信机制、控制风险、保护隐私、跨境交易、联盟共享、安全可追溯等痛点。因此，区块链的关键特征可对应解决目前物流行业的关键问题，“区块链+物流”的发展具有极大的潜力。①

世界范围内的领先物流企业已经开始通过联盟合作或跨界合作，从区块链中获得价值。例如，由全球九大行业巨头（达飞集团、中远海运集团、中远海运港口、赫伯罗特、和记港口、东方海外、青岛港集团、新加坡国际港务集团和上港集团）组建全球航运业务区块链网络（GSBN），旨在提高速度、透明度、协作和推动数字化进程。马士基集团和 IBM 合作开发了 TradeLens 平台，这是一个采用区块链技术的航运解决方案，旨在提高全球贸易的安全性和效率，支持整个价值链的信息共享，提高透明度并鼓励创新。

区块链本身并不是万能的，它只能作为建立信任和自动化交易的手段，为了发挥更多作用，区块链在物流行业通常需要和大数据、人工智能、物联网乃至 5G 技术结合使用。区块链在物流领域的应用主要集中在流程优化、物流溯源、物流征信

---

① 倪荣，肖自强．区块链的发展与安全［J］．电脑知识与技术，2018 年第 12 期：1009-3044.

和物流金融等场景。①

1. 流程优化

通过区块链技术实现传统人工参与和纸质提单的数字化替代，将单据流转及电子签收过程写入区块链存证，提升物流参与方之间的可信信息交互效率，进而实现物流流程优化。

例如，在传统国际海运模式中，信息流往往通过人工处理来完成，当物流过程涉及多个环节时，物流流程较为缓慢。同时，传统纸质提单由签发人签出后，往往要经过数十天的流转，才能最终到达提单持有人手中。在此期间，一旦发生纠纷，利益相关方之间的责任界定和索赔管理往往需要耗费漫长的时间和人力。通过使用“区块链+电子签名”技术可以有效解决传统纸质单据签收不及时、易丢失、易篡改和管理成本高等问题，实现单据流和信息流的统一。同时，借助区块链技术可以实现整个物流流程信息的端到端透明化，物流各环节的资源调配、端到端分段衔接的全局优化。

2. 物流溯源

区块链溯源是指利用区块链技术，通过其独特的、不可篡改的分布式账本特性与物联网等技术相结合，对商品实现从源头的信息采集记录、原料来源、生产过程、加工环节、仓储信息、检验批次、物流周转、到第三方质检、海关出入境、防伪见证的全程可追溯。区块链利用时间戳、共识机制等技术手段实现了数据的不可篡改和追本溯源等功能，为跨机构溯源体系的建立提供了技术支撑。区块链与物联网技术相结合，可用于跨境运输的实时追踪、食品商品溯源和危化品监管等领域。

3. 物流征信

物流业务具有涉及主体多，参与主体流动性大，信用信息获取困难等特征。例如，对于很多第三方物流企业而言，特别是公路运输场景下，由于承运主体零散化、机动性特征明显，物流企业往往难以获得这些承运车辆的具体信用信息，但这些信息的可靠获得往往是第三方物流服务商提供高质量物流服务的关键。信用信息是连接资金流、物流、信息流、商流的关键载体，通过区块链构建信用主体，围绕主体累积可信交易数据，联合物流生态企业共同建立区块链征信联盟，构建物流从业各方的信用评级标准，进而推动以信用数据为媒介，实现四流合一。

---

① 中国物流与采购联合会、京东物流：中国物流与区块链融合创新应用蓝皮书。

4. 物流金融

区块链可给物流金融带来本质的改变。通过区块链网络将物流与供应链金融的各参与主体（资金方、供应商方、核心企业、经销商、监管方、物流方等）进行网联，可实现业务线上执行、数据存储上链、数字资产凭证多级拆分流转等功能。相较于现有的传统业务模式，区块链的应用使数据可信度高，可降低企业融资及银行风险；业务执行线上化可提高业务效率；解决非一级供应商融资难、资金短缺问题；极大地减少故意拖欠资金等违约行为的发生；解决中小企业融资难、融资贵问题。

（四）5G 技术

5G，即第五代移动通信系统（5th Gereration Mobile Network），其本质是一种蜂窝移动通信技术，但是与 1G、2G、3G、4G 单纯强调速率不同，5G 具有数据传输速度高、网络连接能力强、传输延时低等特点，5G 的这些特点也意味着，数据的获取将更加海量、快速、精准。

基于上述网络能力，5G 网络技术可以支持三大典型应用场景，eMBB、uRLLC 和 mMTC。eMBB 场景基于增强型移动宽带，具有超高大带宽，下载速率达每秒 10GB，提供了高速数据传输的桥梁；uRLLC 场景基于超低时延和可靠性的通信，5G 的理论延时是 1 毫秒，是 4G 延时的几十分之一，基本达到准实时水平，应用于无人驾驶刹车智能控制，反应距离可由 4G 的 1.4 米提高至 5G 的 2.8 厘米，这使得无人驾驶、工业自动化等场景的实现成为可能；mMTC 场景基于海量连接，5G 的海量连接特性使得行业中每一个节点都能被中心监控和跟踪，每平方公里可接入 100 万个物联网终端设备，是 4G 的 10 倍。①

5G 网络是一代巨变的移动通信技术，高带宽、低时延以及海量接入和其他许多优势不仅使得人工智能等前沿技术融入物流成为可能，同时使得商家、消费者和物流供应商之间的通信方式更加多元和高效。2019 年 6 月 6 日，工业和信息化部发放 5G 商用牌照，中国正式进入 5G 商用元年。在物流行业，5G 技术正从效率、成本、体验等多个维度带来全新的变革。各大快递企业、物流企业、零售商业企业都站在起跑线上，为 5G 的全面到来做好准备。2019 年，京东物流联合中国联通共同发布《从连接到智能——5G 助力物流数字化转型升级白皮书》。白皮书指出，5G 技术通过与云计算、人工智能、IOT、AR/VR 等技术结合，将彻底颠覆传统物流，物流正

① 京东物流、中国联通：从连接到智能——5G 助力物流数字化转型升级白皮书。

在成为 5G+IOT 的最佳应用场景。中国联通联合中国邮政、菜鸟网络、圆通速递、德邦快递共同打造智慧物流解决方案，发力“5G+智慧物流”。中国移动携手华为和菜鸟物流，在云栖小镇设立了 5G 无人驾驶测试基地。基于 5G 的新一代物流行业将会以全新的面貌为企业、个人提供更高质量、更加智慧的物流服务。

1. 智能仓储

智能仓储是新一代物流行业中人工智能技术应用最为广泛的场景之一，而 5G 网络的超高速率让智能仓储的实现成为可能。同时 5G 的大规模机器通信及超低时延的特性，可以支撑仓储大规模机器人的实时协同控制，突破传统有线传输的物理限制，使得仓储环节中很多智能终端设备在各模块中发挥积极的作用，例如，仓储环境中的无人机、机器人、穿梭车、穿戴设备以及分拣设备等。①

2. 可视化物流运输

5G 作为新一代具有高效性能的移动通信技术，应用于运输车辆和远程控制中心，可实时采集数据、传输数据、接受指令以及发送信息，进行数据交互和通信，将货主、第三方物流公司、运输公司、司机、收货人无缝连接，让运输信息汇聚在一个平台上并彼此互联，助力实现物流运输全流程可视化管理。同时构建智能物流服务所需的应用基础，包括智能配载、智能库存管理、统一物联网平台、大数据分析平台。

3. 物流数据计算

在数据爆炸的信息时代，数据的作用愈加重要，处理难度也日益增加。现代物流具有的信息存储和分析能力是现代物流发展的关键技术，大数据与云计算促进了智慧物流的发展，解决了库存管理、即时配送、预测分析等诸多难点，而 5G 高带宽的特性有利于大数据和云计算，使得物流数据计算得以在物流应用场景中普及。新一代物流中 5G 使得所有移动节点能够将数据的计算、存储、缓存等置于终端的网络边缘，然后由边缘服务器负责和远端数据云计算通信进行数据同步，提高计算效率。在 5G 的帮助下，整个物流链条上的企业都是数据的生产者、搬运者以及受益者，明显提升了物流行业的服务质量。

4. 物流安全

物流行业需要借助区块链技术对其产生的海量的用户信息数据以及物流数据进

---

① 黄强 . 5G 技术在物流智能仓储中的应用［J］. 中国新技术新产品，2020（15）.

行安全存储和传输。这就需要借助 5G 这种高效的通信方式来支持区块链技术下物流信息的快速交换。

依靠区块链技术能够真实可靠地记录和传递物流过程中产生的资金信息和产品信息以及物流位置信息，5G 技术可以保证信息传递过程的实时性和高效性，提升行业整体效率。因为 5G 具有高带宽特性，使得区块链能够更为高效地完成秘钥计算和数据处理，和上游的电商平台的安全方案一起维护物流体系的安全，使物流企业和消费用户以及电商企业安心运转。

第六章　Incoterms®2020 与国际货物运输保险

第一节 国际货物运输保险的基本要点

一、国际货物运输保险简介

保险是经济活动的重要风险保障，没有保险机制来分散风险，包括国际贸易在内的很多经济活动可能就无法顺利开展。虽然近年来随着技术的发展，国际运输活动的安全性已经比以前有了很大的提升，但运输的风险，包括天灾人祸，依然存在。就国际贸易而言，海运是国际物流中最主要的运输方式，全球贸易的 90%是通过海运完成的。据统计，中国进出口货运总量的 90%也是通过海上运输进行的[①]。从保险的角度讲，在各种货运保险中，海洋货物运输保险占有重要的地位，其他货运保险均是以此为基础发展而来的[②]。因此，国际货物运输保险是国际贸易最重要的组成部分之一，也是本章主要介绍和研究的对象。

根据中国物流与采购联合会发布的《2019 年全国物流运行情况通报》，2019 年社会物流总费用 14.6 万亿元人民币，同比增长 7.3%。社会物流总费用与 GDP 的比率为 14.7%，同比下降 0.1 个百分点。其中，运输费用 7.7 万亿元人民币，同比增长 7.2%，保管费用 5.0 万亿元人民币，同比增长 7.4%，管理费用 1.9 万亿元人民币，同比增长 7.0%[③]。据不完全统计，全国每年因装卸、运输造成的损失超 1000 亿元人民币，因包装造成的损失超 300 亿元人民币，因保管不善造成的损失超 100 亿元人民币[④]。可见，在运输、仓储、包装、搬运装卸、流通加工、配送以及相关的物流信息等环节中都存在风险，都涉及保险问题。

从宏观的角度来讲，就整个保险行业而言，根据瑞士再保险学院（Swiss Re Institute）2019 年 7 月发布的报告《全球保险行业：来自东方的强劲动力持续坚挺》（*World insurance: the great pivot east continues*）第 11 页，在非人身保险领域（non-

---

① 《“世界海员日”来临之际 最高法发布维护船员合法权益典型案例》，https://baijiahao.baidu.com/。

② 郭丽军．海上保险学［M］．北京：对外经济贸易大学出版社，2010：69.

③ 中国物流与采购联合会．2019 年全国物流运行情况通报，http://www.clic.org.cn/。

④ 陈辉．应加大对物流产业关注 推进物流保险发展，http://finance.sina.com.cn/。

life insurance）2018 年全球保费收入最多的是机动车保险，占非人身保险保费收入的 33%，海运保险（marine insurance）仅占非人身保险保费收入的 1%。可见，总体来看，海运保险是保险大家庭中一个非常小众的领域。

就全球海运保险行业而言，根据国际海上保险联盟（International Union of Marine Insurance，IUMI）2020 年 11 月发布的《全球海运保险报告 2019》（*Global Marine Insurance Report 2019*）第 9—12 页：2019 年全球的海运保险费为 287 亿美元，基本和 2018 年的 289 亿美元持平。其中，货运险（cargo insurance）占 2019 年全球海运保险费的 57.5%。对比 2016—2019 年的数据可以看出，在整个海运保险业的四大板块，即货运险（cargo insurance）、船壳险（hull insurance）、海上责任险（marine liability insurance）、海工与能源保险（offshore/energy insurance）中，只有货运险的保费收入略有增长，其他海运保险的保费收入及其占整个海运保险保费的比例略有减少或者基本保持不变。就地理范围而言，2019 年欧洲依然是全球第一的海运保险市场，占比 46.3%；亚太地区排名第二，占比 31.8%。

同时，IUMI 发布的《全球海运保险报告 2019》第 22 页指出：就货运险而言，2019 年，全球货运险的保费收入约为 165 亿美元，比 2018 年减少了 1.5%。2019 年欧洲是全球第一的货运险市场，占比 38.7%，亚太地区则排名第二，占比 34.9%。2019 年，排名前三位的货运险国家中中国占比 11.3%；英国占比 9.7%；日本占比 9.3%。从国际贸易与货运险的关系来看，全球贸易量的增长速度和货运险保费收入的增长速度是正相关的，但是从 2005—2019 年的统计数据来看，货运险的保费收入增幅基本都是落后于全球贸易量的增幅的。而且，由于新冠肺炎疫情以及封城措施导致的贸易和运输活动减少，相比其他险种而言，海运保险的保费下降幅度可能较大。

就货运险的经营情况，如上海航运保险协会会长、中国人民保险公司财险执行副总裁降彩石在“2019 年广东航运保险论坛”中发言指出的，全球货运险市场正在经历加速变化，货运险承保的仓储风险超过了传统的运输风险，而累积风险的问题也日益明显，包括巨灾和人为因素造成的单一事故损失持续扩大。2017 年和 2018 年台风、地震、洪水巨灾对市场造成了较大的影响，欧洲市场的赔付率维持在 70%，而亚洲市场赔付率上升较快，已接近 60%。在“软市场”的情况下，承保人提供了更为宽泛的承保条件、更高的巨灾限额、更低的免赔额、更有竞争力的价格。

不过，全球货运险市场已经多年没有实现盈利，保费收入难以平衡赔付损失和自身成本①。对比之下，在我国货运保险深度②从 1997 年的 0.046% 下降到 2015 年的 0.013%，年均下降率高达 6.78%，货运保险深度呈不断下降趋势③。

根据 IUMI 的分析，全球货运险市场有以下几个需要关注的重点：①大型的天灾人祸持续发生，2014—2016 年之间发生的几个大型事故，例如天津港“8·12”大爆炸，集装箱船舶“马士基浩南”（Maersk Honam）轮货舱严重火灾事件等，对货运险市场造成了重大的影响；②仓储的风险越来越比运输的风险大；③集装箱船越来越大，装载的货物和集装箱越来越多，风险单元集中。此外，由于近年来不断发生的航运公司破产案件，尤其是韩国班轮公司韩进海运（HANJIN Shipping）破产导致很多货主无法正常提取货物的情况，破产的风险在海运以及海上货物保险中正在逐步凸显。

二、海上货物运输保险的承保风险

（一）海上保险的定义

海上货物运输保险属于海上保险的一部分。关于海上保险，《海商法》第二百一十六条规定：海上保险合同，是指保险人按照约定，对被保险人遭受保险事故造成保险标的的损失和产生的责任负责赔偿，而由被保险人支付保险费的合同。前款所称保险事故，是指保险人与被保险人约定的任何海上事故，包括与海上航行有关的发生于内河或者陆上的事故。据此，中国法律下的海上保险承保的是海上事故（风险），包括与海上航行有关的发生于内河或者陆上的事故。海上保险的前提是与海上航行有关，否则不属于海上保险。对此，最高人民法院民四庭王淑梅庭长在《〈关于审理海上保险纠纷案件若干问题的规定〉的理解与适用》一文中特别指出：《海商法》调整的海上保险合同中的保险事故应当仅限于与航行有关的海上事故，其他海上风险引起的保险事故，不应由《海商法》调整，应当适用《保险法》的有

① 上海航运保险协会．关注船舶险三大问题，http://www.eworldship.com/。

② 货运保险深度是指某地区的货运保险保费收入与该地区的国内生产总值（GDP）之比，反映了该地区的货运保险业对国民经济的贡献。

③ 2018 年中国货物运输保险行业发展现状、问题及措施分析，http://tuozi.chinabaogao.com/。

关规定[①]。

在英国法下，英国《1906年海上保险法》（*Marine Insurance Act 1906*）第1条将海上保险合同定义为，保险人承诺在约定的方式和范围内对被保险人的海上损失，即海上风险的损失进行赔偿的合同。第2条规定，海上保险可以扩展至与海运相关的水运、陆运风险；就船舶建造而言，《1906年海上保险法》也适用，但不排除其他法律对其适用。对此，英国学者指出，如何界定某个合同是否属于海上保险合同，一般采取三阶段分析方法（three-stage consideration）：第一步，判断其是否符合《1906年海上保险法》第1、3条定义的海上保险的一般定义；第二步，判断其是否属于《1906年海上保险法》第2条第1款定义的与海运相关的陆运风险；第三步，判断其是否属于《1906年海上保险法》第2条第1款定义的海运类似风险（risks analogous to marine adventures）[②]。显然，相比之下，英国法律定义的海上保险范围比我国《海商法》定义的海上保险范围要宽。

例如，在英国法下，船舶建造险属于海上保险，而我国法院并不如此认为。对此，最高人民法院在中国某财产保险股份有限公司航运保险运营中心（简称为某保航运中心）、泰州某福船舶工程有限公司保险纠纷再审案中认为[③]：除《海商法》第十四条规定建造中船舶的抵押权外，《海商法》所规定的船舶原则上应限于基本建成而具有航海能力的船舶。《海商法》第十二章“海上保险合同”没有对保险标的之一的船舶另作特别定义，该章规定的船舶应当根据《海商法》第三条关于船舶的一般规定认定为具有航海能力的船舶。对于船舶建造险所承保的船舶是否属于《海商法》规定的船舶，需要根据其是否具有航海能力分阶段相应认定。某福公司于2011年5月14日向某保航运中心投保涉案船舶建造险，当时造船材料尚未移上船台，远未建成《海商法》一般意义上的船舶，且涉案保险事故及其原因发生在船舶基本建成前的建造与设计阶段，本案纠纷不应适用我国《海商法》的规定。一、二审法院将本案案由定为海上保险合同纠纷不当，应当适用《中华人民共和国保险法（2009年修订）》的规定。

值得注意的是，就海上保险合同的性质进行界定和识别，不仅是为了纯理论探

---

① 王淑梅.《关于审理海上保险纠纷案件若干问题的规定》的理解与适用［J］. 人民司法，2006（12）：14.

② John Dunt. Marine Cargo Insurance, Informa Law from Routledge (2013), paragraph 1. 21.

③ 参见最高人民法院（2017）最高法民再242号民事裁定书。

讨，这一点在司法实务中也是非常重要的。首先，海上保险和一般的保险，由不同的法院管辖。因此，准确识别保险的性质，对确定管辖法院而言，具有重大意义。例如，在某诚财产保险股份有限公司重庆分公司与重庆某洲国际旅行社有限公司、重庆市万州区某东船务有限公司海上、通海水域保险合同纠纷案中，保险公司认为案件不应由武汉海事法院管辖，理由是旅行社责任保险合同纠纷不属于海上保险合同纠纷的范畴。二审中，湖北省高级人民法院没有认可这一抗辩，理由是①：本案保险公司承保的是“被保险人接待的境内外旅行者在旅游过程中乘坐被保险人租用或自有的、从事合法客运的交通工具时发生的交通事故”。案涉游船承运游客观光，该轮行至长江干流张飞庙段时，游客张某自左舷落水身亡。因该事故发生于长江干流水域，且与船舶和运输有关，故被保险人依据该事故向保险公司索赔而产生的纠纷属于海上保险、保赔合同纠纷案件。

其次，《海商法》第二百六十四条规定：“根据海上保险合同向保险人要求保险赔偿的请求权，时效期间为二年，自保险事故发生之日起计算。”第二百六十七条规定：“时效因请求人提起诉讼、提交仲裁或者被请求人同意履行义务而中断。”因此，鉴于海上保险合同特殊的诉讼时效规则，对合同性质的识别有时会在诉讼时效方面对当事人造成重大的影响。

例如，在陕西某件汽车运输有限责任公司（简称某件公司）、中国某财产保险股份有限公司西安市分公司（简称某保西安分公司）海上、通海水域保险合同纠纷案中，一票货物（环氧乙烷项目 EO 反应器）由“PLATINUM”轮自日本横滨运至江苏太仓港并办理了进关手续，后使用内河船经长江、沿内河转运至滕州市××镇交通港。2014 年 5 月 23 日，EO 反应器在交通港卸载过程中滑落港池导致损坏。某件公司于 2018 年 4 月 24 日提起诉讼，而本案的焦点之一在于该诉讼是否已经超过时效。对此，某件公司认为：涉案运输涉及水路和陆路，某件公司投保的是包括全程的一切险，而非仅为海上及海上相关区域。保险费票据记载某件公司投保的为进口货物运输保险，而不是保险单载明的海上货物运输保险。在保险单与保险费票据显示的承保险种或险别不一致的情况下，根据《合同法》中关于格式条款的解释规则，应根据保险费票据的记载确定保险合同的性质。某保西安分公司在 2016 年 7 月 15 日向某件公司发送的“告知函”中明确表示其公司领导高度重视，多次问及案情

① 参见湖北省高级人民法院（2014）鄂民四终字第 00095 号民事裁定书。

进展，并没有拒绝赔付的表示，所以本案存在诉讼时效中断的情形，诉讼时效应自2016年7月15日起重新计算。

对此，山东省高级人民法院终审认为①："货物运输保险单"承保险种为海洋运输货物保险条款规定的一切险，且保险期间系包括一部分海上运输的多式联运全程，同时保险事故为海上事故包括发生于内河或者陆上的事故，故案涉保险合同符合海上保险合同的构成要件，依法应确定为海上保险合同。本案保险事故发生于2014年5月23日，而某件公司于2018年4月24日提起诉讼，已超过二年的时效期间，且某件公司未能举证证明某保西安分公司同意履行义务，本案不存在诉讼时效中断的情形，故本案诉讼时效期间已届满。

最后，由于海上保险和普通保险适用不同的告知义务标准，合同性质的识别有时候也会成为案件的焦点和胜负的关键。对此，在某银保险有限公司江苏分公司、江苏省苏某建设集团股份有限公司保险纠纷案中，保险人认为被保险人没有主动告知重要事实足以影响保险人确定保险费率或者确定是否同意承保的事实（涉案工程的标段未通过环境测评评估，并且该项目已经被立案查处，面临被拆除的风险等），其有权因此解除涉案保险合同。对此，湖北省高级人民法院认为②：《海商法》第二百一十八条列明了海上保险合同保险标的的范围，这一规定将海上保险的标的与其他财产保险的标的区分开来，即仅在保险标的为海上保险标的，且无其他法律规定时才适用《海商法》。案涉保险合同约定的保险标的系填海护坡建设工程，不属于海上保险合同的保险标的。因此，本案投保人和被保险人，仅对保险人就保险标的有关情况提出询问时，才负有如实告知义务，而不是适用《海商法》的规定，要求投保人和被保险人负有主动无限告知义务。

再如，在重庆市A船务有限责任公司（以下简称A船务公司）、中国B财产保险股份有限公司奉节支公司（以下简称B奉节支公司）海上、通海水域保险合同纠纷再审案中，保险人认为：A船务公司在搁浅后强行盲目开航，属于船舶不适航，船舶不适航是《海商法》第二百四十四条规定的法定免责情形，B奉节支公司不应承担赔偿责任。对此，最高人民法院并未认可，理由是③：涉案保险为"内河船舶一切险"，不属于《海商法》第二百一十六条规定的海上保险。保险公司关于本案

---

① 参见山东省高级人民法院（2019）鲁民终656号民事判决书。

② 参见湖北省高级人民法院（2019）鄂民终892号民事判决书。

③ 参见最高人民法院（2017）最高法民申2847号民事裁定书。

适用《海商法》第二百四十四条规定的免责的主张与法不符。

因此，在某些场景下，对保险合同性质的界定可能会对案件的关键性法律问题，例如管辖法院，诉讼时效的法律适用，投保人告知义务的标准，以及保险人拒赔的法定理由等，产生重大的影响。这一点，在实务中需要高度注意。

（二）海上风险与外来原因

海上保险主要承保各类海上风险。海上风险的含义非常广泛，从本质上来说，海上风险是一切与“海”相关的不确定的损失。海上保险并不承保所有的海上风险，而仅仅承保一部分可保的海上风险①。关于海上风险如何定义，以及在具体的案件中如何认定是否构成海上风险，理论界和实务界一直存在诸多争议。例如，海上必定会有风浪，那么风浪在什么情况下构成海上风险。再如，承运人无单放货、承运人破产等属于海上风险，还是一般性的陆上商业风险，对此的判定并不一致。

例如，在平某财险沈阳中心支公司、特变电工沈某变压器集团有限公司海上、通海水域保险合同纠纷再审案中②，保险公司提出：船舶的正常晃动显然是任何船舶在海上航行过程中都确定会发生的正常现象，一、二审判决将其认定为“一切险”的承保风险和“外来原因”，与“不确定性”这一基本要求完全相悖。最终，最高人民法院驳回了保险公司的再审申请，理由是：船舶在运输途中虽会发生晃动，但晃动的幅度、频率以及对货物的影响均具有不确定性，是无法预见的。涉案变压器内部组件发生位移，是因运输途中船舶晃动所致，船舶晃动相对于变压器而言属于外部原因。

再如，在《中华人民共和国最高人民法院公报》上刊登的中国上海抽某进出口公司与中国某保险公司上海分公司海上货物运输保险合同纠纷案中，上海市高级人民法院认为：海上货物运输保险合同中的风险，一般是指货物在运输过程中因外来原因造成的风险，既包括自然因素造成的风险，也包括人为因素造成的风险。但是，凡海上货物运输保险合同所指的风险，都应当具备不可预见性和责任人不确定性的特征。托运人、承运人、收货人等利用接触、控制保险货物的便利，故意毁损、丢弃或无单放行以致提货不着，是确定的责任人不正确履行职责而发生的可以预见的事故。本案是因承运人银某公司无单放货，造成持有正本提单的被上诉人抽某公司

---

① 初北平．海上保险法［M］．北京：法律出版社，2020：17.

② 参见最高人民法院（2017）最高法民申 4861 号民事裁定书。

提货不着。无单放货虽然能导致提货不着，但这种提货不着不具有海上货物运输保险的风险特征，故不属于保险合同约定承保的风险①。需要说明的是，对于此案，上海市高级人民法院请示到了最高人民法院，最高人民法院（2000）交他字第 8 号复函表示："无单放货是承运人违反凭单交货义务的行为，是其自愿承担的一种商业风险，而非货物在海运途中因外来原因所致的风险，不是保险合同约定由保险人应承保的风险；故无单放货不属于保险理赔的责任范围。"换句话讲，最高人民法院观点的核心在于无单放货是"非货物在海运途中因外来原因所致的风险"，因此不属于海上风险的范围，也就不属于海运一切险的承保范围。类似的，在深圳市中某网股份有限公司与北某湾财产保险股份有限公司海上、通海水域保险合同纠纷案中，广西壮族自治区高级人民法院也认为②：本案中，收货人没有收到货物的原因是承运人及实际承运人违反合同的约定，未按托运人的通知放货，而是将货物私下交付给了案外人，即事故的发生系承运人不正确履行职责的违约行为所致，是承运人自愿承担的一种商业风险，该事故是可以预见的且责任人是确定的，并不符合保险事故所应当具备的不可预见性及责任人不确定等风险特征。

比较而言，在海南丰某粮油工业有限公司（简称丰某公司）诉中国某财产保险股份有限公司海南省分公司海上货物运输保险合同纠纷案③中，由于"哈卡"轮（HAGAAG）船东与其租船人之间的租金纠纷，船长根据船东的指示，将船载货物转载到同另一货船上运走后走私销售。本案中，保险人拒赔，理由之一是涉案保险标的损失的原因是船东的侵占及政府没收，而非任何自然灾害或意外事故。二审中，海南省高级人民法院（1997）琼经终字第 44 号判决书认为，此种货物损失不属于一切险的承保范围。最终，最高人民法院（2003）民四提字第 5 号民事判决撤销了海南省高级人民法院二审判决，理由是：保险标的的损失不属于保险条款中规定的除外责任之列，应为收货人即被保险人丰某公司无法控制的外来原因所致。

再如，在中国海事仲裁委员会处理的一起案件中，保险人承保一批化学品从上海港至 Guatemala City 的海运一切险（仓至仓）及战争险，货物在运往目的港的仓库途中遭遇武装抢劫，导致申请人提货不着。保险人拒赔，理由是该保险不承保排

---

① 中国抽某公司上海进出口公司诉中国某保险公司上海分公司海上货物运输保险合同纠纷二审案，载于《中华人民共和国最高人民法院公报》2001 年第 3 期（总第 71 期）。

② 参见广西壮族自治区高级人民法院（2016）桂民终 191 号民事判决书。

③ 最高人民法院指导案例 52 号。

除任何“确定的危险”“预期的危险”“正常的危险”“社会性风险”。最终，仲裁庭驳回了保险人的抗辩，理由是：“外来原因”系概括性术语，在没有进一步限定其范围的情况下，只是一般性、包容性的范畴。“一切险”除外责任条款中的文字并不能说明本案武装抢劫系除外责任[①]。

因此，综合以上案例可以看出，首先，海上保险所承保的风险特征之一是风险的不确定性。行船走马三分险，海上没有无风险的航程，从这个角度讲，风险必然会不同程度地存在，但是这并不意味着海上天气变化等属于“确定的危险”。其次，承运人无单放货属于某种“可预见及责任人确定”的商业风险，不属于海上保险所承保的风险。但是，船东、船员利用职务之便擅自将货物运走销售与他人，则属于海上风险。

三、国际货物运输保险的基本原则

（一）概述

关于国际货物运输保险的基本原则，《海商法》第十二章“海上保险合同”中对此没有特别另行规定。《中华人民共和国保险法（2015 年修正）》（以下简称《保险法（2015 年修正）》）第一百八十二条规定：海上保险适用《海商法》的有关规定；《海商法》未规定的，适用本法的有关规定。最高人民法院发布的《最高人民法院关于审理海上保险纠纷案件若干问题的规定》第一条也规定：审理海上保险合同纠纷案件，适用《海商法》的规定；《海商法》没有规定的，适用《保险法》的有关规定；《海商法》《保险法》均没有规定的，适用《合同法》等其他相关法律的规定。

但是模仿英国《1906 年海上保险法》而来的我国《海商法》以及其中的海上保险规则与我国《保险法》相关的理念并不完全一致。因此，这就带来一个问题，也就是我国《保险法》的相关规定是否必然适用于海上保险。在《海商法》与《保险法》的规定不同或不完全相同，或者两法规定不够明确或未作规定的情况下，海上保险应如何适用法律，有关法律应当如何完善？[②]

① 傅成伟．一起货物运输保险争议案，http：//www2. ccpit. org/。

② 沈木珠．海上保险适用的法律及其完善探讨［J］．法商研究（中南政法学院学报），1999（6）：79.

对此，在紫某财产保险股份有限公司江苏分公司（简称紫某保险江苏公司）、上海梅某运贸有限公司（简称梅某公司）海上、通海水域保险合同纠纷案中，梅某公司就其所属船舶“弘×9”轮向紫金保险江苏公司和都某保险江苏公司投保了船舶一切险。该船和“豫×货 0927”轮发生碰撞，造成“豫×货 0927”轮沉没及相关货物全损。2017 年 11 月 7 日，武汉海事法院做出（2016）鄂 72 民初 2141 号民事判决（以下简称 2141 号民事判决），认定“弘×9”轮承担涉案事故损失 70%的责任，“豫×货 0927”轮承担涉案事故损失 30%的责任。2018 年 7 月 12 日，梅某公司对本案提起诉讼，请求紫某保险江苏公司、都某保险江苏公司按比例支付梅某公司上述因船舶碰撞产生的损失及费用等。

保险公司拒绝赔偿，理由是案件已经超过了《海商法》第二百六十四条规定的海上保险合同赔偿两年诉讼时效。而且，保险公司特别指出：原判决适用《最高人民法院关于适用〈中华人民共和国保险法〉若干问题的解释（四）》（以下简称《保险法司法解释（四）》）等规定认定本案诉讼时效不当。首先，海上保险和责任保险是两个相对独立的概念，内涵上有交集，但外延上不能彼此混淆。其次，《保险法司法解释（四）》不具有优先于《海商法》规定的效力。鉴于《海商法》已就海上保险合同的时效期间及中止、中断情形做出了明确规定，本案不存在适用《保险法司法解释（四）》的前提条件。最后，将船舶保险中的“碰撞责任”部分单独拆分适用责任保险相关规定的法律依据不足，将导致实务操作混乱。

最终，最高人民法院没有支持保险公司的抗辩，理由是：涉案保险系以被保险人对第三者依法应付的赔偿责任为保险标的的保险。原判决适用《保险法司法解释（四）》第十八条关于商业责任险的被保险人向保险人请求赔偿保险金的诉讼时效期间，自被保险人对第三者应负的赔偿责任确定之日起计算的规定，符合“海上保险合同纠纷适用海商法；海商法未规定的，适用保险法”的有关规定。由此，原判决认为应当自梅某公司涉案船舶碰撞赔偿责任经另案 2141 号民事判决确定且该裁判文书生效之日起计算其本案请求权的诉讼时效期间，并据此认定梅某公司提起本案诉讼未过诉讼时效期间，于法有据，并无不当。

就本案而言，虽然其不是关于海上货物保险的案子，但其就“海商法未规定的，适用保险法有关规定”做出了很具体的诠释。对于海上货物保险案件而言，本案也有很强的指导意义。

（二）最大诚信原则

所谓最大诚信原则，英国《1906 年海上保险法》第十七条规定：“海上保险契约以最大诚信为基础。如果任何一方不遵守最大诚信原则，另一方可以主张此项契约无效。”对此，许多教科书都认为，最大诚信原则是海上保险的基本原则之一，其含义是指在保险合同的签订和履行过程中，双方均应本着绝对的诚意办事，恪守信用，互不隐瞒和欺骗，特别是在签订保险合同时，无论是否被问及，双方当事人均应自动地把与投保标的有关的重要情况向对方作充分、正确的披露（告知）。最大诚信原则是保险法各项基本原则中的首要原则，严格遵守最大诚信原则是维持保险业务正常进行的前提条件①。

从源头上讲，两百多年以来，英国乃至整个普通法系的司法界都一直认为 1766 年曼斯菲尔德勋爵审理的 Carter vs Boehm 案是保险合同法“最大诚信原则”的起源。其大致案情是，欧洲七年之战期间（1756—1763 年），投保人英国东印度公司对其位于印度尼西亚马尔堡的驻地投保，承保风险是英国的欧洲敌人进攻或者攻占该区域。马尔堡驻地被法国人攻占后，被保险人向保险人索赔，但被拒绝，理由是被保险人没有披露马尔堡的防务情况，也没有披露法国人可能会攻击马尔堡等。最终，经过三审，法院都判决保险人败诉。在该案中，曼斯菲尔德勋爵的判词就保险合同与诚信的关系进行了非常经典的论述，被后世不断地援引。

但是随着对该判决研究的深入，学者们逐渐发现，该判决只是强调保险合同需要当事人的“诚信（Good Faith）”，但并未言及“最大诚信（Utmost Good Faith）”。从曼斯菲尔德勋爵判词的第二部分来看，该案的核心不在于对投保人或者被保险人施加严苛的披露义务，而是要限制保险人以被保险人披露瑕疵为由随意解除保险合同。而且，该案判决结果是认定伦敦的保险人也可以预测法国人攻击马尔堡的可能性，被保险人未披露并不构成欺诈性，保险人拒赔理由不成立。曼斯菲尔德勋爵判词的第一部分非常好地论证了保险需要诚信的原因，解释了为何违反披露义务会导致保险合同无效。但后来人们过于关注这部分内容，而忽略了其判词所基于的基础事实细节，对其之解读脱离了判决书的整体语境，结果是逐渐错误地演变出使被保险人负担了远远比该案所确定的更加严格的义务。而对被保险人或者投

① 姚新超．国际贸易运输与保险［M］．北京：对外经济贸易大学出版社，2006：203-205.

保人课加如此严苛的“最大诚信”义务，并非曼斯菲尔德勋爵在该案中的本意[①]。

在司法实践中，我国最高人民法院相关文件中也曾经提出过最大诚信原则。例如，《中华人民共和国最高人民法院公报》2005 年第 11 期所刊登的江苏某外企公司诉上海某泰保险公司海上货物运输保险合同纠纷案中，法院裁判的理由之一就是：保险合同的订立应遵循最大诚信原则。

一般认为，保险最大诚信原则的原因有 4 点：其一，信息不对称，保险人对保险标的知之甚少；其二，射幸性，投保人交的保费不多，但保险人承担的风险巨大；其三，保险的格式性，要求双方都诚信，避免保险人滥用优势地位；其四，保险功能的需要，保险有一定的社会功能性，需要双方尽到诚信义务，才能保障社会安全。

但是信息不对称显然不是保险行业特有的现象，而是在各个行业中普遍存在。至于射幸性，其并不仅限于保险合同，在其他领域也存在，而这些领域并不要求最大诚信。就保险的格式性而言，很多行业都存在格式合同，不是保险独有的。最后，关于保险的社会功能，除保险之外，银行、证券等诸多行业都有一定的社会功能，但也并未要求最大诚信。因此，有学者认为，从逻辑推理的角度可知，关于保险最大诚信原则的这些理由并不成立[②]。

对此，学界主要从英国法律的概念总结认为，海上保险要遵循最大诚信原则。但是从法理上讲，我国《海商法》或者《保险法》是否包含最大诚信原则，还有争议。我国《保险法（2015 年修正）》第五条规定：保险活动当事人行使权利、履行义务应当遵循诚实信用原则。我国《海商法》第十二章“海上保险合同”没有特别另行规定海上保险的基本原则。有专家认为，最大诚信并非一成不变的金科玉律，其应根据时代的发展而发展，并非完全废弃这个原则[③]。在我国《保险法》已秉承大陆法系传统确立了诚信原则的情况下，我国《海商法》的修改已经没有必要再拘泥于“最大诚信”这个本身极具模糊性的概念。我国《海商法》修法的重点应在于，通过修法和未来的司法解释，将我国理论界与实务界所通常引用的“最大诚

① 韩永强．保险合同法“最大诚信原则”古今考［J］．华东政法大学学报，2013（1）：34-38.

② 任自力．保险法最大诚信原则之审思［J］．法学家，2010（3）：106-11.

③ 朱作贤．对海上保险法最大诚信原则的误读及匡正——兼析英国《2015 年保险法》之最新发展［J］．世界海运，2015（240）：45.

信”概念的内涵逐步统一于通俗易懂的“高标准的诚信要求”的理念之上。[①]

（三）保险利益原则

所谓保险利益原则，主要是用于区分是“赌博”，还是“合法地转嫁风险”。倘若每个人都可以交少量的保费，去投保任何东西，保险就不再是保险，而异化为赌博。这种情况在英国一度很盛行，甚至王后、国王或首相生病了，人们也去买保险，保他们会死或不会死，其实是在赌他们会不会一病不起。有人在码头附近看到一艘船装得满满的，也会跑去买保险，保这艘船一定不会到达目的地而会半路沉掉。到了 16 世纪和 17 世纪，这种赌博式的保险越来越严重，英国于 1740 年年底规定禁止这种赌博式保险，要求被保险人必须具备保险利益[②]，保险人的赔付以被保险人遭受损失为前提。

我国《保险法》也规定有保险利益原则，对此，《保险法（2015 年修正）》第十二条规定：人身保险的投保人在保险合同订立时，对被保险人应当具有保险利益。财产保险的被保险人在保险事故发生时，对保险标的应当具有保险利益。第三十一条规定，投保人对下列人员具有保险利益：（一）本人；（二）配偶、子女、父母；（三）前项以外与投保人有抚养、赡养或者扶养关系的家庭其他成员、近亲属；（四）与投保人有劳动关系的劳动者。除前款规定外，被保险人同意投保人为其订立合同的，视为投保人对被保险人具有保险利益，订立合同时，投保人对被保险人不具有保险利益的，合同无效。第四十八条规定，保险事故发生时，被保险人对保险标的不具有保险利益的，不得向保险人请求赔偿保险金。

我国《海商法》并未直接规定保险利益原则，这导致司法实践中出现了诸多适用上的困难和疑惑[③]。对此，《最高人民法院涉外商事海事审判实务问题解答》第一百五十七条指出：海上保险利益是指投保人对保险标的具有的法律上承认的利益，即被保险人对保险标的具有法律上的经济利害关系。船舶所有人、船舶抵押权人、船舶保险人，货物的买方、卖方、承运人以及货物保险人和提单质权人等均可以作为具有保险利益的人。在平某财险江苏分公司诉江苏镇某安装集团有限公司保险人

① 初北平．海上保险的最大诚信：制度内涵与立法表达［J］．法学研究，2018（3）：77-78.

② 姚莹．关于修改《中华人民共和国海商法》的一点思考——论海上保险中的保险利益原则［J］．当代法学，2007（6）：133.

③ 付本超．海上保险的保险利益原则［J］．人民司法（应用），2014（7）：76.

代位求偿权纠纷案[①]中，最高人民法院亦认为：不同主体对于同一保险标的可以具有不同的保险利益，可就同一保险标的投保与其保险利益相对应的保险险种，成立不同的保险合同，并在各自的保险利益范围内获得保险保障，从而实现利用保险制度分散各自风险的目的。

需要注意的是，在国际贸易中，货物越过船舷意味着风险转移，保险利益也相应地转移。对此，《保险法（2015 年修正）》第四十九条规定：保险标的转让的，保险标的的受让人承继被保险人的权利和义务。《海商法》第二百二十九条则规定：海上货物运输保险合同可以由被保险人背书或者以其他方式转让，合同的权利、义务随之转移。就海上货物保险而言，实务中，保单背书或者直接交付也都可以产生保险合同转让的效果。例如，在台州市太平海×有限公司与××财险张家港支公司水路货物运输合同纠纷案中，最高人民法院认为[②]：沙×集团就本案货物运输向××财险张家港支公司投保，双方成立了保险合同关系。沙×集团于 2007 年 8 月 11 日投保时货物所有权并没有发生转移，其仍是货物的所有权人，对货物具有保险利益，其与保险公司订立的保险合同合法有效。随着货物于 2007 年 8 月 14 日装船，货物所有权向金×公司转移。尽管沙×集团向金×公司转让保险合同没有采用背书的形式，但沙×集团以直接交付保险单的形式向金×公司转让了保险合同，金×公司在货物装船后对货物具有保险利益。

在国际贸易中，有时候发货人把提单转让了，但保单还没有转让。此时，对于发货人是否还享有保险请求权就存在争议。对此，在太平财产保险有限公司襄×中心支公司与湖北新火×科技股份有限公司海上货物运输保险合同纠纷案中，保险公司认为：涉案货物是以 CIF 贸易条件买卖（从中国运到美国），货物被美国买方提取，货物的风险和所有权均已转移至买方，货物保险合同已相应地依法转移至买方，虽然卖方仍持有正本保险单，但这不影响保险合同依法转让，其与（在美国发现的）货损没有直接利害关系，没有诉权。最高人民法院没有认可保险公司这一抗辩，理由是[③]：海上货物运输保险合同并不随保险标的的转让而转让，当事人应当以背书或者其他方式转让。卖方持有货物保险单而没有背书转让，本案也没有证据表

① 最高人民法院指导案例 74 号，http：//www. court. gov. cn/。

② 参见最高人民法院（2011）民申字第 448 号民事裁定书。

③ 参见最高人民法院（2011）民申字第 1084 号民事裁定书。

明卖方以其他方式转让了涉案海上货物运输保险合同。虽然在审查起诉条件时尚不能确定卖方是具有请求保险赔偿的实体权利，但可以认定卖方与该保险合同下的争议有直接利害关系，是提起本案诉讼的适格主体。

此外，如果国际贸易因为某些原因没有最终实际进行（例如买方没有付款获得提单），卖方如果还持有提单，则卖方还可以享有保险利益。对此，刊登在《中华人民共和国最高人民法院公报》2001 年第 3 期的中国抽某公司上海进出口公司诉中国某保险公司上海分公司海上货物运输保险合同纠纷二审案中，上海市高级人民法院认为：根据国际贸易惯例，贸易条件或相关的价格术语只涉及货物风险的转移，并不涉及货物所有权的转移。本案货物按照商定的贸易条件装船，只是转移了货物风险，并不转移所有权；货物交到船上，只是交给承运人，而不是交给买方，货物所有权仍然在提单持有人手中。原告抽某公司作为持有正本全程提单的被保险人，当然对货物享有所有权和保险利益。

值得注意的是，《海商法》第四十四条规定：将货物的保险利益转让给承运人的条款或者类似条款，无效。之所以立法规定将有利于承运人的货物保险权益的提单条款视作无效，是由于 18 世纪至 19 世纪期间，提单中常常规定，如果托运人或提单持有人对货物进行了保险，则在保险赔偿范围内，承运人享有免责的权利。一般认为，这是承运人利用其优势地位事先在提单中印制的免除或减轻承运人责任的条款，《海牙规则》《汉堡规则》将其认定为无效条款①。而且，此种条款会导致保险人的代位求偿权被消灭。因此，实务中，有法院会认定此种条款无效。举例而言，在兴某物流（上海）有限公司连云港分公司与中国某财产保险股份有限公司连云港市分公司海上保险合同纠纷案中，收货人发现货损后向保险人提出了索赔，但被拒绝。收货人于是向承运人提出索赔，承运人赔偿后，收货人向承运人出具了转让书，将该保单项下的索赔权转让予承运人。对此，上海海事法院（2018）沪 72 民初 2900 号判决书认为：原告兴某连云港分公司作为陆上区段承运人对涉案货损负有赔偿责任，而收货人从原告处获得赔偿后将货物的保险金请求权利益转让给原告，原告据此向保险人提出索赔，或者对抗保险人的代位求偿，最终使自己免除对货损的赔偿责任，损害了保险人的合法权益，应当归属于无效。

---

① 李兆良．海上承运人对货物责任保险利益有关问题研究——兼论对《中华人民共和国海商法》第 44 条规定的修改［J］．中国海商法年刊，2011（3）：99.

与之相对，海上货物运输承运人不具有货物的保险利益，但其他的运输下，可能未必如此。例如，在中国某财产保险股份有限公司榆林市分公司与榆林市榆阳区欣某货运服务有限责任公司保险纠纷案中，最高人民法院认为①：本案所涉物流货物保险合同的保险标的物，系承运人履行运输或储存、装卸等物流义务的物品，并未限定必须是被保险人拥有所有权的货物。在青岛金世某实业有限公司与华某财产保险股份有限公司青岛分公司保险人代位求偿权纠纷案中，最高人民法院也认为②：不同主体对于同一保险标的可以具有不同的保险利益，可就同一保险标的投保与其保险利益相对应的保险险种，成立不同的保险合同，在各自的保险利益范围内获得保险保障，从而实现利用保险制度分散各自风险的目的。具体到本案而言，中某物流公司作为青岛金世某实业有限公司仓库的租赁者，基于其对保险标的物所具有的不同保险利益，投保本案的财产一切险和向中国某保险公司厦门分公司投保物流责任综合保险，并未违反法律规定。

因此，普通承运人购买货运险（或者财产一切险）可能是有效的，但海运承运人购买货运险的，其效力则可能不被法院认可。

（四）损失补偿原则

1. 如何认定保险标的遭受了损失

补偿原则被公认为海上保险法的基本原则。有学者称其是“海上保险合同法最根本的原则或者首要原则”，有学者称其是“保险法诸原则的基础”。英国法官、学者则往往用“Great Principle”或“Fundamental Principle”来形容它③。简言之，保险的目的是补偿被保险人的损失，有损失则有赔偿，无损失则无赔偿，既不多赔，也不少赔。

显然，损失补偿原则的第一步是认定是否有损失存在。看起来这一问题不难回答，但在海上保险纠纷中，对于是否存在损失，时常会有争议。有些货物的规格标准中，会有一定的区间，例如在我国标准下，五等大豆的热损伤粒≤3%。④ 有时候，承运人会抗辩说，虽然海运期间大豆热损伤粒发生了变化，例如，从2%变为

① 参见最高人民法院（2017）最高法民申3222号民事裁定书。

② 参见最高人民法院（2019）最高法民终299号民事裁定书。

③ 朱作贤．海上保险法补偿原则及其在当代的新发展［J］．深圳大学学报（人文社会科学版），2009（4）：73.

④ 国家标准《GB 1352—2009 大豆》第5.1.1条。

3%，但依然在国家标准范围之内，品质符合规定，收货人不会有损失。此时，如何认定损失就会存在争议。

对此，在最高人民法院发布的《中国海事审判白皮书（2015—2017）》[①] 所记载的哈池×海运公司与上海申×化工有限公司、日本德×海运株式会社海上货物运输合同货损纠纷案中，承运人抗辩认为涉案货物（苯酚）在海上运输过程中发生色度变化并不构成货损，理由是：虽然苯酚色度、水分两个指标发生变化，但苯酚国标并未对色度做出要求，涉案苯酚仍然符合国标优等品标准；并无充分证据证明此色度略高对苯酚的品质会造成损坏，涉案苯酚的个别质量指标变化不影响其按照优级品的通常市场价销售。最终，最高人民法院驳回了承运人的抗辩，理由是：对于工业用合成苯酚，虽然国家标准对于其色度没有强制标准，但规定在必要时色度由供需双方约定。本案中，案涉买卖合同约定，苯酚色度最高不超过 10 哈森。货物装船时，托运人、承运人对涉案苯酚进行了封样，该封样随船运输，构成收货人对运输苯酚质量检验的依据。现有证据证明，3 个船舱的苯酚混装卸至岸罐后，经检验确定货物的色度值为 12 哈森，明显超出货物装船前和装船后 5 哈森的色度值。据此可以认定涉案苯酚色度在承运人管货期间发生了变化，涉案苯酚发生了实际损失。

因此，从最高人民法院的裁判思路来看，货物品质（例如涉案苯酚色度）在海运期间发生了变化，货物即发生了实际损失。至于货物是否仍然符合国标优等品标准，不影响对货损事实的判断。

2. 损失补偿原则的具体运用

我国《海商法》没有直接规定补偿原则，对此可适用《保险法（2015 年修正）》第五十五条的规定：投保人和保险人约定保险标的的保险价值并在合同中载明的，保险标的发生损失时，以约定的保险价值为赔偿计算标准。投保人和保险人未约定保险标的的保险价值的，保险标的发生损失时，以保险事故发生时保险标的的实际价值为赔偿计算标准。保险金额不得超过保险价值。超过保险价值的，超过部分无效，保险人应当退还相应的保险费。保险金额低于保险价值的，除合同另有约定外，保险人按照保险金额与保险价值的比例承担赔偿保险金的责任。

关于保险金额和保险价值，实务中经常容易混淆。对此，中国保险行业首个国

① 中国海事审判白皮书（2015—2017）. http：//www. chinadaily. com. cn/specials/WhitepaperonMaritimeAdjudicationinChina. pdf。

家标准《GB/T 36687—2018 保险术语》第 2. 26 条规定："保险金额（sum insured; sum assured）。保额（amount insured）是指保险人承担赔偿或者给付保险金责任的最高限额。注：保险金额是投保人对保险标的的风险保障设定的投保金额，是保险人计算收取保险费的基础。"第 2. 34 条则规定："保险价值（insurable value）。保险标的具有法律上承认利益的货币表现形式。注：保险价值是保险事故发生时保险人计算保险赔偿金的标准或依据。"

就补偿原则而言，首先要厘清保险金额与保险价值的关系。对此，在陈某梁与中国某保险公司阿荣旗支公司财产保险合同纠纷案中，被保险人和保险人签订了财产保险合同，为其车间、宿舍（保险金额为 18 万人民币元）以及火柴梗生产线（保险金额为 128 万人民币元）等投保。后由于工厂起火，被保险人向保险人索赔损失 1473238 人民币元。内蒙古自治区呼伦贝尔市中级人民法院一审以鉴定的价值为基础，判令保险公司支付保险赔偿金 300383 人民币元，陈某梁不服一审判决，向内蒙古自治区高级人民法院提起上诉，内蒙古自治区高级法院二审则认为 142 万人民币元的保险金额即为保险价值，并据此判令保险公司赔偿 142 万人民币元（出险时重置价值）。保险公司不服内蒙古自治区高级法院的判决，向该院申请再审。再审判决保险公司向陈某梁支付赔偿金 42726. 60 人民币元，看护人员工资及损失 53239 人民币元。后来此案进入最高人民法院再审，最高人民法院（2011）民提字第 238 号判决书对保险补偿原则，以及保险金额和保险价值之间的关系进行了非常好的论述："保险赔偿基本原则为损失补偿原则，要确定保险标的实际损失必先确定保险标的实际价值亦即保险价值，保险标的价值是确定实际损失的条件，从而决定着保险赔偿金数额。而保险金额是保险事故发生后保险人支付保险赔偿金的最高限额，而非保险人支付赔偿金计算标准。当保险标的实际损失超过保险金额时，保险人赔偿责任只能以保险金额为限；但保险标的实际损失低于保险金额的，除当事人有特别约定外，保险人应按照保险金额与保险价值的比例承担赔偿保险金责任。保险金额必须在订立保险合同时按照一定方法确定，而保险价值可以不在订立保险合同时约定。按照当事人对保险价值是否事先在保险合同做出约定，将保险合同分为定值保险和不定值保险。保险合同对保险价值有约定的为定值保险；否则为不定值保险。二者的区别在于保险合同约定的保险事故发生后确定赔偿金额时，定值保险只需确定损失比例，而不定值保险不仅需确定损失比例，且必须确定事故发生时保险标的以实际价值，以实际价值作为保险赔偿金额的计算依据。从本案所涉两份保险单约定来看，仅载明保险金额，并未对保险价值做出明确约定，因此本案应定性为不定值保险。本案保险合同保险标的的保险价值只能按照保险事故发生时保险标的的实际价值确定。”最后，最高人民法院驳回陈某梁再审请求，维持内蒙古自治区高级人民法院的再审判决。

另外，就国际贸易而言，货物从一地运往另一地，中间有的海运运输时间会长达一个多月。如果货物在途中损坏，假如再碰到目的地货物市场价格下跌，此时如何根据损失补偿原则进行赔偿就会变得比较复杂。对此，在上海申某化工有限公司与中国某财产保险股份有限公司上海市分公司海上保险合同纠纷再审案中，最高人民法院创新性地用了贬值率法来计算货损损失。在该案中，承运人运输一票苯酚，运输中货物变色，色度偏高导致货损。对于如何计算货损损失，保险人要求按照修复费用来计算，被保险人则要求按照货物转售的差价赔偿。本案一直申诉到最高人民法院，最终最高人民法院认为[①]：依据“海洋运输货物保险条款”中“一切险”的约定，被保险货物市价跌落所引起的损失，保险人不负赔偿责任。申某公司主张应当按照货物保险金额减去受损货物销售价格计算得出涉案货物损失数额，该计算方法既包括涉案货物色度值变化损失，也包括行市变化损失，申某公司的主张缺乏充分的事实依据和法律依据。其次，在计算货物因色度值变化导致的贬值损失时，原审判决采用了货物贬损率计算方法。该计算方法以目的港货物完好的市场价值减去受损货物的销售价值的差，再除以货物完好的市场价值，得出仅因色度值变化导致的货物贬损率，没有包括因行市变化导致的损失，原审判决采用这种计算方式并无明显不当。

在该案之后，最高人民法院（2013）民提字第 6 号判决书重申了此种计算方法。而且，最高人民法院在 2015 年 7 月发布《第一批人民法院为“一带一路”建设提供司法服务和保障的典型案例》时，将此案列入典型案例，并特别指出[②]：承运人对责任期间货物损坏的赔偿额，有两种计算方法，按照货物受损前后实际价值的差额或者货物的修复费用计算。一审判决以货物修复费用计算货损赔偿额，但根据查明的事实，本案受损货物并未实际修复。二审采用实际价值差额法，但未扣除因货物市价下跌造成的损失。再审判决采用货物贬损率的计算方式，认定涉案货物

---

① 参见最高人民法院（2011）民申字第 1517 号裁定书。

② 第一批人民法院为“一带一路”建设提供司法服务和保障的典型案例，http：//cicc. court. gov. cn/。

的赔偿额，排除了市场价格波动对货损赔偿额的影响，符合《海商法》的规定，也为海事司法实践所采纳。本案完善了货损赔偿额的计算规则，有效规范了国际航运秩序，对今后司法实践具有重要的指导意义。

因此，就海上货物保险而言，如果出现货损并叠加货物价格波动的因素时，被保险人按照折价销售的损失来索赔的，不符合保险损失补偿原则，而应采取上述贬值率法来确定损失，以及保险人应赔偿的金额。

就损失补偿原则而言，实务中，仍然有存在争议较大的问题，如果被保险人将所涉货物拿回去自用，此时是否还能主张有损失。例如，大豆货物从巴西运到国内，途中发现热损，收货人拿回去后进行了加工，此时是否还能请求货损赔偿？对此，在德清县新×油厂诉巴拿马蒂哪玫克凯奥有限公司海上货物运输合同纠纷案中，上海市高级人民法院认为：被上诉人合法持有被告签发的4份清洁提单，有权要求承运人完好交付货物（油菜籽）。涉案货物到港经检验已发生货损，应赔偿由此造成的损失。SGS具有检验、鉴定货物的资质，其和船方联合检查受损货物，应视为法院认可SGS作为商检机构检查、鉴定货物。SGS根据货损程度，结合市场价格等因素，确定了受损货物的贬值率。上诉人虽然否认该结论，但未提供相反证据。SGS认定部分受损货物贬值率为12%~15%，证明被上诉人存在实际损失，被上诉人自用和转卖部分货物不影响对该损失的认定①。

因此，如果货损金额难以认定，通过聘请有资质的权威机构进行贬值率评估，也是一种确定货物损失的办法。此外，有时候，承运人会主张不应该按照货物转卖价格来确定损失，而是按照货物的加工成本（修复费用）来计算损失。对此，在中国××财产保险股份有限公司嘉兴市分公司与亚洲阿×帕拉有限公司海上货物运输合同纠纷案中，由于船方卸货操作失误，使货物（脂肪酸）误卸入棕榈仁油专用管线，导致货物混合，造成货损。关于损失计算，承运人认为可以通过提炼加工的办法来减少损失，收货人认为应则以货物折价销售的价格来计算损失。对此，最高人民法院认为②：涉案货物采用询价销售的方式进行了处理，一审法院按照货物实际价值的差额计算损失赔偿数额，二审判决予以维持，符合法律规定。承运人主张应按照收货人实际购买后提炼加工的成本来计算损失，缺乏事实和法律依据。

① 赵红．上海海事法院三十年案例精选（1984—2014）［M］．北京：法律出版社，2015：137-142.

② 参见最高人民法院（2018）民申字第3447号民事裁定书。

值得注意的是，该案入选了2018年浙江海事审判典型案例。对于该案，宁波海事法院点评指出[①]：关于货物损失的计算方法，因涉案货物在国内使用较少，无成熟现货市场，双方当事人均不能提供目的港完好货物市场价及价格波动情况，也无同类同质货物参照，无法参照最高人民法院（2013）民提字第6号案件计算货物贬值率，故采用“直接相减法”计算货损，对于此后审理同类案件具有一定参考价值。

因此，在货物没有成熟现货市场，缺乏价格波动证据的情况下，如受损货物有实际价值差额证据（例如有货物转售降价证据），则可以据此要求承运人赔偿，而不是必须用受损货物的修复费用（例如提炼加工的成本）来计算损失。此外，实务中，国际货物保险往往会对货物价值加成10%去投保。出现货损后，对保险人是按照实际价值赔偿，还是按照110%赔偿，就会存在争议。对此，在寿光市东×鸿翔木业有限公司与中国××财产保险股份有限公司连云港市分公司海上、通海水域保险合同纠纷案中，保险人认为：对于采用CIF价格条款的卖方来说，货物一旦发生损失，卖方除了货物发票价值之外没有任何其他损失。原告作为卖方对加成10%的金额32000美元没有保险利益，无权就该部分金额向被告主张保险赔付。而且根据《保险法》规定，保险金额超过保险价值的，超出部分无效。上海海事法院没有支持这一抗辩，理由是[②]：海上货物运输险项下按货物CIF价格或者贸易合同价格的110%进行投保及赔付，既是商业惯例，也是保险惯例，保险合同当事人双方应当予以确认和诚实信用地履行。涉案海上货物运输险按照货物发票价格110%确定的保险金额实际上也是保险人与被保险人双方确定的货物保险价值，并非超额保险。并且，原告是按照此保险金额缴纳的保费，被告也是按照货物发票价格110%计收了保费。因此，在保险事故发生后，被告应当根据保险合同的射幸特性，在原告支付了合同对价的前提下，按照等价有偿原则信用地履行保险赔偿义务，按照保险标的损失的110%予以赔付。

因此，就货物保险而言，投保人按照加成10%投保的，保险人则应该按照110%去赔偿。但值得注意的是，《海商法》第五十五条规定：“货物灭失的赔偿额，按照货物的实际价值计算货物损坏的赔偿额，按照货物受损前后实际价值的差额或

---

① 2018年浙江海事审判情况报告，https：//www. nbhsfy. cn/court/NeiRead. aspx? id=7490。

② 参见上海海事法院（2014）沪海法商初字第620号民事判决书。

者货物的修复费用计算。货物的实际价值，按照货物装船时的价值加保险费加运费计算。”据此，作为承运人对于承运货物的最大赔偿责任为货物的 CIF 价格金额，对超出部分不承担赔偿责任。保险人在进行保险理赔后找承运人追偿的，承运人对这加成的 10%并不承担责任。

（五）近因原则

英国《1906 年海上保险法》第五十五条规定：保险人对被保险的风险近因造成的任何损失负责，保险人对不是被保险的近因造成的任何损失不负责。因此，在英国法下，近因原则是海上保险法中的一项重要原则，其在海上保险中具有非常重要的地位，决定被保险人的索赔是否能得到赔偿。

在英国，关于近因原则最经典的判例是 Leyland Shipping Co. Ltd. v Norwich Union Fire Insurance Society Ltd. 案。在该案中，第一次世界大战期间一艘名为 Ikaria 的船被德国潜水艇的鱼雷击中，致使船体受损而进水。该船在拖轮的协助下进了法国的勒阿弗尔港。可是，由于港口刮起大风，该船与码头猛烈撞击，该港的港务局担心该船会沉没从而阻塞航道。因此，港务局就命令该船到港外抛锚。在抛锚后，由于船首被鱼雷击中导致首倾，该船最终断裂开后沉没了。本案的主要问题是 Ikaria 轮沉没的近因，如果近因是大风，则属于保险范围。反之，如果近因是鱼雷袭击，则不属于保险范围。最终，英国上议院判定近因是鱼雷袭击，保险人免责，理由是：船舶被鱼雷袭击后，沉没就是自然而然的事情，除非其能进入安全的地方。该船几乎到了安全的地方，最终被港口命令离港抛锚时全损。但最为现实、占主导地位和有效的原因是鱼雷袭击。

早期英国的海上保险案件中对因果关系的确定比较简单，一般认为时间上或者空间上距离结果最近的原因对结果产生的作用最大。英国法院一度认为，最后的原因应作为损失的近因，其他原因即便与结果有关，也在所不问。此即早期在英国法下判断近因的“时间规则”。随着认识的深入，尤其是鉴于多因一果等复杂的情形，英国法院慢慢地修正“时间规则”，开始向“效力规则”“常识规则”等进行转变[①]。

我国《海商法》和《保险法》没有规定近因原则，但因果关系是所有海上保险

① 陆玉，傅廷中．保险法中的近因原则与民法中因果联系原则关系之辩［J］．中国社会科学院研究生院学报，2016（1）：90-94.

必须考虑的基本点，中国法院在裁判文书中也引入了近因的概念。在 2019 年 9 月最高人民法院发布的“2018 年全国海事审判典型案例”中，曲某某诉中国大×财产保险股份有限公司威海中心支公司、中国大×财产保险股份有限公司石岛支公司海上保险合同纠纷案的核心问题就是海上保险近因原则的理解和适用①。

在该案中，曲某某就其所属的“鲁荣渔 1813”“鲁荣渔 1814”船在中国大×财产保险股份有限公司石岛支公司购买远洋渔船保险。两艘渔船于 2011 年 6 月 1 日后在山东省荣成市烟墩角北港渔码头进行维修保养。2011 年 6 月 25 日，曲某某为避台风同部分船员试图单靠“鲁荣渔 1814”船动力将两船（“鲁荣渔 1813”主机已吊出船舱维修）驾驶至南码头，后在途中因舵机失灵，在台风大浪作用下，两船搁浅导致报废。

青岛海事法院一审认为，涉案船舶在避台风过程中全损，该原因属于保险合同约定的保险赔偿范围，判决保险公司给付曲某某保险赔偿款 600 万元及利息。山东省高级人民法院二审认为，本案所涉事故，先有船舶所有人的疏忽，后有台风的影响，缺乏任何一个原因，事故均不会发生，直接、有效、起决定作用的原因难以确定，故保险公司应按照 50%的比例，向曲某某支付保险赔偿款。

最终，最高人民法院（2017）最高法民再 413 号判决书认为：涉案事故系由台风、船东的疏忽、船长和船员的疏忽三个原因共同造成的，其中台风是主要原因。台风与船长和船员的疏忽属于承保风险，而船东的疏忽为非承保风险。在保险事故系由承保风险和非承保风险共同作用而发生的情况下，根据各项风险（原因）对事故发生的影响程度，法院酌定保险公司对涉案事故承担 75%的保险赔偿责任。值得注意的是，最高人民法院对该案的典型意义点评中指出②：虽然我国法律并没有规定保险赔偿的“近因原则”，但我国保险司法实践正在倾向于采纳国际上逐步发展的比例因果关系理论，该案再审判决遵循了这一司法动向。虽然该案是关于船舶保险的，但就海上货物保险而言，可以预见的是，我国法院也会将此种比例原则运用到货运险中。

① 2018 年全国海事审判典型案例，http：//www. court. gov. cn/。

② 同①。

四、国际货物运输保险的合同当事人及其权利义务

（一）投保人、被保险人的告知义务

从保险原理上讲，保险人提供的服务是对保险标的的风险的承保，就风险定价而言，保险人有赖于投保人披露的信息。尤其是，就早期的保险行业而言，由于信息和通信不发达，投保人的信息披露对保险人而言显得格外重要。受英国法律影响，我国海上保险也对投保人施加了很重的披露义务。对此，《海商法》第二百二十二条规定：合同订立前，被保险人应当将其知道的或者在通常业务中应当知道的有关影响保险人据以确定保险费率或者确定是否同意承担的重要情况，如实告知保险人。被保险人知道或者在通常业务中应当知道的情况，保险人没有询问的，被保险人不负告知义务。第二百二十三条规定：由于被保险人的故意，未将本法第二百二十二条第一款规定的重要情况如实告知保险人的，保险人有权解除合同，并不退还保险费。合同解除前发生保险事故造成损失的，保险人不负赔偿责任。不是由于被保险人的故意，未将本法第二百二十二条第一款规定的重要情况如实告知保险人的，保险人有权解除合同或者要求相应增加保险费。保险人解除合同的，对于合同解除前发生保险事故造成的损失，保险人应当负赔偿责任；但是，未告知或者错误告知的重要情况对保险事故的发生有影响的除外。

《保险法（2015 年修正）》第十六条规定：订立保险合同，保险人就保险标的或者被保险人的有关情况提出询问的，投保人应当如实告知。《最高人民法院关于适用〈中华人民共和国保险法〉若干问题的解释（二）》（简称《保险法解释二》）第六条则明确规定："投保人的告知义务限于保险人询问的范围和内容。"

相比我国《保险法（2015 年修正）》关于投保人的告知义务而言，《海商法》下的告知义务有两个显著不同。其一，《海商法》下的告知义务采取的是主动标准，而《保险法（2015 年修正）》下投保人的告知义务采取的是询问告知标准，二者有着显著的不同[①]。对此，也有学者将《海商法》的此种告知义务称为无限告知，即陆上保险的告知范围以保险人询问的为限，而海上保险的告知义务则应披露一切

---

① 孙积禄，投保人告知义务研究［J］．政法论坛（中国政法大学学报），2003（3）：60.

投保人所知道的可能影响保险人判断的重要事实①。海上保险的告知义务不限于投保单列明的项目以及保险人询问的事项，凡是影响保险人决定是否承保，或者据以决定保费高低的，均属重要情况，但保险人知道或者在通常业务中应该知道的情况除外②。其二，《海商法》下的告知义务主体是被保险人，而《保险法（2015 年修正）》下的告知义务主体是投保人。之所以会出现这种差别，是因为我国《海商法》下的海上保险相关规定参考的是英国法，而在英国《1906 年海上保险法》中，告知义务的主体为被保险人。

对此，有专家指出，在财产保险中，投保人通常为被保险人；如两者非属同一人，被保险人为财产标的的所有权人或者权利人，对标的物的状况知之最详。在人身保险中，投保人和被保险人不是同一人时，被保险人为保险事故的客体，对自己的身体健康状况了解最为透彻。因此，在为他人利益的保险合同中，无论是财产保险还是人身保险，被保险人对危险估计的重要事实最为熟知，将被保险人列为告知义务人才符合告知义务制度的本旨③。因此，我国《保险法》和《海商法》将告知义务分别施加于投保人和被保险人，一定程度上会导致理论和实践上的混乱。

海上保险告知义务的主动性和无限性的特点，相当于投保人必须把自己置于保险人的位置来考虑哪些信息需要披露。所以在实务中，被保险人就会通过向保险人提供大量未经整理的信息的方式来履行告知义务。例如，将所有相关的信息都刻录到一张光盘上，把这张光盘交给保险人，而让保险人自己去整理和决定哪些是和风险相关的重要情况。这种“信息倾倒”（data dumps）现象，实际上并不利于承保工作的进行。在一些案件中，被保险人可能会借助“信息倾倒”，一方面隐藏本需要告知的重要信息，另一方面却仍然可以争辩自己已经履行了告知义务④。而且，对于大公司而言，这些公司中有成千上万的雇员，分工非常细化，不同部门的人可能知道的情况各不一样。此时，很难去判断哪些是应该告知保险人的重要情况。

由于传统的告知义务模式存在各种缺陷，经过长时间的讨论，2015 年英国出台

① 王金玉．海上保险合同无限告知义务的价值分析［J］．法学杂志，2009（11）：137-139.

② 司玉琢．中华人民共和国海商法问答［M］．北京：人民交通出版社，1993：233.

③ 樊启荣．保险契约告知义务制度论［M］．北京：中国政法大学出版社，2004：166.

④ 郑睿．论英国海上保险合同告知义务之演进与立法启示［J］．中国海商法研究，2015（4）：29.

了《2015 年保险法》(*Insurance Act 2015*)。《2015 年保险法》第 3 条将这一义务重新命名为“公平陈述义务”(Duty of Fair Presentation)，并对其内容进行了巧妙的重新定性。为这一义务，《2015 年保险法》第 14 条废除了因违反最大诚信责任而撤销（宣告无效）保单的救济，而附表 1 则引入了一系列新的与告知义务相关的救济措施。这些救济措施是否存在，取决于（广义上）违反责任的行为是否故意或轻率(reckless)，以及承保人在公平陈述风险的情况下会如何应对。总体来说，相比《1906 年海上保险法》，《2015 年保险法》保留了其中一些合理的内容，例如告知应该是指实质性准确的（substantially correct）需要披露的重要信息，还是指“将影响审慎的保险公司确定是否承保，以及以什么条件承保”的判断。

对投保人而言，需要注意的是，为了应对前述“信息倾倒”，防止投保人向保险公司提供大量未经整理的信息，《2015 年保险法》规定被保险人的告知必须“合理、清晰且易于获取”（reasonably clear and accessible)。这意味着投保人披露的信息必须有序进行，以保险人可理解的方式进行披露。因此，这对保险公司可能是有益的，对投保人而言则意味着可能会带来新的较大的负担（见《2015 年保险法》第 2-8 条)。

从我国的司法实践来看，我国法院也对海上保险适用比陆上保险更加严格的主动告知义务。例如，《中华人民共和国最高人民法院公报》2005 年第 11 期刊登的江苏省海外企业××集团有限公司诉丰×保险（亚洲）有限公司上海分公司海上货物运输保险合同纠纷案中，法院裁判理由即指出：保险合同的订立应遵循最大诚信原则。被保险人在发出要约、接受新的要约、作出承诺的整个过程中，都应依据最大诚信原则，向保险人如实告知其知道或者在通常业务中应当知道的、可能影响保险人作出是否承保与是否增加保险费决定的任何重要情况。“被保险人知道”，是指其实际知情；“被保险人在通常业务中应当知道”，既包括保险人已经询问到的情况，更包括在通常业务中应当由被保险人查询掌握的其他情况。“如实告知”，是指全部告知和正确告知；凡对某一重要情况的全部或部分内容未告知或错误告知的，均属未尽到如实告知义务。被保险人在投保时至保险合同成立前，未向保险人告知其所知或者在通常业务过程中应知的、足以影响保险人做出是否承保以及如何确定保险费决定的一切重要情况，违反了最大诚信原则，保险人可以因此宣告保险合同无效……舱面载货的风险明显大于舱内，它直接影响保险人做出承保和确定保险费率的决定。江苏外×公司在投保当时及之后，未将这一足以影响保险合同成立及双方权利义务变化的重要事实告知保险人，显然也未尽到如实告知义务。江苏外×公司以木材在舱面装载是航运惯例、保险人应当知道为由，辩称自己没有此项告知义务，理由不成立。

再如，在韶关市曲江佳×矿产品加工厂与永×财产保险股份有限公司潍坊中心支公司海上保险合同纠纷案中，最高人民法院认为①：参照中华人民共和国交通运输部《关于发布〈海运精选矿粉及含水矿产品安全管理暂行规定〉的通知》，铅锌矿含水率达到或超过 8%时，会在海运途中形成自由液面，导致船舶倾侧、翻沉，具有较高的危险性。涉案铅锌矿过高的含水率，属于被保险人“知道的或者在通常业务中应当知道的有关影响保险人据以确定保险费率或者确定是否同意承保的重要情况”，佳×矿产品加工厂应当依照该条款的规定在订立保险合同前如实告知永×保险潍坊公司涉案货物的含水率。佳兴矿产品加工厂主张涉案货物含水率是否超标属于“保险人知道或者在通常业务中应当知道的情况”，其没有告知货物含水率的义务，缺乏事实和法律依据。

此外，值得注意的是，在海上保险领域，我国法院也采取了类似于英国法律下的禁止反言制度。对此，《最高人民法院关于审理海上保险纠纷案件若干问题的规定》第四条规定：保险人知道被保险人未如实告知《海商法》第二百二十二条第一款规定的重要情况，仍收取保险费或者支付保险赔偿，保险人又以被保险人未如实告知重要情况为由请求解除合同的，人民法院不予支持。

例如，在烟台市威×国际船舶管理有限公司诉中国大×财产保险股份有限公司威海中心支公司船舶保险合同纠纷案中，被告（保险人）以原告（被保险人）提供的投保单上载明“润祥”轮建造地点为“日本”，而“船舶国籍证书”上载明建造地点为“中国福建”，违反了告知义务为由，拒绝承担赔偿责任。对此，青岛海事法院没有认可保险人的抗辩，理由是②：在投保时，投保人已经毫无隐瞒地向保险人提供了“船舶保险投保单”和“船舶国籍证书”，投保人没有隐瞒的故意，保险人也没有对建造地点提出任何异议。而且，在第一个保险年度内“润祥”轮发生保险事故时，保险人给予了赔付。在东莞市 A 钢结构有限公司与 B 建筑工程有限公司海上、通海水域保险合同纠纷案中，广东省高级人民法院也驳回了保险人的抗辩，理

① 参见最高人民法院（2012）民申字第 1502 号民事裁定书。

② 参见青岛海事法院（2009）青海法海商初字第 353 号民事判决书。

由是①：海上货物运输中，货物装载于舱内运输与货物装载在甲板上运输，对货物运输安全具有重要影响，其属于上述法律规定所指影响保险人据以确定保险费率或者确定是否同意承保的重要情况。但是，被保险人在投保时已经提交了提单，保险人应明知提单中记载的货物装载及运输情况对其确定保险费率或者确定是否同意承保具有重要影响，并应在核保过程中详细了解上述重要信息。

因此，对保险人而言，如果保险人知道被保险人未如实告知后依然予以承保的，可能会被判禁止反言，保险人不得再对此提出异议。而且，从法院的判决思路来看，有些法院对保险公司的注意义务要求很高。保险公司的核保人在核保的时候，有必要对投保人提供的文件中反映出来的关键性信息引起足够的注意。如果漏看，也可能会被判禁止反言。

（二）保险人的说明义务

与投保人、被保险人的告知义务相对，保险人则具有说明义务。从司法实务来看，尽管法律、司法解释以及各地法院内部的指导性意见中对保险人的说明义务做出了很多规定，但对于如何认定保险人是否尽到了说明义务，争议一直不断。

首先，尽管我国的《保险法（2015 年修正）》明确规定了保险人的说明义务，但《海商法》并未对此做出规定。对此，最高人民法院发布的《涉外商事海事审判实务问题解答》第 158 条表示："海上保险的保险人有义务将保险单中免除其责任的条款特别告知投保人。未尽此项义务的，保险单中的免责条款不具有法律效力；保险人在其向被保险人提供的保险单中声明的保险条款和免除责任条款，一经投保人签字确认，视为保险人履行特别告知义务。"由此看来，虽然《海商法》并未对此做出规定，但并不影响实务中法院对海上保险的保险人的说明义务进行审查。

就保险人的说明义务而言，涉及的问题很多，其中主要包括：①保险人向谁进行说明；②哪些需要说明；③说明到什么程度；④如何认定尽到了说明义务；⑤免责条款绝对无效问题。

关于保险人向谁进行说明的问题，如上所述，最高人民法院发布的《涉外商事海事审判实务问题解答》第 158 条只规定了保险人对投保人要说明，而没有提及对被保险人的说明问题。对此，在涂奎才通海水域保险合同纠纷案中，广西壮族自治

① 参见广东省高级人民法院（2019）粤民终 198 号民事判决书。

区高级人民法院认为，保险人对被保险人不负有说明义务，理由是[①]：保险人与投保人为保险合同的当事人，保险人是说明义务的说明主体，投保人是履行说明义务的对象。被保险人不是保险合同的当事人，在投保人与被保险人并非同一人的情况下，被保险人并非说明对象。

实务中，很多货运险是通过货代或者经纪人购买的。此时，保险人的说明对象往往是货代或者经纪人。那么，此时是否能视为保险人尽到了说明义务？对此，有观点认为[②]：依照法律规定或者按照双方当事人约定，应当由本人实施的民事法律行为不得代理。在保险合同签订过程中，在与投保人权益密切相关的部分合同条款的说明义务履行方面，如无投保人的特别授权，应认定代理人不能代理该项权利，对代理人说明不发生免除保险人说明义务的法律效果。虽然此种观点不是针对货运险而是车险，但其对货运险也会有一定的参考意义。也就是说，保险人对投保人的代理人进行的说明，未必能视为对投保人本人的说明。因此，对保险人而言，取得投保人对相关说明内容的签字或者盖章确认，是有必要的。

关于哪些是需要说明的条款，《保险法（2015 年修正）》第十七条规定：订立保险合同，采用保险人提供的格式条款的，保险人向投保人提供的投保单应当附格式条款，保险人应当向投保人说明合同的内容。显然，只有格式条款才需要说明，非格式条款则属于双方自由协商范围，不存在需要说明的逻辑前提。

对此，在重庆市 A 纸业有限公司（简称 A 纸业公司）、中国 B 保险股份有限公司重庆分公司（简称 B 重庆公司）保险合同纠纷案中，A 纸业认为：投保单的“单次火灾赔偿限额 200 万”系 B 重庆公司为重复使用而预先拟定的，相同条款也适用于 B 重庆公司的其他投保人，不能仅以个别合同具体赔偿限额不同而否认格式条款属性。最终，最高人民法院认为这不是格式条款，理由是[③]：2015 年 8 月 A 纸业公司办理投保事宜时，当事人之间曾以电话方式就火灾赔偿限额条款进行过协商，“单次火灾赔偿限额 200 万”不属于格式条款。在河北 C 食用菌股份有限公司、中国 D 保险股份有限公司邯郸市分公司（简称 D 邯郸分公司）财产保险合同纠纷案

---

① 参见广西壮族自治区高级人民法院（2013）桂民四终字第 31 号民事判决书。

② 王林清，杨心忠．保险合同纠纷裁判精要与规则适用［M］．北京：北京大学出版社，2016：163.

③ 参见最高人民法院（2019）最高法民申 5841 号民事裁定书。

中，最高人民法院也认为[①]：投保单系C公司所写，是其真实意思表示。D邯郸分公司接受C公司投保后出具了保险单，故将“房屋建筑”作为保险标的物是C公司与D邯郸分公司双方协商一致的结果，不属于格式条款，不适用《保险法》规定的“不利解释原则”。

反之，在中国人民财产保险股份有限公司大连市星海××公司、中国E股份有限公司大连市分公司海上、通海水域保险合同纠纷案中，大连旅顺滨海船舶修造有限公司与大连E营业部签订的“修船责任保险协议书”约定，由于修船工人或技术人员的过失而引起的火灾事故或船舶机损对承修船舶所造成的直接损失，但机器本身的损坏不予负责。二审辽宁省高级人民法院认定“机器本身的损坏不予负责”是格式条款，理由是：案涉保险协议书与中国E股份有限公司“修船责任保险协议书（2009版）”“修船责任保险协议书（2012版）”（以下简称“样版”）对照，除几个条款（当事人双方名称、保险期限、预计年修船产值、保险赔偿的限额）外，其他条款以致整体上的合同内容、句子结构、用词等方面，案涉保险协议书与样版的相似度很高。最终，最高人民法院也认定这一条款为格式条款，理由是[②]：案涉修船责任保险协议与中国E股份有限公司“样版”协议中对应的条款内容完全一致，而前述“样版”系保险人为重复使用而预先拟定的条款，没有证据证明案涉保险协议该条是在双方协商的基础上拟定的。

因此，结合法律规定以及最高人民法院的裁判思路可以看出，我国《保险法》下保险人的说明义务，是指对格式化条款的说明义务，并不涉及非格式条款。一般的，相比保险单而言，单独协商签订的保险协议不应该是格式条款。但是如果单独签订的保险协议中某些条款系来源于样本保险协议，如保险人对此不能提供协商的证据，也可能被认定为格式条款。

至于哪些格式条款内容需要说明，《保险法解释二》第九条规定：保险人提供的格式合同文本中的责任免除条款、免赔额、免赔率、比例赔付或者给付等免除或者减轻保险人责任的条款，可以认定为《保险法》第十七条第二款规定的“免除保险人责任的条款”。对此，最高人民法院民二庭进一步指出[③]：保险条款内容复杂，

---

① 参见最高人民法院（2017）最高法民申792号民事裁定书。

② 参见最高人民法院（2018）最高法民申6080号民事裁定书。

③ 奚晓明．最高人民法院关于保险法司法解释（二）理解与适用［M］．北京：人民法院出版社，2013：232.

可能涉及保险责任的条文众多，如果要求保险对所有这些条款都进行明确说明可能分散投保人的注意力，使其不能专注于对其利益产生实质影响的重要条款。故我们在本解释对与投保人利益关系密切的“责任免除条款、免赔额、免赔率、比例赔付或给付”等条款进行列举，要求保险人进行说明。

关于说明标准，即说明到什么程度，这一点也是在司法实务中争议很大的部分。由于信息不对称，有些专业术语往往不是投保人、被保险人所能理解的。对此，《最高人民法院研究室关于对〈保险法〉第十七条规定的“明确说明”应如何理解的问题的答复》（法研〔2000〕5号）指出：对于保险合同中所约定的免责条款，除了在保险单上提示投保人注意外，还应当对有关免责条款的概念、内容及其法律后果等，以书面或者口头形式向投保人或其代理人做出解释，以使投保人明了该条款的真实含义和法律后果。因此，对于普通的财产保险而言，法院倾向性的观点是：免责条款带有一定的职业、专业意义，并非如一般信件那样通读一遍就视为明确说明。应当像老师对待学生一样讲解每一个字、每一句的正确含义，而非一般含义，一定要将确定的没有任何争议的含义，告知投保人。而且，免责条款如隐含对投保人不利的内容和意思，该类隐含性条件应作重点阐释和说明，以便投保人理解和认识，否则司法机关不能认定该免责条款有效。①

对此，笔者认为，就普通的财产保险而言，采取此种说明义务的标准可能是合适的。但是，对于海上保险而言，是否要采取如此严格的说明义务，可能值得商榷。尤其是考虑到很多海上保险是投保人通过专业的保险经纪人达成的，双方对此应具有很专业的认知水平，对于保险条款的含义双方应该都比较清楚。此时再去一字字地解释，似乎并无太大必要性。

关于如何认定尽到了说明义务，《保险法解释二》第十一条规定：保险合同订立时，保险人在投保单或者保险单等其他保险凭证上，对保险合同中免除保险人责任的条款，以足以引起投保人注意的文字、字体、符号或者其他明显标志做出提示的，人民法院应当认定其履行了《保险法》第十七条第二款规定的提示义务。保险人对保险合同中有关免除保险人责任条款的概念、内容及其法律后果以书面或者口头形式向投保人做出常人能够理解的解释说明的，人民法院应当认定保险人履行了

---

① 吴庆宝．最高人民法院专家法官阐释民商裁判疑难问题（2009—2010卷）［M］．北京：中国法制出版社，2009：124-125.

保险法第十七条第二款规定的明确说明义务。对此，在前述中国人×财产保险股份有限公司大连市星海湾支公司、中国人×财产保险股份有限公司大连市分公司海上、通海水域保险合同纠纷案中，最高人民法院即认为：案涉修船责任保险协议第 3.1 条但书部分约定“机器本身的损坏不予负责”，但并未以足以引起投保人注意的文字、字体、符号或者其他明显标志做出提示，该条款属于免责条款，因其未履行提示说明义务而无效。

五、国际货物运输保险合同的成立、生效

关于保险合同的成立与生效问题，看起来似乎不难判断，但在法理和实践中却存在诸多争议。其中，争议的主要问题之一是，保险合同是要式合同还是诺成合同。而且，不仅是一般的财产保险合同成立与生效难以判断，再保险合同的成立与生效也会产生巨大的争议。例如，在 2013 年 SK 海力士无锡半导体工厂发生的火灾所导致的国内史上最大再保险纠纷案中，对于再保险合同是否成立问题，引起了非常大的争议。

（一）国际货物运输保险合同的成立

关于保险合同的成立问题，《海商法》与《保险法（2015 年修正）》的规定存在差异。《海商法》第二百二十一条规定：被保险人提出保险要求，经保险人同意承保，并就海上保险合同的条款达成协议后，合同成立。保险人应当及时向被保险人签发保险单或者其他保险单证，并在保险单或者其他保险单证中载明当事人双方约定的合同内容。《保险法（2015 年修正）》第十三条则规定：投保人提出保险要求，经保险人同意承保，保险合同成立。保险人应当及时向投保人签发保险单或者其他保险凭证。保险单或者其他保险凭证应当载明当事人双方约定的合同内容。当事人也可以约定采用其他书面形式载明合同内容。依法成立的保险合同，自成立时生效。投保人和保险人可以对合同的效力约定附条件或者附期限。

《海商法》的规定和《保险法（2015 年修正）》修订之前的《保险法（1995）》是一致的。《保险法（1995）》第十二条规定：投保人提出保险要求，经保险人同意承保，并就合同的条款达成协议，保险合同成立。对比之下可以看出，《海商法》和《保险法（1995）》都规定，保险合同成立的条件之一是“就合同的条款达成协议”，而《保险法（2015 年修正）》则没有这方面的要求。但是从逻辑

的角度来讲，保险合同订立时，保险人提出的是要约引诱，包含在推销保险资料中的合同事项，本来就与保险单的内容高度一致①。“投保人提出保险要求，经保险人同意承保”本身已经表明双方当事人完成了一个从要约到承诺的完整的合同缔结过程。“并就合同的条款达成协议”这种表述，有立法用语前后重复之嫌②。而且，会让保险人以未达成一致为借口来逃避赔偿责任。因此，《保险法（2015 年修正）》改变了之前的做法，不再要求“就合同的条款达成协议”，这是符合保险合同本质意义的，对此，《海商法》有必要进行借鉴修改。

关于保险合同成立的判断标准，以及其与保单签发的关系，在《最高人民法公报》2016 年第 7 期所刊登的云南福×物流有限公司与中国人×财产保险股份公司曲靖中心支公司财产损失保险合同纠纷案中，最高人民法院表示：保险合同以当事人双方意思表示一致为成立要件，即保险合同以双方当事人愿意接受特定条件拘束时，保险合同成立。签发保险单属于保险方的行为，目的是对保险合同的内容加以确立，便于当事人知晓保险合同的内容，能产生证明的效果。签发保险单并非保险合同成立所必须具备的形式。据此可以看出，最高人民法院并不认为签发保单是保险合同成立所必须具备的形式。

但是在实务中保险人承保环节很多，到底哪一环节视为保险人同意承保，如何判断双方意思表示一致，有时候也会争议重重。对此，有专家指出③，保险合同生成涉及的步骤比较复杂，大致有以下环节：①展业岗为客户制定投保方案，协助客户填写投保单；②业务审核人业务审核；③出单岗审核客户提交资料，提交核保；④核保人员核保判断；⑤收付费人员根据业务类型不同，进行相应的收付处理；⑥出单人员进行相应的单证流转和归档工作；⑦展业人员收到保单和保费发票客户联后，及时送达客户。就如何判断保险合同成立问题，在上述环节中，保险人核保通过标志着保险人同意承保。但核保通过后的诸多环节，如收费、出单、送单等，应该是保险人通知投保人交费这一环节标志着合同成立。

---

① 徐卫东．坚守合同公平正义理念的成功立法实践——试评 2009 年修订的《中华人民共和国保险法》［J］．法律适用，2010（8）：4.

② 王静．修订后保险法适用中的若干疑难问题研究［J］．人民司法（应用），2010（9）：56.

③ 卞江生．关于“保险人同意承保”的几个法律问题——兼论保险合同的成立、生效与保险责任开始［J］．保险研究，2010（12）：99.

从司法实务来看，法院也有认定通知缴纳保费是保险合同成立的标志。例如，在前述 SK 海力士火灾案中，该案涉及损失估损金额高达 9 亿美元。中×财险公司对关于 SK 海力士财产险项目的再保险一事表示否认，因此与现×财险公司产生了再保险纠纷。对此，最高人民法院（2017）最高法民申 34 号民事裁定书认为：2013 年 8 月 22 日，中×财险公司向现×财险公司发出邮件，将与现×财险公司之间因业务往来存在的应收保费要求该公司予以核对并要求其在 2013 年第三季度末结清付款。该账务核对表包括涉案海力士项目，表中所载明的海力士项目分入保费、净分入保费金额是按照现×财险公司向中×财险公司发出的原要约内容计算的。现×财险公司次日将核对情况函复中×财险公司，就涉案海力士项目的答复是“没到应收期，还未给贵司账单”。据此，原判决认定中×财险公司在现×财险公司就其新要约期限届满之前，即依据现×保险公司的要约计算了涉案海力士项目净分入保费金额，并要求该公司限期支付的行为，是接受了现×财险公司向其发出的要约，涉案再保险合同于 2013 年 8 月 1 日成立。换句话讲，法院认定中×财险公司要求现×财险公司支付分入保费，就是以行为（要求支付分入保费）表明对合同的确认。

虽然该案涉及的是再保险合同成立问题，但对于海上货物运输保险而言，也有很好的参考意义。当然，实务中，也有保险公司是先出单，然后分批缴纳保险费的。如果是这种情况，则应该以出单作为合同成立的外在标志。

需要说明的是，有时候保险人要求投保人先预交保费，这在人身保险中尤其常见。投保人先预交保费，然后保险人再去确定是否承保。此时，如何判断保险合同成立，是保险法律上的一个难题。对此，最高人民法院《保险法解释二》第四条规定：保险人接受了投保人提交的投保单并收取了保险费，尚未做出是否承保的意思表示，发生保险事故，被保险人或者受益人请求保险人按照保险合同承担赔偿或者给付保险金责任，符合承保条件的，人民法院应予支持；不符合承保条件的，保险人不承担保险责任，但应当退还已经收取的保险费。保险人主张不符合承保条件的，应承担举证责任。因此，与前面保险人通知投保人交费这一环节标志着合同成立不一样的是，如果投保人在投保时，只是预交保费，此时的交保费行为还不一定能解释为合同成立。当然，《保险法解释二》第四条总体上是倾向于投保人的，保险人如果收取保费后如果否认符合承保条件，需要承担举证责任。

（二）国际货物运输保险合同的生效与保险责任开始

从合同法的一般原理来讲，有三个非常容易混淆和误解的概念，即合同成立、生效、有效。这三个概念需要做清晰的认识，才能准确理解保险合同的成立和生效问题，进而理解保险何时生效以及保险责任何时开始。

从法理角度讲，合同成立是事实问题，其标志是当事人之间的意思表示是否达成一致。“合同生效”与“合同未生效”相对应，“合同有效”与“合同无效”相对应。合同未生效不等于合同无效，未生效合同可以是有效的；合同有效也不等于合同生效，有效的合同可能附条件尚未生效。生效与有效的侧重点不一样：有效与否侧重于对合同定性，是对处于某一状态合同的法律性质进行评价；而合同生效与否，则侧重于合同开始发生效力的时间，亦即合同约定的权利义务对订约各方产生约束力的时间①。因此，保险合同成立与生效是不一样的，而且很多时候和保险责任的开始时间也不相同。

例如，实务中不乏见到保险人约定“见费生效”，即只有投保人缴费后保险合同才生效。对此，在前述云南福×物流有限公司与中国人×财产保险股份公司曲靖中心支公司财产损失保险合同纠纷案中，最高人民法院认为：保险费是被保险人获得保险保障的对价，保险合同可以明确约定以交纳保险费为合同的生效要件。如果保险合同约定于交纳保险费后保险合同生效，则投保人对交纳保险费前所发生的损失不承担赔偿责任。该案查明 2011 年 8 月 16 日 22 时 35 分涉案车辆发生保险事故，而第一笔涉案保险费交付的时间是 2011 年 8 月 17 日 9 时 34 分，所以根据双方当事人之间的相关约定，保险公司不承担保险责任。

实务中，保险合同中可能会约定以投保人支付保险费作为合同生效条件，但对该生效条件是否为支付全额保险费约定不明。此时，如果投保人只支付了部分保费，对于保险合同是否生效有时会有很大争议。对此，在最高人民法院 2019 年 11 月 14 日发布的《全国法院民商事审判工作会议纪要》（法〔2019〕254 号，简称九民纪要）第九十七条规定：“当事人在财产保险合同中约定以投保人支付保险费作为合同生效条件，但对该生效条件是否为全额支付保险费约定不明，已经支付了部分保险费的投保人主张保险合同已经生效的，人民法院依法予以支持。”因此，根据这一条，如保险合同明确约定支付全部/部分保险费为合同生效条件，则保险合同生效与否根据约定和实际履行情况确定。仅约定支付保险费为保险合同生效条件，但未明确约定支付保险费的比例的，投保人已经支付部分保险费时，保险合同生效；如

① 陶恒河．合同关系效力的认定，https：//www.chinacourt.org/。

投保人尚未支付任何保险费但主张保险合同有效的，法院应当不予支持。

此外，保险合同成立的时间和保险责任开始的时间，往往也会不一样。保险合同成立以双方达成意思表示一致为准，对保险责任的开始时间，当事人可以另行约定。对此，《中华人民共和国最高人民法院公报》2005 年第 11 期所刊登的江苏外×公司诉上海丰×保险公司海上货物运输保险合同纠纷案中，法院指出：保险责任的开始时间，与保险合同的成立时间或者保险单的签发时间是有区别的，并非保险合同一旦成立或者保险单一经签发，保险责任就开始。保险合同的成立时间，取决于保险承诺到达要约人的时间；保险责任的开始时间，取决于当事人在保险合同中的约定，包括在保险单上的约定或者当事人之间的特别约定。依照当事人在保险合同中的约定，保险责任开始时间既可以早于，也可以等于或者晚于保险合同成立时间；而保险单只是反映保险合同磋商过程，或者经磋商成立的保险合同具体内容的一个工具，因此其是否签发以及何时签发，与保险合同的成立以及保险责任的开始没有直接的、必然的联系。

实务中，有时候保单会存在倒签现象。关于此时如何认定保险责任开始的时间，可以参考《最高人民法院涉外商事海事审判实务问题解答》第一百六十一条的规定："倒签保险凭证的情况下，保险人的责任期间自保险单上显示的时间开始计算。保险人与被保险人之间对责任起止时间有特别约定的，从其约定。"

六、保险范围与除外责任的关系与适用

海上货运保险合同成立后，在认定保险人是否需要赔偿时，往往很多人关注的只是保险范围条款，有时候会忽略除外责任问题。关于保险范围与除外责任二者之间的关系和适用问题，很少有案例（尤其是最高人民法院案例）涉及。2017 年 12 月，在永×财产保险股份有限公司泰州中心支公司、泰州市长×运输有限公司海上、通海水域保险合同纠纷再审案中，最高人民法院系统性地对此做出了解释。

在该案中，二审法院认为：涉案保险条款第三条约定，因船舶触礁、搁浅、倾覆、沉没、失踪造成船舶所载的货物毁损、灭失，应由被保险人承担的经济赔偿责任，保险人负责赔偿；第六条第（三）项约定，雷击、台风、大风等自然灾害造成的损失、费用和责任，保险人不负责赔偿。根据上述内容，保险条款第三条和第六条第（三）项之间的关系存在两种理解：一是台风造成的任何货物损失（包括台风造成船舶沉没进而导致的货损），保险人不负责赔偿；二是台风直接造成货损（船

舶未沉没)，保险人不负责赔偿，但台风造成船舶沉没而导致的货损，保险人应当赔偿。当保险条款存在两种不同的理解时，应做出对被保险人长×运输有限公司有利的解释。故本案货损系台风造成船舶沉没而导致的，属于保险赔偿范围。

最高人民法院推翻了二审判决，理由是①：保险责任条款主要约定保险人负责赔偿的风险项目，除外责任条款则用于明确保险人不承担保险赔偿责任的风险项目。两类条款从正反两个角度对承保风险的范围进行了明确约定。在被保险人举证证明发生了保险责任条款约定的事故时，保险人仍有权依据除外责任条款的约定主张免责，只是需要对其主张的免责事实承担举证责任。涉案保险条款除外责任的约定是明确的，只要保险人举证证明损失是由台风造成的，即可免于承担保险责任。一审、二审法院混淆了保险责任条款与除外责任条款的不同功能，应予以纠正。

总体上来看，最高人民法院的裁判思路是：保险责任和除外责任是“正反两个角度”的关系。在被保险人证明损失属于“正面”承保范围时，只要保险人证明属于“反面”除外约定，即可以免责。虽然该案涉及的不是货运保险，而是承运人责任险，但最高人民法院所采取的裁判思路是具有普遍意义的。对于海上货运保险，以及所有其他保险而言，该案也有很强的借鉴意义。

第二节　我国的海洋货物运输保险

一、中国人民保险公司海洋货物运输保险条款的演变

从传统的角度而言，我国很早就有类似现代保险的理念，例如在扬子江通过漕运进行贸易的商人会将货物分散装到数艘船上，借此来分散风险。但一直到 19 世纪，保险对我国而言都是一个很陌生的外来词汇。中国保险业的诞生，和生活在中国广州的洋行商人有着密切的关系。随着中国南方口岸的开放通商，外国商人引入的保险概念，很快被本地中国人，尤其是那些货物数量不足以在几艘船之间分散装运的小商人意识到。1805 年，中国第一家保险机构，英国商人投资的谏当保安行

① 参见最高人民法院（2017）最高法民再 269 号民事判决书。

（Canton Insurance Society，也称为广州保险协会或广州保险社）在广州成立[①]。谏当保安行成立后，经过了整整 70 年，属于中国人的第一家轮船保险公司，也是第一家中国民族保险公司——仁和保险公司才诞生[②]。

就海运而言，中华人民共和国成立前，我国出口货运险被外国保险公司控制，基本谈不上自己的条款。中华人民共和国成立后，1949 年至 1953 年期间，中国私营保险公司进行了国有化改造，合并为中国人民保险公司（以下简称人保）。人保于 1951 年参照《伦敦协会的货物险条款》制定了自己的海洋货物运输保险条款。此后，于 1963 年进行了修订。1972 年，人保又对 1963 年的条款做了较大的修改，将原来的 14 条改为 8 条，将平安险改为全损险，将水渍险改为基本险，将一切险改为综合险。为了照顾国际习惯，一切险英文名称仍保留 ALL RISKS。综合险的责任范围定为“除包括上述全损险和基本险的责任外，本保险还对被保险货物在运输途中由于外来原因造成的短少、短量、渗漏、碰撞、破碎、钩损、雨淋、生锈、受潮、发霉、串味、沾污等全部或部分损失也负责赔偿”，这里将综合险的责任明确为 15 个险别。如果作为中国特定的综合险，包括 15 个险别没有问题，但是海洋运输涉及国际上的其他国家，特别是综合险英文用 ALL RISKS，因责任范围与世界上多数国家使用的 ALL RISKS 不同，出现了中国的与国际的两种责任范围的 ALL RISKS[③]。

1981 年人保发布了“81 条款”[④]。该条款是参照《伦敦协会货物险条款》（ICC 1963）制定的，使用了很长的时间，直到 2009 年被人保发布的新条款（简称“09 条款”）取代。由于“81 条款”的使用历史较长，而且基本上我国各大保险公司均采用“81 条款”来承保海运货物保险，本章在介绍“09 条款”时，也会对“81 条款”进行一些比较研究和介绍。

二、中国人民保险公司海洋货物运输保险条款内容介绍

人保“81 条款”的内容分为 5 个部分，分别为：责任范围，除外责任，责任起

① 瑞士再保险公司．中国保险业的历史进程，https：//www. swissre. com/。

② 王玉德，郑清，付玉．招商局与中国金融业［M］．浙江：浙江大学出版社，2013：17.

③ 回金鳌．浅析海洋货物运输保险一切险的责任范围［J］．保险研究，1999（3）：37.

④ 张宗德．记我国海运货物保险条款的制订、修改和推广［J］．上海保险，1997（2）：43-44.

讫，被保险人的义务以及索赔期限。“09 条款”则变为了 6 个部分[①]，分别是：责任范围，除外责任，责任起讫，被保险人的义务，赔偿处理以及索赔期限。相比之下，增加的部分只有赔偿处理这一块。

（一）关于责任范围

关于责任范围，人保“81 条款”和“09 条款”是一致的，都是承保平安险、水渍险和一切险。

关于平安险，其英文为 F. P. A（free of particular average），在这里“average”的中文含义是部分损失（partial loss）。因此，平安险的基本含义是，除了保险合同另有约定之外，部分损失不赔。“09 条款”规定，其承保范围包括以下 8 种。

（1）被保险货物在运输途中由于恶劣气候、雷电、海啸、地震、洪水自然灾害造成整批货物的全部损失或推定全损。关于这里的恶劣气候，保单并未明确定义。对此，在中×（南通）机械设备进出口公司，简称中×（南通），该公司进口分公司与中国平×保险（集团）股份有限公司海上货物运输保险合同纠纷案中，中×（南通）声称此案涉豆粕因为恶劣气候导致货物含水量由装船时的 11.98%增加至卸货时的 12.87%而导致严重炭化褐变，属于平安险的承保范围。最终，最高人民法院（2012）民申字第 34 号裁定书驳回了中×（南通）这一主张，理由是：虽然中×（南通）称运输过程中的恶劣气候亦为货损原因之一，但其未能提供证据证明风力五六级，海浪状况五六级是该条航线上所不常见、不可预测、不可抗拒的恶劣气候。因此，从最高法院的观点来看，只有满足不常见、不可预测、不可抗拒的条件的，方能被认为是平安险下的恶劣气候。

需要注意的是，这里所谓的整批货物的全部损失或推定全损，是指一张保单载明的货物，或者一张保单项下分类保额的货物，如果同一张保单承保了多张提单项下的货物则每一张提单项下的货物视为一个整批，如果被保险货物用驳船运往或运离海轮则每一驳船所装的全部货物视为一个整批。而且，这里只承保整批货物的全部损失或推定全损，不承保整批货物的部分损失。

（2）由于运输工具遭受搁浅、触礁、沉没、互撞、与流冰或其他物体碰撞以及失火、爆炸意外事故造成货物的全部或部分损失。需要注意的是，实务中，对于本

---

① 人保“09 条款”见其官方网站：http：//www.epicc.com.cn/。

条是否承保货物本身发生的失火、爆炸的争议很大。有观点认为，货物本身失火、爆炸，不予承保，除非此种失火、爆炸是运输工具引起的。但对于烟花爆竹等因船舶震动引起的失火爆炸是否赔偿，往往争议很大。

（3）在运输工具已经发生搁浅、触礁、沉没、焚毁意外事故的情况下，货物在此前后又在海上遭受恶劣气候、雷电、海啸等自然灾害所造成的部分损失。本条需要注意的是，如果上述意外事故发生以后，运输工具已完全脱险，在正常的海上运输过程中又遭受上述自然灾害所造成被保险货物的部分损失，保险人不负赔偿责任①。

（4）在装卸或转运时由于一件或数件整件货物落海造成的全部或部分损失。本条的目的是鼓励对落水的货物进行救助。以前，保险公司在对此项整件落海的损失进行理赔时需认定货物确实全部损失了才进行赔偿。后来为了防止被保险人不积极地对保险标的进行抢救，保险公司又退了一步，只要发生了整件落海的事实，不论该保险标的是否发生了全损，保险人均承担赔偿责任。例如，棉纱整件落入海中，依以前的理赔方法，如将其捞上来了即不认为发生了全损，保险人不予赔偿。于是在发生此种情况时，被保险人往往不愿打捞落海的棉纱。而依现在的做法，保险公司不论该保险标的是否打捞并得到了保全，只要发生了整件落海的事实，保险人就予以赔偿②。

（5）被保险人对遭受承保责任内危险的货物采取抢救、防止或减少货损的措施而支付的合理费用，但以不超过该批被救货物的保险金额为限。

（6）运输工具遭遇海难后，在避难港由于卸货所引起的损失以及在中途港、避难港由于卸货、存仓以及运送货物所产生的特别费用。

（7）共同海损的牺牲、分摊和救助费用。

（8）运输契约订有“船舶互撞责任”条款，根据该条款规定应由货方偿还船方的损失。

关于水渍险，除包括上列平安险的各项责任外，还承担被保险货物由于恶劣气候、雷电、海啸、地震、洪水自然灾害所造成的部分损失。关于一切险，除包括上列平安险和水渍险的各项责任外，还承担被保险货物在运输途中由于外来原因所致

---

① 马鸣家．保险条款费率辞释大全［M］．北京：中国商业出版社，1995：504.

② 邵良娥．论 PICC 海洋运输货物保险条款［D］．上海：上海海事大学，2007.

的全部或部分损失。

实务中，关于一切险如何定性，主要的争议在于此种保险是列明风险还是非列明风险。对此，在大×保险股份有限公司苏州中心支公司、大×保险股份有限公司与苏州申×实业有限公司海上货物运输保险合同纠纷案中，保险人的拒赔理由是：被保险人投保了海洋运输货物一切险，但未投保舱面货物险。本案货物为舱面货（原木），其被风刮入大海导致的损失不在保险责任范围内。关于该案，武汉海事法院一审判决保险人败诉，理由是：被告保险公司在明知有部分舱面货的情况下，依然同意对所有货物承保一切险。对此，二审湖北省高级人民法院形成了两种不同意见，其中倾向性意见是维持原判，理由是：既然保险公司收了一切险保费，就应对海运中的全部货物（含舱面货）发生的货损承担赔偿责任。为此，湖北省高级人民法院请示到了最高人民法院，最高人民法院〔2007〕民四他字第 8 号复函则指出："一切险"的承保风险应当为非列明风险，如保险标的的损失系运输途中的外来原因所致，且并无证据证明该损失属于保险条款规定的除外责任之列，则应当认定保险事故属于一切险的责任范围。

其后，陆续有海运一切险的案子引起了最高人民法院的关注。最终，最高人民法院案例指导工作办公室给出了结论性的意见："一切险"约定方式是平安险（列明风险）+水渍险（列明风险）+外来原因（非列明风险），实质上仍是非列明风险。因为外来原因不是一项具体风险，而是泛指所有（外来）风险。"外来原因"所维系的本体是"被保险货物"，"外来"的参照物也就是被保险货物，所谓"外来原因"，就是被保险货物内在原因以外的其他原因，即货物之外因。例如，船东（实际承运人）监守自盗的，货损原因不属于被保险货物内在原因，而是属于有不可预见性或者意外性的外因[①]。

（二）关于除外责任

人保"09 条款"规定，本保险对下列损失不负赔偿责任：

（一）被保险人的故意行为或过失所造成的损失。

（二）属于发货人责任所引起的损失。

① 最高人民法院案例指导工作办公室．海南丰海粮油工业有限公司诉中国人民财产保险股份有限公司海南省分公司海上货物运输保险合同纠纷案的理解与参照——海上货物运输保险合同条款中"一切险"和"外来原因"的含义［J］．人民司法（案例），2016（26）：43-45.

（三）在保险责任开始前，被保险货物已存在的品质不良或数量短差所造成的损失。

（四）被保险货物的自然损耗、本质缺陷、特性以及市价跌落、运输延迟所引起的损失或费用。

（五）本公司海洋运输货物战争险条款和货物运输罢工险条款规定的责任范围和除外责任。

关于第一项除外，被保险人的故意行为造成的损失自不待言，但就被保险人的过失而言，此种条款的效力可能不一定会被法院接受。例如，在永×财产保险股份有限公司金坛支公司、清远市华×船务有限公司海上、通海水域保险合同纠纷案中，湖北省高级人民法院认为①：通常而言，投保船舶如发生《沿海、内河船舶保险条款（2012）》第四条所列明的碰撞或触碰、爆炸、火灾的保险责任，基本上都会出现被保险人的过失或者不当行为，此时保险人若援引上述除外责任条款进行拒赔，则违背了投保人对船舶进行投保时化解风险的初衷，排除了保险公司依法应负的责任。本案保险条款因加重了被保险人的责任，排除保险人的义务而无效。

关于第二项除外，实务中，常见的是发货人包装、绑扎不当问题。例如，在上海迪×玻璃装饰制品有限公司与中国太平×财产保险股份有限公司上海分公司财产保险合同纠纷案中，上海市第二中级人民法院认为②：上诉人作为专业的玻璃生产厂家，在发货时，应确保玻璃的包装符合长途运输标准。本案所涉的夹层玻璃，不同尺寸和不同形状的玻璃放置在同一铁架上，这种方式不符合玻璃运输的国家标准。基于玻璃的运输包装由上诉人负责，且本案受损玻璃的运输方式不符合长途运输标准，而一切险的除外责任中规定“属于发货人责任所引起的损失”不赔，故本案保险人可以不予赔付。

关于第三项除外，实务中一般简称为原残（即货物在发运之前就已经存在残损）。显然，保险人对原残不应赔偿。

关于第四项除外，实务中此种争议（货物本质缺陷问题）在大宗农产品海运保险纠纷中比较常见。对此，最高人民法院采取的是比较严格的态度。例如，在白长春×船务公司、中国太平×财产保险股份有限公司重庆分公司海上、通海水域货物运

---

① 参见湖北省高级人民法院（2018）鄂民终1400号民事判决书。

② 参见上海市第二中级人民法院（2010）沪二中民六（商）终字第13号民事判决书。

输合同纠纷案中，最高人民法院认为[①]：自长春×公司（船东）据以主张案涉货物因水分含量过高构成固有缺陷导致货损的主要依据是其于一审时提交的两份《专家意见》，但两份《专家意见》均为不具有从事我国进出口货物残损检验资质的专家撰写的学术文章，支撑其观点的数据主要源于他人的研究成果。上述《专家意见》既没有结合案涉船舶参数证明案涉货物水分含量与运输期间的货物毁损存在必然联系，亦没有证明案涉货物（大豆）存在水分含量不符合国家标准或影响长途运输、保管的情形。因此，法院不予采信。再如，在中国太平×财产保险股份有限公司宁波东城支公司（简称太×东城支公司）、宁波恒×再生金属有限公司海上、通海水域保险合同纠纷案中，最高人民法院亦认为[②]：恒×再生金属有限公司在报案材料《情况说明》中认为"在装船接近1000吨的时候船上发现冒烟并自燃"，只是对火灾发生情况的描述，其并未在诉讼中认可火灾因货物自燃引起，并不构成自认。太×东城支公司应当举证证明货损为货物的本质缺陷导致。恒×公司在《情况说明》中的表述以及对新舟公司赔偿的事实均不足以证明货物起火原因是货物本质缺陷导致。太×东城支公司提供的公估报告亦未明确火灾事故系货物的本质缺陷所致。原判决认定太×东城支公司拒赔依据不足，并无不当。

从比较研究的角度讲，2018年12月9日英国最高法院就Volcafe v CSAV[③]做出了一份被誉为"本年度英国最重要的海上货物运输案件"的判决，该案恰好涉及货物（咖啡豆）固有缺陷以及举证责任问题。该案中，Lord Sumption判令承运人败诉，理由是[④]："内在缺陷"，是指考虑承运人根据合同需要对货物尽到的注意义务，货物仍然不适于承受航程中发生的一般意外事件。这就意味着，承运人有法律上的责任证明他已经尽到合理注意义务防止货物发生损失，包括尽到合理注意义务防止货物因其内在属性（如吸湿性）发生损失。如果承运人能够且应当采取措施防止货物的内在属性致损，就不能认为该损失因"内在缺陷"所致。因此，为了能够主张"内在缺陷"免责，承运人有责任要么证明他已经对货物尽到了合理照看义务，但损失无论如何都会发生；要么证明因货物的内在属性，不论采取何种合理措施都无

① 参见最高人民法院（2018）最高法民申2411号裁定书。

② 参见最高人民法院（2019）最高法民申5619号裁定书。

③ ［2018］UKSC 61。

④ 郑睿．本年度英国最重要的海上货物运输案件，看看最高法院怎么判，https：//www. sohu. com/a/280402168_ 654328。

法避免货损发生。由于承运人未能证明装有咖啡豆的集装箱已被适当处理以防止冷凝导致货物损失，因此承运人败诉。

英国最高法院的观点与中国法院有着类似的地方。例如，在平×财险深圳分公司诉韩×船务有限公司（简称韩×公司）海上货物运输合同纠纷案中，该案涉及的是从巴西运输到中国的大豆发生了货损。对此，韩×公司聘请的专家证人认为，在 40 天左右的正常航程中，“韩×大马”轮无须配备通风设备即可满足运输涉案大豆的要求，而一旦超过该正常航期，不论是否打开通风口，基于货舱结构和储运条件，货物的固有缺陷和自然特性在该期间内必然会产生货损。广州海事法院没有认可韩×公司的观点，理由是①：作为适航、适货的船舶，在正常航期外另有一定的期限来满足船舱的适货要求。如果一艘运输大宗散装谷物的专业船舶，仅仅能满足 40 天左右的正常航期的适货要求，一旦超出该航期，不论采取什么措施，货物都将必然受损的话，这就意味着该船舶的适货、适航性能值得怀疑。或者，如果这种说法正确，以后大豆运输可能要用冷藏船来进行了。

关于第五项除外如何理解，在阿斯×水泥公司与天×财产保险股份有限公司（以下简称天×保险）海上保险合同纠纷案中，阿斯×公司与案外人湖北鹏×经贸发展有限公司（以下简称鹏×公司）签订水泥厂项目合同，约定鹏×公司为阿斯×公司在埃及阿斯×省建立熟料水泥厂，其中成套设备在中国采购并运输至埃及工厂。2007 年 4 月 14 日，涉案货物装载 TS 轮，从中国上海港驶往埃及亚历山大港。同日，鹏×公司为涉案货物投保了海洋运输货物保险，保险人为天×保险，保险单背面附有人保“81 条款”及“海洋运输货物战争险条款”。阿斯×公司支付货款后取得了包括保险单证在内的贸易单证。2007 年 6 月，承运船舶被案外人申请扣押，滞留斯里兰卡，阿斯×公司通知了天×保险。阿斯×公司虽多次努力协调货物转船，但因阿斯×公司无法控制的原因，货物一直滞留在斯里兰卡。2012 年 8 月，阿斯×公司获知船货一起沉没，货物全损，遂将上述情况通知天×保险并要求理赔，天×保险拒赔。对此，上海市高级人民法院认为②：涉案船舶被斯里兰卡法院司法扣押，并非因为战争而产生的后果，不适用战争险的除外责任，且实施扣押的“法院”亦不等同于“执政者、当权者或者其他武装集团”，故天×保险援引战争险中的除外责任条款主张其不

① 参见广州海事法院（2004）广海法初字第 321 号民事判决书。

② 参见上海市高级人民法院（2016）沪民终 136 号民事判决书。

负保险赔偿责任，缺乏事实和法律依据。

再如，在康地华×饲料（武汉）有限公司与中国人×财产保险股份有限公司江西省分公司保险合同赔偿纠纷案中，涉案船舶因船东与燃料供应商和船员的纠纷，在航行途中被厄瓜多尔法院扣押。上海市高级人民法院认为①：基于对一切险条款的解释及该条款除外责任的具体规定，从货物保险的宗旨考虑，在货物运输保险中，保险人对货物承担的责任既包括货物的具体状态，也包括货物能安全抵达目的地，即一切险还应承保航程丧失或受阻的风险。本案中，船舶被法院扣押应是可以认定的事实，由于载货船舶被扣押的风险没有在除外责任中明确除外，且对被保险人武汉康地而言是意外风险，因此，该风险属于保险人的责任范围。

因此，结合上述司法实践可以看出，船舶如因被法院扣押导致货损的，不属于一切险第五项（战争险和货物运输罢工险）除外，而是属于一切险的范围。

（三）关于责任起讫

1. 关于保险责任的开始

由于运输活动的复杂性，对于如何判断货运险责任起始和结束，往往存在很多争议。对此，人保“09条款”规定：

（一）本保险负“仓至仓”责任，自被保险货物运离保险单所载明的起运地仓库或储存处所开始运输时生效，包括正常运输过程中的海上、陆上、内河和驳船运输在内，直至该项货物到达保险单所载明目的地收货人的最后仓库或储存处所或被保险人用作分配、分派或非正常运输的其他储存处所为止。如未抵达上述仓库或储存处所，则以被保险货物在最后卸载港全部卸离海轮后满六十天为止。如在上述六十天内被保险货物需转运到非保险单所载明的目的地时，则以该项货物开始转运时终止。

（二）由于被保险人无法控制的运输延迟、绕道、被迫卸货、重新装载、转载或承运人运用运输契约赋予的权限所作的任何航海上的变更或终止运输契约，致使被保险货物运到非保险单所载明目的地时，在被保险人及时将获知的情况通知保险人，并在必要时加交保险费的情况下，本保险仍继续有效，保险责任按下列规定终止。

1. 被保险货物如在非保险单所载明的目的地出售，保险责任至交货时为止，但

---

① 参见上海市高级人民法院（2004）沪高民四（海）终字第151号民事判决书。

不论任何情况，均以被保险货物在卸载港全部卸离海轮后满六十天为止。

2. 被保险货物如在上述六十天期限内继续运往保险单所载原目的地或其他目的地时，保险责任仍按上述第（一）款的规定终止。

实务中，国际海运往往包含很多环节，包括从发货人工厂到港口，港口至货轮，货轮至卸货港，卸货港到收货人仓库等诸多环节。如何认定“仓至仓”，往往争议很大。例如，北京欣维×玻璃仪器有限公司（简称欣维×公司）、中国人×财产保险股份有限公司北京市分公司（简称财×北京分公司）海上、通海水域保险合同纠纷案。2015年8月欣维×公司出口一批玻璃仪器，财×北京分公司承保该批货物运输的一切险。货物委托给天津华×国际货运代理有限公司（以下简称天津华×公司）运输，天津华×公司作为托运人又将货物委托给环×讯通公司进行运输。欣维×公司于2015年8月10日、8月12日分两批将货物由北京仓库运送至天津的送货地点。8月12日深夜，存放涉案货物的堆场附近发生火灾爆炸事故，涉案货物被炸毁，财×北京分公司以事故发生时保险责任尚未开始为由予以拒赔。

对此，天津市高级人民法院二审支持了财×北京分公司的观点，理由是：没有证据证明货物已经运离[①]。再审中，最高人民法院支持了二审的观点，理由是[②]：涉案保险单载明自天津至美国费城，货物的起运地为天津。故财×北京分公司的责任期间应自涉案货物运离天津的仓库或者储存处所开始。涉案事故发生时，涉案货物储存于环×讯通公司位于天津的仓库，尚无证据证明货物已经或正在运离。根据保险责任期间起讫条款的约定，因涉案货物储存在承运人仓库中未运离，财×北京分公司的保险责任尚不满足“仓至仓”责任的开始条件，保险责任未开始。欣维×公司称运输一旦开始，基于运输衔接的存放均在保险责任期间之内的主张缺乏事实及法律依据，不能成立。

因此，在人保“09条款”下，“仓至仓”条款的保险责任开始有个很重要的条件，即被保险货物为开始运输的目的而“运离”保险单所载明的起运地仓库或储存处所。如果没有证据证明“货物已经或正在运离”，则暂时存储期间的损失不属于货运一切险的承保范围。

① 参见天津市高级人民法院（2018）津民终54号民事判决。

② 参见最高人民法院（2018）最高法民申3513号民事裁定书。

2. 关于保险责任的终止

人保“09 条款”下的责任终止是以货物到达保险单所载明目的地收货人的最后仓库或储存处所，或被保险人用作分配、分派或非正常运输的其他储存处所时为止。至于何为到达，实务中，有些保单只记载了航程是某某港到某某港，并未记载最终目的地。此时，会有争议，即保险责任在港口还是内陆仓库终止。

在烟台鼎×国际贸易有限公司与太×财产保险有限公司山东分公司、太×财产保险有限公司烟台中心支公司海上、通海水域保险合同纠纷案中，货物运输保险单承保一切险，保单载明“航程”为“中国青岛至肯尼亚蒙巴萨”。2013 年 7 月 29 日，货物到达蒙巴萨港口。2013 年 8 月 5 日，保险货物到达收货人位于肯尼亚内罗毕蒙巴萨公路 49 号阿尔法中心货仓的仓库，打开集装箱时发现丢失 219 箱货物。对此，保险人予以拒赔，理由是：保单记载“航程”为“中国青岛至肯尼亚蒙巴萨”，本案保险人的保险责任应当自货物卸至蒙巴萨港堆场时终止。最终，山东省高级人民法院没有认可保险人的抗辩，理由是[①]：保险单中，仅记载了涉案货物的运输航程和提单号，没有载明保险责任的起止期间，而涉案货物运输的提单中，详细载明了收货人及其仓库等信息，综合上述事实，可以认定保险责任在涉案货物到达收货人的仓库时终止。

再如，在中国大×财产保险股份有限公司江苏分公司、迪克哈×合资公司海上、通海水域保险合同纠纷案中，保险人也抗辩认为：涉案保单仅载明目的港，则货物实际运至收货人在港区的任何仓库均可视为“最后仓库或储存处所”；如仅载明目的地（城市名），则收货人在该行政区域范围内的任何仓库都可以视为“最后仓库或储存处所”。最终，湖北省高级人民法院驳回了这一抗辩，理由是[②]：首先，从条款所使用的词句来看，“保单所载明目的地收货人最后仓库或储存处所”应该是保单载明具体名称的“仓库或储存处所”。其次，从保险条款的其他内容来看，保险条款第三条还载明“如未抵达上述仓库或储存处所，则以被保险货物在最后卸载港全部卸离海轮后满六十天为止”，即如货物在目的地（城市名）甲港口仓库暂时堆存，在此后 60 天内全部转运至该城市乙港口仓库堆存。按照大地保险在本案诉讼中的观点，货物在甲港口仓库堆存即意味着保险责任期间终止，这显然与保险条款关

① 参见山东省高级人民法院（2016）鲁民终 517 号民事判决书。

② 参见湖北省高级人民法院（2019）鄂民终 887 号民事判决书。

于中途卸货转运的60天仍属于保险期间的约定相悖。最后，如按照保险人的解释，保单仅载明目的地（城市名），则该行政区域范围内的任何仓库均被视为“最后仓库或存储处所”，实质上减轻了保险人的责任，加大了投保人的风险。

因此，参考人保“81条款”，在正常运输情况下①：

（1）如果保单目的地为卸载港，被保险人提货后运到其自己位于卸载港的仓库，保险责任即告终止。

（2）如果保险单目的地为卸载港，货物实际上是运到内陆的，如收货人在该卸载港设有仓库，则货物一经进入其代理人或受托人的仓库，应视作被保险人的最后仓库，保险责任即告终止；但货物存在港口、码头、海关等临时性运输仓库中，不能视作最后仓库，保险仍应负责，要等到货物进入前述的代理人受托人仓库，保险责任才告终止；若货物从港口、码头、海关等临时性运输仓库直接起运到内陆目的地，则当货物进入这些仓库时，责任即行终止；若被保险人将港口码头、海关等临时性运输仓库用作分配、分派货物的临时储存处所，在其中整理、分组发运货物，则货物一经进入此类仓库，保险责任即行终止。因为虽然存在保险条款意义上的最后仓库，但分配、分派行为发生在先②。若被保险人在卸载港没有仓库，而是租用港口、码头、海关等临时性运输仓库储存货物，在此种情况下，上述仓库应视为被保险人的最后仓库，货物一经运入这些仓库，保险责任即告终止；以上多种情况，其保险期限，都不得超过从海轮卸货后60天。

此外，目前我国开设冷藏货物保险起讫时间为从冷藏货物运离装货港的冷库时起至到达合同约定的地点时止，约定的地点大多为卸货港的岸上冷库，责任终止时间为货物进入冷库10日内。而目的港政府可能因为货物来自新冠肺炎疫区不允许进入冷库，而卸至其他地点，此种情况下，从货物卸下时保险人责任即终止。对此，投保人在选择货物的最后卸货地点时应特别小心③。

3. 关于装卸货期间发生的货损责任

在人保海洋货物保险条款中，由于其对是否承保装卸作业界定不明，经常会对

---

① 马鸣家．保险条款费率辞释大全［M］．北京：中国商业出版社，1995：509.

② 李兆良．论“最后仓库”及“用作分配、分派的储存处所”的含义［J］．中国海商法年刊（1993）：176.

③ 江苏省律协海事海商业务委员会．造船与航运业应对新型冠状病毒疫情法律指引，http：//www. cansi. org. cn/。

装卸过程中发生的货损是否属于承保范围产生争议。对此，可以用图 6-1、图 6-2 来展示二者不同的保险范围[①]。

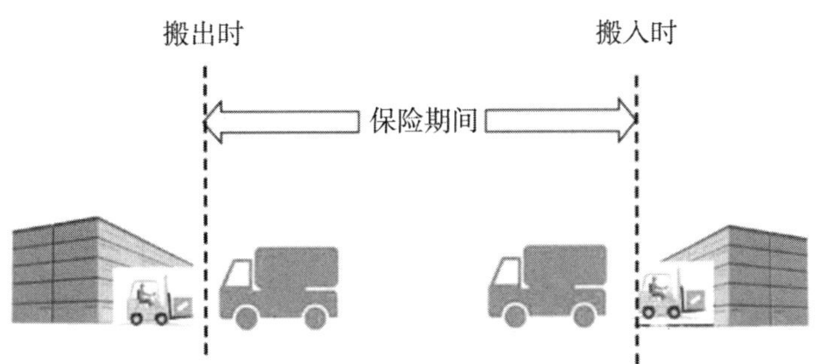

图 6-1　不承保装卸时的保险范围

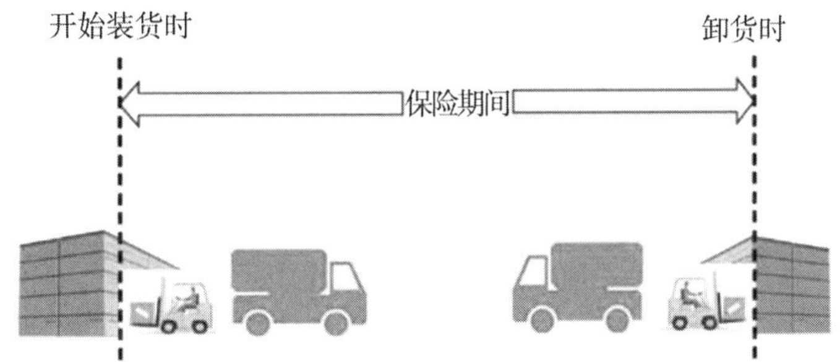

图 6-2　承保装卸时的保险范围

在兴×物流（上海）有限公司连云港分公司与中国人×财产保险股份有限公司连云港市分公司（简称人×公司）海上、通海水域保险合同纠纷案中，一批货物从韩国仁川港运至中国连云港，最终目的地是苏州收货人仓库。上述货物运至苏州收货人仓库后，集装箱卡车司机将涉案货物从集装箱卸至地面过程中，两个托盘的货物不慎发生倒塌，摔至地面，导致货损。人×公司承保了所涉货物的海洋运输货物一切险，但人×公司对此予以拒赔，理由是仓库内发生的货损不属于仓至仓责任期间。

对此，上海海事法院驳回了人×公司的抗辩，理由是[②]：首先，涉案货损系在集装箱车到达收货人仓库的卸货平台，在货物卸离集装箱车至地面的过程中发生的。

---

① 图片来源：三井住友海上火灾保险（中国）有限公司内陆货物运送保险条款，http：//www. ms-ins. com. cn/。

② 参见上海海事法院（2018）沪 72 民初 2900 号民事判决书。该案被评为上海海事法院发布 2019 年十大精品案例。关于该案的介绍可见于：https：//m. thepaper. cn/baijiahao_ 6349186。

从监控视频可知，虽处同一密闭空间，但收货人货物集中储存处所位于卸货平台约十米远处，收货人的货物在该仓库最后统一存放，仓库与卸货平台之间设置有关卡及门锁，以防偷盗，从该仓库的卸货平台地面至货物最终存放地点之间须通过液压车或叉车继续运载前行，故涉案货损发生之卸货平台并不属于货物的“最后仓库或储存处所”。其次，该条款所称“货物到达最后仓库或储存处所”应理解为货车到达仓库，对货物进行搬卸作业并使货物最终存储于仓库的过程。货物从集装箱车卸离至仓库地面，经叉车搬入仓库落定后，保险人承保的风险才终止。本案的货损发生在货物从集装箱车卸离至地面过程中，此时货物尚未到达仓库，保险责任尚未终止。

因此，就“货物到达最后仓库或储存处所”而言，法院可能将其解释为一个动态的过程，只有货物经叉车搬入仓库落定后，保险人的责任才终止。

（四）关于被保险人的义务

关于被保险人的义务，人保“09 条款”规定，被保险人应按照以下规定的应尽义务办理有关事项：

（一）当被保险货物运抵保险单所载明的目的港（地）以后，被保险人应及时提货，当发现被保险货物遭受任何损失，应即向保险单上所载明的检验、理赔代理人申请检验，如发现被保险货物整件短少或有明显残损痕迹应即向承运人、受托人或有关当局（海关、港务当局等）索取货损货差证明。如果货损货差是由于承运人、受托人或其他有关方面的责任所造成，并应以书面方式向他们提出索赔，必要时还须取得延长时效的认证。如未履行上述规定义务，保险人对有关损失不负赔偿责任。

（二）对遭受承保责任内危险的货物，被保险人和保险人都可迅速采取合理的抢救措施，防止或减少货物的损失，被保险人采取此项措施，不应视为放弃委付的表示，保险人采取此项措施，也不得视为接受委付的表示。

对由于被保险人未履行上述义务造成的扩大的损失，保险人不负赔偿责任。

（三）如遇航程变更或发现保险单所载明的货物、船名或航程有遗漏或错误时，被保险人应在获悉后立即通知保险人并在必要时加交保险费，本保险才继续有效。

（四）在向保险人索赔时，必须提供下列单证：保险单正本、提单、发票、装箱单、磅码单、货损货差证明、检验报告及索赔清单。如涉及第三者责任，还须提供向责任方追偿的有关函电及其他必要单证或文件。

被保险人未履行前款约定的单证提供义务，导致保险人无法核实损失情况的，保险人对无法核实的部分不承担赔偿责任。

（五）在获悉有关运输契约中“船舶互撞责任”条款的实际责任后，应及时通知保险人。否则，保险人对有关损失不负赔偿责任。

1. 被保险人保护代位追偿权的义务

关于上述第一项义务，其主要是从保护承运人代位追偿权的角度做出的。对此，《海商法》第二百五十三条也规定：被保险人未经保险人同意放弃向第三人要求赔偿的权利，或者由于过失致使保险人不能行使追偿权利的，保险人可以相应扣减保险赔偿。实务中，争议较大的是被保险人向承运人索赔的义务问题，包括被保险人是否有义务起诉承运人；如果不起诉，保险人是否可以相应拒赔①。

对此，在南京银×龙翼船有限公司与中国人×财产保险股份有限公司北京市分公司海上保险合同纠纷案中，天津市高级人民法院认为②：保险人并未就保险合同中“如果货损货差是由于承运人、受托人或其他有关方面的责任所造成，被保险人应以书面方式向他们提出索赔，必要时还须取得延长时效的认证；否则，保险人有权拒绝赔偿”的约定进行说明，亦未提示或指示被保险人采取相应的保护诉讼时效的措施。并且保险人在接到报案后的将近一年时间内未做出不予赔付的决定，未能为被保险人保留合理的向承运人提起诉讼的时间。因此，被保险人未以诉讼或仲裁方式向承运人主张权利，并不属于“过失致使保险人不能行使追偿权利”的情形，保险人无权据此主张相应扣减保险赔偿。

在舟山市明×远洋渔业有限公司（简称明×公司）、中国水产舟×海洋渔业有限公司与永×财产保险股份有限公司宁波分公司、永×财产保险股份有限公司海上、通海水域保险合同纠纷案中，保险人认为，明×公司未及时起诉承运人，导致代位求偿权时效丧失，保险公司可扣减赔偿。浙江省高级人民法院没有认可保险人这一抗辩，理由是③：涉案事故发生于2012年10月20日，保险人委派的公估人于同年10月

① 邓锦彪．论海上货物运输保险合同的被保险人向第三人索赔义务［J］．第四届广东海事高级论坛论文集：424-428.

② 参见天津市高级人民法院（2014）津高民四终字第90号民事判决书。

③ 参见浙江省高级人民法院（2016）浙民终326号民事判决书。

25 日上船查勘出险情况，并在其后出具的初步报告中对于货损情况及金额做出了初步认定，但保险人直到 2014 年 7 月 22 日才发出“拒赔案件通知书”。保险人从接到出险通知派公估公司现场查勘到出具拒赔案件通知书，相隔了 21 个月，远远超出了前述法律规定的期限，故其认为系由于被保险人的过错致使保险人不能行使追偿权利的理由不能成立。

因此，如上海海事法院在寿光市东宇鸿×木业有限公司与中国人×财产保险股份有限公司连云港市分公司海上、通海水域保险合同纠纷案中指出的，《海商法》第二百五十三条规定“同意放弃”和“过失致使”情形的文意解释应理解为被保险人的故意或过失的积极“作为”导致保险人丧失保险代位求偿权。被保险人未向责任方索赔的消极行为属于法律上的“不作为”，并不适用该法条①。

值得注意的是，有些基础合同（例如运输合同）中可能会约定承运人责任限制，或者免责条款，这些条款如导致保险人丧失代位求偿的权利，则保险人可以相应地扣减保险赔偿。例如，在平×财险江苏分公司与中×第三航务工程局有限公司海上、通海水域保险合同纠纷案中，一批货物从上海港运至墨西哥曼萨尼约港，运输期间货物发生落海事故。保险公司赔偿被保险人后，向承运人提出代位追偿，但由于被保险人和承运人的合同中有免责条款导致追偿不能，保险公司于是诉请被保险人返还保险赔偿款。对此，上海海事法院判令保险公司胜诉，理由是②：法律规定的是“未经保险人同意”而放弃，只要被保险人在未经保险人同意的情况下放弃向第三人要求赔偿的权利，保险人即可相应扣减保险赔偿金。被告在租船合同中约定，租船人对任何性质和任何原因造成的对货物损失、损害或延误而引起的一切责任负责，所有的责任都应由租船人独自承担，而不向船东、其他服务人员、代理人或保险人追索。由于被告放弃了向承运人要求赔偿的权利，致使原告作为保险人在代位追偿诉讼中丧失了胜诉权，保险人无须再承担支付保险赔偿金的责任，保险人已经支付的保险赔偿金应当予以返还。

值得注意的是，《最高人民法院关于适用〈中华人民共和国保险法〉若干问题的解释（四）》（简称《保险法解释四》）第九条规定：“在保险人以第三者为被告提起的代位求偿权之诉中，第三者以被保险人在保险合同订立前已放弃对其请求

① 参见上海海事法院（2014）沪海法商初字第 620 号民事判决书。
② 参见上海海事法院（2017）沪 72 民初 1079 号民事判决书。

赔偿的权利为由进行抗辩，人民法院认定上述放弃行为合法有效，保险人就相应部分主张行使代位求偿权的，人民法院不予支持。保险合同订立时，保险人就是否存在上述放弃情形提出询问，投保人未如实告知，导致保险人不能代位行使请求赔偿的权利，保险人请求返还相应保险金的，人民法院应予支持，但保险人知道或者应当知道上述情形仍同意承保的除外。”据此，如果保险人知道或者应当知道上述情形（放弃行为）仍同意承保的，则不得再去请求返还相应保险金。

实务中，有时候发货人为了取得清洁提单会向承运人出具清洁提单保函，承诺承担因签发清洁提单引起的责任。对此，是否可以理解为损害了保险人的代位追偿权利，继而保险人可以拒赔？在宿迁市业×国际贸易有限公司（简称业×公司）与中国人×财产保险股份有限公司上海市分公司海上保险合同纠纷案中，一审上海海事法院认为：业×公司在涉案保险合同项下三批次海上货物运输中均向承运人等相关方出具了保函，保证承运人因签发清洁提单而受到任何性质的损失和损害由业×公司自行承担责任，包括由于签发清洁提单而引发的诉讼。由保函内容可知，业×公司不仅放弃了向承运涉案货物各相关方要求赔偿的权利，还将替代承运人等相关方承担由于诉讼所引起的各项损失。业×公司向承运货物的各相关方出具保函的行为，实际上已经放弃了向第三人要求赔偿的权利，即便涉案海上货物运输中存在货损，保险人也无须做出保险赔偿。最终，上海市高级人民法院改变了一审判决，理由是[①]：本案中业×公司虽为换取清洁提单针对大副收据的批注向船方出具了保函，但该保函并未免除船方在运输途中因签发清洁提单之外的原因对货损负有的责任。本案并非所有的货物都与保函有关，保函之外的货损应当发生于保险责任期间，与船方签发清洁提单无关，对该部分损失上海人保不能因业×公司出具清洁提单保函而免责。

因此，如发货人出具的保函与运输期间的货损无关，则不能视为损害了承运人的代位追偿权利，保险人不能对此拒赔。

2. 被保险人的施救义务

为防止保险事故发生后保险标的损失进一步扩大，被保险人有义务实施施救行为，以减少损失的程度或范围。之所以设定被保险人的施救减损义务，是因为保险标的始终处于被保险人的控制中，其对保险事故的发生最早知晓，自然应由其首先

① 参见上海市高级人民法院（2018）沪民终 481 号民事判决书。

采取施救措施。通过施救，防止损失扩大，有利于保险公司，也有利于整体社会大众。

关于施救义务，我国《海商法》和《保险法（2015 年修正）》的规定略有不同。《海商法》第二百三十六条规定：一旦保险事故发生，被保险人应当立即通知保险人，并采取必要的合理措施，防止或者减少损失。被保险人收到保险人发出的有关采取防止或者减少损失的合理措施的特别通知的，应当按照保险人通知的要求处理。对于被保险人违反前款规定所造成的扩大的损失，保险人不负赔偿责任。《保险法（2015 年修正）》第五十七条则规定：保险事故发生时，被保险人应当尽力采取必要的措施，防止或者减少损失。保险事故发生后，被保险人为防止或者减少保险标的的损失所支付的必要的、合理的费用，由保险人承担；保险人所承担的费用数额在保险标的损失赔偿金额以外另行计算，最高不超过保险金额的数额。

对比之下可以看出，《海商法》下的施救义务，主动权在保险人这边，被保险人应当按照保险人通知的要求处理，而《保险法（2015 年修正）》对此则并无明确规定。就人保“09 条款”而言，也只是规定“被保险人和保险人都可迅速采取合理的抢救措施”，而并不涉及哪一方对此有主动权的问题。而且，实务中往往会有争议的是，如何采取减损措施，以及采取减损措施到何种程度。

例如，中国人×财产保险股份有限公司上海市分公司（简称人×上海公司）与自×环保集团（私人）（简称环保私人公司）有限公司、自×环保集团有限公司（简称环保公司）等海上保险合同纠纷案。2009 年 10 月 30 日，环保公司与从江苏新天×氨基酸肥料有限公司采购化肥，贸易术语为 CIF 斯里兰卡科伦坡港。船东玛×公司在收到上述货物后，签署了正本提单，但因未收到中间租家（中×公司）支付的相关运费、滞期费，宣布留置了货物。为此，收货人向斯里兰卡高等法院申请扣押了承运船舶“大西洋工程”轮。船东则在伦敦提起了仲裁，请求宣布其因为未付运费、装货港滞期费合法地、合理地行使了留置货物的权利。2010 年 3 月 19 日“大西洋工程”轮驶离斯里兰卡水域后，船货去向不明。2010 年 3 月 23 日，环保私人公司通知人×上海公司“大西洋工程”轮在未卸货的情况下逃离斯里兰卡水域。同年 4 月 21 日，环保私人公司认为涉案货物已全损，向人×上海公司正式提出保险索赔。人×上海公司则提请环保私人公司应当如同未投保一般谨慎行事，并采取所有必要措施减少损失以及维护人×上海公司在本事宜项下的权益。

“大西洋工程”轮驶离了斯里兰卡水域后，船东玛×公司以环保公司为被告向英国商事法庭提起诉讼。英国商事法庭裁定：环保公司立即停止或撤回包括扣船令在内的所有斯里兰卡司法程序；准许玛×公司以最优价款出售货物，以确保船舶继续运营。英国商事法庭还裁定并指示：由环保公司提供一个银行资金账号，收取船东玛×公司以最合理的条件变卖货物后的收益，等待就该收益所作进一步裁定和/或仲裁裁决的处置。

关于本案的争议焦点之一在于被保险人是否尽到了减损义务。保险人认为：被保险人故意放任对货物的失控，放弃用少额金钱取回价值 700 万美元的货物，将损失转嫁保险人，严重违反了施救义务和如同未保险的人一样谨慎行事的最大诚信原则的基本要求。

最终，最高人民法院部分支持了保险人的抗辩，理由是①：涉案货物到达目的港后，实际承运人（船东）多次与被保险人就运费问题进行协商。被保险人存在以部分运费损失为代价，取回全部货物的可能。最高人民法院第 52 号指导案例为海南丰×粮油工业有限公司诉中国人×财产保险股份有限公司海南省分公司海上货物运输保险合同纠纷案。该案中，承运船舶“哈卡”轮的船东不透露船舶行踪，货物被转船走私并最终被检察机关作为走私货物没收，被保险人没有机会减少损失，与本案事实存在不同。实际承运人行使留置权以及英国法院的司法行为只是认定本案当事人权利义务的事实，不涉及司法主权问题。二审法院认定被保险人没有尽到减损义务，酌定其自行承担 30%的损失，并无不当。

就本案而言，其核心问题是，收货人向中间租家支付了运费，但中间租家可能没有支付给船东，导致船东宣布留置货物。实务中，这种情况并不罕见，尤其是当中间租家是皮包公司时。此时，被保险人（发货人）可能要考虑以部分运费损失为代价（再支付一次运费予船东），以取回全部货物。否则，可能会被认定为没有尽到减损义务，导致保险公司拒赔或者少赔。

实务中，对于被保险人的哪些费用支出属于为防止或者减少根据合同可以得到赔偿的损失而支出的必要的合理费用可能会有争议。对此，在广东仁×海运有限公司、中×保险有限公司广东分公司海上、通海水域保险合同纠纷案中，最高人民法院（2017）最高法民申 4639 号民事裁定书认为：被保险人支出的律师费不属于为防止或者减少根据合同可以得到赔偿的损失而支出的必要的合理费用。在上海申×

① 参见最高人民法院（2016）最高法民申 1383 号民事裁定书。

化工有限公司与中国人×财产保险股份有限公司上海市分公司海上保险合同纠纷再审案中，最高人民法院（2011）民申字第1516号民事裁定书亦认为：被保险人主张的律师费，以及处理受损货物而支付的进口关税和进口增值税也不属于此种必要的合理费用。

此外，值得注意的是，有时候采取了减损措施却不一定有好的效果。对此，司法实务中采取的认定标准是，如果被保险人能够证明其采取的措施是合理的，即使没有防止或者减少损失，因采取措施而支出的必要的合理费用，也应当由保险人承担[①]。

3. 航程变更或有遗漏或错误的通知义务

关于上述第三项义务，主要涉及被保险人在航程变更或有遗漏或错误时的通知义务。实务中，有很多时候，尤其是集装箱运输，会有转船情况。如果有转船，保险人可否以违反航程变更的通知义务为由解除合同？

例如，在陕西鼓风×（集团）有限公司（简称陕西鼓风×公司）诉中国人×财产保险股份有限公司北京市分公司（简称人×北京公司）保险合同纠纷案。陕西鼓风×公司向法拉×公司购买数控叶片铣床，从热那亚港运到天津新港。BM公司北京办事处向法国达×轮船船务有限公司（简称达×轮船公司）订舱并承运涉案货物，并签发了03-02636号提单，记载托运人为法拉×公司，装运港为热那亚港，卸货港为天津新港，承运船舶为“CMA CGM NEPTUNE”轮。在运输过程中，涉案货物转由“VILLE DE ANTARES”轮承运，在从新加坡运往韩国釜山期间，“VILLE DE ANTARES”轮遭遇7~9级大风，导致位于露天甲板左前方的一台铣床严重损坏。保险人以被保险人违反告知义务为由拒赔，被天津市高级人民法院驳回，理由是[②]：双方当事人对涉案货物在运输途中发生转船的事实均无异议，但陕西鼓风×公司作为被保险人，在保险事故发生前并不知晓涉案货物需转船的事实。人×北京公司以陕西鼓风×公司在保险事故发生前已经获悉转船的事实，但没有立即通知人×北京公司，违反了被保险人的义务为由，主张其有权解除合同并不承担保险赔偿责任证据不足，不予支持。

---

① 王淑梅．《关于审理海上保险纠纷案件若干问题的规定》的理解与适用［J］．人民司法，2006（12）：17.

② 李雪春．陕西鼓风×（集团）有限公司诉中国人×财产保险股份有限公司北京市分公司保险合同案，http：//tjfy. chinacourt. gov. cn/article/detail/2008/06/id/1924376. shtml。

类似的，在广东A集团有限公司诉B财产保险股份有限公司广东省分公司海上货物运输保险合同纠纷案中，广州海事法院也认为：保险单约定的载货船舶为“MSC 秘鲁”轮，原告所持提单上记载之承运船舶亦为“MSC 秘鲁”轮，没有证据显示在起运港不是由该轮承运涉案货物。在货物运输过程中，没有证据表明承运人C航运公司或其代理人通知了原告将要转船运输；当货物最终由“MSC 诺亚”轮运抵上海后，由原告的代理报关人向海关申报，亦无证据显示报关公司通知了原告转船的事实。因此，原告客观上并不知道货物在派塔港由一程船舶“MSC 秘鲁”轮装运后，中途需要更换二程船舶“MSC 诺亚”轮运往上海，因而转船运输的事实并不影响保险合同的有效性。

因此，鉴于实务中集装箱运输时的转船很常见，就被保险人在航程变更或有遗漏或错误时的通知义务而言，其对于此种转船情况可能并不适用。此外，在当前新冠肺炎疫情环境下，原定的船舶航线可能会发生航程的变更。此时，被保险人有立即向保险人通知的义务，且为保险合同继续有效，有加缴保费续保的义务[①]。

4. 被保险人证明保险事故实际发生的义务

关于上述第四项义务，主要涉及被保险人证明保险事故发生的义务。对此，《保险法（2015年修正）》第二十一条规定：投保人、被保险人或者受益人知道保险事故发生后，应当及时通知保险人。故意或者因重大过失未及时通知，致使保险事故的性质、原因、损失程度等难以确定的，保险人对无法确定的部分，不承担赔偿或者给付保险金的责任，但保险人通过其他途径已经及时知道或者应当及时知道保险事故发生的除外。

就本条所涉及的义务而言，其属于被保险人的基本义务之一，即被保险人要证明保险事故发生了。从实务中的情况来看，被保险人要证明这一点有时候未必很容易。例如，盗窃是很多货运险承保的对象，但是何为盗窃以及如何证明盗窃的发生，有时候会有很多争议。

例如，在中×联合财产保险股份有限公司唐山中心支公司与洋浦福×船务有限公司（简称福×公司）海上、通海水域保险合同纠纷案中，最高人民法院认为[②]：涉案保单约定保险人负责赔偿货物遭受盗窃的损失，福×公司主张其遭受该项列明风险

---

① 江苏省律协海事海商业务委员会．造船与航运业应对新型冠状病毒疫情法律指引，http：//www.cansi.org.cn/。

② 参见最高人民法院（2017）最高法民申2477号民事裁定书。

损失，应当举证证明该盗窃风险的发生。但是，其向保险人提供的相关证明和资料仅能证明货物数量短少，而未能说明盗窃发生的时间、地点等具体情况与合理依据，并相应举证，二审判决认定福×公司未就事故性质完成初步举证责任，具有事实和法律依据。

因此，保险事故与货损事故的本质区别在于，保险事故限于约定的保险责任范围内。货物出现货损事故，不能等同于发生了保险事故。在保险事故是否发生的判断问题上，需要依据保险人与被保险人之间所订立的保险合同[①]。即便有货损发生，被保险人提供的证据如果不能证明发生了保险事故，也可能无法得到保险人的赔偿。

① 李静．商事审判案例研究（第五卷·海事海商编）［M］．北京：人民法院出版社，2020.

第七章　Incoterms®2020 与货物进出口报关

2016 年 7 月起中国海关进行通关一体化改革，海关通关制度由之前的“申报—审核—查验—征税—放行”的前置监管模式改为“企业自主申报—货物放行—海关监管”的后续监管模式。海关监管对象包括进出境的货物、物品和运输工具。本文着重介绍与进出口货物相关的海关监管。鉴于现行的海关监管模式，中国海关货物通关的基本制度主要包括货物进出口管制，货物进出口申报，货物进出口海关监管等，以下分节进行介绍。

第一节 货物进出口管制制度

一、概述

进出口货物的国家管制，又称对外贸易的国家管理，是指一国政府从维护国家主权和利益出发，根据其本国的宏观经济发展目标，国内外政策需要以及其参加的国际条约所履行的义务要求，通过制定法律法规对进出口贸易采取鼓励、禁止或限制等措施，通过各主管部门进行相应进出口管制活动的总称。目前国际上对贸易的管制分类通常有两种形式：一种是按管制目的分为进口贸易管制和出口贸易管制；另一种则是按管制手段分为关税措施管制和非关税措施管制。我国对贸易管制采取按管制对象分类方式，分为货物进出口贸易管制、技术进出口贸易管制和国际服务贸易管制。

二、我国进出口货物管制的基本法律体系

我国进出口货物管制是一项综合制度，主要包括对外贸易经营者资格管理制度、海关管理制度、关税制度、进出口许可管理制度、出入境检验检疫制度和进出口货物收付汇管理制度等。我国已颁布多部与进出口货物管制相关的法律法规及部门规章，现已基本建立以《中华人民共和国对外贸易法》（以下简称《对外贸易法》）为核心的进出口货物管制的法律体系，包括法律、行政法规、部门规章和国际条约等。

（一）法律

目前我国已制定的与进出口货物管制相关的法律主要包括《中华人民共和国对

外贸易法》《中华人民共和国出口管制法》[①]《中华人民共和国海关法》《中华人民共和国进出口商品检验法》[②]《中华人民共和国进出境动植物检疫法》[③]《中华人民共和国固体废物污染环境防治法》[④]《中华人民共和国国境卫生检疫法》《中华人民共和国野生动物保护法》《中华人民共和国药品管理法》《中华人民共和国文物保护法》《中华人民共和国食品安全法》[⑤] 等。

（二）行政法规

国务院根据宪法和法律，制定了一系列与进出口贸易管制相对应的行政法规。主要包括《中华人民共和国货物进出口管理条例》[⑥]《中华人民共和国技术进出口管理条例》[⑦]《中华人民共和国进出口关税条例》《中华人民共和国知识产权海关保护条例》《保税区海关监管办法》《中华人民共和国海关对出口加工区监管的暂行办法》《中华人民共和国核出口管制条例》《中华人民共和国核两用品及相关技术出口管制条例》《中华人民共和国军品出口管理条例》《中华人民共和国导弹及相关物项和技术出口管制条例》《中华人民共和国生物两用品及相关设备和技术出口管制条例》《中华人民共和国监控化学品管理条例》《中华人民共和国野生植物保护条例》《中华人民共和国濒危野生动植物进出口管理条例》[⑧]《中华人民共和国外汇管理条例》等。

（三）部门规章

国务院各部委根据宪法、法律、法规，在本部门权限范围内发布的规范性文件，即部门规章。其中，与进出口贸易管制相关且具有代表性的部门规章主要包括《不可靠实体清单规定》《机电产品进口管理办法》《机电产品进口配额管理实施细则》《特定机电产品进口管理实施细则》《进口药品管理办法》《麻醉药品管理办法》《中华人民共和国精神药品管理法》《中华人民共和国放射性药品管理法》《外商投资企业自动进口许可管理实施细则》《货物自动进口许可管理办法》《进口兽药管理

---

① 以下简称《出口管制法》。
② 以下简称《商检法》。
③ 以下简称《进出境动植物检疫法》。
④ 以下简称《固废法》。
⑤ 以下简称《食品安全法》。
⑥ 以下简称《货物进出口管理条例》。
⑦ 以下简称《技术进出口管理条例》。
⑧ 以下简称《濒危野生动植物进出口管理条例》。

办法》《技术出口管理暂行办法》《中华人民共和国敏感物项和技术出口经营登记管理办法》《两用物项和技术出口通用许可管理办法》《化工部关于化工产品出口管理暂行办法》《有关化学品及相关设备和技术出口管制办法》《民用航空零部件出口分类管理办法》《软件出口管理和统计办法》等。

(四) 国际条约

国际条约是指国际法主体以国际法为准则在相互间确定其权利与义务的一种书面协议。国际条约仅对缔约方有约束力。我国参加的进出口贸易管制相关国际条约主要包括《WTO 协定》、《濒危野生动植物种国际贸易公约》（*Convention on International Trade in Endangered Species of Wild Fauna and Flora*）、《一九七一年精神药物公约》（*Conventions on Psychotropic Substances, 1971*）、《控制危险废物越境转移及其处置巴塞尔公约》（*Basel Convention on the Control of Transboundary Movements of Hazardous Wastes and Their Disposal*）、《不扩散核武器条约》（*Treaty on the Non-Proliferation of Nuclear Weapons*）、《禁止细菌（生物）及毒素武器的发展、生产及储存以及销毁这类武器的公约》（*Convention of the Prohibition of the Development, Production and Stockpiling of Bacteriological (Biological) and Toxin Weapons and on their Destruction*）、《武器贸易条约》（*Arms Trade Treaty*）、《关于消耗臭氧层物质的蒙特利尔议定书》（*Montreal Protocol on Substances that Deplete the Ozone Layer*）和《国际原子能机构附加议定书》（*Additional Protocol of International Atomic Energy Agency*）等。

三、进出口贸易经营管理

(一) 进出口经营权管理

目前，我国对外贸易经营者资格的获得原则上需办理备案登记。根据《对外贸易经营者备案登记办法》，从事货物进出口或者技术进出口的对外贸易经营者，应当向中华人民共和国商务部或中华人民共和国商务部委托的机构办理备案登记；法律、行政法规和商务部规定不需要备案登记的除外。对外贸易经营者未按照《对外贸易经营者备案登记办法》办理备案登记的，海关不予办理进出口的报关验放手续。对外贸易经营者备案登记线上平台可由中华人民共和国商务部业务系统统一平台登入（https://iecms.mofcom.gov.cn/corpLogin.html）。

根据《对外贸易法》以及《对外贸易经营者备案登记办法》的规定，对外贸易经营者必须具备以下要件：

（1）依法办理工商登记或者其他执业手续。

（2）依照《对外贸易法》和其他有关法律、行政法规的规定从事对外贸易经营活动。

（3）向中华人民共和国商务部委托的符合条件的本地区对外贸易主管部门办理备案登记手续，法律、行政法规和国务院对外贸易主管部门规定不需要备案登记的除外。

相较于原先对外贸易经营权仅由企业享有的情况，目前，我国对外贸易经营权已放开。根据《对外贸易法》，依法办理工商登记或者其他执业手续，依法从事对外贸易经营活动的法人、其他组织或者个人，均可成为对外贸易经营者，国家进行进出口货物国营贸易与指定经营管理的除外。

（二）进出口经营范围管理

进出口经营范围是指国家允许的对外贸易经营者从事进出口经营活动的具体商品类别和服务项目，具体体现为国家允许对外贸易经营者从事进出口经营活动的内容和方式。经国家商务主管部门备案登记依法取得对外贸易经营权的法人、其他组织或者个人，必须在备案登记的进出口经营范围内进行经营活动。若超范围经营则违反法律规定，需承担相应法律责任。此外，对外贸易经营者可以接受他人的委托，在经营范围内代为办理对外贸易业务。

需注意，《对外贸易经营者备案登记办法》实施前，即2004年7月1日前，我国对于对外贸易经营权仍采用核准登记制而非备案登记制。换言之，当时中国的对外贸易经营权尚未放开，相关经营者需国家核准方可获得外贸经营权。《对外贸易经营者备案登记办法》实施后，对于在该办法实施前已经依法取得货物和技术进出口经营资格且仅在原核准经营范围内从事进出口经营活动的对外贸易经营者，不再需要办理备案登记手续；对外贸易经营者如超出原核准经营范围从事进出口经营活动，仍需按照《对外贸易经营者备案登记办法》办理备案登记。

（三）进出口货物国营贸易与指定经营管理

国营贸易和指定经营实质上是国家通过对进出口经营权的登记和核准管理，使国家能够对关系国计民生的重要进出口商品实行有效管理。国营贸易和指定经营的相同之处在于，二者都属于政府授权一些企业代理某些产品进出口业务的行为；不同之处在于，根据我国加入 WTO 时所作的承诺，指定经营需要在谈判结果所承诺的时间内取消，具体而言，国务院对外经济贸易主管部门（以下简称国务院外经贸主管部门）基于维护进出口经营秩序的需要，只可以在“一定期限内”对部分货物实行指定经营管理，而国营贸易管理不存在时间限制。

1. 进出口货物国营贸易管理

（1）实行国营贸易管理的货物和经授权经营企业的目录，由国务院外经贸主管部门会同国务院其他有关部门制定、调整并公布。

（2）实行国营贸易管理的货物，国家允许非国营贸易企业从事部分数量的进出口。

（3）国营贸易企业应当每半年向国务院外经贸主管部门提供实行国营贸易管理的货物的购买价格、销售价格等信息。

（4）属于进口国营贸易管理的货物包括粮食（含小麦、玉米、大米）、棉花、食糖、原油、成品油、化肥 6 种，进口上述货物需取得进口国营贸易资格。

（5）属于出口国营贸易管理的货物包括粮食（含玉米、大米）、棉花、钨、锑、白银 5 种，出口上述货物需取得出口国营贸易资格。

2. 进出口货物指定经营管理

（1）实行指定经营管理的进出口货物目录由国务院外经贸主管部门制定、调整并公布。

（2）指定经营企业的具体标准和程序，由国务院外经贸主管部门指定并在实施前公布。

（3）指定经营企业名录由国务院外经贸主管部门公布。

四、禁止进出口管理

（一）禁止进口管理

为了维护国家主权和人民的生命健康安全，履行我国所缔结或参加的国际条约之义务，国务院外经贸主管部门会同其他国务院相关部委，依照《对外贸易法》第 16 条至第 18 条的规定，制定、调整并公布禁止进口货物、技术目录。海关根据国家相关法律法规对禁止进口目录商品实施监督管理，对于已列入国家公布禁止进口商品目录的商品及其他法律法规禁止或停止进口的商品或货物，任何法人、组织与个人均不得经营进口，否则将承担相应的法律责任。

《对外贸易法》第十六条规定，国家基于下列原因，可以限制或者禁止有关货物、技术的进口或者出口：

（1）为维护国家安全、社会公共利益或者公共道德，需要限制或者禁止进口或者出口的。

（2）为保护人的健康或者安全，保护动物、植物的生命或者健康，保护环境，需要限制或者禁止进口或者出口的。

（3）为实施与黄金或者白银进出口有关的措施，需要限制或者禁止进口或者出口的。

（4）国内供应短缺或者为有效保护可能用竭的自然资源，需要限制或者禁止出口的。

（5）输往国家或者地区的市场容量有限，需要限制出口的。

（6）出口经营秩序出现严重混乱，需要限制出口的。

（7）为建立或者加快建立国内特定产业，需要限制进口的。

（8）对任何形式的农业、牧业、渔业产品有必要限制进口的。

（9）为保障国家国际金融地位和国际收支平衡，需要限制进口的。

（10）依照法律、行政法规的规定，其他需要限制或者禁止进口或者出口的。

（11）根据我国缔结或者参加的国际条约、协定的规定，其他需要限制或者禁止进口或者出口的。

1. 禁止进口货物管理

我国政府明令禁止进口的货物主要包括以下3类：

（1）已列入国务院外经贸主管部门或会同国务院相关部委制定的《禁止进口货物目录》以及其他禁止进口类目录的货物。

目前，我国已公布的《禁止进口货物目录》共七批；另外，我国还公布了其他禁止进口类目录。上述目录主要包括以下内容。

①《禁止进口货物目录》（第一批）：该批货物目录是从我国国情出发，为履行我国所缔结或者参加的与保护世界自然和生态环境相关的一系列国际条约而发布的，目的是保护我国自然生态环境和生态资源。

②《禁止进口的旧机电产品目录》：该批货物目录包含显像管玻壳及其零件、装压缩或液化气的钢铁容器（零售包装用）、其他装压缩或液化气的容器（非零售

包装用)、可使用气体燃料的家用炉灶等旧机电产品。

③《禁止进口固体废物目录》：该批货物目录包含废动植物产品、矿渣、矿灰及残渣、硅废碎料、废药物、杂项化学品废物、塑料废碎料及下脚料等类别的固体废物。

④《禁止进口货物目录》（第六批）：该批货物目录包含长纤维青石棉、其他青石棉、1,2-二溴乙烷、二溴氯丙烷、艾氏剂、七氯、毒杀芬等商品。

⑤《禁止进口货物目录》（第七批）：该批货物目录为履行《关于持久性有机污染物的斯德哥尔摩公约》和《关于汞的水俣公约》的义务而制定公布。

（2）国家有关法律法规明令禁止的商品。例如，根据《固废法》，国家逐步实现固体废物零进口，具体禁止的商品清单由国务院生态环境主管部门会同国务院商务、发改委、海关等主管部门组织发布与实施；再如，根据《进出境动植物检疫法》，国外发生重大动植物疫情并可能传入中国时，国务院应当采取紧急预防措施，必要时可以下令禁止来自动植物疫区的运输工具进境或者封锁有关口岸。

（3）其他禁止进口的货物。

2. 禁止进口技术管理

根据《对外贸易法》《技术进出口管理条例》以及由原对外经济贸易合作部、原国家经济贸易委员会联合发布的《禁止进口限制进口技术管理办法》的有关规定，国务院外经贸主管部门会同国务院有关部门制定、调整并公布禁止进口的技术目录。属于禁止进口的技术，不得进口。

目前，《中华人民共和国禁止进口限制进口技术目录》所列明的禁止进口的技术涉及以下 10 类行业：林业；印刷业和记录媒介的复制；石油加工、炼焦及核燃料加工业；化学原料及化学制品制造业；医药制造业；非金属矿物制品业；黑色金属冶炼及压延加工业；有色金属冶炼及压延加工业；交通运输设备制造业；电气机械及器材制造业。上述目录中，禁止进口的技术总计 39 项。

（二）禁止出口管理

《对外贸易法》第十六条规定，国家基于下列原因，可以限制或者禁止有关货物、技术的出口：

（1）为维护国家安全、社会公共利益或者公共道德，需要禁止出口的。

（2）为保护人的健康或者安全，保护动物、植物的生命或者健康，保护环境，需要禁止出口的。

（3）为实施与黄金或者白银进出口有关的措施，需要禁止出口的。

（4）国内供应短缺或者为有效保护可能用竭的自然资源，需要禁止出口的。

（5）依照法律、行政法规的规定，其他需要禁止出口的。

（6）根据我国缔结或者参加的国际条约、协定的规定，其他需要禁止出口的。

《对外贸易法》第十七条规定：国家对与裂变、聚变物质或者衍生此类物质的物质有关的货物、技术出口，以及与武器、弹药或者其他军用物资有关的出口，可以采取任何必要的措施，维护国家安全。在战时或者为维护国际和平与安全，国家在货物、技术出口方面可以采取任何必要的措施。

《出口管制法》第十条规定：根据维护国家安全和利益、履行防扩散等国际义务的需要，经国务院批准，或者经国务院、中央军事委员会批准，国家出口管制管理部门会同有关部门可以禁止相关管制物项的出口，或者禁止相关管制物项向特定目的国家和地区、特定组织和个人出口。

《出口管制法》第十八条第三款规定：对列入管控名单的进口商和最终用户，国家出口管制管理部门可以采取禁止、限制有关管制物项交易，责令中止有关管制物项出口等必要的措施。

1. 禁止出口货物管理

我国政府明令禁止出口的货物主要包括以下4类：

（1）列入《禁止出口货物目录》的商品。已列入国务院外经贸主管部门或会同国务院相关部委制定的《禁止出口货物目录》的商品是禁止出口的。目前，我国现行有效的禁止出口货物目录包括以下六批。

①《禁止出口货物目录》（第一批）：该批禁止出口货物是从我国国情出发，为履行我国所缔结或者参加的与保护世界自然和生态环境相关的一系列国际条约而发布，其目的是保护我国自然环境和生态资源。该目录包含禁止出口有防风沙作用的发菜和麻黄草等植物；禁止出口属于破坏臭氧层物质的四氯化碳；禁止出口属于世界濒危物种管理范畴的犀牛角等。

②《禁止出口货物目录》（第二批）：该批目录仅包含木炭这一项货物，货物描述为：原料为不为竹子的木材，不包括果客炭、果核炭、机制炭等不以木材为原料直接烧制的木炭。

③《禁止出口货物目录》（第三批）：该批目录包含长纤维青石棉、1,2-二溴乙

烷、二溴氯丙烷、艾氏剂、七氯、毒杀芬等货物，该批目录内容基本对应《禁止进口货物目录》（第六批）的内容。

④《禁止出口货物目录》（第四批）：该批目录包含硅砂及石英砂这一项货物，货物描述为：各种天然砂，不论是否着色，但含金属砂除外。

⑤《禁止出口货物目录》（第五批）：该批目录包含以下货物：未经化学处理的森林凋落物、经化学处理的森林凋落物、泥炭（草炭）。

⑥《禁止出口货物目录》（第六批）：该批目录是我国为履行《关于持久性有机污染物的斯德哥尔摩公约》和《关于汞的水俣公约》义务而制定公布。

（2）《出口管制法》中规定禁止出口的物项，主要内容为对列入管控名单的进口商和最终用户采取的禁止出口措施，具体管控名单由国家出口管制管理部门会同有关部门制定。

（3）国家有关法律法规明令禁止出口的商品，如根据《中华人民共和国野生植物保护条例》，禁止出口未定名或者新发现并有重要价值的野生植物。

（4）其他，如禁止出口劳改产品。

2. 禁止出口技术管理

根据《对外贸易法》《出口管制法》《技术进出口管理条例》以及由商务部、科学技术部发布的《禁止出口限制出口技术管理办法》的有关规定，国务院外经贸主管部门会同国务院有关部门，制定、调整并公布禁止出口的技术目录。

2020 年 8 月 28 日，商务部、科学技术部调整发布《中国禁止出口限制出口技术目录》（商务部、科学技术部公告 2020 年第 38 号），本次公布禁止限制出口的技术共涉及 17 个科技领域，其中有农林牧渔、交通运输、设备制造、生物医药、化工及其制品、信息技术、数据传输、智能控制、通用设备 3D 打印技术、激光技术、无人机技术、航空航天、遥感卫星等国际领先技术。此次调整涉及 53 项技术条目：一是删除了 4 项禁止出口的技术条目；二是删除了 5 项限制出口的技术条目；三是新增了 23 项限制出口的技术条目；四是对 21 项技术条目的控制要点和技术参数进行了修改。

（三）出口管制

为了维护国家安全和利益，履行防扩散等国际义务，加强和规范出口管制，我国制定了《出口管制法》，于 2020 年 12 月 1 日生效。《出口管制法》对管制政策、管制清单和管制措施、两用物项出口管理、军品出口管理等方面做出了规定。

1. 国家出口管制制度

国家实行统一的出口管制制度，通过制定管制清单、名录或者目录，实施出口许可等方式进行管理。国家出口管制管理部门依据本法和有关法律、行政法规的规定，根据出口管制政策，按照规定程序会同有关部门制定、调整管制物项出口管制清单，并及时公布。

根据维护国家安全和利益、履行防扩散等国际义务的需要，经国务院批准，或者经国务院、中央军事委员会批准，国家出口管制管理部门可以对出口管制清单以外的货物、技术和服务实施临时管制，并予以公告。临时管制的实施期限不超过二年。临时管制实施期限届满前应当及时进行评估，根据评估结果决定取消临时管制、延长临时管制或者将临时管制物项列入出口管制清单。

2. 国家出口管制职能部门

国务院、中央军事委员会承担出口管制职能的部门（以下统称国家出口管制管理部门），按照职责分工负责出口管制工作。国家出口管制管理部门适时发布有关行业出口管制指南，引导出口经营者建立健全出口管制内部合规制度，规范经营。

国家建立出口管制工作协调机制，统筹协调出口管制工作重大事项。国家出口管制管理部门和国务院有关部门应当密切配合，加强信息共享。国家出口管制管理部门会同有关部门建立出口管制专家咨询机制，为出口管制工作提供咨询意见。省、自治区、直辖市人民政府有关部门依照法律、行政法规的规定负责出口管制有关工作。

3. 管制物项出口许可制度

对管制物项出口实行许可制度是各国的通行做法，我国对管制物项的出口实行许可制度。除了禁止出口的物项外，其他受管制的物项（包括管制清单所列管制物项、临时管制物项、符合“全面管制”规定情形的物项）均需经过事先许可才能出口。

具体而言，出口管制清单所列管制物项或者临时管制物项，出口经营者应当向国家出口管制管理部门申请许可；出口管制清单所列管制物项以及临时管制物项之外的货物、技术和服务，出口经营者知道或者应当知道，或者得到国家出口管制管理部门通知，相关货物、技术和服务可能存在以下风险的，应当向国家出口管制管理部门申请许可：

（1）危害国家安全和利益。

（2）被用于设计、开发、生产或者使用大规模杀伤性武器及其运载工具。

（3）被用于恐怖主义目的。

出口经营者无法确定拟出口的货物、技术和服务是否属于本法规定的管制物项，向国家出口管制管理部门提出咨询的，国家出口管制管理部门应当及时给予答复。

4. 两用物项出口管理

出口经营者向国家两用物项出口管制管理部门申请出口两用物项时，应当依照法律、行政法规的规定如实提交相关材料。

国家两用物项出口管制管理部门受理两用物项出口申请，单独或者会同有关部门依照《出口管制法》和有关法律、行政法规的规定对两用物项出口申请进行审查，并在法定期限内做出准予或者不予许可的决定。做出准予许可决定的，由发证机关统一颁发出口许可证。

5. 军品出口管理

国家实行军品出口专营制度。从事军品出口的经营者，应当获得军品出口专营资格并在核定的经营范围内从事军品出口经营活动。军品出口专营资格由国家军品出口管制管理部门审查批准。

军品出口经营者在出口军品前，应当向国家军品出口管制管理部门申请领取军品出口许可证。军品出口经营者出口军品时，应当向海关交验由国家军品出口管制管理部门颁发的许可证件，并按照国家有关规定办理报关手续。

6. 最终用户与最终用途

为加强对最终用户和最终用途的管控，《出口管制法》规定，国家出口管制管理部门将建立管制物项最终用户和最终用途风险管理制度，对管制物项的最终用户和最终用途进行评估、核查；出口经营者除了应当向国家出口管制管理部门提交管制物项的最终用户和最终用途证明文件之外，如果发现最终用户或者最终用途有可能改变，还应当按照规定立即报告国家出口管制管理部门。

具体而言，出口经营者应当向国家出口管制管理部门提交管制物项的最终用户和最终用途证明文件，有关证明文件由最终用户或者最终用户所在国家和地区政府机构出具。管制物项的最终用户应当承诺，未经国家出口管制管理部门允许，不得擅自改变相关管制物项的最终用途或者向任何第三方转让。

与此同时，出口经营者、进口商发现最终用户或者最终用途有可能改变的，应当按照规定立即报告国家出口管制管理部门；国家出口管制管理部门建立管制物项最终用户和最终用途风险管理制度，对管制物项的最终用户和最终用途进行评估、核查，加强最终用户和最终用途管理。

此外，国家出口管制管理部门对有下列情形之一的进口商和最终用户，建立管控名单：

（1）违反最终用户或者最终用途管理要求的。

（2）可能危害国家安全和利益的。

（3）将管制物项用于恐怖主义目的的。

对列入管控名单的进口商和最终用户，国家出口管制管理部门可以采取禁止、限制有关管制物项交易，责令中止有关管制物项出口等必要措施。出口经营者不得违反规定与列入管控名单的进口商、最终用户进行交易。出口经营者在特殊情况下确需与列入管控名单的进口商、最终用户进行交易的，可以向国家出口管制管理部门提出申请。

当然，列入管控名单的进口商、最终用户经采取措施，不再有第一款规定情形的，可以向国家出口管制管理部门申请移出管控名单；国家出口管制管理部门可以根据实际情况，决定将列入管控名单的进口商、最终用户移出管控名单。

（四）禁止进出口管理

为了维护国家主权和安全、发展利益，维护公平、自由的国际经贸秩序，保护中国企业、其他组织或者个人的合法权益，2020 年 9 月商务部发布了《不可靠实体清单规定》。

《不可靠实体清单规定》第十条规定：对列入不可靠实体清单的外国实体，中央国家机关有关部门参加的工作机制根据实际情况，可以决定采取限制或者禁止其从事与中国有关的进出口活动这一处理措施。换言之，对于被列入实体清单的外国实体，若被公布采取禁止进出口活动这一处理措施，则该外国实体原则上不得从事与中国有关的进出口活动。

《不可靠实体清单规定》第十二条规定：有关外国实体被限制或者禁止从事与中国有关的进出口活动，中国企业、其他组织或者个人在特殊情况下确需与该外国实体进行交易的，应当向工作机制办公室提出申请，经同意可以与该外国实体进行相应的交易。

五、进出口货物许可证管理

国家将进出口货物管理分为禁止进出口货物管理、限制进出口货物管理和自由进出口货物管理。对于限制进出口的货物实行配额许可证管理的办法，进出口货物的许可证管理是国家对进出口进行宏观管理的行政手段。凡是国家规定应申领进出口许可证的货物，报关时，必须交验外经贸主管部门签发的许可证，否则海关不予以放行。实行配额许可证管理的商品目录，由外经贸主管部门统一公布、调整和解释。由于我国已成为 WTO 成员，实行许可证管理的商品将逐步减少。

进出口许可证管理是世界上大多数国家普遍采用的管理进出口秩序的重要行政手段，也是我国对外贸易管理制度的重要内容之一。在我国，进出口许可证管理是根据国家的法律法规、国家政策、对外贸易计划以及国内市场的需求，对进出口经营权，经营范围，贸易国别，进出口货物品种、数量、技术及相关产品等实行全面管理、有效监测、规范货物进出口许可的一种制度。总之，进出口许可证是国家批准经营者进出口某些商品的证明文件，进出口许可制度是国家对外经济贸易宏观管理的重要措施，也是海关对进出口货物实施监管的重要依据。

（一）进口货物许可证管理

国务院外经贸主管部门代表国家统一签发进口货物许可证。国务院外经贸主管部门可授权省级外经贸管理部门签发本地区所属各部门以部分进口货物许可证。国务院外经贸主管部门驻主要口岸特派员办事处，签发在其联系地区内有关部门的部分进口货物许可证。省级对外经贸管理部门和特派员办事处签发进口货物许可证的范围，按国务院外经贸主管部门有关通知办理。我国实行许可证管理的进口货物目录，由外经贸主管部门会同国务院相关部门制定、调整并公布。

各签发进口货物许可证的机关必须严格按照进口分级发证范围目录签发进口货物许可证，严禁越权，严禁无批件或超配额发证。通常签发进口许可证实行“一批一证”，对不实行“一批一证”管理的商品，发证机构在签发进口许可证时，必须在许可证“备注”栏内填写“非一批一证”。

具有下列情形之一的，签发证机构应不签发证或撤销已签发的进口货物许可证：①外经贸主管部门决定停止或暂停进口的货物；②违反国家对外政策的进口货物；③不符合有关双边贸易协定，支付协定规定的进口货物；④不符合国家卫生部门、农牧渔业部门规定的药品、食品、动植物、农产品、畜产品、水产品的卫生标准、检疫标准的进口货物。

进口货物许可证有效期为一年。进口货物许可证因故需要延期、更改的，均应在有效期内进行，由原申请单位提出延期或更改的申请，许可证在延期或更改时，应收回旧证，发给新证。许可证更改内容如涉及经营者，进口商品税号、数量、金额、价格、原产地，进口用途，外汇来源，贸易方式，报关口岸等栏目，如原批准机构有相应限制，经营者应当提供原批准机构同意更改的文件。

（二）出口货物许可证管理

1. 出口许可证发证范围

（1）按照商务部规定的《出口许可证管理分级发证目录》，签发《出口许可证管理分级发证目录》授权范围内的出口许可证。

（2）在京的中央管理企业的出口许可证。

2. 各特办发证范围

（1）按照商务部规定的《出口许可证管理分级发证目录》，签发联系地区内经营者、联系地区内中央管理企业及配额由地方管理的在京中央管理企业子公司的出口许可证。

（2）按照商务部规定的《出口许可证管理分级发证目录》，签发联系地区内经营者配额招标货物的出口许可证。

（3）签发商务部规定的其他货物的出口许可证。

3. 各地方发证机构发证范围

（1）按照商务部规定的《出口许可证管理分级发证目录》签发本地经营者的出口许可证。

（2）签发商务部规定的其他货物的出口许可证。

4. 出口许可证的取得

根据《货物进出口管理条例》《进出口许可证证书管理规定》《货物出口许可证管理办法》《2019 年货物出口许可证发证目录》等的规定，对实行出口配额管理的商品，凭国务院外经贸主管部门分配的配额数量领取许可证。对一般许可管理的商品，凭出口有效合同领取许可证。

实行出口配额管理商品的出口许可证有效期最长不得超过 6 个月，且有效期截止时间不得超过当年12月31日。

出口许可证管理实行“一证一关”制、“一批一证”制和“非一批一证”制。“一证一关”是指出口许可证只能在一个海关报关；“一批一证”是指出口许可证在有效期内一次报关使用。下列情况实行“非一批一证”制，签发出口许可证时应在备注栏内注明“非一批一证”：①外商投资企业出口许可证管理的货物；②补偿贸易项下出口许可证管理的货物；③其他在《出口许可证管理货物目录》中规定实行“非一批一证”的出口许可证管理货物。“非一批一证”是指出口许可证在有效期内可以多次报关使用，但最多不超过12次，由海关在“海关验放签注栏”内逐批签注出运数。

出口许可证签发后，任何单位和个人不得擅自更改证面内容；如需要对证面内容进行更改，经营者应当在出口许可证有效期内将出口许可证退回原发证机构，重新申领出口许可证。

六、进出口货物配额管理

进出口货物配额管理是指一国在一定时期内对某些货物的进出口数量或金额直接加以限制和管理。进出口货物配额管理是目前世界上绝大多数国家对某些进出口货物采取的管理措施。我国当前采用的是配额与许可证结合使用的管理方式，即需要配额管理的货物必须申领许可证。

我国实行配额管理的货物包括计划配额、主动配额与被动配额货物。国家发展和改革委员会根据国家产业政策和行业发展规划，参照国际惯例，对尚需适量进口以调节市场供应，但过量进口会严重损害国内相关产业利益或影响国家其他重要利益，或者影响对外政策的执行，甚至危及国家外汇收支地位的货物实行配额管理。实行进口配额管理的一般货物目录由国家发展和改革委员会同国务院相关部门提出意见，报国务院批准后公布。

对于出口配额，关系国计民生的大宗资源性出口货物以及在我国出口中占主导地位的大宗传统出口货物，或我国在国际市场或某一市场上占主导地位的主要货物，若出口额大且易引起经营秩序混乱的货物和重要货物以及一些特殊要求的货物，或国外对我国有配额或者要求我国主动限制出口数量的货物，我国均需要实行配额管理。出口配额管理的货物目录，由国务院外经贸主管部门会同国务院其他部门制定、调整并公布。

（一）进口一般货物配额管理

进口一般货物配额管理是指在一定时期内根据国内产业结构和行业发展规划的需要并参照国际惯例，国家对尚需适量进口以调节市场供应，但过量进口会严重损害国内相关产业的发展或直接影响进口结构，产业结构调整，以及危及国家外汇收支平等商品的进口数量直接或间接加以限制的管理。在我国，进口配额管理有两种形式：进口配额管理和关税配额管理。

进口配额管理是指国家对部分商品的进口在一定时期内（一般为一年）规定数量总额，在此限定期间内，经国家相关管理部门批准后，相关企业方可进行进口活动。进口配额管理是国家通过行政管理手段，对一些重要商品以规定进口绝对数量的方式，实现限制进口的目的。目前，我国采用世界上大多数国家所采用的进口配额管理方式，即配额与许可证相结合的管理方式。

我国对进口配额管理的主要内容包括以下几方面：

（1）实行配额管理的限制进口货物，由国务院对外经贸主管部门和国务院有关经济管理部门（统称进口配额管理部门）按照国务院规定的职责划分进行管理。

（2）对实行配额管理的限制进口货物，进口配额管理部门应当在每年 7 月 31 日前公布下一年度进口配额总量。配额申请人应当在每年 8 月 1 日至 8 月 31 日向进口配额管理部门提出下一年度进口配额的申请。进口配额管理部门应当在每年 10 月 31 日前将下一年度的配额分配给配额申请人。进口配额管理部门可以根据需要对年度配额总量进行调整，并在实施前 21 天予以公布。进口属于国家配额管理的商品时，进口企业必须持进口配额证明在有效期内申领进口许可证，海关凭许可证验放。[①]

（3）配额可以按照对所有申请统一办理的方式分配。按照对所有申请统一办理的方式分配配额的，进口配额管理部门应当自规定的申请期限截止之日起 60 天内做出是否发放配额的决定。

（4）进口配额管理部门分配配额时，应当考虑下列因素：①申请人的进口实绩；②以往分配的配额是否得到充分使用；③申请人的生产能力、经营规模、销售

① 《一般商品进口配额管理暂行办法实施细则》第四条："进口属于国家配额管理的商品，进口企业须持配额管理机关签发的、盖有专用印章的'一般商品进口配额证明'，在有效期内申领进口许可证，海关一律凭授权签发许可证机关签发的进口许可证验放。"

状况；④新的进口经营者的申请情况；⑤申请配额的数量情况；⑥需要考虑的其他因素。

（5）进口经营者凭进口配额管理部门发放的配额证明，向海关办理报关验放手续。国务院有关经济管理部门应当及时将年度配额总量、分配方案和配额证明实际发放的情况向国务院外经贸主管部门备案。

（6）配额持有者未使用完其持有的年度配额的，应当在当年 9 月 1 日前将未使用的配额交还进口配额管理部门；未按期交还并且在当年年底前未使用完的，进口配额管理部门可以在下一年度对其扣减相应的配额。

（7）进口配额管理部门和进口许可证管理部门应当根据本条例的规定制定具体管理办法，对申请人的资格、受理申请的部门、审查的原则和程序等事项做出明确规定并在实施前予以公布。受理申请的部门一般为一个部门。

（二）出口一般货物配额管理

出口一般货物配额管理是指在一定时间内为了建立公平竞争机制，增强我国商品在国际市场的竞争力，保障最大限度的外汇收入，保护我国产品的国际市场利益，国家对部分商品的出口数量直接加以限制和管理。

我国出口一般货物配额管理分为以下几类。

1. 计划配额管理

国家对关系国计民生的大宗资源性、传统性商品，实行计划配额管理。原对外贸易经济合作部负责全国出口商品的配额管理工作。各省、自治区、直辖市及计划单列市外经贸委（厅、局）根据原对外贸易经济合作部的授权，负责本地区出口商品的配额管理工作。各出口企业凭出口许可证办理出口报关手续。

2. 主动配额管理

由于我国有些商品在国际市场或某一市场上占主导地位，外国政府相关部门要求我国主动限制这些商品出口。为此，国务院外经贸主管部门实行主动配额管理。原对外贸易经济合作部将出口商品配额分配给各地方外经贸主管部门和中央管理企业；各地方外经贸主管部门在原对外贸易经济合作部分配给本地区的配额数量内，按主动配额管理办法及国家关于货物出口经营管理的有关规定，及时将配额分配给本地区提出申请的出口企业。

3. 被动配额管理

被动配额管理主要是指我国与世界上一些国家通过双边条约的形式规定一定时

期内我国出口商品的最高限额。为此，我国外经贸主管部门对出口这些商品的企业的出口实行配额制，凭海关凭证予以放行。最典型的被动配额管理的例子当属纺织品出口，我国与许多国家签订了双边条约来限制我国纺织品的出口。当然，我国也对其他商品实行出口配额管理，如日用陶瓷、红薯干、黑白以及彩色电视等。

在对外贸易实务中，我国将出口配额管理分为出口配额分配管理和出口配额招标管理。

（1）出口配额分配管理，是指国家对部分商品的出口，在一定时期内（一般为一年）规定数量总额，采取按需分配的原则，经国家批准获得配额的允许出口。出口配额管理是国家通过行政管理的手段，对一些重要商品以规定绝对数量的方式来实现限制出口的目的。计划配额管理是一种典型的出口配额分配管理。

（2）出口配额招标管理，是指国家对部分商品的出口，在一定时间内（一般为一年）规定数量总额，采取招标分配的原则，即通过遵循“效益、公正、公平、公开竞争”原则，出口企业主动招标竞价，才能有偿取得和使用国家确定的出口商品配额。中标企业取得配额证明后，到国务院外经贸主管部门及其授权机构，凭配额证明申领“出口货物许可证”，海关凭此证验放。

下列出口商品种类的出口配额是通过配额招标来实现的：①属于不可再生的大宗资源性商品；②属于在国际市场上占主导地位且价格变化对出口量影响较小的商品；③属于供大于求，经营相对分散，易于发生低价竞销，招致国外反倾销诉讼的商品；④属于我国与设限国家签订的多、双边协议中规定需要实行出口配额管理的商品。

七、自动进口许可与进口自动登记管理

（一）自动进口许可管理

为了对货物进口实行有效监测，规范货物自动进口许可，国务院外经贸主管部门根据监测货物进口情况的需要，对部分货物实行自动进口许可管理。具体内容由国务院外经贸主管部门会同国务院相关部门制定、调整并公布。

自动进口许可管理是指国务院外经贸主管部门和国务院相关部门，对部分属于自动进口的货物，根据《货物进出口管理条例》以及国家相关法律法规，制定并调整自动进口许可管理目录，通过签发各类自动进口许可证明的形式对该目录商品实

行自动许可的管理措施。

《货物进出口管理条例》规定，对进口属于自动进口许可管理的货物，国家应当给予许可；进口属于自动进口许可管理的货物，进口经营者应当在办理海关报关手续前，向国务院外经贸主管部门或者国务院有关经济管理部门提交自动进口许可申请，国务院外经贸主管部门或者国务院有关经济管理部门在收到申请后，原则上立即发放自动进口许可证明；进口经营者凭国务院外经贸主管部门或者国务院有关经济管理部门发放的自动进口许可证明，向海关办理报关验放手续。

现行有效的自动进口许可的管理目录包括以下几个：

（1）商务部、海关总署公布的《2019 年自动进口许可管理货物目录》，对应商务部及其授权发证机关签发的"中华人民共和国自动进口许可证"。

（2）商务部、海关总署公布的《自动进口许可机电产品目录》。

（3）原国家经济贸易委员会、海关总署公布的《2003 年重要工业品进出口管理商品目录》中的《自动进口许可管理商品目录》，对应国家经贸委授权的重要工业品自动进口许可管理机构签发的"重要工业品自动进口许可证明"。

1. 中华人民共和国自动进口许可证的适用范围

中华人民共和国自动进口许可证是用来证明对外贸易经营者经营某些商品合法进口的最终证明文件，是海关验放该类货物的重要依据，其适用范围简要概括如下。

（1）《2019 年自动进口许可管理货物目录》管理的货物，货物范围如下：

① 商务部签发中华人民共和国自动进口许可证的货物，货物种类包括牛肉、猪肉、羊肉、鲜奶、奶粉、木薯、大麦、高粱、大豆、油菜籽、食糖、玉米酒糟、豆粕、烟草、二醋酸纤维丝束、原油、成品油、化肥、烟草机械、移动通信产品、卫星广播、电视设备及关键部件、汽车产品、飞机、船舶。

② 受商务部委托的省级地方商务主管部门或地方、部门机电办签发中华人民共和国自动进口许可证的货物，货物种类包括肉鸡、植物油、铜精矿、煤、铁矿石、铝土矿、成品油、氧化铝、化肥、钢材、工程机械、印刷机械、纺织机械、金属冶炼及加工设备、金属加工机床、电气设备、汽车产品、飞机、船舶、医疗设备。

（2）《自动进口许可机电产品目录》管理的货物，货物范围如下：

①"一类"产品，即由商务部签发许可证的产品，包括电控柴油喷射装置、用于光盘生产的盘面印刷机、自由端转杯纺纱机等，共 205 项商品。

②"二类"产品，即由地方、部门机电产品进出口办公室签发许可证的产品，

包括其他发电用锅炉、纸浆厂废料锅炉、其他蒸发量未超45吨/时水管锅炉等，共635项商品。

③“三类”产品，即由商务部签发许可证的旧机电产品，包括卷取进料式胶印机、平张纸进料式胶印机、其他非平张纸进料式胶印机等，共10项商品。

（3）进口属于自动进口许可管理的货物的注意事项。

① 进口属于自动进口许可管理的货物，收货人（包括进口商和进口用户）在办理海关报关手续前，应向所在地或相应的发证机构提交自动进口许可证申请，并取得自动进口许可证。凡申请进口法律法规规定应当招标采购的货物，收货人应当依法招标。海关凭加盖自动进口许可证专用章的自动进口许可证办理验放手续，银行凭自动进口许可证办理售汇和付汇手续。

② 收货人申请自动进口许可证，应当提交以下材料：收货人从事货物进出口的资格证书、备案登记文件或者外商投资企业批准证书或营业执照（复印件）（以上证书、文件仅限公历年度内初次申领者提交）；自动进口许可证申请表；货物进口合同；属于委托代理进口的，应当提交委托代理进口协议（正本）；对进口货物用途或者最终用户法律法规有特定规定的，应当提交进口货物用途或者最终用户符合国家规定的证明材料；针对不同商品在《2019年自动进口许可管理货物目录》中列明的应当提交的材料；商务部规定的其他应当提交的材料。收货人应当对所提交材料的真实性负责，并保证其有关经营活动符合国家法律规定。

③ 商务部对自动进口许可证项下货物原则上实行“一批一证”管理，即同一份自动进口许可证不得分批次累计报关使用。同一进口合同项下，收货人可以申请并领取多份自动进口许可证。自动进口许可证在公历年度内有效，有效期为6个月。自动进口许可证需要延期或者变更的，一律在原发证机构重新办理，旧证同时撤销，并在新证备注栏中注明原证号。

2. 重要工业品自动进口许可证明的适用范围

重要工业品自动进口许可证明是用来证明对外贸易经营者经营某些商品合法进口的最终证明文件，是海关验放该类货物的重要依据。

（1）重要工业品自动进口许可证明管理的商品范围：列入原国家经济贸易委员会颁布的《2003年重要工业品进出口管理商品目录》中的《自动进口许可管理商品目录》管理的货物共计四类：原油、化肥、农药、涤纶。

（2）重要工业品自动进口许可证明的效力：重要工业品自动进口许可证明公历

年度内有效，在公历年度内有效期不超过 180 天。重要工业品自动进口许可证明的有效签章为国家经贸委统一制发的“重要工业品自动进口许可专用章”。重要工业品自动进口许可证明实行“一批一证”制，即同一份重要工业品自动进口许可证明不得分次累积报关使用。

（3）重要工业品自动进口许可证明的延期、变更、遗失等事宜：重要工业品自动进口许可证明需要延期或变更的，一律重新办理，旧证同时撤销。重要工业品自动进口许可证明如有遗失，进口单位应当立即向原发证机关报告，如无不良后果，原发证机关核查后可予重新补发。进口单位已申领的重要工业品自动进口许可证明未使用的，应当及时交还原发证机关。

（二）进口自动登记管理

为了对影响国计民生的大宗原材料商品和国际市场比较敏感的商品进口加以适当调控，国家对一般特定商品实行进口自动登记管理。实行自动登记的进口商品目录，由国家发展和改革委员会同国务院相关部门制定，报国务院批准后予以公布。进口自动登记工作由国务院有关部门的主管司和各省、自治区、直辖市、计划单列市计委按部门、地区分别负责。

1. 应办理一般特定商品进口自动登记手续的贸易方式

（1）一般贸易进口。

（2）利用国外政府和金融机构贷款进口。

（3）易货贸易进口。

（4）租赁贸易进口。

（5）补偿贸易进口。

（6）国际招标进口。

（7）劳动补偿进口。

（8）捐赠进口。

2. 进口自动登记条件

（1）进口的商品是本地区、本部门生产，建设自用和市场需要的。

（2）人民币资金已落实的。

（3）代理进口的外贸公司进口货源和国内用户已落实，需要签订进口合同的。

3. 进口自动登记办法

进口企业按管理渠道向登记机关提出申请，凡符合进口自动登记条件的，由登记机构发给特定商品进口登记证明。

特定商品进口登记证明的有效期为6个月，超过有效期需继续签订合同的，需要到发证机构重新登记。

八、进出口技术管理

科学技术作为第一生产力，对各国经济发展起到重要作用。因此，各国对技术进出口均制定了相应的法律，禁止、限制或鼓励技术的进出口。其目的是利于本国的经济发展，从长远战略或对外政策等方面考虑，使本国在世界经济一体化过程中处在领先地位。

为保护我国技术和发展先进技术，我国先后制定了相应的法律法规及有关规章，如《出口管制法》《对外贸易法》《技术进出口管理条例》《中华人民共和国禁止进口限制进口技术管理办法》《中华人民共和国技术进出口合同登记管理办法》《中国禁止进口限制进口技术目录》《中国禁止出口限制出口技术目录》等。这些规定在保护我国技术、发展民族科技、使我国的科学技术水平进入世界先进行列等方面，起到了保障作用。

我国对进出口技术管理分为禁止、限制和自由进出口三种类型，分别实行禁止、许可和登记管理制度。凡属于《中国禁止进口限制进口技术目录》与《中国禁止出口限制出口技术目录》中禁止进出口的技术，任何单位与个人均不得进出口；凡属于上述两目录中限制进出口的技术，任何单位和个人均应报关国务院外经贸主管部门，履行相关的进出许可手续后，才可以依法进出口；对其他自由进出口技术，则实施登记管理制度。

（一）限制进口技术管理

进口属于限制进口的技术，应当向国务院外经贸主管部门提出技术进口申请，国务院外经贸主管部门收到技术进口申请后，应当会同国务院有关部门对申请进行审查，技术进口申请经批准的，由国务院外经贸主管部门发放中华人民共和国技术进口意向书，进口经营者取得技术进口许可意向书后，可以对外签订技术进口合同。

进口经营者签订技术进口合同后，应当向国务院外经贸主管部门申请技术进口许可证。经审核符合发证条件的，由国务院外经贸主管部门颁发中华人民共和国技术进口许可证，技术进口经营单位凭此许可证向海关办理进口通关手续。

我国对限制进口技术实行目录管理。国务院外经贸主管部门会同国务院有关部门制定、调整并公布限制进口技术目录。现行有效的《中国禁止进口限制进口技术目录》由商务部修订并发布，其中属于限制进口的技术包括农业、食品制造业、石油加工、炼焦及核燃料加工业、专用设备制造业、电力、热力的生产和供应业、银行业、环境管理业等 16 个行业的 88 项技术。

若进口属于自由进口的技术，经营进口技术的单位应当向国务院外经贸主管部门办理登记。国务院外经贸主管部门应当自收到规定的文件之日起 3 个工作日内，对技术进口合同进行登记，颁发技术进口合同登记证。经营进口技术的单位凭技术进口许可证或技术进口合同登记证，办理外汇、银行、税务、海关等相关手续。

（二）限制出口技术管理

我国对限制出口技术实行目录管理。国务院外经贸主管部门会同国务院有关部门制定、调整并公布限制出口技术目录。目前我国限制出口技术目录主要有《中国禁止出口限制出口技术目录》《核出口管制清单》《生物两用品及相关设备和技术出口管制清单》《导弹及相关物项和技术出口管制清单》等。

任何经营限制出口技术单位，必须依法履行相关手续才能出口。具体而言，凡出口《中国禁止出口限制出口技术目录》中的限制出口技术的，经营者应填写中华人民共和国限制出口技术申请书，报送地方商务主管部门履行出口许可手续；出口申请获得批准后，由地方商务主管部门颁发由商务部统一印制和编号的中华人民共和国技术出口许可意向书，其有效期为 3 年，金融、保险机构凭此意向书办理有关业务。对没有取得技术出口许可意向书的限制出口技术项目，任何单位和个人都不得对外进行实质性谈判，不得做出有关技术出口的具有法律效力的承诺。

技术出口经营者签订技术出口合同后，持技术出口许可意向书、合同副本、技术资料出口清单（文件、资料、图纸、其他）、签约双方法律地位证明文件到地方商务主管部门申请技术出口许可证。凡经批准允许出口的国家限制出口技术出口项目，技术出口经营者在办理海关事宜时，应主动出示技术出口许可证，海关验核后办理有关放行手续。

九、机电产品进口管理

机电产品是指机构设备、电气设备、交通运输工具、电子产品、电器产品和仪器仪表等及其零部件、元器件。《机电产品进口管理办法》规定，机电产品的管理方法分为三类：禁止进口、限制进口和自动进口。禁止进口产品是指任何单位不得进口的机电产品，禁止进口的电机产品已列入了《禁止进口的旧机电产品目录》。对于限制进口的机电产品，国家有数量限制的，实行配额管理，没有数量限制的称为特定机电产品，实行许可证管理；对于属于禁止进口和限制进口管理以外的部分机电产品，实行自动进口许可管理。

为发展对外贸易，贯彻国家产业政策，维持机电产品市场秩序，商务部、海关总署和原国家质量监督检验检疫总局共同制定并发布了《机电产品进口管理办法》，细化了各类机电产品所涉及的各类国家管理的内容；该办法于 2018 年经商务部修订。

对机电产品进口管理的主要分工如下：商务部负责全国机电产品进口管理工作。国家机电产品进出口办公室设在商务部。各省、自治区、直辖市和计划单列市、沿海开放城市、经济特区机电产品进出口办公室和国务院有关部门机电产品进出口办公室（简称“地方、部门机电办”）受商务部委托，负责本地区、本部门机电产品进口管理工作。

（一）配额管理

国家为了产业结构调整，维护外汇收支平衡等，对有些机电产品实行配额管理。对于进口这类机电产品，国家实行配额限制。每年的配额经国务院批准后，由外经贸主管部门机电产品进出口司负责分配。

进口属于配额管理的机电产品，申请进口单位应当如实填写机电产品进口申请表一式二份，提供申请报告及其他有关文件，向相关的地方外经贸主管机构、部门机电办办理核实手续。未设立机电办的，申请进口单位应当向本单位工商注册地或者法人登记地的地方外经贸主管机构办理核实手续。经相关的地方外经贸主管机构、部门机电办核实，申请进口单位应当在规定的配额申请期限内持相关文件和机电产品进口申请表向原对外经济与贸易合作部申领机电产品进口配额证明。

（二）特定机电产品管理

列入特定产品目录的机电产品，主要是国内已进行研制开发工作或引进生产技术，尚处于起步阶段，需要加速发展的机电产品。进口这些机电产品，我国目前主要是通过中国机电设备招标中心组织招标采购。

商务部委托专门网站为机电产品国际招标投标活动提供公共服务和行政监督的平台（以下简称招标网）。机电产品国际招标投标应当在招标网上完成招标项目建档、招标过程文件存档和备案、资格预审公告发布、招标公告发布、评审专家抽取、评标结果公示、异议投诉、中标结果公告等招标投标活动的相关程序，但涉及国家机密的招标项目除外。

对于特定机电产品，地方、部门机电办核实进口单位的申请材料后，向商务部提交。商务部审核申请材料，并在 20 日内决定是否签发中华人民共和国进口许可证。进口单位持进口许可证按海关规定办理通关手续。

（三）自动登记管理

除下列机电产品按国家有关法律法规的规定办理外，进口机电产品实行自动登记管理：

（1）国际禁止进口的。

（2）国际已公布实行配额和特定产品目录管理的。

（3）外商投资企业、华侨和港澳台商投资企业作为投资和自用进口的。

（4）境外来料和进料加工项目直接用于生产返销或出口的。

（5）华侨、港澳台胞捐赠进口的。

（6）使用外国政府和国际组织无偿援款进口的。

（7）国家法律法规另有规定的。

对于实行自动登记的机电产品，授权各地区、各部门机电产品管理机构实行登记管理。各进口单位在办理报关手续前填写机电产品进口申请表并上报登记管理机关。凡符合国家有关法律法规和国家产业政策的，由登记机关发给进口单位机电产品自动进口许可证，外汇管理部门和银行凭登记表供汇，海关一律凭各地区、各部门机电进口机构签发的机电产品进口登记表验收。

十、文物、金银及其制品以及濒危野生动植物种等特殊进出口货物的管理

（一）文物出口管理

文物具有极高的历史、艺术和科学价值，因此应保护文物，规范文物出境活动。我国现行有效的相关法律法规主要包括《中华人民共和国文物保护法》《中华人民共和国文物保护法实施条例》《文物进出境审核管理办法》《暂时入境文物复出境管

理规定》。

根据上述规定，国有文物、非国有文物中的珍贵文物和国家规定禁止出境的其他文物，不得出境；但是依照本法规定出境展览或者因特殊需要经国务院批准出境的除外。文物出境，应当经国务院文物行政部门指定的文物进出境审核机构审核。经审核允许出境的文物，由国务院文物行政部门发给文物出境许可证，从国务院文物行政部门指定的口岸出境。任何单位或者个人运送、邮寄、携带文物出境，应当向海关申报；海关凭文物出境许可证放行。

文物出境展览，应当报国务院文物行政部门批准；一级文物的数量超过国务院规定的，应当报国务院批准。一级文物中的孤品和易损品，禁止出境展览。出境展览的文物出境，由文物进出境审核机构审核、登记。海关凭国务院文物行政部门或者国务院的批准文件放行。出境展览的文物复进境，由原文物进出境审核机构审核查验。文物临时进境，应当向海关申报，并报文物进出境审核机构审核、登记。临时进境的文物复出境，必须经原审核、登记的文物进出境审核机构审核查验；经审核查验无误的，由国务院文物行政部门发给文物出境许可证，海关凭文物出境许可证放行。

1. 文物出境管理范围

在中华人民共和国境内，下列文物受国家保护：

（1）具有历史、艺术、科学价值的古文化遗址、古墓葬、古建筑、石窟寺和石刻、壁画。

（2）与重大历史事件、革命运动或者著名人物有关的以及具有重要纪念意义、教育意义或者史料价值的近代现代重要史迹、实物、代表性建筑。

（3）历史上各时代珍贵的艺术品、工艺美术品。

（4）历史上各时代重要的文献资料以及具有历史、艺术、科学价值的手稿和图书资料等。

（5）反映历史上各时代、各民族社会制度、社会生产、社会生活的代表性实物。

（6）具有科学价值的古脊椎动物化石和古人类化石。

2. 文物出境的基本手续

运送、邮寄、携带文物出境，应当在文物出境前依法报文物进出境审核机构审核。文物进出境审核机构应当自收到申请之日起15个工作日内做出是否允许出境的决定。文物出境审核意见，由文物进出境责任鉴定员共同签署；对经审核，文物进出境责任鉴定员一致同意允许出境的文物，文物进出境审核机构方可做出允许出境的决定。

文物进出境审核机构应当对所审核进出境文物的名称、质地、尺寸、级别，当事人的姓名或者名称、住所、有效身份证件号码或者有效证照号码，以及进出境口岸、文物去向和审核日期等内容进行登记。

经审核允许出境的文物，由国务院文物行政主管部门发给文物出境许可证，并由文物进出境审核机构标明文物出境标识。经审核允许出境的文物，应当从国务院文物行政主管部门指定的口岸出境。海关查验文物出境标识后，凭文物出境许可证放行。经审核不允许出境的文物，由文物进出境审核机构发还当事人。

文物出境展览的承办单位，应当在举办展览前 6 个月向国务院文物行政主管部门提出申请。国务院文物行政主管部门应当自收到申请之日起 30 个工作日内作出是否批准的决定。一级文物展品超过 120 件（套）的，或者一级文物展品超过展品总数的 20%的，应当报国务院批准。文物出境展览的期限不得超过 1 年。因特殊需要，经原审批机关批准可以延期；但是延期最长不得超过 1 年。

（二）金银及其制品进出口管理

根据《中华人民共和国金银管理条例》规定，国家对金银实行统一管理、统购统配的政策。中华人民共和国境内机构的一切金银的收入和支出，都纳入国家金银收支计划。

金银制品由中国人民银行收购并负责供应外贸出口。中华人民共和国境内的外资企业、中外合资企业，从国外进口金银作产品原料的，其数量不限；出口含金银量较高的产品，须经中国人民银行核准后放行。未经核准或者超过规定出口数量的，不许出境。

1. 金银及其制品进出口管理的范围

（1）矿藏生产金银和冶炼副产金银。

（2）金银条、锭、块、粉。

（3）金银铸币。

（4）金银制品和金基、银基合金制品。

（5）化工产品中含的金银。

（6）金银边角料及废渣、废液、废料中含的金银。

2. 金银及其制品进出口基本手续

（1）黄金及黄金制品出口。

列入《黄金及黄金制品进出口管理目录》的黄金及黄金制品进口或出口通关时，应当向海关提交中国人民银行及其分支机构签发的中国人民银行黄金及黄金制品进出口准许证。

法人、其他组织以下列贸易方式进出口黄金及黄金制品的，应当办理中国人民银行黄金及黄金制品进出口准许证：①一般贸易；②加工贸易转内销及境内购置黄金原料以加工贸易方式出口黄金制品的；③海关特殊监管区域、保税监管场所与境内区外之间进出口的。

除上述贸易方式外，以下方式进出口的黄金及黄金制品免予办理中国人民银行黄金及黄金制品进出口准许证，由海关实施监管：①通过加工贸易方式进出口的；②海关特殊监管区域、保税监管场所与境外之间进出的；③海关特殊监管区域、保税监管场所之间进出口的；④以维修、退运、暂时进出境方式进出境的。

被许可人在办理黄金及黄金制品货物进出口时，凭中国人民银行黄金及黄金制品进出口准许证向海关办理有关手续。中国人民银行黄金及黄金制品进出口准许证实行“一批一证”制，自签发日起40个工作日内使用。被许可人有正当理由需要延期的，可以在凭证有效期届满5个工作日前持原证向发证机构申请办理一次延期手续。

（2）其他金银及其制品进出口。

①其他金银及其制品的出口。金银制品由中国人民银行收购并负责供应外贸出口。

中华人民共和国境内的外资企业、中外合资企业，出口含金银量较高的产品，须经中国人民银行核准后放行。未经核准或者超过核准出口数量的，不许出境。

上述企业加工的产品出境前，所在地中国人民银行应检查产品所含金银重量，并核对合同，逐次登记，开具证明；产品出境时，海关凭前款开具的证明查验放行。未经中国人民银行核准证明或超过核准数量的，不许出境。

②其他金银及其制品的进口。中华人民共和国境内的外资企业、中外合资企业，从国外进口金银作产品原料的，其数量不限。

境内机构从国外进口的金银和矿产品中采炼的副产金银，除经中国人民银行允许留用的或者按照规定用于进料加工复出口的金银以外，一律交售给中国人民银行，不得自行销售、交换和留用。

中华人民共和国境内的侨资企业、外资企业、中外合资经营企业，从国外进口金银作产品原料的，必须向海关申报登记重量、成色和用途；必须将进口金银的申报单和加工合同报送所在地中国人民银行审查备案。

（三）濒危野生动植物种进出口管理

野生动植物是地球的宝贵自然财富。为有效保护濒危野生动物，我国颁布了《中华人民共和国森林法》《中华人民共和国野生动物保护法》《中华人民共和国野生植物保护条例》等法律法规。同时，我国也是《濒危野生动植物种国际贸易公约》成员。

在我国，列入《进出口野生动植物种商品目录》管理范围的野生动植物或其产品的进出口（包括进口、出口、再出口和从海上引进），必须严格按照有关法律、法规规定的程序进行申报和审批，并在进出口报关前取得国家濒危物种进出口管理办公室或其授权的办事处签发的国际公约规定的允许进出口证明书，或我国规定的野生动植物允许进出口证明书。海关凭上述证明书查验放行。对国际公约规定的允许进出口证明书，海关收取副本；对我国规定的野生动植物允许进出口证明书，海关收取正本。

1. 濒危野生动植物种进出口管理的范围

根据《濒危野生动植物进出口管理条例》，我国的濒危野生动植物种进出口管理的范围限于公约限制进出口的濒危野生动植物及其产品，其所包含的物种范围见于《濒危野生动植物种国际贸易公约》附录Ⅰ、附录Ⅱ和附录Ⅲ，中国对上述 3 个附录做出保留的部分除外。

另外，出口国家重点保护的野生动植物及其产品，亦依照《濒危野生动植物进出口管理条例》有关出口濒危野生动植物及其产品的规定办理。

2. 濒危野生动植物种进出口基本手续

（1）进口或者出口公约限制进出口的濒危野生动植物及其产品，出口国务院或者国务院野生动植物主管部门限制出口的野生动植物及其产品，应当经国务院野生动植物主管部门批准。

（2）进口濒危野生动植物及其产品的，必须具备下列条件：①对濒危野生动植物及其产品的使用符合国家有关规定；②具有有效控制措施并符合生态安全要求；③申请人提供的材料真实有效；④国务院野生动植物主管部门公示的其他条件。

（3）出口濒危野生动植物及其产品的，必须具备下列条件：①符合生态安全要求和公共利益；②来源合法；③申请人提供的材料真实有效；④不属于国务院或者国务院野生动植物主管部门禁止出口的；⑤国务院野生动植物主管部门公示的其他条件。

（4）进口或者出口濒危野生动植物及其产品的，申请人应当按照管理权限，向其所在地的省、自治区、直辖市人民政府农业（渔业）主管部门提出申请，或者向国务院林业主管部门提出申请，并提交下列材料：①进口或者出口合同；②濒危野生动植物及其产品的名称、种类、数量和用途；③活体濒危野生动物装运设施的说明资料；④国务院野生动植物主管部门公示的其他应当提交的材料。

（5）申请人取得国务院野生动植物主管部门的进出口批准文件后，应当在批准文件规定的有效期内，向国家濒危物种进出口管理机构申请核发允许进出口证明书。申请核发允许进出口证明书时应当提交下列材料：①允许进出口证明书申请表；②进出口批准文件；③进口或者出口合同。

（6）进口或者出口濒危野生动植物及其产品的，应当按照允许进出口证明书规定的种类、数量、口岸、期限完成进出口活动。

（7）进口或者出口濒危野生动植物及其产品的，应当向海关提交允许进出口证明书，接受海关监管，并自海关放行之日起30日内，将海关验讫的允许进出口证明书副本交国家濒危物种进出口管理机构备案。

十一、进口废物管理

废物包括固体废物、液态废物和气态废物。根据《固废法》，固体废物，是指在生产、生活和其他活动中产生的丧失原有利用价值或者虽未丧失利用价值但被抛弃或者放弃的固态、半固态和置于容器中的气态的物品、物质以及法律、行政法规规定纳入固体废物管理的物品、物质。目前国家对管理进口废物的法律法规主要有《固废法》《固体废物进口管理办法》《进口可用作原料的固体废物检验检疫监督管理办法》。

根据上述规定，在我国，禁止进口列入《禁止进口固体废物目录》的固体废物；进口列入《限制进口类可用作原料的固体废物目录》或者《非限制进口类可用作原料的固体废物目录》的固体废物，必须取得固体废物进口相关许可证。

2020 年 11 月 24 日，生态环境部、商务部、国家发展和改革委员会、海关总署发布《关于全面禁止进口固体废物有关事项的公告》（公告 2020 年第 53 号），自 2021 年 1 月 1 日起，禁止以任何方式进口固体废物。禁止我国境外的固体废物进境倾倒、堆放、处置。

生态环境部停止受理和审批限制进口类可用作原料的固体废物进口许可证的申请；2020 年已发放的限制进口类可用作原料的固体废物进口许可证，应当在证书载明的 2020 年有效期内使用，逾期自行失效。

海关特殊监管区域和保税监管场所［包括保税区、综合保税区等海关特殊监管区域和保税物流中心（A/B 型）、保税仓库等保税监管场所］、内单位产生的未复运出境的固体废物，按照国内固体废物相关规定进行管理。需出区进行贮存、利用或者处置的，应向所在地海关特殊监管区域和保税监管场所地方政府行政管理部门办理相关手续，海关不再验核相关批件。海关特殊监管区域和保税监管场所外开展保税维修和再制造业务单位生产作业过程中产生的未复运出境的固体废物，参照前款规定执行。

十二、音像制品进口管理

根据《音像制品管理条例》《音像制品进口管理办法》及其他规定，国家对进口音像制品实行许可管理制度，应在进口前报新闻出版总署进行内容审查，审查批准取得许可文件后方可进口。新闻出版总署负责全国音像制品进口的监督管理和内容审查等工作。县级以上地方人民政府新闻出版行政部门负责本行政区域内音像制品进口的监督管理工作。各级海关在其职责范围内负责音像制品进口的监督管理工作。

（一）音像制品进口管理的范围

音像制品进口管理的范围包括录有内容的录音带、录像带、唱片、激光唱盘、激光视盘等。

（二）音像制品进口基本手续

（1）国家对设立音像制品成品进口单位实行许可制度。设立音像制品成品进口经营单位，应当向新闻出版总署提出申请，经审查批准，取得新闻出版总署核发的音像制品进口经营许可证件后，持证到工商行政管理部门依法领取营业执照。设立音像制品进口经营单位，还应当依照对外贸易法律、行政法规的规定办理相应手续。

（2）进口用于出版的音像制品，以及进口用于批发、零售、出租等的音像制品成品，应当报国务院出版行政主管部门进行内容审查。国务院出版行政主管部门应当自收到音像制品内容审查申请书之日起 30 日内做出批准或者不批准的决定，并通知申请人。经审查后予以批准的，发给批准文件；不予批准的，应当说明理由。进口用于出版的音像制品的单位、音像制品成品进口经营单位应当持国务院出版行政主管部门的批准文件到海关办理进口手续。

（3）进口供研究、教学参考的音像制品，应当委托音像制品成品进口经营单位依照上述（2）中的规定办理进口手续。图书馆、音像资料馆、科研机构、学校等单位进口供研究、教学参考的音像制品成品，应当委托新闻出版总署批准的音像制品成品进口经营单位办理进口审批手续。

（4）进口用于出版的音像制品，其著作权事项应当向国务院著作权行政管理部门登记。

（5）进口用于展览、展示的音像制品，由展览、展示活动主办单位提出申请，并将音像制品目录和样片报新闻出版总署进行内容审查。海关按暂时进口货物管理。

（6）进口音像制品成品，由音像制品成品进口经营单位向新闻出版总署提出申请并报送以下文件和材料：①进口录音或录像制品报审表；②进口协议草案或订单；③节目样片、中外文歌词；④内容审查所需的其他材料。

（7）进口音像制品批准单内容不得更改，如需修改，应重新办理。进口音像制品批准单一次报关使用有效，不得累计使用。其中，属于音像制品成品的，批准单当年有效；属于用于出版的音像制品的，批准单有效期限为 1 年。

十三、民用枪支弹药进口管理

为了加强枪支管理，维护社会治安秩序，保障公共安全，我国颁布了《中华人民共和国枪支管理法》（以下简称《枪支管理法》）、《射击竞技体育运动枪支管理办法》，依法管理民用枪支。

（一）民用枪支弹药进口管理范围

《枪支管理法》所称枪支，是指以火药或者压缩气体等为动力，利用管状器具发射金属弹丸或者其他物质，足以致人伤亡或者丧失知觉的各种枪支。

（二）民用相关枪支弹药进口的基本手续

（1）非国防工业部门因特殊需要进口军用枪支、弹药（含样品），必须事先报经主管部委及所在地省级公安部门批准，海关凭批准文件办理进口报关手续。

（2）体育部门进口射击用枪支、弹药（含样品），必须事先报经国家体育主管部门及所在地省级公安部门批准，海关凭批准文件办理进口报关手续。

（3）进口猎用枪支、弹药（含样品），必须事先报经国家林业主管部门及所在地省级公安部门批准，海关凭批准文件办理进口报关手续。

（4）进口民用爆炸器材（含样品），必须事先报经国家机构工业主管部门及所在地省级公安部门批准，海关凭批准文件办理进口报关手续。

（5）暂时进口上述枪支、弹药（含样品），必须事先报经主办单位主管部门及所在地省级公安部门批准，海关凭批准文件办理暂时进口报关手续及退运出口核销手续。

十四、核出口管理

为了促进和平利用核能的国际合作，严格履行所承担的不扩散核武器的国际义务，我国已颁布了《中华人民共和国核出口管制条例》《中华人民共和国核两用品及相关技术出口管制条例》《中华人民共和国核材料管制条例》《核产品转运及过境运输审批管理办法（试行）》《出口管制法》等法律法规，并加入了相关的国际条约。我国对核出口、核两用品及技术相关出口实行严格的出口许可管理。

国家原子能机构、国防科学技术工业委员会、商务部作为出口核管理的国家职能部门，根据上述法律法规以及《核两用品及相关技术出口管制清单》，对核设备、核材料及相关技术进行严格审批。对符合规定的由商务部签发核出口许可证或核两用品及相关技术出口许可证件，海关凭此证及相关其他单证予以验放。

十五、无线电设备进口管理

对无线电设备管理的主要依据是《中华人民共和国无线电管理条例》《进口无线电发射设备的管理规定》《进口无线电发射设备的管理规定实施细则》。无线电设备进口管理的主管部门为国家无线电管理机构。

（一）无线电设备进口管理的范围

无线电发射设备，即无线电通信、导航、定位、测向、雷达、遥控、遥测、广播、电视等各种发射无线电波的设备，不包含可辐射电磁波的工业、科研、医疗设备、电气化运输系统、高压电力线及其他电器装置等。

（二）无线电设备进口基本手续

（1）中央系统单位进口无线电设备的，须经全国无线电管理委员会批准，并签发无线电设备入关通知单，海关凭此通知单及其他相关单证验放。

（2）地方单位和中央驻地方单位进口的，须经省级无线电管理委员会批准，并签发无线电设备入关通知单，海关凭此通知单及其他相关单证验放。

（3）军事系统进口的，须经解放军各级无线电管理委员会批准，并签发无线电设备入关通知单，海关凭此通知单及其他相关单证验放。

（4）暂时进口无线电设备的，仍须经国家无线电管理委员会批准，并签发无线电设备入关通知单，海关凭此通知单及其他相关单证验放。

十六、印刷品进出口管理

（一）印刷品禁止出入境规定

印刷品及音像制品的进口业务，由国务院有关行政主管部门批准或者指定经营。未经批准或者指定，任何单位或者个人不得经营印刷品及音像制品进口业务。其他单位或者个人进口印刷品及音像制品，应当委托国务院相关行政主管部门指定的进口经营单位向海关办理进口手续。

根据《中华人民共和国海关进出境印刷品及音像制品监管办法》（以下简称《海关进出境印刷品及音像制品监管办法》），载有下列内容之一的印刷品，禁止进境。

（1）反对宪法确定的基本原则的。

（2）危害国家统一、主权和领土完整的。

（3）危害国家安全或者损害国家荣誉和利益的。

（4）攻击中国共产党，诋毁中华人民共和国政府的。

（5）煽动民族仇恨、民族歧视，破坏民族团结，或者侵害民族风俗、习惯的。

（6）宣扬邪教、迷信的。

（7）扰乱社会秩序，破坏社会稳定的。

（8）宣扬淫秽、赌博、暴力或者教唆犯罪的。

（9）侮辱或者诽谤他人，侵害他人合法权益的。

（10）危害社会公德或者民族优秀文化传统的。

（11）国家主管部门认定禁止进境的。

（12）法律、行政法规和国家规定禁止的其他内容。

同时，根据《海关进出境印刷品及音像制品监管办法》，载有下列内容之一的印刷品，禁止出境。

（1）上述规定禁止进境的印刷品。

（2）涉及国家秘密的。

（3）国家主管部门认定禁止出境的。

（二）印刷品出入境管理范围

《海关进出境印刷品及音像制品监管办法》监管的印刷品包括摄影底片、纸型、绘画、剪贴、手稿、手抄本、复印件及其他含有文字、图像、符号等内容的货物、物品，进出境方式包括运输、携带、邮寄进出境。

（三）印刷品出入境基本手续

（1）个人自用进境印刷品及音像制品在下列规定数量以内的，海关予以免税验放：①单行本发行的图书、报纸、期刊类出版物，每人每次 10 册（份）以下；②单碟（盘）发行的音像制品，每人每次 20 盘以下；③成套发行的图书类出版物，每人每次 3 套以下；④成套发行的音像制品，每人每次 3 套以下。

（2）有下列情形之一的，海关对全部进境印刷品及音像制品按照进口货物依法办理相关手续：①个人携带、邮寄单行本发行的图书、报纸、期刊类出版物进境，每人每次超过 50 册（份）的；②个人携带、邮寄单碟（盘）发行的音像制品进境，每人每次超过 100 盘的；③个人携带、邮寄成套发行的图书类出版物进境，每人每次超过 10 套的；④个人携带、邮寄成套发行的音像制品进境，每人每次超过 10 套的；⑤其他构成货物特征的。

（3）超出上述①中规定之数量，但是仍在合理数量以内的个人自用进境印刷品及音像制品，不属于上述②中规定情形的，海关应当按照《中华人民共和国进出口关税条例》有关进境物品进口税的征收规定对超出规定数量的部分予以征税放行。

十七、化学品首次进口及有毒化学品进口管理

“化学品”是指人工制造的或者从自然界提取的化学物质，包括化学物质本身，

化学混合物或者化学配制物中的一部分，以及作为工业化学品和农药使用的物质。

“有毒化学品”是指进入环境后通过环境蓄积，生物累积，生物转化或化学反应等方式损害健康和环境，或者通过接触对人体具有严重危害和潜在危险的化学品。

“化学品首次进口”是指外商或其代理人向中国出口其未曾在中国登记过的化学品，即使同种化学品已有其他外商或其代理人在中国进行了登记，仍被视为化学品首次进口。

为了加强化学品首次进口及有毒化学品进口管理，我国国家环境保护总局会同海关总署与原对外经济贸易部根据《关于化学品国际贸易资料交流的伦敦准则》，联合制定了《化学品首次进口及有毒化学品进出口环境管理规定》，同时发布了《中国禁止或严格限制的有毒化学品名单》。

国内进口商从国外进口有毒化学品，凭合同所涉外商办理的有毒化学品进口环境管理登记证，每批到港货物的每种有毒化学品均须办理有毒化学品进（出）口环境管理放行通知单。外商向中国出口列入《化学品首次进口环境管理第一类化学品》《化学品首次进口环境管理第二类化学品》的化学品，每种化学品均须办理化学品首次进口环境管理登记，该登记的有效期为5年。

第二节　货物进出口申报制度

一、海关通关一体化改革和关检融合对进出口货物通关的影响

（一）全国通关一体化改革

全国通关一体化改革是中国海关深化改革的重要部分，自2016年6月开始试点，2017年7月1日正式实施。全国通关一体化改革的主要特点是企业在货物通关时一次申报，海关对货物安全准入、合法进出口等要素完成甄别后，先予放行，再由属地海关开展税收后续管理，企业不仅可以任意选择通关或者报关地点和口岸，还可以在全国任何一个地方办理相关手续。在货物通关环节，由过去的海关审查确定企业申报税收要素、核定企业应缴税款，转变为企业自行申报税收要素、自行计算并缴纳税款、海关受理后放行货物，实施全过程抽查审核。这项改革措施将大幅

压缩货物通关时间，减少企业通关成本，提升通关效率。

为了配合全国通关一体化的实施，海关内部进行了“两个中心、三项制度”的改革。

1. 两个中心

（1）通过建立税收征管中心（现称税收征管局），海关按照商品和行业分类对货物涉税申报要素实行全国统一的专业化、集约化、智能化的批量审核，有效地解决了执法不统一的问题。

（2）通过建立风险防控中心（现称风险防控局），对于通关监管中涉及的企业商品安全准入及其他风险进行统一的分析和处置，统一下达风险布控的指令，管控进出境的风险。

2. 三项制度

（1）一次申报、分步处置。企业很关心在货物进出口过程中手续比较多、耽误的时间比较长、通关的成本比较高的问题，所以海关这项改革就要着力解决通关过程中流程再造的问题，将过去很多或者说全部在通关现场办理的手续，进行前推后移，企业进行一次申报，海关首先进行安全准入风险排查，对于涉税的其他事项分步进行后续的处置，这样可以大大缩短企业的通关时间，让货物能够比较顺畅地在短时间内通关。

（2）征管方式改革。推动企业报关纳税自报自缴，这项制度的核心在于，过去是企业申报、海关审核，特别是涉及税收申报要素，比如价格、归类、原产地的问题，海关在口岸上逐一审核，既耽误了时间，又增加了成本。现在由企业自己向海关申报、自主缴税，海关全过程抽查审核，重点进行后续的审查和处理。

（3）协同监管。对于隶属海关进行功能化的改造，让不同的海关承担不同的任务，分别进行相关业务的处理，口岸型海关主要负责对货物进行通关现场监管，属地型海关主要是对企业进行后续的稽查和信用管理，形成协同。通过以上措施，让大家感受到全国是一个海关。

海关通关一体化改革对于货物通关的影响主要包括以下两个方面：

（1）企业可以选择任意地点进行报关，消除了申报的关区限制，海关执法更统一，全国通关政策和规定在执行标准上更加一致，效率大大提高，简化了口岸通关环节的手续，压缩了口岸通关的时间。相关所有业务现场可以像银行网点一样，“一窗通办”所有海关业务，让企业充分享受稳定、透明、可预期的通关便利，切实感受到“全国是一关、一关通天下”。

（2）企业在通关中采用“自报自缴”的模式，提高了通关效率的同时，更明晰了企业与海关的责任。由于大多数通关过程海关不再干预，海关对企业的申报错误不再承担审核的责任，申报错误的所有法律后果将由企业承担，这为企业的准确申报带来了更高的要求，贸易术语作为企业申报的重要部分，需要企业对其有更加深入和准确的理解，以避免申报错误。

（二）关检融合

2018 年 3 月 17 日，《深化党和国家机构改革方案》（简称《方案》）在十三届全国人大一次会议上表决通过。改革后，原国家质量监督检验检疫总局的出入境检验检疫管理职责和队伍划入海关总署，自 2018 年 4 月 20 日起，全国各地方海关和检验检疫监管现场窗口统一以海关名义对外开展工作，一线旅检、查验和窗口岗位要统一上岗、统一着海关制服、统一佩戴关衔。

1. 职能管理的整合

自海关与出入境检验检疫融合后，口岸旅检监管、通关作业申报查验放行实现了“三个一”（“一次申报，一次查验，一次放行”）、运输工具登临检查、辐射探测、邮件监管、快件监管、报关企业资质注册以及对外“一个窗口”办理等多个业务领域完成了海关和原检验检疫业务的整合，实现了“一口对外、一次办理”，并完成了业务单证及印章的统一替换。海关管理职责和原检验检疫管理职责实现整合和融合后，作业环节大大减少，作业流程更加优化，海关信息化管理的改革逐步推进，业务操作程序日益简化。

货物通关比较重要的变化是全面取消通关单、执行整合优化后的报关单填制与格式等。具体以录单申报为例，改革前，收发货人需要两次分别向海关和原出入境检验检疫部门相关平台做货物申报；改革后，收发货人可以在单一窗口平台实现关检信息一次录入并申报。

2. 对申报的影响

（1）申报资质合一。关检融合前，全国大概有 100 多万家在海关报关注册的企业。这些企业过去需要向海关报关注册，同时要向原国家质量监督检验检疫局进行报检注册，进口或出口同样一批货物，需要向海关申报，同时要向原国家质量监督检验检疫局申报，两个部门虽然职能相近，但是走两套程序。关检融合后，企业原报关和原报检资质的获得得到整合优化，即企业在海关备案或注册登记后，获得报关（包含原报检）资质，这是因为原报检工作完全并入了报关工作，新的报关工作涵盖了原报检工作的内容。作为进出口货物的申报义务人（经营单位）须完成报关，在进出口环节的申报责任义务变得比以往更单一。

（2）申报项目整合。关检融合前，涉及法检产品或需报检的商品，企业要分别登录报检和报关两个系统进行进出口货物的申报。关检融合后，企业用户可通过海关总署网页上的“互联网+海关”或“国际贸易单一窗口”两种接入点进行报关申报，使用一个系统界面、一次申报，由系统自动核对检验检疫电子底账数据，录入报关信息，点击“一次申报”按钮即可完成申报程序。

自 2018 年 8 月 1 日起，海关进出口货物将实行关检整合申报。根据海关总署统一部署，面向企业端对原报关单和原检验检疫报检单的项目进行梳理，关检融合后，新版报关单从原关、检共计 229 个申报项目精简合并至 105 个。随附单证从原报关和原报检共 74 项单据合并成 10 项，102 项监管证件合并简化成 64 项。

简言之，关检整合申报的核心在于“四个一”，即“一张报关单、一套随附单证、一组参数代码、一个申报系统”。此次关检业务整合申报将改变企业原有报关及报检流程和作业模式，实现报关单“一张大表”货物申报。

3. 对 Incoterms® 2020 应用的影响

在关检融合前，对于国际贸易术语所指向的申报义务一般是海关申报的义务，向原检验检疫局申报的义务即原所谓的“报检”需要根据国家具体法律规定或者根据交易双方另外的约定。在关检融合后，根据国际贸易术语所确定的申报内容更为广泛和完整，其责任义务关系也较之以往不同。例如，根据中国海关的规定，出口货物的生产企业须承担出口产品的商检义务，在 EXW 的贸易术语下，原海关申报义务由进口商负责，但出口检验义务由出口的生产商负责，在关检融合后，出口原报检和原报关不再具有分开进行的条件，因此会给申报责任义务带来变化，需要买卖双方在 Incoterms® 2020 的应用中予以关注，并在合同中适当地进行明确。

二、货物进出口通关申报程序

（一）货物进出口申报要求

进出口申报是履行海关进出境手续的必要环节，是指进出口货物的收发货人、进出境运输工具的负责人、进出境物品的所有人或其代理人向海关办理货物、物品或运输工具进出境手续及相关海关事务的过程，包括向海关申报、交验单据证件，并接受海关的监管和检查等。

中国海关对于进出口货物的申报要求主要依据《中华人民共和国海关进出口货

物申报管理规定》。按照该规定，进出口货物的收发货人，可以自行向海关申报，也可以委托报关企业向海关申报。申报采用电子数据报关单申报形式和纸质报关单申报形式。电子数据报关单和纸质报关单均具有法律效力。

货物进出口申报分提前申报和正常申报。提前申报的进口货物申报人、受委托的报关企业应当在运输工具起运后、运抵海关监管场所前申报。出口货物发货人、受委托的报关企业应当在货物运抵海关监管场所前3日内向海关申报，并在申报后3日内（转关5日内）全部运抵海关监管作业场所。进口货物的收货人、受委托的报关企业应当自运输工具申报进境之日起14日内向海关申报。进口转关运输货物的收货人、受委托的报关企业应当自运输工具申报进境之日起14日内，向进境地海关办理转关运输手续，有关货物应当自运抵指运地之日起14日内向指运地海关申报。出口货物发货人、受委托的报关企业应当在货物运抵海关监管区后、装货的24小时以前向海关申报。

进出口货物的收发货人以自己的名义，向海关申报的，报关单应当由进出口货物收发货人签名盖章，并且随附有关单证。报关企业接受进出口货物的收发货人委托，以自己的名义或者以委托人的名义向海关申报的，应当向海关提交由委托人签署的授权委托书，并且按照委托书的授权范围办理有关海关手续。

海关接受进出口货物的申报后，报关单证及其内容不得修改或者撤销；符合规定情形的，应当按照进出口货物报关单修改和撤销的相关规定办理。

（二）货物进出口通关流程

海关通关一体化后货物进出口通关作业的整体流程如下：

（1）企业申报：和货物申报相关的主要包括舱单申报和报关单申报。

（2）海关风险防控局和税收征管局进行安全准入风险和重大税收风险研判。

（3）海关现场作业：现场海关根据两个局的指令进行现场作业。

货物放行前：运输工具检查、查验、验估、现场综合业务处置、货物放行。

货物放行后：放行后税收风险处置、稽核查等后续监管。

具体而言，货物进出口通关作业主要包括以下阶段：

（1）申报：办理（接受）申报委托—报关单证准备—填制报关单—电子申报—海关数据处理信息反馈（如需修改或撤销）—经海关同意修改申报内容或撤销申报。

进出口收发货人通过“互联网+海关”货物申报的“单一窗口”向海关申报。企业可以选择两步申报：第一步，企业概要申报后经海关同意即可提离货物；第二步，企业在规定时间内完成完整申报。在第一步概要申报中，企业向海关申报进口货物是否属于禁限管制、是否依法需要检验或检疫（是否属法检目录内商品及法律法规规定需检验或检疫的商品）、是否需要缴纳税款。不属于禁限管制且不属于依法需检验或检疫的，申报9个项目，并确认涉及物流的2个项目，应税的须选择符合要求的担保备案编号；属于禁限管制的需增加申报2个项目；依法需检验或检疫的需增加申报5个项目。企业自运输工具申报进境之日起14日内完成完整申报，办理缴纳税款等其他通关手续。

关检融合后，取消了入境/出境货物通关单、入境/出境货物报检单，进口申报整合报检要素，原报关和原报检合并成一张报关单及一套随附单证，出口申报由信息化系统自动核对出口检验检疫电子底账数据。在进出口申报电子逻辑校验中增加检验检疫校验参数。

对于检验检疫，在进口申报前实施境外预检、境外装运前检验及检验机构监督管理；出口申报前实施出口产地、组货地检验检疫作业，并形成电子账册数据。

（2）海关风险研判。海关在舱单申报后，就舱单逻辑进行审核及风险甄别，在企业报关申报后，就报关单进行逻辑审核及安全和重大税收风险甄别，并对相关风险下指令给现场海关进行处置。

（3）海关现场作业。海关现场作业是指现场海关根据风险防控局和税收征管局的指令进行现场作业。包括货物放行前运输工具的检查、查验、验估、现场综合业务处置、征税和货物放行等；货物放行后对税收风险处置、稽核查等后续监管等。

货物放行前，海关将根据进出境货物的风险状态有选择性地确定被查验货物，如通过海关信息化系统参数确定为高风险的货物、通过海关信息化系统随机产生的布控指令所捕中的货物或在审单环节发现的高风险货物等。关检融合后，海关将检验检疫风险纳入安全准入风险，实施统一研判、处置和整体防控，检验检疫风险具体包括口岸公共卫生安全、生物安全、进出口商品安全和食品安全等。原检验检疫现场施检部门的职能并入现场海关查验部门，通过联合作业、委托授权、职责调整等步骤，逐步实现通关监管“查检合一”。

对于征税，通关一体化改革后最大的变化是由“先审后征”变成“先征后审”，企业自报自缴税款，自行打印税单缴纳税款后货物放行。海关税收征管局在货物放行后通过对税号、价格、原产地等涉税因素的审核，对企业的税收风险进行后续监管和处置。

同时海关加强了货物放行后的稽核查等后续监管，实施“多查合一”，整合后续监管稽核职责，融合企业稽查、核查，对进入国内市场商品的抽查，进出口商品安全问题追溯调查，对企业遵守检验检疫法规状况的检查等的后续执法。“多查合一”融合海关稽查、核查、贸易调查、卫生检疫、动植物检疫、食品检验的后续监管作业等，统一组织实施，统一作业。

三、Incoterms® 2020 与进出口贸易方式

贸易方式是海关对进出口货物管理的基础，它以列入海关统计的国际贸易进出口货物交易方式为基础，兼顾海关监管进出口货物综合设定。海关总署于 1999 年 1 月以公告形式将报关单上的“贸易方式”定义为“进出口货物海关监管方式”，贸易方式和海关监管方式其实是同一概念的两种不同称谓。贸易方式是进出口货物申报人申报的基础，不同的交易方式决定了申报的贸易方式，一份报关单只允许填报一种贸易方式，适用不同的海关监管制度。①

贸易方式将直接关系进出口环节的完税价格申报。中国海关进口是以 CIF 价为基准计算完税价格，出口是以 FOB 价格计算完税价格，因此 Incoterms® 2020 的应用应该重点关注不论使用哪一种贸易术语，最终都应可以准确计算或者转换到进出口的完税价格。不同的贸易方式，其纳税时间和完税价格构成不同，如一般贸易进出口，其纳税申报发生在货物进出口当时；加工贸易的贸易方式应注意，加工贸易中进口料件处于保税状态，并非免税品，其纳税义务可能在发生内销时，缴纳税款将可能回溯到料件进口时的状态，按料件进口时的价格或料件内销时的价格计算完税价格；租赁货物和修理货物需要按租金或修理费用征税，相应的运保费应计入完税价格；免费提供的货物，虽然实际上不存在货价的支付，但是海关仍将其视为一般

① 《中华人民共和国海关进出口货物报关单填制规范》第十四条：“监管方式是以国际贸易中进出口货物的交易方式为基础，结合海关对进出口货物的征税、统计及监管条件综合设定的海关对进出口货物的管理方式。其代码由 4 位数字构成，前两位是按照海关监管要求和计算机管理需要划分的分类代码，后两位是参照国际标准编制的贸易方式代码。根据实际对外贸易情况按海关规定的《监管方式代码表》选择填报相应的监管方式简称及代码。一份报关单只允许填报一种监管方式。”

贸易，承担申报责任的一方可能按合理货价进行缴税的义务。可见，贸易方式和贸易术语紧密相连，交易双方应该根据不同的贸易方式事先约定合理的贸易术语，同时在申报时应注意各种贸易术语之间的转换和计算，以满足中国海关的监管要求。

（一）主要贸易方式

海关的贸易方式非常多，《中国海关报关实用手册 2021》上显示的贸易方式有 103 个，如前所述，贸易方式直接关系进出口环节的完税价格申报，也决定了海关的监管措施。下面就最常用的几个贸易方式列表介绍，如表 7-1 所示。

表 7-1　主要贸易方式

序号	贸易方式	适用范围	完税价格与税款征收	海关监管
1	一般贸易	1. 以正常交易方式成交的进出口货物； 2. 来料养殖、来料种植进出口货物； 3. 个体工商业者委托进口的小型生产工具； 4. 旅游旅馆、酒店进口营业用的食品和餐佐料等； 5. 外商投资企业进口供加工内销产品的料件； 6. 贷款援助的进出口货物（包括我方利用贷款款项自行采购进口的物资）； 7. 外商投资企业用国产原材料加工产品出口或经批准自行收购国内产品出口的货物； 8. 国内经营租赁业务的企业购进供出租用的货物； 9. 经营保税仓库业务的企业购进供自用的货物； 10. 经营免税品和免税外汇商品的企业购进自用的手推车、货架等货物； 11. 外籍船舶、飞机在我国境内添加的国产燃料； 12. 对台间接贸易进出口货物	1. 一般贸易进口（或出口）货物，以货物成交价格为基础缴纳进口关税和增值税（或者出口关税，如有）； 2. 对于以一般贸易方式进口的减免税货物，如可提供减免税证明，可享受进口关税减免待遇	1. 海关监管的重点是企业是否如实申报； 2. 货物放行后三年内，海关可对进出口人是否如实申报货物价格、税号或其他申报要素以及进出口活动中的其他违法行为进行后续稽查

表7-1 续1

序号	贸易方式	适用范围	完税价格与税款征收	海关监管
2	租赁贸易	租赁进口货物	1. 租赁进口货物通常按照应付租金缴纳进口关税和增值税； 2. 纳税义务人申请一次性缴纳税款的，可以选择申请按照依次适用中国海关估价规则所规定的“其他估价方法”，或者按照海关审查确定的租金总额作为完税价格，缴纳进口关税和增值税：①相同货物、类似货物成交价格估价方法；②倒扣价格估价方法；③计算价格估价方法；④合理方法； 3. 租赁进口货物租赁期满复运出口时无须缴纳出口关税（如有）	1. 租赁进口货物属于海关监管货物，自进境之日起至租赁结束办结海关手续之日止，应当接受海关监管； 2. 进口人或者承租人应当自租赁进口货物租期届满之日起30日内，向海关申请办结监管手续，将租赁进口货物复运出境。需留购、续租租赁进口货物的，纳税义务人应当在不迟于租赁进口货物租期届满之日起30日内向海关申请办理留购或续租手续； 3. 留购的租赁货物以海关审查确定的留购价格作为完税价格； 4. 租赁进口货物实行许可证件管理的，凭有关许可证件验放； 5. 租赁进口货物实行进口检验检疫管理的，依法实施检验检疫
		租赁出口货物	1. 租赁出口货物一般无须缴纳出口关税； 2. 租赁期满，租赁出口货物复运进境的，可免交进口关税与增值税，但需向海关提交税务机关出具的出口退税退还凭证或者未享受出口退税凭证	1. 租赁出口货物实行许可证件管理的，凭有关许可证件验放； 2. 租赁出口货物实行出口检验检疫管理的，依法实施检验检疫

表7-1 续2

序号	贸易方式	适用范围		完税价格与税款征收	海关监管
3	暂时进出境货物	ATA单证项下暂时进出口货物	1. 中国海关只接受用于展览会、交易会、会议等类似活动的ATA单证项下暂时进境货物； 2. ATA单证项下暂时出口货物的范围依据目的地国家或地区的规定	ATA单证项下暂时进口（或出口）货物，只要在规定期限内复运出口或进口的，则无须缴纳进口关税与增值税（或出口关税，如有）	1. 通常情况下，暂时进口或者出口货物，无论是否属于ATA单证项下货物，均需要在原进口或者出口之日起6个月内复运出境或者进境。特殊情况下，经主管地直属海关批准，上述期限可以延长。延期次数最多不超过3次，每次延长期限不超过6个月。规定期限届满，货物没有复运出境或者进境的，将按海关审查确定的暂时进出境货物完税价格征收应纳税款； 2. 如果进口人决定留购暂时进口货物，需要按照一般贸易进口并以海关审查确定的留购价格作为完税价格缴纳进口关税与增值税，已缴纳的税款可以从中扣除
		非ATA单证货物	明确列明的暂免缴纳进出口税款的九种暂时进出境货物： （一）在展览会、交易会、会议及类似活动中展示或者使用的货物； （二）文化、体育交流活动中使用的表演、比赛用品； （三）进行新闻报道或者摄制电影、电视节目使用的仪器、设备及用品； （四）开展科研、教学、医疗活动使用的仪器、设备及用品； （五）在本款第（一）项至第（四）项所列活动	该九种明确列明的暂时进境货物，如在规定期限内复运出境的，其进境时无须缴纳进口关税与增值税；该九种明确列明的暂时出境货物，在规定期限内复运进境的，其出境时无须缴纳出口关税（如有）	

表7-1 续3

序号	贸易方式		适用范围	完税价格与税款征收	海关监管
			中使用的交通工具及特种车辆； （六）货样； （七）供安装、调试、检测设备使用的仪器、工具； （八）盛装货物的容器； （九）其他用于非商业目的的货物		
3	暂时进出境货物	非ATA单证货物	上述明确列明的九种货物之外的其他暂时进出境货物	1. 九种明确列明的可以暂时免征关税范围以外的其他暂时进境货物，应当按照该货物的完税价格和其在境内滞留时间与折旧时间的比例计算征收进口关税。税款按月进行征收，或者在规定期限内货物复运出境或者复运进境时征收； 2. 按月征收的税款的计算公式为： 每月关税税额＝关税总额×（1/60） 每月进口环节代征税税额＝进口环节代征税总额×（1/60） 注：（1）“关税总额”按海关接受该货物申报进出境之日适用的计征汇率、税率以及货物的完税价格予以确定。（2）计征税款的期限为60个月。不足一个月但超过15天的，按一个月计征；不超过15天的，免予计征。计征税款的期限自货物放行之日起计算	

表7-1 续4

<table>
<tr><th>序号</th><th>贸易方式</th><th colspan="2">适用范围</th><th>完税价格与税款征收</th><th>海关监管</th></tr>
<tr><td rowspan="2">4</td><td rowspan="2">进出境修理物品</td><td>进境维修货物</td><td>进境维修的货物以及修理货物维修所用的原材料、零部件</td><td>1. 进境修理货物和为了维修目的的进口的原材料、零部件，如能在海关规定的期限复运出境，进境时暂予免征进口关税及增值税；
2. 进境修理货物及为了维修目的的进口的原材料、零部件修理完毕后复运出境时，通常无须缴纳出口关税；
3. 如果没有在规定期限复运出境，将按照一般进口货物对进境修理货物及其剩余的维修用原材料、零部件按海关审查确定的货物完税价格征收进口关税与增值税</td><td>进口的原材料、零部件只能用于维修进口货物，剩余的原材料、零部件需要在海关核准的期限内与维修货物一同复运出境</td></tr>
<tr><td>出境维修货物</td><td>出境维修的货物，以及修理货物维修所用的原材料、零部件</td><td>1. 出境修理货物及为了维修需要出口的原材料、零部件，如果能在海关规定的期限复运进境的，出境时可暂予免征出口关税（如有）；
2. 出境修理货物，出境时已向海关报明，并在海关规定的期限内复运进境的，进境时以境外修理费和料件费为基础审查确定完税价格</td><td>1. 出口修理货物需要在海关核准的期限内运回进境。因正当理由不能在海关规定期限内将出境修理货物复运进境的，应当在规定期限届满前向海关说明情况，申请延期复运进境；
2. 出境修理货物超过海关允许期限复运进境的，海关对其按照一般进口货物的征税管理规定征收进口税款</td></tr>
</table>

表7-1　续5

<table>
<tr><th>序号</th><th>贸易方式</th><th colspan="2">适用范围</th><th>完税价格与税款征收</th><th>海关监管</th></tr>
<tr><td rowspan="2">5</td><td rowspan="2">退运货物</td><td>一般退运货物</td><td>因品质或规格原因，进口（或出口）货物自进口（或出口）放行之日起1年内原状退货复运出境（或进境）的</td><td rowspan="2">1. 出口货物退运进境的，无论是一般退运货物还是直接退运货物，经海关确认后，对于复运进境的原出口货物不予征收进口关税和增值税；
2. 进口货物退运出境的，无论是一般退运货物还是直接退运货物，经海关确认后，对于复运出境的原进口货物不予征收出口关税（如有）；
3. 一般退运货物，进口人或者出口人还可以在缴纳税款之日起一年之内向海关申请退还此前已经缴纳的进口或者出口税款</td><td>1. 需要向海关提交原进口或出口报关单；
2. 对复运进境或出境的原出口或原进口货物免予许可证管理；
3. 按规定应予检验检疫的退运货物，依法实施检验检疫</td></tr>
<tr><td>直接退运货物</td><td>【当事人申请直接退运】在货物进境后，办结海关放行手续前，有下列情形之一的，当事人可以向海关申请办理直接退运手续：
1. 因国家贸易管理政策调整，收货人无法提供相关证件的；
2. 属于错发、误卸或者溢卸货物，能够提供发货人或者承运人书面证明文书的；
3. 收发货人双方协商一致同意退运，能够提供双方同意退运的书面证明文书的；
4. 有关贸易发生纠纷，能够提供法院判决书、仲裁机构仲裁决定书或者无争议的有效货物所有权凭证的；
5. 货物残损或者国家检验检疫不合格，能够提供相关检验证明文书的</td><td>1. 对货物进境申报后经海关批准直接退运的，在办理进口货物直接退运出境申报手续前，海关应当将原进口报关单或者转关单数据予以撤销；
2. 经海关批准或者责令直接退运的货物不需要验凭进出口许可证或者其他监管证件，免予征收各种税费及滞报金，不列入海关统计；
3. 直接退运出口货物不需要使用出口收汇核销单，直接退运的进口货物不得对外售（付）汇，不得签发进口付汇、出口收汇核销报关单证明联和出口退税报关单证明联</td></tr>
</table>

表7-1 续6

序号	贸易方式	适用范围		完税价格与税款征收	海关监管
5	退运货物	直接退运货物	【海关责令直接退运】在货物进境后，办结海关放行手续前，有下列情形之一依法应当退运的，由海关责令当事人将进口货物直接退运境外： 1. 进口国家禁止进口的货物，经海关依法处理后的； 2. 违反国家检验检疫政策法规，经国家检验检疫部门处理并且出具检验检疫处理通知书或者其他证明文书后的； 3. 未经许可擅自进口属于限制进口的固体废物用作原料，经海关依法处理后的； 4. 违反国家有关法律、行政法规，应当责令直接退运的其他情形		
6	其他免费提供的进出口货物	除已具体列名监管方式的免费提供货物以外，进出口其他免费提供的货物： 1. 外商在经贸活动中赠送的物品； 2. 外国人捐赠品； 3. 驻外中资机构向国内单位赠送的物资； 4. 经贸活动中，由外商免费提供的试车材料、消耗性物品等		1. 免费提供的进口（或出口）货物需要缴纳进口税款（或出口税款，如有）； 2. 由于免费提供的进出口货物没有成交价格，因此海关将依次适用其他估价方法进行估价来确定其完税价格	1. 进出口实行许可证件管理的免费提供货物，需凭有关许可证件验放； 2. 按规定应予检验检疫的免费提供货物，依法实施检验检疫； 3. 其他免费进出口货物不得收付汇

表7-1　续7

序号	贸易方式	适用范围	完税价格与税款征收	海关监管
7	寄售货物	寄售人把货物运交事先约定的代销人，由代销人按照事先约定或根据寄售代销协议规定的条件，在当地市场代为销售，所得货款扣除代销人的佣金和其他费用后，按协议规定方式将余款付给寄售人。寄售人与代销人之间不是买卖关系，而是委托关系，代销人对货物没有所有权	1. 进出（或出口）寄售货物需要缴纳进口关税和增值税（或出口关税，如有）； 2. 由于进出口双方就寄售货物不存在销售，因此寄售货物进口时一般不存在海关估价意义上的成交价格； 3. 根据中国海关估价规则，寄售货物的完税价格依次适用以下估价方法予以确定：（1）相同货物、类似货物成交价格估价方法；（2）倒扣价格估价方法；（3）计算价格估价方法；（4）合理方法； 4. 如果寄售货物在清关前就可以确定其最终用户及销售给最终用户的销售价格，则其完税价格应以销售给国内最终用户的价格为基础来确定	1. 进出口寄售代销商品实行许可证件管理的，凭有关许可证件验放； 2. 进出口寄售代销商品实行检验检疫管理的，依法实施检验检疫

表7-1 续8

序号	贸易方式	适用范围	完税价格与税款征收	海关监管
8	无代价抵偿进出口货物	进出口货物在海关放行后，因残损、短少、品质不良或者规格不符等原因，由进出口货物的发货人、承运人或者保险公司免费补偿或者更换的与原货物相同或者与合同规定相符的货物	1. 进口无代价抵偿货物，不征收进口关税和进口环节海关代征税；出口无代价抵偿货物，不征收出口关税（如有）； 2. 被更换的原进口货物的退运出境，不征收出口关税（如有）；被更换的原出口货物的退运进境不征收进口关税和进口环节海关代征税； 3. 被更换的原进口货物不退运出境且不放弃交由海关处理的，或者被更换的原出口货物不退运进境的，海关应当按照接受无代价抵偿货物申报进出口之日适用的税率、计征汇率和海关估价规定对原进出口货物重新估价并进行征税； 4. 申报进出口的免费补偿或者更换的货物，其税号与原货物的税号不一致的，不适用无代价抵偿货物的有关规定，海关按照一般进出口货物征收税款	1. 应当在原进出口合同规定的索赔期内且不超过原货物进出口之日起 3 年，向海关申报办理无代价抵偿货物的进出口手续； 2. 海关认为需要时，进出口人还应当提交具有资质的商品检验机构出具的原进口或出口的货物残损、短少、品质不良或者规格不符的检验证明书或者其他有关证明文件

表7-1　续9

序号	贸易方式	适用范围	完税价格与税款征收	海关监管
9	外商投资企业投资进口的设备、物品	外商投资企业投资总额内的资金（包括中方投资）进口的机器设备、零部件和其他建厂（场）物料，安装、加固机器所需材料，以及进口本企业自用合理数量的交通工具、生产用车辆、办公用品（设备）	1. 外商投资企业在项目额度或投资总额内进口的自用设备及其按照合同随设备进口的技术及配套件、备件，除《外商投资项目不予免税的进口商品目录》所列商品外，免征进口关税，超出上述范围的进口货物照章征税； 2. 2009年1月1日之后进口减免税货物不再享受进口增值税减免	1. 减免税进口的外商投资设备物品监管年限自货物进口放行之日起计算。监管年限为： （1）船舶、飞机：8年； （2）机动车辆：6年； （3）其他货物：3年； 2. 在海关监管期限内，减免税货物只能用于原先批准的特定企业、特定地点、特定用途。未经海关同意并缴纳关税的，不得移作他用； 3. 监管年限内的设备物品，外商投资企业应当自减免税货物放行之日起每年一次向主管海关报告减免税货物的状况； 4. 外商投资企业异地搬迁其进口设备准予按原企业进口时征、免税待遇结转至因搬迁而新设立的企业所在地海关继续监管，监管年限连续计算

表7-1 续10

序号	贸易方式	适用范围	完税价格与税款征收	海关监管
10	监管年限内减免税设备结转	进口企业在减免税设备监管年限内将减免税设备转让给另一个享受减免税待遇的企业	监管年限内，减免税设备转让给其他享受减免税优惠的企业，免征进口税款	1. 减免税货物转让给进口同一货物享受同等减免税优惠待遇的其他单位的，不予恢复减免税货物转出申请人的减免税额度，减免税货物转入申请人的减免税额度按照海关审定的货物结转时的价格、数量或者应缴税款予以扣减； 2. 转出、转入减免税货物的申请人应当分别向各自的海关申请办理减免税货物的出口、进口报关手续； 3. 结转减免税货物的监管年限应当连续计算。转入地主管海关在剩余监管年限内对结转减免税货物继续实施后续监管

（二）Incoterms® 2020 与进出口完税价格

中国海关在对进出口产品进行征税、退税时，主要以从价税的方式进行计算。对于从价税而言，海关完税价格即海关计征进出口税收的计税价格。对于出口货物而言，完税价格为 FOB 价格；对于进口货物而论，完税价格为 CIF 价格。

进出口货物的申报义务人在进行申报时，需要申报对应的 CIF 价格或者 FOB 价格，如果进出口买卖协议是以其他贸易术语成交的，须进行相应的计算和调整，以确保海关能够确定完税价格。具体的调整方式可以参考表 7-2。

表 7-2 Incoterms® 2020 与进出口完税价格

运输方式	Incoterms®	买方责任	卖方责任	价格规定	价格换算	备注
适用任何运输方式	EXW（Ex Works…）工厂交货	1. 办理出口、通关等手续； 2. 办理进口、通关等手续； 3. 办理运输，承担运费； 4. 支付保险费用； 5. 非出运国强制性运前检验； 6. 按照买卖合同约定支付价款	提供符合买卖合同约定的货物和商业发票	EXW 价=生产/采购成本价	• EXW 价+工厂到起运港码头运费+国外运费+保险费=CIF 价 • EXW 价+工厂到起运港码头运费=FOB 价	—
	FCA（Free Carrier）货交承运人	1. 办理进口、通关等手续； 2. 办理运输，承担运费； 3. 支付保险费用； 4. 非出运国强制性运前检验； 5. 按照买卖合同约定支付价款	1. 办理出口、通关等手续； 2. 提供符合买卖合同约定的货物和商业发票，以及合同可能要求的其他与合同相符的证据	FCA 价=生产/采购成本价+国内费用	• FCA 价+国外运费+保险费=CIF 价 • FCA 价基本等于 FOB 价	—
	CPT（Carriage Paid To）运费付至	1. 办理进口、通关等手续； 2. 支付保险费用； 3. 非出运国强制性运前检验； 4. 按照买卖合同约定支付货物价款	1. 办理出口、通关等手续； 2. 办理运输，承担运费； 3. 提供符合买卖合同约定的货物和商业发票	CPT 价=生产/采购成本价+国内费用+国外运费	• CPT 价+保险费=CIF 价 • CPT 价-国外运费=FOB 价	—

表7-2 续1

运输方式	Incoterms®	买方责任	卖方责任	价格规定	价格换算	备注
适用任何运输方式	CIP（Carriage and Insurance Paid To）运费和保险费付至	1. 办理进口、通关等手续； 2. 非出运国强制性运前检验； 3. 按照合同约定支付货物价款	1. 办理出口、通关等手续； 2. 办理运输，承担运费； 3. 支付保险费用； 4. 提供符合买卖合同约定的货物和商业发票，以及合同可能要求的其他与合同相符的证据	CIP价=生产/采购成本价+国内运费+国外运费+国外保险费	• CIP价基本等于CIF价 • CIP价-国外运费-保险费=FOB价	—
	DAT（Delivered at Terminal）目的地或目的港的集散站交货	1. 办理进口、通关等手续； 2. 非出运国强制性运前检验； 3. 按照买卖合同约定支付货物价款	1. 办理出口、通关等手续； 2. 办理运输，承担运费； 3. 支付保险费用； 4. 提供符合买卖合同约定的货物和商业发票，以及合同可能要求的其他与合同相符的证据	DAT价=生产/采购成本价+国内运费+国外运费	• DAT价+保险费=CIF价 • DAT价-国外运费=FOB价	Incoterms® 2020取消了DAT，新增DPU（Delivered at Place Unloaded），从“目的地交货”变为“卸货地交货”，但价格构成不受影响
	DAP（Delivered at Place）目的地交货	1. 办理进口、通关等手续； 2. 非出运国强制性运前检验； 3. 按照买卖合同约定支付货物价款	1. 办理出口、通关等手续； 2. 办理运输，承担运费； 3. 支付保险费用； 4. 提供符合买卖合同约定的货物和商业发票，以及合同可能要求的其他与合同相符的证据	DAP价=生产/采购成本价+国内运费+国外运费	• DAP价+保险费=CIF价 • DAP价-国外运费=FOB价	—

表7-2　续2

运输方式	Incoterms®	买方责任	卖方责任	价格规定	价格换算	备注
适用任何运输方式	DDP（Delivered Duty Paid）完税后交货	1. 非出运国强制性运前检验； 2. 按照买卖合同约定支付货物价款	1. 办理出口、通关等手续； 2. 办理运输，承担运费； 3. 支付保险费用； 4. 办理进口、通关等手续； 5. 按照买卖合同约定支付货物价款； 6. 提供符合买卖合同约定的货物和商业发票，以及合同可能要求的其他与合同相符的证据	DDP 价＝生产/采购成本价+国内运费+国外运费+目的港杂费（含关税）价格	• DDP 价-清关费-关税-码头到买方指定地点运费＝CIF 价 • DDP 价-清关费-关税-码头到买方指定地点运费-国外运费-保险费＝FOB 价	—
适用水上运输方式	FAS（Free Alongside Ship）船边交货	1. 办理进口、通关等手续； 2. 办理运输，承担运费； 3. 支付保险费用； 4. 非出运国强制性运前检验； 5. 按照买卖合同约定支付货物价款	1. 办理出口、通关等手续； 2. 提供符合买卖合同约定的货物和商业发票，以及合同可能要求的其他与合同相符的证据	FAS 价＝生产/采购成本价+国内费用	• FAS 价+国外运费+保险费＝CIF 价 • FAS 价基本等于 FOB 价	—

表7-2 续3

运输方式	Incoterms®	买方责任	卖方责任	价格规定	价格换算	备注
适用水上运输方式	FOB（Free On Board）船上交货	1. 办理进口、通关等手续； 2. 办理运输，承担运费； 3. 支付保险费用； 4. 非出运国强制性运前检验； 5. 按照买卖合同约定支付货物价款	1. 办理出口、通关等手续； 2. 提供符合买卖合同约定的货物和商业发票，以及合同可能要求的其他与合同相符的证据	FOB价=生产/采购成本价+国内费用	• FOB价+保险费+国外运费=CIF价 • FOB价本身	—
	CFR（Cost and Freight）	1. 办理进口、通关等手续； 2. 支付保险费用； 3. 非出运国强制性运前检验； 4. 按照买卖合同约定支付货物价款	1. 办理出口、通关等手续； 2. 办理运输，承担运费； 3. 提供符合买卖合同约定的货物和商业发票，以及合同可能要求的其他与合同相符的证据	CFR价=生产/采购成本价+国内费用+国外运费	• CFR价+保险费=CIF价 • CFR价-国外运费=FOB价	—
	CIF（Cost Insurance and Freight）成本，保险费加运费	1. 办理进口、通关等手续； 2. 非出运国强制性运前检验； 3. 按照买卖合同约定支付货物价款	1. 办理出口、通关等手续； 2. 办理运输，承担运费； 3. 支付保险费用； 4. 提供符合买卖合同约定的货物和商业发票，以及合同可能要求的其他与合同相符的证据	CIF价=生产/采购成本价+国内费用+国外运费+国外保险费	• CIF价本身 • CIF价-保险费-国外运费=FOB价	—

（三）Incoterms® 申报错误的法律后果

进出口申报中 Incoterms® 申报错误视申报人有无主观故意和后果，将导致如下不同的法律后果。

1. 行政处罚的风险

（1）违规行政处罚。根据《中华人民共和国海关行政处罚实施条例》（以下简称《海关行政处罚实施条例》）的规定，Incoterms® 申报人如果主观不存在瞒报、伪报或者其他方式逃避海关监管的故意，则视其不同的行为后果承担如下违规行政处罚责任，有违法所得的，没收违法所得：

①影响海关统计准确性的，予以警告或者处 1000 元以上 1 万元以下罚款。

②影响海关监管秩序的，予以警告或者处 1000 元以上 3 万元以下罚款。

③影响国家许可证件管理的，处货物价值 5%以上 30%以下罚款。

④影响国家税款征收的，处漏缴税款 30%以上 2 倍以下罚款。

⑤影响国家外汇、出口退税管理的，处申报价格 10%以上 50%以下罚款。

（2）走私行为行政处罚处漏缴税款 1 倍以上 3 倍以下罚款。

如果 Incoterms® 申报人主观有瞒报、伪报或者其他方式逃避海关监管的故意，但偷逃的税款没有达到走私罪的刑事起刑点（个人走私人民币 100000 元，单位走私人民币 200000 元）的，没收走私货物、物品及违法所得，可以并处偷逃应纳税款 1 倍以上 3 倍以下罚款。

2. 刑事处罚的风险

如果 Incoterms® 申报人主观有瞒报、伪报或者其他方式逃避海关监管的故意，且偷逃的税款达到走私罪的刑事起刑点（个人走私人民币 100000 元，单位走私人民币 200000 元）的，其行为涉嫌构成走私犯罪。一旦调查构成，个人走私的，个人将面临最高无期徒刑的刑罚；单位走私的，单位判处偷逃税款 1~5 倍的罚金，直接负责的主管人员和其他直接责任人员判处最高 10 年以上的有期徒刑。

【案例 1】贸易术语申报不实行政处罚案

2015 年 3 月至 2016 年 6 月，当事人 A 全创科技有限公司（以下简称 A 公司）先后 12 次在韶山海关报关进口钢板、外层自动曝光机、底片打孔机等货物，申报价格成交方式均为 FOB 起运港船上交货 Incoterms® 2010，而实际价格成交方式均为 EXW 卖方工厂交货 Incoterms® 2010。12 份报关单申报运费共计人民币 107843 元，申报保险费共计人民币 5689.9 元；将货物由卖方工厂运抵中国境内输入地点的实际运费共计人民币 187695.57 元，保险费共计人民币 5803.96 元；造成漏报运费人民币 79852.57 元，漏报保险费人民币 114.06 元。

经韶山海关关税部门计核，上述货物完税价格计人民币 3606641.04 元，应缴税款共计人民币 617305.86 元。少缴关税人民币 1456.78 元，少缴增值税人民币 13337.83 元，计征滞纳金人民币 2379.31 元。

A 公司贸易方式申报不实的行为影响了国家税款贸易征收，构成《海关法》第 86 条第 3 项所列之进出口货物向海关申报不实的违规行为。鉴于当事人漏缴税款占应纳税款以比例在 10%以下且漏缴税款总额不足 25 万元，违法行为危害后果较小，根据《中华人民共和国行政处罚法》（以下简称《行政处罚法》）第二十七条第一款第四项、《海关行政处罚实施条例》第 15 条第 4 项之规定，韶山海关决定对上述违规行为减轻处罚，对当事人做出如下行政处罚：处予罚款人民币 4000 元。

上述案例中，当事人向海关申报的贸易术语为 FOB，而实际贸易术语为 EXW，这种贸易术语的申报错误可能直接导致进出口环节的漏税后果，给国家税款带来损失，所以韶山海关根据相关规定对企业进行了处罚。

贸易术语申报不实或伪报、瞒报，企业将会遭受行政处罚，严重的可能还会涉嫌走私犯罪，企业需要重视贸易术语的申报，按照合同约定的贸易术语如实向海关申报。

四、货物进出口规范申报

根据《海关法》和《进出口货物申报管理规定》，进出口货物的收发货人、受委托的报关企业应当依法如实向海关申报，并对申报内容的真实性、准确性、完整性和规范性承担相应的法律责任。海关通关一体化改革后，企业自报自缴，海关监管点从传统的现场监管移转到事后稽查和调查。在通关现场，海关对申报一般只进行电子审单，对所申报的货物也不会逐票查验，而是根据风险布控，仅对高风险的货物进行查验。因此，有关违法申报也就不易在通关过程中发现。即使海关已经接受进出口申报并放行货物，但如果在申报环节存在任何违法行为，进出口企业仍然要承担相应的行政甚至刑事责任。因此，通关一体化改革对企业申报提出了更高的要求，货物成功通关并不意味着没有法律风险，如果申报不合法，其法律风险很可能在通关之后就开始存在并在事后爆发。

为帮助企业规范地进行进出口申报，中国海关制定了《中华人民共和国海关进出口货物报关单填制规范》和《中华人民共和国海关进出口商品规范申报目录》，对企业的主要申报内容进行指导。货物进出口申报人可参照海关的这些规范准确申报。以下就几个重点的高风险申报项目，结合海关的申报要求和企业申报中的常见风险点进行阐述。

（一）商品名称

商品名称简称品名，通俗理解是进出口商品的名称，但值得注意的是，在《中华人民共和国进出口税则》（以下简称《税则》）中，品名的英文名字是description，而不是name，因此，企业申报的品名并不是简单的进出口商品的名字，申报人不可以随便给进出口商品取个名字，品名的申报应当据实填报，并与进出口货物收发货人或受委托的报关企业所提交的合同、发票等相关单证相符。同时，其申报应该规范，以能满足海关归类、审价及许可证件管理要求为准，可参照《中华人民共和国海关进出口商品规范申报目录》《中华人民共和国海关进出口货物报关单填制规范》对商品名称的要求进行填报。实务中，品名的申报也应该依据《税则》中的商品描述来确定，以确保品名的申报满足海关归类的要求。

【案例2】苏州A公司伪报品名和税则号列被判走私犯罪案

2009年1月至2013年4月期间，苏州A公司在以一般贸易和进料料件内销方式进口离心通风机过程中，在明知离心通风机应以税则号列8414593000（其他离心风机，进口关税税率10%）申报进口的情况下，为达到降低企业经营成本、偷逃进口货物应缴税款的目的，该公司财务经理杨某与时任公司关务的被告人孙某明合谋，采用伪报品名和税则号列的方式，将离心通风机伪报成8414599099（其他风机、风扇，进口关税税率8%）申报进口。

一审苏州市中级人民法院判决A公司犯走私普通货物罪，判处罚金人民币三百六十万元；孙某明犯走私普通货物罪，判处有期徒刑三年，缓刑三年六个月；A公司不服一审判决，提出上诉。江苏省高级人民法院经不开庭审理认为，原审判决认定事实清楚，证据确实充分，定罪准确，量刑适当，应予维持。

【案例3】某外贸公司伪报品名骗取出口退税行政处罚案

某外贸公司于2018年7月向海关申报出口金属挂钩一批，申报品名为金属商店装置，商品税则号列为9403200000，退税率为15%。经海关查验发现，该商品品名实际上应为挂钩，真实商品税则号列为8302500000，退税率为9%。

当事人将挂钩申报成金属商店装置，导致税号申报错误，将本来享受9%退税率的商品申报成15%出口退税率的商品，多退国家出口退税，其行为构成申报不实。根据海关行政处罚条例，其申报不实影响了国家出口退税管理，海关据此对该外贸公司进行了行政处罚，并将情况通报给主管退税税务机关，税务机关对其是否涉嫌骗税开展后续核查。

品名申报错误往往会导致商品编码申报错误，在进口中可能导致漏缴进口税收，在出口中可能导致多退出口退税，都会带来行政处罚乃至走私犯罪和骗取出口退税罪的严重后果。企业应特别注意品名申报不实的风险。简而言之，商品品名的申报要以《税则》为基础，以能满足海关归类、审价及许可证件管理要求为标准，如实申报。

（二）商品编码

收发货人或者其代理人应当按照法律、行政法规规定以及海关要求如实、准确申报其进出口货物的商品名称、规格型号等，并且对其申报的进出口货物进行商品归类，确定相应的商品编码。中国海关进出口货物的商品编码由10位数字组成，前8位为《税则》和《中华人民共和国海关统计商品目录》确定的编码；第9、10位为监管附加编号。

商品归类在进出口中具有至关重要的作用，它是海关风险管理、贸易统计和海关审价的基础，决定进出口货物在进出口环节的税收税率（进口关税税率，增值税税率，出口退税税率）；是否属于禁止或限制进出口；是否属于配额或许可证管理；是否属于入境检验检疫；是否需要采取反倾销、反补贴和保障措施等。正因为商品归类如此重要，为了保证商品归类的正确性，海关相关法律法规不仅要求进出口货物申报人准确申报税则号列，同时要求申报人如实、准确申报商品的品名、规格型号等和商品信息相关的项目，以此来满足海关的归类判断。

根据中国海关相关法律法规规定，商品归类必须满足货物进出口时的状态，即必须以货物进出口时的状态对商品进行归类，并且商品的归类必须依照中国海关的相关法律法规进行，包括进出口税则，归类总规则，进出口商品税则和品目注释，本国子目注释，海关归类裁定和决定，以及中国海关其他的归类依据。

商品归类具有很强的技术性，它和海关估价、原产地一起被认为是海关的三大技术活。正是由于商品归类具有很强的技术性，所以税则号列的申报往往成为申报人申报之难，也是申报人申报之痛。对于税则号列申报，申报人即使具有合规申报的意识，但如果缺乏商品归类的技术，也很难保证税则号列申报的正确性；同时，随着科技的不断发展进步和人类认识水平的不断提高，人类对商品的认识也会发生改观，所以商品归类也会处在不断发展之中。所以，在进出口实务中，商品归类极易出现争议和违规违法事宜。在海关行政处罚案件中，由于税则号列申报错误而被处罚的案例一直占有比较高的比例。

由于税则号列申报错误具有极强的技术性，所以对于申报人没有主观故意且归类规则不明确的，法律后果仅为补税，没有处罚，这和其他项目的申报不实不同。海关法律法规对于大多数申报不实，由于不以行为人的主观状态为要件，只要存在申报不实，海关都将对其予以处罚。税则号列申报不对的，视其主观状态和归类规则是否明确等可分为归类错误、申报不实与伪报走私，三者的法律后果不同。归类错误与申报不实的主要区别在于是否存在主观过错，归类错误的常见原因是：货物的特征较为复杂；相关法律没有明确规定等。申报不实与伪报走私的差别主要在于是否有逃避海关监管、偷逃应纳税款、逃避国家有关进出境的禁止性或者限制性管理的故意，走私行为常伴随着伪报、模糊申报品名等行为。三者的比较具体可参考表7-3。

表7-3　归类错误、申报不实和伪报走私比较

	归类错误	申报不实	伪报走私
相同点	行为主体都是进出口货物收发货人，行为都发生在申报过程中，都是申报内容与实际不符，都违反了海关相关规定		
主观因素	主观过错以外的因素（货物的特征较为复杂，相关法律没有明确规定，海关曾接受其申报商品编号等情况）	主观存在过错（或为过失，或为逃避海关监管、偷漏税款等以外的故意）	逃避海关监管、偷逃应纳税款、逃避国家有关进出境的禁止性或者限制性管理的故意

表7-3 续

	归类错误	申报不实	伪报走私
客观因素	归类无明确规定	违背税则号列、海关总署的归类裁定、决定等	—
后果	追补税一年或三年	行政处罚和追补税，时效三年	数额较大、情节严重的构成犯罪

【案例 4】进出口商品编码申报错误行政处罚案

1. 进口税则号列申报不实影响进口税收案

2015 年 9 月 23 日至 2016 年 11 月 3 日，合肥某进出口有限公司向上海洋山海关申报一般贸易进口压制软木塞、压制软木棒等 28 票，申报价格合计 CIF 2274537.92 欧元，申报商品编码（税则号列）均为 4504900000，对应进口关税税率为 0，增值税率为 17%。经海关归类认定，上述货物实际均应归入商品编码（税则号列）4504100000，对应进口关税税率为 8.4%，增值税率为 17%。

经上海海关核定，上述违法货物价值共计人民币 21080390.05 元，漏缴税款共计人民币 1633535.74 元。上海洋山海关根据《海关法》第 86 条第 3 项、《行政处罚法》第 29 条、《海关行政处罚实施条例》第 15 条第 4 项之规定，不予行政处罚。对当事人于 2016 年 11 月 3 日的 2 次税则号列申报不实的行为，根据《海关法》第 86 条第 3 项、《海关行政处罚实施条例》第 15 条第 4 项之规定，决定：科以罚款人民币 73000 元。

2. 出口税则号列申报不实多退出口退税案

昆山某金属材料有限公司于 2017 年 4 月 12 日至 2019 年 3 月 21 日期间向上海外高桥海关申报出口至印度一般贸易项下钢丝切丸 20 票，共计 295000 千克，申报价格共计 458870.84 美元，申报商品编码（税则号列）7326201000，对应出口退税率 10%，共计人民币 3060036.71 元。

经查，实际出口货物为钢丝切段颗粒状物，应归入商品编码（税则号列）72051000，对应出口退税率 0。

上海外高桥海关根据《海关法》第 86 条第 3 项、《行政处罚法》第 27 条第 1 款第 4 项、《海关行政处罚实施条例》第 15 条第 5 项之规定，对当事人做出如下行政处罚：科以罚款人民币 116000 元。

从以上两个案例可以看出，商品归类是构成进出口申报不实的常见因素，不论进口还是出口，商品编码（税则号列）往往决定了不同的关税税率或退税率，一旦归类发生错误，则极易引起漏税的后果并导致处罚。实务中，企业常见的引发归类申报错误的情形大概有以下几种：企业将税则号列申报完全交由报关行来决定；在通关现场被海关官员要求更改税则号列；在不同关区使用不同的税则号列进行申报；频繁变换税则号列进行申报；没有按照进口时的真实状态确定税则号列；跨国公司在全球使用统一的税则号列进行申报；出口产品归类寻求高出口退税率税则号列等。企业应重视税则号列申报的合规管理，由于商品归类具有极强的专业性，对于复杂或有疑问的税则号列，企业应该第一时间寻求专业意见，在税则号列遭到海关质疑和调查时，应在专业人士的指导下做好应对准备，避免因税则号列申报问题导致海关行政处罚和走私犯罪追责。

（三）价格申报

进出口价格申报项目包含很多内容，如单价、总价、运费、保费、特殊关系确认和特许权使用费项目等。

1. 运保费申报

运保费是指进口货物运抵我国境内输入地点起卸前的运输和保险费用，出口货物运至我国境内输出地点装载后的运输和保险费用。

运保费申报往往和 Incoterms® 紧密相关，不同的 Incoterms® 决定着哪些运保费需要计入完税价格进行申报纳税，申报人如果不仔细分析交易双方的贸易术语，在申报中极易出现漏报运保费的情形，如直接将 FOB 贸易方式申报为 CIF。对于进口货物的运费，根据海关总署令第 213 号《中华人民共和国海关审定进出口货物完税价格办法》（以下简称《审价办法》），进口货物的运输及其相关费用应当按照由买方实际支付或者应当支付的费用计算。如果进口货物的运输及其相关费用无法确定，海关应当按照该货物进口同期的正常运输成本审查确定。

2. 特殊关系确认

根据《审价办法》规定，进口货物的完税价格使用实际成交价格法进行申报和审核的，买卖双方必须不存在特殊关系，或者虽然有特殊关系但未对成交价格产生影响。为了海关准确审核，填报规范要求进口申报中要填报确认买卖双方是否存在特殊关系。有下列情形之一的，应当认为买卖双方存在特殊关系：

（1）买卖双方为同一家族成员的。

（2）买卖双方互为商业上的高级职员或者董事的。

（3）一方直接或者间接地受另一方控制的。

（4）买卖双方都直接或者间接地受第三方控制的。

（5）买卖双方共同直接或者间接地控制第三方的。

（6）一方直接或者间接地拥有、控制或者持有对方 5%以上（含 5%）公开发行的有表决权的股票或者股份的。

（7）一方是另一方的雇员、高级职员或者董事的。

（8）买卖双方是同一合伙的成员的。

买卖双方在经营上相互有联系，一方是另一方的独家代理、独家经销或者独家受让人，如果符合前款的规定，也应当视为存在特殊关系。

如果纳税义务人能证明其成交价格与同时或者大约同时发生的下列任何一款价格相近的，应视为特殊关系未对成交价格产生影响：

（1）向境内无特殊关系的买方出售的相同或者类似进口货物的成交价格。

（2）按照《审价办法》第 23 条的规定所确定的相同或者类似进口货物的完税价格。

（3）按照《审价办法》第 25 条的规定所确定的相同或者类似进口货物的完税价格。

3. 与货物有关的特许权使用费支付确认

特许权使用费是指进口货物的买方为取得知识产权权利人及权利人有效授权人关于专利权、商标权、专有技术、著作权、分销权或者销售权的许可或者转让而支付的费用，它包括专利权使用费、商标权使用费、著作权使用费、专有技术使用费、分销或转售权费和其他类似费用。进口货物如与特许权使用费相关，货物进口价格未包含该特许权使用费的，货物进口方原则上应向海关申报对外支付的特许权使用费，并把它相应地计入货物完税价格，缴纳进口税收。规范申报对于特许权使用费确认的规定如下：

（1）买方存在需向卖方或者有关方直接或者间接支付特许权使用费，且未包含在进口货物实付、应付价格中，并且符合《审价办法》第 13 条的，填报“是”。

（2）买方存在需向卖方或者有关方直接或者间接支付特许权使用费，且未包含在进口货物实付、应付价格中，但纳税义务人无法确认是否符合《审价办法》第 13

条的，填报“是”。

（3）买方存在需向卖方或者有关方直接或者间接支付特许权使用费且未包含在实付、应付价格中，纳税义务人根据《审价办法》第13条，可以确认需支付的特许权使用费与进口货物无关的，填报“否”。

（4）买方不存在向卖方或者有关方直接或者间接支付特许权使用费的，或者特许权使用费已经包含在进口货物实付、应付价格中的，填报“否”。

对于哪些特许权使用费应该计入货物完税价格纳税，《审价办法》规定，未包含在进口货物实付、应付价格中的，买方需向卖方或者有关方直接或者间接支付的特许权使用费，应计入货物完税价格中进行纳税，但是符合下列情形之一的除外：

（1）特许权使用费与该货物无关。

（2）特许权使用费的支付不构成该货物向中华人民共和国境内销售的条件。

可见，特许权使用费是否应税取决于是否满足上述两个条件之一，且进口方负有举证责任。

《审价办法》列举了如何认定特许权使用费与有关进口产品的相关性。

商标使用费：进口货物附有商标；进口货物进口后附上商标直接可以销售；进口货物进口时已含有商标权，经过轻度加工后附上商标即可销售。

专利或专有技术使用费：进口货物含有专利或者专有技术，进口货物系用专利方法或者专有技术生产，进口货物系为实施专利或者专有技术而专门设计或者制造的机器、设备等生产性货物。

分销权许可费：进口货物进口后可以直接销售的；进口货物经过轻度加工即可销售的。

销售条件是有关特许权使用费应税的另外一项条件。依据《审价办法》的规定，下述两种情况下，应认定为特许权使用费的支付构成进口货物向中国境内销售的条件：买方不支付特许权使用费则不能购得进口货物；买方不支付特许权使用费则该货物不能以合同议定的条件成交。

4. 海关对申报价格的审定

（1）海关估价必须严格按照法定的顺序进行。海关估价的顺序如图7-1所示。

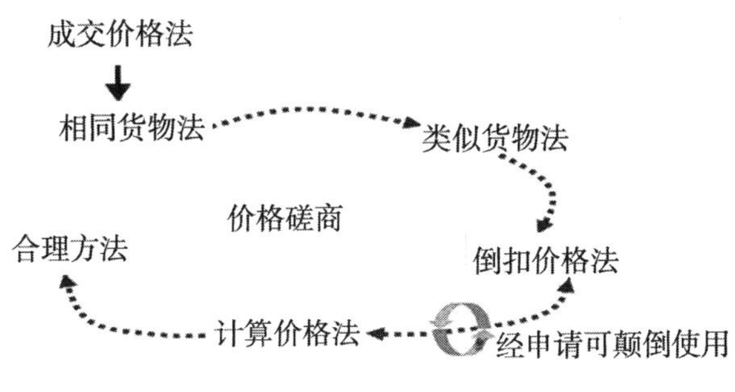

图 7-1 海关估价顺序图

（2）海关估价的流程如图 7-2 所示。

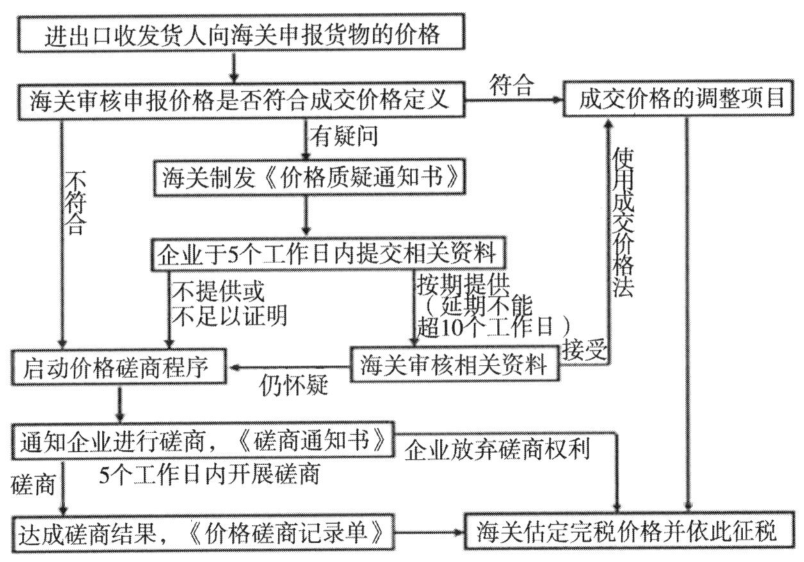

图 7-2 海关估价流程图

（3）海关估价程序的遵守。

一是分清“必经程序”与“非必经程序”。主要涉及的程序有：质疑、磋商。

质疑是在怀疑成交价格是否成立的时候，由海关主动启动的。如果海关已经确定无疑申报价格不符合成交价格定义，则不能启动质疑程序，只能直接进入磋商程序。磋商是对于成交价格不成立的情况下，使用非成交价格法估价的过程中，海关与企业交换商品信息和达成磋商结果所必须经过的程序。磋商不是讨价还价、议价征税，而是一种信息的交流，一方面是为了寻找海关估价的适当依据，另一方面是为了保护进口商的合法权益（比如有企业将不应该纳入完税价格的部分费用纳入了申报价格，海关应给予扣减）。

二是严格按照时限规定。主要有以下 2 个时限要求：①对于企业在规定的时限内提供质疑所需的相关资料，这个时限为 5 个工作日，特殊情况下可以向海关申请延期，但是延期时限不得超过 10 个工作日；②企业必须在收到“磋商通知书”的 5 个工作日内与海关进行价格磋商（且没有延期的相关规定）。如果未在规定的时限内与海关进行价格磋商，则视为放弃磋商权利，海关可以直接使用其他规定进行估价。

三是举证责任的归属。对于特许权使用费，买方需向卖方或者有关方直接或间接支付的特许权使用费要计入完税价格，但是有两种例外：特许权费与货物无关、特许权的支付不构成该货物向国内销售的条件。特许权使用费不计入完税价格的两种情形的举证责任在企业。

【案例 5】进口低报、漏报价格偷逃关税，出口高报价格骗取出口退税案件

1. 某公司修改发票，低报进口价格案

2009 年年底，北京海关根据海关总署上海商品价格信息处提供的线索，对北京某生物医药科技发展有限公司开展价格核查。北京海关关税部门发现该公司故意隐瞒与上海某贸易公司及其德国母公司签订进口药品格列喹酮药粉的三方合同，将单价 1300 美元/千克的进口货物低报为 990～1040 美元/千克。经过海关缉私局的调查，最终发现企业存在擅自修改发票，低报价格，并瞒报大量免费赠送药品的行为，该案涉税金额人民币 2.8 亿元，偷逃税款人民币 1490 万元，后该案被移送起诉，追究走私刑事责任。

2. 特殊关系影响进口货物成交价格案

2009 年，某海关在通关环节发现上海某贸易有限公司进口商品编码 8517121090 项下某品牌手机的买卖双方同属某跨国集团下子公司，经审核发现双方存在特殊关系，且进口货物的成交价格受到特殊关系的影响。海关根据《审价办法》有关规定，经价格磋商，最终使用合理方法对该公司进口的 57 万台、价值 1.7 亿美元的某品牌手机估价补税人民币 1.1 亿元。

3. 协助费用补税案

海关总署上海商品价格信息处在对上海口岸某汽车制造商 A 公司进行例行价格审查时发现，该公司进口的汽车零部件除了标准零件外，还包括大量该公司向零件生产厂商（简称 OEM 厂商）定制的专用汽车零件。进一步核对 A 公司进口记录和账册后发现，该公司在进口专用汽车零件之前，向第三方模具生产商购买了用于零件生产的模具并免费提供给零件生产商，零件进口价格中并未包含上述模具费用。海关根据《审价办法》的有关规定，经过多次磋商，将模具费用平均分摊至5年的进口零件中实施估价，补税人民币3011万元。

4. 特许权使用费补税案

2010—2011年，天津海关在对天津某化工公司申报进口的苯乙烯关键设备审核时发现有专有技术等特许权使用费未向海关申报，遂由价格部门对企业涉及的特许权使用费实际贸易情况启动价格质疑程序，对企业进口20万吨苯乙烯装置的专有技术和采购合同条款以及技术使用协议等文件展开审核，最终，天津海关根据《审价办法》的有关规定，认定该公司对外支付的部分专有技术费符合应税条件，应当计入完税价格，对该项合同项下进口货物补征税款人民币1486万元。

5. 高报出口价格，骗取出口退税案

2017年4月28日，当事人A科技股份有限公司委托B国际物流有限公司成都分公司向成都综合保税区海关申报一票出口货物（报关单号：791620170000064862）时，由于当事人工作人员疏忽，将其中2台“锁螺丝专用机”（报关单第5项商品：8479899990）的商品单价“77538.24美元”错误申报为“518358.825美元”；将商品总价“155076.48美元”错误申报为“1036717.65美元”。经查，涉案货物价值为人民币607.96万元，可能影响出口退税款103.31万元人民币。成都综合保税区海关依据《海关法》第24条第1款、《海关法》第86条第3项、《海关行政处罚实施条例》第15条第5项，对企业处以罚款人民币9万元。

上述案例涉及进口价格申报的多个项目，在进口价格申报中，申报人要特别注意完税价格申报的完整性，除了货价、运保费外，特许权使用费、协助费用、卖方佣金、返回给卖方的转售收益等项目也需要依法计入完税价格申报纳税。实务中价格申报常见的风险有：利用两套价格资料低报价格走私；漏报、瞒报运保费；漏报、瞒报特许权使用费；漏报、瞒报协助费用；忽视估价程序等。价格申报错误和税收直接相关，进口价格申报错误会导致国家税收的流失，出口价格申报错误可能会导致企业多退出口退税，其法律后果除了补税、退回多退的出口退税外，轻者会遭受海关行政处罚，重者可能涉嫌构成走私犯罪或骗取出口退税罪。

（四）原产国（地区）申报

原产国（地区）依据《中华人民共和国进出口货物原产地条例》（以下简称

《原产地条例》)、《中华人民共和国海关关于执行〈非优惠原产地规则中实质性改变标准〉的规定》以及海关总署关于各项优惠贸易协定原产地管理规章规定的原产地确定标准，按海关规定的《国别（地区）代码表》选择填报相应的国家（地区）名称及代码。

在我国，规范普通原产地规则的主要法律文件是《原产地条例》，而优惠原产地规则是双边或者多边自由贸易协定的主要内容之一。优惠原产地规则是为了实施国别优惠（关税）政策而制定的原产地规则，而非优惠原产地规则适用于除此以外的其他目的，包括实施最惠国待遇等。

根据我国原产地条例，判定原产地主要有两个规则，一是完全获得原则，即完全在一个国家（地区）获得的货物，以该国（地区）为原产地。“完全获得”的判断标准包括：①在该国（地区）出生并饲养的活的动物；②在该国（地区）野外捕捉、捕捞、搜集的动物；③从该国（地区）的活的动物获得的未经加工的物品；④在该国（地区）收获的植物和植物产品；⑤在该国（地区）采掘的矿物；⑥在该国（地区）获得的除本条第1项至第5项范围之外的其他天然生成的物品；⑦在该国（地区）生产过程中产生的只能弃置或者回收用作材料的废碎料；⑧在该国（地区）收集的不能修复或者修理的物品，或者从该物品中回收的零件或者材料；⑨由合法悬挂该国旗帜的船舶从其领海以外海域获得的海洋捕捞物和其他物品；⑩在合法悬挂该国旗帜的加工船上加工本条第9项所列物品获得的产品；⑪从该国领海以外享有专有开采权的海床或者海床底土获得的物品；⑫在该国（地区）完全从本条第①项至第⑪项所列物品中生产的产品。在确定货物是否在一个国家（地区）完全获得时，不考虑下列微小加工或者处理：为运输、贮存期间保存货物而作的加工或者处理；为货物便于装卸而作的加工或者处理；为货物销售而作的包装等加工或者处理。

二是实质性改变标准。两个以上国家（地区）参与生产的货物原产地的认定适用实质性改变的确定标准。该标准以《税则》归类改变为基本标准；《税则》归类改变不能反映实质性改变的，以制造或者加工工序、从价百分比等为补充标准。所谓《税则》归类改变，是指在某一国家（地区）对非该国（地区）原产材料进行制造、加工后，所得货物在《税则》中前四位税目归类发生了变化。所谓制造或者加工工序，是指在某一国家（地区）进行的赋予制造、加工后所得货物基本特征的主要工序。从价百分比，是指在某一国家（地区）对非该国（地区）原产材料进行制造、加工后的增值部分，超过所得货物价值一定的百分比。

【案例6】上海A国际贸易有限公司原产地申报不实案

2018年11月21日，当事人（上海A国际贸易有限公司）委托上海B报关有限公司向海关申报进口一般贸易项下未梳的芳香族聚酰胺短纤3043.162千克，申报总价C&F88251.70美元，申报商品编号5503112000，进口关税税率5%，申报原产国为中国，报关单号220120181018513487。经查，上述货物的实际原产国为美国。

经核定，上述货物漏缴税款人民币35477.21元。根据《海关法》第86条第3项、《海关行政处罚实施条例》第15条第4项之规定，决定对当事人做出如下行政处罚：科以罚款人民币28000元。

原产地的确定也具有很强的技术性，受中美贸易战加征关税等的影响，近年来海关对原产地申报不实的行为愈发重视，加大了查处和打击力度。原产地申报的错误一旦导致漏缴税款，由于一般都会涉及特别关税，如加征关税、反倾销反补贴特别关税，其税率较高，和申报的原产地之间往往会产生巨大的税差，极易导致较高的漏税金额，申报人可能会因此面临巨额行政罚款乃至走私犯罪的刑事责任，亟须企业予以重视。

第三节 海关进出口监管制度

监管是海关最基本的任务。根据监管物件的不同，海关监管分为运输工具监管、货物监管和物品监管三大体系，每个体系都有一整套规范的管理程式与方法。通关一体化改革后，海关对货物进出口监管进行了后移，即由收发货人自主申报，货物放行后，海关通过三大税收监管中心集中进行审核，并配以企业信用管理制度、海关稽查制度以及海关行政和刑事处罚制度对进出口货物等进行监管。

一、企业信用管理制度

海关通关一体化改革的基础是企业守法自律，为了配合通关一体化改革，海关对进出口相关企业实施信用管理，根据企业信用状况将企业认定为认证企业、一般信用企业和失信企业，认证企业分为一般认证企业和高级认证企业，并对不同信用企业采取不同的管理措施，“守法诚信便利、失信违法惩戒”，如不同信用等级企业适用不同“查验率”，高级认证企业享受更多便利措施，失信企业加大惩戒力度等。

（一）一般认证企业

一般认证企业适用下列管理措施。

（1）进出口货物平均查验率在一般信用企业平均查验率的50%以下。

（2）优先办理进出口货物通关手续。

（3）海关收取的担保金额可以低于其可能承担的税款总额或者海关总署规定的金额。

（4）海关总署规定的其他管理措施。

（二）高级认证企业

除适用一般认证企业管理措施外，高级认证企业还适用下列管理措施。

（1）进出口货物平均查验率在一般信用企业平均查验率的20%以下。

（2）可以向海关申请免除担保。

（3）减少对企业稽查、核查频次。

（4）可以在出口货物运抵海关监管区之前向海关申报。

（5）海关为企业设立协调员。

（6）AEO互认国家或者地区海关通关便利措施。

（7）国家有关部门实施的守信联合激励措施。

（8）因不可抗力中断国际贸易恢复后优先通关。

（9）海关总署规定的其他管理措施。

（三）失信企业

失信企业适用下列管理措施。

（1）进出口货物平均查验率在80%以上。

（2）不予免除查验没有问题企业的吊装、移位、仓储等费用。

（3）不适用汇总征税制度。

（4）除特殊情形外，不适用存样留像放行措施。

（5）经营加工贸易业务的，全额提供担保。

（6）提高对企业稽查、核查频次。

（7）国家有关部门实施的失信联合惩戒措施。

（8）海关总署规定的其他管理措施。

海关通过定期与不定期审核的方式，对企业的信用等级进行重新评定。企业也可能由于自身的违规违法行为导致降级的后果。

二、海关稽查制度

海关稽查，是指海关自进出口货物放行之日起 3 年内或者在保税货物、减免税进口货物的海关监管期限内及其后的 3 年内，对与进出口货物直接有关的企业、单位的会计账簿、会计凭证、报关单证以及其他有关资料和有关进出口货物进行核查，监督其进出口活动的真实性和合法性。海关通关一体化改革后，企业自报自缴，海关事先进行风险预判与布控，原则上不再进行事先审核，而是在事后加强稽查以及缉私追责。企业自报自缴通关后，全国三大税收征管局集中审核通关放行后的货物，主要审核涉税类项目的申报，如税号、价格和原产地，如审核发现问题，将通知企业所在地海关对企业进行稽查。因此，通关一体化改革后，口岸快速放行，事后严密监管，将是海关今后工作的主要策略，海关事后稽查将是海关防范风险的主要手段。可见海关稽查已经成为海关监管制度的一项重要的常态制度。

海关稽查由属地海关的稽查部门进行，海关稽查的目标是监督进出口活动的真实性和合法性，内容限于会计账簿、会计凭证、报关单证及进出口货物，时间为进出口货物放行之日起 3 年内或者保税货物、减免税货物海关监管期限内及其后 3 年内，对象是与进出口直接有关的企业和单位，包括：①从事对外贸易的企业、单位；②从事对外加工贸易的企业；③经营保税业务的企业；④使用或者经营减免税进口货物的企业、单位；⑤从事报关业务的企业；⑥海关总署规定的从事与进出口活动直接有关的其他企业、单位。值得注意的是，就算没有直接发生实际进出口业务，但企业使用或经营进出口减免税设备的，也有可能被稽查。

海关稽查的范围很广，包括保税核查、减免税设备核查、常规稽查和专项稽查。尽管海关稽查只是海关的例行工作，企业被稽查并不代表企业一定有问题。但大多数稽查都源于企业进出口活动存在一定的不合规的风险，实务中海关稽查针对企业不合规风险的重点大致包含以下几个方面。

（1）价格申报类风险。例如，同一商品在不同时期进出口，申报价格维持不变；同一商品在不同口岸进出口，申报价格存在明显差异；同一商品以不同贸易方式进出口，申报价格存在明显差异；商品申报价格与市场行情存在明显差异；商品申报价格与已知的供应商生产成本没有合理利润差异；贸易经中间商周转，但成交价格中未包含贸易中间商合理的费用或利润；交易双方存在特殊关系且价格存在异常等。

（2）税号申报类风险。例如，商品申报税号与已有归类意见存在明显差异；商品申报品名相同，但申报税号不同；商品特性存在识别困难等技术性疑难；同样的商品在不同口岸申报了不同的税号等。

（3）加工贸易类风险。例如，企业核销申报单耗长期不变或高于行业平均水平，单耗调整变更幅度大或申报损耗率高；企业生产产品存在多种规格型号且单耗单一；企业进口原材料与出口成品数量对比存在异常；手册多次延期且延期时间较长；企业存在一般贸易、加工贸易、国内销售等多种贸易方式；企业生产过程中产生的边角料、残次品、副产品无相应的补税记录等。

（4）减免税货物、加工贸易不作价设备申报、使用、流向类风险。例如，企业申报的减免税货物、加工贸易不作价设备技术指标与已掌握的技术指标不符；减免税货物适用的产业条目与企业生产经营范围不符，或品种、规格、数量与企业资金、生产规模、年生产能力、技术结构不匹配；货物、设备通用性强，易于移动；加工贸易企业长期没有进出口；企业发生分立、合并、股东变更、破产、改制等情形，或有多级子公司、分公司等。

（5）安全管制类风险。例如，两用物项范围商品的进出口渠道、用途和流向不明；生产、加工、保管两用物项范围商品的企业经营、存续情况不明；国家安全管制政策调整、国家特定时期安全管制要求涉及的重点敏感商品、企业进出口情况出现异常；国家安全管制政策调整、国家特定时期安全管制要求涉及的重点敏感商品流向敏感国家、地区等。

海关稽查中，海关有权查阅、复制有关资料；检查生产经营情况和货物；询问情况和问题；查询存款账户以及查封、扣押相关资料和进出口货物等。被稽查人应当配合海关稽查工作，并提供必要的工作条件；接受海关稽查，如实反映情况，提供账簿、单证等有关资料，不得拒绝、拖延、隐瞒。被稽查人使用计算机记账的，应当向海关提供记账软件、使用说明书及有关资料；海关查阅、复制被稽查人的账簿、单证等有关资料或者进入被稽查人的生产经营场所、货物存放场所检查时，被稽查人的法定代表人或者主要负责人员或其指定的代表应当到场，并按照海关的要求清点账簿、打开货物存放场所、搬移货物或者开启货物包装；海关进行稽查时，与被稽查人有财务往来或者其他商务往来的企业、单位应当向海关如实反映被稽查人的有关情况，提供有关资料和证明材料。被稽查人有下列行为之一的，由海关责令限期改正，逾期不改正的，处人民币 2 万元以上 10 万元以下的罚款；情节严重的，撤销其报关注册登记；对负有直接责任的主管人员和其他直接责任人员处人民币 5000 元以上 5 万元以下的罚款；构成犯罪的，依法追究刑事责任：①向海关提供虚假情况或者隐瞒重要事实；②拒绝、拖延向海关提供账簿、单证等有关资料以及相关电子数据存储介质；③转移、隐匿、篡改、毁弃报关单证、进出口单证、合同、与进出口业务直接有关的其他资料以及相关电子数据存储介质。同时，企业应按规定编制和保管报关单证、进出口单证、合同以及与进出口业务直接有关的其他资料，否则海关会责令限期改正，逾期不改正的，会处人民币 1 万元以上 5 万元以下的罚款，情节严重的，撤销其报关注册登记；对负有直接责任的主管人员和其他直接责任人员处人民币 1000 元以上 5000 元以下的罚款。

海关稽查后如发现企业进出口活动的真实性和合法性存在问题，视问题性质分别采取以下措施：对于情节较轻的，可以责令企业整改；对于少征、漏征税款的，海关进行补征税款或税款加滞纳金；对于企业违反海关监管规定或涉嫌走私的，移送缉私调查，经调查后，对于违反海关监管的，补缴税款、滞纳金并处行政处罚；对于构成走私行为的，补缴税款、滞纳金，并处以罚款、没收违法所得；构成走私犯罪的，移送检察机关起诉，追究刑事责任。

三、海关行政和刑事处罚制度

通关一体化改革后，海关稽查成为海关后续监管的主要手段，一旦稽查查处企业存在违法违规行为，将把案件移送海关缉私局进行调查，调查后对企业进行行政或刑事处罚。同时，关检融合后，原进出口检验检疫方面的违法违规行为也归海关管辖，企业违反检验检疫方面的法律风险增大，特别是检验检疫相关的刑事法律风险。《出入境检验检疫行政处罚程序规定》第五条规定：各出入境检验检疫局对于违反出入境检验检疫法律、行政法规，依照《中华人民共和国刑法》（以下简称《刑法》）规定涉嫌构成犯罪的，应当按照《行政执法机关移送涉嫌犯罪案件的规定》的规定及时移送司法机关追究刑事责任，不得以行政处罚代替刑事处罚。原检验检疫机构没有刑事案件立案权，检验检疫刑事案件在规定时限内将案件材料移送公安机关侦查办案部门。关检融合后，商检职责并入海关，而海关缉私部门具有刑事案件立案权。根据《公安部刑事案件管辖分工规定（2020 版）》（公通字〔2020〕9号）二（二），关检融合后，除走私犯罪案件外，海关缉私局增加了涉检类刑事罪名的刑事侦查权，具体包括逃避商检罪、妨害国境卫生检疫罪和妨害动植物检疫罪。

（一）海关行政处罚制度

1. 违反海关监管规定的行为

违反海关监管规定的行为是指进出口收发货人违反海关法规但不构成走私行为的行为，在海关实务中这种行为一般称违规行为。下列几类行为都属于违反海关监管的行为：

（1）违反国家进出口管理法规，擅自进出口货物的行为。违反国家进出口管理规定，进出口国家禁止进出口的货物的，责令退运，处 100 万元以下罚款。违反国家进出口管理规定，进出口国家限制进出口的货物，进出口货物的收发货人向海关申报时不能提交许可证件的，进出口货物不予放行，处货物价值 30%以下罚款。违反国家进出口管理规定，进出口属于自动进出口许可管理的货物，进出口货物的收发货人向海关申报时不能提交自动许可证明的，进出口货物不予放行。

（2）申报不实行为。进出口货物的品名、税则号列、数量、规格、价格、贸易方式、原产地、起运地、运抵地、最终目的地或者其他应当申报的项目未申报或者申报不实的，分别依照下列规定予以处罚，有违法所得的，没收违法所得：

①影响海关统计准确性的，予以警告或者处 1000 元以上 1 万元以下罚款。

②影响海关监管秩序的，予以警告或者处 1000 元以上 3 万元以下罚款。

③影响国家许可证件管理的，处货物价值 5%以上 30%以下罚款。

④影响国家税款征收的，处漏缴税款 30%以上 2 倍以下罚款。

⑤影响国家外汇、出口退税管理的，处申报价格 10%以上 50%以下罚款。

（3）违反海关监管货物相关规定的行为。有下列行为之一的，处货物价值 5%以上 30%以下罚款，有违法所得的，没收违法所得：

①未经海关许可，擅自将海关监管货物开拆、提取、交付、发运、调换、改装、抵押、质押、留置、转让、更换标记、移作他用或者进行其他处置的。

②未经海关许可，在海关监管区以外存放海关监管货物的。

③经营海关监管货物的运输、储存、加工、装配、寄售、展示等业务，有关货

物灭失、数量短少或者记录不真实，不能提供正当理由的。

④经营保税货物的运输、储存、加工、装配、寄售、展示等业务，不依照规定办理收存、交付、结转、核销等手续，或者中止、延长、变更、转让有关合同不依照规定向海关办理手续的。

⑤未如实向海关申报加工贸易制成品单位耗料量的。

⑥未按照规定期限将过境、转运、通运货物运输出境，擅自留在境内的。

⑦未按照规定期限将暂时进出口货物复运出境或者复运进境，擅自留在境内或者境外的。

⑧有违反海关监管规定的其他行为，致使海关不能或者中断对进出口货物实施监管的。

前款规定所涉货物属于国家限制进出口需要提交许可证件，当事人在规定期限内不能提交许可证件的，另处货物价值30%以下罚款；漏缴税款的，可以另处漏缴税款1倍以下罚款。

（4）伪造、变造、买卖海关单证行为。伪造、变造、买卖海关单证的，处5万元以上50万元以下罚款，有违法所得的，没收违法所得；构成犯罪的，依法追究刑事责任。

（5）侵犯知识产权行为。进出口侵犯中华人民共和国法律、行政法规保护的知识产权的货物的，由海关依法没收侵权货物，并处货物价值30%以下罚款；构成犯罪的，依法追究刑事责任。需要向海关申报知识产权状况，进出口货物收发货人及其代理人未按照规定向海关如实申报有关知识产权状况，或者未提交合法使用有关知识产权的证明文件的，可以处5万元以下罚款。

（6）涉检验检疫类违法行为。

①违反《商检法》规定，将必须经商检机构检验的进口商品未报经检验而擅自销售或者使用的，或者将必须经商检机构检验的出口商品未报经检验合格而擅自出口的，由商检机构没收违法所得，并处货值金额5%以上20%以下的罚款；构成犯罪的，依法追究刑事责任。进口或者出口属于掺杂掺假、以假充真、以次充好的商品或者以不合格进出口商品冒充合格进出口商品的，由商检机构责令停止进口或者出口，没收违法所得，并处货值金额50%以上3倍以下的罚款；构成犯罪的，依法追究刑事责任。伪造、变造、买卖或者盗窃商检单证、印章、标志、封识、质量认证标志的，依法追究刑事责任；尚不够刑事处罚的，由商检机构、认证认可监督管

理部门依据各自职责责令改正，没收违法所得，并处货值金额等值以下的罚款。

②违反《进出境动植物检疫法》规定的下列行为，由口岸动植物检疫机关处以罚款：未报检或者未依法办理检疫审批手续的；未经口岸动植物检疫机关许可擅自将进境动植物、动植物产品或者其他检疫物卸离运输工具或者运递的；擅自调离或者处理在口岸动植物检疫机关指定的隔离场所中隔离检疫的动植物的。报检的动植物、动植物产品或者其他检疫物与实际不符的，由口岸动植物检疫机关处以罚款；已取得检疫单证的，予以吊销。擅自开拆过境动植物、动植物产品或者其他检疫物的包装的，擅自将过境动植物、动植物产品或者其他检疫物卸离运输工具的，擅自抛弃过境动物的尸体、排泄物、铺垫材料或者其他废弃物的，由动植物检疫机关处以罚款。

③违反《食品安全法》规定，“有下列情形之一的，由出入境检验检疫机构依照本法第一百二十四条的规定给予处罚：（一）提供虚假材料，进口不符合我国食品安全国家标准的食品、食品添加剂、食品相关产品；（二）进口尚无食品安全国家标准的食品，未提交所执行的标准并经国务院卫生行政部门审查，或者进口利用新的食品原料生产的食品或者进口食品添加剂新品种、食品相关产品新品种，未通过安全性评估；（三）未遵守本法的规定出口食品；（四）进口商在有关主管部门责令其依照本法规定召回进口的食品后，仍拒不召回。违反本法规定，进口商未建立并遵守食品、食品添加剂进口和销售记录制度、境外出口商或者生产企业审核制度的，由出入境检验检疫机构依照本法第一百二十六条的规定给予处罚。”

④违反《中华人民共和国消费者权益保护法》的规定，销售的商品应当检验、检疫而未检验、检疫或者伪造检验、检疫结果的，由海关处以罚款。

2. 走私行为

走私行为是指违反《海关法》及有关法律、行政法规，逃避海关监管，偷逃应纳税款、逃避国家有关进出境的禁止性或者限制性管理的行为。根据海关法律法规的有关规定，走私行为有以下几类：

（1）未经国务院或者国务院授权的机关批准，从未设立海关的地点运输、携带国家禁止进出境的物品、国家限制进出口或者依法应当缴纳关税的货物、物品进出境的行为。

（2）经过设立海关的地点，以藏匿、伪装、瞒报、伪报或者其他手法逃避海关监管，运输、携带、邮寄国家禁止进出境的物品、国家限制进出口或者依法应当缴纳关税的货物、物品进出境的行为。

（3）使用伪造、变造的手册、单证、印章、账册、电子数据或者以其他方式逃避海关监管，擅自将海关监管货物、物品、进境的境外运输工具，在境内销售的行为。

（4）使用伪造、变造的手册、单证、印章、账册、电子数据或者以伪报加工贸易制成品单位耗料量等方式，致使海关监管货物、物品脱离监管的行为。

（5）以藏匿、伪装、瞒报、伪报或者其他方式逃避海关监管，擅自将保税区、出口加工区等海关特殊监管区域内的海关监管货物、物品运出区外的行为。

（6）按走私行为论处的走私行为：明知是走私进口的货物、物品，直接向走私人非法收购的；在内海、领海、界河、界湖，船舶及所载人员运输、收购、贩卖国家禁止或者限制进出境的货物、物品，或者运输、收购、贩卖依法应当缴纳税款的货物，没有合法证明的。

（7）按走私的共同当事人论处的走私行为：与走私人通谋为走私人提供贷款、资金、账号、发票、证明、海关单证的，与走私人通谋为走私人提供走私货物、物品的提取、发运、运输、保管、邮寄或者其他方便的。

按照《海关法》和《中华人民共和国海关行政处罚实施条例》的规定，对于走私行为，按照下列规定给予行政处罚：

（1）走私国家禁止进出口的货物的，没收走私货物及违法所得，可以并处 100 万元以下罚款；走私国家禁止进出境的物品的，没收走私物品及违法所得，可以并处 10 万元以下罚款。

（2）应当提交许可证件而未提交但未偷逃税款，走私国家限制进出境的货物、物品的，没收走私货物、物品及违法所得，可以并处走私货物、物品等值以下罚款。

（3）偷逃应纳税款但未逃避许可证件管理，走私依法应当缴纳税款的货物、物品的，没收走私货物、物品及违法所得，可以并处偷逃应纳税款 3 倍以下罚款。

专门用于走私的运输工具或者用于掩护走私的货物、物品，2 年内 3 次以上用于走私的运输工具或者用于掩护走私的货物、物品，应当予以没收。藏匿走私货物、物品的特制设备、夹层、暗格，应当予以没收或者责令拆毁。使用特制设备、夹层、暗格实施走私的，应当从重处罚。

（二）海关刑事处罚制度

货物进出口活动中，企业除了面临行政处罚风险外，还具有较高的刑事法律风险。在关检融合之前，海关缉私局只侦办走私犯罪案件。在关检融合后，涉检类刑事案件也由海关缉私局侦办。在进出口活动中，企业可能涉嫌的刑事犯罪将涉及进出口海关监管、商品检验、动植物检疫、国境卫生检疫、进出口食品安全等多个领域，常见的罪名有走私罪、逃避商检罪、妨害动植物检疫罪、妨害国境卫生检疫罪、非法处置进口固体废物罪、擅自进口固体废物罪、生产销售不符合安全标准食品罪等。以下对最常见的走私罪和逃避商检罪进行说明。

1. **走私罪**

走私罪是指违反海关法规，逃避海关监管，运输、携带、邮寄国家禁止进出境或者限制进出境的货物、物品以及其他货物、物品进出国（边）境，或者未经海关许可并补缴关税，擅自出售特许进口的保税、减税或者免税的货物、物品，或者直接向走私犯非法收购走私物品，或者在内海、领海、界河、界湖运输、收购、贩卖国家禁止或者限制进出口的货物、物品，情节严重的行为。

走私罪具体的罪名有走私武器、弹药罪，走私核材料罪，走私假币罪，走私文物罪，走私贵重金属罪，走私珍贵动物、珍贵动物制品罪，走私珍稀植物、珍稀植物制品罪，走私淫秽物品罪，走私废物罪，走私毒品罪，走私制毒物品罪以及走私普通货物、物品罪。和货物进出口关联较多的罪名是走私废物罪和走私普通货物、物品罪。

（1）走私废物罪。走私废物罪是近几年中国海关打击的重点。走私废物罪是指违反海关法规，逃避海关监管，将境外固体废物、液态废物和气态废物运输进境，情节严重的行为。根据刑法修正案（四）第 2 条的规定，犯本罪的，处 5 年以下有期徒刑，并处或者单处罚金；情节特别严重的，处 5 年以上有期徒刑，并处罚金。单位犯本罪的，实行双罚制，即对单位判处罚金，并对其直接负责的主管人员和其他责任人员，按照上述规定处罚。

（2）走私普通货物、物品罪。走私普通货物、物品罪，是指违反海关法规，逃避海关监管，非法运输、携带、邮寄除武器、弹药、核材料、伪造的货币、文物、贵重金属、珍贵动物及其制品、珍稀植物及其制品、淫秽物品以及毒品之外的其他货物、物品进出国（边）境，偷逃应缴税额较大的行为。

走私普通货物、物品罪在主观方面要满足主观故意的要求，过失不构成，犯罪主体为一般主体，即达到刑事责任年龄且具有刑事责任能力的自然人和单位。客观方面为“偷逃应缴税额较大”。所谓“偷逃应缴税额较大”区分个人走私和单位走私，个人走私偷逃应缴税额在 10 万元以上，单位走私在 20 万元以上。这是区分罪与非罪的数额标准，如果走私的货物、物品偷逃应缴税额不足 10 万元或 20 万元，则该走私行为只是一般的违法行为，而没有触犯刑法，不构成走私罪。

《刑法》第 154 条对保税货物和特定的减税或者免税货物、物品走私行为做出了规定，该走私行为构成走私罪的，依照《刑法》对走私普通货物、物品罪的处罚规定处罚：未经海关许可并且未补缴应缴税额，擅自将批准进口的来料加工、来件装配、补偿贸易的原材料、零件、制成品、设备等保税货物，在境内销售牟利的；未经海关许可并且未补缴应缴税额，擅自将特定减税、免税进口的货物、物品，在境内销售牟利的。

必须要注意的是，上述两种行为必须当走私保税货物或者特定减税、免税货物、物品偷逃应缴纳税额达到法定的 10 万元或 20 万元以上，才构成犯罪。

《刑法》第一百五十五条和第一百五十六条还对以走私罪论处的行为进行了规定：

（1）直接向走私人非法收购国家禁止进口物品的，或者直接向走私人非法收购走私进口的其他货物、物品，数额较大的行为，以走私罪论处。

直接向走私人非法收购国家禁止进口的物品，例如毒品、淫秽物品、货币等，收购行为一经实施，就构成犯罪，并没有数额上的要求；而直接向走私人非法收购走私的其他物品、货物，必须达到数额较大的程度才能构成犯罪。而且，直接向走私人非法收购走私货物、物品的，必须在明知收购的货物、物品是走私人走私进口的情况下才构成此罪。如果收购人确实不知道收购的货物、物品是走私进口的，则不构成走私罪。这里所说的“直接向走私人收购”是指收购人和走私人之间的交易是第一手交易，如果收购人与卖方不是第一手交易，就不构成该罪。

（2）在内海、领海、界河、界湖运输、收购、贩卖国家禁止进出口物品的，或者运输、收购、贩卖国家限制进出口货物、物品，数额较大，没有合法证明的，以走私罪论处。

内海是指一国领海基线以内的海域，包括内陆海、内海湾、内海峡和其他位于海岸与领海基线之间的海域。领海是指一国领海基线以外毗邻一国领陆和内水的一定宽度的海水带，根据 1982 年《联合国海洋法公约》的规定，领海的宽度不得大于 12 海里。内海和领海都属于中华人民共和国的领域范围。界河、界湖是我国与外国接壤分界的河流、湖泊。在内海、领海、界河、界湖运输、收购、贩卖国家禁止进出口的物品、货物，例如武器、弹药、核材料、淫秽物品、毒品等，只要没有合法证明，不论数额大小都以走私罪论处。在内海、领海、界河、界湖运输、收购、贩卖国家限制进出口的物品、货物，例如贵重中药材、香烟、酒类等，除了没有合法证明以外，还必须达到数额较大的程度，才能以走私罪论处。所谓“没有合法证明”是指行为人在内海、领海、界河、界湖运输、收购、贩卖国家禁止进出口或者限制进出口的物品、货物而没有国家指定的机关出具的必要证明。

（3）与走私罪犯通谋，为其提供贷款、资金、账号、发票、证明，或者为其提供运输、保管、邮寄或者其他方便的，以走私罪的共犯论处。构成走私罪共犯必须具备两个条件：行为人与走私犯在主观方面必须事前有通谋，即有共同的走私犯罪故意；行为人在客观方面必须为走私犯提供了各种方便条件。

上述 3 种以走私罪论处的行为，根据行为实施的对象不同，按照具体情况定罪处罚。

走私普通货物、物品罪的刑罚区分个人走私和单位走私。对于个人走私，走私货物、物品偷逃应缴税额在人民币 10 万元以上不满 50 万元的，处 3 年以下有期徒刑或者拘役，并处偷逃应缴税额 1 倍以上 5 倍以下罚金；走私货物、物品偷逃应缴税额在人民币 50 万元以上不满 250 万元的，处 3 年以上 10 年以下有期徒刑，并处偷逃应缴税额 1 倍以上 5 倍以下罚金；走私货物、物品偷逃应缴税额在人民币 250 万元以上的，处 10 年以上有期徒刑或者无期徒刑，并处偷逃应缴税额 1 倍以上 5 倍以下罚金，或者没收财产。对于单位走私，对单位判处罚金并对其直接负责的主管人员和其他直接责任人员判处刑罚，走私货物、物品偷逃应缴税额在人民币 20 万元以上不满 100 万元的，处 3 年以下有期徒刑或者拘役；走私货物、物品偷逃应缴税额在人民币 100 万元以上不满 500 万元的，处 3 年以上 10 年以下有期徒刑；走私货物、物品偷逃应缴税额在人民币 500 万元以上的，处 10 年以上有期徒刑。

【案例 7】北京某商贸有限公司走私香水案

公诉人指控，2013 年 3 月至 2016 年 4 月间，被告单位北京某商贸有限公司（以下简称 M 公司）作为代理商向境外两大香水品牌商采购品牌香水等产品，并将货物运至中国香港地区。经被告人张某决定，M 公司和北京另一 Y 公司利用香港 P 公司名义，由被告人张某组织实施进口行为，并安排被告人史某光调低进口货物的成交价格，制作虚假发票、合同、箱单等报关材料向海关申报进口入境。经计核，偷逃应缴税额人民币 57158613. 71 元。

本案一审法院北京市第四中级人民法院一审判决，被告单位 M 罚金人民币近

2 亿元;被告单位 Y 罚金人民币 0.6 亿元；被告人有期徒刑 13 年；被告人史某光有期徒刑 5 年；被告人张某霞有期徒刑 3 年，缓刑 4 年。二审法院基本维持了一审法院判决，只是将史某光改判缓刑。

本案系在中国香港洗单低报价格走私案，法院判决的基本逻辑是进口申报价格低于向境外品牌商的购货价格，从而偷逃了进口关税和进口环节海关代征税。本案的焦点问题是该价格申报是低报价格还是跨国公司之间的转让定价，最终法院认定构成低报价格走私犯罪，且对张某判处了 13 年有期徒刑，对单位判处了 4 倍的罚金。

该案对于进出口企业有重大的教育意义，进出口活动中存在重大的刑事犯罪的法律风险，走私罪的起刑点较低，刑罚较重，特别值得注意的是，在单位走私犯罪中，一定要有单位员工个人判处刑罚。因此，进出口相关单位应特别重视进出口合规制度和体系的建设，避免或降低走私犯罪等不合规的法律风险。

2. 逃避商检罪

逃避商检罪，是指违反《商检法》的规定，逃避商品检验，将必须经商检机构检验的进口商品未报经检验而擅自销售、使用，或者将必须经商检机构检验的出口商品未报经检验合格而擅自出口，情节严重的行为。逃避商检罪的规定在我国《刑法》第 230 条，侵犯的是我们国家对进出口商品检验的管理秩序。从该罪的构成要件来看：

第一，该罪的对象必须是“根据进出口商品检验的商品种类表和其他法律、行政法规规定必须经商检机构检验的进出口商品”（必须法检商品），对于不在这一范围内的商品的擅自销售、使用的行为，不构成本罪。从司法实践来看，目前必须法检的商品范围除了列入《出入境检验检疫机构实施检验检疫的进出境商品目录》（2018 版共 4596 个；2018 年《税则》中共 11830 个税则号列）的商品，还包括出口食品的卫生检验，出口危险货物包装容器的性能鉴定和使用鉴定，装运出口易腐烂、变质食品、冷冻食品的船舱、集装箱等运载工具的适载检验，有关国际条约规定须经商检机构检验的进出口商品的检验以及其他法律、法规规定须经商检机构检验的进出口商品的检验。

第二，该罪在客观方面表现为违反《商检法》的规定，逃避国家对进出口商品的检验，情节严重的行为。

（1）违反《商检法》的行为主要是指：①对应当进行检验的进口商品，未报经检验而擅自在境内销售或使用的；②对应当进行检验的出口商品，未报经检验合格而擅自出口的；③经过商检机构的抽查检验，认为是不合格的商品而擅自出口的。

（2）情节严重主要是指违反《商检法》的行为造成了重大经济损失，或对社会、国家造成了严重损害。“重大经济损失”一般是指与违法行为有直接因果关系的导致公共财产毁损、减少的直接经济损失，如因出口不合格产品，造成外商索赔而赔偿出去的赔偿金等，一般起刑点为人民币50万元。情节严重还包括逃避商检的进出口货物货值金额在人民币300万元以上的；多次逃避商检的；导致病疫流行、灾害事故的；引起国际经济贸易纠纷，严重影响国家对外贸易关系，或者严重损害国家声誉的；其他情节严重的情形。

（3）刑罚。个人犯本罪将被处3年以下有期徒刑或拘役，并处或单处罚金；单位同样可以成为本罪犯罪主体，对单位判处罚金的同时，对直接负责的主管人员（一般为法定代表人）和其他直接责任人员（一般为负责进出口事务的部门主管）处3年以下有期徒刑或拘役。

【案例8】徐某甲伪报骗取通关单逃避商检罪

2010年7月至2012年2月期间，被告人陈某甲作为原粤×装饰材料（中山）有限公司（以下简称粤×公司）的原报检员，私自接受中山市中×报关有限公司（以下简称中×公司）报关员陈某乙（另处理）委托，办理中×公司代理的部分出口货物申报，出入境检验检疫[①]手续过程中，利用其职务便利，擅自将申报检验检疫的产品虚构为粤×公司生产，以粤×公司的名义报检，从中山原出入境检验检疫局骗取原“中华人民共和国出入境检验检疫出境货物通关单”（以下简称“出境货物通关单”）共71份，并以每份人民币200元的价格将上述“出境货物通关单”卖给陈某乙，后陈某乙使用其中38份“出境货物通关单”作为其代理的中山市大中居安×木制品厂有限公司（以下简称大中居安×公司）、中山市恒×木业制品有限公司出口商品报关使用，共获利人民币14200元。其中38份通关单被陈某乙等人在中山海关办理出口报关手续时，用作申报中山市大中居安×公司、中山市恒×木制品有限公司（以下简称恒×公司）等生产厂家产品的随附单证，使按国家规定必须实施检验的出

① 2018年3月，中共中央印发了《深化党和国家机构改革方案》，原国家质量监督检验检疫总局的出入境检验检疫管理职责和队伍划入海关总署。

口商品 38 批次（申报价格合计港币 3243782.70 元，折合人民币 2730166.41 元）通过海关验放，出口到多个国家和地区。

法院认为，被告人陈某甲违反《中华人民共和国进出口商品检验法》（以下简称《商检法》）的规定，多次逃避商品检验，情节严重，其行为已构成逃避商检罪，应依法惩处，判决被告人陈某甲犯逃避商检罪，判处有期徒刑 1 年 2 个月，并处罚金人民币 10000 元。

本案中，被告人陈某甲利用自己是粤×公司原报检员的专业知识和便利，将列入法检目录的商品虚构成粤×公司生产的产品，骗领通关单，再提供给他人用于出口，逃避商检，查实出口数量达 38 批次，货值金额人民币 273 万元，属于逃避商检情节严重，其行为业已构成逃避商检罪。

在关检融合之前，这类案件由于定罪标准不够明确、原出入境检验检疫部门与公安对《商检法》的理解不统一等客观原因，一般较少有企业被追究该罪刑责。关检融合之后，一旦关员在通关环节发现企业存在违反《商检法》情节严重的行为就会移交海关缉私局处理，再加上缉私局对通关业务的专业度高于地方公安，所以本罪定罪率可能有所提高，这对企业进出口环节的合规性提出了新的要求。同时，通关一体化改革本身也对企业的进出口合规性提出了更高的要求，企业应加强进出口报关方面的合规管理。

第八章　Incoterms®2020 与国际结算

第一节 概 述

国际结算（International Settlement）指的是国与国之间进行的支付（Payment）行为，以便对因贸易活动等所形成的债务进行清偿。支付是当事人借助支付工具就交易行为所产生的债权债务的清偿了结行为，所以支付也被称为结算，一般根据是否使用现金分为现金支付和非现金支付两种方式。现金支付是指直接使用现金进行支付的清偿行为。非现金支付是指交易主体不直接使用现金而以其他支付工具通过银行将款项从付款人账户划拨到收款人账户的清偿行为。由于非现金支付主要是通过银行进行的，故又被称为银行结算。结算需要通过一定的结算系统来完成。结算系统主要由结算工具、结算方式、结算中介、结算规则等构成。

国际结算可以根据不同的分类方法分为不同的种类，其最主要的分类标准是结算方式。国际结算目前主要有以下几种结算方式：汇付（Remittance）、托收（Collection）、信用证（Letter of Credit）、保理（Factoring）、福费廷（Forfaiting）以及银行付款责任（Bank Payment Obligation，BPO）。本章将对上述几种国际结算方式加以介绍。在介绍这些结算方式之前，本章还将对 Incoterms® 与国际结算的关系、国际贸易结算中最常用的结算工具汇票、国际结算中的中介组织环球同业银行金融电讯协会（Society for Worldwide Interbank Financial Telecommunication，SWIFT）作一个简单概述。

一、Incoterms® 与国际结算的密切关系

在国际货物买卖中，卖方最主要的义务是交付货物，而买方最主要的义务是支付价款。就买卖双方当事人而言，卖方最关心的是买方可否按时全额支付价款，而买方最关心的是卖方可否按时保质保量交付货物。在国际贸易法上，Incoterms® 处理的是国际货物交付中买卖双方的一般义务、风险转移与费用分配问题，而国际结算处理的是国际货物买卖中货款的支付问题。显然，虽然 Incoterms® 与国际结算处理的问题不同，属于国际贸易领域的不同分支，但二者均为核心问题，且关系密切。

例如，如果双方在买卖合同中约定以 CIF 规则交付货物，以信用证方式支付货

款，这时买方就需要与开证人签订信用证开证申请协议，把买卖合同中的交付条件和卖方在信用证项下请求付款时所需要提交的单据在开证申请书中列明，否则开证人只能根据自己的习惯和有关信用证规则的规定开证，可能会导致卖方（受益人）无法提供满足信用证要求的单据，影响整个交易的顺利进行，甚至导致贸易纠纷的发生。因此，无论是在理论上讨论 Incoterms®，还是在实务中运用 Incoterms®，均需同时了解国际结算。反之亦然。

【案例1】A公司与B银行信用证拒付纠纷案

最高人民法院于2017年7月判决的无锡A热能电力工程有限公司与新加坡B银行信用证拒付纠纷案①充分说明了 Incoterms® 与国际结算的密切关系。

1. 案情简介

在该案中，新加坡B银行（以下简称B银行）于2013年6月10日以无锡A热能电力工程有限公司（以下简称A公司）为受益人，开立了一份即期付款信用证。信用证32B规定：总金额为8938290.98美元。31D规定：到期日为2013年12月5日。44C规定：最晚装船日期为2013年11月20日。46A单据要求规定：A公司交单时应当提交商业发票、原产地证明等单据。40E规定：适用最新版UCP。44E规定：装货港为中国上海。44A货物描述为：合同HWM12－002下用于PTDABIOLEO2X90T/H+15MW电站的一套电厂设备，CIF印度尼西亚杜迈 Incoterms® 2010。信用证经两次修改，将最晚装船日期及到期日修改为2013年12月16日。

2013年11月29日，A公司经通知行中国建设银行无锡分行将信用证所要求的全套单据通过DHL快递寄给B银行。商业发票显示涉案交易的价格条件为CIF印度尼西亚杜迈，价值8938290.98美元。原产地证明第七栏“包装件数及种类、产品名称（包括相应数量及进口方HS编码）”项下除其他相关内容外，还填写有“合同HWM12-002下用于PTDABIOLEO2X90T/H+15MW电站的电厂设备，CIF印度尼西亚杜迈”；第九栏“毛重或其他数量及价格（FOB）”项下除其他相关内容外，还填写有“USD：8938290.98”。

2013年12月5日，B银行通过通知行中国建设银行无锡分行发出拒付通知称：“原产地证明第9栏所列FOB价格为8938290.98美元，而发票显示CIF价格与之相同，即8938290.98美元，构成了冲突。前述的不符点我行无法接受，故我行拒绝支

① （2017）最高法民终327号。

付信用证下款项。”A 公司认为，B 银行主张的不符点不能成立，属于无理拒付，于是在江苏省高级人民法院提起诉讼。

江苏省高级人民法院经审理认为，B 银行主张的不符点不能成立，其应当向 A 公司支付涉案信用证项下的款项，并承担相应的违约责任。理由是：UCP600 第 14 条 f 款规定：“如果信用证要求提交运输单据、保险单据或商业发票之外的单据，却未规定出单人或其单据内容，则只要提交的单据内容看似满足所要求单据的功能，且其他方面符合第 14 条 d 款的规定，银行将接受该单据。”UCP600 第 14 条 d 款规定：“单据中的数据，在与信用证、单据本身以及国际标准银行实务参照解读时，无须与该单据本身中的数据、其他要求的单据或信用证中的数据等同一致，但不得矛盾。”本案争议所涉及的原产地证明属于信用证要求提交的运输单据、保险单据或商业发票之外的单据，且信用证未规定原产地证明的出单人或单据内容。据此，该原产地证明只要满足以下两个条件，银行就必须予以接受：①原产地证明的内容看似满足中国—东盟自由贸易区原产地证明的功能；②其他方面符合第 14 条 d 款的规定。涉案交易系 CIF 交易，原产地证明记载的发票编号及日期、货物名称、合同编号、CIF 价格与发票内容相符，且原产地证明签发人声明一栏中已明确表示“根据所实施的监管，兹证明出口商所做申报正确无误”。显然，该原产地证明能够与涉案货物适当联系起来，并经有权签字人签署，涉案原产地证明的内容看似满足中国—东盟自由贸易区原产地证明的功能。B 银行对此并无异议。

B 银行凭以拒付的不符点是原产地证明第九栏所列 FOB 价格与商业发票显示 CIF 价格相同，均为 8938290.98 美元，构成冲突，违背 UCP600 第 14 条 d 款的规定。对此，江苏省高级人民法院不予认同，认为：首先，B 银行将不同种类的数据进行比较违反 UCP600 第 14 条 d 款比较同类数据的审单规则。UCP600 第 14 条 d 款规定中的“等同一致”要求银行在审单时比较的数据必须是同一种类的数据，否则就不可能“等同一致”。“无须等同一致”并不意味着授权银行可以将不同种类的数据进行比较，而是要求银行在比较同一种类数据时不能过于机械以至于按照“镜像标准”去比较，应当允许同一种类的数据之间存在一些细微的差别，但这些细微的差别不得导致矛盾或歧义，其体现的仍然是比较同类数据的审单规则。国际标准银行实务（以下简称 ISBP745）、国际商会银行委员会及中华人民共和国司法实践均持此观点。ISBP745 第 A22 条规定：“如果拼写或打字错误并不影响单词或其所在句子的含义，则不构成单据不符。例如，在货物描述中的‘machine’显示为

‘mashine’，‘fountainpen’显示为‘fountanpen’，或‘model’显示为‘modle’均不视为UCP600第14条d款项下的矛盾数据。但是‘model321’显示为‘model123’将视为该款项下的矛盾数据。”国际商业银行委员会官方意见R740（咨询TA722rev）认为，其他单据上的合同号与发票上的涉案合同号不同，构成UCP600第14条d款项下的矛盾数据。[中华人民共和国最高人民法院在韩国外×银行株式会社诉青×银行股份有限公司信用证纠纷一案的（2010）民申字第112号民事裁定中认为，“非木质包装材料声明”中标注的信用证号码与案涉信用证号码不一致，构成UCP600第14条d款项下的矛盾数据。]在上述实例中，被比较的数据均为“货物描述”“合同号码”“信用证号码”等同类数据。由此可见，银行在审单时必须遵循比较同类数据的审单规则，这不仅是UCP600的内在要求，也是国际标准银行实务、国际银行委员会和司法判例的一致要求。因此，在本案中，如果要审查货物价格的话，B银行应审查的是单证之间、单单之间的CIF价格是否存在矛盾，因为涉案信用证、商业发票和原产地证明中均出现了涉案货物的CIF价格，而不是将货物的CIF价格与FOB价格进行比较。B银行将货物的CIF价格与FOB价格进行比较，显然违反了UCP600第14条d款比较同类数据的审单规则。其次，B银行无权审查涉案货物FOB价格的适当性。原产地证明第九栏出现货物的FOB价格是原产地证明本身的要求，审查涉案货物的FOB价格是否适当是目的地国家海关的职权。除原产地证明以外，信用证和其他单据中均未出现亦不可能出现货物的FOB价格。这表明，涉案信用证的开证申请人和受益人均无意授权B银行在审单时对货物的FOB价格进行审查。故本案不存在审查单证之间、单单之间的FOB价格是否一致或矛盾的基础，B银行无权就涉案货物的FOB价格进行审查。B银行擅自将货物的FOB价格与CIF价格进行比较，并以货物FOB价格与CIF价格相同构成不符点为由拒付信用证项下货款，系对货物FOB价格适当性的审查，是对基础交易的介入。B银行的这一做法违背了UCP600关于银行审单不得介入基础交易的基本原则。综上，B银行在将货物的CIF价格与FOB价格两种不同类型的数据进行比较的基础上提出不符点，不符合UCP600第14条d款的规定，是无效的，其应当向A公司支付涉案信用证项下的款项8938290.98美元。

同时，因B银行不当拒付，构成违约。因双方对违约责任的承担方式未作约定，故应当按照法定方式确定B银行应承担的违约责任。A公司主张B银行应向其支付自2013年12月6日起至实际支付之日止按中国人民银行人民币同期贷款基准利率计算的逾期付款损失赔偿金，符合《合同法》的有关规定，予以支持。

确实可以满足原产地证书的功能，但由于价格的问题出现了矛盾！如何从一个合理的审单员的角度出发，处理这个单据呢？显然功能上是相符的，技术上却是不符的。如何协调二者，变成了一个棘手的问题。

B 银行不服一审判决，向最高人民法院上诉称：第一，一审判决遗漏了重要事实。2013 年 12 月 24 日，A 公司向 B 银行发出信用证拒付通知的异议，其中认可原产地证明上 FOB 价格处填写的是 CIF 价格，目的是让该 FOB 价格的金额与保险单和发票上 CIF 价格的金额完全一样，以确保交单相符，证明 A 公司基于对 UCP600 单据相符原则的错误理解而主动造成了单据上的不符点。第二，一审判决限制开证行根据其开立的信用证条款本身对单据和单据内容的要求审查单据的核心权利，是错误的。根据 UCP600 第 14 条 a 款、d 款和 f 款的相关规定，开证行仅仅基于单据本身确定是否在表面上构成相符交单，单据中的数据不得与该单据本身、其他要求的单据以及信用证中的数据矛盾。本案信用证要求受益人提交的单据在信用证条款第 46A 行做出了清晰规定，原产地证明是信用证所要求的主要单据，其主要功能除了要证实货物的原产地外，就是要通过显示详细的货物 FOB 价格来显示和证实该货物及（或服务来源及原产地的认定依据以及作为货物及）或服务通关纳税的计算依据。开证行有权依照信用证条款第 45A 行显示的“货物及/或服务”描述的 CIF 价格条款审查所有要求的单据以及单据的内容，也有权根据信用证条款第 32B 行的金额以及第 39A 行是否在允许的金额浮动范围内审查单据以及单据的内容。开证行有权对原产地证明第九栏的内容进行审查，因为该栏位标明的货物描述以及货物的价值特别是和信用证项下受益人所能提取的金额、信用证金额允许浮动的百分比范围密切相关。从原产地证明第九栏显示的货物的 FOB 价格仅仅包括在中国的装运港货物越过船舷的货物价格，而信用证要求的以及商业发票、保险单显示的 CIF 价格是货物运送至到货港的货物价格。这两个价格后面的数字丝毫不差，均为 8938290.98 美元，明显构成单据之间内容的矛盾，这是商业常识。本案不是有关单据中出现打字错误的情形。开证行仅仅根据信用证条款第 45A 行、第 32B 行以及第 39A 行的要求对单据及其内容进行表面审查并据此做出单据不符的结论，进而拒付，并未对 FOB 价格在基础合同项下的适当性进行审查。一审法院所谓审单只能“比较同类数据”而不能将不同种类的数据进行对比的观点是错误的。本案原产地证明中的 FOB 价格并非信用证要求受益人提供的内容，是受益人额外提交的内容，当然属于开证行审查的内容。开证行基于该单据中有关货物价值信息出现的商业上不合理的不一致，认定构成不符点并无不当。第三，一审判决判令B银行支付信用证本金折算的人民币金额及以人民币贷款利率计算的利息，缺乏法律依据。本案所涉信用证交易是以美元为币种的国际交易，A公司主张的是信用证项下的应付金额，因此应以美元为单位计算。此外，信用证本金的利息应当采用国际金融市场通行的美元基础利率，即伦敦银行间同业拆借利率（以下简称LIBOR）。根据公布的LIBOR利率，A公司主张的付款到期日2013年12月6日美元的年利率是0.57670%。综上，一审判决认定事实不清，适用法律错误。请求撤销一审判决，改判驳回A公司的全部诉讼请求。

A公司答辩称：第一，一审法院认定事实准确，关于B银行拒付理由不成立的说理清楚、全面并有充分的根据。本案所涉原产地证明属于信用证要求提交的运输单据、保险单据或商业发票单据以外的单据，且信用证未规定原产地证明的出单人或单据内容。一审法院认定，原产地证明只要满足两个条件，一是原产地证明的内容看似满足中国—东盟自由贸易区优惠关税原产地证明的功能，二是其他方面符合UCP600第14条d款的规定，银行必须予以接受，与UCP600第14条f款的规定完全一致，亦与ISBP745的规定一致。涉案交易系CIF交易，原产地证明记载的发票编号及日期、货物名称、合同编号、CIF价格与发票内容相符，且原产地证明签发人声明一栏中已明确表示“根据所实施的监管，兹证明出口商所做申报正确无误”。显然，该原产地证明看似满足中国—东盟自由贸易区优惠关税原产地证明的功能。原产地证明第八栏填写了“WO”即完全取得（Wholly Obtained），说明所涉货物100%产自出口国，因而无论在第九栏中填写什么数字均不会影响进口方所享受的关税待遇。本案所涉原产地证明所描述的货物与商业发票所描述的货物是同一货物。UCP600第14条d款规定的“等同一致”要求银行审单时比较的数据必须是同一种类的数据，否则不可能“等同一致”。除原产地证明第九栏出现FOB外，信用证及信用证所要求的提单、发票、保单等单据中均没有出现FOB，B银行没有比较的基础和前提。在信用证及信用证所约定的其他单据没有要求的情形下审核FOB价值，并将其与发票中的CIF价格数据相比较，因数据相同推断出FOB价值与CIF价格矛盾，系对基础交易的干预，违背了UCP600的基本原则。A公司在提起本案诉讼前就本案所涉争议取得了国际商会国际专家中心（DOCDEX）第331号决定，其结论是，B银行的异议无效并必须向A公司支付信用证项下的款项。其认为，原产地证书中的贸易术语 CIF 印度尼西亚杜迈与信用证一致；原产地证书第九栏 FOB 这一词汇没有表明本次交易有 CIF 印度尼西亚杜迈以外的其他贸易术语；原产地证书第九栏数据（FOB）不是信用证及 UCP600 所要求的；B 银行的异议无效，因为其源于两类不同数据的比较即贸易术语 CIF 印度尼西亚杜迈的价值与毛重或其他数量和（FOB）价值比较，而不是与在 FOB 后面跟有装货港口名字的贸易术语 FOB 进行比较；在没有信用证要求的情形下，这些价值不同或相同均没有关系。此外，本案所涉原产地证书系中国和东盟国家通过国际条约和协定制定的标准格式。中国和东盟国家的条约和协定不会禁止交易双方使用其他贸易术语，更不会约定交易双方只能使用 FOB 贸易术语。因此，将本案所涉原产地证书第九栏中的“（FOB）”推断为贸易术语是错误的。根据 UCP600 第 14 条 g 款的规定，信用证没有要求的单据，银行可以不予理会或退回，据此，在信用证没有要求的情形下，B 银行对“（FOB）”没有审查权。B 银行提出的不符点不符合 UCP600 第 14 条 a 款、d 款的规定，A 公司提供的原产地证书和其他单据满足了 UCP600 第 14 条 f 款的规定，B 银行必须兑付该信用证项下款项。第二，关于用美元支付信用证项下金额的问题，A 公司认同 B 银行的意见，应当改判 B 银行用美元支付本案信用证项下的款项；但 LIBOR 不是双方约定的利率，应该适用中国法律规定的利率。一审判决 B 银行向 A 公司支付利息符合《合同法》及《最高人民法院关于审理买卖合同纠纷案件适用法律问题的解释》的规定，但就 B 银行应支付的利息没有按照前述规定的逾期罚息利率标准计算欠妥，应当以人民币 55448732.79 元及逾期付款的罚息利率为基础计算 B 银行应当向 A 公司支付的利息。综上，请求驳回 B 银行的上诉请求，改判 B 银行用美元支付信用证项下的款项，并以人民币 55448732.79 元及逾期付款的罚息利率为基础计算 B 银行应当向 A 公司支付的利息。

最高人民法院经审理认为，根据本案所涉信用证对单据的要求，受益人 A 公司应当提交“原产地证明正本一份，副本三份”。UCP600 第 14 条规定了单据审核标准，其中 f 款规定：“如果信用证要求提交运输单据、保险单据或者商业发票之外的单据，却未规定出单人或其单据内容，则只要提交的单据内容看似满足所要求单据的功能，且其他方面符合第 14 条 d 款的规定，银行将接受该单据。”UCP600 第 14 条 d 款规定：“单据中的数据，在与信用证、单据本身以及国际标准银行实务参照解读时，无须与该单据本身中的数据、其他要求的单据或信用证中的数据等同一致，但不得矛盾。”根据上述规定，UCP600 关于审单标准虽然确立了“表面上”相符的严格相符标准，但并未要求丝毫不差，只要单据与信用证要求以及单据与单据之间并不矛盾，即应当认定交单相符，开证行即应予付款。《最高人民法院关于审理信用证纠纷案件若干问题的规定》第六条第一款规定："人民法院在审理信用证纠纷案件中涉及单证审查的，应当根据当事人约定适用的相关国际惯例或者其他规定进行；当事人没有约定的，应当按照国际商会《跟单信用证统一惯例》以及国际商会确定的相关标准，认定单据与信用证条款、单据与单据之间是否在表面上相符。"第二款规定："信用证项下单据与信用证条款之间、单据与单据之间在表面上不完全一致，但并不导致相互之间产生歧义的，不应认定为不符点。"该条规定与UCP600 第 14 条规定就审单标准而言体现的精神是一致的。

在本案中，受益人 A 公司向开证行 B 银行提交了原产地证明，该原产地证明系"中国—东盟自由贸易区优惠关税原产地证书（申报与证书合一）表格 E"格式文本，其中第七栏"包装件数及种类、产品名称（包括相应数量及进口方 HS 编码）"项下填写有"合同 HWM12-002 下用于 PTDABIOLEO2X90T/H+15MW 电站的一套电厂设备，CIF 印度尼西亚杜迈"等信息；第八栏"原产地标准"项下填写有"WO"（指出口国完全生产的产品）；第九栏"毛重或其他数量及价格（FOB）"下填写有"USD：8938290.98"等信息；第十二栏"证明"项下由发证人签署"根据所实施的监管，兹证明出口商所做申报正确无误"。根据上述 UCP600 第 14 条 f 款和 d 款的规定，只要该原产地证书的内容看似满足其功能，且其中的数据与信用证要求的数据以及信用证要求的其他单据的数据不矛盾，即应当认为构成相符交单。

由于上述原产地证书系格式文本，当事人无法就其中的栏目名称进行修订。第九栏中的"（FOB）"是栏目名称自带内容，该"（FOB）"表述不应被理解为国际贸易术语项下货物的 FOB 价格，具体理由如下：首先，该表述不符合国际贸易术语的基本格式。国际贸易术语主要描述货物从卖方到买方运输过程中涉及的义务、费用和风险的分配。根据 2011 年 1 月 1 日起实施的 Incoterms® 2010 的规定，FOB 是"船上交货（……指定装运港）"的简称，是指"卖方在指定的装运港，将货物交至买方指定的船只上，或者指（中间销售商）设法获取这样交付的货物。一旦装船，买方将承担货物灭失或损坏造成的所有风险"；CIF 是"成本，保险加运费付至（……指定目的港）"的简称，是指"卖方将货物装上船或指（中间销售商）设法获取这样交付的商品。货物灭失或损坏的风险在货物于装运港装船时转移向买方。

卖方须自行订立运输合同，支付将货物装运至指定目的港所需的运费和费用”。本案中的“（FOB）”表述后缺乏“（……指定装运港）”，明显不符合国际贸易术语的格式要求。其次，从上述 Incoterms® 2010 规定可以看出，国际贸易术语项下的 FOB 价格与 CIF 价格构成明显不同，且无法简单套用某种公式或者以其他形式相互转化。上述原产地证书格式表格服务于中国—东盟自由贸易区内的国际贸易，中国—东盟自由贸易区内的国际贸易不可能仅仅允许当事人使用 FOB 价格而排除其他价格。如果将表格第九栏中的“（FOB）”理解为国际贸易术语项下货物的 FOB 价格，明显不符合市场需求。综上，将上述原产地证书表格第九栏中的“（FOB）”理解为国际贸易术语项下的 FOB 价格，不符合常理。对该“（FOB）”的合理理解应当是指引性的，即指引当事人在此栏中填入相应的货物价格。

本案基础合同约定的货物价格是“CIF 印度尼西亚杜迈”，信用证金额为 8938290.98 美元，受益人 A 公司为符合信用证要求，在原产地证书第九栏中直接填写了 8938290.98 美元。本案所涉原产地证明第七栏中已经填写有“合同 HWM12-002 下用于 PTDABIOLEO2X90T/H+15MW 电站的一套电厂设备，CIF 印度尼西亚杜迈”等信息，与第九栏填写的“USD：8938290.98”，能够相互印证，且能够与信用证以及信用证要求的其他单据商业发票记载的货物价格相互印证。更重要的是，第八栏“原产地标准”填写有“WO”（指出口国完全生产的产品），足以表达该单据的功能。也就是说，尽管本案所涉原产地证书上第九栏数据与信用证及其单据要求的 CIF 价格数据一致，但单据之间并不矛盾，不会导致对该单据的理解产生歧义。因此，不应以此认定构成不符点。在受益人 A 公司交单相符的情况下，B 银行应当向 A 公司付款。

2. 点评

本案虽为信用证拒付纠纷案件，属于国际结算问题，但是由贸易术语的使用引起的，与 Incoterms® 紧密相关，充分展示了 Incoterms® 与国际结算的密切关系。

本案的事实比较简单，即买卖合同约定使用 CIF 术语进行交货，信用证的要求是提交 CIF 项下的单据，但受益人提交的单据“原产地证明第 9 栏所列 FOB 价格为 8938290.98 美元，而发票显示 CIF 价格与之相同，即 8938290.98 美元”。开证人认为受益人提交的单据之间“构成了冲突”，单证不符，予以拒付。因此，本案的焦点是单据是否相符，属于典型的信用证法律问题。本案的一、二审法院均认为单证相符，开证人拒付不当，但判决理由不同。

一审法院的判决理由是，开证人把不同种类的数据进行比较，违反了UCP600第14条d款的规定。“如果要审查货物价格的话，B银行应审查的是单证之间、单单之间的CIF价格是否存在矛盾，因为涉案信用证、商业发票和原产地证明中均出现了涉案货物的CIF价格，而不是将货物的CIF价格与FOB价格进行比较。B银行将货物的CIF价格与FOB价格进行比较，显然违反了UCP600第14条d款比较同类数据的审单规则。”“B银行无权审查涉案货物FOB价格的适当性。原产地证明第九栏出现货物的FOB价格是原产地证明本身的要求，审查涉案货物的FOB价格是否适当是目的地国家海关的职权。”也就是说，一审法院认为，FOB也是价格术语，只不过开证人应当审查的是合同约定的CIF价格，而不应当将两个不同的价格术语下的数据进行比较。

二审法院的判决理由是，“由于上述原产地证书系格式文本，当事人无法就其中的栏目名称进行修订。第九栏中的‘（FOB）’是栏目名称自带内容，该‘（FOB）’表述不应被理解为国际贸易术语项下货物的FOB价格。”因为：①“本案中的‘（FOB）’表述后缺乏‘（……指定装运港）’，明显不符合国际贸易术语的格式要求。”②此处的“原产地证书格式表格服务于中国—东盟自由贸易区内的国际贸易，中国—东盟自由贸易区内的国际贸易不可能仅仅允许当事人使用FOB价格而排除其他价格。如果将表格第九栏中的‘（FOB）’理解为国际贸易术语项下货物的FOB价格，明显不符合市场需求。”

从本案一审、二审法院的认识不同可以看出，虽然本案事实比较简单，但法律上却是复杂的。应当说，从基础交易的逻辑上来看，二审的判决基本上是符合实际的。但是，从信用证法律和实践的角度来看，本案可否为类似案件起到范本作用，值得研究。主要理由是：①信用证是典型的形式主义的交易工具，银行审单只看表面是否相符，而不关注基础交易的逻辑。这也是信用证独立性原则与单证相符原则的精髓；②二审法院认为原产地证书中的FOB不是价格术语，值得商榷。原产地证书中的FOB术语虽然后边是贸易发货港，但一般也认为是价格术语，尤其是在反倾销案件中，是计算倾销幅度的依据；③价格是货物买卖中的主要条款和重大问题，所有当事人都会关心，无论出现在什么地方！如果在两份单据中出现了不同价格，一个合理的审单员如果对此不予关注、不认为单证不符，信用证实务界恐怕是难以认同的！

那么，作为货物买卖的当事人应当怎么办呢？假如当事人对Incoterms® 中的贸易术语非常熟悉，在原产地证书的固定格式要求使用 FOB 术语的情况下，最好在买卖合同中约定使用 FOB 而不是 CIF，以避免发生类似本案的纠纷。此时，如果双方当事人仍然认为让卖方承担运费和保险费比较合适，则他们完全可以通过合同安排，约定让卖方代买方订立运输与保险合同。[①] 因此，对于国际贸易从业者来说，不仅需要熟练掌握 Incoterms® ，而且需要熟练掌握国际结算规则。

二、汇票

汇票是国际结算中的重要工具，无论是信用证、托收，还是福费廷等结算方式，很多情况下都会涉及汇票。因此，在介绍国际结算时，有必要对汇票做一简单介绍。

（一）汇票的概念与特征

汇票是由出票人签发的，委托付款人在见票时或在指定日期无条件支付确定金额给收款人或者持票人的票据。其具有以下法律特征：

（1）汇票是一种支付命令，是出票人委托付款人支付的票据，是委付证券。因其为委付证券，故汇票的出票人和付款人之间必须具有真实的委托付款关系，并具有支付汇票金额的可靠的资金来源。[②]

（2）汇票上必须有一定的到期日。汇票除有见票即付的情况外，还有出票后定期付款和见票后定期付款等情况。到期日是指汇票上所记载的应付款的日期。

（3）汇票有三个基本当事人：出票人、付款人和收款人。出票人是签发汇票的人。付款人是受出票人的委托付款的人。收款人是指从出票人处取得汇票并有权向付款人请求付款的人。

（二）汇票的种类

1. 出票人的身份

按出票人身份的不同，汇票可以分为银行汇票和商业汇票。银行汇票是由银行签发的，由其在见票时按照实际结算金额无条件支付给收款人或者持票人的票据。[③] 银行汇票的出票银行既是出票人，又是付款人。其基本当事人只有两个，即出票人

---

① 国际商会．国际商会指南：运输业与《国际贸易术语解释通则 2010》［M］．北京：对外经济贸易大学出版社，2019.

② 参见《中华人民共和国票据法》（以下简称《票据法》）第二十一条第一款。

③ 参见中国人民银行印发的《支付结算办法》第五十三条第一款。

和收款人。在实践中，银行汇票一般是银行应汇款人或支付主体的请求，在汇款人按规定履行手续并交足保证金后，签发给汇款人由其交付收款人、持往异地办理转账结算或支取现金的一种票据。商业汇票是由银行以外的企业或其他组织签发的，委托付款人在指定日期无条件支付确定金额给收款人或者持票人的票据。[①] 虽然商业汇票的出票人为银行以外的企业和其他组织，但其付款人可以是银行，也可以是银行以外的企业或其他组织。根据承兑人的不同，商业汇票又可分为商业承兑汇票和银行承兑汇票。前者是指由收款人签发、经银行以外的付款人承兑的汇票；后者是指由收款人或承兑申请人签发，经银行承兑的汇票。

2. 汇票到期日

按汇票到期日的不同，汇票可以分为即期汇票和远期汇票。即期汇票，是见票即付的汇票。这种汇票不记载具体的到期日，以持票人提示汇票之日作为汇票到期日。远期汇票是指必须到约定日期才能请求付款的汇票。根据约定日期的不同方法，远期汇票又可分为定期汇票、计期汇票、见票后定期汇票、分期付款汇票等。定期汇票是指以一定日期为到期日的汇票。计期汇票是指以出票日后一定期间为到期日的汇票。见票后定期汇票是指以承兑后一定期间为到期日的汇票。分期付款汇票是指将汇票金额分为几部分，对每一部分确定一个到期日，可以分期支付的汇票。

3. 权利人名称

按记载权利人名称方式的不同，汇票可以分为记名汇票和无记名汇票。记名汇票是指出票人在票据上载明收款人姓名或名称的汇票。记名汇票的一个变体是指示汇票，即出票人除在汇票上载明收款人姓名或名称外，还记载“或其他指定人”字样的汇票。无记名汇票是指出票人于出票时在汇票上不记载收款人的姓名或名称的汇票。我国票据法不承认无记名汇票，仅认可记名汇票。[②]

4. 汇票录事人

按汇票上是否有一人兼充二方当事人的情形，汇票可以分为一般汇票和变式汇票。一般汇票是指出票人、付款人和收款人分别为三个独立的行为主体，三者的身份不发生任何重叠的汇票。变式汇票是指出票人、付款人和收款人中有一人兼任数个票据当事人身份的汇票。变式汇票又可分为已受汇票、已付汇票、付受汇票三种。

---

① 参见中国人民银行印发《支付结算办法》第七十二条。

② 参见《票据法》第二十二条。

已受汇票，又称指己汇票，是指出票人兼为收款人的汇票。已付汇票，又称对己汇票，是指出票人兼为付款人的汇票。付受汇票是指付款人兼为收款人的汇票。

（三）汇票的票据行为

1. 出票

所谓出票，是指出票人签发汇票并将其交付给收款人的票据行为。出票由“签发”票据和“交付”票据两个行为构成。出票人首先必须按照票据法的规定“签发”票据。所谓“签发”，一般是指将汇票上的法定记载事项记载完全。所谓“交付”，是指自主自愿地使汇票脱离自己的占有而交给他人的行为。

汇票出票一经完成就使汇票进入流通领域，票据关系人依票据所载文义而享有票据权利、承担票据义务。具体来说，出票对出票人而言，是使其承担了保证该汇票承兑和付款的责任，在汇票得不到承兑或者付款时，应当向持票人清偿法律规定的金额和费用；对收款人而言，其效力就是使其享有票据上的付款请求权和追索权；对付款人而言，由于出票在性质上是单方法律行为，故出票并不必然对其产生约束力，仅使付款人获得了付款的权限，并未使付款成为其义务，只有当付款人承兑时，付款人才成为汇票的主债务人。[①]

2. 背书

所谓背书，是指持票人在票据背面或者粘单上记载有关事项并签章的票据行为。持票人在背书时应将背书的目的事项记载在票据背面或者粘单上。背书在性质上是一种有相对人的单方法律行为。在票据背面或者粘单上记载有关事项并签章的人称为背书人，其相对人称为被背书人。

背书分为转让背书和非转让背书。转让背书是指持票人以转让票据权利为目的的背书，但汇票上记载有“不得转让”字样的，不得背书转让。非转让背书是指持票人以转让票据权利以外的其他目的而进行的背书，可分为委任背书和设质背书两种。前者是指持票人为委托他人（被背书人）代为领取票款而进行的背书。后者是指背书人以票据权利设定质押为目的而进行的背书。背书人为出质人，被背书人为质权人。[②]

以背书转让的汇票，背书应当连续。所称背书连续，是指在票据转让中，转让

① 朱崇实．金融法教程（第二版）［M］．北京：法律出版社，1995.

② 参见《票据法》第三十五条。

汇票的背书人与受让汇票的被背书人在汇票上的签章依次前后衔接。持票人以背书的连续，证明其汇票权利；非经背书转让，而以其他合法方式取得汇票的，依法举证，证明其汇票权利。[①] 背书连续对持票人和付款人具有不同效力。对持票人而言，一是可证明持票人享有票据权利；二是背书形式上不连续，持票人在证明实质上连续（证明其以其他合法方式取得汇票）后也可主张汇票权利；三是当背书形式上和实质上均不连续时，持票人只能行使追索权或利益偿还请求权。对付款人而言，一是付款人有查验背书是否连续的责任；二是在背书不连续而付款并造成损失时，付款人自当负责。[②]

3. 承兑

所谓承兑，是指汇票付款人承诺在汇票到期日支付汇票金额的票据行为。承兑是付款人实施的单方、要式票据行为，是其因自己的意思表示而负担票据债务，既不是对汇票出票人支付委托的承诺，也不是对收款人付款请求的承诺。承兑的效力是，付款人一经承兑汇票，便成为汇票的主债务人，应当承担到期付款的责任。承兑实行自由原则。对付款人而言，若不承兑，其可能对出票人负违约责任，但其对收款人并没有承兑的义务，承兑与否是自由的。对收款人而言，请求承兑与否也是自由的。因为收款人是票据债权人，其并没有行使票据债权的义务。

前已述及，汇票包括见票即付的汇票、定日付款的汇票、出票后定期付款的汇票和见票后定期付款的汇票。对于第一种汇票而言，持票人可直接请求付款人付款，无须经过其他程序。但对于后三种汇票而言，持票人在请求付款前应提示承兑，即向付款人出示汇票，并请求其表示是否承兑。提示承兑是承兑的前提和条件，是行使和保全票据权利的手段。定日付款或者出票后定期付款的汇票，持票人应当在汇票到期日前向付款人提示承兑；[③] 见票后定期付款的汇票，持票人应当自出票日起一个月内向付款人提示承兑。汇票未按照规定期限提示承兑的，持票人丧失对其前手的追索权。[④]

承兑可以分为单纯承兑和不单纯承兑。前者是指不附加任何条件的承兑；后者是指对汇票上记载的文义加以变更或限制而为的承兑。后者又可分为一部承兑和附

---

① 参见《票据法》第三十一条。
② 参见《票据法》第五十七条。
③ 参见《票据法》第三十九条第一款。
④ 参见《票据法》第四十条第一款、第二款。

条件承兑：前者是指付款人仅就汇票金额的一部分所为的承兑；后者是指付款人附加某种条件的承兑。我国票据法不承认附条件承兑，并规定承兑附有条件的，视为拒绝承兑。[①]

承兑还可以分为正式承兑和略式承兑。前者是指在汇票正面记载承兑文句，并由付款人签章的承兑行为。后者是指付款人只签章而无承兑文句的承诺行为。我国票据法规定，付款人承兑汇票的，应当在汇票正面记载“承兑”字样和承兑日期并签章。[②] 可见，我国票据法只承认正式承兑。

4. 付款

付款一词有广义和狭义之分。广义的付款是指一切票据债务人向票据权利人支付票据金额的行为。狭义的付款是指付款人或担当付款人向票据权利人支付票据金额以消灭票据关系的行为。[③] 担当付款人是指出票人出票时在票面上记载的，或者由付款人于承兑时指定的，代替付款人实际付款的人。[④] 付款是一种消灭票据债权债务关系的行为。付款人依法足额付款后，全体汇票债务人的责任，包括付款责任和担保责任都将解除。[⑤]

付款包括提示、支付和收回汇票三个阶段。付款提示是指持票人在法定期间内现实地向付款人或担当付款人（如有）出示票据，请求其支付票据金额的行为。提示在票据权利人方面发生保全追索权效力。持票人未按照规定期限提示付款的，将丧失对其前手的追索权。我国票据法规定，付款人必须在持票人提示付款的当日足额付款，[⑥] 不得分期或延期付款。付款人在到期日前，对定日付款、出票后定期付款或者见票后定期付款的汇票提前付款的，由付款人自行承担所产生的责任。[⑦] 在支付票款时，持票人得委托银行收款，付款人也可以委托银行付款。但受托银行的责任仅限于按照汇票上记载的事项将汇票金额转入持票人的账户或划出付款人的账户。付款人及其代理付款人在付款时，应审查票据的格式是否合法、绝对应记载事项是否记载齐全以及持票人提示的汇票背书是否连续等。此外，还应审查提示付款

① 参见《票据法》第四十三条。
② 参见《票据法》第四十二条第一款。
③ 朱崇实．金融法教程（第二版）［M］．北京：法律出版社，1995.
④ 谢怀栻．票据法概论（增订版）［M］．北京：法律出版社，2006.
⑤ 参见《票据法》第六十条。
⑥ 参见《票据法》第五十四条。
⑦ 参见《票据法》第五十八条。

人的合法身份证明或者有效证件。付款人及其代理付款人以恶意或者重大过失付款的，应当自行承担责任。[①] 汇票是返还证券。付款人付款后，有向持票人收回汇票的权利。对持票人拒不记载“收清”字样和签章的，付款人可拒绝付款。[②]

（四）汇票的追索权

1. 追索权的概念

追索权，又称偿还请求权，是指持票人在汇票到期不获付款或到期前不获承兑或有其他法定原因时，向其前手请求偿还票据金额及其法定款项的票据权利。在追索权关系中，其当事人称为追索权人和被追索权人。前者是指行使追索权的人，包括最初行使追索权的持票人和已向自己的后手清偿的持票人。后者是指有偿还持票人票据金额及其损失的责任的人，包括出票人、背书人、保证人、承兑人等。被追索权人原则上对持票人负有连带清偿责任。持票人为出票人的，对其前手无追索权，只对承兑人有追索权。持票人为背书人的，对其后手无追索权。[③]

2. 追索权的特征

（1）追索原因的法定性。追索权的产生原因是法定的，即只有发生了到期不获付款、期前不获承兑或其他法定原因时才产生追索权。[④]

（2）追索权行使的条件性。持票人行使追索权时，应当提供被拒绝承兑或被拒绝付款的有关证明。持票人提示承兑或提示付款被拒绝的，承兑人或付款人必须出具拒绝证明，或出具退票理由书。未出具拒绝证明或退票理由书的，应当承担由此产生的民事责任。[⑤]

（3）追索对象的可选择性。汇票的出票人、背书人、承兑人和保证人对持票人承担连带责任。持票人可以不按照汇票债务人的先后顺序，对其中任何一人、数人或者全体行使追索权。[⑥] 可见，持票人在行使追索权时，可以向自由选择被追索人中的任何一个人行使追索权，不以自己的直接前手为限。

（4）追索权主体的可变更性。追索权不因行使一次即得到满足而消灭。被追索

---

① 参见《票据法》第五十七条。
② 参见《票据法》第五十五条。
③ 参见《票据法》第六十九条。
④ 参见《票据法》第六十一条。
⑤ 参见《票据法》第六十二条。
⑥ 参见《票据法》第六十八条第一款、第二款。

人在履行了票据义务后成为持票人，可向其前手再追索，从而使追索权主体发生更替。我国票据法规定，持票人对汇票债务人中的一人或者数人已经进行追索的，对其他汇票债务人仍可以行使追索权。被追索人清偿债务后，与持票人享有同一权利。①

3. 追索权行使的程序

按照票据法的规定，追索权的行使包括以下程序：

（1）通知拒绝事由。持票人行使追索权的第一步是将自己被拒绝付款的事由通知所有被追索人，以使他们知悉其事，做好偿债准备，或者准备届时自动偿还，或者及早筹备资金。持票人应当自收到被拒绝承兑或者被拒绝付款的有关证明之日起3日内，将被拒绝事由书面通知其前手；其前手应当自收到通知之日起3日内书面通知其再前手。持票人也可以同时向各汇票债务人发出书面通知。② 但是，通知义务并不是行使追索权的必经程序，未按规定期限通知的，持票人仍可以行使追索权。不过，因延期通知给其前手或者持票人造成损失的，要在汇票金额限度内承担对该损失的赔偿责任。持票人在规定期限内将通知按照法定地址或者约定的地址邮寄的，视为已经发出通知。③

（2）债务人自动偿还。被追索人收到通知后，可自动偿还票款，持票人不得拒绝受领。

（3）确定追索对象。由于追索对象具有可选择性，追索通知发出后，如无债务人自动偿还，追索权人依法可从被追索人中确定具体的追索对象进行追索。

（4）请求偿还和受领。持票人选定追索对象后行使追索权时，应当向其出示汇票、拒绝证明或退票理由书或其他具有法定证明效力的文书，请求其依法偿还追索的金额。该追索金额包括：被拒绝付款的汇票金额；汇票金额自到期日或者提示付款日起至清偿日止的利息；取得有关拒绝证明和发出通知书的费用。④ 持票人的追索请求可以诉讼方式或非诉讼方式进行。被追索人清偿债务时，持票人应当交出汇票和有关拒绝证明，并出具所收到利息和费用的收据。⑤

---

① 参见《票据法》第六十八条第二款。

② 参见《票据法》第六十六条第一款。

③ 参见《票据法》第六十六条第二款、第三款。

④ 参见《票据法》第七十条第一款。

⑤ 参见《票据法》第七十条第二款。

三、SWIFT

SWIFT 是 Society for Worldwide Interbank Financial Telecommunication 的缩写，中文是环球同业银行金融电讯协会，是一个国际银行同业之间的非营利性的合作组织，总部设在比利时的首都布鲁塞尔。在 SWIFT 成立前，金融交易所依赖的技术比较落后，国际支付信息是通过电报网络来传输的，速度慢、安全性低。1973 年，为了解决国际支付在信息传输中的上述问题，来自 15 个国家（地区）的 239 家银行举行了会谈，成立了 SWIFT。

1977 年，SWIFT 的成员已经有来自 22 个国家（地区）的 518 家机构，并开始使用快捷可靠的信息通信技术取代旧的电报通信方式。该系统主要包括 3 个部分：①信息平台；②发送和认证信息的计算机系统；③信息标准。同时，该系统强调四性，即保密性（Confidentiality）、高效性（Efficiency）、安全性（Security）和可靠性（Reliability）。为了方便用户，SWIFT 在世界各地设立了分支机构。1980 年，其中国香港地区和新加坡办公室开始提供服务。

1983 年，SWIFT 开始将各个中央银行接入系统。1987 年，SWIFT 将其服务扩展到证券市场。20 世纪 90 年代，随着互联网的发展和应用，除了上面的四性之外，SWIFT 开始强调其系统的第五性，即稳定性（Certainty）。2009 年，SWIFT 一年的信息传输量就达到了 37.6 亿条，成为全球金融领域的脊梁（Backbone）。经过近 50 年的发展，SWIFT 目前为世界 200 多个国家（地区）的 11000 多家机构提供服务，成为国际结算中不可或缺的主要基础设施。[①]

第二节　汇　付

一、汇付及其当事人

国际货物买卖中的汇付（Remittance）是指进口商或者买方委托银行将货款汇给出口商或者卖方的一种付款方式。汇付是最简单的国际结算方式。

---

① 参见 SWIFT 官方网站，https：//www. swift. com/about-us/history。

汇付通常涉及 4 个当事人：① 汇款人，通常是国际贸易中的买方，委托汇出行将货款汇交收款人的人；②收款人，通常是国际贸易中的卖方，接到汇入行通知或获得银行汇票后收取款项的人；③汇出行，通常是买方所在地银行，接受汇款人委托为其办理汇款业务的人；④汇入行，通常是卖方所在地银行，接受汇出行委托，解付汇款的人。

二、汇付当事人之间的关系

（一）汇款人与汇出行之间的关系

汇款人与汇出行之间是委托关系，在汇款人的汇款申请书被汇出行接受后成立。

（二）汇出行与汇入行之间的关系

汇出行与汇入行之间同时存在代理和委托两种关系。代理关系形成于双方签订业务代理合同后；委托关系成立于具体汇款业务中汇出行收到汇款人款项后，通过汇款凭证或电报、信函委托汇入行解付时。

（三）汇入行与收款人之间的关系

通常，收款人在汇出行开有存款账户，因此它们是银行与客户之间的关系。当然，收款人也可以不在汇出行开户。无论如何，汇入行都有责任根据收款人给出的收款凭证和汇出行的委托指示解付汇款。

（四）汇款人与收款人之间的关系

二者之间存在汇款的基础合同关系，即买卖关系。

三、汇付的种类

根据汇款方式的不同，汇付可细分为电汇、票汇、信汇三种。

（一）电汇

电汇（Telegraphic Transfer，T/T）是一种常用的汇款方式。在这种方式下，汇出行应汇款人的申请，使用电报、电传或者 SWIFT，以加押电信文件的方式将支付授权书发送给汇入行，并指示其将汇款解付给收款人。电讯文件一般包括密押、汇款人和收款人的名称和地址、币别和金额、头寸拨付方法、附言等。其中，密押是汇出行和汇入行约定确保电报真实性的密码，核对无误后方能解付。

电汇的特点：①操作简单，几乎无须专业人员操作；②快捷，在银行优先级较高，一般当天即可处理完毕；③安全，一般为银行间直接通信，相对不容易遗失和出错；④费用偏高，由于处理时间较短，银行占压资金时间极短，导致收费偏高。电汇广受小微外贸企业欢迎，在小额交易中被广泛使用。

（二）票汇

票汇（Remittance by Banker's Demand Draft，D/D）是汇出行根据汇款人的申请为其开立银行汇票，汇款人将银行汇票交予收款人，收款人凭票到汇入行取款的结算方式。在此种方式下，结算工具是银行汇票，汇款人需填写汇票申请书，汇出行开立汇票，汇款人将汇票交给收款人，汇出行将汇款通知书交给国外的代理行，收款人持汇票向汇入行取款，汇入行核验汇票与票根一致后解付票款，然后将付讫借记通知书寄给汇出行，最后进行头寸清算。

票汇的特点：①灵活，持票人可以选择亲自取款，也可以通过背书转让；②风险较大，票据流转环节的拉长加大了其丢失的风险；③便宜，由于汇出行从开立汇票开始到付款时才从其账上释放票款，占用款项时间较长，因此比较便宜。这也是一种较为受欢迎的汇款方式。

（三）信汇

信汇（Mail Transfer，M/T）是汇出行应汇款人的申请，用信函的方式将支付授权书发送给汇入行，授权汇入行解付货款给收款人的汇款方式。在此种方式下，结算工具是信汇委托书，汇入行收到信函后须核对授权人员的签字样本，以便确认其真实性。信汇的流程与电汇的业务程序基本相同，不同之处仅在于汇出行向汇入行发送支付授权书的方式。

信汇的特点：①慢，邮寄过程长、收款慢；②便宜，资金在途时间长，银行可以占压汇款资金，价格较为低廉。信汇方式现在已经很少被采用。

四、汇付的运用

在实际运用中，根据货款汇付和货物运送时间顺序的不同，汇付可以分为预付货款和货到付款两种。

（一）预付货款

预付货款（Payment in Advance）是指进口商先将部分或全部货款通过银行汇交

出口商，出口商收到货款后依约发货。预付货款通常以部分预付居多，通常也被称为下定金（Down Payment）。这种付款方式多用于卖方市场或者紧俏商品的情形。

显然，在这种付款方式下，进口商的风险较大。首先，部分或全部资金被占压；其次，出口商在收到钱后可能不交货。在使用这种付款方式时，进口商最好要求出口商提供银行保函或者备用信用证作为履约担保，保证其如期履行交货、交单义务，否则退还已收货款，并加付利息。如果可能，进口商最好与出口商协商分批付款，以便降低过高的风险。

（二）货到付款

货到付款（Payment after Arrival of the Goods），也叫记账赊销（Open Account，O/A），是指出口商先发货，待进口商收到货后再付款，具有延期付款的性质。这种付款方式多用于买方市场或者积压商品的情形。

显然，在风险承担上，其与预付货款恰好相反，出口商同时面临着货物和资金被双重占有的风险。首先，若进口商收货后延迟付款，出口商有资金被长期占压的风险；其次，有进口商不足额给付或者由于某种原因纯粹不予或不能支付的风险。如果货物有瑕疵，进口商掌握着扣留部分货款的主动权。对于卖方来说，可以采取银行保函或者备用信用证和分批次发货的方法来降低风险。

第三节 托 收

一、概念及其当事人

（一）概念

国际货物买卖中的托收（Collection）是指出口商或者卖方根据买卖合同的约定在发货后委托银行向进口商或者买方收取货款的结算方式。

托收一般会涉及金融单据（Financial Documents）和商业单据（Commercial Documents）。前者包括汇票、本票、支票或用于取得支付的类似凭证。商业单据包括发票、运输单据、所有权文件或其他类似的文件，或者不属于金融单据的任何其他单据。[①]

（二）当事人

托收一般涉及以下基本当事人：委托人、托收行、代收行和付款人。

1. 委托人

委托人（Principal），是指委托银行办理托收的人，一般为出口商或者卖方。如果托收项下附有汇票，该汇票是由委托人开具的，此时委托人也是汇票的出票人（Drawer）。

2. 托收行

托收行（Remitting Bank），也称寄单行，是指接受委托人的委托办理托收的银行，一般是委托人的开户行。

3. 代收行

代收行（Collecting Bank），除寄单行以外的任何参与处理托收业务的银行。[②]代收行是指接受托收行的委托，依照托收行指示，向付款人取得付款、提示单据、接受承兑，通常在进口商所在地，也可能是进口商的开户银行。

4. 付款人

付款人（Payer），是指依照托收指示由代收行向其提示单据并要求其付款的人，即进口商或者买方。如果托收项下附有汇票，该汇票是开向付款人的，此时的付款人也是受票人（Drawee）。

二、托收基本当事人之间的关系

（一）委托人与付款人

委托人与付款人之间的关系是基于货物买卖合同的债权债务关系。付款人通过托收方式支付货款是对基础合同的履行。当付款人拒绝付款或者承兑时，委托人可根据货物买卖合同追究付款人的违约责任。

（二）委托人与托收行

委托人与托收行之间是委托关系。委托人往往在托收行开设账户，是托收行的

---

① 《托收统一规则》国际商会第 522 号出版物（*The Uniform Rules for Collection*，*ICC Publication No. 522*），以下简称 URC 522。

② 参见 URC522，第 3（a）（Ⅲ）条。

客户。在托收过程中，委托人需要填写托收申请书，表明委托的内容、托收银行应负的责任等。[①] 托收行应以善意和合理的谨慎，[②] 根据托收指示中的命令和 URC522 的相关规定行事，但对于托收款项并不承担必须收回的义务。

（三）托收行与代收行

托收行与代收行之间是代理关系。双方之间常有代理合同约束双方代办的范围和偿付办法等，但具体到每一笔业务，仍要以托收指示为办理依据。在具体的托收业务中，托收行负责传递指示和寄送单据，代收行应按托收行的指示，及时向付款人提出付款请求（如果涉及汇票，需及时做出付款或承兑提示），以收取货款。如遭拒付，则应及时通知托收行，并要保管好单据。如果代收行违反托收指示，在付款人未付款的情况下擅自将单据交给付款人，就违反了合理谨慎义务，应对托收行承担违约责任。

三、托收的种类及其业务流程

按照托收是否附有商业单据，托收分为光票托收和跟单托收。

（一）光票托收

1. 光票托收的含义

光票托收（Clean Collection）是指未附商业单据的金融单据的托收。[③] 但这里的未附商业单据不是说不附任何单据，而是指不涉及作为物权凭证的运输单据，不涉及货物的权利转移和货物移交的单据，而发票、垫款清单等非货运单据的存在不影响有关光票托收的界定。对于出口商来说，光票托收是一种风险较大的结算方式，因为无法保证进口商会遵守买卖合同而及时付款。因此，在实务中，光票托收多用于贸易货款的尾数、样品费、佣金、代垫费、其他贸易小额费用、进口索赔款以及非贸易等项目的收款。

光票托收的汇票有即期和远期两种。在实际业务中，一般金额都不太大，即期付款的汇票较多。代收行收到即期汇票后，应立即向付款人提示汇票，要求其付款。付款人如无拒付理由，应立即付款。代收行收到远期汇票后，应立即向付款人提示

---

① 参见 URC522 第 4 条 B 款。

② 参见 URC522 第 9 条。

③ 参见 URC522，第 2 条 c 款。

汇票，先要求其承兑。付款人如无拒绝承兑的理由，应立即承兑。待付款人承兑后，代收行取回原票，在汇票的到期日再次向付款人提示要求付款。如果付款人拒绝付款、拒绝承兑、承兑后拒绝付款，则代收行应在法定期限内，作成拒收证书（如有）并及时通知托收行转告委托人。

2. 光票托收的业务流程

在光票托收中，一般具体流程如下：

（1）出口商与进口商签订基础合同，约定以托收方式支付货款。

（2）出口商填写托收申请书，委托托收行进行光票托收，开立以债务人（进口商）为付款人的汇票。

（3）托收行根据托收申请书缮制托收指示书，向代收行发出附金融单据的托收指示书。

（4）代收行制作代收通知书，向付款人提示光票，通知其付款。使用即期汇票的，付款人立即付款；使用远期汇票的，付款人承兑后，待汇票到期时付款。

（5）代收行收妥货款后，贷记托收行账户，并通知托收行，后者根据收款通知将款项贷记委托人账户，进行结汇。

（二）跟单托收

1. 跟单托收的定义

跟单托收（Documentary Collection）是附有商业票据的金融单据的托收，或者未附金融单据的商业票据的托收，[①] 是托收的主要方式。其核心是附有商业票据，其中最重要的是代表货权的提单。跟单托收实际上是一种含有物权凭证的商业单据与货款的现场交易，因此银行向进口商交付单据的条件至关重要。

2. 跟单托收的分类

根据向进口商交单条件的不同，跟单托收又可分为付款交单（Documents Against Payment，D/P）和承兑交单（Documents Against Acceptance，D/A）两种。

（1）付款交单。付款交单是指代收行以进口商付清货款为交付商业单据的前提条件的托收方式。按付款时间的不同，付款交单又可以分为即期付款交单和远期付款交单。

即期付款交单（D/P at sight）的交单方式可以有汇票，也可没有汇票。在没有

---

① 参见 URC522，第 2 条 d 款。

汇票时，发票上的金额即托收金额。在付款人对即期汇票付款后，托收行交出单据。在这种方式下，进口商应当在单据提示时立即付款，并取得单据。在单据先于货物抵达时，有些付款人为最大限度地降低风险，坚持货物运抵才付款。[①]

即期付款交单的一般流程是：①出口商与进口商签订买卖合同，约定以托收方式结算。②出口商发货后取得提单、保险单、发票等商业单据，填写托收申请书，并开立以进口商为付款人的汇票交给托收行。③托收行缮制托收指示书，附汇票和商业单据寄交代收行。④代收行出具代收通知书，与汇票一起交进口商做付款提示。⑤进口商到银行验核单据，付款赎单。⑥代收行收款交单后，在汇票上注明“付讫”字样，交进口商存档，并贷记托收行账户，通知托收行款已入账。⑦托收行根据收款通知将款项贷记委托人账户结汇。

远期付款交单（D/P at ×× days after sight）是指出口商按约发货后将远期汇票和全套货运单据委托银行向进口商提示，进口商承兑、在到期日付款后取走单据。采取这种方式一般是为了给进口商一段筹措资金的时间。在钱款付讫之前，单据由代收行保管。

（2）承兑交单。承兑交单是指凭付款人对汇票的承兑而交单，待汇票到期日再付款。单据交出后代收行和提示行不再承担其他责任。其与付款交单在流程上的区别在于，其无须实际付款即可赎单。

很显然这种方式对买方比较有利。如果远期付款的汇票期限较长，买方完全可以用货物售出后的货款来清偿汇票，近乎无本生意，是卖方对买方的融资。因此，在此种付款方式下，出口商的风险比较大。虽然其可凭承兑汇票起诉进口商，但由于国际贸易的特点，跨国诉讼成本较高，且有时或许付款人已经破产，所以使用这种方式要求对客户有一定了解或者客户以资信较好。

四、有关托收的国际惯例

（一）URC522

托收是实践中仅次于信用证的被广泛运用的国际贸易结算方式。[②] 从上面的讨

① 赵佳燕，肖慈方．国际结算［M］．北京：对外经济贸易大学出版社，2017.

② 国际商会中国国家委员会．国际商会统一托收规则评注［M］．北京：中国民主法制出版社，2004.

论可以看出，在托收业务中，一般会涉及多方当事人，多家银行，往往会由于彼此对权利、义务和责任的理解出现偏差或误解，导致矛盾、争议和纠纷的出现。

为了减少争议和纠纷的发生，统一认识和规则，国际商会于1958年发布了国际商会第192号出版物《商业单据托收统一规则》（*Uniform Rules for Collection of Commercial Paper*）。1967年，国际商会对前述规则进行了修改，以统一托收业务中的术语、定义、程序和原则，以国际商会第254号出版物出版。1978年在吸收过去实践经验的基础上，再次对此规则进行了修改。由于托收单据不仅包括商业单据，而且包括金融单据，故此次修改将其更名为《托收统一规则》，以国际商会第322号出版物出版。该规则在国际上得到了普遍采用和遵守。[①]

为了适应国际贸易和金融实务的发展和通信技术在贸易金融领域的应用，国际商会于1993年开始对《统一托收规则》进行进一步修改，于1995年7月以国际商会第522号出版物出版，简称“URC522”。URC522于1996年1月1日生效。[②] URC522共7个部分，包括总则和定义，托收的形式和结构，提示方式，义务和责任，付款，利息、手续费及其他费用，其他规定，共26条。URC522自出版以来，得到了业界普遍采用与遵守，减少了争议与纠纷，促进了托收业务的发展。值得一提的是，该规则本身不是法律，没有普遍约束力。只有在当事人事先在托收指示中引用的条件下，才受其约束。

（二）eURC

2017年6月，国际商会银行委员会组建工作组对贸易金融数字化进行研究和跟进。工作组的一项核心工作是评价国际商会现行规则，评估这些规则的电子兼容性，并确保其电子适用性。

接着，国际商会成立了起草小组，决定起草：①《跟单信用证统一惯例关于电子交单的附则》（eUCP2.0），以确保其可持续的数字兼容性；②《托收统一规则关于电子交单的附则》（eURC1.0），以确保托收项下电子记录交单可持续的数字兼容性。

上述两个版本的初稿于2017年9月25日分发给国际商会各国家委员会征求意

① 进出口业务编写组．国际贸易法律惯例规则选编［M］．北京：对外贸易教育出版社，1988.

② 国际商会中国国家委员会．国际商会统一托收规则评注［M］．北京：中国民主法制出版社，2004.

见。后四易其稿，于 2019 年 3 月经国际商会银行委员会网上投票系统投票通过，于 2019 年 7 月 1 日正式生效。

在 eURC 与 URC 的关系上，eURC 在性质上是 URC 的补充，在电子交单时适用。在适用时，eURC 托收指示也受 URC 约束，无须将 URC 明确纳入托收指示。eURC1.0 包括适用、不付款或不承兑通知、电子记录的放单、不可抗力等 13 个条款。①

【案例 2】上海 A 股份有限公司诉 D 银行股份有限公司上海分行委托合同纠纷案

1. 一审的基本情况

（1）一审法院认定的事实。

原告上海 A 股份有限公司（以下简称 A 公司）与美国 B 公司（以下简称 B 公司）之间订立了货物买卖合同，约定原告将一批夹克衫卖给被告，由上海 C 船务有限公司（以下简称 C 船务公司）运往被告指定的交货地美国加利福尼亚州某港。付款方式为付款交单。上海 A 公司委托被告 D 银行股份有限公司上海分行（以下简称 D 上海分行）按此方式托收。原告为托收货款开立汇票一份。该汇票记载开证行②为美国加利福尼亚州联合国民银行（United National Bank，以下简称加州银行），开票日期为 2000 年 1 月 12 日，金额为 140393.55 美元。原告将该汇票及全套托收提单交给被告，并与被告签订了托收委托书。委托书注明托收按 URC522 规定办理。被告制作了汇票提示清单，记载收件人地址为美国佛罗里达州梅隆联合国民银行（Mellon United National Bank，以下简称佛州银行），汇票及全套托收单据由该行收到。2000 年 2 月，C 船务公司告知原告，美国万隆已于 2000 年 2 月 1 日换单。原告还从 C 船务公司处得知，银行在未收取托收款的情况下放单。之后，原告致函美国万隆催索货款，遭拒绝。原告转而要求被告对其赔偿，也遭到拒绝，遂起诉至上海市浦东新区人民法院。

（2）双方当事人的诉辩主张。

原告诉称：被告制作的“汇票提示清单”存在错写收件人地址的疏忽，致使本

① 国际商会《托收统一规则关于电子交单的附则》（eURC1.0）的中英文版本可以在中国国际商会网站 http：//www.ccoic.cn/cms/content/22658 下载。

② 无论从票据法律关系还是托收法律关系上讲，此处的加州银行不应为“开证行”。但因本案事实部分基本上摘自原审判决书，为了反映原貌，笔者没有对其修改。

应寄往其指定代收行加州银行的托收单据误寄给了非代收行佛州银行，造成托收事故，并致其托收款至今未能收到，被告负有向其赔偿经济损失的民事责任。原告请求法院判令由被告赔偿其结算款 140393.55 美元、利息损失人民币 65911 元及出口退税损失人民币 202839.89 元，并承担本案受理费。

被告辩称：原告未就本次托收向其指定过代收行，其没有违反原告托收指令的行为。在原告未向其指定代收行的情况下，其依照 URC522 的规定可以自行选择代收行。其制作的汇票提示清单虽有笔误，但未影响全套托收单据安全寄达代收行佛州银行，该笔误与托收事故没有因果关系。被告请求法院驳回原告的请求。

（3）一审判决。

一审法院经审理认为：托收是由卖方对买方开出汇票，委托银行向买方收取货款的一种结算方式。委托人和托收行的关系是委托代理关系，托收银行应按照委托书所提出的指示办理托收事宜。原告填写了由被告提供的格式化委托书，双方当事人之间的委托合同关系已经成立。如果被告违反委托人原告的指令，致原告遭受损失，被告应承担向原告赔偿经济损失的责任。本案中，被告作为托收行，虽然存在工作方面的疏忽，但无违反委托人原告托收指令的行为，故原告请求判令由被告赔偿其托收款及相关经济损失缺乏法律依据，驳回了原告的诉讼请求。①

2. 二审的基本情况

原告不服一审判决，向上海市第一中级人民法院提起上诉。

（1）双方当事人的诉辩主张。

上诉人诉称：①被上诉人违反了其关于指定加州银行为国外代收行指令的行为，一审判决未予认定，有错误，应予纠正；②被上诉人制作的汇票提示清单发生收件行地址错误，致使本应该寄给加州银行的托收单据误寄给非代收行佛州银行，属于有重大疏忽的过错，依法应向其赔偿经济损失，一审法院对其起诉请求未予支持是错误的，二审法院应予纠正。

被上诉人辩称：①上诉人未向其指定过代收行，其没有违反上诉人托收指令的行为；②被上诉人制作的汇票提示清单虽有收件行名称的笔误，但该清单及托收单据仍然为其选择的代收行安全收妥，该笔误与托收事故没有因果关系；③托收事故

① 关于一审的案情与判决，参见上海市浦东新区人民法院（2000）浦经初字第 3831 号判决书。

的发生系因代收行违反托收指令引起，上诉人可以向代收行追索，其只负有在上诉人授权和由上诉人承诺承担追索风险情况下代为追索的义务；④按照 URC522 的规定，托收单据自寄达代收行时起，托收风险就转移由代收行与上诉人承担，其作为托收行可以免责；原审法院做出的判决是正确的，建议予以维持。

（2）二审查明的事实。

二审法院确认一审法院认定的事实，同时查明：上诉人曾多次向美国万隆销售夹克衫，并委托被上诉人托收货款，以往托收中的国外代收行系加州银行，该行是美国万隆的开户银行。为本次托收，上诉人填写了由被上诉人提供的格式托收委托书，要求托收金额为 140393.55 美元，托收方式为付款交单，托收按 URC522 规则规定办理等。同时，上诉人开具了与上述委托书所载金额、托收方式相同的汇票一份，汇票记载的开证行是加州银行。上诉人于同年 1 月 14 日将该汇票、提单等全套跟单交给被上诉人。被上诉人收取上述单据后致函上诉人做了收妥上述单据的确认，还确认托收按 URC522 规则办理。被上诉人为办理本次托收制做了汇票提示清单，该清单除提示了托收金额和托收方式外，还提示了不要放弃托收和收取利息及手续费的要求。该汇票提示清单载收件人为加州银行，而收件行地址却载为美国佛罗里达州迈阿密西南一路 1399 号，即佛州银行的住所地，全套托收单据均由该行收到。此前，被上诉人与佛州银行未发生过包括代收在内的业务往来。佛州银行将所收到的汇票、提单等全套单据径直寄给了美国万隆。美国万隆凭非正常途径取得的提单提取了全部货物。

（3）二审法院的调解及其理由。

二审法院经审理认为：上诉人与被上诉人建立了有偿托收关系。上诉人虽然在以往的托收中向被上诉人指定了加州银行为国外代收行，但未能举证证明其为本次托收向被上诉人指定了国外代收行，故不能认定被上诉人有违反上诉人指令的行为；在上诉人没有指定代收行的情况下，被上诉人可以自行选择适当的银行作为国外代收行，但佛州银行并非被上诉人选择妥当的代收行；佛州银行收取托收单据，是由被上诉人制作的汇票提示清单发生收件行地址错误所致；汇票提示清单系托收重要文件，虽然不能否定被上诉人是以善意的目的投入制作，但发生收件行地址错误的疏忽事实证明该行未以合理的谨慎工作，并由于该疏忽导致发生托收事故的严重后果，造成上诉人托收款及滞收托收款利息损失及相关经济利益的损失，被上诉人作为有偿委托合同的受托方，依法负有向委托人赔偿经济损失的民事责任。

在查明事实和分清责任的基础上，二审法院主持上诉人与被上诉人达成了如下调解协议：①由被上诉人赔偿上诉人托收货款 98275.49 美元；②上诉人于 2000 年 1 月 14 日开具的金额为 140393.55 美元的汇票项下托收款及相关债权转让给被上诉人。被上诉人在得到该债权后，享有对相关义务人追索的权利。如经追索兑现债权超过 98275.49 美元，则在该款额至 140393.55 美元范围内返还上诉人；一审、二审案件受理费共计人民币 34332 元，由上诉人与被上诉人各半负担。[①]

3. 点评

本案是一起典型的国际货物买卖中的跟单托收纠纷案，被选入《中国审判案例要览（2002 年商事审判暨行政审判案例卷）》。引起本案纠纷的主要原因是，佛州银行作为一家以往与托收行 D 上海分行没有业务联系的银行，在收到托收单据时，既没有与 D 上海分行联系，确认其是否为代收行，也没有按照托收指示履行托收义务，而是毫不负责地在没有收到款项的情况下放单，导致卖方交了货却收不到款，体现了托收对于出口商的风险。但就托收关系而言，委托人没有收到货款的直接原因是托收行 D 上海分行把托收单据的邮寄地址写错了。

作为卖方的原告可以有以下两种救济方式：①根据基础合同，起诉买方；②根据托收关系，追究托收行的过失责任。由于起诉托收行比较方便，所以原告选择了第二种方式。

对于该案的最后结果，“法官观点”认为，二审法院在审理该案的过程中，在适用 URC522 规则和我国相关法律的基础上，通过阐释国际托收中特殊的法律问题，正确分清和确认了当事人的民事责任，成功地调解了该案纠纷。主要理由是：[②]

（1）URC522 第三条第五款第四项规定，为使委托人的指示得以实现，托收行将以委托人所指定的银行为代收行。在委托人未指定代收行时，托收行将使用它自身的任何银行或者在付款或承兑的国家中，或在必须遵守其他条件的国家中选择代收行。[③]

（2）在本案中，一审、二审法院均认为原告未就本次托收向被告指定代收行，

---

① 参见上海市第一中级人民法院（2001）沪一中经终字第 1066 号调解书。

② 国家法官学院，中国人民大学法学院．中国审判案例要览（2002 年商事审判暨行政审判案例卷）［M］．北京：中国人民大学出版社，2003：220-221.

③ 根据中国国际商会的官方译本，条文应当是第五条 d 款。国际商会中国国家委员会．国际商会出版物第 550 号——国际统一托收规则评注［M］．北京：中国民主法制出版社，2004.

因为：

①代收行的指定一般有两种情况：一是委托人为与某一客户的全部交易专门指定了代收行；二是委托人为与某一客户进行的某一交易的货款的托收指定了代收行。而在本案中，原告以往委托被告向美国万隆托收货款时指定了代收行，但未明确指定为延续至本次托收的代收行，因此不能认定原告就本次托收指定了代收行。

②汇票记载的开证行为加州银行，开证行为付款行，以付款行作为代收行较为安全，但付款行并不等于代收行，所以不能认定汇票记载的开证行系原告就本次托收指定的代收行。

（3）在原告未就本次托收向被告指定代收行的情况下，被告可以自行选择代收行。被告制作的汇票提示清单反映，其拟选择的代收行为加州银行。即使如此，也只能视被告选择的代收行与原告以往指定的代收行竞合。所以被告应按自行选择代收行之规则承担民事责任，而不能认定被告有违反原告指令的行为。

（4）URC522 第十一条第一款规定："银行使用其他银行的服务以办理委托人的指示，费用和风险由委托人承担。"[①] 据此，如果佛州银行系本次托收的代收行，即使被告制作的汇票提示清单有笔误，只要未影响托收单据安全寄达佛州银行，该笔误与托收事故就没有因果关系。当佛州银行收到托收单据后，托收风险就由佛州银行及委托人承担，被告可以免责。反之，被告就不能适用 URC522 的上述规则而免责。那么，佛州银行是否为被告选择的代收行？二审法院认为，佛州银行不是被告选择的代收行，因为：

①国际上的银行间没有当然的代收关系，一银行要成为他行之代收行，其或者为托收行的分支机构，或者与托收行具有长期的业务关系，或者与托收行签订有专门的代收协议。被告与佛州银行之间不存在上述关系。

②URC522 第一条第一款第二项规定："对于任一项托收或者随后的相关指示，银行无办理之义务。"[②] 据此，代收不属于银行通常必须办理的业务，不能依单方意思表示确立代收法律关系。在本案中，托收单据虽寄达佛州银行，即使将该单据的

---

① 根据中国国际商会的官方译本，条文应当是第十一条 a 款。国际商会中国国家委员会. 国际商会出版物第 550 号——国际统一托收规则评注［M］. 北京：中国民主法制出版社，2004：17.

② 根据中国国际商会的官方译本，条文应当是第一条 b 款。国际商会中国国家委员会 . 国际商会出版物第 550 号——国际统一托收规则评注［M］. 北京：中国民主法制出版社，2004.

寄达理解为被告选择代收行的行为，也仅系被告单方的意思表示，在佛州银行未做出接受作为代收行的承诺的情况下，被告与佛州银行之间的代收法律关系是不能认定为确立的。

（5）本次托收事故形成的原因有：

①被告制作的汇票提示清单错写代收行地址，导致托收单据误寄非代收行的佛州银行。

②佛州银行虽没有必须执行托收指令的义务，但当其收到寄自于被告的托收单据后，应将托收单据留置或退回，或按托收指令代收，但佛州银行不顾付款交单的托收指令，将托收单据径直寄给了美国万隆。

③美国万隆未遵循诚实信用原则，在其经非正常途径取得提单并提取货物后，拒绝向原告给付货款。可以说，本次托收事故系由相关当事人的混合过错造成的。

（6）在这种情况下，D上海分行应当承担什么责任？二审法院认为，被告负有对原告赔偿经济损失的民事责任。理由是：

①URC522第四条第九款规定："银行以善意行事，并且以合理的谨慎履行职责。"[①]汇票提示清单系托收业务中用于传达托收指令的重要文件，被告制作该文件时错写收件行地址，说明被告没有尽到规则规定的职责。

②托收事故虽由相关当事人的混合过错导致，但就托收法律关系而言，被告应受其与原告之间委托合同与URC522之约束。被告办理托收时的疏忽是托收事故的起因，被告应按合同约定和URC522的规定承担相应的民事责任。

（7）在二审法官主持下，双方达成调解协议，既体现了被告依法应向原告承担经济赔偿责任的原则，也体现了对被告在本案中所发生的过失疏忽这一特殊过错责任可以有条件减轻的合理原则。同时，较好地解决了被告履行对原告经济赔偿责任后，属于原告享有的相关托收款债权的处理问题。

本案从最后结果来看，卖方虽然得到了大部分货款的赔偿，但还是承担了一部分损失。卖方为什么要承担一部分损失呢？二审法院认为，上诉人虽然在以往的托收中向被上诉人指定了加州银行为国外代收行，但此次未能举证证明其为本次托收向被上诉人指定了国外代收行。

---

① 根据中国国际商会的官方译本，条文应当是第九条。国际商会中国国家委员会．国际商会出版物第550号——国际统一托收规则评注［M］．北京：中国民主法制出版社，2004.

第四节 信用证

一、概念与产生背景

（一）概念

信用证（Letter of Credit）是开证人根据开证申请人的申请向受益人出具的有条件的付款承诺。这里所谓的条件就是受益人提交的单必须与信用证规定的付款条件相符。从英文 Letter of Credit 的文字表达中可以清楚地看出，信用证，简言之就是具有良好信誉的民事主体为基础交易提供信用（Credit）支持而出具的信函（Letter）。

（二）产生背景

现代信用证是国际货物贸易发展的产物。在国际货物买卖中，买卖双方可能初次交易，互不了解对方的资信情况，相互缺乏信任，买方不愿意在收货之前付款，卖方不愿意在收款之前发货。为了打破这种僵局，具有创造性的商人们发明了信用证结算方式。

在信用证结算方式下，除了国际货物买卖合同的双方当事人之外，还加入了一个资信良好的第三人——信用证的开证人。在国际贸易中，信用证的开证人一般为信誉良好的国际性银行。开证人承诺，只要卖方能够向其提交信用证项下所要求的（证明其履行了货物买卖合同）单据，它保证向卖方付款。例如，一位身处上海的卖方与一位身处纽约的买方欲达成一笔货物买卖交易，但双方对彼此的经济实力和商业信用互不了解。卖方担心自己在付出很大成本发运货物到纽约后买方可能会资不抵债，或者就像上面有关托收部分讨论的那样，买方拒绝付款。万一买方不付或付不了款，自己不仅可能得花费大量人力物力在纽约起诉买方，而且得承担额外费用在一个人生地不熟的地方处理货物。因此，卖方不愿意在买方付款之前发货。同样，买方也可能不相信卖方的商业信用与偿付能力，不愿意在卖方发货之前付款。买方担心自己付货款后卖方发来的货物与合同约定的数量、质量不符，或者出现更糟糕的情况，即万一卖方资不抵债，自己会钱货两空。考虑到当事人之间在距离、语言、货币、文化和法律等方面的不同，出现上述担心是完全可以理解的。为了减少各方的这种合理担心，交易双方选择了信用证交易方式。此时，纽约的买方得去向第三方（通常为双方同意的信誉良好的纽约当地的银行）申请开立以上海的卖方为受益人的信用证。如果银行在审查买方的资信情况后接受其申请而开立以卖方为受益人的信用证，它会承诺，只要卖方提交的单据与信用证规定的条件严格相符，它将对卖方承担第一性的直接的独立的承付义务。信用证交易中的单据通常包括商业发票、保险单和清洁已装船提单。

这种安排具有很强的商业实用性。在正常情况下，各方当事人均可从中受益。对于卖方来说，由于开证银行的银行信用代替了买方的商业信用，只要它本身能按照信用证的规定提交有关单据，它就几乎避免了收不到货款的风险。卖方在向银行交单之前，由于持有代表货物的单据，能够始终保留对货物的控制权。当它把代表货物的单据提交给银行时，要么立即从银行获得付款，要么得到银行对其所交汇票的承兑。对于买方来说，除非出现信用证欺诈情形，它可以保证在银行收到信用证项下相符的单据之前货款不会被支付出去，而信用证项下相符的单据不仅表明卖方已经履行了买卖合同项下的义务，而且代表合同货物的控制权。在这种交易中，无论卖方还是买方，谁都不能同时既控制货物又占有货款，所以货款两空的情形基本上可以避免。对于作为提供服务的银行来说，它也可以因此收取一笔佣金。虽然银行看起来似乎在得到买方偿付前得承担向其提供信贷的风险，但它通常不仅会将卖方提交的信用证项下的单据作为质押，而且会在开证前要求买方提供其他方面的担保。

二、信用证的当事人及其法律关系

从上面信用证的产生背景的讨论中可以看出，一个简单的信用证交易涉及三方当事人和3个法律关系。其中的三方当事人是：

（1）买方，在信用证法律关系中通常被称为开证申请人（Applicant）。

（2）卖方，在信用证法律关系中通常被称为受益人（Beneficiary）。

（3）银行，在信用证法律关系中通常被称为开证人（Issuer）。

其中的3个法律关系是：

（1）买卖双方之间的买卖合同关系，在信用证交易中通常被称为基础合同（Underlying Contract）关系。在此交易中，卖方同意将货物卖给买方，买方同意以信用证结算方式向卖方支付货款。

（2）买方和银行之间的开证合同（Application Agreement）关系。在此交易中，开证人同意开立以卖方为受益人的信用证，买方同意偿还开证人根据信用证规定支付的款项，并付给开证人一定的佣金。

（3）银行与卖方之间的交易——信用证本身。在此交易中，银行同意只要卖方提交的单据与信用证的规定严格相符，银行将对卖方承担第一性的付款义务。信用证的法律关系可以通过图 8-1 看得更清晰。

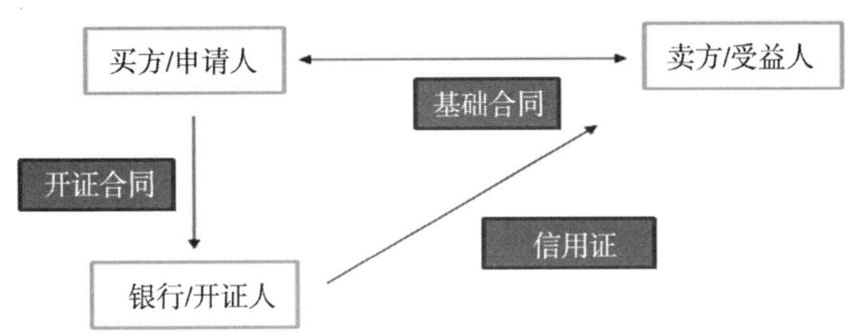

图 8-1 信用证的当事人及其法律关系

在信用证结算的实际操作中，一般来说，涉及的当事人不只上述三方。假如，前述案例中的开证人是纽约的花旗银行，它在开出信用证以后一般不会直接把信用证发给位于上海的受益人，而会发给上海的自己的关系行，由该关系行通知受益人信用证开出来了。如果该关系行承担的角色仅仅是通知信用证开出而已，那它在信用证交易中被称为通知行。这时，这个交易就有了第四方当事人。假如受益人觉得对花旗银行不熟悉或由于其他原因不信任花旗银行，它可以在基础合同中规定在该信用证开出之后由另一家银行保兑，这就涉及另一家银行——保兑人。在信用证法上，保兑人承担的责任和开证人是一样的，即第一付款责任。也就是说，如果有保兑人的话，受益人一般就不会请求位于外国的开证人付款了，而会直接请求位于本国的保兑人付款。这里的通知行与保兑人可能是同一家银行，也可能不是同一家银行。如果不是同一家银行，那么这个交易就涉及五方当事人了。如果该信用证既有保兑人，还是一个开放式的议付信用证，受益人可以在把单据准备好后交给任何一家接受单据的人请求议付，这时该信用证交易可能就要涉及六方当事人了。不过，必须明确，这里的通知人、保兑人、议付人都是信用证交易的中间人，在信用证法律关系中并非必不可少的。只有申请人、受益人、开证人这三方是基本的当事人，其他人则是可有可无的，其存在时是以某种身份，或为开证人的代理人，或为受益人的代理人。

三、信用证的种类

信用证可以从不同的角度分为不同的种类。不同种类的信用证具有不同的商业功能。常见的重要的信用证分类有以下几种。

（一）商业信用证与备用信用证

现代信用证最基本的形式有两种：商业信用证（Commercial Letter of Credit）和备用信用证（Standby Letter of Credit）。其他种类的信用证均是这两种信用证为了适应特定交易时的变种或衍生品。商业信用证就是传统的适用于国际贸易支付的信用证。其典型的交易流程在上面有关信用证的基本当事人与基本法律关系中已经进行了详细讨论，此处不再赘述。

备用信用证在商业架构和法律性质上与商业信用证完全相同，即一个简单的备用信用证交易与商业信用证一样，涉及三方当事人（开证申请人、开证人与受益人）和三项交易（基础交易、申请协议与信用证本身），二者都是单据交易，都适用独立性原则与单证相符原则。但是，二者在商业功能方面有很大的不同。商业信用证是一种国际贸易的支付工具，而备用信用证则一般是开证人在开证申请人没有履行或没有完全履行基础合同的情况发生时向受益人提供担保的一种工具。具体来说，二者至少有下列方面的不同。

第一，商业功能不同。在商业信用证交易中，信用证的功能是为受益人提供一种安全可靠的付款方式，受益人一般都会积极并适当地履行其在基础合同项下的义务。而在备用信用证交易中，信用证则被用作一种违约担保工具，即在谁也不希望发生的开证申请人不履行或不适当履行合同的意外情况发生时，为受益人提供担保或补偿。在商业信用证交易中，由于绝大多数基础合同是可以得到适当履行的，所以商业信用证的当事人一般来说都是希望付款的。在备用信用证交易中，由于绝大多数基础合同是可以得到适当履行的，因此备用信用证的当事人通常是不希望付款的。

第二，使用范围不同。商业信用证一般运用于国际货物买卖，而备用信用证则可以运用于很多领域。“其可以使用的交易在种类上基本上是没有限制的。原则上，备用信用证可以运用于任何当事人能够履行的合同”。[1] 其适用范围的广泛性在加拿大的 *Rosen v Pullen*[2] 一案中被体现得淋漓尽致。在该案中，Rosen 是一位住在加拿大多伦多的男士，Pullen 是一位住在美国休斯顿的女士。在大约两年的时间里，二人属于男女朋友关系，Rosen 每月大概要付给 Pullen 一千五百美元的生活费。由于 Rosen 与妻子分居但还没有离婚，所以 Rosen 和 Pullen 一直没有结婚，但讨论婚姻问题也有相当一段时间了。1981 年 1 月，他俩正式讨论结婚协议，其中一项条件是由 Rosen 给 Pullen 开一个备用信用证，以保证履行他与 Pullen 结婚的诺言。在该案中，备用信用证保证的是男女之间的婚约。不过，相对而言，备用信用证在下列行业中的使用更为广泛：①建筑业——用来保护工程业主的利益，以防止承包方迟延履行、不当履行或不履行承包合同；②金融业——商业企业借助银行的良好资信用来提高其长期的商业票据或公司债券的信用度；③国际货物买卖——卖方可以用来向买方保证其所售机器设备的性能或售后服务质量，也可以用来保证付款。

有的当事人为了避免商业信用证审单的麻烦，用备用信用证进行国际货物买卖中的结算。在这种情况下，买卖双方在合同中约定采用货到付款的赊销方式，同时由买方申请开立备用信用证，约定在买方不付款或者迟延付款后，卖方可以请求备用信用证项下的付款。此时，如果买卖双方之间的交易进行一切顺利，信用证项下的付款就不会被请求，开证人也无须审单，买卖双方也就无须承担单据审核费用。对双方长期从事循环交易的商人来说，这是一种既省钱，又保证交易顺利进行的不错的结算方式。在 *Kemin Indus.，Inc. v. KPMG Peat Marwick*[3] 案中，双方采用的就是这种交易方式。在该案中，美国的 Kemin 公司与墨西哥的 Pabsa 公司是长期合作伙伴，由 Kemin 公司为 Pabsa 公司长期供货。双方约定用赊销方式，同时由美国一家银行提供以 Kemin 公司为受益人的备用信用证。其中，一张备用信用证的额度为 800000 美元，请求的条件是 Pabsa 公司收到货物后 90 天内没有支付货款。[4]

第三，单据要求不同。在商业信用证交易中，受益人在请求付款时需要提交的单据通常包括提单和商业发票等以证明其已经适当地履行了基础合同的证明文件。而在备用信用证交易中，受益人在请求付款时需要提供的是证明开证申请人没有履

① DOLAN J F. The Law Of Letters Of Credit：Commercial And Standby Credits［S. 1.］，2007.

② （1981） 126 DLR 3rd 62.

③ 578 NW2d 212（lowa 1998）.

④ 578 NW2d 212，214（lowa 1998）.

行或者没有完全履行基础合同义务的单据，一般比较简单，有的有第三方单据，有的只有受益人出具的申请人违约的单据，有的甚至不要求任何单据，仅有一份付款请求。

第四，商业风险不同。商业信用证的风险较小。商业信用证所要求的单据一般包括代表货物控制权的提单，可以从表面上证明受益人发运了符合合同规定的货物，更为重要的是，这些单据中很多是由独立的第三方出具的，比如提单和保险单。相比较之下，备用信用证的风险一般要比商业信用证大。虽然备用信用证项下所要求的单据有时也会有诸如工程监理证明或法院判决等由第三方出具的文件，但在绝大多数情况下，仅仅要求受益人本身提供证明开证申请人没有履行或没有适当履行基础合同项下的义务的书面声明。这样，在备用信用证交易中，发生潜在的意外情况或明目张胆的欺诈要比商业信用证交易中的机会要多得多。也就是说，即使备用信用证本身所担保的意外情况没有发生，请求付款或获得付款的情形也有可能发生。此类情况一旦发生，开证申请人不但自己履行了基础合同，而且得偿付银行基于信用证已经支付的信用证项下的款项。这时，万一发生开证申请人资不抵债的情形，开证人本身可能就得承担其中的风险了。

（二）可撤销的信用证与不可撤销的信用证

可撤销的信用证（Revocable Letter of Credit）是指只要不涉及善意第三人利益，开证人任何时候都可以撤销或修改信用证而无须通知受益人的信用证。在可撤销的商业信用证项下，即使受益人已经发货甚至交单，开证人仍然可以撤销或修改信用证而不通知受益人。

不可撤销的信用证（Irrevocable Letter of Credit）是指信用证开出后，未经受益人同意，开证人不得撤销或修改的信用证。

从信用证的目的来看，可撤销的信用证听起来像个笑话，对受益人来说几乎一文不值。但有趣的是，在1993年的UCP500出版之前，只要在信用证中没有注明信用证是可撤销的还是不可撤销的，信用证就是可撤销的。[①] 自1993年的UCP500出版物公布以来，只要在信用证中没有注明信用证是可撤销的还是不可撤销的，信用证就是不可撤销的。[②]

---

① 参见UCP400，第7（c）条。

② 参见UCP500，第6（c）条；UCP600，第2条。

（三）即期信用证与远期信用证

即期信用证（Sight Letter of Credit）是指付款人一收到与信用证条款规定一致的单据就立即付款的信用证。在这种信用证交易中，如果涉及汇票，该汇票为即期汇票。这种信用证也被称为付款信用证（Payment Letter of Credit）。

远期信用证（Usance Letter of Credit）是指付款人在收到与信用证条款规定一致的单据时并不立即付款的信用证。远期信用证包括两种：承兑信用证（Acceptance Letter of Credit）和延期付款信用证（Deferred Payment Letter of Credit）。

承兑信用证是指支付过程中涉及远期汇票的信用证。在这种信用证中，受益人在交单时会同时开立一张远期汇票；付款人在收到与信用证条款规定一致的单据后会先承兑，到期后再付款。付款日期视当事人的约定而定，一般是在提交单据之后的一定时间，或者是提单上记载的提单签署后的一定时间。

延期付款信用证在实际操作中与承兑信用证基本相同，唯一的不同是延期付款信用证的付款过程不涉及汇票，只要求受益人出具付款请求。在与信用证要求相符的单据提交之后，开证人一般会向受益人发出信件或签署文件，告知受益人他将在规定的到期日向受益人履行延期信用证项下的支付义务。延期付款信用证是为了规避与承兑汇票有关的税费而发展起来的。

承兑信用证与延期付款信用证的商业目的相同，都是给开证申请人提供一定期限的融资。也就是说，无论是延期付款信用证还是承兑信用证，开证申请人只有在开证人到期付款之后才需要偿付。在承兑信用证交易中，如果受益人需要资金，他可以将承兑汇票贴现。如果延期付款信用证的受益人需要资金，他可以在金融市场上将其在信用证项下的权利转让或抵押而获得资金。不过，受益人在这两种信用证交易中所受到的保护是不同的。在承兑信用证项下，受益人的权益除了受信用证的保护外，还可依赖开证人在汇票上的承兑而受到票据法上的保护。相比之下，迟延付款信用证的受益人的权利只能受到信用证法上的保护，而不能得到票据法上的保护。

（四）保兑信用证与不保兑信用证

保兑信用证（Confirmed Letter of Credit）是指经保兑人保兑的信用证。保兑人一般为位于受益人所在地、经开证人授权或应开证人请求对信用证进行保兑的银行。信用证一经保兑，当与信用证条款严格相符的单据被提交保兑人时，它就要承担独立于开证人之外的确定的付款或承付的义务。也就是说，信用证在被保兑以后，“保兑人要对信用证的受益人直接负责，并在其保兑的范围内，享有与开证人同等的权利，承担与开证人同等的义务”。[①] 因此，在法律上，保兑人与开证人处于同等的法律地位，同为信用证的确定付款人。如果信用证已由保兑人承付，其承付与开证人所为之承付具有同样的效果。

不保兑信用证（Unconfirmed Letter of Credit）就是没有保兑安排的信用证。

（五）直接信用证与议付信用证

直接信用证（Straight Letter of Credit）是指受益人只能向开证人提交单据、请求付款的信用证。在直接信用证交易中，因为第三人没有获得开证人的议付受益人单据的授权，所以如果他议付或购买了受益人的单据，则不会得到善意第三人的应有的保护。在信用证法上，该第三人仅仅被视为受益人的代理人，处于与受益人同等的法律地位。即使第三人在购买受益人的汇票时按照票据法的规定成为合格的正当持票人（Holder in Due Course），他也无法取得比受益人更大的权利，因为在这种信用证项下开证人没有授予任何第三人比受益人更大的权利。

议付信用证（Negotiation Letter of Credit）是指第三人被授权对受益人的单据进行议付的信用证。议付信用证又可以分为自由议付信用证（Freely Negotiable Credit）与限制议付信用证（Restricted Negotiation Credit）。自由议付信用证是指受益人可以选择任何一家银行进行议付的信用证。典型自由议付信用证一般包含类似下列语句的条款：“我们在此向本信用证项下汇票的出票人、承兑人以及善意持票人承诺：当依本信用证提示的汇票以及提示方式与本信用证规定的条件严格相符时，我们将严格履行本信用证项下的承付义务。”（We hereby engage with the drawer, endorsers and bona fide holders of drafts drawn under and in compliance with the terms of this credit that the same will be duly honoured on due presentation.）[②] 限制议付信用证的受益人只能在信用证上指定的银行议付，一般会这样授权：“在某某银行议付（available with ×× bank）。”

议付信用证的目的在于方便受益人对信用证项下的汇票贴现，使信用证更具有商业实用性。在议付信用证交易中，从法律上来讲，受益人依赖的是开证人在信用

① 参见《统一商法典》第五篇第5-107节第（a）条。

② 引自《统一商法典》第五篇第5-102节正式评论第7项第1段。

证项下的义务，但从实际操作上来讲，受益人依赖的是其本身所在地的议付银行。作为第三人的议付行，并没有义务去议付受益人所持信用证项下的单据，但为了收取交易费用他们一般都会愿意这样做。议付人在议付信用证时通常所依赖的是承担信用证付款义务的开证人的实力。换句话说，议付信用证的意义在于它把开证人信用证项下的义务直接扩大到受益人之外的其他人。如果一个信用证是自由议付信用证，那么开证人负有偿付任何根据信用证条款议付了受益人单据的银行的责任。在议付信用证交易中，由于第三人获得了开证人的授权、有权议付受益人的单据，根据信用证本身的授权或信用证法，他有权以自己的名义提示单据、请求付款。议付信用证的这种性质决定了严格按照信用证的条款对受益人做了有效议付的第三人可能免受信用证欺诈所带来的影响。

目前，世界上最著名的展示直接信用证和议付信用证的区别的案例，当属奥地利维也纳商事法院（Vienna Commercial Court of Austria）审理的 Singer & Friedlander Ltd. 诉 Creditanstalt-Bankverein 案。[①] 在该案中，荷兰 Aronson 公司与奥地利 Waren 公司签订了一份抗菌素买卖合同，付款方式为不可转让的直接信用证，信用证适用国际商会 UCP400 的规定，开证行是被告 Creditanstalt 银行，开证申请人是 Waren 公司，受益人是 Aronson 公司，信用证标的额为 970 万美元。信用证要求的付款单据包括发票和交货单（Delivery Order）。原告英国的 Singer & Friedlander 银行以受让信用证项下权益的方式购得了该信用证项下的所有权益，并将此通知了开证人。后来，开证申请人得知，受益人在交易中实施了欺诈，其交付的货物并非合同中所约定的货物，而是一些基本上没有价值的东西。在这种背景下，当 Singer & Friedlander 银行把表面上与信用证条款相符的单据提交开证行并被问及是以谁的名义请求付款时，Singer & Friedlander 银行的代表说该行是以其自身的名义请求付款，结果被开证人拒付。

开证人的拒付理由主要有二：①该信用证项下的受益人实施了欺诈；②该信用证属于不可转让的直接信用证，因此，Singer & Friedlander 银行无权以自己的名义提示单据、请求付款。

Singer & Friedlander 银行起诉了开证人，称：①因为受益人将该信用证项下的所有权益包括提示单据和单据提示后接受付款的权利全部转让给了他们，他们有权

---

① 17Cg 72/80 CHandelsgericht Wien（980）。

以债权人的身份直接向开证人请求付款，而不应当被视为受益人的代理人或与受益人处于同等地位的人；②他们所提交的单据在表面上与信用证的条款严格相符；③因为他们通过实际支付善意取得了信用证项下的单据，所以他们是这些单据的善意持有人（bona fide holder），有权请求强制执行信用证条款而免受开证人对抗受益人的抗辩理由的约束。但是，维也纳商事法院做出了有利于开证人的判决。其主要理由是：①因为该案所涉及的信用证是直接的不可转让的信用证，所以受益人转让的仅仅是信用证项下的收益权，而提示单据、请求付款的权利仍然属于受益人；②因为原告不是议付信用证项下的正当持票人，开证人以欺诈为由对抗受益人的抗辩对抗原告有效。

（六）可转让信用证

可转让信用证（Transferable Letter of Credit），是指受益人可以将信用证项下的全部或者部分权利转让给他人使用的信用证。在可转让信用证中，原来的受益人被称为第一受益人（First Beneficiary），接受转让的人被称为第二受益人（Second Beneficiary）。这种信用证适用于第一受益人为中间商的交易，其第二受益人是第一受益人的供货方。在信用证法上，信用证的转让并不被鼓励。只有开证人在信用证中明确表示该信用证是可转让的时该信用证方可被转让。被请求转让的银行没有义务允许信用证转让，除非它对信用证转让的方式和范围明确表示同意。即使信用证是可转让的，它也只能被转让一次。但是，这种只能被转让一次的规定并不禁止将可转让信用证的部分单独转让给几个第二受益人，条件是信用证允许部分付款，且总额不能超过原信用证的价值。

在实践中，转让信用证的流行做法是，信用证的第一受益人请求开证行或指定银行向第二受益人开立一个新的信用证。信用证一旦被转让，开证人就同意接受受让人的履行，受让人就被授权履行基础合同的部分或全部、提交自己的发票、开立自己的汇票或付款请求。在请求付款时，受让人既不是出让人的代理人，也不是购买出让人汇票或付款请求命令的第三人，而是根据新的信用证行使自己权利的权利人。受让人与出让人处于同等的法律地位，并且有权以自己的名义请求开证人付款。

（七）背对背信用证

背对背信用证（Back-to-Back Letter of Credit）是指受益人以自己手中的信用证为担保，以自己为开证申请人，而由其开证人开立的以自己的供货商或服务提供商为受益人的信用证。换言之，在这种信用证交易中，其实有两张信用证，第一张信用证的受益人以该信用证作抵押，请求其银行开给他的供货商或服务提供商。另外一张信用证与可转让信用证一样，这种信用证也适用于受益人为中间商的交易。在信用证法上，虽然信用证的转让是受到限制的，但以信用证为担保则是不受限制的。有时，受益人可能拿不到可转让信用证，也没有其他办法支付自己的供货人。这时，如果他可以找到愿意接受他手中的信用证为抵押的开证人，他就可以这张信用证为担保开出以自己的供货方为受益人的信用证，以完成这笔交易。

（八）循环信用证

循环信用证（Revolving Letter of Credit）是指在信用证的有效期内，开证人在信用证中对受益人承诺的付款或担保额度根据信用证所规定的条件可以自动恢复，从而可以循环或重复使用的信用证。①循环信用证所涉及的基础合同通常需要在一定时间内分多次履行，比如长期分批供货的货物买卖合同或多次分期还款的借款合同。通过开立这种信用证，开证人可以为贸易合同的当事人提供连续多次的融资或服务合同的当事人提供连续多次的担保，可以使受益人不断地定期或定额向开证人请求付款，开证申请人不断地向开证人偿付，可以使开证申请人节省开证保证金以及逐单开证的费用，可以使受益人避免逐单等证的麻烦。

按照国际商会银行技术与实务委员会前主席 Charles del Busto 先生的分类，循环信用证又可以分为两种：一种是按时间循环的信用证（Revolving in Relation to Time）；另一种是按金额循环的信用证（Revolving in Relation to Value）。按时间循环的信用证是指受益人在信用证的有效期内可以按照约定的时间间隔反复使用的信用证。比如，信用证规定受益人在信用证规定的六个月的有效期内，每个月可以向开证人请求支付 15000 美元。这种信用证又可以分为累积循环信用证（Cumulative Revolving Credit）和非累积循环信用证（Non-cumulative Revolving Credit）。累积循环信用证是指前期未使用的额度可以累积到后期使用的信用证。比如前述信用证规定，受益人在信用证规定的六个月的有效期内，每个月可以向开证人请求支付 15000 美元的款项，如果受益人第一个月没有请求付款，那么第二个月他就可以请求开证人

---

① 应当说明的是，在此类信用证项下，受益人每次请求的额度只可以低于信用证表面规定的额度，而不得超过该额度。比如，信用证规定的额度是 10000 美元，受益人每次可以请求支付 9500 美元或任何低于 10000 美元的数额。在受益人的请求得到开证人的兑付后，信用证的额度将恢复到原来的 10000 美元的额度。

支付第一个月与第二个月累积起来金额，即30000美元；如果受益人第一至五个月没有请求付款，那么他在第六个月就可以请求开证人支付第一至六个月累积起来的所有金额，也就是90000美元。非累积循环信用证是指前期未使用的余额不能转入后期使用的信用证。在这种信用证项下，尚未使用的余额被视为过期、放弃和作废的金额处理。

按金额循环的信用证是指在信用证有效期内其额度在每次使用后自动恢复到原来金额的信用证。这种信用证又可以分为自动循环（Automatic Revolving）和附条件循环（Conditional Revolving）两种方式。所谓自动循环的信用证，就是受益人按规定提交单据后，信用证就立即自动恢复到原来的额度，使受益人马上能够再次使用的信用证。所谓附条件循环的信用证，就是受益人提交单据后，信用证中所明确规定的循环条件成熟时，信用证金额才能恢复到原金额并可再次使用的信用证。

四、独立保函

独立保函（Independent Guarantee）在实务中有很多称谓，如银行保函（Bank Guarantee）、第一请求担保（First Demand Guarantee）、独立担保（Independent Guarantee）、即索担保（On-demand Guarantee）、履约保函（Performance Guarantee）、无条件保证（Unconditional Bond）、履约保证（Performance Bond）等。在这种担保中，不管主债务人是否真正违约，只要受益人提交的单据或付款请求与该担保所规定的条件相符，担保人就得承担付款责任。

从法律性质来看，独立保函与信用证是同义词，二者都是独立于基础合同的单据交易。从商业功能来看，独立保函与备用信用证完全一样。因此，不仅各国法院在处理独立保函的案件时适用信用证法律的基本原则①，即独立性原则与单证相符原则，而且联合国国际贸易法委员会在其制定的《联合国独立担保和备用信用证公约》中也将二者视为一种工具来规定。如果说独立保函与备用信用证有什么区别的话，那就是由于发展历史不同，致使它们在使用地域上有所差异。独立保函一般使用于欧洲国家，而备用信用证流行于美国。在其他地区如亚洲，如果交易伙伴来自欧洲国家，一般使用独立保函；如果来自美国，则会使用备用信用证。虽然使用地域不同，但不影响二者在法律性质上的一致性。鉴于独立保函与备用信用证在法律

---

① 贝特曼．国际贸易中的银行保函［S.1.］：国际商会出版社，1996：268.

性质与商业应用方面完全一样，在国际贸易结算方面，能够使用备用信用证的地方，均可以使用独立保函。

五、信用证的法律渊源

信用证法基本上是由商业习惯发展起来的。可以想象，信用证作为一种银行产品，最早一定是哪家银行开发这种产品，就由哪家银行设计其运行规则。由于信用证起源于国际货物买卖，在其运行的过程中，一般不仅会涉及进出口商、运输公司、保险公司等，而且会涉及多家银行，那么就需要所有这些当事人就其顺利运行商定合作规则。因此，信用证法中的很多规则，无论其存在的地域或法律制度如何，都是在银行与进出口商、船公司以及保险公司打交道的过程中逐步形成的。

目前，这些习惯集中体现在国际商会发布的 UCP 中。除了 UCP 之外，国际商会还制定了 URDG 和 ISP98 来调整独立保函与备用信用证。除了国际商会的上述规则外，联合国国际贸易法委员会也通过制定《联合国独立担保和备用信用证公约》(*United Nations Convention on Independent Guarantees and Stand-by Letters of Credit*)，试图为独立保函与备用信用证提供一套统一法律规范。

鉴于信用证本身具有广泛的国际性特点，国际上具有信用证方面的专门立法的国家并不多。目前，除了美国的《统一商法典》第五篇和我国的《最高人民法院关于审理信用证纠纷案件若干问题的规定》以外，其他国家即使立法，也基本上仅就一般问题制定简单几条。在普通法国家或地区，法院的判例也构成信用证法律的重要部分。法学著作被认为是信用证法律的补充。

（一）UCP

1. UCP 的历史发展与法律地位

UCP 由国际商会发布，已有差不多 90 年的历史。UCP 的第一个版本于 1933 年在维也纳通过，以国际商会第 82 号出版物出版，为一些欧洲国家的银行所采纳，也被个别美国银行采纳。但是，当时国际银行界的最重要的英国银行以及绝大多数英联邦国家的银行却拒绝采用它。[①]

---

① ELLINGER E P. "The Uniform Customs — Their Nature and the 1983 Revision" [1984] LMCLQ 578, 578-579.

其后，由于第二次世界大战爆发，在此后的约20年时间里，UCP基本上没有什么发展。直到1951年，国际商会才在里斯本的年会上通过了一个新的版本，即国际商会第151号出版物。这一版本被欧洲、亚洲、非洲和美洲地区的很多国家的银行采纳，也被很多英联邦国家的银行采纳，但是却被英国的银行再次拒绝。①

1962年，UCP被再次修改，以国际商会第222号出版物出版。这一次修改的主要目的之一是让它成为世界性的规则。为了达到这一目的，修改时专门采取措施，以满足英国以及英联邦国家银行的要求。②

随着科技发展，尤其是集装箱运输的蓬勃发展以及新兴银行向信用证市场的涌入，使得UCP于1974年再次被修改，并以国际商会第290号出版物出版，简称为UCP290。这一次修改，国际商会得到了联合国国际贸易法委员会的协助。当时的社会主义国家，虽然不是国家商会的成员，但也通过临时成立的工作组对其修改做出了贡献。因此，1974年的版本获得了全世界的认可。而且与以往的版本相比，该版本在起草技巧方面也取得了很大的进步。③

为了适应时代发展的要求，UCP于1983年被再次修改，以国际商会第400号出版物出版，简称为UCP400。UCP400不仅扩大了其适用的范围，而且适应了科技的发展。该版本主要解决了下列问题：①议付问题，因为UCP290没有涉及信用证中没有专门提及的银行是否有权议付；②UCP对新类型信用证的适用问题，尤其是备用信用证与延迟付款信用证；③新技术对信用证及其项下的文件的传送问题，因为当时已经可以通过像SWIFT这样的专门网络而不是传统的电报手段来传送信用证及其项下的文件。④ 从这一版本开始，UCP中明确规定，它不仅适用于商业信用证，而且适用于备用信用证。⑤

为适应新形势，UCP于1993年被再次修改，以国际商会第500号出版物出版，

---

① ELLINGER E P. “The Uniform Customs — Their Nature and the 1983 Revision” [1984] LMCLQ 578, 579.

② ELLINGER E P. “The Uniform Customs — Their Nature and the 1983 Revision” [1984] LMCLQ 578, 580.

③ ELLINGER E P. “The Uniform Customs — Their Nature and the 1983 Revision” [1984] LMCLQ 578, 580.

④ ELLINGER E P. “The Uniform Customs — Their Nature and the 1983 Revision” [1984] LMCLQ 578, 582.

⑤ 参见UCP第1条。

简称为 UCP500，以解决运输领域、科技方面的最新发展带来的问题，同时意在改善 UCP 本身的功能，因为当时的调查显示，跟单信用证项下的文件约有 50%被拒收。更为重要的是，这是第一次除了银行界外，有法学界的教授和律师参与其修订。①

2006 年 UCP 被再次修改，以国际商会第 600 号出版物出版，简称为 UCP600，以解决 1993 年以来科技发展为信用证领域所带来的问题。这一次修改可以说是一次比较彻底的修改，仅从形式上看变化也是较大的，将之前的条文由 49 条缩减为 39 条。UCP600 于 2007 年 7 月 1 日开始生效，也是目前适用的最新版本。在本章中，除非另有特别注释，在提到 UCP 时，均指 UCP600。

UCP 历经 6 次修订和完善，早在 20 世纪 70 年代就被誉为“最为成功和最被广泛接受的国际银行和商业统一惯例”，② 解决了许多可能影响信用证制度顺利运行的技术性问题，几乎所有的信用证都适用这一惯例。尽管 UCP 被广泛接受与适用，但由于国际商会本身属于民间组织，没有立法权，从理论上严格来讲，它并不是法律。不过，从实践的角度来看，所有证据证明 UCP 实际上是一部被经常赋予法律效力的具体而可靠的超越国界的法典。UCP 中既有定义，又规定了当事人的义务与责任，具备了法律规范的要件。因此，可以说，UCP 是事实上的法律，是有关信用证法律的基石。无论从哪个方面讲，在信用证法律领域，UCP 都占有核心地位。

虽然 UCP 在信用证领域的重要性毋庸置疑，但也不能把它看作能够解决所有有关信用证法律问题的依据，因为鉴于它的起草机构国际商会的民间性质，它对很多问题没有也无法做出规定。比如，起草和修改 UCP 的人都知道，信用证欺诈是信用证法律中的一个重要问题，但是他们没有涉及，因为他们认为国际商会不是立法机关，欺诈问题是国内法上的问题，是需要立法机关通过立法解决的问题。

2. UCP 的配套规则

虽然 UCP 从信用证的实务中发展而来，但相对来说还是比较原则，无法做到面面俱到。因此，在 UCP 的实施过程中，逐步发展出来一些配套规则，以解决实践中

---

① BUCKLEY R “The 1993 Revision of the Uniform Customs and Practice for Documentary Credits” (1995) 6 JBFLP 77, 77.

② ELLINGER E P., Documentary Letters of Credit: A Comparative Study, University of Singapore Press, 1970, P38.

遇到的某一个或者某一方面的问题。其中主要有以下规则：

（1）ISBP。ISBP 是 International Standard Banking Practice for the Examination of Documents under Documentary Credits 的缩写，中文译为《关于审核跟单信用证项下单据的国际标准银行实务》，是 UCP 最重要的补充出版物。信用证的根本特征是单证交易，所有信用证在付款之前均得审单，而审单的原则是表面严格相符。那么，什么是严格相符呢？根据 UCP 的规定，判断严格相符的标准为“国际标准银行实务（International Standard Banking Practice）”。那么，什么又是“国际标准银行实务”呢？UCP 对此没有详细规定，而信用证实务中的问题林林总总，各家银行对待同一问题时的“国际标准银行实务”在很多情况下也不统一，虽然国际商会发布和出版了很多意见（Opinion）和决定（Decision）来解决个案中出现的问题，但信用证的拒付率一直居高不下！另外，国际商会的这些意见与决定也是零零散散的，使用起来很不方便。

为了改变这种局面，国际商会于 2000 年 5 月决定成立工作组，记录 UCP500 规则下国际标准银行实务。经过工作组近两年的努力，于 2002 年 4 月份完成了 ISBP 初稿，于 2003 年 1 月以国际商会第 645 号出版物公布了第一版的 ISBP，即 ISBP645。2006 年 UCP600 出版后，为了适应 UCP600 的规定，国际商会对 ISBP645 进行修改，于 2007 年以国际商会第 681 号出版物出版了 ISBP 的第二版，即 ISBP681。经过几年实践后，国际商会决定对 ISBP681 进行再次修改，并于 2013 年以国际商会第 745 号出版物出版，即 ISBP745。这也是 ISBP 目前的最新版本。

（2）eUCP。eUCP 是 Uniform Customs and Practice for Documentary Credits for Electronic Presentation 的缩写，其中文译名为《跟单信用证统一惯例关于电子交单的附则》，是信用证交易中提交电子单据时适用的规则。随着电子化与信息化的发展，传统的贸易结算工具将不可避免、无可逆转地向纸质和数字化混合的生态系统发展，并最终发展至纯电子记录。为了适应信用证项下电子交单的需要，国际商会于 2000 年 5 月开始起草，[①] 于 2002 年发布了 eUCP1.0，于当年 4 月开始生效。由于 eUCP1.0 是针对 UCP500 而起草的，在 UCP600 于 2006 年发布之后，国际商会对

① BYRIVE J E & TAYLOR. ICC Guide to the eUCP-Understanding the electronic supplement to the UCP500, ICC Publication No. 639, P12.

eUCP1.0 进行了简单修改后，于 2007 年以 eUCP1.1 发布，以适用于 UCP600。

2017 年 6 月，国际商会银行委员会启动工作组对贸易金融数字化进程进行预测准备与跟进，其核心工作之一就是评价国际商会现行规则，以评估这些规则的电子兼容性，并确保其“电子适用性”，能够使银行接受对应单据的数据。接着，正如上面在讨论托收时提到的，国际商会成立了起草小组，决定起草以下两个文件：①《跟单信用证统一惯例关于电子交单的附则》（eUCP2.0），以确保其可持续的数字兼容性；②《托收统一规则关于电子交单的附则》（eURC1.0），以确保托收项下电子记录交单可持续的数字兼容性。上述两个版本的初稿于 2017 年 9 月 25 日分发给国际商会各国家委员会征求意见。后四易其稿，于 2019 年 3 月经国际商会银行委员会网上投票系统投票通过，并于 2019 年 7 月 1 日正式生效。[①]

（3）URR。URR 是 Uniform Rules for Bank - to - Bank Reimbursements under Documentary Credits 的缩写，译成中文为《跟单信用证项下的银行间偿付统一规则》，是国际商会为规范有关信用证项下的款项支付后银行间的偿付问题而制定的。信用证交易一般会涉及多家银行，不同银行之间会有对信用证项下款项支付的不同处理方式。为了统一这方面的做法，国际商会于 1995 年公布了依托 UCP500 的 URR525。在 UCP600 公布之后，国际商会对 URR525 进行了修改，以 URR725 公布。URR725 于 2008 年 10 月 1 日生效，是目前的最新版本。

除了上述 3 个完整的规则性文件外，国际商会银行委员经常会出版一些对银行、企业或商会咨询的个别问题提供的单一性的答复意见（Opinions）[②]，还会不定期针对一些特殊问题出版一些立场性文件（Position Paper）[③]、指导性文件（Guidance Paper）[④] 等。这些文件也都是对 UCP 的补充，均值得关注。

（二）ISP98

上面提到，ISP 是 International Standby Practices 的缩写。由于 ISP 公布于 1998

---

① 参见《跟单信用证统一惯例关于电子交单的附则（版本 2.0）》引言。该附则的中英文版本可以在中国国际商会网站 http：//116.62.78.71/upload/cms/pdf/70937211-a0e1-4eb8-a154-bb789f75805c.pdf 下载。

② 这些答复意见现在有 800 多条。

③ 如 1994 年 9 月 1 日发布的有关 UCP500 的 4 个立场书。

④ 如 2020 年 4 月发布的《针对新冠肺炎疫情影响下适用国际商会规则的贸易金融交易指导文件》。

年，故很多情况下被称为ISP98。如前所述，备用信用证已经存在了几十年，但在ISP98发布之前一直未有有关备用信用证方面的专门规则。虽然商业信用证与备用信用证在法律性质上相同，而且从UCP400开始，UCP就可以适用于备用信用证，但鉴于UCP是在商业信用证的基础上发展起来的，其条款主要是针对商业信用证而起草的，而商业信用证与备用信用证在商业功能、单据要求等方面有所不同，使得UCP中的很多条款难以适用于备用信用证。比如，商业信用证一般涉及很多单据，其中不少单据来自独立的第三人。涉及的第三人越多，就越容易防止欺诈、减少开证申请人与开证人的风险。而备用信用证则不同，虽然一般也有单据，但在很多情况下只有受益人提供的单据，这就使备用信用证的风险很大。所以，它应该有一套自己的独立规则。

ISP98就是专门为备用信用证量身定做的一套规则。ISP98是在美国金融与贸易银行家协会（the Bankers Association for Finance and Trade）前身之一的原美国国际银行理事会（US Council on Intertional Banking）支持下，由美国国际银行与法律实务研究院（the Institute of Inernational Banking Law & Practice）历经五年起草，由国际商会以国际商会出版物第590号发布的，于1999年1月1日生效。① ISP98反映了备用信用证的实践。与UCP一样，不仅适用于备用信用证，也适用于任何引用ISP98的独立、抽象的金融工具。②

（三）URDG

URDG是国际商会起草和公布的专门调整独立保函的规则。在URDG公布前，国际商会曾于1978年公布了《合同担保统一规则》（*Uniform Rules for Contract Guarantees*，URCG），但是由于银行不能接受URCG中的有些规定，所以URCG公布后基本上没有人使用。于是，国际商会于1992年又公布了URDG，以取代URCG。由于1992年的URDG以国际商会第458号出版物出版，因此，1992年的URDG被称为URDG458。采用URDG458的人也不多。于是，在2006年完成对UCP的修改后，国际商会对URDG458也进行了修改，于2009年11月24日在布鲁塞尔召开的

① BYRNE J E. LC Rules & Laws：Curent Texts，2nd Edition，the Institute of Inernational Banking Law & Practice，2002，P32.

② BYRNE J E. LC Rules & Laws：Curent Texts，2nd Edition，the Institute of Inernational Banking Law & Practice，2002，P33.

国际商会年会上通过，以国际商会 758 号出版物出版，简称 URDG758。URDG758 于 2010 年 7 月 1 日起生效，是目前的最新版本，得到了比较广泛的认可。

（四）《联合国独立担保与备用信用证公约》

《联合国独立担保与备用信用证公约》（以下简称《公约》）由联合国贸易法委员会于 1989 年开始组织起草，1995 年 12 月 11 日经联合国大会 50/48 号决议通过，并向所有国家开放签字。《公约》共有七章、二十九条，对其适用范围、独立担保与备用信用证的形式与内容、当事人的权利和义务、欺诈例外的有关问题、法律冲突等都作了规定。根据《公约》第一条和第二条的规定，《公约》适用于银行或者其他机构开立的独立担保或者备用信用证。如果当事人在其商业信用证中明确表示适用《公约》，《公约》也可以适用于商业信用证。

《公约》得到了信用证领域有影响的国际组织的赞同或拥护，其中包括国际商会银行技术与惯例委员会，国际金融服务协会和美国律师协会。根据《公约》第 28 条的规定，该公约在第五件批准书、接受书、认可书或加入书交存之日起 1 年后的第 1 个月的第 1 天开始生效。在 1998 年 12 月 8 日突尼斯递交加入书后，《公约》要求的生效国的数目达到了 5 个，《公约》已于 2000 年 1 月开始生效。到 2021 年 2 月，签署、批准或加入《公约》的共有 9 个国家，生效的有 8 个国家。美国于 1997 年 12 月成为《公约》的签字国，但至今还没有批准生效。①

虽然《公约》的缔约方至今还是不多，但它仍是信用证法律发展史上的里程碑。因为无论是 UCP 还是 ISP98，都是由国际商会发布的规则，而不是严格意义上的法律。而《公约》则不同，因为它是由联合国起草发布的，如果成员方加入并批准了它，它就是该国法律了。它是信用证发展史上的第一个国际公约。

（五）《最高人民法院关于审理信用证纠纷案件若干问题的规定》

《最高人民法院关于审理信用证纠纷案件若干问题的规定》（以下简称《规定》）是除了美国的《统一商法典》第五篇之外国际上唯一的比较详细的调整信用证问题的法规。《规定》从 2001 年年初开始起草，到 2005 年年底公布，历时近五年。

《规定》起草之前，最高人民法院进行了大量的调研工作，收集了所有能够收

① 详见联合国国际贸易法委员会网站：https：//uncitral. un. org/。

集到的各级人民法院的信用证案例，召开了具有丰富审理经验的法官座谈会听取意见，号召各级法院上报审理信用证案件时遇到的问题。《规定》初稿形成后，最高人民法院多次召开座谈会，广泛征求法院系统、法学界、银行界和有关外贸企业的意见，并书面征求了全国人大法工委、国务院法制办、中国人民银行、国际商会中国国家委员会以及最高人民法院相关庭、室的意见，又在《人民法院报》和中国法院网上向社会广泛征求意见。在充分听取社会各界的意见的基础上，经最高人民法院审判委员会讨论，于 2005 年 10 月 24 日通过。

《规定》一共 18 条。除了一般规定和法律适用外，基本上规定了在我国的信用证案件审判实践中经常遇到的 3 个方面的问题：一是信用证的基本原则。独立抽象性原则和严格相符原则是信用证法律的两大基本原则，《规定》的第五条和第六条对这两个原则分别进行了重申，第七条规定了对“不符点”的处理问题，确认接受不符点是开证人的权利。二是信用证欺诈的处理问题。《规定》用了差不多近一半的条文，从第八条到第十五条对有关信用证欺诈问题从实体到程序做出了详细的规定。三是信用证项下保证责任的承担问题。《规定》的第十六条规定，开证人或者开证申请人接受不符点未经保证人同意，保证人不能以此免除保证责任。《规定》的第十七条规定，如果开证申请人与开证人对信用证进行修改而未经保证人同意，保证人应按《最高人民法院关于适用〈中华人民共和国担保法〉若干问题的解释》第三十条规定的精神，仅在原保证合同约定的或者法律规定的期间和范围内承担保证责任。

六、信用证的基本原则

信用证之所以能够经久不衰，被广泛使用，是因为它具有两大基本原则：独立性原则和严格相符原则。

（一）独立性原则

独立性原则（Principle of independence）是指开证人信用证项下的向受益人付款的义务与开证申请人和受益人之间的基础合同以及开证申请人与开证人之间的开证申请协议是完全独立的。除非交易存在欺诈情形，在单据相符的情况下，无论基础合同和开证申请协议项下存在任何争议，开证人都必须向受益人付款。

该原则从信用证产生以来就被各国法院的判决承认，更是被明确规定在相关规则中。UCP600 第 4 条 a 款和第 5 条分别规定：“就其性质而言，信用证与可能作为其开立基础的销售合同或其他合同是相互独立的交易，即使信用证中含有对此类合同的任何援引，银行也与该合同无关，且不受其约束。因此，银行关于承付、议付或履行信用证项下其他义务的承诺，不受申请人基于与开证行或与受益人之间的关系而产生的任何请求或抗辩的影响。受益人在任何情况下不得利用银行之间或申请人与开证行之间的合同关系。”“银行处理的是单据，而不是单据可能涉及的货物、服务或履约行为。”前者强调的是信用证的独立性；后者强调的是信用证的单据性。信用证的独立性还充分体现在 UCP600 第 34 条的规定：“银行对任何单据的形式、充分性、准确性、内容真实性、虚假性或法律效力，或对单据中规定或添加的一般或特殊条件，概不负责；银行对任何单据所代表的货物、服务或其他履约行为的描述、数量、重量、品质、状况、包装、交付、价值或其存在与否，或对发货人、承运人、货运代理人、收货人、货物的保险人或其他任何人的诚信与否、作为或不作为、清偿能力、履约或资信状况，也概不负责。”该原则同时体现在《规定》第 5 条①、ISP98 第 1.06 条到 1.08 条、《公约》第 3 条和 URDG758 第 5 条和第 6 条中。

ISP1.06　备用证的性质②

a. 备用证在开立后即是一项不可撤销的、独立的、单据性的及具有约束力的承诺，并且无须如此写明。

b. 因为备用证是不可撤销的，除非在备用证中另有规定，或经对方当事人同意，开证人不得修改或撤销其在该备用证下之义务。

c. 因为备用证是独立的，备用证下开证人义务的履行并不取决于：

ⅰ. 开证人从申请人那里获得偿付的权利和能力；

ⅱ. 受益人从申请人那里获得付款的权利；

ⅲ. 在备用证中对任何偿付协议或基础交易的援引；或

ⅳ. 开证人对任何偿付协议或基础交易的履约或违约的了解与否。

d. 因为备用证是单据性的，开证人的义务取决于单据的提示，以及对所要求单

① 该条规定：“开证行在做出付款、承兑或者履行信用证项下其他义务的承诺后，只要单据与信用证条款、单据与单据之间在表面上相符，开证行应当履行在信用证规定的期限内付款的义务。当事人以开证申请人与受益人之间的基础交易提出抗辩的，人民法院不予支持。”

② 本部分内容的序号均为原序号。

据的表面审查。

e. 因为备用证和修改在开立后即具有约束力，无论申请人是否授权开立，开证人是否收取了费用，或受益人是否收到或因信赖备用证或修改而采取了行动，它对开证人都具有强制性。

ISP1.07　开证人——受益人关系的独立性

开证人对受益人的义务，不受任何适用的协议、惯例和法律下开证人对申请人的权利和义务的影响。

ISP1.08　责任限制

开证人对以下事项不负责任：

a. 任何基础交易的履行或不履行；

b. 备用证下提示的任何单据的准确性、真实性或有效性；

c. 其他方的作为或不作为，尽管该人是由开证人或指定人选择的；或

d. 对备用证所选择的或开证地所适用的法律和惯例之外的其他法律或惯例的遵守。

《公约》第3条　承保的独立性

就本公约而言，一项承保在下述情况下即为独立的承保：

(a) 担保人/开证人对于受益人的义务不取决于任何基础交易的存在或有效性，也不取决于任何其他承保（包括保兑或反担保所涉及的备用信用证或独立担保）；或

(b) 担保人/开证人对于受益人的义务不取决于承保中未写明的任何条款或条件，除出示单据以外也不取决于任何未来不确定的行为或事件，或担保人/开证人业务范围内的另一此类行为或事件。

URDG第5条　保函和反担保函的独立性

a. 保函就其性质而言，独立于基础关系和申请，担保人完全不受这些关系的影响或约束。保函中为了指明所对应的基础关系而予以引述，并不改变保函的独立性。担保人在保函项下的付款义务，不受任何关系项下产生的请求或抗辩的影响，但担保人与受益人之间的关系除外。

b. 反担保函就其性质而言，独立于其所相关的保函、基础关系、申请及其他任何反担保函，反担保人完全不受这些关系的影响或约束。反担保函中为了指明所对应的基础关系而予以引述，并不改变反担保函的独立性。反担保人在反担保函项下

的付款义务，不受任何关系项下产生的请求或抗辩的影响，但反担保人与担保人或该反担保函向其开立的其他反担保人之间的关系除外。

URDG 第 6 条　单据与货物、服务或履约行为担保人处理的是单据，而不是单据可能涉及的货物、服务或履约行为。

根据这一原则，在信用证交易中，开证人唯一关心的是单证是否相符。如果单证相符，即使单据存在欺诈，或者受益人根本就没有根据基础合同的规定交付货物或承受损失，只要开证人的付款是善意的，在他付款后，他就完全有权向申请人进行追索。即使基础交易已被撤销，或者开证申请人已经破产，只要受益人提交的单据与信用证规定的条件相符，开证人就必须付款。

与信用证本身一样，信用证的独立性原则也是根据商业习惯发展起来的。信用证是银行产品，这一原则的形成主要是由银行的性质决定的。银行的专业是跟钞票和单据打交道，银行不是贸易与其他商业方面的专家，不可能去调查和确认其业务范围外的对它来说属于外行的事务。如果要求银行去从事它不能胜任的工作，去调查单据背后的事务，它肯定无法做好，所以银行不愿意也不会去做。

（二）严格相符原则

严格相符原则（Principle of strict compliance）是指信用证项下的任何付款请求人必须提交在表面上与信用证条款相符的单据，否则即使它完全地履行了基础合同项下的所有义务，它也得不到付款。比如，一个涉及保兑信用证的交易，受益人向保兑人请求付款，保兑人向开证人请求偿付，开证人向开证申请人请求偿付。在这一连串的付款请求中，任何一环都得单证相符。否则，即使请求者完全或超额履行了义务，如果被请求方不放弃不符点，请求人将得不到付款。如果单据表面相符，即使请求者没有或没有完全履行义务，除非交易存在欺诈，否则负有义务的承付人必须接受单据并按照信用证的规定付款。在其与独立性原则的关系中，前者是手段，后者是目的。

七、信用证“欺诈例外”

信用证“欺诈例外”（The fraud exception）是指，在开证人或保兑人付款前，除非付款请求人属于法律上特别保护的善意第三人，如果发现信用证交易存在欺诈，即使所交单据在表面上与信用证条款严格相符，付款也可能被开证人拒绝或者因开证申请人的请求而被法院禁止。信用证欺诈例外是信用证法律中的一项非常制度，因为它与信用证的基本原则即独立性原则抵触，允许开证人或者法院在发现交易存在欺诈的情况下调查单据背后的事实并中断信用证项下的付款。因此，信用证欺诈例外是信用证法上“最具争议和最令人困惑的领域”。①

根据信用证法律的独立性原则，开证人与受益人之间的信用证法律关系完全独立于开证申请人和受益人之间的基础合同关系、开证申请人与开证人之间的开证申请法律关系，只要受益人或付款请求人提交的单据在表面上与信用证规定的条件严格相符，无论受益人对基础合同的履行如何，开证人都必须根据信用证条款的规定履行其付款义务。然而，无论任何事物，一旦被推向极端，其弱点与不足就会显现出来。信用证制度也不例外。在信用证交易中，往往会有不法受益人利用信用证法上的独立性原则存在的漏洞实施欺诈。比如，商业信用证项下的受益人通过向开证人提交假的表面上与信用证规定的条件相符的单据而获得付款。这种现象严重地损害了信用证各方当事人之间的利益平衡和信用证本身的商业适用性。为了防止欺诈，堵塞法律漏洞，信用证“欺诈例外”就逐步发展起来，并得到了普遍承认。

在适用“欺诈例外”时，能否拒付或者止付，主要应当考虑两个问题：一是到底有没有发生信用证法上的欺诈，因为信用证法上的欺诈具有一定的特殊性。在我国，根据《规定》第八条，只有发生下列情形之一的，才能应当认定存在信用证欺诈：“（一）受益人伪造单据或者提交记载内容虚假的单据；（二）受益人恶意不交付货物或者交付的货物无价值；（三）受益人和开证申请人或者其他第三方串通提交假单据，而没有真实的基础交易。”二是确定付款请求人是否为信用证法律上需要保护的善意第三人。

在法律上保护一些信用证的付款请求人免受信用证“欺诈例外”影响是为了维护信用证本身的商业适用性。信用证的功能之一是为开证申请人和受益人融资。该功能通常是通过允许第三人即中间行参与信用证的付款过程来实现的。出于对开证行在信用证下的承诺及其整体信誉的信赖，第三人可以通过购买、对受益人的汇票或索款令贴现或者以其他诸如以信用证项下的受益权为抵押贷款给受益人等方式为基础交易提供融资。当信用证交易涉及欺诈时，欺诈人所造成的损失一般得由交易

---

① Comment “Fraud in the Transaction: Enjoining Letters of Credit during the Iranian Revolution” (1980) 93 Harv L Rev 992, P995.

中的无辜者来承担，这些人在理论上包括开证人、开证申请人和第三人。然而，在实践中的绝大多数情况下，这种损失得由开证申请人或第三人来承担，因为开证人在开证时通常都从开证申请人那里得到了适当担保，其损失即使发生，最终也得由开证申请人来承担。在开证申请人和第三人之间，为了“保证开证人承诺的独立性和参与表面上与信用证条款严格相符的单据交易的人们对该承诺的合理信赖，这种受益人固有的恶意行为所带来的风险就被抛开了选择了他的开证申请人而不是善意第三人”。[①]

但是，并不是所有的第三人都可以得到信用证法对于善意第三人的保护。第三人要得到此种保护，必须具备以下两个条件：①它必须已经给付了对价，或者说已经支付了信用证项下的款项，否则它并没有损失，没有必要受到保护；②它必须得到开证人的付款委托或授权，比如是议付信用证项下的指定人。如果它没有得到开证人的授权，比如案涉信用证为直接信用证，即使它付了款，也不能得到此种保护，因为此时它被视为受益人的代理人。在我国，根据《规定》第十条，如果付款请求人为下列当事人，即使发生了欺诈，信用证也不能被拒付或止付：“（一）开证行的指定人、授权人已按照开证行的指令善意地进行了付款；（二）开证行或者其指定人、授权人已对信用证项下票据善意地做出了承兑；（三）保兑行善意地履行了付款义务；（四）议付行善意地进行了议付。”

第五节 保 理

一、概念与适用场景

国际货物贸易中的保理（Factoring）是指银行或其他保理服务的机构（以下简称保理商）向卖方（一般称为供应商）购买其现在或将来以赊销方式与买方（也被称为债务人）签订的货物贸易合同所产生的应收账款（Accounts Receivable），并向其提供资金融通（Capital Financing）、账款分账户管理（Receivables Ledgering）、坏账担保（Protection against Bad Debts）、账款催收（Collection of Receivables）等一系

① 《统一商法典》第五篇第 5-114 节正式评论 2 第一段。

列服务中的一项或多项的综合性金融服务。英文中的“Factor”一词来自拉丁语的“Facio”，意为“为他人做事”。换言之，保理是指代理人代为他人做事。[①]

《民法典》第七百六十一条和第七百六十二条第二款分别规定：“保理合同是应收账款债权人将现有的或者将有的应收账款转让给保理人，保理人提供资金融通、应收账款管理或者催收、应收账款债务人付款担保等服务的合同。”“保理合同应当采用书面形式。”据此，在我国，保理是一种服务，提供保理服务的当事人之间得签订书面合同。

保理是最古老的贸易融资方式之一，起源于15世纪。当时，欧洲人不断殖民海外，宗主国与殖民地之间的贸易随之不断增加。为了便于与殖民地贸易，欧洲的生产商开始雇佣代理人，从事所谓的“殖民地保理”（Colonial Factoring）。这种保理尤其盛行于英国向美国东海岸的出口贸易。当时由于交通和通信不便，加上地处欧洲的卖方对遥远的海外市场不了解，使得本来从事代理业务的保理商承担了海外市场的开拓任务、向欧洲的生产商提供客户对商品的喜好和产品需求信息以及产品储存等服务。后来，保理商开始为进出口商提供关键的金融服务，为进口商提供资信担保，为出口商提供付款保证。再后来，发展到为出口商提供与出口货物价值相当的信贷支持。[②] 19世纪后，由于交通、通信的发展，进出口商之间的沟通方便了，出口商不需要保理商的帮助也可以把产品销售出去了，保理商也就不再关心商品的销售，而把注意力集中在了提供金融服务方面，这就形成了现代意义上的保理。

由于保理源于代理，而代理可以无所不包，所以尽管今天的保理业务主要集中于金融服务领域，但由于金融服务的业务多种多样，各国各地甚至各从事保理业务的服务提供者又可根据客户需要或自己的情况而提供内容不同的服务，因此很难给保理下一个包罗万象而准确的定义。所以，从实务界到学术界，对保理的理解并不一致，定义五花八门。由于保理属于舶来品，所以中文的译名也是五花八门，如除了保理之外，还被译为“代理融通”“代办代客买卖业务”“保付代理”“承购应收账款”“托收保付”等。[③] 但无论称呼如何，保理实质上并不复杂，其核心就是通过

---

① Alvarez A. Factoring in Spain：an Alternative Financing Instrument（2009）24（3）J. I. B. L. R.，P115.

② Alvarez A. Factoring in Spain：an Alternative Financing Instrument（2009）24（3）J. I. B. L. R.，P115.

③ 周辉斌. 银行保函与备用信用证法律实务［M］. 北京：中信出版社，2003.

转让债权而获得融资，即保理商通过购买供应商的应收账款使供应商获得金融支持，再从债务人那里收取应收账款，使供应商可以集中精力从事自己的业务所长——进行货物或服务的销售工作。

从经济角度来看，保理是货物或服务贸易中的一种高级劳务分工：供应商从事包括发货、准备和发送出口单据在内的货物销售业务或其他服务；保理商从事保理合同所约定的与供应商的货物销售业务或服务有关的金融服务。[①] 在现代社会，随着专业分工越来越细、企业功能越来越专业化和分散化、外包业务越来越普遍，保理的发展空间越来越大，因为保理业务使得商业企业可以集中精力从事自己所专长的销售业务，而把自己不熟悉的金融业务外包给熟悉信用管理、账款催收等金融业务的金融服务机构。[②] 从事保理业务的保理商，要么是银行本身，要么是得到银行支持的专业保理公司。保理的服务对象主要是中小企业。

但随着经济全球化的发展，保理在国际贸易中的作用越来越大。对于很多中小企业来说，开拓国际市场可能带来可观的利润，但也会面临很多挑战，比如文化、语言、货币、法律等问题。其中最大的问题就是进口商的付款问题，即进口商不能或不愿意立即付款或采取对出口商比较安全的信用证付款方式，而要求采用赊账（Open Account 或 O/A）或跟单托收的以商业信用为基础的远期付款方式。在采用这些付款方式的国际货物买卖中，出口商不能及时收到货款，从而可能导致其流动资金发生困难，更有甚者，如果进口商出现破产或其他方面的经济问题而导致其支付不能，出口商会有纯粹收不到货款的风险。但是，由于市场竞争的需要，为了开拓新的市场，出口商，尤其是中小企业，不得不满足进口商提出的交易条件。保理的出现就解决了这个问题，提高了中小企业在复杂的国际环境中的竞争力。因此，当今的国际保理一般会得到出口国政府的支持。

自 20 世纪末以来，国际保理业得到了飞迅发展。据国际保理商联合会（Factors Chain International，FCI）的统计资料表明，国际保理业在过去 20 年的复合年均增长率为 10%左右。1998 年全球的保理业务约为 5 千亿欧元，而到 2018 年年末已达到 2.76 万亿欧元，增长了 5 倍多。主要原因是：①赊销贸易快速增长；②保理方式在亚洲，尤其是中国快速增长；③跨境保理快速增长；④保理方式在欧洲快速增长。

---

① Murray. Schmitthoff's Export Trade：The Law and Practice of International Trade，2007.

② Alvarez A. Factoring in Spain：an Alternative Financing Instrument（2009）24（3）J. I. B. L. R.，P116.

与保理在国际上的发展以及我国改革开放的形势相适应，保理业在我国近年来也是飞速发展。我国的保理业务开始于 1987 年，当时从事保理业务的仅中国银行一家。[①] 到 2020 年 7 月，仅中国服务贸易协会商业保理专业委员会的正式会员单位就有 259 家，其中，商业保理公司 180 家，融资租赁公司 8 家，银行 4 家，金融资产交易所 3 家，律师事务所 4 家，科技投资类公司 11 家，基金管理公司 2 家，其他机构 47 家。[②] 根据 FCI 统计，2011 年至 2014 年，中国保理业务量一直位居世界第一，2015 年至 2016 年一度跌到第二，但 2017 年重返全球第一。[③] 根据中国银行业协会发布的《中国保理产业发展报告（2019—2020）》显示，2019 年仅中国银行业协会保理专业委员会成员单位的保理业务量就达 1. 75 万亿元人民币，其中，国际保理业务量 264. 76 亿美元。[④] 从这些不完全的数据可以看出，保理在我国一片繁荣，在国际贸易中占有重要的地位。

二、保理的种类

根据不同的标准，保理可以被分成不同的种类。不同种类的保理涉及的法律关系可能有所不同，但保理的商业功能基本上是一致的。保理最常见的分类有以下几种。

（一）公开型保理与隐蔽型保理

公开型保理（Disclosed Factoring），也称明保理，是指保理商与供应商根据保理合同的约定把应收账款的债权转让后通知债务人，并要求债务人将款项直接付给保理商的保理形式。根据世界上大多数国家的法律规定，债权转让必须通知债务人才能对债务人产生法律效力，所以保理一般都是公开型的。

隐蔽型保理（Undisclosed Factoring），是指供应商与保理商签订保理合同把应收账款债权转让给保理商后并不通知债务人，而债务人仍将款项付给供应商的保理形式。这种形式的保理的主要功能是供应商可以通过出售债权而获得融资。据说，之所以要采取这种形式，是因为供应商怕买方知道、觉得自己的经济实力不行而影响

① 朱宏文．国际保理法律实务［M］．北京：中国方正出版社，2001.

② 中国服务贸易协会商业保理专业委员会官网：http：//www. cfec. org. cn/。

③ 2018 年中国保理年会介绍：http：//cf. sinotf. com/。

④ 中国银行业协会官网：https：//www. china-cba. net/。

生意。[1] 在这种形式下，由于债权的转让仅限于供应商与保理商之间，不涉及第三人，所以保理商要承担供应商收到货款后不能或不愿向其付款的风险。为了避免这种风险，保理商往往会要求供应商为该款项的收取单独开立信托账户。这种形式的保理在实践中采用的不多。

（二）融资保理与到期保理

融资保理（Advance Factoring），也称预付保理，是指保理商在收到供应商提交的发票等单据时立即支付供应商该发票总额的部分款项，剩余部分则在全部应收账款收妥后再予以清算支付的保理形式。在这种形式的保理中，保理商不仅要收取手续费、债权管理费等，还要收取比利率稍高的融资利息。这种保理具有融资功能，可以满足供应商的融资需求，因此在实践中比较常用。

到期保理（Maturity Factoring），是指保理商不是在收到供应商提交的发票等单据时支付，而是在付款到期日才支付供应商的保理形式。这里的付款到期日，可以是供应商给予债务人的赊销付款日，也可以是供应商提交的发票所规定的付款日，加上一定的宽限期的日期。在这种保理中，虽然保理商是到期才支付供应商，但并不是说保理商只有从债务人处收妥应收账款后才支付供应商。付款日到期后，不管保理商能否收妥应收账款，都得根据保理合同的约定支付供应商。这是因为，保理的核心是保理商通过保理合同购买了债权，对于保理商能否按期实现债权，供应商并不关心。在这种保理中，保理商赚取的是保理服务费。这种保理适用于没有融资需求但需要账目管理和坏账担保的供应商。

（三）有追索权的保理与无追索权的保理

有追索权的保理（Recourse Factoring），是指保理商受让债权并向供应商提供资金融通后，如果债务人拒绝付款或无力付款，保理商有权向供应商追回自己已经融通的资金或拒付自己约定应付的款项。在有追索权的保理中，尽管债权转让给了保理商，但信用风险仍由卖方承担，因此保理商不负责核定债务人的信用额度，不提供坏账担保，仅提供包括融资在内的其他服务。隐蔽型的保理一般会采用这种形式。这种保理适用于债务人信用较好，供应商需要融资和账款收取等服务的交易。

无追索权的保理（Non-recourse Factoring），是指保理商在受让债权并向供应商

---

① 朱宏文．国际保理法律实务［M］．北京：中国方正出版社，2001.

提供资金融通后，即使债务人拒绝付款或无力付款，保理商也不得再向供应商追索，而且对同意付款但还没有支付的部分也不得拒付。在这种形式的保理中，保理商会根据供应商提供的情况对债务人进行资信调查，并为债务人核定相应的信用额度，然后在该信用额度内承购供应商对债务人的应收账款，向供应商提供融通资金，并独自承担债务人拒绝付款或无力付款的风险。无追索权的保理是国际保理的主流，体现了保理业务的坏账担保的特色。公开型保理一般都是无追索权的保理。

（四）双保理与单保理

双保理（Two-Factor System），是指在国际贸易中由位于进口商所在地的进口保理商与位于出口商所在地的出口保理商共同参与完成一项保理事务的保理形式。在双保理模式下，位于出口商所在地的出口保理商将其从出口商处受让的出口债权转让给位于进口商所在地的进口保理商，进口保理商在其核准的进口商的信用额度内无追索权地接受该债权转让，并负责向进口商催收货款、承担进口商到期不付款的风险。与国内贸易相比，国际贸易往往会涉及语言、文化、法律等方面的差异与障碍。对于贸易商来说，与国内贸易最重要的不同，就是对外国当事人资信的了解难度。为了应对这些困难，国际保理往往采用双保理的形式。双保理制度由于国际保理商联合会的成立而得到了较大发展，因为各国的保理商不仅可以方便地找到外国的关系保理商，而且可以统一保理规则的制定而使其不断地标准化。

单保理（Single-Factor System），是指进口保理商虽然仍为出口保理商承担坏账风险、催收严重逾期账款、协助其处理贸易纠纷，但并不承担向债务人收取应收账款的义务的一种保理形式。因此，所谓单保理并不是由一个保理商参与的保理形式。它仍然涉及两个保理商，只不过进口保理商的义务中缺少了一项重要的向债务人收取应收账款的义务。因此，人们也将这种保理称为“一个半保理”（One-and-a-Half Factor System）。

（五）直接出口保理与直接进口保理

直接出口保理（Direct Export Factoring），是指没有进口保理商参与的保理形式。在这种形式的保理中，供应商向处于其所在地的出口保理商提出保理申请后，出口保理商首先要对贸易双方的资信进行评估，在此基础上与供应商签订保理协议，并在供应商提交单据后根据保理协议之规定直接向债务人催收账款、承担债务人的信用风险。

直接出口保理由于涉及的保理商少，因而比较便宜，也比较便捷。对于供应商来说，由于涉及的保理商来自其自身所在地，在语言、法律等方面没有问题，所以，对于供应商来说，如果能找到这样的保理商的话，不愧为一种比较好的选择。而对于保理商来说，要从事这种保理业务，至少必须谨慎地解决好以下两个方面的问题：①外国债务人的资信问题；②进出口国家有关债权转让的法律冲突问题。否则，它面临的风险太大。为了解决这些问题，保理商一般需要在债务人所在国委托代理人。

直接进口保理（Direct Import Factoring），是指供应商直接与债务人所在地的进口国的保理商签订保理协议而不需要出口保理商参与的保理形式。供应商的客户集中于一个国家或地区时，它可以直接与债务人所在地的保理机构联系并选择合适的保理商与之签订合同。当供应商获得单据后将直接寄交进口保理商，由其根据保理协议之规定向债务人催收账款、承担债务人的信用风险。

与直接出口保理一样，直接进口保理由于涉及的保理商少，因而也比较便宜、便捷。但对于供应商来说，由于涉及的保理商来自外国，因此首先需要解决语言、法律等方面的问题。更为重要的是，因为进口保理商没有出口保理商的合作和保证，不了解供应商的资信情况，往往不愿意为供应商提供融资服务。因此，这种形式的保理仅适用于客户和业务集中且不需要融资的供应商。

（六）背对背保理

背对背保理（Back-to-Back Factoring），是指境外的债务人为供应商的经销商时采用的一种国际与国内保理相结合的保理形式。在国际贸易中，出口商对有些国家或地区的贸易是通过该国或地区的境外经销商来完成的。该经销商往往是供应商的子公司或关联公司。由于供应商对于经销商所在地的贸易是通过该经销商进行的，因而供应商在该经销商处可能存有大量的应收账款。为了减轻资金压力，提高资金利用率，供应商采用背对背保理的形式。

这种形式的保理一般涉及三份保理协议：①供应商与出口保理商之间的综合保理协议；②出口保理商与进口保理商之间的相互保理协议；③进口保理商与经销商之间就进口后的经销商的国内销售所形成的与其国内债务人之间的应收账款所签订的国内保理协议。

背对背保理与双保理的不同之处是：①背对背保理包含进口保理商与经销商之间的独立的国内保理协议；②背对背保理中的经销商取代了双保理中的债务人的地

位；③进口保理商与经销商之间的清算基本上取决于经销商在国内的销售状况。在背对背保理中，进口保理商与经销商之间的保理协议或许也包含融资内容，但该融资一般不会太大，主要用于经销商的日常开支。在这种保理中，由于经销商把货物已经出售给了他人而导致其再无法以货物担保，因此为了防止经销商违约、破产而给保理商造成损失，在进口保理商与经销商之间的保理协议中往往约定，进口保理商有权将出口保理商转让给它的对经销商应收账款债权与其在国内保理协议中保理商对经销商的应付的相应的应收账款款项进行抵销。

三、保理的当事人及其法律关系

要了解保理的当事人及其法律关系，比较简便的方法是了解其业务流程。保理的当事人及其法律关系会因保理种类的不同而不同。这里以实践中常用的典型的公开型国际双保理为例作一简要介绍。

（一）保理的业务流程

假如我国上海的一家出口商欲向英国伦敦的进口商出口一批计算机，进口商提出用赊销方式。为了开拓市场，出口商同意了进口商提出的条件，考虑通过保理方式进行结算，并解决资金融通问题。其业务流程大概如下：

（1）在交易磋商的过程中，出口商找到其附近的出口保理商，向其提出叙做保理业务的申请。申请书一般包括：出口商业务情况、交易背景资料、拟融资的信用额度，等等。

（2）在收到保理申请后，出口保理商根据该笔业务的具体情况联系外国的进口保理商，请其对进口商进行信用评估。出口保理商通常会选择与其签订有相互保理协议（Interfactor Agreement）且在进口商所在地的保理商作为进口保理商。

（3）根据出口保理商所提供的情况，进口保理商利用其所能利用的信息渠道，对进口商的资信和交易所涉的货物的市场行情进行调查。如果进口的资信状况良好，进口商品具有不错的市场，则进口保理商将为进口商初步核准一个信用额度，一般会在5个工作日内将初评结果通知出口保理商。

（4）出口保理商将核准的进口商的信用额度，并将自己的报价通知出口商。如果出口商接受出口保理商的报价，则与其签订出口保理协议，并与进口商正式签订货物买卖合同。

(5) 出口保理商向进口保理商正式申请信用额度。进口保理商正式核准或拒绝该信用额度，并将自己的报价通知出口商。如果进口保理商正式核准了该信用额度，出口保理商需将此通报出口商。

(6) 出口商发货后，将发票、提单等出口单据的正本寄送进口商，将有关单据的副本提交出口保理商。同时，出口商向出口保理商提交应收账款转让通知书和出口保理融资申请书，以便将应收账款转让给出口保理商，并向出口保理商申请融资。出口保理商一般会按照出口保理协议向出口商提供发票金额80%的融资。

(7) 出口保理商在收到出口商提交的单据副本后，立即提交给进口保理商。进口保理商于发票到期日前若干天开始向进口商催收。

(8) 发票到期后，进口商向进口保理商付款。进口保理商收到款项后，付给出口保理商。出口保理商收到款项后，扣除融资本息及有关保理费用，将余额付给出口商。此时，如果进口商因为某种原因不付款，进口保理商需根据其信用担保金额的100%支付出口保理商。

(二) 保理的当事人及其法律关系

从以上交易流程可以看出，一个典型的公开型国际双保理涉及四方当事人（出口商、进口商、出口保理商和进口保理商）和四个法律关系。

1. 出口商与进口商之间的国际货物买卖合同关系

这是整个保理交易能够发生和存在的基础。在这一法律关系中，出口商应按合同规定向进口商交付货物；进口商应按合同的规定向出口商支付货款。这是双方当事人的根本义务，不会因保理业务关系的介入而改变。但是，由于保理关系的介入，使得进口商向出口商支付货款的方式发生了变化，即进口商得向保理商支付货款。另外，由于保理关系的存在而使出口商把应收账款的债权转让给了保理商，它有义务将该转让的相关信息通知进口商，以便使该转让关系依法生效，使进口商向进口保理商支付，也使进口保理商有权向进口商催收。

2. 出口商与出口保理商之间的出口保理合同关系

这是整个保理交易的核心，与国际货物买卖合同既有联系，又相互独立。其主要内容是规定保理商应提供什么样的保理服务，比如除了应收账款的转让外，还有没有融资服务，有没有坏账担保。由于保理业务纷繁复杂，更重要的是，各个保理商对保理业务理解不一，所以明确规定保理商提供何种服务非常重要。

3. 出口保理商与进口保理商之间的合作合同关系

这一合同的双方当事人都是保理商，内容是互为保理，性质上是合作合同关系。这种关系一般是通过双方签订长期的国际保理业务合作的框架协议建立起来的。在这一框架协议下，双方在具体交易中根据具体情况进行具体分工合作，双方的角色是不固定的，有时是出口保理商，有时是进口保理商。也就是说，在一方需要叙做的进口商处于对方所在地的保理业务时，双方根据既有的框架协议的规定进行合作，直接将对方作为进口保理商完成该笔保理业务。反之亦然。在具体的保理活动中，进出口保理商之间是一种债权转让关系，即出口保理商将从出口商手中购买的应收账款再转让给进口保理商，进口保理商据此向进口商收款，并承担进口商的信用风险，形成一种再保理。①

4. 进口保理商与进口商之间的关系

进口保理商与进口商之间不存在合同关系，但存在事实上的债权债务关系。进口保理商作为债权受让人，可以向进口商请求给付，但不能获得比债权的原始持有人出口商更多的权利。因此，如果作为债务人的进口商由于货物买卖合同的履行而向出口商提出抗辩，该抗辩对债权受让人进口保理商同样有效。

四、保理的法律渊源

如上所述，保理在实践中是一种服务形式，可能包括若干方面的内容。但是，现代保理在内容上基本以债权转让为核心，在法律上以保理合同为基础。因此，在国内法上，保理基本上由合同法或民法来调整。

在我国，《民法典》第16章列专章共9个条文对保理合同进行了规定。但是，鉴于保理业务的庞杂性，涉及的问题很多，仅几个条文是无法满足其实践需要的。有人经梳理后认为，我国与保理有关的法律达几十部。②

保理在国际贸易结算中被广泛应用，因此，国际上出现了比较完善的有关保理的国际规则。目前，此类文件主要有3个：①国际保理商联合会的《国际保理通则》（*General Rules for International Factoring*）；②国际统一私法协会的《国际保理公约》（*Convention on International Factoring*）；③联合国国际贸易法委员会的《联合国

---

① 朱宏文．国际保理法律实务［M］．北京：中国方正出版社，2001.

② 广东省商业保理协会官网，http：//www. syblxh. org. cn/。

国际贸易应收款转让公约》(*United Nations Convention on the Assignment of Receivables in International Trade*)。

(一)《国际保理通则》

《国际保理通则》由国际保理商联合会于 1969 年制定,属于国际惯例,专门适用于其会员之间的国际双保理业务。国际保理商联合会根据国际贸易和保理业务的发展,不断地对《国际保理通则》进行修改和完善。最新的版本为 2013 年 7 月的修改本。国际保理商联合会是国际保理领域目前最具影响力的国际组织,因此《国际保理通则》在国际保理界的影响很大,不仅国际保理商联合会的成员适用该通则,很多非国际保理商联合会成员的保理机构也参照适用该通则。

(二)《国际保理公约》

《国际保理公约》由国际统一私法协会制定,属于国际公约。国际统一私法协会于 1974 年开始研究和制定有关保理的国际公约,经过十多年的努力,于 1988 年 5 月 28 日在加拿大的渥太华通过了《国际保理公约》。该公约是迄今为止世界上唯一的一部专门调整国际保理法律关系的公约,为国际保理业务提供了一个法律框架。《国际保理公约》于 1995 年 5 月 1 日生效。

(三)《联合国国际贸易应收款转让公约》

《联合国国际贸易应收款转让公约》由联合国国际贸易法委员会制定,也属于国际公约。虽然该公约不是专门调整保理问题的,但由于保理的核心是应收账款的转让,所以其与保理业务有很大关系。该公约于 2001 年 12 月 12 日由联合国大会通过,目前有 3 个国家签字,1 个国家加入。虽然还没有生效,但由于美国 2019 年 10 月的批准,可能影响其他国家而使其在不远的将来生效。[①] 根据该公约第 45 条的规定,其生效需要至少 5 个国家批准。

① 联合国国际贸易法委员会官网:https://uncitral. un. org/。

第六节　福费廷

一、概念与产生背景

福费廷（Forfaiting）是应收账款购买的一种形式，意指无追索权地买断由金融工具或付款责任（通常为可流通或可转让的形式）所代表的未来付款责任，买断方式有贴现或扣融资费后全额支付票面价值。[①] 福费廷一词源于法语的“a forfait”，意为“放弃权利”，引入英文后写作“Forfait”，中文将其动名词“Forfaiting”音译为“福费廷”，让行外人不知所云。简单地说，在国际贸易实践中，福费廷就是从事福费廷业务的融资方（一般为银行，也可以是其他提供福费廷服务的金融服务公司）为出口商以无追索权的方式购买由进口商的担保人担保的远期债权的一种贸易融资方式。因为这种远期债权在很多情况下是由远期的汇票或本票体现的，所以福费廷的融资方（Forfaiter）也被意译为“票据包买商”或“包买商”，而福费廷也被称为更容易理解的“包买票据”。但是，将福费廷理解为“包买票据”容易引起误解，因为有的福费廷中是没有票据的，比如延期付款信用证下的付款责任。

福费廷是在第二次世界大战以后从欧洲大陆兴起的。在20世纪50年代，联邦德国厂商在向东欧国家出口设备和技术等资本性产品时，东欧国家因没有足够的外汇而希望在这些设备产生效益后再开始付款。这些设备厂商为了开拓东欧市场，愿意为东欧的进口商提供融资，给予买方较长期的付款期限。然而，这样做的后果是出口商虽然打开了市场，但账面上的应收账款越来越多，流动资金出现了短缺。如果不及时将应收账款转化为现金，出口商的生产将会因流动资金短缺而无法维持。[②] 此时，瑞士苏黎世的银行家们发现了商机，愿意购买这些联邦德国厂商手中的应收账款，使出口商手中的应收账款变成了现金，从而解决了此类贸易发展中的主要问题。这就是福费廷的产生背景。

---

① 国际商会、全球银行家协会、国际贸易和福费廷协会，等．供应链金融技术的标准定义（*Standard Definitions for Techniques of Supply Chain Finance*）［出版者不详］，2016：29.

② 查忠民，金赛波．福费廷实务操作与风险管理［M］．北京：法律出版社，2005.

由于这种设备贸易涉及的资金量大，付款周期长，所以传统上福费廷适用于价值高、周期长的贸易项目。不过，发展到现在，价值较小、周期较短的项目也有使用福费廷的。据估计，目前福费廷融资约占世界贸易总量的2%。[①]

我国自20世纪90年代开始开展福费廷业务，尽管起步较晚，但市场巨大、发展迅速。目前国内大多数银行已开办了福费廷业务。国内常见的福费廷业务包括：远期信用证项下福费廷、D/A银行保付项下福费廷、保函/备用信用证项下福费廷及银行保单项下福费廷。为了防范业务风险、更好地发挥福费廷业务在优化金融资源配置、降低企业融资成本、服务实体经济发展等方面的优势，中国银行业协会于2019年7月印发了《中国银行业协会商业银行福费廷业务指引》（银协发〔2019〕156号）。该文件对福费廷业务中各参与方的责任、贸易背景真实性审核、业务单据审核、增值税的缴纳等方面加以规范，为我国福费廷业务健康有序的发展提供了规范指导。

二、交易流程

要了解福费廷及其法律特征，最简单的方法是了解其交易流程。以下对典型的福费廷交易流程作一简要叙述。[②]

例如，一家德国的设备出口商甲公司（以下简称出口商）正在与我国的乙公司（以下简称进口商）商谈一份500万美元的设备购销合同。进口商的发展势头不错、前景光明，但资金一时不够充裕，需要在所进口的设备投入生产获利后才可充分付款，因此需要出口商提供5年的融资期限或允许其在5年后再付款。进口商在中国的信用不错，可以为此交易从信誉较好的银行开出以出口商为受益人的远期信用证或独立的付款担保，保证不会使该笔交易的付款落空。出口商为了做成这笔生意、开拓中国市场，愿以进口商提出的条件成交，但并不想等到5年后才获得付款，因为这样会使它的现金流受到影响，进而影响其正常经营。于是，双方同意以福费廷结算的方式成交。要以福费廷的方式完成这项交易，大概需要经过以下基本步骤。

（1）出口商将根据其与进口商达成的设备销售合同的基本意向与德国或其附近的欧洲其他从事福费廷业务的银行或机构（以下简称包买商）联系，向包买商提供

---

① 美国商务部．贸易融资指南，2008。

② 在具体的福费廷交易中，有的可能在操作上与此不尽一致。

本销售合同的有关信息，请求包买商据此报价。

（2）包买商在接到出口商的询价后，对上述交易进行评估，根据拟定合同的具体情况以及国际福费廷市场的情况，一般会在48小时之内做出报价。在报价时，包买商不仅要明确说明有关费率，而且要明确叙做该笔业务的其他条件。其中关键的且需要说明的有以下内容：

①贴现率（Discount Rate）。这是福费廷业务的核心内容，一般有两种计算方式：一是用明确的固定利率；二是用浮动利率加上利差。浮动利率一般以伦敦银行同业拆放利率（London Interbank Offered Rate，LIBOR）为基准，这是银行的筹资成本。利差也叫风险益酬，反映的是包买商的风险和收益。

②选择期（Option Period）。这是指包买商给予出口商接受报价的选择期限。因为包买商的报价是在出口商与进口商的正式销售合同签订之前做出的，出口商能否接受，得视与进口商的最终谈判结果而定。但是，由于金融市场的利率、汇率瞬息万变，包买商的报价只能按报价时的情况做出，不可能长期有效，所以其在报价时就会告诉出口商接受该报价的有效时限。该时限的长短视商品的类型与交易金额而定，一般为几天，也有较长时间的，如1个月。包买商的报价属于福费廷合同关系成立之前的要约，除非另有约定，在选择期内是不可以撤销的；一经出口商接受，双方的福费廷合同即告成立，选择期结束。

③承担期（Commitment Period）。这是指在福费廷合同签订后包买商给予出口商从备货到贴现的时间。有时，出口商可能在正式签订合同后才开始购买原料、生产备货。即使货已备好，但从发货、缮制单据到交单、贴现还得一段时间，短的有几天，长的可达一年或更长，这一段时间叫作承担期。在承担期内，因福费廷合同已经成立，包买商和出口商均对这笔融资交易承担合同责任，如果一方违约或中止交易，须向对方承担违约责任。如果出口商不能正常交货并出售作为债权凭证的有关票据，那么包买商为提供融资而发生的筹资费用以及为消除业务风险而在金融市场上采取防范措施而发生的业务费用得由出口商承担。如果包买商不能正常提供融资或被迫中止交易，出口商由于要重新安排融资，并且通常会是成本更高的融资而发生的费用和利息损失得由包买商承担。

④宽限期（Grace Days）。这是指包买商为了防止它最后的收款期延后而向出口商要求的多计利息的时间。因为福费廷的融资期限较长，包买商在到期收款时可能会有一定的延误，所以在福费廷合同签订时，包买商会要求多给它3～7天的计息

时间。

⑤担保要求。包买商一般会要求进口商国家的银行就有关票据提供担保，有时还会提出它能够接受的担保人名单。

（3）出口商在把包买商的报价考虑到自己的出口价格的情况下与进口商谈判并正式签订设备销售合同，与包买商正式签订福费廷协议。

（4）出口商备货、装船、发货，获得单据后通过银行将单据提交进口商。

（5）进口商将自己承兑的汇票或开立的本票交给担保人担保。担保人履行担保手续后，将保函或承兑后的汇票或本票寄给出口商。

（6）出口商把所涉汇票或本票以无追索权的方式背书转让给包买商，包买商予以贴现，出口商获得现金。

三、法律特征

与其他贸易融资方式相比，福费廷有以下显著特征。

（一）无追索权

无追索权（Without Recourse）是指在福费廷业务中，包买商一旦决定购买出口商的票据，就意味着它将放弃对出口商的追索权，从而完全承担购买票据之后与票据支付有关的政治、商业、利率和汇率等诸多风险。也就是说，对出口商而言，其票据一旦被购买或贴现，就意味着它的那些票据上的远期债权将立即转化为现款，便可以全无后顾之忧地坐享诸多由此带来的便利。不过，包买商对出口商放弃追索权是有前提条件的，即出口商所出售的债权是合法有效的。如果出口商在交易中有欺诈行为而使包买商得不到付款，包买商是可以撤销其无追索权的承诺的。因此，在福费廷协议中常常约定，如因法院止付、冻结等而使包买商未能按期收到债务人或承兑/承付/保付人的付款，包买商对出口商则保留追索权。

（二）保付性

在福费廷业务中，由于包买商是无追索权地购买出口商债权，承担了一切风险，因此一般包买商均会要求由第三方对进口商的资信和清偿能力进行担保。[①] 担保人常常是对进口商资信情况和清偿能力比较了解的当地银行。担保方式有三种：第一

① 当然，如果包买商愿意，也可以没有担保。国际商会、全球银行家协会、国际贸易和福费廷协会，等供应链金融技术的标准定义［出版者不详］，2016：29.

种是含有信用证交易的开证人对远期信用证项下的汇票进行承兑；第二种是由担保人出具单独的独立担保；第三种是担保人在已由进口商承兑的汇票或本票上加注“Per Aval”或“Guaranteed per Aval”字样。Aval一词来自法语，意为“保付”，是票据法上的一种担保方式。它是指票据以外的第三人通过在票据上或另外单独的文件上盖章或签字，加注“Per Aval”或“Guaranteed per Aval”字样，表示自己将以担保人和义务人的身份对该票据的后手承担不可撤销的、无条件的票据责任。[①] 这种被称为“Aval”的担保是无条件的、不可撤销的和可以转让的。其可转让性使得福费廷的二级市场能够活跃。在金融市场发达的国家，福费廷债权的转让就像公司债券一样活跃。其无条件性意味着即使在基础合同发生争议进口商不付款的情况下，担保人也得无条件付款。

（三）期限长

前面提到，福费廷源于东欧、西欧之间的资本性设备贸易。虽然后来发展到了其他领域，但主要还是运用于资本性商品贸易中，而这种贸易的特点是时间长。因此，期限长也是福费廷的一个明显特点。虽然有人说福费廷的融资期限可以为1个月至10年，但一般为2~7年。具体期限有多长，主要看所涉交易的政治风险有多大。由于福费廷是出口商把其应收账款的政治与经济风险一起转移给了包买商的融资方式，对于包买商来说，当它在叙做福费廷业务的时候，经济风险可能还好估计一些，但政治风险有时很难估计。因此，为了避免政治风险，包买商会缩短融资期限。也就是说，政治风险越大，融资期限越短。根据加拿大帝国商业银行提供的数据，该行叙做福费廷的期限根据出口国的政治风险被确定为1~5年。比如，加纳、黎巴嫩这样的国家是1年，而中国、美国这些政治稳定的国家就是5年。

四、二级市场

福费廷有一级市场（Primary Forfaiting Market）和二级市场（Secondary Forfaiting Market）之分。一级市场是指初始包买商向出口商购买付款请求的市场；二级市场是指买方向初始包买商或另一卖方购买付款请求的市场。初始包买商通过二级市场

---

① RILLY B, The Law relating to Bills of Exchange in Australia, Law Book Co. of Australia, 1964版, P181-182.

可以分散风险、提高资产流动性并获得一定的收益。①

福费廷二级市场的形成主要有两方面原因：一是当一级包买商从出口商处购买来未到期的债权凭证后，它可能由于资金短缺不能等到债权到期时再结算，这就需要它将自己手里的债权转让出去；二是有的福费廷交易可能涉及的资金很大，一级包买商在贴现后，为了分散风险而将其中的一部分债权转让给二级包买商。

目前，福费廷业务二级市场非常活跃，比如伦敦、新加坡、中国香港地区的福费廷市场等。福费廷业务二级市场通常包括公开转让（Open Assignment）和风险参与（Risk Participations）两种形式。

（一）公开转让

公开转让是指福费廷包买商通过款项让渡或背书的形式，将原办理福费廷业务的应收账款收款权无追索地进行再次转让。公开转让的形式便于在二级市场上自由转让，在转让时通常需要前手包买商提供相关贸易背景文件，在转让后通常需要应付账款保付人对转让进行再次确认。公开转让的操作主要包括以下内容：

（1）前、后手包买商之间进行协商，确定某笔福费廷业务公开转让的价格。

（2）后手包买商向前手包买商发出包含已商妥转让价格在内的转让协议书。协议书的签署可以采用传真或 SWIFT 方式发送。

（3）前手包买商签回协议书并提交款项让渡函和有关该笔福费廷业务的贸易背景文件，同时向应收账款保付人发出款项让渡通知书并将复印件一并转交后手。

（4）如有需要，应付账款保付人根据前手包买商的指示向后手包买商发出款项让渡确认。应收账款保付人是否按照前手包买商的指示向后手包买商发出款项让渡确认书，不会影响款项让渡的生效。

（5）后手包买商向前手包买商支付用于购买让渡款项下的资金。

（6）应付账款保付人到期将应付账款支付给后手包买商。②

（二）风险参与

福费廷业务中的风险参与是指包买商为了降低业务风险，邀请当地的一家或几家银行对自己即将或已经叙做的包买业务提供风险担保。风险参与银行所提供的担

---

① 国际商会、全球银行家协会、国际贸易和福费廷协会，等．供应链金融技术的标准定义［出版者不详］，2016：29-30.

② 周红军．福费廷［M］．北京：中国海关出版社，2007：95-97.

保对由任何信用风险或国家风险造成的票据迟付或拒付承担不可撤销、无条件的赔付责任。①

五、法律渊源

与托收、信用证等国际贸易结算方式相比，福费廷的历史相对较短。因此，有关福费廷的组织机构和规则出现得也相对较晚。

在国际上，直到 1999 年，国际贸易与福费廷协会（International Trade and Forfaiting Association，ITFA）才正式成立。② 2009 年，国际商会银行委员会和国际贸易与福费廷协会共同成立起草小组，开始起草有关福费廷的一、二级市场规则。经过三年半的努力，《福费廷统一规则》（*Uniform Rules for Forfaiting*，ICC Publication No. 800，简称 URF800）于 2012 年 11 月在墨西哥举行的国际商会银行委员会秋季会议上通过，并于 2013 年 1 月 1 日生效。联合国贸易法委员会在 2017 年 7 月 14 日第 1059 次会议上对 URF800 表达了赞赏，并建议在福费廷交易中酌情适用该规则。③

第七节　银行付款责任

一、概念与特征

根据《银行付款责任统一规则》（*Uniform Rules for Bank Payment Obligation*，URBPO）第三条规定，银行付款责任（Bank Payment Obligation，BPO）是“在根据已创建基础信息的要求提交全部数据集，产生数据匹配或接受数据错配后，付款行对收款行承担不可撤销的和独立的承诺，即支付或者承担延期付款责任并于到期日支付确定的金额给收款行”。可见，BPO 具有如下 2 个明显特征：

1. 独立承诺

BPO 是一家银行给予另一家银行的一项不可撤销的付款承诺，在本质上与跟单

---

① 徐捷．国际贸易融资——实务与案例［M］．北京：中国金融出版社，2017.

② 国际贸易与福费廷协会官网：https：//itfa. org/about-us/。

③ 联合国贸易法委员会第 50 届会议报告（A/72/17）第 277-279 段。详见联合国贸易法委员会官网：https：//undocs. org/zh/A/72/17。

信用证相似。[①] 与信用证不同的是，BPO 处理的是结构化的数据，而非单据。BPO 可在完全自动化的工作环境中运行，减少了单据审核和传递的时间、人力成本，具有数字化的优势。

2. 数据匹配

BPO 的基础与核心是数据匹配。其运行需要有在 SWIFT 的贸易服务设施（Trade Service Utility，TSU）或任何等效的交易匹配应用程序上生成的匹配报告。TSU 是由 SWIFT 开发的一种集中化的配对和工作流引擎，在 BPO 业务中负责采集企业基础贸易合同、发票、运输单和保险单等相关单据中的信息并加以比对，具有技术中立性，其作用在于匹配和识别数据并得出“匹配”和“匹配不符”的结论。

二、应用场景

BPO 是 SWIFT 为满足赊销贸易结算的需要而研发的一种银行间凭借贸易数据的成功匹配以确保实现付款的新型贸易金融工具。[②] 作为一种全新的以数据配对为基础的支付手段，BPO 旨在通过银行介入，降低买卖双方在赊销贸易中的风险和成本。[③] 在赊销交易在全球贸易中日益增长的情况下，BPO 业务作为能够减少贸易成本且增加交易安全的新兴结算方式，迎合了市场对于赊销贸易的需求，又缓解了传统结算方式的掣肘。由于赊销贸易为贸易的主流方式，所有的银行都希望参与其中，而 BPO 为银行和企业提供了风险缓释和融资服务的契机。

与其他贸易结算方式相比，BPO 有数据化、自动化的特点与优势。BPO 处理的是数据，而非传统结算方式中的单据，既顺应了数据化、自动化的时代发展的要求，又加快了结算速度。自动化的处理方式不仅减少了贸易结算中人工参与的环节，提升了贸易结算环节的效率和准确率，而且可以避免人工参与带来的不便。比如，在新冠疫情期间，在信用证作为结算工具的国际贸易中，由于防疫措施可能导致快递停运、单据无法寄出和及时收汇，[④] 但使用 BPO 结算就可以避免这种风险。

---

① HENNAY D, The ICC Guide to the Uniform Rules for Bank Payment Obligations, ICC Publication No. 751E, 2013, P5.

② 国际商会、全球银行家协会、国际贸易和福费廷协会，等 . 供应链金融技术的标准定义［出版者不详］, 2016：59.

③ 邓紫楠 . BPO 在国际货物贸易中的应用研究［J］. 对外经贸实务，2019（8）：63.

④ 王凤翔 . 信用证操作风险应对［J］. 中国外汇，2020（6）：51.

BPO 可以填补信用证的短板。信用证业务在国际贸易中的使用率由于费用、开证授信等原因近年来有下降的趋势。BPO 不需要提交单据，整个结算过程以技术交换和数据匹配为基础。这种结构化流程使 BPO 对那些喜欢避免复杂流程或不具备处理信用证所需知识的公司具有吸引力。因此，有人认为，BPO 将在一定程度上取代信用证，因为赊销贸易几乎占全球贸易总量的 90%，而 BPO 是这种交易结算的理想工具。但是，在比较复杂的交易中，信用证可能还是无法被取代。

因为 URBPO 仅适用于银行，而且现阶段也只有银行才能使用交易数据匹配应用程序（Transaction Matching Application，TMA），所以 BPO 只适用于银行。[①] 但由于银行无法掌握物权单据作为付款保障，加上银企之间的数据传输手段还不完善，银行还需要从纸质单据或影像中提取数据，因而相比 BPO 的初衷，其自动化的效果大打折扣，导致使用 BPO 的银行和公司的数量很有限。但显而易见，由于赊销贸易所占的比重以及 BPO 形式的自动化和数据化，BPO 必将在国际贸易支付领域发挥重要作用。

三、交易流程

BPO 的交易流程与跟单信用证项下需向银行提交纸质单据不同，交易数据首先经由买卖双方以电子方式提交至各自的银行，然后通过 TMA 的专用平台进行自动匹配，该程序采用了 ISO 20022 TSMT（贸易服务管理）标准格式。这是一项 XML 标准，专为参与行和 TMA 之间进行数据交换而设计。只有加入相关系统的银行才能使用 TMA 完成此类交易。具体步骤如下：

1. 创建基础信息

创建基础信息或确定买卖双方约定的数据要素是触发数据集匹配以及后续融资的基础。基础信息所要求的数据要素常常来源于购买订单，当然也可能包括其他数据要素。

2. 数据匹配

在货物装运后，卖方在 TMA 上提交的贸易数据与已创建的基础信息进行自动匹配。一旦 TMA 显示数据匹配成功（零错配），BPO 即告确立，付款行便自动承担起

① 国际商会、全球银行家协会、国际贸易和福费廷协会，等．供应链金融技术的标准定义［出版者不详］，2016：59.

于到期日向收款行支付 BPO 金额的义务。如果发生数据错配，则需要联系买方是否接受错配。一旦接受，则 BPO 即告确立。①

3. 付款

BPO 到期付款是在 TMA 平台之外通过正常支付渠道进行的。卖方银行通知卖方数据集匹配成功。到期日前买方银行根据平台所呈现的数据匹配结果按约定完成支付。买方银行从买方账户借记收益，并将资金汇至收款银行，收款银行将相关金额贷记卖方账户。

可以看出，BPO 采用的是四角模型。其当事方包括买方、买方银行（付款行）、卖方和卖方银行（收款行）。银行提供 BPO 并在交易各端作为伙伴或代理行进行合作。每家银行充分掌握各自客户的情况（通过完成 KYC 流程和合规性审查来实现），通常愿意为客户提供适当的授信安排，以支持 BPO 所创设的具体付款责任。BPO 出现在不同地域、市场认知和双方协定中，为在成熟市场与新兴市场中开展全球贸易及其相关融资提供施行的框架。②

根据 URBPO 的规定，BPO 所涉及的主体仅指参与银行，包括开立 BPO 的债务行（Obligor Bank）、收款行（Recipient Bank）、提交数据集的提交银行（Submitting Bank）以及相关的参与银行（Involved Bank）。BPO 的发起者是付款行，并不必然是卖方银行，但是 BPO 的受益人是收款行，即卖方银行。在 BPO 业务的过程中，所涉银行必须认购同一个 TMA 或者同一个平台，并建构一套议定的构筑数据，以协调银行间的合作。URBPO 框架协议下的 BPO 业务的显著特点是所涉参与行可能会基于已经发起的 BPO 向竞争性领域的客户提供融资、产品以及其他服务。

四、URBPO 及其相关问题

现在规范 BPO 结算方式的是国际商会联合 SWIFT 于 2013 年 4 月 17 日发布的《银行付款责任统一规则》，即通常所简称的 URBPO。URBPO 于 2013 年 7 月 1 日起开始实行。URBPO 是国际上第一部专为赊销贸易制定的规则，是以便利贸易为目的的 21 世纪供应链融资领域的标准规则，也是规范 BPO 业务的纲领性文件。BPO 作为一种新型的贸易金融结算方式，URBPO 的出台拓宽了 BPO 被接纳的路径，反映

① 国际商会、全球银行家协会、国际贸易和福费廷协会，等．供应链金融技术的标准定义［出版者不详］，2016：58.

② 同①。

了行业内的共识。

URBPO 作为行业规则，争议发生时与适用法律之间的融合问题应当有所考量。URBPO 第 15 条规定，根据一般适用的法律冲突规则，银行付款义务将受管辖的法律为既定基准中规定的债务人银行分行或办事处所在地的法律。在相关适用法律未禁止的范围内，URBPO 可以补充任何适用法律，但是 URBPO 系列条款中并没有关于管辖地的任何规定。业务种类的不同可能决定了在不同的法域下会因为同一种规则产生不同的风险分配。

UCP 是国际商会制定的最为成功的国际惯例。eUCP 是信用证适用于电子交单业务情形的补充规则。信用证与 BPO 作为结算工具具有相似性。首先，BPO 在数据组提交后得到数据匹配的结果或者数据不匹配的结果被接受时，责任银行对受益银行有不可撤销的、独立的、即时支付或承担延期付款责任的义务，这与信用证的单证一致时触发的付款责任类似。其次，URBPO 在条文安排、用语措辞以及制度设计上与 UCP 有着相似之处。最后，相较于 UCP 与 eUCP，URBPO 处理的是数据，而非单据。